CHINA DEVELOPMENT ZONES YEARBOOK

中国

开发区年鉴

2020

中国开发区协会 编

首都经济贸易大学出版社

·北 京·

图书在版编目（CIP）数据

中国开发区年鉴.2020 / 中国开发区协会编. -- 北京：首都经济贸易大学出版社，2021.8

ISBN 978-7-5638-3255-2

Ⅰ.①中… Ⅱ.①中… Ⅲ.①经济开发区－中国－2020－年鉴 Ⅳ.①F127.9-54

中国版本图书馆CIP数据核字(2021)第151102号

中国开发区年鉴2020
中国开发区协会 编
Zhongguo Kaifaqu Nianjian 2020

责任编辑 陈侃
出版发行 首都经济贸易大学出版社
地　　址 北京市朝阳区红庙（邮编100026）
电　　话 (010)65976483 65065761 65071505（传真）
E-mail publish@cueb.edu.cn
网　　址 http://www.sjmcb.com
经　　销 全国新华书店
印　　刷 北京炫彩印刷有限责任公司
开　　本 185毫米×260毫米 1/16
字　　数 814千字
印　　张 31.5 彩插20页
版　　次 2021年8月第1版 2021年8月第1次印刷
书　　号 ISBN 978-7-5638-3255-2
定　　价 400.00元

图书印装若有质量问题，本社负责调换

中国开发区年鉴

编　委　会

■ 主　编

师荣耀　中国开发区协会会长

■ 副主编

李国良　中国开发区协会特聘专家

■ 编　委

广州市委常委，黄埔区委书记，广州开发区党工委书记、管委会主任　周亚伟

温州经济技术开发区党工委书记、管委会主任　徐蓬勃

廊坊经济技术开发区党工委书记、管委会主任　王一平

宁国经济技术开发区（港口生态产业园）党工委书记、管委会主任　梅骏国

河北唐山海港经济开发区党工委书记、管委会主任　黄玉刚

河北清河经济开发区党工委副书记、管委会副主任　刘国林

靖江经济技术开发区党工委副书记　刘定邦

银川经济技术开发区管委会副主任　陈志文

北京经济技术开发区工委宣传文化部部长　赵雅娟

昆山经济技术开发区党政办公室主任　高勇

沧州临港经济技术开发区党政办主任　刘丽丽

卷首语

《中国开发区年鉴》（以下简称《年鉴》）是由中国开发区协会主编的大型资料性实用工具书，全面、系统、准确地记载了我国开发区的发展历程与光辉成就，面向国内外公开发行，至今已有近30年历史，具有独特的史料价值。

多年来，依托翔实的统计数据和严谨规范的文字记叙，《年鉴》介绍了我国部分各级各类开发区的基础条件、投资环境及有关政策法规等，向海内外投资商、研究机构、科技界及各界人士展示了开发区经济社会发展的整体情况，也为各有关机构和部门提供了良好的媒介服务，成为保留我国开发区历史的重要载体、汇集我国开发区各方面信息的百科全书，以及我国开发区领域公认的具有较高研究价值的年度资料性文献。在各方的协同努力下，《年鉴》的年度特征愈加鲜明，资料信息系统更加翔实，框架结构日臻完善，装帧设计独具特色，编校质量趋于一流。

《年鉴》（2020卷）重点围绕我国开发区2019年经济社会发展的主要目标和任务，收集整理了政治经济、区域协调发展、投资促进、科技创新、体制机制创新、人才引进、文化建设、生态文明建设、国际合作等方面的基本情况、重要举措、重大成就和重要经验。《年鉴》（2020卷）共收录了涵盖北京市、上海市、浙江省、江苏省、山东省、福建声、湖南省等部分省市级开发区的年度综合发展情况，以及国家级开发区、省级开发区及其他各类型开发区资料80余篇，层次分明、内涵丰富、数据翔实。在此，《年鉴》编辑部特向各参编单位在资料搜集整理工作中一贯坚持的“严、细、深、实”的工作作风，积极提供全面、翔实的高质量内容，以及具体参编人员的高水准、高精度的文字把控和无私奉献的精神表示衷心感谢和诚挚敬意。

《年鉴》编纂工作任务艰巨，意义重大，使命光荣。为更好地全方位记录我国各级各类开发区的发展情况，汇编形成权威资料，望各参编单位要一如既往地贯彻执行“求真存实”的编纂原则，牢固树立精品意识、创新意识，站在对历史负责、对未来负责的高度，重视调查研究和深入细致的资料考证，把好《年鉴》质量第一关。愿我们共同携手，开拓创新，努力提升和扩大《年鉴》的社会影响力，汇聚起全面记录我国开发区发展历程的强大力量。

《中国开发区年鉴》编辑部

2021年6月

目 录

文献法规篇

中共中央办公厅、国务院办公厅印发《国家生态文明试验区（海南）实施方案》
发布时间：2019 年 5 月 13 日 …… 3

国务院关于推进国家级经济技术开发区创新提升打造改革开放新高地的意见
国发〔2019〕11 号 发布时间：2019 年 5 月 28 日 …… 11

国务院关于长三角生态绿色一体化发展示范区总体方案的批复
国函〔2019〕99 号 发布时间：2019 年 10 月 29 日 …… 15

国务院关于做好自由贸易试验区第五批改革试点经验复制推广工作的通知
国函〔2019〕38 号 发布时间：2019 年 5 月 5 日 …… 16

国务院关于促进综合保税区高水平开放高质量发展的若干意见
国发〔2019〕3 号 …… 17

国家发展改革委关于开展第二批国家农村产业融合发展示范园创建工作的通知
发改办农经〔2019〕334 号 …… 20

中国高新区国际人才发展专项基金管理办法（暂行）
发布时间：2019 年 6 月 4 日 …… 23

关于印发《河北省支持开发区产业振兴发展的措施》的通知
冀发改外资〔2019〕1334 号 发布时间：2019 年 10 月 14 日 …… 26

江西省开发区条例
发布时间：2019 年 8 月 21 日 …… 28

广东省人民政府关于促进高新技术产业开发区高质量发展的意见
粤府〔2019〕28 号 发布时间：2019 年 3 月 29 日 …… 32

浙江省人民政府关于同意设立杭州钱塘新区的批复
发布时间：2019 年 4 月 9 日 …… 37

广东省生态环境厅印发《关于进一步加强工业园区环境保护工作的意见》的通知
粤环发〔2019〕1 号 发布时间：2019 年 3 月 27 日 …… 38

四川省省级开发区设立、扩区和调位管理办法
发布时间：2019 年 2 月 27 日……41
广州市黄埔区、广州开发区新建改造提升创客空间及引进国际创客实验室资助项目管理实施细则
发布时间：2019 年 1 月 31 日……44
广州市黄埔区 广州开发区促进 5G 产业化发展办法
穗埔府规〔2019〕12 号 发布时间：2019 年 7 月 8 日……46
浦东新区促进小微企业创新创业财政扶持办法实施细则
发布时间：2019 年 7 月 9 日……48
福州市人民政府办公厅印发关于促进开发区高质量发展实施方案的通知
发布时间：2019 年 1 月 9 日……51
苏州工业园区管委会关于印发《苏州工业园区科技创新三年行动计划（2019-2021 年）》的通知
发布时间：2019 年 3 月 26 日……56
关于加快沧州渤海新区高质量发展的实施方案
发布时间：2019 年 12 月 3 日……60
潍坊推动开发区体制机制改革创新促进高质量发展实施意见
发布时间：2019 年 9 月 24 日……64
吴江经济技术开发区“人才＋科技＋基金”项目落地评审机制（试行）
发布时间：2019 年 4 月 12 日……67
廊坊经济技术开发区党政办公室关于印发《廊坊开发区线上政企服务“直通”运行机制实施办法》的通知
廊开办字〔2019〕8 号 发布时间：2019 年 3 月 25 日……69
岳阳经济技术开发区招商引资项目入区管理办法
发布时间：2019 年 6 月 28 日……71
中共常州高新区工委 常州国家高新区管委会关于深入推进苏南国家自主创新示范区建设的若干科技创新政策意见
发布时间：2019 年 2 月 28 日……73

专题研究篇

打造层次清晰、协同高效的孵化器体系——基于芬兰孵化经验的分析……79
完整可实施的动态园区规划体系……82
五大模式破解招商引资难题……87

浅谈中小企业的培育之法……89
开通项目审批落地的“快车道”……91
苏州工业园区实现引领式发展的路径探析……99
优化营商环境，打造吸引外资沃土……103
“制度创新＋技术创新”：全面推动营商环境改革优化……105
总部经济发展的“外高桥经验”……107
产业园区用地应实行弹性出让制度……112
从研发投入看科技创新发展态势……115
“大手牵小手”：构建大中小企业融通发展新机制……126
立足品牌特色，推动跨越发展……128
创造新理念，引进新技术，打造新流程：温州推进“智慧开发区”体系建设成效显著……130
叠加经开区综保区功能，实现高质量发展
——专访中国保税区出口加工区协会副会长兼秘书长蒲少伟……134
昆山综保区：切实推动口岸服务降费提效……138
开发区创新提升观察之一：优化“大营商环境”释放经济发展活力……140
开发区创新提升观察之二：强化专业化招商破解发展难局……146
开发区创新提升观察之三：明晰产业发展方向 寻找产业突破口……153
开发区创新提升观察之四：聚焦专业化、多元化、市场化，推动管理创新提升……157
试论民间史料在《德阳经开区志》编写中的意义和价值……161

综 合 篇

2019 年北京市开发区发展情况综述……167
2019 年上海市开发区发展情况综述……169
2019 年江苏省开发区发展情况综述……173
2019 年浙江省经济开发区发展情况综述……176
2019 年福建省开发区发展情况综述……187
2019 年山东省开发区发展情况综述……189
2019 年湖南省开发区发展情况综述……190

国家级经济技术开发区篇

金普新区（大连经济技术开发区）…… 199
秦皇岛经济技术开发区…… 206
天津经济技术开发区（南港工业区）…… 211
青岛经济技术开发区…… 217
南通经济技术开发区…… 220
上海漕河泾新兴技术开发区…… 223
上海闵行经济技术开发区…… 226
宁波经济技术开发区…… 229
连云港经济技术开发区…… 232
广州开发区…… 236
温州经济技术开发区…… 240
昆山经济技术开发区…… 243
湛江经济技术开发区…… 248
福清融侨经济技术开发区…… 251
杭州钱塘新区（杭州经济技术开发区）…… 253
长春经济技术产业开发区…… 257
惠州大亚湾经济技术开发区…… 261
北京经济技术开发区…… 265
合肥经济技术开发区…… 270
武汉经济技术开发区（汉南区）…… 274
南昌经济技术开发区…… 278
南京经济技术开发区…… 281
长沙经济技术开发区…… 285
郑州经济技术开发区…… 289
昆明经济技术开发区…… 295
宁波大榭开发区…… 300
乌鲁木齐经济技术开发区（头屯河区）…… 304
银川经济技术开发区…… 308

石河子经济技术开发区…… 312

东山经济技术开发区…… 314

廊坊经济技术开发区…… 317

张家港经济技术开发区…… 320

九江经济技术开发区…… 323

嘉善经济技术开发区…… 325

如皋经济技术开发区…… 329

漳州招商局经济技术开发区…… 331

泉州经济技术开发区…… 335

沧州临港经济技术开发区…… 339

德阳经济技术开发区…… 342

长春汽车经济技术开发区…… 348

临沂经济技术开发区…… 350

江宁经济技术开发区…… 353

海安经济技术开发区…… 356

靖江经济技术开发区…… 358

宁国经济技术开发区（港口生态产业园）…… 360

嘉兴经济技术开发区…… 364

衢州经济技术开发区…… 367

吴江经济技术开发区…… 371

宿迁经济技术开发区…… 374

常熟经济技术开发区…… 377

义乌经济技术开发区…… 379

金华经济技术开发区…… 381

淮安经济技术开发区…… 385

萍乡经济技术开发区…… 387

宁乡经济技术开发区…… 392

邹平经济技术开发区…… 395

浏阳经济技术开发区…… 399

曲靖经济技术开发区…… 401

嵩明杨林经济技术开发区…… 406

汉中经济技术开发区…… 409
格尔木昆仑经济技术开发区…… 411
龙岩经济技术开发区（龙岩高新技术产业开发区）…… 415
库尔勒经济技术开发区…… 418
奎屯—独山子经济技术开发区…… 421
准东经济技术开发区…… 426

其他开发区篇

黑河边境经济合作区…… 435
伊宁边境经济合作区…… 438
塔城边境经济合作区…… 442
吉木乃边境经济合作区…… 444
燕郊高新技术产业开发区…… 446
霍尔果斯经济开发区…… 449
乌鲁木齐综合保税区…… 453
阿拉山口综合保税区…… 456
唐山海港经济开发区…… 459
江苏泗阳经济开发区…… 463
河北清河经济开发区…… 466
江苏宜兴环保科技工业园…… 471

统计资料篇

2019 年国家级经济技术开发区主要经济指标情况…… 477
2018 年国家级经济技术开发区主要经济指标情况…… 479
2017 年国家级经济技术开发区主要经济指标情况…… 481
2016 年国家级经济技术开发区主要经济指标情况…… 483
2015 年国家级经济技术开发区主要经济指标情况…… 485
关于 2019 年度国家级开发区土地集约利用监测统计情况的通报…… 487

文献法规篇

中共中央办公厅、国务院办公厅印发《国家生态文明试验区（海南）实施方案》

发布时间：2019年5月13日

近日，中共中央办公厅、国务院办公厅印发了《国家生态文明试验区（海南）实施方案》，并发出通知，要求有关地区和部门结合实际认真贯彻落实。

《国家生态文明试验区（海南）实施方案》全文如下。

为贯彻落实党中央、国务院关于生态文明建设的总体部署，进一步发挥海南省生态优势，深入开展生态文明体制改革综合试验，建设国家生态文明试验区，根据《中共中央、国务院关于支持海南全面深化改革开放的指导意见》和中央办公厅、国务院办公厅印发的《关于设立统一规范的国家生态文明试验区的意见》，制定本实施方案。

一、总体要求

（一）指导思想。以习近平新时代中国特色社会主义思想为指导，深入贯彻党的十九大和十九届二中、三中全会精神，全面贯彻习近平生态文明思想，紧紧围绕统筹推进“五位一体”总体布局和协调推进“四个全面”战略布局，按照党中央、国务院决策部署，坚持新发展理念，坚持改革创新、先行先试，坚持循序渐进、分类施策，以生态环境质量和资源利用效率居于世界领先水平为目标，着力在构建生态文明制度体系、优化国土空间布局、统筹陆海保护发展、提升生态环境质量和资源利用效率、实现生态产品价值、推行生态优先的投资消费模式、推动形成绿色生产生活方式等方面进行探索，坚定不移走生产发展、生活富裕、生态良好的文明发展道路，推动形成人与自然和谐共生的现代化建设新格局，谱写美丽中国海南篇章。

（二）战略定位：

——生态文明体制改革样板区。健全生态环境资源监管体系，着力提升生态环境治理能力，构建起以巩固提升生态环境质量为重点、与自由贸易试验区和中国特色自由贸易港定位相适应的生态文明制度体系，为海南持续巩固保持优良生态环境质量、努力向国际生态环境质量标杆地区看齐提供制度保障。

——陆海统筹保护发展实践区。坚持统筹陆海空间，重视以海定陆，协调匹配好陆海主体功能定位、空间格局划定和用途管控，建立陆海统筹的生态系统保护修复和污染防治区域联动机制，促进陆海一体化保护和发展。深化省域“多规合一”改革，构建高效统一的规划管理体系，健全国土空间开发保护制度。

——生态价值实现机制试验区。探索生态产品价值实现机制，增强自我造血功能和发展能力，实现生态文明建设、生态产业化、脱贫攻坚、乡村振兴协同推进，努力把绿水青山所蕴含的生态产品价值转化为金山银山。

——清洁能源优先发展示范区。建设“清洁能源岛”，大幅提高新能源比重，实行能源消费总量和强度双控，提高能源利用效率，优化调整能源结构，构建安全、绿色、集约、高效的清洁能源供应体系。实施碳排放控制，积极应对气候变化。

（三）主要目标。通过试验区建设，确保海南省生态环境质量只能更好、不能变差，人民群众对优良生态环境的获得感进一步增强。到2020年，试验区建设取得重大进展，以海定陆、陆海统筹的国土空间保护开发制度基本建立，国土空间开发格局进一步优化；突出生态环境问题得到基本解决，生态环境治理长效保障机制初步建立，生态环境质量持续保持全国一流水平；生态文明制度体系建设取得显著进展，在推进生态文明领域治理体系和治理能力现代化方面走在全国前列；优质生态产品供给、生态价值实现、绿色发展成果共享的生态经济模式初具雏形，经济发展质量和效益显著提高；绿色、环保、节约的文明消费模式和生活方式得到普遍推行。城镇空气质量优良天数比例保持在98%以上，细颗粒物（PM2.5）年均浓度不高于18微克/立方米并力争进一步下降；基本消除劣Ⅴ类水体，主要河流湖库水质优良率在95%以上，近岸海域水生态环境质量优良率在98%以上；土壤生态环境质量总体保持稳定；水土流失率控制在5%以内，森林覆盖率稳定在62%以上，守住909万亩永久基本农田，湿地面积不低于480万亩，海南岛自然岸线保有率不低于60%；单位国内生产总值能耗比2015年下降10%，单位地区生产总值二氧化碳排放比2015年下降12%，清洁能源装机比重提高到50%以上。

到2025年，生态文明制度更加完善，生态文明领域治理体系和治理能力现代化水平明显提高；生态环境质量继续保持全国领先水平。

到2035年，生态环境质量和资源利用效率居于世界领先水平，海南成为展示美丽中国建设的靓丽名片。

二、重点任务

（一）构建国土空间开发保护制度。

1．深化“多规合一”改革。深入落实主体功能区战略，完善主体功能区配套制度和政策，按照国土空间规划体系建设要求，完善《海南省总体规划（空间类2015—2030）》和各市县总体规划，建立健全规划调整硬约束机制，坚持一张蓝图干到底。划定海洋生物资源保护线和围填海控制线，严格自然生态空间用途管制。到2020年，陆域生态保护红线面积占海南岛陆域总面积不少于27.3%，近岸海域生态保护红线面积占海南岛近岸海域总面积不少于35.1%。科学规划机场、铁路、高速公路以及工业企业选址，及时划定调整声环境功能区，从规划层面预防和控制噪声污染。建立常态化、实时化规划督查机制，运用国土空间规划基础信息平台对规划实施进行监测预警和监督考核，适时开展规划实施评估。建立规划动态调整机制，适应经济社会发展新需求。

2．推进绿色城镇化建设。因地制宜推进城镇化，在保护原生生态前提下，打造一批体现海南特色热带风情的绿色精品城镇。加强城市特色风貌和城市设计，合理控制建筑体量、高度和规模，保护自然景观和历史文化风貌。在路网、光网、电网、气网、水网等基础设施规划和建设中，坚持造价服从生态，形成绿色基础设施体系。落实海绵城市建设要求，全面开展“生态修复、城市修补”工程，实施城市更新计划，妥善解决城镇防洪和排水防涝安全、雨水收集利用、供水安全、污水处理、河湖治理等问题。在海口、三亚重点城区大力推行海绵城市建设、垃圾分类处理、地下空间开发利用和新型节能环保低碳技术应用。

3．大力推进美丽乡村建设。实施乡村振兴战略，以“美丽海南百镇千村”为抓手，扎实有效推进宜居宜业宜游的美丽乡村建设。建立完善村镇规划编制机制，开展引导和支持设计下乡工作，强化村庄国土空间管控，按“一村一品、一村一景、一村一韵”的要求，保护好村庄特色风貌和历史文脉。加强村庄规划管理，使建筑、道路与自然景观浑然一体、和谐相融。大力开展农村人居环境综合整治，补齐农村环保基础设施、农村河湖水系系统治理保护短板。到2020年，“美丽海南百镇千村”建设取得明显成效。

4．建立以国家公园为主体的自然保护地体系。制定实施海南热带雨林国家公园体制试点方案，组建海南热带雨林国家公园统一管理机构。整合重组海洋自然保护地。按照自然生态系统整体性、系统性及其内在规律实行整体保护、系统修复、综合治理，理顺各类自然保护地管理体制，构建以国家公园为主体、归属清晰、权责明确、监管有效的自然保护地体系。加强自然保护区监督管理，2019年年底前完成海南省自然保护区发展规划修编，扩大、完善和新建一批国家级、省级自然保护区。2020年年底前完成自然保护区勘界立标、自然资源统一确权登记试点等工作。逐步建立空天地一体化、智能化的自然保护地监测和预警体系。

（二）推动形成陆海统筹保护发展新格局。

1．加强海洋环境资源保护。严格按照主体功能定位要求，加强海岸带保护，2019年年底前编制完成海南省海岸带保护与利用综合规划，实施海岸带分类分段精细化管控，推动形成海岸带生态、生产、生活空间的合理布局。实施最严格的围填海管控和岸线开发管控制度，除国家重大战略项目外，全面停止新增围填海项目审批。加快处理围填海历史遗留问题。到2020年全省海岛保持现有砂质岸线长度不变。严控无居民海岛自然岸线开发利用。2020年年底前编制完成海南省海洋自然资源资产负债表。加强海洋生态系统和海洋生物多样性保护，开展海洋生物多样性调查与观测，恢复修复红树林、海草床、珊瑚礁等典型生态系统，加大重要海洋生物资源及其栖息地保护力度，加强海洋类型各类保护地建设和规范管理。在三沙市开展岛礁生态环境综合整治专项行动，实施岛礁生态保护修复工程。

2．建立陆海统筹的生态环境治理机制。结合第二次全国污染源普查，全面清查所有入海（河）排污口，实行清单管理，强化对主要入海河流污染物和重点排污口的监测。完善陆源污染物排海总量控制和溯源追究制度，在海口市开展入海污染物总量控制试点，2019年制定海南省重点海域入海污染物总量控制实施方案。建立海洋资源环境承载能力监测预警机制，构建海洋生态灾害和突发生态环境事件应急体系，建立海湾保护责任体系。出台海南省蓝色海湾综合整治实施方案，在全省各主要港口全面建立和推行船舶污染物接收、转运、处置监管联单制度，港口所在地政府统筹规划建设船舶污染物接收转运处置设施，着力加强船舶油污水、化学品洗舱水转运处置能力建设，确保港口和船舶污染物接收设施与城市转运、处置设施的有效衔接，强化船舶、港口和海水养殖等海上污染源防控。加快建立“海上环卫”制度，有效治理岸滩和近海海洋垃圾。

3．开展海洋生态系统碳汇试点。调查研究海南省蓝碳生态系统的分布状况以及增汇的路径和潜力，在部分区域开展不同类型的碳汇试点。保护修复现有的蓝碳生态系统。结合海洋生态牧场建设，试点研究生态渔业的固碳机制和增汇模式。开展蓝碳标准体系和交易机制研究，依法合规探索设立国际碳排放权交易场所。

（三）建立完善生态环境质量巩固提升机制。

1．持续保持优良空气质量。科学合理控制全省机动车保有量，开展柴油车污染专项整治，加快淘汰国Ⅲ及以下排放标准的柴油货车、采用稀薄燃烧技术或“油改气”的老旧燃气车辆。实施非道路移动机械第四阶段排放标准，划定并公布禁止使用高排放非道路移动机械的区域。港口新增和更换的作业机械、车辆主要使用新能源或清洁能源。鼓励淘汰高排放老旧运输船舶，加强渔业船舶环保监管。船舶进入沿海控制区海南水域应严格执行相关船舶排放控制要求。大力推进船舶靠港使用岸电，免收需量（容量）电费，降低岸电使用成本。鼓励液化天然气（LNG）动力船舶发展。沿海港口新增、更换拖船优先使用清洁能源。建立完善城市（镇）扬尘污染防治精细化管理机制。加强餐饮油烟、烟花爆竹燃放等面源污染防控，全面禁止秸秆露天焚烧、土法熏烤槟榔。实施跨省域大气污染联防联控，构建区域重大建设项目环境管理会商机制。对标世界领先水平，研究制定环境空气质量分阶段逐步提升计划。

2．完善水资源生态环境保护制度。坚持污染治理和生态扩容两手发力。全面推行河长制湖长制，出台海南省河长制湖长制规定，完善配套机制，加强围垦河湖、非法采砂、河道垃圾和固体废物堆放、乱占滥用岸线等专项整治，严格河湖执法。加强南渡江、松涛水库等水质优良河流湖库的保护，严格规范饮用水水源地管理。建立重点治理水体信息公开制度、对水质未达标或严重下降地方政府负责人约谈制度。加强河湖水域岸线保护与生态修复，科学规划、严格管控滩涂和近海养殖，推行减船转产和近海捕捞限额管理，推动渔业生产由近岸向外海转移、由粗放型向生态型转变。按照确有需要、生态安全、可以持续的原则，完善海岛型水利设施网络，为海南实现高质量发展提供水安全保障。在重点岛礁、沿海缺水城镇建设海水淡化工程。全面禁止新建小水电项目，对现有小水电有序实施生态化改造或关停退出，保护修复河流水生态。严控地下水、地热温泉开采。

3．健全土壤生态环境保护制度。实施农用地分类管理，建立海南省耕地土壤生态环境质量类别划定分类清单，强化用途管制，严格防控农产品超标风险。建立建设用地土壤污染风险管控和修复名录，完善部门间污染地块信息沟通机制，实现联动监管，严格用地准入，将建设用地土壤生态环境管理要求纳入国土空间规划和供地管理。全面实行规模养殖场划分管理，依法关闭禁养区内规模养殖场，做好搬迁或转产工作，鼓励养殖废弃物集中资源化利用。推进病虫害绿色防控替代化学防治，实施化肥和农药减施行动。

4．实施重要生态系统保护修复。实施天然林保护、南渡江昌化江万泉河三大流域综合治理和生态修复、水土流失综合防治、沿海防护林体系建设等重要生态系统保护和修复重大工程。全面实施林长制，落实森林资源保护管理主体、责任、内容和经费保障。按照生态区位重要程度和商品林类型分类施策，严格保护天然林、生态公益林，封禁保护原始森林群落，鼓励在重点生态区位推行商品林赎买试点，探索通过租赁、置换、地役权合同等方式规范流转集体土地和经济林，逐步恢复和扩大热带雨林等自然生态空间。实施国家储备林质量精准提升工程，建设海南黄花梨、土沉香、坡垒等乡土珍稀树种木材储备基地。实行湿地资源总量管控，建立重要湿地监测评价预警机制。严格实施《海南省湿地保护条例》，开展重要湿地生态系统保护与恢复工程。支持海口市国际湿地城市建设。实施生物多样性保护战略行动计划，构建生态廊道和生物多样性保护网络，加强对极小种群野生植物、珍稀濒危野生动物和原生动植物种质资源拯救保护，加强外来林业有害生物预防和治理，提升生态系统质量和稳定性。

5．加强环境基础设施建设。加快城镇污水处理设施配套管网建设，统筹推进主干管网、支管网、入户管建设与驳接，治理河湖海水倒灌、管网错接混接，因地制宜实施老旧城区雨污管网分流改造，着力解决污水处理厂进水浓度低和系统效能不高问题。到 2020 年，全省县城以上城镇污水处理率达 85% 以上，污泥基本实现无害化处置。按照补偿污水处理和污泥处置设施运营成本并合理盈利的原则，合理调整污水处理费征收标准。对已建成污水处理厂的建制镇全面建立污水处理收费制度。加快推进农村生活污水处理设施建设，到 2020 年，实现行政村（含农林场场队）处理设施覆盖率显著提升。到 2020 年，基本实现全省生活垃圾转运体系全覆盖，生活垃圾无害化处理率达到 95% 以上，统筹布局、高标准建设生活垃圾焚烧发电项目，大幅提升焚烧处置比例。着力提升危险废物处置利用能力，加快推进医疗废物处置设施扩能增容。

（四）建立健全生态环境和资源保护现代监管体系。

1．建立具有地方特色的生态文明法治保障

机制。以生态环境质量改善为目标，推动出台清洁能源推广、全面禁止使用一次性不可降解塑料制品、垃圾强制分类处置、污染物排放许可、生态保护补偿、海洋生态环境保护等领域的地方性法规或规范性文件，加快构建与自身发展定位相适应的生态文明法规制度体系。突出目标导向，研究构建全面、科学、严格的地方绿色标准体系，编制绿色标准明细表和重点标准研制清单，出台实施生态环境质量、污染物排放、行业能耗等地方标准，以严格标准倒逼生产生活方式绿色转型。严格行政执法，对各类生态环境违法行为依法严惩重罚。强化生态环境司法保护，深化环境资源审判改革，推进环境资源审判专门化建设。完善司法机关环境资源司法职能和机构配置，探索以流域、自然保护地等生态功能区为单位的跨行政区划集中管辖机制，推行环境资源刑事、行政、民事案件“三合一”归口审理模式。健全生态环境行政执法与刑事司法的衔接机制。坚持发展与保护并重，打击犯罪和修复生态并举，全面推行生态恢复性司法机制。在珊瑚礁保护修复、海上溢油污染赔偿治理等方面充分发挥司法手段的作用。完善环境和资源保护公益诉讼制度，探索生态环境损害赔偿诉讼审理规则。推进构建科学、公平、中立的环境资源鉴定评估制度，加强生态环境损害司法鉴定机构和鉴定人的管理，依法发挥技术专家的作用。建立健全统一规范的环境和资源保护公益诉讼、生态环境损害赔偿诉讼专项资金的管理、使用、审计监督以及责任追究等制度，推进生态环境修复机制建设。

2．改革完善生态环境资源监管体制。科学配置机构职责和机构编制资源，加快设立海南省各级国有自然资源资产管理和自然生态监管机构。实行省以下生态环境机构监测监察执法垂直管理。整合生态环境保护行政执法职责、队伍，组建生态环境保护综合行政执法队伍，统一实行生态环境保护行政执法。健全流域海域生态环境管理机制。建立健全基层生态环境保护管理体制，乡镇（街道）明确承担生态环境保护责任的机构和专门人员；落实行政村生态环境保护责任，解决农村生态环境保护监管“最后一千米”问题。

3．改革完善生态环境监管模式。严守生态保护红线、生态环境质量底线、资源利用上线，建立生态环境准入清单。以改善生态环境质量和提高管理效能为目标，建立健全以污染物排放许可制为重点、各项制度有机衔接顺畅的环境管理基础制度体系。深入推进排污许可制度改革，出台排污许可证管理地方性法规，对排污单位实行从环境准入、排污控制到执法监管的“一证式”全过程管理。健全环保信用评价、信息强制性披露、严惩重罚等制度。建立环境污染“黑名单”制度，使环保失信企业处处受限。逐步构建完善环保信用评价等级与市场准入、金融服务的关联机制，实行跨部门联合奖惩，强化环保信用的经济约束。2019 年出台海南省环保信用评价办法（试行）。建立省内重点污染源名录单位环境信息强制性披露机制，出台相关实施办法，构建统一的信息披露平台。

4．建立健全生态安全管控机制。实行最严格的进出境环境安全准入管理机制，禁止“洋垃圾”输入。加强南繁育种基地外来物种环境风险管控和基因安全管理，建立生态安全和基因安全监测、评估及预警体系。研究建立系统完整规范的资源环境承载能力综合评价指标体系，定期编制重点区域承载力监测预警报告，完善公示、预警提醒、限制性措施、考核监督等配套制度。围绕服务能源储备基地建设、海洋油气资源开发等，完善区域环境安全预警网络和突发环境事件应急救援能力建设，提高风险防控、应急处置和区域协作水平。

5．构建完善绿色发展导向的生态文明评价考核体系。全面建立完善以保护优先、绿色发展为导向的经济社会发展考核评价体系，强化资源消耗、环境损害、生态效益等指标约束。完善政绩考核办法，根据主体功能定位实行差别化考核制度。出台海南省生态文明建设目标评价考核实施细则（试行）和绿色发展指标体系、生态文明建设考核目标体系。压紧压实海南省各级党委和政府生态环境保护责任，实行“党政同责、一岗双责”。开展省级和试点市县自然资源资产负债表试编，2020年正式编制全省及各市县自然资源资产负债表。对领导干部实行自然资源资产离任审计，建立经常性审计制度。出台开展领导干部自然资源资产离任审计工作的实施意见，按照全覆盖要求建立轮审制度，探索建立自然资源与生态环境信息面向审计机关的开放共享机制。将生态环境损害责任追究与政治巡视、生态环境保护督察等紧密联系，发挥制度叠加效应。

（五）创新探索生态产品价值实现机制。

1．探索建立自然资源资产产权制度和有偿使用制度。结合第三次全国国土调查，查清各类自然资源分布、土地利用现状及权属情况。选择海口市、三亚市、文昌市、保亭县、昌江县作为省级试点，开展水流、森林、山岭、荒地、滩涂以及探明储量的矿产资源等全要素自然资源资产统一确权登记，出台试点工作方案。开展国有自然资源资产所有权委托代理机制试点。推动将集体土地、林地等自然资源资产折算转变为企业、合作社的股权，资源变资产、农民变股东，让农民长期分享产权收益。探索建立水权制度，在赤田水库流域开展水权试点。完善全民所有自然资源资产评估方法和管理制度，将生态环境成本纳入价格形成机制。2019年年底前出台海南省全民所有自然资源资产有偿使用制度实施方案，选取典型区域试点研究国有森林资源有偿使用制度，深入开展海域、无居民海岛有偿使用实践，开展无居民海岛使用权市场化出让试点。

2．推动生态农业提质增效。全面建设生态循环农业示范省，加快创建农业绿色发展先行区，推进投入品减量化、生产清洁化、产品品牌化、废弃物资源化、产业模式生态化的发展模式。围绕实施乡村振兴战略，做强做优热带特色高效农业，打造国家热带现代农业基地，培育推广绿色优质安全、具有鲜明特色的海南农产品品牌，保护地理标志农产品，加强农业投入品和农产品质量安全追溯体系建设，形成“一村一品、一乡一业”。实施农产品加工业提升行动，支持槟榔、咖啡、南药、茶叶等就地加工转化增值，完善现代化仓储、物流、电子商务服务体系。加强国家南繁科研育种基地（海南）建设，打造国家热带农业科学中心。支持海南建设现代化海洋牧场。探索包括“保险+期货”在内的价格保险、收入保险等试点，保障农民收益，稳定农业生产。建立以绿色生态为导向的农业补贴制度，按规定统筹整合相关支农资金，用于鼓励和引导科学施肥用药、绿色防控、生态养殖等。

3．促进生态旅游转型升级和融合发展。加快建设全域旅游示范省，充分发挥海南特有的热带海岛旅游资源优势，推动生态型景区和生态型旅游新业态新产品开发建设，构建以观光旅游为基础、休闲度假为重点、文体旅游和健康旅游为特色的生态旅游产业体系。统筹衔接生态旅游开发与生态资源保护，对重点旅游景区景点资源和热带雨林、海岸带、海岛旅游资源，由省级进行统一规划、统筹指导，禁止低水平、低品质开发建设。探索建立资源权属清晰、产业融合发展、利益合理共享的生态旅游发展机制，鼓励对农村宅基地、闲置房屋进行改造利用，发展度假民宿等新型住宿业态，建设一批设施完备、功能多样的休闲观光园区、森林人家、渔村渔家、康养基地，创建一批特色生态旅游示范村镇、黎苗文化特色村寨精品旅游线路。

4．开展生态建设脱贫攻坚。对自然灾害高风险区域内的居民有计划、有重点、分步骤地实施生态搬迁，对迁出区进行生态恢复修复；按区位就近、适宜就业、便利生活为原则规划建设集中安置点，确保搬迁居民的基本公共服务保障水平、收入水平和生活水平有明显提升。利用城乡建设用地增减挂钩政策等，建立健全生态搬迁后续保障机制。在国家级、省级自然保护区依法合规探索开展森林经营先行先试，依法稳定集体林地承包权、放活经营权、保障收益权，拓展经营权能，推行林权抵押贷款，有效盘活林木林地资源，惠及广大林农和林区职工。选聘建档立卡贫困人口担任生态护林员，拓宽贫困人口就业和增收渠道。

5．建立形式多元、绩效导向的生态保护补偿机制。中央财政性资金加大对海南重点生态功能区的支持力度。加快完善生态保护成效与财政转移支付资金分配相挂钩的生态保护补偿机制，根据绩效考核结果，实施相应奖惩措施。完善生态公益林补偿机制，实行省级公益林与国家级公益林补偿标准联动。在赤田水库流域和南渡江、大边河、昌化江、陵水河流域开展试点，实行以水质水量动态评估为基础、市县间横向补偿与省级资金奖补相结合的补偿机制。出台海南省流域上下游横向生态保护补偿试点实施方案。健全生态保护补偿机制的顶层设计，2020 年年底前出台海南省生态保护补偿条例，明确生态保护补偿的领域区域、补偿标准、补偿渠道、补偿方式以及监督考核等内容。

6．建立绿色金融支持保障机制。支持海南开展绿色金融改革创新试点。发展绿色信贷，建立符合绿色产业和项目特点的信贷管理与监管考核制度，支持银行业金融机构加大对绿色企业和项目的信贷支持。鼓励开展集体林权抵押、环保技术知识产权质押融资业务，探索开展排污权和节能环保、清洁生产、清洁能源企业的收费权质押融资创新业务。推动绿色资产证券化。鼓励社会资本设立各类绿色发展产业基金，参与节能减排降碳、污染治理、生态修复和其他绿色项目。发展绿色保险，探索在环境高风险、高污染行业和重点防控区域依法推行环境污染强制责任保险制度。建立完善排污权、碳排放权等环境权益的交易制度。

（六）推动形成绿色生产生活方式。

1．建设清洁能源岛。加快构建安全、绿色、集约、高效的清洁能源供应体系。大力推行“削煤减油”，逐步加快燃煤机组清洁能源替代，到 2020 年，淘汰达不到超低排放要求的企业自备燃煤机组，各市县建成区范围内全面淘汰 35 蒸吨 / 小时及以下燃煤小锅炉。编制出台海南省清洁能源汽车发展规划，加快充电桩等基础设施建设，加快推广新能源汽车和节能环保汽车，在海南岛逐步禁止销售燃油汽车。加大天然气资源开发利用力度，加快推进东方气田、陵水气田、文昌至三亚天然气东部管线项目，按需有序推进清澜、洋浦、万宁、琼海气电项目规划建设，全面实施城镇燃气工程，在切实落实气源的前提下全面推广农村用气。加快推进昌江核电二期，有序发展光伏、风电等新能源，推进海洋能发电示范。推动清洁低碳能源优先上网，拓宽清洁能源消纳渠道。结合智能电网升级改造、现代农村电网建设、微电网示范建设、蓄能供冷等新型储能技术，实现可再生能源的规模化应用。

2．全面促进资源节约利用。实施能源消费总量和强度双控行动，制定碳排放达峰路线图，提升各领域各行业节能标准要求。大力推行园区集中供热、特定区域集中供冷、超低能耗建筑、高效节能家电等，推广合同能源管理，完善市场化节能机制。到 2020 年，全省能耗总量控制在 2 598 万吨标准煤以内。实行最严格的节约用地制度，实施建设用地总量和强度双控行动，确保全省建设用地总量在现有基础上不增加，人均城镇工矿用地和单位地区生产总值建设用地使用面积稳步下降。实行城市土地开发整理新模式，推进城市更新改造，对低效、零散用地进行统筹整合、统一开发。继续深化全省闲置建设用地清理处置，推动低效土地再开发利用。建设用地指标主要用于基础设施和重大产业项目。针对不同产业类别、不同区域，将单位土地投资强度、产值等作为经营类建设用地出让控制指标，实施产业项目用地准入协议制度，建立履约评价和土地退出机制，提高土地利用效益。全面实施节水行动，落实最严格水资源管理制度，实施用水总量和强度双控行动。加快推进节水型社会、节水型城市和各类节水载体建设，深入推进农业水价综合改革，2020年年底前全面实行城镇非居民用水超定额累进加价制度。有计划、分阶段、分区域地推进装配式建筑发展，提高新建绿色建筑比例。

3．加快推进产业绿色发展。支持海南制定实施产业结构调整负面清单和落后产能淘汰政策，开展“散乱污”企业综合整治，全面禁止高能耗、高污染、高排放产业和低端制造业发展，推动现有制造业向智能化、绿色化和服务型转变。培育壮大节能环保产业、清洁生产产业、清洁能源产业。以产业园区和重点工程建设为依托，广泛推行环境污染第三方治理和合同环境服务。推动低碳循环、治污减排、监测监控等核心环保技术工艺、成套产品、材料药剂研发与产业化。制定实施“限塑令”，2020年年底前在全省范围内全面禁止生产、销售和使用一次性不可降解塑料袋、塑料餐具等。推进快递绿色包装产品使用，2020年基本实现省内同城快递业务绿色包装应用全覆盖。推行生产者责任延伸制度，探索在全岛范围内采取押金制等方式回收一次性塑料标准包装物、铅酸蓄电池、锂电池、农药包装物等。鼓励生产企业加快建立动力电池回收体系。

4．推行绿色生活方式。加快推行生活垃圾强制分类制度，选取海口市等具备条件的城市先行实施。出台海南省生活垃圾分类管理条例和海南省垃圾分类收集处理标准体系。在教育、职业培训等领域探索共享经济发展新模式。提倡绿色出行，优先发展公共交通，提高公共交通机动化出行分担率，促进小微型客车租赁和自行车互联网租赁规范健康发展。将生态文明教育纳入国民教育、农村夜校、干部培训和企业培训体系，融入社区规范、村规民约、景区守则。将生态文明教育摆在中小学素质教育的突出位置，完善课程体系，丰富教育实践。挖掘海南本土生态文化资源，创作一批生态文艺精品，创建若干生态文明教育基地。积极创建节约型机关、绿色家庭、绿色学校、绿色社区、绿色出行、绿色商场、绿色建筑等。2019年全面推行绿色产品政府采购制度，优先或强制采购绿色产品。支持引导社会组织、志愿者在生态环境监管、环保政策制定、监督企业履行环保责任等方面发挥积极作用，健全举报、听证、舆论监督等公众参与机制，构建全民参与的社会行动体系。

三、保障措施

（一）加强组织领导。海南省各级党委和政府要全面贯彻党中央、国务院决策部署，把生态文明建设摆在全局工作突出地位，坚决落实生态文明建设和生态环境保护责任。按照本方案要求，从实际出发，研究细化分阶段、分年度、分区域的工作目标和重点任务，制定具体措施，明确时间表、路线图，推动各项政策措施落地见效，切实解决群众关切的突出问题。中央和国家机关有关部门要认真贯彻落实本方案提出的任务措施，加强对海南建设生态文明试验区的指导和支持，强化沟通协作，协调解决方案落实中的困难和问题。进一步理顺工作管理体制，强化陆海统筹和涉海综合管理。

（二）引进培养人才。引进和培养一批生态文明建设领域的领军人才、高层次创新人才，打造高素质专业化干部队伍。加强海南与国内外生态文明水平领先地区的学习交流。支持海南大学等科研院所培育发展与生态文明建设密切相关的优势学科专业、重点实验室。鼓励国内外知名科研院所在海南设立分支机构，开展与生态文明建设密切相关课题研究。创新“候鸟型”人才引进和使用机制，设立“候鸟”人才工作站。

（三）强化法治保障。海南省人大及其常委会可以充分利用经济特区立法权，制定海南特色地方性法规，为推进试验区建设提供有力法治保障。试验区重大改革措施涉及突破现行法律法规规章和规范性文件规定的，要按程序报批，取得授权后施行。

（四）开展效果评估。及时总结生态文明试验成果，加强对改革任务落实情况的跟踪分析、督促检查和效果评估。对试验过程中发现的问题和实践证明不可行的举措，要及时予以调整，提出相关建议。

（五）整合试点示范。整合资源集中开展试点试验，将已经部署开展的儋州市、琼海市、万宁市等综合性生态文明先行示范区统一整合，以国家生态文明试验区（海南）名称开展工作；将海南省省域“多规合一”试点、三亚市“城市修补、生态修复”试点、三沙市和三亚市国家级海洋生态文明建设示范区等各类专项生态文明试点示范，统一纳入国家生态文明试验区（海南）平台整体推进、形成合力。

来源：新华社

国务院关于推进国家级经济技术开发区创新提升打造改革开放新高地的意见

国发〔2019〕11号　发布时间：2019年5月28日

各省、自治区、直辖市人民政府，国务院各部委、各直属机构：

为着力构建国家级经济技术开发区（以下简称国家级经开区）开放发展新体制，发展更高层次的开放型经济，加快形成国际竞争新优势，充分发挥产业优势和制度优势，带动地区经济发展，现提出以下意见。

一、总体要求

（一）指导思想。以习近平新时代中国特色社会主义思想为指导，全面贯彻党的十九大和十九届二中、三中全会精神，按照党中央、国务院决策部署，坚持稳中求进工作总基调，坚持新发展理念，以供给侧结构性改革为主线，以高质量发展为核心目标，以激发对外经济活力为突破口，着力推进国家级经开区开放创新、科技创新、制度创新，提升对外合作水平、提升经济发展质量，打造改革开放新高地。

（二）基本原则。

——坚持开放引领、改革创新。充分发挥国家级经开区的对外开放平台作用，坚定不移深化改革，持续优化投资环境，激发对外经济活力，打造体制机制新优势。

——坚持质量第一、效益优先。集聚知识、技术、信息、数据等生产要素，推动质量变革、效率变革、动力变革，提高全要素生产率，促进产业升级，拓展发展新空间。

——坚持市场主导、政府引导。充分发挥市场在资源配置中的决定性作用，更好发挥政府作用，弘扬企业家精神，激发市场活力和创造力，培育经济发展新动能。

二、提升开放型经济质量

（三）拓展利用外资方式。支持国家级经开区提高引资质量，重点引进跨国公司地区总部、研发、财务、采购、销售、物流、结算等功能性机构。地方人民政府可依法、合规在外商投资项目前期准备等方面给予支持。支持区内企业开展上市、业务重组等。（商务部、证监会等单位与地方各级人民政府按职责分工负责）

（四）优化外商投资导向。对在中西部和东北地区国家级经开区内从事鼓励类项目且在完善产业链等方面发挥重要作用的外商投资企业，可按规定予以支持。（各有关省级人民政府按职责分工负责）实行差异化的区域政策，相关中央预算内投资和中央财政专项转移支付继续向中西部欠发达地区和东北地区老工业基地倾斜。（发展改革委、财政部等单位按职责分工负责）地方人民政府可统筹上级转移支付资金和自有资金，对符合条件的中西部欠发达地区和东北地区老工业基地区域内国家级经开区基础设施建设、物流交通、承接产业转移、优化投资环境等项目，提供相应支持。（发展改革委、财政部、商务部等单位与地方各级人民政府按职责分工负责）

（五）提升对外贸易质量。支持符合条件的国家级经开区申请设立综合保税区。（商务部、海关总署等单位按职责分工负责）充分运用外经贸发展专项资金等，支持符合条件的国家级经开区建设外贸转型升级基地和外贸公共服务平台。（财政部、商务部等单位与地方各级人民政府按职责分工负责）支持国家级经开区推进关税保证保险改革。（海关总署、税务总局、银保监会等单位按职责分工负责）

三、赋予更大改革自主权

（六）深化“放管服”改革。支持国家级经开区优化营商环境，推动其在“放管服”改革方面走在前列，依法精简投资项目准入手续，简化审批程序，下放省市级经济管理审批权限，实施先建后验管理新模式。深化投资项目审批全流程改革，推行容缺审批、告知承诺制等管理方式。全面开展工程建设项目审批制度改革，统一审批流程，统一信息数据平台，统一审批管理体系，统一监管方式。（发展改革委、住房城乡建设部、市场监管总局等单位与地方各级人民政府按职责分工负责）

（七）优化机构职能。允许国家级经开区按照机构编制管理相关规定，调整内设机构、职能、人员等，推进机构设置和职能配置优化协同高效。优化国家级经开区管理机构设置，结合地方机构改革逐步加强对区域内经济开发区的整合规范。地方人民政府可根据国家级经开区发展需要，按规定统筹使用各类编制资源。（中央编办、财政部等单位与地方各级人民政府按职责分工负责）

（八）优化开发建设主体和运营主体管理机制。支持地方人民政府对有条件的国家级经开区开发建设主体进行资产重组、股权结构调整优化，引入民营资本和外国投资者，开发运营特色产业园等园区，并在准入、投融资、服务便利化等方面给予支持。（商务部等单位与地方各级人民政府按职责分工负责）积极支持符合条件的国家级经开区开发建设主体申请首次公开发行股票并上市。（证监会等单位负责）

（九）健全完善绩效激励机制。支持国家级经开区创新选人用人机制，经批准可实行聘任制、绩效考核制等，允许实行兼职兼薪、年薪制、协议工资制等多种分配方式。支持国家级经开区按市场化原则开展招商、企业入驻服务等，允许国家级经开区制定业绩考核办法时将招商成果、服务成效等纳入考核激励。（财政部、人力资源社会保障部等单位与地方各级人民政府按职责分工负责）

（十）支持开展自贸试验区相关改革试点。支持国家级经开区按程序开展符合其发展方向的自贸试验区相关改革试点。在政府职能转变、投资贸易便利化等重点领域加大改革力度，充分发挥国家级经开区辐射带动作用。（商务部等单位与地方各级人民政府按职责分工负责）

四、打造现代产业体系

（十一）加强产业布局统筹协调。加强上下游产业布局规划，推动国家级经开区形成共生互补的产业生态体系。国家重大产业项目优先规划布局在国家级经开区。充分发挥中央层面现有各类产业投资基金作用，支持发展重大产业项目。地方人民政府要对国家级经开区推进主导产业升级予以适当支持。（发展改革委、工业和信息化部、财政部等单位与地方各级人民政府按职责分工负责）

（十二）实施先进制造业集群培育行动。支

持国家级经开区创建国家新型工业化产业示范基地，坚持市场化运作、内外资企业一视同仁，培育先进制造业集群。加快引进先进制造业企业、专业化“小巨人”企业、关键零部件和中间品制造企业，支持企业建设新兴产业发展联盟和产业技术创新战略联盟。（发展改革委、工业和信息化部等单位与地方各级人民政府按职责分工负责）

加强与相关投资基金合作，充分发挥产业基金、银行信贷、证券市场、保险资金以及国家融资担保基金等作用，拓展国家级经开区发展产业集群的投融资渠道。（发展改革委、工业和信息化部、财政部、人民银行、银保监会、证监会等单位按职责分工负责）

鼓励国家级经开区内企业承担智能制造试点示范项目，鼓励企业研发、采购先进设备、引进人才、国际化发展等。（地方各级人民政府按职责分工负责）

（十三）实施现代服务业优化升级行动。地方人民政府可结合地方服务业发展实际，利用现有政策和资金渠道，支持在符合条件的国家级经开区内发展医疗健康、社区服务等生活性服务业，以及工业设计、物流、会展等生产性服务业。（发展改革委、民政部、财政部、商务部、卫生健康委等单位与各省级人民政府按职责分工负责）

（十四）加快推进园区绿色升级。充分发挥政府投资基金作用，支持国家级经开区加大循环化改造力度，实施环境优化改造项目。（发展改革委、财政部、商务部等单位与各省级人民政府按职责分工负责）

支持国家级经开区创建国家生态工业示范园区，省级人民政府相应予以政策支持。在符合园区规划环评结论和审查要求的基础上，对国家生态工业示范园区内的重大项目依法简化项目环评内容，提高审批效率。依法推进国家级经开区规划环境影响评价工作。（生态环境部、商务部等单位与各省级人民政府按职责分工负责）

（十五）推动发展数字经济。鼓励各类资本在具备条件的国家级经开区投资建设信息技术基础设施，省级人民政府可将此类投资纳入当地数字经济发展规划并予以支持。支持国家级经开区内企业创建数字产业创新中心、智能工厂、智能车间等。（中央网信办、发展改革委、工业和信息化部等单位与地方各级人民政府按职责分工负责）

（十六）提升产业创新能力。鼓励国家级经开区复制推广自贸试验区、自主创新示范区等试点经验，率先将国家科技创新政策落实到位，成效明显的可加大政策先行先试力度，打造成为科技创新集聚区。在服务业开放、科技成果转化、科技金融发展等方面加强制度创新。对新兴产业实行包容审慎监管。（科技部、商务部、人民银行、市场监管总局、知识产权局等单位与地方各级人民政府按职责分工负责）

支持国家级经开区建设国家大科学装置和国家科技创新基地。支持符合条件的国家级经开区打造特色创新创业载体，推动中小企业创新创业升级。（发展改革委、科技部、工业和信息化部、财政部、商务部等单位与地方各级人民政府按职责分工负责）

国家级经开区内科研院所转化职务发明成果收益给予参与研发的科技人员的现金奖励，符合税收政策相关规定的，可减按50%计入科技人员工资、薪金所得缴纳个人所得税。（财政部、税务总局等单位与地方各级人民政府按职责分工负责）

鼓励国家级经开区对区内企业开展专利导航、知识产权运营、知识产权维权援助等给予支持。（市场监管总局、知识产权局等单位与地方各级人民政府按职责分工负责）

支持在有条件的国家级经开区开展资本项目收入结汇支付便利化、不动产投资信托基金等试点。（人民银行、证监会、外汇局等单位与地方各级人民政府按职责分工负责）

五、完善对内对外合作平台功能

（十七）积极参与国际合作。支持国家级经

开区积极探索与境外经贸合作区开展合作。支持中西部地区有关国家级经开区参与中国—新加坡（重庆）战略性互联互通示范项目“国际陆海贸易新通道”建设。（外交部、发展改革委、交通运输部、商务部、海关总署等单位与地方各级人民政府按职责分工负责）

（十八）打造国际合作新载体。在科技人才集聚、产业体系较为完备的国家级经开区建设一批国际合作园区，鼓励港澳地区及外国机构、企业、资本参与国际合作园区运营。支持金融机构按照风险可控、商业可持续原则，做好国际合作园区的金融服务。鼓励地方人民政府用足用好现有政策，依法、合规支持国家级经开区建设国际合作园区。（财政部、商务部、人民银行、港澳办、银保监会、证监会、进出口银行、开发银行等单位与地方各级人民政府按职责分工负责）

（十九）拓展对内开放新空间。鼓励地方人民政府依法完善财政、产业政策，支持国家级经开区根据所在区域产业布局，增强产业转移承载能力，开展项目对接。充分发挥外经贸发展专项资金作用，支持国家级经开区与边境经济合作区、跨境经济合作区开展合作，共同建设项目孵化、人才培养、市场拓展等服务平台和产业园区，为边境经济合作区、跨境经济合作区承接产业转移项目创造条件。省级人民政府要加大对共建园区基础设施建设的支持力度。（发展改革委、财政部、自然资源部、商务部、人民银行、银保监会等单位与地方各级人民政府按职责分工负责）

（二十）促进与所在城市互动发展。在保障信息安全的前提下，支持国家级经开区与所在地人民政府相关机构共享公共资源交易、人口、交通、空间地理等信息。国家级经开区可在国土空间基础信息平台的基础上建设城市空间基础信息平台。（公安部、自然资源部、住房城乡建设部、交通运输部等单位与地方各级人民政府按职责分工负责）

推动国家级经开区完善高水平商贸旅游、医疗养老、文化教育等功能配套，规划建设城市综合体、中央商务区、专家公寓等。对公共服务重点项目，地方人民政府和国家级经开区可提供运营支持。支持有条件的国家级经开区建设国际化社区和外籍人员子女学校。（教育部、民政部、商务部、卫生健康委等单位与地方各级人民政府按职责分工负责）

六、加强要素保障和资源集约利用

（二十一）强化集约用地导向。支持国家级经开区开展旧城镇、旧厂房、旧村庄等改造，并按规定完善历史用地手续。积极落实产业用地政策，支持国家级经开区内企业利用现有存量土地发展医疗、教育、科研等项目。原划拨土地改造开发后用途符合《划拨用地目录》的，仍可继续按划拨方式使用。对符合协议出让条件的，可依法采取协议方式办理用地手续。鼓励地方人民政府通过创新产业用地分类、鼓励土地混合使用、提高产业用地土地利用效率、实行用地弹性出让、长期租赁、先租后让、租让结合供地等，满足国家级经开区的产业项目用地需求。加强国家级经开区存量用地二次开发，促进低效闲置土地的处置利用。鼓励新入区企业和土地使用权权属企业合作，允许对具备土地独立分宗条件的工业物业产权进行分割，用以引进优质项目。省级人民政府对国家级经开区盘活利用存量土地的，可给予用地指标奖励。除地方人民政府已分层设立建设用地使用权的地下空间外，现有项目开发地下空间作为自用的，其地下空间新增建筑面积可以补缴土地价款的方式办理用地手续。（自然资源部等单位与地方各级人民政府按职责分工负责）

（二十二）降低能源资源成本。支持省级人民政府在国家级经开区开展电力市场化交易，支持国家级经开区内企业集体与发电企业直接交易，支持区内电力用户优先参与电力市场化交易。支持国家级经开区按规定开展非居民用天然气价格市场化改革，加强天然气输配价格监管，减少或取消直接供气区域内国家级经开

区省级管网输配服务加价。（发展改革委、能源局等单位与地方各级人民政府按职责分工负责）

（二十三）完善人才政策保障。支持国家级经开区引进急需的各类人才，提供户籍办理、出入境、子女入学、医疗保险、创业投资等方面“一站式”服务。允许具有硕士及以上学位的优秀外国留学生毕业后直接在国家级经开区工作。对国家级经开区内企业急需的外国专业人才，按照规定适当放宽申请工作许可的年龄限制。对国家级经开区引进外籍高端人才，提供入境、居留和永久居留便利。（教育部、科技部、公安部、财政部、人力资源社会保障部、住房城乡建设部、移民局等单位与地方各级人民政府按职责分工负责）

（二十四）促进就业创业。对符合条件且未享受实物保障的在国家级经开区内就业或创业的人员，可提供一定的购房、租房补贴，按规定落实创业担保贷款政策。（财政部、人力资源社会保障部、住房城乡建设部、人民银行等单位与地方各级人民政府按职责分工负责）

鼓励地方人民政府提高国家级经开区内企业培养重点行业紧缺高技能人才补助标准，对国家级经开区与职业院校（含技工院校）共建人才培养基地、创业孵化基地等按规定给予支持。（教育部、财政部、人力资源社会保障部等单位与地方各级人民政府按职责分工负责）

各地区、各部门要深刻认识推进国家级经开区创新提升、打造改革开放新高地的重大意义，采取有效措施，加快推进国家级经开区高水平开放、高质量发展。商务部要会同有关部门加强督促检查，确保各项措施落到实处。涉及调整行政法规、国务院文件和经国务院批准的部门规章的，按规定程序办理。

来源：中国政府网

国务院关于长三角生态绿色一体化发展示范区总体方案的批复

国函〔2019〕99号 发布时间：2019年10月29日

上海市、江苏省、浙江省人民政府，国家发展改革委：

国家发展改革委《关于报送〈长三角生态绿色一体化发展示范区总体方案〉（送审稿）的请示》（发改地区〔2019〕1634号）收悉。现批复如下：

一、原则同意《长三角生态绿色一体化发展示范区总体方案》（以下简称《方案》），请认真组织实施。

二、《方案》实施要以习近平新时代中国特色社会主义思想为指导，全面贯彻党的十九大和十九届二中、三中全会精神，坚持稳中求进工作总基调，坚持新发展理念，坚持推动高质量发展，坚持以供给侧结构性改革为主线，坚持深化市场化改革、扩大高水平开放，发挥中央和地方两个积极性，加大改革创新力度，集中落实、系统集成重大改革举措，进一步提升服务水平和核心竞争力，实现绿色经济、高品质生活、可持续发展有机统一，走出一条跨行政区域共建共享、生态文明与经济社会发展相得益彰的新路径。

三、上海市、江苏省、浙江省人民政府要

切实加强组织领导，完善工作机制，制定配套政策，落实工作责任，确保《方案》确定的目标任务如期实现。涉及的重要政策和重大建设项目要按程序报批。

四、国务院有关部门要按照职能分工，加强对《方案》实施的协调和指导，在政策实施、体制创新、项目建设等方面给予积极指导和支持，协调解决长三角生态绿色一体化发展示范区建设中遇到的困难和问题。

五、国家发展改革委、推动长三角一体化发展领导小组办公室要会同有关部门加强对《方案》实施情况的跟踪分析和督促检查，适时组织开展实施进展情况评估，注意研究新情况、解决新问题、总结新经验，重大问题及时向国务院报告。

国务院

2019年10月25日

来源：中国政府网

国务院关于做好自由贸易试验区第五批改革试点经验复制推广工作的通知

国函〔2019〕38号 发布时间：2019年5月5日

各省、自治区、直辖市人民政府，国务院各部委、各直属机构：

建设自由贸易试验区（以下简称自贸试验区）是党中央、国务院在新时代推进改革开放的一项战略举措，在我国改革开放进程中具有里程碑意义。按照党中央、国务院决策部署，自贸试验区所在省市和有关部门结合各自贸试验区功能定位和特色特点，全力推进制度创新实践，形成了自贸试验区第五批改革试点经验，将在全国范围内复制推广。现就有关事项通知如下。

一、复制推广的主要内容

（一）在全国范围内复制推广的改革事项。

1. 投资管理领域："公证'最多跑一次'"、"自然人'一人式'税收档案"、"网上办理跨区域涉税事项"、"优化涉税事项办理程序，压缩办理时限"、"企业名称自主申报制度"等5项。

2. 贸易便利化领域："海运危险货物查验信息化，船舶载运危险货物及污染危害性货物合并申报"、"国际航行船舶进出境通关全流程'一单多报'"、"保税燃料油跨港区供应模式"、"海关业务预约平台"、"生产型出口企业出口退税服务前置"、"中欧班列集拼集运模式"等6项。

3. 事中事后监管措施："审批告知承诺制、市场主体自我信用承诺及第三方信用评价三项信用信息公示"、"公共信用信息'三清单'（数据清单、行为清单、应用清单）编制"、"实施船舶安全检查智能选船机制"、"进境粮食检疫全流程监管"、"优化进口粮食江海联运检疫监管措施"、"优化进境保税油检验监管制度"等6项。

（二）在自贸试验区复制推广的改革事项。

投资管理领域："推进合作制公证机构试点"。

二、高度重视复制推广工作

各地区、各部门要以习近平新时代中国特色社会主义思想为指导，全面贯彻党的十九大和十九届二中、三中全会精神，深刻认识复制推广自贸试验区改革试点经验的重大意义，将复制推广工作作为贯彻新发展理念、推动高质量发展、建设现代化经济体系的重要举措，更大力度转变政府职能，全面提升治理能力现代化水平，着力推动制度创新，进一步优化营商环境，激发市场活力，逐步构建与我国开放型经济发展要求相适应的新体制、新模式，推动形成全面开放新格局，不断增强经济创新力和竞争力。

三、切实做好组织实施

各省（自治区、直辖市）人民政府要将自贸试验区改革试点经验复制推广工作列为本地区重点工作，加强组织领导，加大实施力度，强化督促检查，确保复制推广工作顺利推进，改革试点经验落地生根、取得实效。国务院各有关部门要主动作为，完成复制推广工作。需报国务院批准的事项要按程序报批，需调整有关行政法规、国务院文件和部门规章规定的，要按法定程序办理。国务院自由贸易试验区工作部际联席会议办公室要适时督查复制推广工作进展和成效，协调复制推广工作中的重点和难点问题。复制推广工作中遇到的重大问题，要及时报告国务院。

国务院

2019 年 4 月 14 日

来源：中国政府网

国务院关于促进综合保税区高水平开放高质量发展的若干意见

国发〔2019〕3号

各省、自治区、直辖市人民政府，国务院各部委、各直属机构：

综合保税区是开放型经济的重要平台，对发展对外贸易、吸引外商投资、促进产业转型升级发挥着重要作用。为贯彻落实党中央、国务院关于推动形成全面开放新格局的决策部署，实行高水平的贸易和投资自由化便利化政策，以高水平开放推动高质量发展，将综合保税区建设成为新时代全面深化改革开放的新高地，现提出以下意见。

一、指导思想

以习近平新时代中国特色社会主义思想为指导，全面贯彻党的十九大和十九届二中、三中全会精神，统筹推进“五位一体”总体布局和协调推进“四个全面”战略布局，按照党中央、国务院决策部署，坚持稳中求进工作总基调，坚持新发展理念，坚持高质量发展，以供给侧结构性改革为主线，深入推进“放管服”改革，解放思想，创新发展，赋予综合保税区改革开放新使命，打造具有国际竞争力和创新力的海关特殊监管区域。

二、基本原则

（一）坚持深化改革，简政放权。进一步健全综合监管体系，持续改善营商环境和创新环境，有效降低市场运行成本，充分激发市场活力。

（二）坚持对标国际，开放引领。对标国际先进水平，注重要素整合和产业配套，深度融入国际产业链、价值链、供应链，更好地统筹利用国际国内两个市场、两种资源，培育和提升国际竞争新优势。

（三）坚持创新驱动，转型升级。推动综合保税区优化产业结构，支持和鼓励新技术、新产业、新业态、新模式发展。

（四）坚持质量第一，效益优先。适应经济新常态下发展新变化，尊重市场规律，因势利导，量质并举，充分发挥综合保税区辐射带动作用。

三、发展目标

对标高质量发展要求，完善政策，拓展功能，创新监管，培育综合保税区产业配套、营商环境等综合竞争新优势。加快综合保税区创新升级，打造对外开放新高地，推动综合保税区发展成为具有全球影响力和竞争力的加工制造中心、研发设计中心、物流分拨中心、检测维修中心、销售服务中心。

四、主要任务

（一）统筹两个市场，打造加工制造中心。

1. 拓展两个市场。积极稳妥地在综合保税区推广增值税一般纳税人资格试点。（税务总局、财政部、海关总署负责，排在第一位的部门为牵头部门，下同）

2. 提前适用政策。自国务院批准设立综合保税区之日起，对入区企业进口自用的机器设备等，在确保海关有效监管的前提下，可按现行规定享受综合保税区税收政策。（海关总署、财政部、税务总局负责）

3. 释放企业产能。允许综合保税区内加工制造企业利用剩余产能承接境内区外委托加工。（海关总署、商务部负责）

4. 促进内销便利。将在综合保税区内生产制造的手机、汽车零部件等重点产品从自动进口许可证管理货物目录中剔除，便利企业内销。（商务部、海关总署负责）

5. 强化企业市场主体地位。简化海关业务核准手续，支持综合保税区内企业自主备案、合理自定核销周期、自主核报、自主补缴税款。（海关总署负责）

（二）推动创新创业，打造研发设计中心。

6. 促进研发创新。除禁止进境的外，综合保税区内企业从境外进口且在区内用于研发的货物、物品，免于提交许可证件，进口的消耗性材料根据实际研发耗用核销。（海关总署、商务部等有关部门负责）

7. 建设创新高地。综合运用综合保税区政策功能优势，支持国家产业创新中心、国家技术创新中心、国家工程研究中心、新型研发机构等研发创新机构在综合保税区发展。（发展改革委、科技部、海关总署负责）

8. 优化信用管理。综合保税区内新设的研发设计、加工制造企业，经评定符合有关标准的，直接赋予最高信用等级。（市场监管总局、海关总署负责）

9. 支持医疗设备研发。综合保税区内企业进口的医疗器械用于研发、展示的，可不办理相关注册或备案手续。进入国内销售、使用的医疗器械，应当按照相关规定申请注册或办理备案。（药监局、海关总署负责）

（三）推进贸易便利化，打造物流分拨中心。

10. 简化进出区管理。允许对境内入区的不涉出口关税、不涉贸易管制证件、不要求退税且不纳入海关统计的货物、物品，实施便捷进出区管理模式。（海关总署负责）

11. 便利货物流转。运用智能监管手段，创新监管模式，简化业务流程，实行数据自动比对、卡口自动核放，实现保税货物点对点直接流转，降低运行成本，提升监管效能。（海关总署负责）

12. 试行汽车保税存储。允许在汽车整车进口口岸的综合保税区内开展进口汽车保税存储、展示等业务。（发展改革委、海关总署负责）

13. 促进文物回流。优化文物及文化艺术品从境外入区监管模式，简化文化艺术品备案程序，实施文物进出境登记审核，促进文物及文化艺术品在综合保税区存储、展示等。（海关总署、文化和旅游部、文物局负责）

（四）延伸产业链条，打造检测维修中心。

14. 开展检测维修。允许综合保税区内企业开展高技术、高附加值、符合环保要求的保税检测和全球维修业务。支持第三方检验检测认证机构在综合保税区开展进出口检验认证服务。（商务部、工业和信息化部、生态环境部、海关总署负责）

15. 支持再制造业。允许综合保税区内企业开展高技术含量、高附加值的航空航天、工程机械、数控机床等再制造业务。（商务部、发展改革委、工业和信息化部、海关总署负责）

16. 创新监管模式。综合保税区内企业从境外进口已获批的人用疫苗或体外诊断试剂，允许在具备必要监管查验条件的综合保税区内查验。境外入区的食品，如需检测的，在抽样后即放行，对境外入区动植物产品的检验项目，实行“先入区、后检测”，根据检测结果进行后续处置。（海关总署负责）

（五）培育新动能新优势，打造销售服务中心。

17. 发展租赁业态。对注册在综合保税区内的融资租赁企业进出口飞机、船舶和海洋工程结构物等大型设备涉及跨关区的，在确保有效监管和执行现行相关税收政策的前提下，按物流实际需要，实行海关异地委托监管。（海关总署、财政部、税务总局负责）

18. 促进跨境电商发展。支持综合保税区内企业开展跨境电商进出口业务，逐步实现综合保税区全面适用跨境电商零售进口政策。（商务部、海关总署等有关部门负责）

19. 支持服务外包。允许综合保税区内企业进口专业设备开展软件测试、文化创意等国际服务外包业务，促进跨境服务贸易。（海关总署、财政部、商务部负责）

20. 支持期货交割。支持具备条件的综合保税区开展铁矿石、天然橡胶等商品期货保税交割业务。（海关总署、证监会负责）

21. 推广创新制度。经政策评估后，支持综合保税区率先全面复制推广自贸试验区中与海关特殊监管区域相关的改革试点经验。（海关总署、商务部等有关部门负责）

五、有关要求

各地区各有关部门要充分认识促进综合保税区高水平开放高质量发展、打造全面深化改革开放新高地的重要意义，切实强化组织领导，加强协同配合，积极推动本意见贯彻落实。

海关总署要继续做好牵头工作，进一步优化区域布局，发挥东部地区创新引领作用，促进中西部地区承接加工贸易产业转移，提高开放水平。要继续促进海关特殊监管区域整合提升，推动符合条件的各类型海关特殊监管区域优化为综合保税区。要加大统筹协调力度，会同有关部门建立完善促进综合保税区发展的部门协调机制。要深入推进“放管服”改革，简化综合保税区设立、整合的审核和验收程序，加强安全准入监管和事中事后监督。

国务院有关部门要增强大局意识，积极配合，全力支持，认真落实任务分工。支持综合保税区制度创新，率先全面复制推广自贸试验区相关改革试点经验，实行高水平的贸易和投资自由化便利化政策，积极营造一流的营商环境，进一步提高综合保税区发展质量，协同打造开放型经济新高地。

各省、自治区、直辖市人民政府作为综合保税区的申请设立、规划建设和运行管理主体，要切实落实主体责任，强化安全监管，加强管理，优化服务，促进综合保税区高水平开放高质量发展。

国务院

2019 年 1 月 12 日

来源：中国政府网

国家发展改革委关于开展第二批国家农村产业融合发展示范园创建工作的通知

发改办农经〔2019〕334号

各省、自治区、直辖市及计划单列市、新疆生产建设兵团发展改革委：

为贯彻落实中央经济工作会议、中央农村工作会议和今年中央一号文件精神，按照《国家农村产业融合发展示范园认定管理办法（试行）》，经商农业农村部、工业和信息化部、财政部、自然资源部、商务部、文化和旅游部，现就开展第二批国家农村产业融合发展示范园创建工作有关事项通知如下。

一、总体要求

（一）指导思想。认真落实党中央、国务院决策部署，牢固树立和贯彻创新、协调、绿色、开放、共享的发展理念，以深入推进农业供给侧结构性改革、加快培育农村发展新动能为主线，以完善利益联结机制为核心，以要素集聚和模式创新为动力，以农村产业融合发展示范园建设为抓手，着力打造农村产业融合发展的示范样板和平台载体，努力构建农业与二三产业交叉融合的现代农业产业体系，充分发挥示范引领作用，带动农村一二三产业融合发展，促进农业增效、农民增收、农村繁荣。

（二）基本原则。

——坚持政府引导、市场主导。充分发挥市场配置资源的决定性作用，更好发挥政府作用，营造良好市场环境，加快培育市场主体，打破要素瓶颈制约和体制机制障碍，积极吸引社会资本投入，激发产业融合发展活力。

——坚持因地制宜、创新发展。根据不同地区资源禀赋、产业基础、区位优势等，探索符合本地区特点、形式多样的产业融合模式和可复制、可推广的经验。发挥首创精神，坚持在特色上做文章，避免同质化发展和重复建设。

——坚持利益联结、惠农富农。始终坚持把农民更多分享增值收益作为基本出发点，建立健全入园企业、项目与农户间紧密的利益联结机制，着力增强农民参与融合能力，让农民更多分享产业融合发展的增值收益。充分发挥示范带动作用，引领带动农民就业创业和增收致富。

——坚持严格标准、宁缺勿滥。充分考虑本省（区、市）实际，坚持高起点、高标准确定农村产业融合发展示范园创建条件，通过竞争性选拔择优推荐，确保少而精。建立健全能进能出的动态管理机制，根据创建工作考核结果实行淘汰制度，对示范效果不显著的及时撤销创建资格。

（三）主要目标。2019 年创建第二批 100 个融合特色鲜明、产业集聚发展、利益联结紧密、配套服务完善、组织管理高效、示范作用显著的农村产业融合发展示范园，实现多模式融合、多类型示范，并通过复制推广先进经验，加快延伸农业产业链、提升农业价值链、拓展农业多种功能、培育农村新产业新业态。

二、示范任务

（四）探索多种产业融合模式，构建现代农业产业体系。通过推进农业内部融合、延伸农业产业链、拓展农业多种功能、发展农业新型业态、促进产城融合等多种形式，结合当地资源禀赋、风土人情等实际，探索并总结一批适合不同地区的农村产业融合模式，加快发展根植于农业农村、由当地农民主办、彰显地域特色和乡村价值的产业体系。

（五）培育多元化产业融合主体，激发产业融合发展活力。加快培育有经济实力、发展活力和带动能力的经营主体，探索农民合作社、家庭农场、种养大户等在农村产业融合中更好发挥作用的有效途径，鼓励农民合作社发展农产品加工、销售，鼓励家庭农场、种养大户开展农产品直销。支持龙头企业通过直接投资、参股经营、签订长期供销合同等方式建设标准化、规模化原料生产基地以及营销设施，带动农户和农民合作社发展适度规模经营。

（六）健全利益联结机制，让农民更多分享产业增值收益。加快推广"订单收购 + 分红""土地流转 + 优先雇用 + 社会保障""农民入股 + 保底收益 + 按股分红"等多种利益联结方式，让农户分享加工、销售环节收益。鼓励行业协会或龙头企业与合作社、家庭农场、普通农户等组织共同营销，开展农产品销售推介和品牌运作，让农户更多分享产业链增值收益。鼓励农业产业化龙头企业通过设立风险资金、为农户提供信贷担保、领办或参办农民合作组织等多种形式，与农民建立稳定的订单和契约关系。将示范园打造成为易地扶贫搬迁配套产业和促进就业的重要载体，强化脱贫攻坚产业支撑，完善带贫减贫机制，辐射和带动贫困户实现"搬得出、稳得住、能脱贫"。

（七）创新体制机制，破解产业融合发展瓶颈约束。按照企业主导、政府支持、社会参与、市场运作的原则，完善农村产业融合投融资体制机制，吸引社会资本投入农村产业融合发展示范园建设和运营。鼓励金融机构与农村产业融合发展示范园建立紧密合作关系，推广产业链金融模式，加大信贷支持。引导农村集体经济组织挖掘集体土地、房屋、设施等资源和资产潜力，依法通过股份制、合作制、股份合作制、租赁等形式，积极参与产业融合发展。

三、申报创建类型、数量、条件与程序

（八）创建类型。各地要结合本地区实际，充分挖掘地域特色，围绕农业内部融合、产业链延伸、功能拓展、新技术渗透、产城融合、多业态复合等六种类型，有针对性地创建农村产业融合发展示范园。为统筹整合资源，强化示范效应，已认定或正在创建的农业产业园、农业科技园等园区，符合条件的，也可申请创建农村产业融合发展示范园。为提高示范园创建的多样性，确保多出经验，避免类型过于单一或雷同，各省（区、市）要尽可能选择不同类型进行试点示范，每种类型最多选择 1 个。

（九）申报数量。2018 年农林牧渔业总产值超过 5 000 亿元的省（区）申报创建数量不超过 5 个（含首批未通过认定但保留创建资格的单位，下同），其他省（区）不超过 3 个，直辖市和新疆生产建设兵团不超过 2 个，计划单列市不超过 1 个。

（十）申报条件。国家农村产业融合发展示范园原则上由县级政府申报创建，对隶属于地市级政府的项目应由地市级政府申报创建，每个县（市、区、旗、农场）或地市政府只能申报创建 1 个国家农村产业融合发展示范园。申报创建国家农村产业融合发展示范园应符合以下基本条件：申报县（市、区、旗、农场）或地市高度重视农村产业融合发展工作，已成立由本级政府主要领导挂帅的领导小组，并明确具体的示范园管理机构；具备较好的产业融合发展基础或特色产业优势，且建设示范园的意愿明确；示范园发展思路清晰、功能定位明确，用地符合国土空间规划（土地利用总体规划）、建设水平领先，产业特色鲜明、融合模式新颖，配套设施完善、组织管理高效，利益联结紧密，对区域内农民有较强的增收带动效应，具有较强的示范、引导和带动作用。具体创建条件由各省（区、市）根据上述要求，结合本地实际

细化确定。各地区申报创建单位应适度向贫困县、“三区三州”深度贫困地区倾斜。同等条件下，优先支持农村产业融合发展试点示范县创建农村产业融合发展示范园。

（十一）申报创建程序。由县（市、区、旗、农场）或地市政府根据本省（区、市）创建条件，组织承建单位编制国家农村产业融合发展示范园创建方案，向省级发展改革委提出创建申请。省级发展改革委组织相关部门或专家对创建方案进行评审，按照本省区示范园申报控制数量，择优确定示范园名单，并上报国家发展改革委，国家发展改革委汇总后会同有关部门公布创建名单。按照“当年先创建、次年再认定”的原则，由县（市、区、旗、农场）或地市政府根据国家有关部门公布的示范园名单，按照省级发展改革委评审通过的创建方案，组织开展示范园创建工作。创建工作满一年后，由省级发展改革委会同有关部门组织开展初评并将初评结果上报国家发展改革委。国家发展改革委会同有关部门，采取委托第三方机构考核打分、召开专家评审会议评价论证等方式，正式认定国家农村产业融合发展示范园。对创建工作已取得一定成效但未通过认定的，可保留创建资格一年，待下一年度再次参评，届时仍未通过认定的，撤销创建资格。

（十二）申报材料。申报创建示范园应当报送以下材料，一是示范园创建申报书，二是示范园创建实施方案，三是示范园用地情况等其他相关配套材料。

四、保障措施

（十三）加大项目资金支持力度。鼓励县（市、区、旗、农场）或地市政府以国家农村产业融合发展示范园为重点，在不改变资金用途和管理要求的基础上，统筹利用各项涉农资金支持示范园符合条件的项目建设，完善示范园供水、供电、道路、通信、仓储物流、垃圾污水处理、环境美化绿化等设施条件。鼓励地方各级政府优先安排资金，支持示范园基础设施和公共服务平台建设。

（十四）优先支持发行企业债券。支持国家农村产业融合发展园区的入园农业产业化龙头企业，优先申报发行农村产业融合发展专项企业债券，为园区基础设施建设、新型农业经营主体发展开拓长期、稳定、规模化的融资渠道。支持农村产业融合发展示范园以小微企业增信集合债券形式发行农村产业融合发展专项企业债券，募集资金用于农村产业融合小微企业发展。

（十五）鼓励设立产业投资基金。鼓励有条件的地方，根据发展需要与财力可能，按照市场化方式，依法发起设立产业投资基金，按照市场运作、专业管理、科学决策、防范风险的原则，吸引和带动社会资本、金融机构、国有企业参与投资，加大对国家农村产业融合发展示范园的投入力度，充分发挥政府资金的引导作用和放大效应。

（十六）鼓励地方加大融资支持。鼓励各地引导银行业金融机构加大对国家农村产业融合发展示范园入园企业的贷款投放。鼓励各地建立健全“政银担”合作机制，引导担保机构为国家农村产业融合发展示范园入园企业贷款、发行企业债券等进行担保增信，建立多层次风险缓释措施和风险分担机制。

（十七）完善用地保障机制。根据研究明确的农村产业融合发展用地政策，指导各地在农村产业融合发展示范园建设中做好用地保障。将农村产业融合发展示范园纳入土地利用总体规划统筹安排，在年度土地利用计划安排上予以倾斜支持，依法依规办理用地手续；鼓励按照国家有关规定，通过城乡建设用地增减挂钩、工矿废弃地复垦利用、依法利用存量建设用地等途径，多渠道保障示范园用地需求。结合村庄规划编制和实施，加强乡村建设规划许可管理，整合有关审批职能，优化审查流程，支持农村产业融合发展。

（十八）支持政府与社会资本合作。支持县（市、区、旗、农场）、地市政府创新农村产业融合发展示范园建管模式，通过 PPP 等方式建设农村产业融合发展示范园，撬动更多金融和社会资本投入示范园建设和运营。

（十九）加强产业融合公共服务。搭建农村综合性信息化服务平台，提供电子商务、休闲农业与乡村旅游、农业物联网、价格信息、公共营销等服务。优化创业孵化平台，提供设计、创意、技术、市场、融资等定制化解决方案等服务。建设农村产权流转交易市场，促进农村承包土地经营权依法有序流转。

五、工作要求

（二十）加强组织领导。各省（区、市）发展改革委要会同农业农村、工业和信息化、财政、自然资源、商务、文化和旅游等部门切实加强组织领导，把创建国家农村产业融合发展示范园摆上重要工作日程，落实责任人，细化工作方案和创建条件，抓紧组织开展创建工作。有创建意愿的县（市、区、旗、农场）或地市政府要抓紧成立专班，组织开展创建方案编制和审核筛选工作，并按要求尽快向省级发展改革委申报。

（二十一）强化协调指导。各省（区、市）发展改革委要会同有关部门加强调查研究、工作指导和业务培训，积极主动解读农村产业融合发展相关文件精神，帮助县级或地市政府做好示范园创建方案编制工作。加强部门协同，积极推动土地、财政、科技、金融及相关行业主管部门加大对示范园的支持力度，形成工作合力。

（二十二）明确工作进度。有创建意愿的县（市、区、旗、农场）或地市政府，要于 3 月下旬前编制完成示范园创建方案并向省级发展改革委申报。省级发展改革委要于 4 月 5 日前商有关部门完成示范园创建方案评审工作，并将评审确定的示范园名单上报国家发展改革委。逾期未报的，视同放弃创建。

国家发展改革委办公厅

2019 年 3 月 15 日

来源：发展改革委网站

中国高新区国际人才发展专项基金管理办法(暂行)

发布时间：2019年6月4日

第一章 总则

第一条 为规范中国高新区国际人才发展专项基金(以下简称“专项基金”)的申请、评审和运作管理，充分发挥资金的效用，推动国家高新区国际人才交流与合作，依据《基金会管理条例》、《中国国际人才交流基金会章程》和《中国国际人才交流基金会捐赠资金使用管理办法(暂行)》，制定本办法。

第二条 专项基金的根本宗旨、指导作用和基本职能

1. 专项基金的根本宗旨

在“一带一路”倡议的指导下，深入促进我国科技产业界人才与全球创新人才的“民心相通”，加速推动国家高新区深度融入全球人力资源的大循环，全面增强国家高新区配置人才资源、培养创新人才的能力。

2. 专项基金的指导作用

根据高新技术产业发展不同时期的客观需求，自上而下指导国家高新区人才工作发展方

向，每年确立支持高新区人才工作的主题和方向，引导国家高新区开展人才工作。

3. 专项基金的基本职能

在国家高新区管理服务体系中增加国际人才建设新机制，为国家高新区人才建设引入更多社会资源，利用社会捐赠资金，专门支持国家高新区国际化人才培养与国际化人才交流。

第三条 资金来源

北京法政实业集团有限公司捐赠 1 000 万元人民币作为专项基金启动资金，北京法政实业集团将持续募集资金，计划筹集 10 期，总计 1 亿元人民币。

第四条 专项基金使用原则

1. 符合捐赠人意愿；

2. 符合专项基金的宗旨和职能；

3. 遵守国家各项法律法规。

第二章 专项基金的管理构架

第五条 专项基金管理委员会

科技部火炬中心、中国国际人才交流基金会和北京法政实业集团派员组成专项基金管理委员会，负责审定拟资助项目的总体规划、工作计划和预算额度，决定项目执行中的重大事项，对项目执行情况进行督导评估和动态追踪等。

第六条 专项基金办公室

专项基金办公室设在科技部火炬中心国际合作处，负责协调专项基金专家委员会，组织项目申报、评审、总结验收及监督工作，向管理委员会报告专项基金项目评审和资金使用情况。

第七条 专项基金专家委员会

科技部火炬中心、中国国际人才交流基金会和法政集团共同推荐专家成立专家委员会，负责对项目进行专业评审，并为专项基金的发展与运行提出咨询建议和意见。

第三章 专项基金的运行流程

第八条 申报机构条件

申报专项基金的主体须为国家高新区管理委员会及国家高新区所属企事业法人单位。每年每个国家高新区申请项目数量不得超过 2 个，且必须符合当年专项基金的支持方向。

第九条 资助范围

专项基金将以项目形式支持国家高新区引进、培养国内外相关领域高精尖专项人才和举办人才主题跨国（境）交流合作活动。重点支持项目类型为：

1. 国际化培训

境外师资力量在境内开办知识讲座、技术培训、管理运营、专项指导等阶段性和常态化培训项目。

2. 举办与人才相关的跨境交流活动

契合各国家高新区产业特色，结合行业技术前沿及市场发展态势，在境内外有针对性地举办各类交流活动，如高峰论坛、行业峰会、研讨会等。

3. 举办国际化创新创业赛事

联合专业机构、权威单位等业务和资源优势，常态化举办的跨境创新创业大赛。

4. 引进国际化创新创业人才

灵活采用多种方式，如依托重大项目、创新平台、人才计划、产业联盟、创业基地等，引进能够突破关键技术、带动新兴学科、引领产业发展的全球高层次创新创业人才。

5. 引入国际职业资格认证

对标国际标准，引入国际公认、权威的职业资格认证体系。

6. 其他相关国际化人才主题交流合作项目

第十条 项目征集

科技部火炬中心每年发布专项基金项目年度申请通知，申报单位从科技部火炬中心网站下载专项基金项目申报表，在通知规定的日期之前，按照申报要求向专项基金办公室提交电子版、纸制版项目申请表一式五份，专项基金办公室进行形式审查，通过形式审查的项目将在项目征集截止日期之后 30 天内于火炬中心网站公示。

第十一条 项目申报材料

项目申报材料包括：项目申请单位基本情

况、项目目标、实施计划、申报单位和项目团队优势、国家高新区管委会意见、项目预算(包括经费来源)、申请资助费用和其他需提供的材料。

第十二条 专家委员会评审

专项基金办公室将形式审查合格的申报材料提交专家委员会进行专业评审。评审专家应坚持客观、公正、公平原则，对申报项目和评选材料进行审核，并提出评审意见；如评审项目与参评专家存在直接利益关系或有其他可能影响公正评审的情况，专家应主动向评审委员会申请回避；参评专家应严格遵守保密规定，不得擅自披露项目评审情况、其他评审专家意见等相关信息。

专家委员会由行业内具有代表性、权威性、学术性的专家、学者组成。每个评审小组5—7人，负责进行专业评审。单一项目申请资助金额在20万元人民币以下的由专家进行函件评审，单一项目申请资助金额达20万元人民币以上(含20万元）的则由项目申报单位进行现场项目陈述，专家组据此提出评审意见。

第十三条 立项公示与审批

根据专家委员会评审结果，专项基金办公室报请专项基金管理委员会批准在科技部火炬中心及中国国际人才交流基金会网站公示拟立项项目清单。

公示结束后，专项基金管理委员会最终批准立项，专项基金办公室向项目申报单位下发立项通知书。项目执行单位与中国国际人才交流基金会签订《专项基金项目资助计划书》，主要包括项目情况和甲乙双方的义务和责任及其他事项。

第十四条 资金拨付

专项基金资助项目一般采取拨付制，由中国国际人才交流基金会负责向项目申报单位拨付资金。

第十五条 资助额度

单一项目申请资助30万元人民币以下的，项目申请单位须在项目完成后2个月内提交总结报告；30万元人民币以上（含30万元）的，须在项目完成后3个月内提交总结报告和审计报告。单一项目申请额度最高限额为80万元人民币。

第四章 专项基金的监督管理

第十六条 动态监督审查

获得批准的项目，执行单位须按项目计划组织实施，专款专用，并接受专项基金管理委员会的动态监督检查。

第十七条 项目余款处理

项目结束后，根据项目执行单位提交的总结报告，专项基金办公室对项目执行情况进行验收，如项目执行单位未全部使用资助资金，项目执行单位须将余款退还中国国际人才交流基金会。

第十八条 项目承担单位诚信责任

专项基金的资金管理单位须确保捐赠资金安全，任何单位和个人不得私分、侵占或挪用；严禁相关工作人员及其他有关联的人员从中谋取私利。

第十九条 资助的终止与责任追究

专项基金使用如有违背捐赠人意愿或不符合国家财政、引智主管部门和基金会有关规定的，专项基金管理委员会有权终止资助；对违反有关法律规定的，将提请追究法律责任。

第五章 附则

第二十条 本办法由专项基金办公室负责解释和修订。

来源：科技部火炬中心

关于印发《河北省支持开发区产业振兴发展的措施》的通知

冀发改外资〔2019〕1334号　发布时间：2019年10月14日

各市（含定州、辛集市）人民政府，雄安新区管委会，省直各部门：

为贯彻落实《中共河北省委 河北省人民政府关于深化开发区改革开放的实施意见》（冀字〔2019〕8号）精神，加快我省开发区产业振兴发展，促进能级加速提升，我们研究制定了《河北省支持开发区产业振兴发展的措施》，已报经省委省政府同意。现印发给你们，请结合本地本部门实际，认真贯彻落实。

河北省发展和改革委员会

2019年9月26日

河北省支持开发区产业振兴发展的措施

开发区是新兴产业的重要聚集区、创新驱动的主阵地、区域发展的主引擎，是调整产业结构、优化产业布局、推动改革开放和高质量发展的重要平台。为加快我省开发区产业振兴发展，促进能级加速提升，特制定本措施。

一、支持开发区明确产业发展定位。立足错位发展、协同发展、创新发展、绿色发展和高质量发展，支持开发区根据全省产业布局规划，围绕优势主导产业、战略性新兴产业发展重点，结合本地产业基础和发展潜力，优先选择2—3个重点产业，集聚要素资源，壮大规模，延伸链条，打造特色优势。经济技术开发区重点加快既有产业优化升级，聚焦高端化、智能化、绿色化开展二次创业，大力引进高端高新项目，提升产业层级和竞争能力。高新技术开发区优先发展新一代信息技术、生物、新能源、新材料、高端装备制造、节能环保、新能源汽车、数字创意等战略性新兴产业；海关特殊监管区重点培育壮大一批机械电气、电子信息、新型节能材料及环保产品为主的出口加工基地，大力发展现代物流、跨境电子商务，积极发展保税租赁和国际中转、配送、采购、转口贸易等保税服务业。对符合发展规划、产业定位明晰的开发区，优先布局省级重大生产力项目，并在各类要素配置上予以倾斜。

二、推动开发区产业转型升级。积极争取国家各类专项资金，优化省级产业发展专项资金支持方向，重点支持产业升级和企业转型发展。充分发挥省技术改造专项资金作用，支持开展“互联网+”制造业试点示范，采用互联网、大数据、人工智能等新一代信息技术在传统产业中综合应用。进一步整合空间资源，加快改造老旧工业区和工业厂房，积极稳妥推进产业用地搬迁清理工作，适度放宽创新型企业租、购产业用房的条件，充分保障创新型产业发展空间。

三、优先支持高端高新产业项目建设。支持开发区围绕落实省战略性新兴产业发展三年行动计划，聚焦大数据与物联网、信息技术制造、人工智能与智能装备、生物医药健康、高端装备制造、新能源与智能电网装备、新材料、新能源汽车与智能网联汽车、先进环保、未来产业等10个重点领域，积极谋划建设高技术产业化项目，符合省战略性新兴产业发展专项要求的，安排专项资金予以支持。

四、打造战略性新兴产业示范基地。围绕培育壮大优势产业集群，支持开发区优化创新创业服务体系和环境生态，建设省战略性新兴产业示范基地。支持基地聚焦龙头企业和产业链配套，着力“建链、强链、延链、补链”，促进产业协作和大中小企业融通发展。优先安排省产业专项资金支持示范基地高端高新项目。鼓励本地配套产品和服务购买，强化部门协同支持，集聚资源要素，形成政策扶持合力。

五、提升自主创新能力。支持开发区依托基础好的优势骨干企业、科研院所、高等院校建设国家级、省级工程研究中心、企业技术中心、产业创新中心、产业技术研究院、产业技术创新联盟等创新平台。对新认定和评价为优秀的国家企业技术中心、工程研究中心分类给予300万元—500万元的奖励；对新认定和评价为优秀的省级企业技术中心分类给予50万元—100万元的奖励；对建成验收合格和评价为优秀的省级工程研究中心给予150万元—200万元的奖励。支持开发区围绕特色产业，建设完善技术检验检测、中试孵化、技术咨询、创业投资、成果转化推广等公共服务体系，积极开展与京津科研院所战略合作，共同建设一批国家级高层次创新平台或国家平台分支机构，打造一批协同创新共同体。

六、培育壮大创新领军企业。围绕做大做强实体经济，支持开发区大力培育壮大创新型领军企业，争取更多企业进入省战略性新兴产业百强领军企业和创新百强企业（“双百强”）名单，提升开发区品牌效应和竞争优势。加大对“双百强”企业的宣传推介和政策支持，引导各类资源要素向优势骨干企业聚集，培育“独角兽”和“隐性冠军”企业。支持“双百强”企业承担更多国家级、省级高技术产业化示范、技术改造和科技专项项目。

七、加强产业国际合作。鼓励外资在开发区设立生产基地和研发机构，重点支持开发区加强与世界500强、知名跨国公司及国际组织、区域性组织的对接，推动国内外知名企业和机构在河北设立国际总部、区域总部和功能性机构，通过引进战略投资者，做大规模，做优配套。对开发区引进的投资规模大、技术含量高、带动作用强以及代表未来技术方向研发和产业化项目优先列入省重点项目。鼓励开发区优势产业企业、龙头企业、领军性企业开拓国际市场、海外上市融资，开展境外投资和国际合作。

八、加大金融支持力度。发挥河北产业投资基金等政府股权投资基金引导放大作用，重点支持在开发区布局的战略性新兴产业项目。深入开展产融合作，落实差别化信贷政策，对高端高新产业和产品给予优先支持。完善融资担保体系，积极开展知识产权、应收账款、动产、股权等抵质押担保业务和中小企业集合债券、融资租赁、票据业务等新型担保产品及服务。建立装备首台（套）、新材料首批次、软件首版次等省内新产品推广保险补偿机制。

九、推行企业投资项目承诺制试点。省级以上开发区实行承诺制的企业备案项目，在获得用地、作出承诺后，自主依法依规开展设计、评审、施工，并通过河北省投资项目在线审批监管平台将有关信息告知备案机关和相关部门，竣工后接受相关监管部门和单位的验收，实现“先建后验”。

十、构建产业服务支撑体系。持续推进行政审批制度改革，进一步下放项目管理权限，做到应放尽放、能简尽简。对引进的重大产业项目和创新项目、总部和功能性机构，实行“一企一策、一项一策”支持政策。鼓励开发区通过政府购买服务和资助等方式，建设公共服务平台，开展产业发展研究、决策咨询、人才培养与交流等产业服务工作。建立产业融资、担保、中介、评估、技术转让、资产交易等服务平台，完善产业服务体系。充分利用河北省政企服务直通信息化平台，对开发区重点项目实时、在线服务。落实好领导干部包联制度，帮助企业协调解决困难和问题。

来源：河北省人民政府网

江西省开发区条例

发布时间：2019年8月21日

2019年7月26日江西省第十三届人民代表大会常务委员会第十四次会议通过

第一章 总则

第一条 为了加强开发区建设，规范开发区管理和服务，促进开发区体制机制创新，发挥开发区功能优势和开放引领作用，促进区域经济社会高质量发展，根据有关法律、行政法规和国务院有关规定，结合本省实际，制定本条例。

第二条 本省行政区域内开发区的规划与建设、设立与整合、管理与服务以及相关活动，适用本条例。

本条例所指的开发区，包括国家级开发区和省级开发区。国家级开发区是指国务院批准设立的高新技术产业开发区、经济技术开发区；省级开发区是指省人民政府批准设立的高新技术产业园区、经济开发区、工业园区、产业园。

第三条 开发区的建设和发展应当树立新发展理念，坚持改革创新、规划引领、集群发展、节约集约、特色发展的原则，全面推进开发区的智慧化、绿色化、服务化，提升开发区资源节约型和环境友好型管理水平，营造稳定、透明、可预期和公平竞争的市场环境，将开发区建设成为新型工业化发展的引领区、开放型经济和体制创新的先行区、大众创业万众创新的集聚区、高水平营商环境的示范区。

第四条 县级以上人民政府应当加强对开发区工作的领导，将开发区的建设和发展纳入国民经济和社会发展规划，制定促进开发区发展的政策措施，建立议事协调机制，解决开发区建设和发展中的重大问题，落实目标责任制和奖惩制度，推动开发区高质量发展。

省人民政府发展改革部门统筹负责全省开发区改革和创新发展的指导、协调、管理和服务工作。省人民政府工业和信息化、科技、商务主管部门按照规定职责，分别负责全省工业园区和产业园、国家级高新技术产业开发区和省级高新技术产业园区、国家级经济技术开发区和省级经济开发区的具体指导、管理和服务工作。省人民政府其他有关部门按照各自职责，做好开发区的相关工作。

设区的市、县级人民政府开发区主管部门负责落实本行政区域内开发区建设和发展的具体政策措施和相关管理工作。

第二章 规划与建设

第五条 省人民政府应当根据高质量发展的需要，按照增强开发区功能优势、加快转型升级，形成经济增长新动能的要求，组织编制省开发区总体发展规划，明确开发区的数量规模、产业布局、发展方向和管理体制。

设区的市人民政府应当根据省开发区总体发展规划，组织编制本市开发区发展规划，科学确定开发区的空间布局、产业定位、建设运营模式和保障措施。

开发区管理机构应当根据省开发区总体发展规划和设区的市开发区发展规划，编制本开发区发展规划，明确战略目标、空间布局、产业特色、生态环境保护等内容，并报派出开发区管理机构的人民政府批准后组织实施。

第六条 开发区发展规划应当与国民经济和社会发展规划、国土空间规划、水资源开发利用相关规划和生态环境保护规划相衔接。

第七条 开发区应当加强产业集群建设，明确主攻产业方向，通过强化产业链条、扶持重大项目、支持科技研发等措施，促进战略性新兴产业、先进制造业和现代服务业等高端产业集聚发展。

鼓励科技含量高、投资强度高、质量效益高、产业关联度高、具有自主知识产权的项目进入开发区，加快产业转型升级。

第八条 禁止在开发区建设下列项目：

（一）采用国家和省明令淘汰的落后工艺技术、装备的；

（二）生产国家和省明令淘汰产品的；

（三）国家和省明令禁止的其他项目。

第九条 开发区用地应当纳入所在地市、县（市、区）用地统一供应管理，依据开发区控制性详细规划，合理确定用地结构。

设区的市、县级人民政府的新增工业和生产性服务用地计划原则上安排在开发区。

第十条 开发区应当依法合理、节约集约开发利用土地资源，提升土地产出率。

对开发区内的闲置用地依法处置。

对开发区内的低效等存量建设用地，可以按照有关规定通过收购储备、流转、协议置换、合作经营、自主开发等方式进行再开发。

允许工业用地使用权人按照有关规定经批准后对土地进行再开发，涉及原划拨土地使用权转让需补办出让手续的，可采取规定方式办理并按照市场价缴纳土地出让价款。

第十一条 开发区应当统筹地上地下有序开发，推行建设多层标准厂房，充分利用地下空间。

第十二条 开发区所在地人民政府应当将开发区基础设施和公共服务设施建设纳入国土空间规划，实现共建共享。

鼓励开发区建设地下综合管廊。

第十三条 开发区管理机构可以依法设立具备独立法人资格的投融资平台，在债务可控的前提下探索多样化的融资模式。

鼓励政府依法和社会资本合作进行开发区公共服务、基础设施项目建设，鼓励社会资本在现有的开发区中投资建设、运营特色产业园。

第十四条 开发区应当推动循环化改造和资源循环利用，促进清洁生产，引导产业结构向低碳、循环、集约方向发展。

第十五条 开发区应当按照国家和省有关要求，建立和完善生态环境安全防控体系，执行产业政策、规划建设、生态环境保护、自然资源开发利用、安全生产等规定。

第三章 设立与整合

第十六条 开发区的设立、升级、名称变更、规划面积或者区位调整，应当具备国家和省规定的相应条件。

第十七条 省级开发区的设立，由设区的市人民政府向省人民政府提出申请，由省人民政府发展改革部门会同同级工业和信息化、科技、商务、自然资源、生态环境、林业和统计等部门提出审核意见报省人民政府审批，并报国务院备案。

第十八条 国家级开发区的设立、扩区和省级开发区升级为国家级开发区，由设区的市人民政府向省人民政府提出申请，并由省商务、科技主管部门按照职责分工会同有关部门共同研究，提出审核意见报省人民政府，由省人民政府按照规定报国务院审批。

第十九条 开发区名称变更、规划面积或者区位调整，按照设立申报程序报请批准。

第二十条 开发区所在地的县级以上人民政府可以根据经济和社会发展需要，以国家级开发区和发展水平较高的省级开发区为主体，整合或者托管区位相邻、产业相近的开发区，形成各具特色、差异化的开发区发展格局。

设区的市、县级人民政府应当对本行政区域内未列入《中国开发区审核公告目录》的产业基地、工业小区、产业区等规模较小、布局分散的开发板块进行清理、整合、撤销，由列入《中国开发区审核公告目录》的开发区实行统一管理。

根据开发区发展阶段、区位条件和城市化进程需要，位于中心城区、工业化比重低的开发区，可以向城市综合功能区转型。

第二十一条 县级以上人民政府应当加强区域合作和交流，可以采取联合共建、委托管理等形式，建设跨区域合作产业园区。

第二十二条 省人民政府应当建立统一的开发区综合考评制度。对资源利用效率低下、环境保护不到位、发展滞后等考核结果不合格且整改不到位或者无法整改的开发区，按照有关规定进行撤并整合。

第四章 管理与服务

第二十三条 开发区管理机构为所在地人民政府的派出机关，依照本条例规定的职责对开发区实行管理。

国家级开发区管理机构由设区的市人民政府派出。省级开发区管理机构由县级人民政府派出，但经省人民政府批准由设区的市人民政府派出的除外。

由县级人民政府直接管理的省级开发区升级为国家级开发区的，管理机构由设区的市人民政府派出，设区的市人民政府也可以委托开发区所在地县级人民政府管理。

鼓励开发区创新管理体制，建立平台公司等市场化运行和管理模式。

第二十四条 开发区管理机构依法履行下列职责：

（一）负责组织实施省开发区总体发展规划、设区的市开发区发展规划和政策措施，编制本开发区发展规划等相关规划；

（二）健全招商引资制度，创新招商引资方式，提升招商引资工作专业化水平；

（三）制定创新创业政策，搭建招才引智平台，加强创新资源集聚，构建创新创业服务体系；

（四）依法对开发区权限范围内的投资项目进行审批、核准、备案；

（五）协调落实区域内基础设施和公共服务设施的建设和管理；

（六）引导、保障开发区内的企业依法自主经营，协调解决企业发展中存在的难题；

（七）法律、法规或者县级以上人民政府赋予的其他职责。

鼓励开发区推行政企分开、政资分开，实行管理机构与运营企业分离的制度。

第二十五条 对国家级开发区管理机构，设区的市人民政府应当依照法定程序赋予其享有设区的市经济管理权限。对具备条件的国家级开发区管理机构，省人民政府可以依照法定程序赋予其享有相应的省经济管理权限。

对省级开发区管理机构，县级人民政府应当依照法定程序赋予其享有县（市、区）经济管理权限。

省、设区的市、县级人民政府应当将赋予的经济管理权限，制定清单对外公布。

开发区管理机构应当按照国家和省有关规定，制定并公布权力清单、责任清单和负面清单。

第二十六条 开发区应当依托所在地人民政府开展社会管理、公共服务和市场监管工作。

省、设区的市人民政府根据开发区的实际需要和承接能力，可以依照法定程序，赋予开发区管理机构行使必要的社会管理、公共服务和市场监管权限。

第二十七条 开发区所在地县级以上人民政府有关行政执法部门，根据开发区的实际需要和承担能力，可以依法委托开发区管理机构行使相应的行政执法权。

开发区管理机构经依法批准可以整合内部执法机构，设立综合执法机构。

第二十八条 县级以上人民政府根据履行相关行政管理职责的需要，可以依法批准有关部门向开发区派驻工作机构。

第二十九条 开发区管理机构应当按照精简高效的原则，科学合理设置职能机构。

开发区管理机构可以在机构编制部门核定的限额内，自主调整内设机构，按规定权限和程序报机构编制部门备案。

第三十条 县级以上人民政府应当完善开发区财政预算管理和独立核算机制。

第三十一条 县级以上人民政府应当统筹整合现有支持开发区发展方面的资金，重点支持开发区公共基础设施和公共服务平台建设。

县级以上人民政府设立的产业扶持、科技创新、生态环保等专项资金应当向开发区倾斜，产业转型升级发展等各类基金项目应当优先安排在开发区。

开发区可以按照市场化原则依法设立科技创新发展基金、产业投资基金、创业投资基金，建立基金规模动态补充机制。

第三十二条 创新开发区选人用人机制，鼓励开发区实行档案封存、员额总控、全员聘任、以岗定薪、绩效考核的管理模式，实行按需设岗、竞聘上岗、按岗聘用、合同管理的岗位管理办法。

第三十三条 县级以上人民政府以及开发区管理机构应当制定高层次人才、高技能领军人才和创新创业人才引进、培养、服务、激励等相关办法，为人才签证、停留与居留、项目与奖励申报、执业、创新创业、购买或者租赁住房、子女入学、医疗保障等提供便利。

探索实行开发区海外高层次人才和急需紧缺人才的高级职称直聘制度。

开发区管理机构对招商引资和专业岗位急需的高层次管理人才、高技能领军人才、特殊人才，可实行特职特聘、特岗特薪。

第三十四条 县级以上人民政府以及开发区管理机构可以在法定权限内建立健全招商项目跟踪服务机制，支持高新技术产业、战略性新兴产业、资源禀赋优势产业和绿色高端产业的发展。

开发区应当按照国家规定对外商投资实行准入前国民待遇加负面清单的管理模式。

第三十五条 县级以上人民政府以及开发区管理机构应当按照便利、高效、透明的原则，简化办事程序，提高办事效率和政务服务水平，履行依法作出的招商引资承诺。

县级以上人民政府以及开发区管理机构应当为企业、投资创业者提供一站式、代办制等优质、便捷服务。

开发区管理机构对权限范围内的审批事项，应当简化审批流程，推行一个窗口受理、集中办理、限时办结；对受理的权限范围外的审批事项，负责统一向审批部门转报。

根据国家和省有关规定，经批准开发区可以开展相对集中行政许可制度改革，集中承办审批事项。

第三十六条 开发区管理机构应当加强创新创业服务体系建设，构建创新创业公共服务平台，建立以企业为主体、市场为导向、产学研融合的技术创新体系，加速科技成果的转移和转化。

第三十七条 开发区管理机构应当建立健全知识产权创造、运用、保护、管理等全链式服务体系，依法保护自然人、法人和非法人组织的知识产权。

第三十八条 开发区管理机构应当及时发布公共信息，为企业和相关机构提供指导、咨询和服务。

第三十九条 支持在开发区内设立金融服务、资产评估、信用评级、投资咨询、知识产权交易、人力资源服务、法律服务等中介服务机构，为开发区的生产经营和创新创业活动提供优质便利服务。

第四十条 开发区管理机构应当建立健全

维权、投诉协调机制，受理企业和投资者反映的维权诉求及对违法、违规行为的投诉和举报，对受理的属于开发区管理机构职责范围内的维权、投诉和举报，应当及时处理；不属于开发区管理机构职责范围内的，应当及时转送有关主管部门处理。

第四十一条 任何国家机关及其工作人员不得滥用职权干扰开发区管理机构正常行使管理职权。

第五章 法律责任

第四十二条 县级以上人民政府有关部门及其工作人员对开发区管理机构上报的事项未及时办理，或者干扰开发区管理机构正常行使管理职权，影响工作的，由上级行政机关或者有关部门责令改正、通报批评；情节严重的，对直接负责的主管人员和其他直接责任人员依法给予处分。

第四十三条 开发区管理机构工作人员在开发区管理和服务工作中滥用职权、玩忽职守、徇私舞弊的，依法给予处分；构成犯罪的，依法追究刑事责任。

第六章 附则

第四十四条 本省行政区域内经国务院批准设立的海关特殊监管区，可以参照本条例执行。

第四十五条 本条例自 2019 年 10 月 1 日起施行。

来源：江西日报

广东省人民政府关于促进高新技术产业开发区高质量发展的意见

粤府〔2019〕28号 发布时间：2019年3月29日

各地级以上市人民政府，各县（市、区）人民政府，省政府各部门、各直属机构：

为深入贯彻习近平新时代中国特色社会主义思想和党的十九大精神，深入贯彻习近平总书记对广东重要讲话和重要指示批示精神，深入实施创新驱动发展战略，有效激发高新技术产业开发区（以下简称高新区）新一轮创新发展活力，促进高新区高质量发展，充分发挥高新区引领、示范和辐射作用，提出以下意见。

一、总体要求

（一）发展思路。以提高高新区发展质量和效益为目标，以发展高科技、实现产业化为方向，坚持深化改革、创新引领、绿色集约、开放协同、特色发展，围绕构建“一核一带一区”区域发展新格局，优化全省高新区布局，创新高新区发展体制机制，全力推进产业转型升级，全面提升科技创新能力，着力打造国际一流的产业发展生态和创新创业生态，努力将高新区建设成为创新驱动发展示范区、新兴产业集聚区、转型升级引领区、高质量发展先行区，形成区域经济新的增长极，为我省构建现代化经济体系提供有力支撑。

（二）目标要求。到 2022 年，全省实现国家级高新区地市全覆盖，新布局建设省级高新区超 40 家，高新区综合发展质量显著提高，进一步提升对全省经济社会发展的引领支撑作用。高新区营业收入超 6 万亿元，研究与开发

(R&D)经费占地区生产总值(GDP)比重超10%,高新技术企业数量和高新技术产品产值占全省比例超50%;项目投资强度及单位面积规模以上工业企业增加值、税收、劳动生产率达到全国领先水平,全员劳动生产率达到28万元/人以上;万人新增发明专利授权数超90件,万元工业增加值能耗降至0.17吨标准煤。到2030年,全省高新区创新驱动发展走在全国前列,经济社会发展水平和国际竞争力大幅提升,成为服务粤港澳大湾区、参与全球科技合作的重要枢纽和中坚力量。

二、优化高新区布局

(三)推动国家级高新区地市全覆盖。加强对创建国家级高新区工作的统筹和指导,加大政策和资金的支持力度,促进区域创新资源和新兴产业加速汇聚,提升高新区支撑区域经济社会发展能力。强化地市创建国家级高新区主体责任,切实提高高新区自主创新能力和产业竞争力。

(四)新布局建设一批省级高新区。依托现有开发区,在全省县域范围新布局建设一批省级高新区,支撑引领县域创新驱动发展。支持新兴产业园区通过创建省级高新区创新发展,支持传统工业园区通过创建省级高新区加快转型升级。

(五)强化高新区辐射带动作用。支持国家级高新区和发展水平较高的省级高新区整合或托管区位相邻、产业相近、分布零散的产业园区和镇街,探索资源共享与利益平衡机制,辐射带动周边区域创新发展;被整合或托管产业园区和镇街的GDP、市县级财政收入等,可按属地原则进行分成。做实“一区多园”,强化主园区对分园区的统筹协调和政策延伸覆盖。

三、提升高新区创新能力

(六)提升支撑区域协同创新发展能力。珠三角核心区高新区要加快提升知识创新和技术创新能力,壮大具有国际竞争力的创新型产业集群,加快建成世界一流高科技园区,其中广州、深圳高新区要对标国内外先进园区,率先建设高质量发展先行地、实验区。沿海经济带高新区要广泛集聚高端创新资源,围绕壮大实体经济和推进制造业高端发展,积极打造区域创新发展特色园、专业园,其中汕头、湛江高新区要增强支撑引领区域发展能力,打造成为高科技产业新增长极。北部生态发展区高新区要着力依靠科技创新,提升资源利用效率和环境保护水平,发展与生态功能相适应的经济模式和优势产业,建设生态优先、绿色发展的功能园和示范园。

(七)布局建设科学城。支持有条件的高新区高标准建设科学城,或通过分园等形式将区外科学城整体纳入,对接引进国家战略科技力量,构建贯穿基础与应用基础研究、新兴产业技术研究的全链条研发体系。优化重大科研平台布局,新建的高校院所及高水平科技创新平台优先在国家级高新区布局。对科学城内重大科技基础设施等重大平台的用地指标给予保障,其配套设施用地规模由所在地政府统筹解决。

(八)建设大学科技园。围绕高新区产业特色,推动具有较强科研实力的高校在高新区建设特色化、专业化大学科技园,促进大学综合智力资源与园区优势资源相结合,打造联合开展产业共建、技术攻关、人才培养、创新创业的核心平台。省级以上大学科技园享受与当地孵化器同等政策待遇。

(九)建设高水平科技创新平台。建设国家技术创新中心、国家工程研究中心、国家产业创新中心、国家制造业创新中心等平台。国家实验室、省实验室、重大科技基础设施、新型研发机构等重大平台优先布局在国家级高新区。做大做优技术转移机构、产业技术创新联盟、院士工作站、博士后科研工作站等创新载体。

(十)加强关键核心技术攻关。支持高新区创新型企业积极参与国家科技重大专项和重点研发计划,广泛承接省基础与应用基础研究基金和重点领域研发计划项目,将高新区打造成为推动基础研究和共性关键技术研究、重大技术突破和颠覆性创新的主阵地、集聚区。

（十一）深化粤港澳创新合作。高新区要在广深港澳科技创新走廊广深段建设中发挥核心支撑作用，进一步深化粤港澳科技创新合作，促进内地产业、市场优势与港澳科研、信息优势的有机融合，推动跨境科技成果转化。布局建设科技信息一体化平台、联合实验室、粤港澳青年创新创业基地，拓展与港澳科技合作新空间。支持高新区参与国际科技合作、国际大科学计划，探索共建海外园区。

四、壮大高新技术产业

（十二）集聚高新技术企业。支持高新区围绕主导产业打造高新技术企业集群，不断提升园区高新技术企业集聚度。鼓励骨干龙头企业平台化转型，构建大企业创新创业生态圈，孵化培育产业链上下游高新技术企业。制定高新技术企业扶持政策，支持高新技术企业研发能力建设，推动优质创新资源向高新技术企业集聚，培育高成长性科技企业。

（十三）壮大战略性新兴产业。强化创新服务能力，优化创新创业生态。瞄准新一代信息技术、高端装备制造、绿色低碳、生物医药、数字经济、新材料、海洋经济等战略重点领域，实现招商引资向招才引智转变，从外延式增长向内生式增长转变。积极探索和创新适合新技术、新产品、新业态、新模式发展的管理方式，组织实施应用示范工程和项目，主动承接国家重大科技成果转化项目，促进战略性新兴产业优秀成果在高新区转化及产业化，不断壮大创新型产业集群。

（十四）加快传统产业转型升级。深入实施新一轮工业技术改造，通过优化园区功能、强化产业链条、扶持重大项目、支持科技研发、“腾笼换鸟”等措施，推动传统优势产业迈向中高端。实施绿色制造试点示范工程，打造绿色制造体系，在高新区培育一批绿色工厂、绿色园区、绿色产品和绿色供应链。建立更高的技术准入门槛和制定更加严格的落后产品产能清单，坚决淘汰高污染、高排放、高能耗、高风险的落后企业，严控低端产业向粤东西北高新区转移。

（十五）完善孵化育成体系。鼓励行业龙头企业、高校、科研院所等各类主体，在高新区建设专业化孵化器、众创空间。支持高新区盘活闲置场所，建设创业文化浓郁的创新创业特色载体。鼓励发展企业总部型、专业园等多种类型加速器。完善科技金融服务体系，吸引国内外知名科技金融机构入驻高新区，引导社会资本投向高新区的新兴产业。

（十六）开展高新区产业共建。推进珠三角高新区与粤东西北高新区开展结对帮扶和产业共建，完善合作共建、产业共育和利益共享的合作机制，提升园区共建水平。支持有条件的高新区积极探索扶持共建、股份合作、托管建设等产业合作模式，完善共建园区 GDP 核算、税收分成制度，形成责任共担、利益共享、合作共赢的长效机制。

五、深化高新区体制改革

（十七）优化管理体制。高新区管理机构作为所在地政府派出机构的高新区，要加强与行政区政府的统筹协调，坚持精简高效原则，充分依托所在地政府开展社会管理、公共服务和市场监管，减少向高新区派驻的部门，逐步理顺高新区与代管乡镇、街道的关系。高新区管理机构与行政区政府合并的高新区，要结合高新区经济功能区的发展定位，进一步完善政府职能设置。对区域合作共建的高新区，共建双方应理顺管理、投入、分配机制。高新区要进一步强化科技创新、产业促进、人才引进培养等功能，内设机构可在核定的数额内根据需要动态调整并按程序报批。

（十八）深化干部人事制度改革。赋予高新区核定编制内选人用人自主权，除所在地直管干部外，高新区根据所在地机构编制部门下达的总编制，按照有关规定决定高新区的行政和事业单位工作人员的调配、管理、福利待遇、任免和奖惩。根据国家有关政策规定，高新区领导班子以下的非公务员和非参照公务员法管理单位工作人员，经所在地党委、政府审核同意，允许探索实施“多劳多得、优绩优酬”的绩效工资制度。

（十九）深化“放管服”改革。根据经济功能区定位和发展实际需要，依法向高新区下放或者委托更多的省级和市级经济管理权限。按照确有需要又能有效承接的原则，将试点赋予中国（广东）自由贸易试验区的省级经济管理权限赋予国家级高新区。将省管权限范围内的企业投资项目备案、建设项目用地预审等事项下放或者委托到国家级高新区。对于省级科技计划项目，赋予国家级高新区地市科技行政主管部门管理权限。在国家级高新区范围内大力推进工程建设项目审批制度改革工作，对工程建设项目审批制度进行全流程、全覆盖改革。深化行政审批制度改革，实施市场准入负面清单，营造国际化市场化法治化、有利于民营经济发展的良好营商环境。

（二十）创新建设和运营模式。高新区要探索建设、运营、招商、管理和园区服务的市场化模式，支持以各种所有制企业为主体，按照国家有关规定投资建设、运营高新区，或者托管高新区，享受高新区相关政策。鼓励政府和社会资本合作在高新区共同推进基础设施建设、提供公共服务等。鼓励社会资本在高新区投资建设、运营特色产业园，积极探索合作办园区的发展模式。

（二十一）强化珠三角国家自主创新示范区的引领作用。珠三角国家自主创新示范区要加强体制机制改革和政策先行先试，强化与中国（广东）自由贸易试验区、国家全面创新改革试验的联动发展。进一步增强珠三角高新区作为珠三角国家自主创新示范区核心区的带动能力，找准发展定位，全力提升科学发展水平，争取全面改革和创新发展相关政策在国家级高新区先行先试，推动中国（广东）自由贸易试验区相关改革举措在高新区叠加融合与集成创新。

六、优化高新区资源配置

（二十二）完善土地利用政策。切实保障土地供给，各地级以上市政府在安排年度新增建设用地指标时对高新区给予适度倾斜。加强高新区公共配套服务、基础设施建设等用地保障，提高生产性服务业用地比例，适当增加生活性服务业用地供给。积极推行在高新区建设多层标准厂房，并充分利用地下空间。高新区建设的高标准厂房和工业大厦用地，经所在地地级以上市政府确认其容积率超过2.0并提出申请后，所使用的用地计划指标可由省级自然资源主管部门予以返还。对高新区内重大科技基础设施、省实验室、省新型研发机构等重点科技创新项目的林地使用、用海申请给予优先受理审核。

（二十三）支持利用“三旧”改造政策建设创新创业载体。高新区内符合“三旧”改造条件，且改造后获地级以上市科技行政主管部门认定的孵化器、众创空间、新型研发机构、实验室等，可按省“三旧”改造政策完善建设用地手续。高新区内原土地权利人利用现有科研、工业用地建设孵化器项目且符合“三旧”改造条件的，可以协议出让方式供地，并可按租售限制条件实行差别化地价；该孵化器经规划部门同意分割后，其载体房屋可按幢、按层等固定界限为基本单元分割登记、转让和出租，属工业用地不改变用途、提高容积率的，不需补缴地价。

（二十四）推进产城融合发展。加强高新区建设与城市基础设施建设和公共服务设施建设的有机衔接，实现区域一体化布局和联动发展。着力提升高新区信息化水平，加快推进智慧园区建设。支持各地按照职住平衡、就近建设、定向供应的原则，在高新区建设产权型或租赁型人才公寓。完善商务、休闲、居住等城市功能配套，建设适合各类创新创业人群交际、交流、交往的新型空间。合理确定配套设施、住宅用地比例，严控房地产化倾向，坚决禁止以发展高新技术产业为名变相圈地从事房地产开发。

（二十五）加大财政投入力度。赋予国家级高新区和具备条件的省级高新区一级财政管理权限。鼓励各地级以上市按高新区上缴的财政贡献和土地出让收入，对高新区给予一定奖补。设立高新区和高新技术企业发展资金，提升高新区产业集聚和公共服务能力。对粤东西北地区创建国家级高新区和新建省级高新区在创新资源布局、资金扶持等方面给予倾斜支持。

（二十六）加强干部队伍建设。高新区管理机构主要领导由所在地党政领导成员兼任，所在地科技行政部门负责同志兼任高新区管理机构的领导班子成员。拓宽选人用人渠道，对招商引资和专业岗位急需的高层次管理人才、特殊人才可实行特岗特薪、特职特聘。灵活运用科技专家服务团等形式，择优选派省直机关、高校、科研院所、省属企业和中直驻粤有关单位等高素质干部人才到高新区挂职。

（二十七）健全创新服务体系。优化人才服务体系，创新人才激励、评价、流动、服务等机制，支持高新区探索实施“一事一议”引才、产业精准引才、全球柔性引才等人才引进模式。建立健全创业投资对高新区的支撑作用，引导创业投资、风险投资加强对高新技术企业的资金支持。构建全链条知识产权服务体系，推动企业贯彻实施知识产权管理规范，引进高水平知识产权服务机构，建立健全高新区知识产权运用和保护体系，支持国家级高新区创建国家知识产权试点示范园区。

七、加强高新区组织管理

（二十八）规范高新区管理。推动修订《广东省高新技术产业开发区管理办法》，规范省级高新区设立、扩区、调区、更名、评价、奖惩等全流程管理。支持未纳入国家开发区审核公告目录且产业基础和创新能力较好的开发区创建省级高新区。高新区要编制发展规划，增强规划的科学性和权威性，实现“多规合一”。

（二十九）强化评价监测。国家级高新区要对照国家级高新区评价监测指标，有针对性补齐短板，实现在全国排名持续提升。健全高新区综合评价监测体系和统计体系，评价监测结果与奖惩措施挂钩，对排名靠前、进步明显的高新区给予奖励；对退步明显的国家级高新区或连续两年排名后三位的省级高新区，提出警告，限期整改，并约谈所在地党委、政府、高新区主要负责人。

促进高新区高质量发展是我省贯彻落实习近平总书记对广东重要讲话和重要指示批示精神的具体举措，是推动经济高质量发展、构建现代化经济体系、实施创新驱动发展战略的重要抓手。各地、各部门、各高新区要高度重视，科学谋划，充分利用高新区良好的资源和条件，不断破解制约高新区创新发展难题，以新的更大作为开创全省高新区高质量发展新局面。

来源：广东省人民政府

浙江省人民政府关于同意设立杭州钱塘新区的批复

发布时间：2019年4月9日

杭州市人民政府：

你市关于设立杭州钱塘新区的请示收悉。现批复如下：

一、同意设立杭州钱塘新区。杭州钱塘新区规划控制总面积531.7平方千米，空间范围包括现杭州大江东产业集聚区和现杭州经济技术开发区，托管管理范围包括江干区的下沙、白杨2个街道，萧山区的河庄、义蓬、新湾、临江、前进5个街道，以及杭州大江东产业集聚区规划控制范围内的其他区域（不含党湾镇所辖接壤区域的行政村）。

二、杭州钱塘新区建设要坚持以习近平新时代中国特色社会主义思想为指导，深入贯彻党的十九大和省第十四次党代会精神，全方位融入长三角一体化发展国家战略，全面落实省委、省政府“四大建设”决策部署，高效发挥杭州经济技术开发区等国家级平台的带动作用，优化资源配置，强化科技创新，加快转型升级，着力打造世界级智能制造产业集群、长三角地区产城融合发展示范区、全省标志性战略性改革开放大平台、杭州湾数字经济与高端制造融合创新发展引领区。

三、杭州钱塘新区要坚持以体制机制创新为突破，按照“一个平台、一个主体、一套班子、多块牌子”的体制架构，保持原有3个国家级牌子（杭州经济技术开发区、浙江杭州出口加工区、萧山临江高新技术产业开发区）不变，同步撤销区域内省级以下产业平台牌子。杭州钱塘新区管理机构设置和人员编制要遵循精简、统一、高效的原则，严格控制总量，依法依规设置。

四、杭州市政府要切实加强组织领导，以“最多跑一次”改革为牵引，完善工作机制，明确责任分工，创新发展方式，落实重点工作任务，抓紧编制实施相关规划，加快推动杭州钱塘新区高质量发展。

五、省级有关部门要按照职能分工，密切协作配合，加强对杭州钱塘新区建设发展的指导，在规划编制、政策实施、项目布局、体制创新、对外开放等方面给予积极支持，帮助解决实际困难和问题，营造良好的政策环境。

浙江省人民政府

2019年4月2日

来源：浙江省人民政府

广东省生态环境厅印发《关于进一步加强工业园区环境保护工作的意见》的通知

粤环发〔2019〕1号 发布时间：2019年3月27日

各地级以上市生态环境局，各有关工业园区：

为深入贯彻习近平生态文明思想，认真落实全国生态环境保护大会精神，提高工业园区绿色发展水平，我厅制定了《广东省生态环境厅关于进一步加强工业园区环境保护工作的意见》。现印发给你们，请遵照执行。

广东省生态环境厅

广东省生态环境厅关于进一步加强工业园区环境保护工作的意见

工业园区已成为我省经济社会快速发展的重要支撑，在推动实现经济高质量发展、率先全面建成小康社会中发挥着重要作用。为深入贯彻习近平生态文明思想，认真落实全国生态环境保护大会精神，提高工业园区绿色发展水平，制定本意见。本意见适用于本省行政区域内的国家级及省级经济技术开发区、高新技术产业开发区、保税区、出口加工区以及省产业转移工业园（以下简称“园区”），市级及以下工业集中开发区域可参照本意见执行。

一、科学规划，落实园区“三线一单”管控

（一）科学制定发展规划。园区开发规划应符合生态环境保护规划，结合区域“三线一单”（即生态保护红线、环境质量底线和资源利用上线，生态环境准入清单）管控及环境功能区划要求，合理优化布局。

（二）依法开展规划环境影响评价。新建、扩建园区应开展规划环境影响评价，其环评文件由批准设立该园区人民政府所属的生态环境主管部门负责组织审查。环评文件已通过审查的园区在规划布局、主导产业、建设规模、污染防治措施等方面发生重大调整或修订的，应重新或补充开展规划环境影响评价。

（三）落实“三线一单”管控要求。科学划定园区环境管控单元，构建有利于环境保护的国土空间开发格局。将空间管制、总量管控和环境准入作为规划环评成果的重要内容，并融入园区规划编制、决策和实施全过程。

二、严格准入，落实规划环评成果

（四）严格建设项目环境准入。园区管理机构应基于“三线一单”管控要求，结合国家和地方产业政策，严格环境准入。凡列入环境准入负面清单的项目，禁止规划建设。对于所在区域环境质量超标的园区，应推动落实污染防治方案，并根据环境质量改善目标，针对超标因子涉及的行业、工艺、产品等，实施更加严格的环境准入要求。

（五）加强规划环评与项目环评联动。生态

环境主管部门在审批项目环评文件前，应认真分析项目涉及的规划及其环评情况，并将与规划环评结论及审查意见的相符性作为项目环评文件审批的重要依据，推动项目环评审批及在事中事后监管中落实规划环评成果。对于符合规划环评结论及审查意见要求的建设项目，其环评文件可采用引用规划环评结论、减少环评文件内容或章节等方式进行简化，简化内容包括规划协调性分析、环境现状评价、污染防治措施及公众参与等；对于不符合规划环评结论及审查意见的建设项目环评，依法不予审批；对于要求在建设项目环评文件中深入论证的内容，应强化论证。已开展区域空间生态环境影响评价或规划环境影响评价的园区，有审批权的生态环境主管部门可以试行环境影响报告书、环境影响报告表审批告知承诺制。

三、加快设施建设，提升污染治理能力

（六）实施园区污水集中处理。园区应以“雨污分流、清污分流、中水回用”为原则设置给排水系统，按照水污染防治行动计划等相关要求，建设污水集中处理设施并安装自动在线监控装置。企业废水应分类收集、分质处理，达到国家、地方规定的间接排放标准以及集中污水处理设施进水水质要求后，方可接入园区集中污水处理设施。园区废水排入城镇污水处理设施的，应对废水进行预处理达到城镇污水处理设施接管要求；含有超标的有毒有害物质，不符合国家或省规定的水污染物排放标准的园区废水，不得排入城镇污水处理设施。应规范设置园区集中污水处理设施排污口，原则上一个园区设置一个排污口。

（七）规范固体废物处理处置。园区管理机构应确定固体废物重点监控企业清单，按照分类收集和综合利用的原则，落实固体废物综合利用和处理处置措施。鼓励园区自建配套的固体废物集中收集及处理处置设施，依法依规对固体废物进行减量化、资源化、无害化处理。一般工业固体废物应立足于回收利用，不能利用的应按有关要求进行处置。危险废物的污染防治须严格执行国家和省对危险废物管理的有关规定。

（八）加强区域环境综合整治。园区应编制环境保护方案，存在环境问题的园区应编制整治方案。园区应积极配合地方政府加快周边区域污水管网和污水处理厂等环保基础设施建设。水、大气污染物排放超过总量控制要求或区域环境质量明显下降的园区，应加强排查并落实整改；鼓励园区推行集中供热。

四、健全管理制度，强化环境监管

（九）优化环境质量监测体系。生态环境主管部门要优化水环境质量监测布点，科学设定监测频次；对纳污水体水质超标、下降的园区应加密水质监测。建立园区大气环境质量监测机制，对园区及周边大气环境质量状况及变化情况进行监控，并逐步由“一园一点”扩大到周边区域。将园区土壤环境质量作为我省土壤环境质量调查的重点内容。

（十）建立园区环境管理监督机制。生态环境主管部门逐步建立园区纳污水体水质、大气和土壤环境质量、周边农业面源、城镇生活源和工业源等数据的长期监控机制，搭建园区环保数字化在线监控平台，跟踪园区对周边环境质量的影响，将园区环境保护措施落实情况及周边环境质量状况纳入环境保护督察。建立园区环境信息公开制度，园区管理机构应畅通公众沟通渠道，定期发布园区环境状况公告，公布园区污染物排放状况、企业达标排放情况、环境基础设施建设和运行情况、环境风险防控措施落实情况等，适时开展公众满意度调查，接受社会监督。

（十一）严格企业治污设施运行监管。企业应严格执行环保法律、法规、规章，确保治污设施正常运行，污染物稳定达标排放。园区管理机构应加强对企业污染物排放的监督管理，完善排污台账，做到“一企一档”，实施动态管理。生态环境部门应将企业纳入污染源日常环

境监管“双随机”抽查，严厉打击环境违法行为，将环境违法信息记入社会诚信档案，及时向社会公布违法者名单。含有色、化工、制革、制药等重点行业的园区，应加强重点污染物排放监管。

五、完善风险防控，确保环境安全

（十二）建设环境风险防控设施。构建企业、园区和生态环境部门三级环境风险防控联动体系，增强园区风险防控能力，开展环境风险预警预报。产生恶臭污染物的行业应当科学选址，设置合理的防护距离，并安装净化装置或者采取其他措施，防止排放恶臭污染物。企业事故应急池应逐步实现互连互通，并合理建设隔离带和绿化防护带。

（十三）加强应急保障能力建设。企业应按照相关规定制定突发环境事件应急预案，落实环境风险防范措施。园区管理机构应定期开展环境风险评估，编制完善综合环境应急预案并备案，整合应急资源，储备环境应急物资及装备，定期组织开展应急演练，全面提升园区突发环境事件应急处理能力。

六、加强组织领导，严格责任追究

（十四）明晰各方责任。园区环境保护工作由园区管理机构负总责，建立园区管理机构一把手亲自抓、部门分工明确、人员职责清晰、运转规范有效的管理体制。企业是污染防治的责任主体，要健全环境保护责任制度，建立环保自律机制。生态环境主管部门对园区环境保护工作实施统一监督管理，将加强园区环保监管作为打好污染防治攻坚战的一项重要内容。

（十五）完善责任追究机制。将园区环保管理情况纳入环保责任考核。对不符合环保要求、污染治理设施不正常运行、环境安全隐患突出的园区，依法限期整改；对逾期未按要求完成水污染治理设施建设的园区，暂停审批和核准其增加水污染物排放的建设项目；对严重污染环境、破坏生态的园区，生态环境主管部门可向有关部门提出予以撤销、摘牌的建议。向省有关部门通报环境保护水平低下或环境保护专项检查结果不达标的产业转移工业园区。

（十六）建立环境状况评估制度。省级生态环境主管部门定期开展园区环境状况与管理情况评估，发布园区环境状况与管理评估报告，及时公开园区环保工作检查情况。园区管理机构应于每年2月底前，将上一年度园区环境保护状况与管理情况报送我厅。

本意见自2019年4月15日起实施，有效期5年。

来源：广东省生态环境厅

四川省省级开发区设立、扩区和调位管理办法

发布时间：2019年2月27日

第一章 总 则

第一条 为贯彻落实《国务院办公厅关于促进开发区改革和创新发展的若干意见》（国办发〔2017〕7号）精神，规范省级开发区设立、扩区和调位工作，制定本办法。

第二条 本办法所称省级开发区是指四川省范围内经省人民政府批准设立的省级综合经济类开发区、高新技术产业园区和特色工业园区。

第三条 农产品主产区、重点生态功能区等限制开发区域原则上不得建设开发区。确需在主体功能区规划确定的点状开发城镇设立开发区的，必须在保障农产品供给和保护生态环境的前提下，适度推进工业化城镇化开发。禁止开发区域严禁建设开发区。

第四条 开发区应当遵循区域布局合理、园区功能完善、主导产业突出、特色错位发展的原则进行设立。原则上每个县（市、区）的开发区及其管理机构不超过1家。

第五条 经省人民政府批准，开发区可以按照“一区（开发区）多园（产业园）”的模式建设和管理。开发区区块数一般不超过3块。

第二章 省级开发区的设立

第六条 开发区的设立应同时满足以下条件：

（一）符合促进区域协调发展战略布局的要求，具备明显的区位、交通优势，主导产业体现区域优势产业，对当地经济发展能够发挥示范引领、辐射带动作用；

（二）已纳入全省开发区发展规划，且符合本地区国民经济和社会发展规划、主体功能区规划、土地利用总体规划、城乡规划、生态环境保护规划和有关行业规划等；

（三）符合国家及省对自然生态、环境保护、节能减排、安全生产等的有关规定，资源环境承载力较好，近3年未发生重大及以上突发环境事件及生产安全事故、重大土地违法案件；

（四）开发区面积应与城市规模相适应，符合规模适中、布局合理、用地集约的要求，严格控制建设用地规模，面积原则上不超过10平方千米，开发区四至范围必须位于土地利用总体规划、城乡规划确定的城镇建设用地范围内，已按要求开展开发区土地集约利用评价工作，不存在严重的土地低效利用、闲置浪费情况；

（五）园区的道路、通信、水电气供应、排水排洪等公共基础设施已较为完善，完成“七通一平”以上建设；

（六）开发区应具备较高工业集中度，工业营业收入应占所在县（市、区）工业营业收入的40%以上；

（七）省级综合经济类开发区前三类主导产业营业收入占开发区营业收入的比例不低于70%；省级高新技术产业园区应具备科技企业孵化器或高新技术创业服务中心，园区高新技术产业营业收入占园区营业收入的40%以上；省级特色工业园区已形成具有园区品牌的企业集群区域，特色主导产业营业收入不低于园区营业收入的50%；

（八）开发区上年营业收入达到30亿元以上，所在地为民族地区、革命老区和贫困地区

的开发区上年营业收入达到 20 亿元以上。

第七条 设立的省级开发区名称一般为：行政区域 + 开发区类型。

第八条 审批程序：

（一）开发区所在地市（州）人民政府向省人民政府提出设立申请，包括请示和相关附件材料；

（二）省人民政府批转省发展改革委，由省发展改革委牵头征求省委编办、自然资源厅、生态环境厅、应急厅、省统计局等有关部门（单位）意见，必要时由省发展改革委组织有关部门（单位）现场考察和召开论证会，研究讨论开发区设立有关问题；

（三）部门（单位）达成一致同意意见后，省发展改革委对拟设立的省级开发区在省内主要媒体进行公示；

（四）省发展改革委根据省直有关部门（单位）意见和公示情况，上报省人民政府，由省人民政府批准设立；

（五）省级高新技术产业园区的认定和管理，按照《四川省高新技术产业园区认定和管理办法》实施；省级高新技术产业园区的扩区和调位，应征求科技厅意见。

第九条 开发区所在地市（州）人民政府申请设立省级开发区应当提交下列材料：

（一）关于申请设立开发区的请示。包括：开发区设立的必要性和可行性、开发区主导产业、开发区面积等；

（二）经由省发展改革委组织评定并批复的开发区发展规划，包括：发展现状、建设目标、产业发展方向、可行性及必要性分析、空间布局、可持续发展能力、保障措施及其他相关内容；

（三）经由生态环境厅认可的开发区环保管理机构设置、规划环评、污水集中处理设施建设及自动在线监控装置联网等环保工作情况，以及近 3 年重大及以上突发环境事件情况；

（四）经由自然资源厅审查通过的开发区涉及的土地利用总体规划审查图、界址点坐标、土地利用现状地类及权属情况、土地集约利用评价成果报告、依法依规用地情况，以及开发区用地符合所在城市、县（市、区）、乡镇土地利用总体规划、规划管理权限说明等；

（五）经由应急厅审查通过的开发区安全生产情况，包括：开发区内矿山、金属冶炼、建筑施工、道路运输单位和危险物品的生产、经营、储存等高危行业企业相关情况，安全生产监督管理和应急管理机构设置情况，近 3 年生产安全事故情况等；

（六）经由市（州）统计及相关部门认定的近 3 年开发区主要经济发展指标数据，包括：营业收入、固定资产投资、财政收入、节能减排、研发投入、进出口总额等；

（七）经由省委编办审查通过的开发区管理机构设置预案，包括：管理模式、机构设置、职能职责、领导职数、人员编制等；

（八）省人民政府要求提交的其他材料。

第三章 省级开发区的扩区

第十条 开发区扩区应同时满足以下条件：

（一）申请扩区的开发区主要经济指标增速在申报前 3 年均高于全省省级开发区平均水平；

（二）单位用地主要经济指标高于全省省级开发区平均水平，包括：单位用地工业营业收入、单位用地投资强度、单位用地财税收入等；

（三）申请扩区所需土地的区位和数量符合国家和省有关法律法规及相关政策要求，符合土地利用总体规划、城乡规划、生态环境保护规划等；

（四）区域近 3 年环境质量持续改善或未明显恶化，资源环境承载力满足扩区需要；开发区原核准区域已严格落实其规划环评的相关环保要求，已开展扩区规划环评工作且由生态环境厅审查通过；

（五）开发区原核准面积已基本开发完毕，可供土地面积不足原核准面积的 10%；

（六）产业链延伸和配套需要新的发展空间，且拟扩区的区域原则上应控制在发展方向区内，与开发区原核准区域集中连片，扩区面积原则上不超过10平方千米；

（七）提出扩区申请前3年开发区经济发展水平综合考核结果合格，达到依法、合理、节约集约用地标准，节能减排达到国家有关要求；

（八）对于连续3年（含3年）以上未按要求参与开发区土地集约利用评价且土地集约利用程度在全省同类型开发区中未达到排名前2/3的开发区，3年内发生过重大及以上环保或生产安全事故、重大环保违法违规事件和重大土地违法案件的开发区，存在重大安全生产隐患的开发区，不支持其扩区申请；

（九）市（州）有关部门要结合职能职责对上述事项出具书面审查意见。

第十一条 省级开发区扩区的审批程序参照本办法第八条办理。

第十二条 所在地市（州）人民政府向省人民政府申请省级开发区扩区应当提交的材料参照本办法第九条办理。

第四章 省级开发区的调位

第十三条 省级开发区原核准范围内因城乡规划调整、地质灾害等客观原因无法进行实际开发或者需要搬迁的，应当编制区位调整规划，参照本办法第三章规定的程序及应当提交的材料，报省人民政府批准。

第十四条 省级开发区原核准范围因客观原因无法进行开发，所在市（州）、县（市、区）范围内又无地可调整的，所在地市（州）人民政府应当向省人民政府申请撤销该开发区，并负责安排恢复土地原貌。

第五章 附 则

第十五条 建立健全全省统一的开发区审批平台。省发展改革委负责对省级开发区进行指导、协调和宏观管理，编制全省开发区发展规划，牵头负责并会同有关部门（单位）提出省级开发区设立、扩区和调位的意见，开展综合评价考核工作。

第十六条 省级开发区扩区、调位，开发区名称及管理机构原则上维持不变，确需调整的，应按程序报批。

第十七条 省级开发区设立、扩区和调位经正式批复1年后仍无新增投资项目且建设进度缓慢的，所在地市（州）人民政府要进行书面说明；必要时由省发展改革委会同有关部门（单位）给予通报，限期整改，经整改仍达不到要求的，可报请省人民政府对其设立、扩区和调位的批复予以撤销。

第十八条 市（州）申报材料必须真实可靠，一经发现有弄虚作假的情况，经省人民政府同意后，撤销省级开发区设立、扩区和调位，并追究相关领导责任。

第十九条 本办法由省发展改革委负责解释。

第二十条 本办法自公布之日起30日后施行，有效期5年。

来源：国家发改委利用外资和境外投资司子站

广州市黄埔区、广州开发区新建改造提升创客空间及引进国际创客实验室资助项目管理实施细则

发布时间：2019年1月31日

第一条 为规范黄埔区、广州开发区及其受托管理和下辖园区（下称“本区”）内新建、改造提升创客空间及引进国际创客实验室资助项目管理工作，根据《广州开发区、黄埔区创客空间认定和扶持办法》（穗开管办〔2016〕31号）等有关规定，结合我区实际，制定本细则。

第二条 项目资助采取事后立项、事后补助的方式。本细则所需资金在区科技发展资金中列支。

第三条 本细则扶持资金主要用于支持创客空间为创客提供研发场所和研发设备等软硬件资源，开展创意分享、资源对接、创业辅导等活动。每年由区科技行政主管部门选择不超过3个示范主题，每个主题择优支持1家创客空间项目。每个项目扶持额度不超过500万元，且不超过项目建设经费的50%。项目资助经区政府、管委会同意立项后，由区科技行政主管部门一次性拨付。资金使用需符合国家、省、市、区相关科技经费管理办法的要求。

第四条 本细则扶持的项目应当符合以下基本条件：

（一）申报单位应为在黄埔区、广州开发区及其受托管理和下辖园区范围内办理注册、税务登记，并在区内实际经营，有健全的财务制度和实行独立核算的企事业单位或其他机构；

（二）申报单位应具有完成项目实施的工作基础和条件，有健全的科研管理制度、知识产权管理制度和财务管理制度；

（三）申报单位在过去3年内在申报和承担国家、省、市、区科技计划项目中没有不良信用记录；

（四）申报单位应按照规定做好科技统计上报工作；

（五）申报单位必须有自筹经费渠道，具有筹措全部项目经费的能力及承担因项目失败而产生的经济损失的能力；自筹经费是指申报单位专项用于该项目建设的自有资金，不含各级政府的项目扶持经费；

（六）申报项目应具有鲜明的主题和良好的示范性，且符合当年度申报指南的重点示范内容和扶持方向等要求；

（七）申报单位实缴注册资本不少于500万元；

（八）申报单位可自主支配创客空间场地面积不少于1 000平方米；

（九）项目实施年限不超过2年；

（十）申报项目已全部完成；

（十一）申报单位应已被认定为黄埔区、广州开发区创客空间（不含试点）。

有以下情形之一的不得申报：

（一）同一项目已获得国家、省、市科技计划项目立项的；

（二）申报单位存在到期未验收的区自主立项项目的；

（三）项目负责人在研项目和当年申报项目累计超过1项的，项目主要承担人（项目组成员前3名）在研项目和当年申报项目累计超过2项的；

（四）申报单位在因违反相关规定被区科技行政主管部门取消申请区科技发展资金资格期限内。

第五条 每年由区科技行政主管部门编制项目申报指南，集中受理立项申报。申报单位应提交以下申报材料：

（一）黄埔区、广州开发区科技计划项目申报书；

（二）申报单位企业营业执照副本、国税登记证副本、地税登记证副本或一证一码营业执照副本；

（三）场地证明材料；

（四）已投入建设创客空间相关费用证明材料；

（五）运营团队的证明材料；

（六）入驻创客项目的清单、创客项目转化的企业名录及证明材料；

（七）创客空间运营管理方案及相关制度；

（八）创客空间提供公共平台、创业辅导、天使投资等各项目服务情况及证明材料。

第六条 项目申报要件审查通过后，由区科技行政主管部门委托科技服务机构组织专家进行评审。专家根据下述立项评审指标，对申报项目进行评分评审，项目评审结果按总得分高低进行排名：

（一）申报单位资质，占10%比重；

（二）项目负责人及服务团队资质，占10%比重；

（三）服务基础设施情况，占15%比重；

（四)资金投入和使用合理性，占15%比重；

（五）项目的示范性及运营模式创新性，占30%比重；

（六）项目取得的成果及经济社会效益，占20%比重。

第七条 专家评审结果提交区科技行政主管部门研究确定每个主题1个拟立项项目，拟立项项目在区科技行政主管部门门户网站上公示5个工作日，无异议的或异议不成立的项目报区政府、管委会审定。

第八条 区政府、管委会同意立项后，区科技行政主管部门下达拨款通知书。申报单位接到拨款通知书之日起3个月内向区政策兑现窗口提交申请拨款材料，逾期的视为放弃项目资助。

第九条 本细则中立项评审组织、资金拨款材料的审核等相关事务性工作，由区科技主管部门委托广州火炬高新技术创业服务中心负责具体实施。组织专家评审等费用，从区科技发展资金中列支。

第十条 本细则自发布之日起施行，有效期至2021年3月9日。有效期届满或相关法律政策依据发生变化，将根据实施情况予以评估修订。原《广州市黄埔区广州开发区新建改造提升创客空间及引进国际创客实验室资助项目管理实施细则》（穗开科〔2017〕5号）同时废止。

来源：广州开发区科创局

广州市黄埔区 广州开发区促进5G产业化发展办法

穗埔府规〔2019〕12号 发布时间：2019年7月8日

黄埔区各街道、镇，区府属各单位；广州开发区管委会直属各单位：

《广州市黄埔区广州开发区促进5G产业化发展办法》已经区政府、管委会同意，现印发给你们，请认真遵照执行。执行过程中如遇问题，请径向区经济和信息化局反映。

广州市黄埔区人民政府 广州开发区管理委员会

2019年7月4日

广州市黄埔区 广州开发区促进5G产业化发展办法

第一条 为大力促进5G发展，推进5G网络建设和应用创新，培育孵化5G产业集群，结合《"十三五"国家信息化规划》(国发〔2016〕73号)、《国家信息化发展战略纲要》(国发〔2016〕73号)、《广东省信息基础设施建设三年行动计划（2018—2020年)》(粤府办〔2018〕14号)、《广东省加快5G产业发展行动计划(2019—2022年)》(粤办函〔2019〕108号）等相关文件，结合我区加快下一代信息基础设施建设，推动5G及下一代信息技术产业赋能实体经济的定位，制定本办法。

第二条 本办法适用于工商注册地、税务征管关系及统计关系在广州市黄埔区、广州开发区及其受托管理和下辖园区（以下简称本区）范围内，有健全的财务制度、具有独立法人资格、且承诺10年内注册及办公地址不迁离本区、不改变在本区的纳税义务、不减少注册资本的5G企业或机构。若被扶持企业或机构违反承诺，将追回已发放的扶持金。

第三条 鼓励5G核心环节突破。鼓励发展砷化镓、氮化镓等化合物半导体和光交换、基带、中高射频、图像处理等5G高端芯片及元器件，鼓励发展基于5G技术的智能手机、可穿戴设备、虚拟现实/增强现实（VR/AR）等终端产品。对新设立或新迁入本区5G及下一代通信芯片模组、高端元器件、5G新型行业终端（含4K/8K终端、智能可穿戴设备、无人机/车/船）的企业或机构，实缴注册资本1 000万元以上的，按实缴注册资本的5%给予培育奖励，每家企业或机构累计奖励最高不超过300万元。在培育奖励的基础上，一次性给予30万元技术人才引进补贴。

第四条 鼓励5G企业做大做强。发展产值过亿的5G及下一代信息技术龙头企业，分类培育5G新型智能硬件、5G小型化基站设备、5G基站天线设备、5G高频元器件、5G网络产品等细分领域的骨干企业，形成融通发展的良好局面。针对主营业务为5G的企业或机构，年度营业收入首次达到1亿元、5亿元、10亿元的，按照其对本区地方经济发展贡献的10%予以奖励，同一企业按差额补足方式最高奖励200万元。本年度营业收入达到1 000万元，且5G业务收入同比增长100%以上的5G企业或机构，按照其研发投入或对本区地方经济发展贡献的10%予以奖励，最高不超过200万元。

第五条 支持5G应用示范推广。鼓励区内行业龙头企业、电信运营商、5G及下一代信息技术企业联合开展5G应用示范，打造国家级5G应用示范区。每年竞争性评选10至15个5G应用示范项目，按项目投入的30%给予补贴，每个项目最高补贴不超过500万元。其中，每年评选“5G＋智能制造”应用示范项目不少于5个，每年评选港澳企业参与的5G应用示范项目5个。

第六条 鼓励5G产业联动发展。鼓励运营商为区内规模以上工业企业核心生产区域实施5G室内网络覆盖。当年覆盖20家及以上规模以上工业企业的运营商，按每新覆盖1家给予5万元奖励，每年每家运营商奖励累计最高不超过200万元。

对本区企业生产的小微基站、高端光通信产品、网络产品等5G及下一代信息技术核心设备年销售额首次达到1亿元以上的，给予200万元的一次性奖励

第七条 支持打造5G示范园区。推进5G众创空间、孵化器、加速器等公共平台建设，支持区内龙头骨干企业联合上下游企业、高校、科研院所，面向制造业建设5G成果转化基地（中心）。对我区认定的5G众创空间、孵化器、加速器、5G成果转化基地（中心），自认定起连续3年，给予每年50万元的运营补贴。鼓励多方合作重点发展5G基础材料、通信设备及智能终端制造及5G融合应用，打造5G产业园。自认定起连续3年，给予最高200万元的园区运营补贴。

引进5家及以上5G企业或机构的5G众创空间、孵化器、加速器、5G成果转化基地（中心）和引进10家及以上的5G企业或机构的5G产业园，按每新引进1家给予5万元奖励，每年累计奖励最高不超过100万元。

5G企业或机构入驻本区5G众创空间、孵化器、加速器、5G成果转化基地（中心）和5G产业园，租用办公用房且自用的，自租用办公用房起3年内，每年每家企业给予最高1 000平方米且最高60万元的租金补贴；并一次性给予30%的装修费用补贴，最高补贴100万。

第八条 支持建设5G创新平台。鼓励本区5G及下一代信息技术企业或机构联合国家级研究机构、行业龙头企业、国内外重点院校共同成立5G创新中心和5G实验室。经国家部门单独或联合认定的5G创新中心和5G实验室，采用后补助的方式给予500万元资助。经省级部门单独或联合认定的5G创新中心和5G实验室，采用后补助的方式给予300万元资助。

第九条 优化5G产业发展环境。对5G企业通过商业银行或者融资担保的方式获得的银行贷款，给予贷款利息及担保费用全额补贴，每年每家企业最高补贴金额50万元，补贴期限3年。对首次获得风险投资机构投资的种子期、初创期的5G企业，按实际获得投资额的10%给予奖励，每家企业最高奖励100万元。

鼓励企业或机构在我区举办国际级或国家级5G产业峰会、重大论坛、创新大赛等活动，经认定备案，每个活动补助最高不超过100万元。

第十条 重大项目奖励。对带动性强、地方经济贡献大的重大5G产业项目，经区政府、管委会同意，另行予以重点扶持。

符合本办法规定的同一项目、同一事项同时符合本区其他扶持政策规定（含上级部门要求区里配套或负担资金的政策规定）的，按照从高不重复的原则予以支持，另有规定的除外。获得奖励的涉税支出由企业或个人承担。本办法从公布之日起实施，有效期3年。有效期届满或有关法律政策依据变化，将根据实施情况予以评估修订。

来源：黄埔区人民政府 广州开发区管委会办

浦东新区促进小微企业创新创业财政扶持办法实施细则

发布时间：2019年7月9日

根据《浦东新区行政规范性文件制定和管理规定》要求，将我委和区财政局牵头草拟的《浦东新区促进小微企业创新创业财政扶持办法实施细则》草案向社会公示，时间为2019年7月1日—7月7日。在公示期间对该办法有任何意见和建议的，请与上海市浦东新区科技和经济委员会（浦东新区世纪大道2001号4-519）联系。

第一条 目的依据

根据《浦东新区促进小微企业创新创业财政扶持办法》（浦府规〔2019〕7号）（以下简称《办法》）及相关规定，制定本实施细则。

第二条 适用对象

1. 工商注册地、税收户管地在浦东新区的小微企业；

2. 工商注册地、税收户管地在浦东新区，经市级（含）以上主管部门认定的服务载体；

3. 经浦东新区科经委备案登记的创新型孵化器、科技企业加速器。

第二章 支持创新创业载体建设

第三条 支持创新型孵化器建设

《办法》第二条创新型孵化器绩效评估分为综合评估和重大贡献评估。绩效评估奖励与上海市科技企业孵化器或众创空间相关政策扶持要求中的区级配套资助部分从优不重复。

1. 综合评估是指对创新型孵化器日常运营、企业培育、人才引进、科技成果转化等方面实施量化打分，满分100分。综合评估分值低于60分的单位，绩效评估不合格且不安排奖励资金，并要求限期整改，在整改完成之前，不再推荐申报市级（含）以上各类财政扶持资金及资质认定。综合评估分值高于60分（含）的单位，按照实际分值测算奖励金额，最高不超过200万元。

2. 重大贡献评估是指对综合评估分值高于60分(含)的创新型孵化器在培育行业领先企业，打造专业化功能性平台、国际创新创业品牌影响力等重大贡献方面实施量化打分，按照实际分值测算奖励金额，最高不超过100万元。

第四条 支持科技企业加速器建设

《办法》第二条科技企业加速器绩效评估主要是指对科技企业加速器公共服务平台建设运营、企业加速培育、市场专业服务对接、企业融资对接等方面实施绩效评估。

评估分值低于60分的单位，不安排奖励资金，并要求限期整改，在整改完成之前，不再推荐申报市级以上各类扶持资金或资质认定；评估分值高于60分（含）的，按评估情况安排奖励资金，最高不超过300万元。

第三章 降低创新创业成本

第五条 支持优质项目入驻创新型孵化器

《办法》第三条第一款对于入驻团队给予一次性5万元资助，所资助的团队须同时满足以下条件：

1. 获得市级（含）以上部门主办的创新创业大赛奖项；

2. 入驻创新型孵化器。

第六条 降低小微企业创新创业成本

《办法》第三条第二款创新型孵化器内培育企业的创新创业成本主要是指创新型孵化器空

间使用成本。

单个企业补贴金额最高不超过15万元，须低于房屋租金的实际发生额，并按照实际租赁面积（最高不超过200平方米）乘以按照相关标准核定的每平方米租金单价予以核算，其中，租赁工位的企业按照每个工位6平方米乘以按照相关标准核定的每平方米租金单价予以核算。

支持企业须同时满足以下条件：

1. 企业办公场所须在创新型孵化器内；

2. 企业入驻创新型孵化器时成立时间不超过24个月；

3. 企业在创新型孵化器内孵化时限原则上不超过48个月（技术领域为生物医药、集成电路、人工智能的企业，孵化时限不超过60个月）；

4. 企业具有一定的营业收入或研发投入。

第四章 支持小微企业提升能级

第七条 支持小微企业提升自主创新能力

《办法》第四条第一款对通过引进关键技术和设备等途径提高自主创新能力且符合一定条件的小微企业，给予不超过其项目投资额20%的资助，单个项目资助额最高不超过100万元。

支持的企业须同时满足以下条件：

1. 注册成立一年以上，财务会计核算和管理制度健全；

2. 项目属于浦东新区重点发展产业领域；

3. 项目投资包括购买设备、研发投入，其中购买设备占项目投资额80%以上，企业须对项目发生支出立台账管理；

4. 项目于2018年1月1日后开始建设，建设周期不超过2年，且目前已竣工完成。

5. 引进关键技术合同或合作协议；

6. 拥有专利技术的项目优先予以支持。

第八条 支持高成长小微科创企业

《办法》第四条第二款对经评估列入浦东新区高成长小微科创企业培育计划的，给予不超过40万元的资助；对经评估达到培育目标的，给予不超过60万元的资助。

支持的高成长小微科创企业须同时满足以下条件：

1. 财务会计核算和管理制度健全；

2. 属于浦东新区重点发展产业领域，被认定为高新技术企业或上海市“专精特新”企业；

3. 上一年度营业收入达5 000万元人民币以上；

4. 上一年度研发投入占销售额的比例达到8%以上，近三个会计年度营业收入、利润总额、纳税总额平均增长率达30%以上（满足其中2项）；

5. 有良好的发展前景，自主创新能力强，有增长潜力，产出规模和市场占有率在行业内领先。

经评估达到培育目标的条件：

列入培育计划后，连续两年（含申报当年）营业收入年平均增长率不低于20%。

第五章 支持功能性平台建设

第九条 支持建设高能级创新创业服务平台

《办法》第五条国内外知名企业、大学及科研机构是指全球100强大学、全球100强科研机构、世界500强企业、国内一流大学及科研院所，且符合浦东高质量发展战略方向。经费评估依据主要包括项目建设费、房屋租金、研发设施硬件费用。建成后经评估，给予核定总投资的50%且最高不超过500万元的一次性资助。

第六章 加强公共服务能力

第十条 支持服务机构发展

《办法》第六条第一款服务机构是指为浦东新区小微企业创新创业提供相关服务的机构。对获得上海市中小企业发展专项资金奖励，且符合相关条件的优秀中小企业服务机构，新区按照1∶1给予配套支持，最高不超过50万元。

申报单位须同时满足以下条件：

1. 在上一年度上海市中小企业服务绩效第三方评估结果中评价为优秀；

2. 为工商注册地和税收户管地均在浦东新

区的小微企业创新创业提供免费、优惠服务，服务家数达100家以上。

第十一条 支持小微企业担保融资

《办法》第六条第二款的有关政策内容按照《浦东新区小微企业增信基金管理办法》有关规定执行。

《办法》第六条第三款的有关政策内容按照《浦东新区为小微企业购买代理记账服务实施办法》（浦财会〔2019〕14号）执行。

第七章 项目管理及监督管理

第十二条 项目管理

1. 发布指南。浦东新区科经委按照《办法》和本实施细则，发布年度《申报指南》。

2. 项目申报。项目申请单位根据《申报指南》的要求，在规定时限内，提交相关申请材料。

3. 项目受理。张江科学城内项目由张江科学城建设管理办公室负责受理，张江科学城以外项目由浦东新区科经委负责受理。

4. 项目审定。张江科学城建设管理办公室负责审核张江科学城内项目。浦东新区科经委、财政局对全区项目进行会审。

5. 项目公示。浦东新区科经委负责对拟立项项目的公示。

6. 资金拨付。经公示无异议后，张江科学城内项目由张江科学城建设管理办公室拨付，张江科学城外项目由浦东新区财政局拨付。

第十三条 监督管理

1. 监督检查。浦东新区科经委、财政局负责浦东新区区级财政扶持资金的日常管理。

2. 信用管理。浦东新区科经委对相关单位或个人在项目申报、资金使用管理、项目执行等工作中的诚信情况进行记录。诚信情况记录纳入浦东新区信用评价体系。

3. 责任追究。对于申报材料不实、不遵守承诺及不履行相关义务的单位或个人，浦东新区科经委取消其项目申报资格，并按照国家有关规定追究项目单位和有关负责人的法律责任。

第八章 附则

第十四条 应用解释

本细则由浦东新区科经委、财政局负责解释，执行至2020年12月31日止。

来源：浦东企业政策在线

福州市人民政府办公厅印发
关于促进开发区高质量发展实施方案的通知

发布时间：2019年1月9日

各县（市）区人民政府，市直各有关单位：

《关于促进开发区高质量发展的实施方案》已经市十五届政府2018年第31次常务会议研究同意，现印发给你们，请认真贯彻执行。

福州市人民政府办公厅

关于促进开发区高质量发展的实施方案

为贯彻落实《福建省人民政府关于促进开发区高质量发展的指导意见》（闽政文〔2018〕15号）精神，进一步发挥开发区作为改革开放排头兵作用，形成新的集聚效应和增长动力，现结合我市开发区实际，制定本实施方案。

一、工作目标

力争通过努力，到2020年，全市省级（以上）开发区地区生产总值突破3 400亿元，建成地区生产总值超100亿元以上11个，其中超600亿的开发区1个、超500亿的开发区1个，实际使用外资总额达到35亿元，工业用地地均税收达到30万元/亩。开发区综合实力显著提升，产业集聚效应和产业竞争力明显提高，对福州社会经济发展的支撑带动作用进一步凸显，为新福州建设作出更大贡献。

二、工作任务

（一）创新管理体制和运行机制

创新、完善管理体制和运行机制，进一步构建精简高效的开发区管委会机构。

1. 实施整建制托管。各开发区（不含海关特殊监管区、福州高新技术产业开发区、福州经济技术开发区）由市委、市政府全部委托园区所在地党委、政府管理，包括园区党建、经济建设、社会事务等。开发区管委会在人力物力保障和监管责任上配合抓好落实。干部人事管理权限不变，园区资产不移交。行政管理由当地党委、政府按属地管理原则，依法承担园区管理主体责任。加大对开发区财政支持。福清江阴经济开发区、台商投资区与市财政及所在县（市）区税收和土地收益分成比例按照市委、市政府《关于完善市级重点工业园区体制机制的意见》（榕委发〔2017〕10号）规定执行，其余各开发区的税收和土地收益分成比例按现行政策执行。

责任单位：相关县（市）区人民政府、市编办、市财政局、市税务局、市自然资源和规划局。

2. 实行市场化运作。力争2020年底，开发区（工业园区）全部成立运营公司。运营公司承担园区开发建设、招商引资、投资运营、专业化服务等功能，可独立或合作运营科技企业孵化器、创新工场、众创空间、加速器等创新创业载体。运营公司与管委会实行政企分开、政资分开。

责任单位：相关县（市）区人民政府、各开发区管委会、市商务局、市投促局、市工业和信息化局、市科技局、市编办。

3. 各开发区运营公司建立现代企业制度、完善法人治理结构，可与各级国有资本交叉持股，探索混合所有制改革。运营公司可通过上市融资、发行债券、设立产业投资基金、股权投资等方式开展资本运作，发展成为资本实力强、运作水平高的产业园区投资运营商。

责任单位：相关县（市）区人民政府、市国资委、市财政局、市发改委、市金融办。

（二）创新招商引资机制和优化服务

1. 探索创新招商引资机制。

（1）推行公司化招商。有条件的开发区要根据产业发展特点，与市招商服务公司合资成立属地专业化招商公司，打造招商信息平台和招商智库，建立招商成果奖励机制。相关县(市)区人民政府为招商公司量身定制经营业绩考核办法，根据招商成果给予资金奖励，并按贡献大小奖励到个人。

责任单位：相关县（市）区人民政府、各开发区管委会、市投促局、市商务局、福州招商服务公司。

（2）推行产业链招商。推动特色产业园区建设，依托现有龙头企业开展产业链上下游招商，吸引一批产业链上下游的高关联配套企业集聚，打造具有特色的产业园区。

责任单位：相关县（市）区人民政府、各开发区管委会、市投促局、市商务局、市工业和信息化局。

（3）推行第三方招商。与境内外投资促进专业机构开展密切合作，鼓励引进社会化招商机构，通过购买服务等方式，拓宽招商渠道，拓展招商引资网络，提升招商实效。

责任单位：相关县（市）区人民政府、各开发区管委会、市投促局、市商务局、福州招商服务有限公司。

（4）推行产业基金招商。加强与省级有关部门的沟通联系，争取省里对福州•马尾基金小镇、福州软件园基金大厦等基金产业的支持，完善“政基企”合作机制，促进基金与实体产业对接；按照国家相关政策要求，鼓励设立产业引导基金，探索以资金为媒介，促进产业项目入区入园，积极争取国家金融创新试点在福州•马尾基金小镇和福州软件园基金大厦先行先试。

责任单位：相关县（市）区人民政府、各开发区管委会、市投促局、市商务局、市发改委、市财政局、市金融办。

（5）加强对台交流。发挥好福州对台经贸交流先行区的优势，深入贯彻国家、省、市惠台政策，鼓励支持涉台园区与台湾相关园区深度合作，探索协同招商、收益共享的新模式，允许福州台商投资区等涉台园区根据实际情况，自行制定出台扶持特色产业发展和对台招商引资的优惠政策。

责任单位：相关县（市）区人民政府、相关开发区管委会、市投促局、市商务局、市台港澳办。

2. 优化服务，提升营商环境。落实《中共福州市委福州市人民政府关于印发〈福州市优化营商环境工作三年行动方案〉的通知》（榕委发〔2018〕18 号），大力弘扬“马上就办、真抓实干”精神，认真查找在提供优质服务、打造良好营商环境方面存在的短板，依托开发区所在地的行政服务中心，持续优化整合“一窗受理”窗口，推行行政审批事项实现全流程网办，提升“一趟不用跑”事项网上申报率和电子证照应用率；引进各类中介服务和代理机构，为开发区内企业投资经营提供“保姆式”“一站式”的“互联网＋政务”服务，让企业办事不出区，快捷方便；推行统一编码管理，实现区级和市级同源事项的事项名称、事项类别、法律依据、基本编码等要素基本统一，并在市权责清单系统进行通用事项对接。

责任单位：相关县（市）区人民政府、各

行政服务中心。

3. 开展投融资合作，完善投融资渠道。各开发区主动与金融机构开展投融资合作，完善配套政策，推广工业园区厂房按揭贷款模式，为开发区龙头企业及区内的上下游企业提供供应链金融服务。针对大数据、物联网等战略性新兴产业，探索引进管理经验丰富和专业性较强的风投机构，做好资本与项目的精准对接。支持符合条件的企业通过境内担保境外发债、跨国公司外汇资金集中运营等方式融通资金。鼓励产业链中的核心企业向上下游企业提供融资支持，在应收账款质押融资领域开展创新。

责任单位：相关县（市）区人民政府、市金融办、福州市金融控股集团有限公司。

4. 开发区可探索设立投资控股公司，完善创投资金管理及退出机制，拓展“双创”融资渠道，推动开展科技型中小微企业无抵押贷款试点，支持保险公司开展科技型中小微企业贷款保证保险。

责任单位：相关县（市）区人民政府、市金融办、市科技局、市金融控股集团有限公司、市财政局、市发改委。

（三）抓好产业集聚和转型升级

1. 坚持产业立区，打造优势产业。各开发区要结合区位特点、资源禀赋、产业基础、环境容量等因素确定主导产业，走专业化发展道路。坚持产业立区，重点引进一批符合园区产业发展方向的企业，打造优势产业，进一步优化产业结构，推动园区建设与产业升级的“双轮驱动”。沿海开发区要主动对接国家战略，与“一带一路”“海上福州”建设联动发展。

责任单位：相关县（市）区人民政府、各开发区管委会、市发改委、市工业和信息化局、市科技局、市商务局、市海洋渔业局。

2. 实施开发区产业高质量发展和赶超发展计划。推动产业高端化、集聚化发展，以新一代信息技术、新材料、高端装备制造等战略新兴产业领域为重点，重点培育和发展一批科技小巨人领军企业。至2020年，培育和发展科技小巨人领军企业200家以上。着重在成长前景较好的重点企业、设有研发机构的企业、高新技术企业、专精特新企业、单项冠军企业中甄选一批科技创新、产品开发能力较强，质量效益突出，市场前景广阔的高成长企业，在融资服务、电力调度等方面给予优先保障。至2020年，全市工业园区高成长企业达到100家，省级以上高新技术企业达600家。

责任单位：相关县（市）区人民政府、各开发区管委会、市工业和信息化局、市科技局、市商务局、市金融办。

3. 推进海关特殊监管区整合优化。积极争取省商务厅、福州海关等部门的支持，促进符合条件的海关特殊监管区逐步整合升级为综合保税区，提升海关特殊监管区的综合竞争力。

责任单位：市商务局、市发改委、市工业和信息化局、市财政局、市自然资源和规划局、市税务局、市市场监督管理局；支持单位：福州海关。

4. 创新人才培养和引进机制。鼓励开发区通过设立创业投资基金、创业投资贴息资金、知识产权作价入股等方式，搭建科技人才与产业对接平台。鼓励开发区建立产学研用相结合的协同创新平台。完善各类创业服务中心、企业孵化器等创业孵化平台。落实我市人才引进奖励政策措施，创新人才培养和引进机制，创造宜居宜业的良好生活环境，为引进中高端人才提供必要条件。

责任单位：相关县（市）区人民政府、各开发区管委会、市科技局、市工业和信息化局、市人社局、市教育局、市城乡建设局、市编办。

（四）促进区域协作和资源整合

1. 主动与闽东北经济协作区等合作区对接交流，开展合作共建，推动产业优势互补、资源共享。共建双方可协议分享共建园区工业增加值、固定资产投资、招商引资等经济指标和税收收益。省内开展工作考核评价时，允许共建双方将源自共建园区的相关指标各按100%纳入统计。共建园区可参与联合组建市场化运作的股权基金，对成长性好、前景可预期的境内外创新型产业项目或企业进行战略投资。

责任单位：相关县（市）区人民政府、市商务局、市农业农村局、市工业和信息化局、市科技局、市发改委、市统计局。

2. 以国家级开发区和发展水平较高的省级开发区为主体，整合或托管区位邻近、产业趋同的开发区。推动产业结构调整及转型升级，中心城区以新一代信息技术、新材料、高端装备制造等战略新兴产业为主，其他传统企业逐步向城区外转移。

责任单位：相关县（市）区人民政府，各开发区管委会、市商务局、市工业和信息化局、市科技局、市自然资源和规划局、市城乡建设局、市编办。

（五）集约利用土地，提升使用效率

1. 加大土地开发强度。在符合规划、安全及环保要求，且不改变用途的前提下，在工业园区内原有用地上进行厂房加层改造，增加用地容积率的，不再增收土地价款。在原址扩建的工业项目所需新增工业用地，符合工业用地各项控制性指标的前提下，可按程序采取协议出让方式供地。

责任单位：相关县（市）区人民政府、各开发区管委会、市自然资源和规划局。

2. 盘活利用存量土地。按照《福州市开发区低效用地认定及处置办法（试行）》（榕国土资综〔2018〕617 号），通过实施“腾笼换鸟”“退二进三”政策，积极盘活闲置、低效利用等存量土地，提高土地节约集约利用和投入产出水平。支持园区内低效用地进行整体兼并或分栋转让，用于发展新兴产业及我市鼓励发展的生产性或高科技服务业，相关部门给予办理过户变更手续，支持优势企业优先兼并或购买。

责任单位：相关县（市）区人民政府、各开发区管委会、市自然资源和规划局、市发改委、市工业和信息化局、市科技局。

3. 创新土地利用模式。对新增工业用地，根据不同行业生命周期、不同类型工业项目特点及企业实际需求，实行“弹性出让、先租后让、分期供地”等灵活的土地供应政策，弹性出让年期原则上不超过 30 年，确保土地资源向用地少、产出高、效益好的项目倾斜。

责任单位：相关县（市）区人民政府、各开发区管委会、市自然资源和规划局、市发改委、市工业和信息化局、市科技局。

4. 严格执行有关集约利用土地规定。省级（以上）开发区均纳入土地集约利用评价，设立满 3 年后，节约集约用地评价排名居全省同级别开发区末 5 名的，原则上盘活存量建设用地，暂停农用地转用报批；居全省前 5 名的，优先安排 300 亩的土地储备报批指标。严格执行《闲置土地处置办法》（国土资源部令第 53 号），规范履行工作程序，对政府原因造成土地闲置的，采取签订补充协议、重新约定开竣工日期、协议有偿收回、置换等方式予以处置；对企业原因造成土地闲置的，采取征缴土地闲置费、依法收回等方式予以处置。

责任单位：相关县（市）区人民政府、市自然资源和规划局。

三、保障措施

（一）建立联席会议机制

市政府分管领导任总召集人，市商务局、工业和信息化局、科技局主要领导任召集人，市商务、发改、工业和信息化、科技、财政、自然资源和规划、生态环境、城乡建设、林业、海洋渔业、应急管理、统计、金融、编办、福州海关等部门负责人为成员，办公室设在市商务局。联席会议负责对涉及我市开发区重大项目建设存在问题、企业激励扶持政策等进行研究、协调。

责任单位：市商务局、市发改委、市工业和信息化局、市科技局、市财政局、市自然资源和规划局、市生态环境局、市城乡建设局、市林业局、市海洋渔业局、市应急管理局、市统计局、市金融办、市编办、福州海关。

（二）加强分类指导

国家级经济技术开发区、海关特殊监管区由市商务局牵头管理；国家级高新技术产业开发区、省级高新技术产业园区由市科技局牵头管理；省级经济开发区（工业园区）由市工业和信息化、商务部门牵头管理，以上按各单位新设定的主要职责、内设机构和人员编制方案执行。市生态环境局、各牵头管理部门以及有关职能部门，指导各开发区根据产业发展方向做好规划环评工作，及时妥善做好污水、固废、危废集中处理，做好集中供热、环境应急，并加强事中事后监管。市、县两级统计局指导各开发区做好统计工作。

责任单位：各县（市）区人民政府、市商务局、市发改委、市工业和信息化局、市科技局、市自然资源和规划局、市生态环境局、市统计局、市编办。

（三）落实考核评价和激励约束机制

根据新制定的《福建省开发区综合发展水平考核评价办法（暂行）》（闽商务开发区〔2018〕10号），省市对上一年度开发区的发展水平进行综合评价（海关特殊监管区暂不列入评价范围）。每年将根据综合评价结果实施奖惩措施，对综合得分位居全市前3名的开发区按规定由省财政资金给予奖励，对综合得分位居全市第4至第6名的开发区由市财政分别给予50万元奖励（省、市奖励不重复享受）。对评价结果位居全省后5名的开发区予以警告、限期整改，限期内未整改到位的，按干部管理权限和有关程序对开发区党工委、管委会负责人进行问责，直至采取降级、免职等惩戒措施；对连续两年评价结果位居全省最后1名的开发区，根据不同情形，设定强制整改期，逾期未整改到位的，按程序报省政府批准后，退出省级开发区管理序列，对机构编制作相应调整。

责任单位：相关县（市）区人民政府、市商务局、市工业和信息化局、市科技局、市自然资源和规划局、市生态环境局、市城乡建设局、市应急管理局、市统计局、市编办。

（四）积极推动省级开发区申报设立工作

申请设立省级开发区的有关园区要加大基础设施建设和开发力度，着重在完善提升、转型创新上下功夫，力争开发区的工业用地地均税收指标尽快超过上年度全省省级开发区平均水平，达到申请设立省级开发区的指标要求。

责任单位：相关县（市）区人民政府、市商务局、市工业和信息化局、市科技局。

四、其他事项

本文所指开发区，专指我市17个省级（以上）开发区。省级以下开发区可结合工作实际参照执行。

来源：福州市人民政府办公厅

苏州工业园区管委会关于印发《苏州工业园区科技创新三年行动计划(2019-2021年)》的通知

发布时间：2019年3月26日

苏州工业园区科技创新三年行动计划(2019—2021年)

为深入开展开放创新综合试验，全力打造苏南国家自主创新示范区核心区和先导区，强化全区建设世界一流高科技产业园区的使命感、紧迫感，集聚创新资源要素，集成创新政策措施，奋力开创科技创新工作新局面，特制订本行动计划。

一、总体要求

(一) 指导思想

深入贯彻党的十九大精神，以习近平新时代中国特色社会主义思想为指导，全面贯彻落实国家和省、市科技工作会议要求，牢固树立创新发展理念，深入实施创新驱动发展战略，大力推进以科技创新为核心的全面创新，努力在国家自主创新体系建设中发挥重大作用，打造园区高质量发展新引擎，加快建设世界一流高科技产业园区。

(二) 基本原则

1. 统一思想，压实责任。瞄准建设世界一流高科技产业园区目标，牢固树立“一盘棋”思想，强化使命担当，凝心聚力、主动作为，上下联动、务求实效，共同推进科技创新各项工作任务落实。

2. 聚焦关键，重点突破。坚持问题导向、发展导向、需求导向，紧紧抓住科技创新、产业创新的关键问题、核心环节，创新思路举措，寻求重点突破，不断提升科技创新整体效能。

3. 创新驱动，引领发展。努力将创新作为引领发展的第一动力，摆在全区高质量发展的核心位置，以提升科技创新“浓度”来提升经济发展“密度”和产业规模“吨位”，努力探索创新发展的新路径。

(三) 主要指标

今后三年，是园区科技创新攻坚克难、扎实奋进，努力实现重点指标翻番的三年。

创新主体快速壮大。三年累计新增科技招商项目2 800家、累计新增瞪羚及瞪羚培育企业超1 000家，独角兽企业总数达14家、有效期内高新技术企业总数超2 000家。

研发水平显著提升。三年累计新认定省级以上研发机构180家，2021年税务部门备案企业研发投入超170亿元。

高端人才不断集聚。三年累计新增省级以上人才100人、累计新增市“姑苏领军人才计划”人才超120人、累计新增园区科技领军人才超800人。

创新活力持续迸发。2021年三大新兴产业产值达2 800亿元、技术合同交易额达160亿元；2021年PCT国际专利申请数达1 000件、发明专利申请数达10 000件，三年累计新增海外注册商标数60件。

创新平台量增质升。三年累计新增离岸创新创业基地(中心) 15个、累计新认定省级及以上孵化器(众创空间)超40家。

二、重点任务

（一）加大培育力度，做强高层次创新型企业集群

1. 实施高新技术企业“一号工程”。以培育扶持自主品牌企业为抓手，量质并举壮大高新技术企业集群，争当全省高新技术企业的核心区。建立健全高新技术企业引进培育机制，着力布局高企成长转化后备梯队，促进科技型中小企业尽快向新技术、新模式、新业态转型，加速成长为高新技术企业。聚焦“科创板”，加强科技企业上市培育，为高新技术企业开辟上市绿色通道。激发企业高速成长潜力，集聚各类资源支持企业加快成为爆发性强、竞争优势突出的瞪羚企业。遴选一批规模大、带动性强的龙头高新技术企业，采取“一企一策”方式予以集成支持，加快培育出更多代表园区形象、具有综合竞争力的独角兽企业、创新型领军企业。（责任单位：各功能区、经发委、科信局、财政局、金融管理局、科技公司、生物公司、纳米公司、科技招商中心、企业发展服务中心）

2. 支持企业加大创新研发投入。强化企业创新主体地位和主导作用，提升企业创新发展能力，打造全国重要的创新策源地。全面落实国家和省、市企业研发费用税前加计扣除相关政策，切实降低企业研发成本，促进企业持续创新。加大园区研发后补助支持力度，通过政策引导鼓励企业加大研发投入，努力实现规模以上工业企业研发投入全覆盖，不断提升园区R&D占GDP比重。引导企业围绕市场需求和长远发展建设研发机构，重点支持高新技术企业和入库培育企业建设省级以上技术创新中心、工程（技术）研究中心、企业技术中心、重点实验室等高水平研发机构，实现规模以上高新技术企业研发机构建设全覆盖。（责任单位：各功能区、经发委、科信局、财政局、税务局、科技公司、生物公司、纳米公司）

3. 加快孵育科技型中小企业。推进多元化孵化载体建设，激发更多社会主体创新创业，打造全国创新创业孵化的先锋区。提升科技企业孵化器建设水平和服务能力，建立“众创空间＋孵化器＋产业园”的接力式企业孵化和培育体系。探索政府与大企业共建创新创业载体的工作机制，推广“孵化＋创投”等孵化模式。鼓励社会各类主体和社会资本参与孵化器建设，对于符合条件的科技企业孵化器、国家备案众创空间、大学科技园，落实房产税、城镇土地使用税和增值税等税收优惠政策，促进科技型中小企业持续涌现。（责任单位：各功能区、科信局、规建委、国土环保局、财政局、税务局、消防大队、科技公司、生物公司、纳米公司）

（二）强化技术攻坚，提升新兴产业技术支撑水平

4. 突破产业关键共性技术。立足国家战略布局，加强产业创新攻坚，加快建设苏南国家自主创新示范区的技术创新主导区。结合园区产业基础和未来发展需求，瞄准主攻方向，在分离纯化、创新药物、生物技术、芯片设计、量子点显示、多点触控、纳米微球和低碳纳米材料等关键和“卡脖子”领域，实施若干攻关项目，努力实现关键核心技术自主可控。鼓励企业牵头或参与国家及省级重大项目，支持企业通过共建研发基地、建设协同创新中心等方式，有效利用高校院所创新资源，加强以应用为导向的基础研究和重大战略产品的开发，研发具有自主知识产权的核心技术和市场前景好的高新技术产品。（责任单位：各功能区、经发委、科信局、科技公司、生物公司、纳米公司、产业创新中心）

5. 加快建设重大创新平台。把握新一轮国家创新体系建设机遇，积极申建国家产业创新中心、国家技术创新中心等国家级创新平台，打造国家创新体系的重要节点。围绕国家战略需求、世界科技前沿，利用“大院大所”集聚优势，努力争取和建设具有世界一流水平、引领发展的重大创新平台，抢占创新发展制高点。积极争创国家级生物药大分子产业创新中心等高水平创新平台，全力支持纳米真空互联实验

站二期、国家细胞应用科学设施等重大科技基础设施建设，持续深化中科院空天信息研究院苏研院、上海药物所苏研院等一批重大创新平台建设，不断优化产业发展环境。(责任单位：各功能区、经发委、科信局、科技公司、生物公司、纳米公司、产业创新中心)

6. 加快重大科技成果转化。创新区域协同机制，推动重大原创科研成果转移转化，努力在重点领域成为全国重大科技成果转化的引领区。学习借鉴省产业技术研究院理念经验，探索科技成果产业化新机制，尝试“研发为产业、技术为商品”的新型经济模式，加速推动转化一批技术含量高、产业带动性强的重大科技创新成果。引导支持企业与园区高校、科研院所开展产学研合作，打通科技成果转化通道，推动从创新资源的“磁场效应”向创新驱动的“产出效应”转变，不断提高技术合同交易金额。发挥市场筛选可转化成果、判断技术成熟度的重要功能，推动成果拥有者与成果承接者有机结合，运用市场机制促进成果转化。(责任单位：各功能区、经发委、科信局、科技公司、生物公司、纳米公司、企业发展服务中心、产业创新中心)

(三) 突出开放创新，提升创新资源全球配置能力

7. 深度融入全球创新网络。以全球视野谋划和推动科技创新，提升国际创新资源要素配置能力，构建以园区为核心的全球创新枢纽。充分发挥园区国家级境外投资服务示范平台作用，推动企业加强与“一带一路”沿线国家（地区）间的科技合作，在东西互济、陆海统筹的全面开放格局中促进产业进步与科技创新。支持跨国公司、海外学术和科研机构在园区设立研发机构或技术转移机构。鼓励有条件的企业建立海外研发中心，“走出去”引进国际先进技术和其他创新资源。加快中国科协（苏州）离岸创新创业基地建设，加快在世界主要创新源地布局一批海外创新中心、海外离岸孵化基地。(责任单位：各功能区、经发委、科信局、科技公司、生物公司、纳米公司、科技招商中心)

8. 实施知识产权国际化战略。更好发挥中国和新加坡国际合作优势，积极探索支撑创新发展的知识产权国际化运行机制，打造知识产权的国际合作样板区。大力培育知识产权密集型企业，加快形成拥有核心技术优势的知识产权大户企业。改进政策支持模式，加大对授权发明专利的奖补力度，提升高质量、高价值专利创造能力。鼓励企业开展国际专利布局，支持企业参与国际标准和规则制定，开展 PCT 国际专利申请和商标国际注册，突破技术和贸易壁垒。加快建设中国（苏州）知识产权保护中心及园区重点产业知识产权运营中心，构建重点产业知识产权维权援助和快速协同保护机制。(责任单位：各功能区、科信局、市场监管局、科技公司、生物公司、纳米公司、产业创新中心)

9. 汇聚全球高端领军人才。坚持人才优先发展战略，不断创新引才、育才、用才机制，打造全球顶尖人才栖息地。聚焦科技前沿和产业领域，紧抓招商引才源头，将科技项目招商与人才引进紧密结合，有计划地与国内外重点地区主动对接，切实提升人才和项目引进门槛，重点引进具有引领性、原创性技术、能够提升产业整体水平的“高精尖缺”人才及团队项目。继续创新人才政策体系，积极实施接轨国际的人才政策，持续优化科技领军人才创业工程，探索更有力度的支持模式，面向全球引智纳才，引进一批“产业结构优、科技含量高、行业地位前、亩均效益好”的优质科技项目。探索制定高新技术企业吸引高层次人才的倾斜性人才政策，推动创新人才向高新技术企业集聚。(责任单位：各功能区、组织部、科信局、科技公司、生物公司、纳米公司、科技招商中心、企业发展服务中心、产业创新中心)

(四) 推进体制改革，优化科技创新发展生态体系

10. 深化科技管理体制改革。坚持深化科技体制机制改革，以制度创新为核心，打造更加开放、机制灵活的改革先导区。以破除体制机

制障碍为主攻方向，扩大高等学校和科研院所自主权，赋予创新领军人才更大的科研人财物支配权、技术路线决策权。创新政府采购机制，探索通过政府采购、首台套等方式，推广应用自主创新产品。创新财政科技投入模式，通过“拨改投”“投贷联动”等方式，充分发挥财政资金的引导和放大效应。开展政府股权基金投向种子期、初创期科技企业的退出试点，探索投资收益最大程度让渡创新创业团队的股权基金退出模式。加大对科技企业的信贷支持，建立科技企业“白名单”，引导银行类金融机构对名单内的企业探索开展无还本续贷业务、对名单内的高新技术企业提供主动授信。（责任单位：各功能区、科信局、财政局、国资办、金融管理局、企业发展服务中心、产业创新中心）

11. 持续优化科技服务体系。围绕构建“亲”“清”政商关系，高标准优化营商环境，努力打造国家科技服务体系示范区。全面落实国家和省、市各项减税降费政策，进一步深化税收征管体制改革，改善税收营商环境，切实降低企业运营成本。深入推进“放管服”改革，大力实施“互联网＋政务服务”，深化“证照分离”“多证合一”改革，加快建立“一网通办”机制，为市场主体增添活力。面向已供地项目，加大规划报批、开工建设等各项协调、辅导和服务力度，推动项目快开工、快建设、快竣工、快投产。构建更加科学高效的资源配置体系，将土地、载体、政策等各类硬件、软件资源向高科技企业倾斜，推动科技企业做大做强。（责任单位：各功能区、经发委、科信局、行政审批局、规建委、国土环保局、财政局、税务局、消防大队、科技公司、生物公司、纳米公司、科技招商中心、企业发展服务中心）

12. 营造创新创业浓厚氛围。建设“敢于冒险、鼓励创新、宽容失败”的创新文化，塑造理解和支持创新创业者的社会氛围，打造开放包容、充满活力的创新创业乐园。建立荣誉激励机制，定期举办园区“科技嘉年华”等活动，为科技工作者、创业者、企业家、科技人才等创新主体颁发科技贡献奖项，形成尊重劳动、尊重知识、尊重人才、尊重创造的良好风尚。围绕三大新兴产业，举办一批具有行业影响力、社会关注度、产业带动力的博览会、学术会议，促进产业盛会的常态化、品牌化和国际化。大力弘扬科学家精神和企业家精神，加强创新创业者的社会保障体系建设，降低创新创业者试错成本，解除后顾之忧。（责任单位：各功能区、宣传部、科信局、劳动社保局、科技公司、生物公司、纳米公司、产业创新中心）

三、保障措施

（一）加强组织领导

将园区科技创新行动作为“一把手工程”，成立由党工委管委会主要领导任组长、分管领导任副组长、相关部门主要负责人为成员的科技创新领导小组，统筹指导和协调相关政策制定、重大问题解决和重要工作推动。领导小组办公室设在科信局，各功能区、各部门切实落实各项任务，实现上下联动，协同推进科技创新工作。

（二）加强资金支持

结合新形势新要求，围绕高新技术企业、知识产权保护、企业研发投入等方面，加大科技创新资金投入力度。积极发挥财政资金的激励和引导作用，撬动社会资本参与科技创新，形成多元化的创新投入体系。

（三）加强督查考核

在科技创新领导小组的统一部署下，领导小组办公室分解全区科技创新工作的目标任务，各功能区、各部门按照合理分工、紧密配合的原则组织开展工作，确保目标责任到位、人员配备到位、工作落实到位；落实奖惩措施，根据目标任务完成情况，对在促进科技创新工作中做出贡献的单位和个人进行表彰和奖励。

25年来，园区始终以先行先试的勇气勇立改革开放潮头。当中国经济已由高速增长逐步转向高质量发展，这块改革开放的试验田以一份《科技创新三年行动计划》，点亮了迈向世界一流高科技产业园区道路，也明确了自身肩负的新历史使命——在国家对外开放格局中发挥“先行”作用，在国家的自主创新体系中发挥“带动”作用，在国家“一带一路”战略的交汇点建设中发挥“示范”作用，在长三角一体化中发挥重要“节点”作用。剑指世界一流高科技产业园区，园区正重新出发，在新的历史方位中朝着自己的“坐标”大步迈进。

来源：苏州工业园区管理委员会

关于加快沧州渤海新区高质量发展的实施方案

发布时间：2019年12月3日

为全面贯彻落实全省沿海经济带建设工作会议和省委、省政府《关于大力推进沿海经济带高质量发展的意见》（冀发〔2019〕15号）的安排部署，积极构建“一港双城三带四区”发展格局，推进沧州渤海新区高质量发展，制定本实施方案。

一、总体要求

（一）指导思想

以习近平新时代中国特色社会主义思想和党的十九大精神为指导，围绕省委“三六八九”工作思路，抢抓机遇，发挥港口、区位、空间三大优势，把握高质量发展的根本要求，聚焦沧州渤海新区城市功能定位，推动“以城定港、港城融合、产城共兴”。以港产城科学有效融合发展为主线，做好沧州黄骅港转型升级、临港产业聚集、黄骅新城建设“三篇”文章，着力打造成河北沿海经济带重要增长极、全省高质量发展的样板城市。

（二）基本原则

——坚持创新引领。把创新作为引领高质量发展的第一动力，深入推进创新驱动发展示范区建设，破除制约创新发展体制机制障碍，激活高质量发展内生动力。

——坚持高点定位。以世界眼光、国际标准、时代风韵、滨海特色理念统筹谋划，建设现代化滨海新城，统一全域规划管辖，有效推动全域国土空间规划实施和管理。

——坚持陆海统筹。统筹陆海资源配置，加强与冀中南及中西部地区经济互动，引导优质要素聚集，实现港产城及腹地高质量融合发展。

——坚持开放发展。对标对表国内外沿海发达地区，高水准谋划好港产城现在和未来，全面提升对内对外开放质量和水平，打造全省开放发展新高地。

——坚持生态优先。坚持绿水青山就是金山银山理念，严格生态保护红线管控，调整优化城市和产业功能布局，大力发展循环经济，建设绿色港口、绿色产业、绿色新城。

（三）发展目标

经济实力显著增强。地区生产总值增速高于全省2.5个百分点，一般公共预算收入到2022年、2025年分别达到95亿元和140亿元。

黄骅港国际影响力和综合竞争力显著提升。加快建设现代化综合服务港、国际贸易港、“一带一路”重要枢纽和雄安新区出海口，到2022年，吞吐量超3亿吨，集装箱吞吐量达100万标箱，内外贸航线数量在现有基础上翻一番。

到2025年，集装箱吞吐量达200万标箱，滚装汽车20万辆，内外贸航线数量在2022年基础上再翻一番。

现代化临港产业体系基本建立。壮大汽车整车及零部件制造、绿色石化及新材料等新动能、培育通用航空新引擎，为港口发展提供货源保障，为城市扩容提供支撑。到2022年，研究与开发（R&D）支出占GDP比重达2.0%；到2025年，研究与开发（R&D）支出占GDP比重达2.2%；高新技术产业增加值保持年均增长15%以上。

现代化滨海新城初见雏形。高起点规划建设全域2 400平方千米的绿色智慧新城。到2022年底，城区聚集人口55万人，建成区面积70平方千米，全域城镇化率达到70%；到2025年，城区聚集人口70万人，建成区面积80平方千米，城镇化率达到75%，蓝绿空间占比达到50%左右。

二、重点任务

（一）聚焦产业发展和腹地需求，推动黄骅港转型升级

1. 拓展港口规划范围。落实《黄骅港总体规划》要求，统筹推进港口规划、建设与经营管理。在综合港区一港池西侧规划建设汽车滚装和客滚邮轮码头。开发三港池建设专业化集装箱码头及作业区。适时启动邮轮码头规划研究，远期谋划建设国际化邮轮母港。

2. 完善港口功能体系。加快集装箱、滚装、液化天然气等15个专用型码头建设和前期工作。加快综合港区20万吨级航道改造提升工程和煤炭港区7万吨级双向航道工程建设，加快锚地、抛泥区选划。完善港口集疏运体系，推进运输结构调整，重点加快8条铁路专用线项目、油品管道及皮带管廊规划建设。

3. 建设生态“绿色港口”。提升港口技术工艺及节能节水控污水平，加快建设污废综合利用项目，推进岸电设施建设及使用，推进港口船舶油污水分离、转移和处置。建立常态化科学防控近海污染机制，推进绿色循环低碳港口建设。

4. 建设国际贸易大港。加强国际贸易“单一窗口”建设，构建“信息互换、监管互认、执法互助”大通关模式。加快智慧港口和自动化码头建设，推动港口全面降低口岸通关成本。全力支持黄骅港综合保税区申报。积极申报集装箱海关监管作业场所和水果、水产品、木材等指定口岸，推动冷链物流发展。积极布局内陆港、海外仓，完善保税、交易、金融等贸易服务功能。

5. 深化港航协同发展。推进与天津港、宁波舟山港、青岛港深度合作，布局与发展黄骅港内外贸航线。加深与国内外知名船公司合作，开通黄骅港至天津港的集装箱“海上巴士”和黄骅港至宁波舟山港的集装箱“海上快线”。加快完善金融租赁、航运保险、信息服务等服务功能，发展无船承运、船舶租赁等新型业态。

6. 促进港口与腹地联动。依托朔黄、太中银、邯黄三条铁路干线，加强与地方政府及铁路公司合作，通过轻资产运营模式，沿“三线”规划布局20个内陆港。拓展“三线”货源，抓好返程货源组织，实现“钟摆式”运输。加快集装箱海铁多式联运示范工程建设，构建以多式联运为中心的港口商贸物流体系。

（二）依托港口转型和城市扩容，做大做强临港产业

7. 调整优化产业布局。制定落实全省绿色化工产业调整优化布局方案，引导绿色石化产业、生物医药产业向渤海新区聚集。对不符合规划的“小而散”园区及时搬迁退出。严格项目准入制度，确保新建产业项目土地投资强度和亩均税收达到国家级开发区标准。

8. 超前布局先导性产业。瞄准国际贸易短板产业，重点发展智能汽车、智能工厂、智能装备、智能教育、智慧医疗、生命大数据等新产业、新业态，倾全力在渤海新区布局1—2个先导性产业，引领带动产业大变革。

9. 加快发展战略性新兴产业。推动生物医

药产业向生物制药、医药制剂、现代中药等价值链高端迈进，向配方食品、医疗器械等大健康领域拓展，全力打造国家新型特色原料药基地。引进通用飞机和工业级无人机整机制造，延伸引进大型客机改装货机、航空零部件配套制造。做强北汽黄骅新能源汽车基地，大力攻关制造及相关装备工程技术，带动一批无人驾驶、车载智能网联等智能化高端装备项目。

10. 支持传统产业转型升级。推动传统化工向化工新材料方向发展，推进航天长征煤炭清洁高效综合利用、中海油油砂加工基地项目建设，大力发展合成橡胶、合成纤维、聚碳酸酯、特种树脂等高端化工制品，打造全国重要合成材料基地。推进冶金和装备制造产业提档升级，鼓励重型装备制造、成套装备、海工装备、轨道交通、特种设备等适港产业向渤海新区聚集。

11. 加快发展现代服务业。推动集装箱物流园、综合物流园等项目建设，构建“十大交易中心”，先期启动铝矾土交易中心，积极争取国家战略石油储备基地布局渤海新区。积极开展对非进出口贸易，打造黄骅港对非商贸物流中心。加快主题旅游产业发展，推进滨海渔村游、中欧风情游、工业游等旅游新业态，推动恒大文旅城、沧海文化风景区等重点项目，创建全省全域旅游示范区。

（三）立足提升配套服务功能，规划建设现代化滨海样板城市

12. 坚持规划引领。对标雄安新区，积极融入京津冀世界级城市群，按照“一主多组团”城市布局做大黄骅市区和中捷城区，带动整个黄骅新城建设，唱好新时代沧州“双城记”。科学编制黄骅市国土空间总体规划，规划范围覆盖渤海新区，与全省“三边”重要功能区及重点县国土空间规划编制工作同步推进，先行打造县级国土空间规划高质量编制样板。启动详细规划、专项规划及各项导则标准编制，完成国土空间规划体系构建。

13. 严格规划管控。牢固树立规划即法、执法如山的理念，强化规划刚性约束，严格执行国土空间规划，确保一张蓝图干到底。

14. 突出滨海特色风貌。吸收和借鉴国内外优秀城市设计成果，规划建设面向中东欧为主的全面开放新城、滨海特色的繁荣宜居新城、创新发展的绿色智慧新城。坚持职住平衡理念，城市中适度布局高端装备制造、科技研发等绿色产业，构建布局合理、小街区、密路网的城市格局。

15. 提供优质共享公共服务。健全完善教育、医疗、交通、文化、体育等功能，与城市人口规模、分布相匹配，形成与沧州主城区功能互补、共建共享的发展格局。统筹建设“四馆一中心”等公共服务项目和运动休闲场所，加快包括教育服务体系和医疗卫生服务体系在内的基本公共服务体系建设。

16. 构建绿色智慧城市。新建民用建筑、政府投资及公共建筑全面执行星级绿色建筑标准，全面推进装配式、可循环利用建筑发展，超前布局 5G 应用基础设施，打造智能城市信息管理体系。保留现状湖泊、坑塘等水体，形成“七横八纵九湖”的水系网；以生态绿地廊道建设为纽带，加快大型郊野生态公园、大型综合公园及社区公园建设。

17. 发展壮大高端服务业。建立与港口、产业配套的现代服务业体系，明确城市商业、文化、产业等功能分区，以市场手段推进航运、科研、金融、商贸、现代服务等城市经济高质量发展。支持国内重点金融机构、科研院所在渤海新区建设企业大厦或研发基地。

18. 完善市政基础设施。建成“九路三互通”、“七河一堤”等先导工程，形成完整城市框架。依托南大港湿地，按照海绵城市标准，打造城市排水防涝调控系统和智能城市水文系统。拓展利用地下空间，建设市政综合管廊系统和综合防灾设施。

19. 构建高效便捷交通体系。推动津潍铁路、石衡沧港城际铁路建设，在黄骅新城分别设站，培育高铁经济圈，打造城市经济增长点和活力中心。加快建设国道 G307、G337、G228、

G205 等干线公路。新建沧州运输机场，扩建改造中捷通用机场，融入京津冀机场群协同发展。

（四）提升科技创新能力，打造创新驱动新引擎

20. 建设科技创新平台。鼓励高校优先在渤海新区设立创新创业平台，以企业为主体，建设一批产业技术研究院、制造业创新中心、公共检验检测中心等，重点推进南开大学绿色化工研究院、北京化工大学沧州技术转移中心等建设。争取院士工作站、国家级省部级实验室、认证中心落户渤海新区，争创第二批全国全面创新改革示范区。

21. 培育高水平创新主体。实施高新技术企业倍增计划，打造一批创新能力强的排头兵企业，年均新增 20 家以上。实施科技型中小企业提质增量工程，全面落实研发费用 75% 税前加计扣除政策，培育一批专精特新中小企业，年均新增 100 家以上。实施规模以上企业研发机构达标行动。

22. 构筑成果转化新高地。推进北京科创园渤海新区产业基地、中科院微电子产业园建设，对接国家和京津科技成果库，搭建中试服务平台、科技成果推广系统与综合服务平台，重点承接智能制造、无人驾驶、无人机等尖端制造业中试产业，实现“京津雄研发、渤海新区转化”，打造国家级中试基地。

（五）对接国家重大战略，加快建设开放型经济体系

23. 深度融入京津冀协同发展。围绕河北省“三区一基地”功能定位，持续推进协同发展，高标准建设京津产业转移合作先行区。用足用好生物医药异地延伸监管政策，鼓励医药产业向渤海新区生物医药产业园集中。协调京津及省内汽车及零部件制造产业向渤海新区转移，建设中国北方重要的汽车制造基地。加强与央企合作，建立生产基地。加快航天火箭研究院等项目建设。落实与天津滨海新区合作协议，推进共建园区。

24. 积极融入“一带一路”建设。持续办好“中国—中东欧中小企业合作论坛”及进口商品博览会，提升中东欧等国别产业园能级和水平，打造我国与中东欧合作的先行区和集中承载地。搭建面向日韩等发达国家和港澳台地区的开放合作平台，积极对接世界 500 强、境外龙头企业，打造外向型制造业生产基地。加强与南非、澳洲、拉美在大宗商品和基础原材料领域合作。

25. 推进与雄安新区合作共赢。打造雄安新区制造业协作基地、科技成果转化基地和清洁能源保障基地，做好新型建材、绿色农副产品配套服务，实现融合发展、配套发展、错位发展。加快推进雄安新区通港城际、客货铁路、高速公路和快速路建设。

三、政策支持

（一）理顺渤海新区管理体制。按照积极稳妥原则，借鉴上海浦东新区和天津滨海新区经验做法，整合渤海新区现有行政资源，建立行政区，直接管理功能区和街道办事处（乡镇）。功能区负责经济建设，快速推进港产城融合高质量发展。

（二）支持创新政策先行先试。国家复制推广的自贸试验区、开发区、新区先行先试政策优先在渤海新区推广和试验。雄安新区相关创新政策，条件成熟时依照规定程序优先在渤海新区借鉴推广。落实渤海新区市级审批、管理、行政执法权限，并赋予部分省级审批权限。

（三）继续给予财政金融支持。继续延续促进沿海港口集装箱运输发展等已有政策。在防范政府债务风险的前提下，给予新增政府债券倾斜支持。鼓励银行、证券、信托、保险、金融租赁等机构向渤海新区聚集，引导向渤海新区加大贷款投放力度。支持外资金融机构在渤海新区设立总部或分支机构。支持渤海新区争创国家级金融改革创新试验区。

（四）创新引才引智机制。制定、完善和落实引才引智激励政策，有计划地引进一批急需高层次人才，制定更加灵活的高级管理人才、核心技术人才引进机制。支持全省高等院校、

职业技术学院向渤海新区布局。鼓励省市经济部门优秀干部到渤海新区挂职锻炼。

（五）支持参与环境容量指标交易。优先保障渤海新区重点建设项目主要污染物总量指标交易、现役源倍量削减替代政策，对于沧州市不能解决的总量指标，支持跨市交易解决。

四、组织保障

（一）加强组织领导。省沿海经济带发展工作领导小组加强对渤海新区高质量发展过程中有关重大事项、重点工程和重大项目进行总体指导和协调。

（二）打造良好营商环境。深入开展“三深化、三提升”活动，深化“放管服”改革，全面推行“一趟清”、“不见面”审批，探索推行投资承诺制、项目容缺承诺制，打造“六最”营商环境。

（三）严格责任落实。沧州市及渤海新区建立工作推进机制，加强督导推进，细化目标任务，层层压实责任。省有关部门各负其责，积极协助争取国家政策支持，认真落实并继续创新完善省级支持政策。

来源：沧州渤海新区

潍坊推动开发区体制机制改革创新促进高质量发展实施意见

发布时间：2019年9月24日

潍坊市委十二届八次全会审议通过了《推动开发区体制机制改革创新促进高质量发展实施意见》，近日，以市委、市政府文件正式印发。现摘要刊登如下。

一、总体要求

以习近平新时代中国特色社会主义思想为指导，认真贯彻落实习近平总书记对山东工作的重要指示要求，鼓励探索创新、先行先试，推行“党工委(管委会)+”等多种形式的体制改革，促进管委会瘦身强体、开发区回归本位。以体制机制改革为突破口，推动开发区聚焦经济发展、“双招双引”、科技创新、改革开放等主责主业，成为科技创新的引领区、深化改革的试验区、对外开放的先行区、新旧动能转换的聚集区、高质量发展的示范区。

二、主要任务

推行“党工委(管委会)+”体制。开发区党工委、管委会作为所在地党委、政府派出机构，不明确机构规格，依法依规行使赋予的经济管理权限，因区制宜、区别类型，实行“党工委(管委会)+公司(基金、行业协会、理事会)”等管理体制。

推动管委会瘦身强体。对社会事务管理职能制定分类剥离的具体办法，按照属地管理原则交由地方政府承担，或由上一级政府派驻机构承担。剥离开发运营职能，交由市场承担。整合归并开发区管委会内设机构。开发区所在地上一级政府部门可向开发区派驻机构，承担相关社会事务管理职能。市、县(市、区)政府分别制定所属开发区管委会权责清单。

规范管辖面积。位于限制开发区域、禁止开发区域的部分，全部退出开发区。永久基本农田面积占50%以上的管辖镇，原则上整建制退出开发区。原则上开发区不代管镇(街)，对于跨行政区域且产城融合度较高的开发区，可代管镇(街)，但从严审批。峡山区作为特殊生态功能区单独制定改革管理办法。

选优配强领导班子。开发区党工委书记、管委会主任、党工委副书记、纪工委书记纳入省、市、县(市、区)委管理。党工委书记、管委会主任原则上实行“一肩挑”，分设的要逐步过渡；因工作需要，经批准可由同级党委常委、政府党员副职兼任；其他党工委委员、管委会副主任原则上由开发区推荐、管理。管委会副主任可以通过竞争性方式选配。

推行全员聘任制。积极探索创新开发区选人用人机制，除由地方领导班子成员兼任的外，实行全员岗位聘任制、末位淘汰制，建立人员能进能出、岗位能上能下的竞争性选人用人机制。出台全员岗位聘任制的具体实施办法。

优化开发区布局。对经省政府批准设立但未纳入全国开发区审核公告目录的开发区，通过代管、托管、共建等方式进行整合。各地自行设立的各类园区予以撤销。探索建立开发区“毕业机制”，对产城融合程度高、开发建设空间基本饱和的开发区，加快推动向城市综合功能区转型，鼓励与所在行政区合并，或异地建设。

培育市场运营主体。改组、组建、引进若干专业运营公司或服务公司，承担产业培育、运营、“双招双引”、专业化服务等职能，与管委会实行政企分开、政资分开，管理机构与开发运营企业分离。支持将开发区有关资源注入国有运营公司，增强公司运营能力。加快推进融资平台市场化转型，允许同级政府合法合规注资，实施绩效考评。

鼓励企业运营开发区。建立收益回报和风险分担机制，划定收益分配比例，明确风险分担责任，支持开发区有实力的企业，通过组建企业联盟、理事会等方式，对开发区实行整体化建设运营或建设管理运营“区中园”。

支持市场化合作共建开发区。鼓励发展水平高的开发区通过市场化方式，整合或托管其他开发区，协议分享被整合或托管园区的税收、土地等收益。支持有条件的开发区，通过市场化方式，与滨海区等开发区合作共建“飞地园区”。

加快产业集聚。各开发区立足优势产业，重点规划发展“十强产业 + 人工智能”特色产业集群，通过制定产业规划、组建运营公司、建设产业园区、设立产业发展基金等方式，推进产业集群化、园区化、基地化、高端化。建立领军企业培育机制。

提升开放合作水平。对年度实际利用外资综合排名全省前10位的开发区，落实省财政给予的500万元奖励，对年度实际利用外资额超过1亿美元且居全市开发区前3位的，市级财政给予200万元奖励。

三、激励政策

创新财税政策。完善开发区财政预算管理和独立核算机制。根据开发区管委会事权，建立开发区与市、县(市、区)间的合理投入与收益分配制度。自2020年起，3年内市、县级政府对体制分成的开发区收入增量部分，按一定比例返还开发区，其中海关特殊监管区域全部返还。开发区土地出让收入原则上全额返还。

完善土地政策。坚持节约集约用地，鼓励在开发区通过创新产业用地分类、土地混合使用、实行土地弹性出让、长期租赁、先租后让、租让结合供地等，提高土地资源配置效率。加强存量用地二次开发，促进低效闲置土地处置利用，对成效显著的，给予用地指标奖励。

优化创新政策。开发区引进海外顶尖人才(团队)，符合市“一事一议”政策，以及入选省“一事一议”顶尖人才的，纳入市级“一事一议”支持范围。鼓励采取设立创业投资基金、科技孵化基金和知识产权作价入股等方式，搭建科技人才与产业对接平台。将部分特色专业人才中高级职称评审权下放到开发区。

发挥创新创造带动作用。从2019年起3年内争取3个以上开发区成为国家级和省级创新创业特色载体，对获得国家级、省级认定的开发区，分别落实不超过5 000万元和2 000万元的奖补政策。建立高新技术企业培育库，由市、县财政按照一定比例给予奖补支持。支持开发区建设运行机制灵活高效的新型研发机构。鼓励科研院所、高等院校科研人员到开发区兼职。

健全薪酬制度。根据省统一部署，下放薪酬管理权限，由开发区管委会自主确定人员薪酬水平、分配办法，实行以岗定薪、优绩优酬。制定差异化绩效评价办法，薪酬总额与经济发展、税收增长、辐射带动作用等挂钩。

规范统计标准和口径。建立健全开发区统计体系，全面反映开发区的开发程度、产业集聚度、开放水平、技术创新能力、创新创业环境、单位土地投资强度和产出率、带动就业能力、经济效益、环境保护等情况。统一经济(技术)开发区、高新技术产业开发区统计口径。

建立差异化综合评价机制。实行有别于行政区的评价办法，重点评价增量增幅和发展质量。对分类评价居前的，落实物质奖励或通报表扬；对评价排名居后的，通报警告、调整班子直至撤并退出。开发区评价纳入全市经济社会发展综合考核，开发区体制机制改革创新列为加分项目。

推行“亩产效益”评价改革。建立以质量和效益为核心，以单位用地税收、单位能耗工业增加值、单位排放销售收入等为主要指标的“亩产效益”评价体系。依据评价结果，实施重要资源要素差别化配置。

四、保障措施

加强党的集中统一领导。全面落实新时代党的建设总要求和党的组织路线，坚持党要管党、全面从严治党。针对不同类型开发区健全党建工作机制，建强综合党委。

健全组织领导体系。成立市推动开发区改革创新领导小组，由市委、市政府主要领导同志任组长，有关市级领导同志任副组长，市直有关部门、单位主要负责同志任成员。领导小组办公室设在市商务局。

强化督导落实。将开发区改革创新工作列入全市重大改革事项，纳入重点督查。市领导小组办公室负责对各项改革任务建档立卡、挂图作战、对账销号。改革任务牵头单位建立健全工作督导落实机制，加强与省对口部门衔接，及时出台我市实施办法。

积极稳妥组织实施。坚持因地制宜、分类施策，增强改革精准性、针对性。2019年年底前，选择不同类型开发区开展改革试点、总结经验。2020年在全市开发区有序推开。

建立容错纠错机制。从制度层面建立起责任明晰、措施具体、程序严密、配套完善的容错纠错体系，营造积极作为、勇于探索的良好改革发展氛围。

《实施意见》适用于省级以上经济(技术)开发区、高新技术产业开发区和海关特殊监管区域，对海关特殊监管区域制定专门评价办法。潍坊国家农业开放发展综合试验区参照本意见和自贸区的运行机制，另行制定改革方案。

来源：澎湃新闻

吴江经济技术开发区“人才+科技+基金”项目落地评审机制（试行）

发布时间：2019年4月12日

为抢抓长三角一体化上升为国家战略带来的历史机遇，精准对接“科创板”设立的政策红利，落实创新驱动和科技强区战略，打通优质人才项目落地通道，解决优质人才项目在载体空间、产业化用地、政策资助资金、融资等方面的具体问题，加快促进高端人才集聚，实现吴江开发区“再造千亿”和高质量发展目标，根据“双招双引”实际工作需要，经研究，决定对优质人才项目落地建立快速反应、科学决策的评审机制。

一、项目要求

提交评审的人才项目需同时具备以下条件：

1．项目研发和产业方向符合吴江开发区产业定位和经济发展需要，项目团队架构合理且全职落户吴江开发区。

2．项目团队或领衔人符合吴江区级以上科技领军人才参评条件，其中，符合省“双创计划”或具有海外学习、工作经验经历者优先，或已有主力基金投资，具有良好市场前景的项目优先。

3．项目具有国际领先技术成果，能够填补国内空白，在海外拥有国际发明专利并可委托授权或拥有国内核心技术发明专利。

4．项目方在常规的落户优惠政策以外，有特殊的或者突破常规的需求，包括但不限于提供土地、厂房优惠、税收奖励、人才奖励、基金投入等。

二、领导及决策机构

1．设立吴江开发区“人才＋科技＋基金”项目评审领导小组，组长由管委会分管领导兼任，成员由组织人事和劳动保障局、招商局、科技局、总公司等部门的主要负责人担任。

2．评审领导小组下设项目评审委员会，评审委员由组织人事和劳动保障局、招商局、科技局、总公司及外部聘请的评审委员组成。

3．明确由开发区人才办负责召集召开项目评审会议、项目决议备案等工作。招商局、科技局、总公司为“对接部门”，负责与项目对接洽谈，明确落地意向，了解落地需求，并负责项目落地后的跟踪服务。

三、评审机制

1．拟评审项目由对接部门牵头进行初步调研，编制《评审立项表》。该报告应包含以下内容：公司情况、实际控制人详细简历、核心人才团队情况、行业分析、市场分析、风险分析、项目落地要求的优惠条件等。

2．《评审立项表》经牵头部门主要领导审核同意后，提交另外两个对接部门征求意见，达成一致意见后提交评审委员会上会评审；如另外两个对接部门提出需要完善信息，则由牵头部门补充完整后方可申请提交评审委员会评审。

3．项目对接部门需提前五个工作日将《评审立项表》及《项目计划书》发送给开发区人才办，人才办汇总后发送给各评审委员。

4．开发区人才办每两个月组织召开一次项目评审会议，原则上逢单月第一周组织召开，特殊情况可即时召开。

5．评审委员会设委员8名，组织人事和劳动保障局、招商局、科技局、总公司各委派1名委员，另外聘请4名外部独立评审委员，外部委员由投资专家2人、行业专家1人、律师1人组成（建立专家库，每次评审随机抽取，实行回避制度）。

6．评审时，项目方负责人须到会答疑。

7．项目评审会议应有会议记录，评审结果采用署名票决制，经6位以上评审委员表决同意（其中外部评委须3人以上同意）则为通过（牵头部门评委视为同意），并将各自的表决结论填入《项目评审表》并签字。

8．评审结果为：通过，有条件通过和否决。

如出现有条件通过，则需满足评审会条件后方可通过。如被否决则需要六个月后再次提交评审会评审。通过、有条件通过都视为通过。

四、落地实施

1．评审通过的决议项目涉及以下优惠条件的，经开发区“人才＋科技＋基金”项目评审领导小组成员、组长签字确认，可由对接部门立即落实办理：

（1）不超过200平方米人才公寓，免3年租金。

（2）不超过120平方米研发办公用房，免3年租金。

（3）不超过2000平方米厂房，免1年租金。

（4）优先申请不超过500万元的股权投资。

（5）其他可以给予的人才、科技等方面的优惠政策。

以上租金减免采取先缴后补的方式执行。

2．通过本评审机制审议通过的项目，同等条件下可优先享受开发区相关财政奖励政策。

3．评审通过的决议项目涉及优惠条件超出上述范围的，须报开发区党工委研究，一事一议，批准同意后方可实施。

五、其他事项

1．评审通过的项目，如果发生重大变化，原则上需重新履行评审审批流程。

2．项目评审委员会评审工作经费纳入吴江开发区人才开发经费预算，支付标准按照财务制度执行。

3．意见自发布之日起实施，试行一年。

来源：吴江经济技术开发区

廊坊经济技术开发区党政办公室关于印发《廊坊开发区线上政企服务“直通”运行机制实施办法》的通知

廊开办字〔2019〕8号　发布时间：2019年3月25日

各部门、各单位，东方大学城管委会、科技谷管委会：

现将《廊坊开发区线上政企服务“直通”运行机制实施办法》印发给你们，请结合本部门工作实际，认真抓好贯彻落实。

廊坊开发区党政办公室

2019 年 2 月 18 日

廊坊开发区线上政企服务“直通”运行机制实施办法

为加快建设线上政企服务“直通”运行机制，使企业帮扶工作更加制度化、规范化、信息化，充分发挥“2912345”专线、廊坊开发区政企服务“直通”微信群（以下简称“微信群”）、管委会官网专设政企服务邮箱在工作交流、表达诉求、收集和解决问题、信息共享中的积极作用，更高效帮助区内企业解决困难和问题，结合工作实际，制定本办法。

一、总体目标

通过充分利用互联网等新媒介，发挥“2912345”专线、微信群、政企服务邮箱的作用，拓宽政府与企业沟通渠道，及时高效便捷解决企业提出的诉求，推进政企“面对面”服务常态化，构建线上政企服务“直通”运行机制，推动企业健康发展，构建良好的营商环境。

二、工作模式

（一）“2912345”专线。廊坊开发区管委会已经开通政企服务直通专线，企业有需要帮扶解决问题、困难或有相关意见、建议，可通过专线向开发区管委会反映。经济发展局安排专人实时答复，并汇总相关意见建议转交相关部门，积极协调有关部门解决企业反映问题。

政企服务专线以“2912345”一个号码对外，每天 24 小时服务。按照“统一受理、归口办理、反馈评价、督办考核”的工作制度，系统接受辖区企业拨打电话，收集企业问题咨询、求助、意见、投诉或建议，对企业反映问题采取交办、转办、督办等方式，派发给相应承办部门落实。

（二）廊坊开发区政企服务“直通”微信群。微信群名为廊坊开发区政企服务“直通”群。群成员由开发区工委管委领导、各部门（单位）主要负责人和区内规模以上企业法人或负责人组成。群内实行实名制管理，按“部门 / 单位 + 姓名”格式设置群昵称。

群内发布的信息以企业急需解决的重大问题、问题解决的动态信息、各部门（单位）重大紧急通知等信息为主，各部门（单位）主要负责人应及时查阅群信息、即时响应，对企业诉求问题24小时内提出解决方案，并在群内以文字形式答复。群负责人应负责企业问题收集、问题解决进度跟进、群中发言信息管理、违规处理、群内交办事项督办、定期做好群成员准入等日常维护和管理工作。入群方式：添加群联系人微信号或扫码。

（三）廊坊开发区管委会官网政企服务邮箱。企业可通过政企服务邮箱（jfj@lfdz.gov.cn）向开发区管委会直接反映问题。

三、问题解决

（一）建立台账。对诉求企业通过“2912345”专线、微信群、政企服务邮箱提出的问题困难等，由“双创双服”办公室统一汇总，建立台账，明确责任单位、注明办结日期、处理过程和处理结果。“双创双服”办公室必须认真做好台账管理，每日跟进问题解决进度，及时向诉求企业答复结果，做好周、月、季度工作小结和年度工作总结。

（二）协调解决问题。综合考虑企业提出问题的性质、难度和责任单位等因素，由“双创双服”办公室指定承办部门（单位）进行具体解决。

1. 第一类：对政策咨询类问题，由政企服务专线工作人员实时答复或经咨询相关业务人员后即时答复。

2. 第二类：对承办部门（单位）有权解决的业务问题，承办单位应当及时联系诉求企业，了解具体情况，24小时内办结并反馈企业。同时将办理情况形成报告，经本部门（单位）主要负责人签字后提交“双创双服”办公室备案（联系人：韩彤彤，联系电话：13931676153）。

3. 第三类：对承办部门（单位）需请示工委、管委领导研究解决的重大问题，承办部门（单位）应及时请示相关领导研究，48小时内反馈研究结果，能办的5日内办结，经本部门（单位）主要负责人签字后提交“双创双服”办公室备案。

4. 第四类：对因政策限制暂时无法解决的问题，承办部门（单位）要耐心向企业说明原因，并将办理情况形成报告，经本部门（单位）主要负责人签字后提交“双创双服”办公室备案。

四、工作要求

各承办部门（单位）要依法依规、准确及时地解决企业反映问题，确保做到件件有着落，事事有回音。“双创双服”办公室对不认真办理、推诿扯皮且造成不良影响的单位给予通报批评。

五、组织保障

1. 加强宣传推广。各部门（单位）要积极主动向企业宣传“2912345”专线、微信群、政企服务邮箱的作用，进一步提升企业对线上政企服务“直通”运行机制的知晓率、参与率和支持率。

2. 加强组织领导。各部门（单位）主要负责人要做好组织协调和指导、督导工作，并于2月20日前加入开发区政企服务“直通”微信群。各部门（单位）指定1名副职及联络员负责“2912345”专线、微信群、政企服务邮箱问题信息处理反馈工作，务于2月20日前将副职及联络员名单、联系电话报“双创双服”办公室。

3. 建立联席会议制度。建立帮扶企业联席会议制度，经济发展局为日常召集部门，不定期组织成员单位商议帮扶企业过程中的共性问题和重大事项。

4. 强化制度建设。各部门（单位）要制定完善管理办法，规范运转、管理、服务等工作。要针对企业通过“2912345”专线、微信群、政企服务邮箱反映的涉及多部门的事项建立联动办理机制，同时要积极开展针对性研究，持续提高办理效率，压缩办理时限，快速回应和解决企业诉求，不断提高专线接听率、办结率及微信群答复满意度，持续完善机制、提升服务企业的水平和能力。

六、政策落实

本办法自公布之日起施行，由经济发展局负责具体解释工作。

来源：廊坊经济技术开发区管委会

岳阳经济技术开发区招商引资项目入区管理办法

发布时间：2019年6月28日

第一条 为规范招商引资项目管理，提高招商引资质量，促进本区产业发展，根据《国务院关于推进国家级经济技术开发区创新提升打造改革开放新高地的意见》(国发〔2019〕11号）和《湖南省人民政府关于进一步加强节约集约用地的意见》(湘政发〔2016〕10号）等文件规定，结合本区实际，特制订本办法。

第二条 招商引资项目入区条件：

（一）工商注册、税务征管关系在本区，具有独立法人或视同法人单位，且承诺10年内不改变注册地和纳税关系、具有健全的财务制度，全面履行安全生产主体责任。

（二）符合国家产业政策和环保、安全、消防、卫生等相关规定，符合本区产业定位，如装备制造、生物医药、商贸物流等产业项目。

（三）固定资产投资额不能低于20 000万元人民币，投资强度不能低于有关规定标准。固定资产投资总额在20 000万元人民币以下的项目原则上入驻标准厂房，待项目发展壮大再依据企业情况供地，鼓励临空产业、汽车产业、物流产业入区，在同等条件下可以优先供地。

（四）项目在规定的时间内投产后的第二年起每年每亩用地税收总额不能低于15万元，且年税收总额达1 000万元以上。

第三条 总部企业入区条件：

总部企业(不含房地产公司)入区应同时满足以下条件，工商注册地、税务征管关系及统计关系在本区范围内；有健全的财务制度、具备独立的法人资格(或视同法人单位)、实行独立核算；截至上一年度，全资或绝对控股公司、分公司不少于3家；年度对本区经济贡献不少于300万元；年营业收入5亿元以上，承诺10年内不迁离注册地址、不改变在本区的纳税义务、不变更统计关系。上一年度对区经济贡献总额超过250万元人民币的区内企业在本区投资建设总部，参照执行。

第四条 招商引资项目入区程序：

（一）项目预审。

1. 项目单位对招商合作局提出书面申请。

2. 项目单位出具项目计划书，内容包括具体的项目情况、选址意向、建设内容、用地面积、投资强度、产出情况、投产时间、政策支持等内容。

3. 由区招商合作局组织专题会议讨论后商区发改局、财政局、自然资源和规划分局、环保分局、安监局等相关部门进行项目预审、商务洽谈。预审的内容包括环境保护和安全监管、产业发展趋势、产业关联度、投入产出、承载能力。

（二）实地考察。

1. 预审通过的报区工委、管委会主要领导审批后进行实地考察。

2. 由分管招商的区工委领导牵头，区招商合作局组织相关部门对项目进行实地考察，并形成考察报告。

3. 考察报告要系统介绍项目所属产业的发展趋势，投资业主的经济实力、行业地位、生产布局等基本情况，项目投资情况和建设内容，产出带动效益，相关诉求和政策要求，并明确是否建议入区。

（三）专家评审。

1. 对经审批拟入区的项目进行专家评审。

2. 项目方提供有咨询资质单位出具的项目可行性研究报告，并对接相关部门做好环评、选址意向等前期工作。

3. 由区招商合作局在专家库中抽取5名专家。

4. 分管招商的区工委领导召集，区招商合作局组织区改革和产业发展局、财政局、建设交通局、法制办、安监局、自然资源和规划分局、环保分局等相关部门及专家进行评审并形成专家评审意见。

通过专家评审的项目，由区招商合作局向区工委、管委会主要领导出具专题报告，确定是否同意项目入区并明确具体的选址方案和供地面积。

（四）签订协议。

1. 行政评审同意入区供地的项目，由区招商合作局商相关单位起草项目入区协议书。

2. 区招商合作局召集区改革和产业发展局、财政局、建设交通局、法制办、自然资源和规划分局、环保分局等相关单位召开专题会议讨论，各部门单位对入区协议初稿会签或出具书面意见。

3. 区招商合作局法律顾问出具法律意见书，报分管招商的区工委领导审批，经区法制办审核后，按法制办审核文本报区工委、管委会主要领导。

4. 凡需供地和需“一事一议”的重大产业项目入区协议经区工委会或区工委、管委会主要领导召开专题会议研究决定。

第五条 加强履约监管。成立由区工委、管委会主要领导担任组长，分管招商的区工委领导为常务副组长，区招商合作局、改革和产业发展局、财政局、安监局、自然资源和规划分局、环保分局为成员的履约监管领导小组，区招商合作局局长任领导小组办公室主任，每年12月份提出项目履约情况审核名单，对项目履约情况、优惠政策兑现按照项目入区协议进行审核并提出审核意见，履约情况审核意见报区工委、管委会。

（一）对正在建设的项目进行项目进度、规划设计、投资额度、安全生产等履约情况进行审核，没有正常履约的以约谈法人和书面函告的形式督促履约，并停止奖补扶持兑现。

（二）对投产项目进行投资情况、经济贡献、产值额度、带动效应、环境保护、安全生产等履约情况进行审核，未正常履约的，可以约谈法人和书面函告的形式督促履约。并可在协议中约定不能履约的违约责任，包括收回项目用地、返还奖补资金等。

第六条 奖补办法所列出的各项奖励补贴，在招商洽谈中，根据项目投资额、投资强度、技术含量、市场前景、投资贡献、带动效应等综合因素，结合投资方要求，由本区和投资方洽谈，在项目入区协议中具体明确。

第七条 城市规划范围外项目管理按《岳阳经济技术开发区城市规划范围外项目管理办法》（岳经办发〔2018〕21号）实施。

第八条 本办法自公布之日起施行，实施过程中如遇国家、省、市新出台有关招商引资法律法规及政策规定的，从其规定。此前已入区的招商项目，按原入区协议执行。《岳阳经济技术开发区工业项目进区管理办法》（岳经管发〔2013〕6号）同时废止。

来源：岳阳经济技术开发区新闻中心

中共常州高新区工委 常州国家高新区管委会关于深入推进苏南国家自主创新示范区建设的若干科技创新政策意见

发布时间：2019年2月28日

各镇党委、街道党工委，各镇人民政府、街道办事处，区委各部委，区各委办局、园区、公司、直属单位：

为深入贯彻习近平新时代中国特色社会主义思想和党的十九大精神，全面落实国家、省科技创新大会要求，加快推进常州高新区苏南国家自主创新示范区建设，聚焦源头创新，营造双创生态，打造国内一流的区域性现代科创中心，更好地支撑引领全区发展方式转变和经济转型升级，根据国家、省、市有关规定，结合本区实际，特制定本实施意见。

一、重点突破支撑转型升级

（一）支持产业链和创新链双向互动，促进原创性技术和核心技术的重大突破

围绕产业链布局创新链。聚焦“两特三新”产业发展需求，集聚全球创新要素资源，着力突破产业核心技术，支持产业前瞻性、原创性、标志性的科技创新成果产业化。围绕创新链培育产业链。跟踪全球高技术发展趋势和国家产业发展战略的总体布局，聚焦新兴产业技术前沿领域，掌握前沿引领技术和颠覆性技术，前瞻部署新兴产业。以“一事一议”的方式，对创新项目的研发投入、设备购置、房租、贷款利息等，原则上给予创新主体最高不超过1亿元的综合支持。

（二）强化重大创新基础设施建设，优化创新供给，提升创新供给质量

支持通过体制机制创新，紧贴产业发展的重大需求，联合国内外大院大所大学和顶级研发机构搭建开放创新创业平台、协同创新平台、共性技术服务平台等。以“一事一议”的方式，对以整建制、全团队方式引进的重大创新创业载体，或以项目经理制自主组建项目团队、实施创新重大科技项目的重大创新创业载体，原则上给予最高不超过2亿元的综合支持。

对于掌握自主可控核心技术，对我区产业发展具有方向性、引领性、根本性作用的特别重大创新平台项目，可以“一事一议”的方式，支持力度、支持方式另行商定。

二、营造创新创业生态

（一）支持创新企业培育

支持培育高新技术企业。一是引导企业申报认定高新技术企业，对首次申报认定为高新技术企业的给予10万元认定奖励。二是鼓励企业申请进入高新技术企业培育库，对纳入省、市级高新技术企业培育库的入库企业分别按市培育资金给予1：1配套。可根据省、市高企培育认定工作的重大部署，对培育认定企业及组织申报工作另行商定相关支持办法。

对省科技部门认定的独角兽企业和潜在独角兽企业分别给予奖励200万元和100万元，对列入苏南国家自主创新示范区瞪羚企业名单的企业给予10万元奖励。同一政策不重复享受。

对通过国家企业知识产权管理体系认证并通过次年度监督审核的高新技术企业，奖励5万元。认定为国家知识产权优势企业的，按差

额奖励至 10 万元；认定为国家知识产权示范企业的，按差额奖励至 15 万元。

获得国家科学技术奖（含国家最高科学技术奖、国家自然科学奖、国家技术发明奖、国家科学技术进步奖和国际科技合作奖等）、省科技进步奖的企业和个人，按国家、省奖励额度的 50% 给予相应奖励。获得中国专利奖（中国专利金奖、中国专利优秀奖、中国外观设计金奖、中国外观设计优秀奖）、江苏省专利项目奖（江苏省专利项目金奖、优秀奖）的企业和个人，按国家、省奖励额度的 50% 给予相应奖励。

完善科技金融服务，加强与省市科技金融机构的资本联动，探索科技贷款、科技保险、知识产权质押、订单融资、担保、租赁、投贷联动、债权股权融资等更为完善的科技金融服务体系。设立区孵化投资引导基金，参股区内创新创业载体或龙头企业设立的种子资金或创投基金，支持创新创业载体内外具有成长性的种子期、初创期的中小微科技型企业，开展“首投”，促进企业快速发展。本条款具体实施方案另行制定。

（二）支持科技成果转化

支持区内企业或个人申请获得国内发明、实用新型和外观设计专利权，资助分别不超过 8 000 元 / 件、800 元 / 件和 500 元 / 件（按实际发生的官费和代理费总和进行资助，对获得省、市级专利资助的，按差额奖励）；在美国、欧盟、日本等国家或地区获得 PCT 发明专利权的，每个国家或地区资助不超过 2 万元人民币 / 件，每件最多资助 3 个国家或地区。

支持区内注册的专利代理机构，代理本区范围内专利的，年发明专利授权代理量不低于 50 件的，奖励 3 万元；年发明专利授权代理量不低于 100 件的，奖励 5 万元；年发明专利授权代理量不低于 150 件的，奖励 10 万元。

支持企业与高等院校、科研院所及外国专家组织开展产学研合作，合同金额 50 万元以上的重大项目，资助金额按企业当年实际支付合作单位研发经费的 50% 计算，资助总额不超过 100 万元，每一项目只资助一次，每一企业每一年度只资助一个项目，产学研合作项目合同须事先备案，已享受市级产学研资助的补足至奖励额度。

凡获得省级以上科技经费扶持的项目，且上级申报通知文件或指南明确要求匹配的，区财政按照上级无偿拨款金额不超过 50% 的比例匹配，单笔匹配经费不超过 200 万元；重大项目按照上级规定的比例进行匹配。

（三）支持创新创业平台建设

被认定为国家级、省级、市级企业研发机构（企业技术中心、工程研究中心、工程技术研究中心）的，分别奖励 50 万元、30 万元、10 万元；被认定为区级工程技术研究中心的，奖励 5 万元。上述奖励当年不重复享受，获得高一级认定的，按差额奖励。获得上级企业研发机构绩效评价优秀的，按上级奖励额度的 50% 给予相应奖励。

对区内龙头企业在先进地区新设立、合办或收购研发机构，开展离岸研发的，根据实际投资额，以“一事一议”的方式给予一定比例资助，最高不超过 500 万元。支持离岸孵化器建设，推动本地产业优势与先进地区创新优质资源相结合，实现异地孵化、本地加速，推进创新成果在本地的转移转化，根据离岸孵化器不同的运营模式，以“一事一议”的方式给予支持。

当年被认定为国家级、省级、市级孵化器或加速器的，分别奖励 100 万元、30 万元、10 万元；当年被认定为国家级、省级、市级众创空间的，分别奖励 30 万元、10 万元、5 万元；获得高一级认定的，按差额奖励，同一单位举办的只享受一类奖励。

建立创业孵化服务激励机制，设立创业孵化载体及其企业分级分类管理办法，具体办法及实施细则另行制定。

支持“大众创业、万众创新”，持续优化创业环境。对获得中国创新创业大赛总决赛一、二、三等奖的项目分别给予 5 万、3 万、2 万元支持；对获得江苏省创新创业大赛一、二、三等奖的项目分别给予3万元、2万元、1万元支持（如同时获得国家级、省级奖的，按就高不就低原则，不重复奖励）。鼓励各园区、龙头企业或创新创业载体举办高质量创新创业大赛等活动，每年择优进行补助，单个活动给予最高不超过20万元后补助。对获奖项目，优先推荐区人才政策支持。

支持孵化毕业企业向区内转移，对有用地需求的优先解决建设用地土地指标，对有购置研发、办公、生产用房需求的给予便利。

支持在常州高新区内注册成立且通过常州市科技服务机构备案的科技服务机构引进人才、集聚资源、升级资质、创新模式、创制科技服务标准、提升服务能力，打造具有示范性的科技服务业骨干机构。获得上级科技服务机构绩效评价优秀的，按照上级奖励额度的50%给予相应奖励。

三、附则

本意见自2019年1月1日起执行，有效期至2021年12月31日。2018年仍按原办法执行。

单位存在弄虚作假、伪造成果、重复申报立项、以不当方式骗取财政资金的，视情节轻重，采取警告、记入不良信用记录等处理措施，并将信用记录作为今后遴选推荐各级各类科技政策支持的依据；已经获得政策奖励经费的，应当予以追回。

政策实施细则由区科技局、区财政局另行制定。

来源：中共常州高新区工委、常州国家高新区管委会

专题研究篇

打造层次清晰、协同高效的孵化器体系
——基于芬兰孵化经验的分析

商务部国际贸易经济合作研究院 韩爽 程慧

一直以来，关于孵化器的概念描述有过诸多版本，其中，美国学者鲁斯坦•拉卡卡曾有一个简单的定义，他认为孵化器是一个专门为扶持新创科技型企业而设计和运作的系统；即，孵化器首先应是一个完整的体系，其主要功能是扶持新创企业，并且具有整合资源的能力。由此，孵化器体系是国家技术创新和产业结构升级的重要载体，对于知识创新型国家的经济发展能够发挥重要的促进作用。

在《2016—2017 年全球竞争力报告》中，芬兰凭借相对有限的资源禀赋，被评为世界竞争力第十的国家；芬兰的竞争力正是源于知识创新这一发展内核，而其知识创新的重要载体，则在于其层次清晰、脉络分明、协同高效的孵化器体系。这一体系包含了政府层面的国家技术创新局（TEKES）、机构层面的大学科技园以及市场层面的众创空间，三个层面有机结合，将芬兰创新体系中的产学研集成统一，为芬兰新创企业打造专业、精准、高效的创新生态环境，提供不同层次、不同渠道的孵化助力。

在当前自主创新的国家发展战略背景下，学习和借鉴芬兰的成功孵化经验，参照其政府、高校、科研机构、企业共同参与的运营模式，将政策指导与市场运作有机结合起来，完善孵化器专业的服务支撑，能够为创造具有中国特色的创新孵化体系提供有效借鉴。

独立专业的国家孵化器

芬兰国家技术创新局（TEKES）是芬兰政府资助研究、发展和创新的公共机构，隶属于芬兰就业与经济部；其总部设在赫尔辛基，在海外共有 6 个代表处，分别位于布鲁塞尔、华盛顿、圣何塞、东京、北京和上海。除此之外，芬兰 14 个区域性就业与经济发展中心（T&E Centers）的技术发展部门为 TEKES 提供服务。

作为为创新项目融资的主要机构，TEKES 是独立决策机构，不受政府其他部门的影响和制约，具体实施前瞻性的技术计划，可通过自身专业、高效、开放的运作体制，为孵化中的企业和项目分担创新风险。其主要资助对象大致分为两个领域：一是研究机构、大学的项目，二是商业领域项目。数据显示，机构每年投资资金中，约有 60% 流入企业（其中 70% 属于中小企业），资助了约 1 500 个商业研究和开发项目；约 40% 的资金流向科研机构，资助大学和其他研究机构的约 500 个公共研究项目。具体而言，TEKES 的创新机制有如下三个特点。

第一，提供全程保姆式服务。作为芬兰中央政府层面的孵化器，TEKES 拥有 TEMPO 和 VIGO 两个各具特色的融资支持项目，分别肩负起“孵化器”和“加速器”的责任，为处于不同发展阶段、不同规模的企业提供不同的融资孵化指导。TEMPO 和 VIGO 项目相互独立又互相支持，为企业尤其是中小企业提供持续性发展的助力支持。

具体而言，TEMPO 是专门服务于初创企业的融资项目，能够为创业创新提供第一笔启动资金。相对而言，TEMPO 更看重用户未来的发展前景，以及是否可以获得黏性用户，而并非技术的高端化与先进性。企业一旦有了一个研发计划或创新想法，就可以向TEMPO提出资助申请；在充分和企业沟通项目方案、研究市场前景的前提下，TEMPO的专业团队会对申请项目进行评估；根据企业申请决定资助金额，项目即将结束时TEMPO将审查资金流向。目前，申请到该项目的平均花费时间为33天，TEMPO正拟将审批周期缩短至20天，项目资助期一般为4—9个月。

VIGO项目则致力于在企业创业取得一定成果后，帮助企业进一步提升产品价值，完善企业管理，支持孵化对象继续成长。VIGO投入资金、时间和人力，将资助目标从初创企业培育成为具有一定资历的企业，帮助已经证明有市场前景的企业增加价值，提高其对风险投资的吸引力，帮助企业进入加速发展阶段。

第二，为企业的失败买单。TEKES充分尊重创新技术，不从其投资活动中获得任何财务利润，也不要求拥有任何知识产权；尽管孵化项目的失败率约为40%，但所有损失全部由TEKES买单，由政府承担相关风险。并且，在孵化对象的初创非盈利期间，项目团队成员还能获得政府提供的失业补助，保障其基本生活水平。

鉴于TEKES的影响力和威信，凡是经其资助的项目，世界各国的银行、风投机构也会跟随其进行投资，由此形成相互渗透、相互促进的创新体系，不仅最大程度地利用了芬兰人的本地智慧，而且将全球更多的优秀资源与资金不断地吸引至芬兰。

第三，以开放态度支持创新。除支持芬兰本土企业外，TEKES对孵化对象采取更为开放的态度，针对在芬兰注册的外国公司，只要投资项目能够为芬兰经济和社会创造最大效益，即使其没有芬兰的合作伙伴，也可以得到TEKES的资助。

随着芬兰的经济发展和日益开放，TEKES与芬兰贸易协会（FINPRO）合并成立了芬兰商业协会（Business Finland），不仅为企业提供前期研究开发的资金支撑，也为企业提供创新成果转化的国内外市场机会。目前，芬兰商业协会已融合了前期对商业项目的孵化支持以及后期对孵化项目的市场开发，能够在全球范围内为孵化项目寻求发展空间，创造了芬兰特色的开放的创新驱动模式。

产学研结合的科技园

在孵化体系中，产学研的结合是孵化成功的关键，更是孵化对象能否持续发展的根本所在。在芬兰的孵化器中，承载产学研合作的载体是遍布全国的科技园，其兼容大学、研究机构和企业三者融合共生，为科技创新转化为实际生产力提供了良好的生态环境。目前，芬兰已在10余个城市建设了33个科学园，由芬兰科技园协会进行管理协调。其中，第二大科技园——图尔库科技园体现出了芬兰科技园区的如下典型特点。

第一，强大的科研支持。芬兰始终坚持围绕大学和科研机构建立科技园，这使得大学与科研机构的创新成果能够在园区内直接转化为企业生产力。图尔库科技园在规划伊始就依附于著名的赫尔辛基大学、图尔库大学、图尔库经济学院等6所大学建立；园区分为大学区、科研机构区、高科技中心、科技园管理公司、生物谷、信息城等功能区，彼此相距不过百米，各个区域分工明确又彼此链接，共同构成了创新孵化的良性循环体系。

与此同时，科技园区根据其依附的大学或研究机构的学科优势和科研重点，规划其重点发展的行业方向，完成园区的产业布局。比如，依靠图尔库大学、芬兰埃博学术大学、图尔库应用科技大学雄厚的生命科学优势以及源源不断的管理等专业人才输出，图尔库科技园选择重点培育生命科学行业，以药物开发、诊断学、生物材料和功能保健食品为产业链的核心研发环节，应用于荷尔蒙疾病、癌症、传染病、中枢神经系统疾病、再生医学和生物材料等领域。目前，园区的生命科学产业已经形成培训、研究到科研发现和成果转化整个发展链条，各大生物技术龙头企业及逾100个企业和培训研究中心入驻于此，年均生产总值超过20亿美元，为图尔库地区提供了超过20%的就业岗位，成为芬兰和欧洲的生命科学创新中心，行业发展在世界范围内首屈一指。

第二，多元化股份管理。芬兰科技园区大都是股份合作制经营，其股东包括地方政府、中央政府的相关机构、公司、大学以及研究机构等。多元化的股东机构使得孵化对象在孵化过程中更容易获取来自政府层面的政策支持、来自研究机构的科研支持和来自学校的人才支持，为园区企业发展提供优质资源整合助力。

图尔库科技园商业孵化中心即是由图尔库市政府、芬兰科技园协会、芬兰国家技术创新局、图尔库大学以及图尔库本地金融机构以及企业共同参股组成的，其资金来源于中央政府融资机构、地方政府资助以及市场资本运作。由于多元化的股东结构，除寻求包括风险投资在内的民间资本支持之外，图尔库科技园还获得了国家技术创新局（TEKES）的财政支持，年均资助金额超过6亿欧元；同时，作为园区的最大股东之一，图尔库市政府拥有科技园60%的股份，投资回报比约为1：4.77。

第三，专业的中介服务。一般而言，除为企业提供入住硬件设施之外，科技园主要通过为企业提供软件咨询、孵化资金支持以及商业发展指导等中介服务，帮助园区企业获取创业资源支撑、政策支撑以及市场支撑；并且，其管理团队大多只有为数极少的几名固定员工，他们既是管理者、也兼具专家的身份，其他员工均实行以项目为基础的雇佣体制。

图尔库科技园商业孵化中心设有评估中心，由专业人员进行新公司的评估，通过评估的公司可以进入孵化器，并享有最长3年的租金减免优惠。与此同时，园区还为“孵化器”中的企业量身提供专业创业指导、寻找包括风险投资在内的各种融资渠道、进行有关的市场调研以及把握国际合作的机会等多种中介服务，并可利用参加各种展会的途径，与世界各大企业交流，为区内企业寻找供货商和用户。目前，图尔库科技园已经成功孵化超过400个公司，拥有1.6万名员工，孵化存活率接近90%。

特色鲜明的众创空间

众创空间是典型的创新型孵化器，是通过市场化机制、专业化服务和资本化途径构建的低成本、便利化、全要素、开放式的新型创业公共服务平台的统称；其中，“众”是主体，“创”是内容，“空间”是载体。众创空间的出现标志着孵化器发展已然进入新的阶段，成为政府、科研院所、大学为主导的孵化体系中重要的组成部分。

作为市场化运作的孵化器，芬兰的众创空间能够提供门槛更低的成长机会，使创业者能够更为便捷地争取到大企业的资助和投资人的青睐；同时，结合政府层面的政策支持，众创空间也能够获取创业补贴、税收减免等优惠政策，为孵化对象提供全方位的创业生态环境。目前，芬兰比较有名的众创空间包括Startup Sauna、Mothership of Work、Maria01等，基于卓越的设计风格和共享的商业理念，为企业提供各具特色的创业空间和内核丰富的孵化服务。其运作具有如下特点。

一是各具特色的孵化环境。得益于渗透在文化里的浪漫主义情怀和可持续发展的生活态度，芬兰的众创空间大都秉持开放包容的设计理念，最大限度地使用现有房屋设施，提供各具特色且十分实用的办公空间，激发创客们的创意灵感和创业热情。成立于2010年的Startup Sauna外部形象类似小型厂房，内部则采用Loft风格，按照芬兰国粹桑拿文化设计的工作间、开放式的工位、舒适的沙发地毯，在提供办公场所的同时也打造了完善的社交空间，为入住企业提供轻松舒适的成长环境。

值得一提的是，芬兰的众创空间并非一味追求规模和档次，而是以“废旧再利用”的方式建立，力求与周围环境和谐统一。比如，科技型孵化器 Maria01 建立在赫尔辛基市区一个废弃的医院里，市政府将其交付民间资本开发运作，如今已成为政府废旧资源市场化经营的典范。Maria01 空间设计最大限度地保留了原有医院的房间布局以及可继续使用的桌椅设施，甚至悬挂了医院特有的门牌房号，形成个性十足的办公空间；原来的患者等候大厅也配备了简单的投影设备，变身为公共会客区域，供创业者在开放的空间分享创意、交流资源、组建团队、共同创业。

二是全要素聚合的孵化服务。众创空间的核心价值不仅在于办公场地的提供，更在于其针对不同层次、不同领域的创业者提供的创业基础服务，包括设立指导、融资对接、市场分析、财务咨询以及法律援助等。在此基础上，与传统的孵化器相比，芬兰的众创空间还为创业者提供了各种要素供给的渠道，全球范围内整合资源，形成创业者之间相互启发、协同进步的成长体系，由要素“聚合”形成价值聚变。

Slush 是 2008 年金融危机后由一群怀揣梦想的年轻人在赫尔辛基创办的科技创业投资平台，经过 10 年的发展，已经成为全球最有影响的创业平台之一，每年都会在极具创业活力的城市举办创投大会，集结各个行业的创业者，展示创意项目，获取投资关注，共同推进商业合作。2018 年，Slush 将创投大会举办地选在上海，汇集了 1 000 余家初创企业、500 余家投资机构，搭建了为全球高科技行业顶尖专家、成功创业者和投资人提供演讲机会的“主舞台”，为演讲嘉宾及与会者提供互动交流的 Slush Café，以及三个专注于人工智能、区块链、生物科技、游戏娱乐、物联网等热门高科技行业的“分舞台”，为初创企业项目落地、孵化资本、与大企业对接等提供多元化的服务。

类似地，Startup Sauna 是由阿尔托大学、阿尔托企业家中心（以及芬兰国家技术创新局共同作为主要资金来源创建的孵化器。根据创业者的需求，Startup Sauna 不断推出新的服务内容，包括创业项目的国内外路演、跨国创业团队搭建、国际市场拓展、国际化融资等，帮助创业者将成果培养成为具有国际竞争力的商品。截至 2015 年底，已有 145 个创业团队从 Startup Sauna 毕业，累计融资金额达到 3 700 万美元，并在北欧、东欧以及俄罗斯举办了逾 100 场创业项目路演活动。

完整可实施的动态园区规划体系

商务部国际贸易经济合作研究院贸易与投资安全研究所 陈曦

产业园区建设是一个复杂的系统工程，无论是劳动密集型、资本密集型或是技术密集型产业园区，都需要经历成型期、成长期、成熟期和后成熟期，不可能一蹴而就。从产业结构方面来看，产业园区将由单一制造、加工、组装等低附加值单一环节，不断向“微笑曲线”上游（如研发、设计、采购）和下游（如金融、物流、管理、培训）等高附加值生产性服务业延伸，并衍生出休闲购物、文化娱乐、餐饮住宿等生活性服务业；从空间结构来看，产业园区将从单一的产业空间，逐步形成完善集产业、交通、居住、游憩功能于一体的复合型功能空间。这一发展过程，既是产业园区产业结构逐步升级、经济结构逐步优化的过程，也是“产”的空间逐步独立、“城”的功能逐步形成，即产城融合的过程。

科学、合理、有效的规划是保障产业园区成功建设和可持续发展的首要前提，也是产业园区筹备、建设、运营、管理等各个环节的行动准则。无论产业园区处在哪一个发展阶段，都离不开规划的指引，其不仅限于建设初期，而应贯穿于整个产业园区的生命周期，即不仅要“规划先行”，还要“规划长行”。但作为中国经济重要的增长极，目前产业园区尚未形成科学系统的规划体系。因此，系统构建产业园区规划体系将成为推动中国产业园区高质量发展的关键技术支持。

产业园区概念如下：

产业园区是划定一片土地进行集中开发管理，使进驻企业能够共享基础设施和各类公共服务，并且因配套或合作企业的地理临近而降低交易成本的经济集聚空间。其概念源于20世纪20年代英国与美国的产业地产，当时曾是发达国家重要的经济发展策略之一；到40年代，伴随交通、信息技术及城市发展问题，郊区产业园区开发模式应运而生；70年代后，产业园区在世界各地迅速发展，成为经济集聚和发展的重要空间形式。

在中国，产业园区创建于改革开放初期，并伴随20世纪90年代第四次国际产业转移蓬勃发展。40年来，中国产业园区始终是中国改革开放的和全面深化改革的“试验田”和“深水区”，承担了实施新一轮高水平对外开放和推动中国经济高质量发展的增长极功能，形成了大量可复制可推广的制度创新成果，在发展与社会主义市场关系相适应的政府和市场关系问题上实现了重大突破，并努力建设成为新时代改革开放的新高地。

目前，中国已逐步建立起了完备的产业园区体系，包括特定功能产业园区和综合功能产业园区。其中，特定功能产业园区如经济技术开发区、高新技术开发区、海关特殊监管区、边境经济合作区、台商投资区、旅游度假区和自由贸易区等；综合功能产业园区包括经济特区和国家级新区。作为促进改革开放和全面深化改革的一项重要战略举措，中国产业园区为推动中国经济转型升级、调结构、高质量发展以及培育人力资本、集聚创新动能、推动新型城镇化等国家战略作出了巨大支持与贡献。

“四轮驱动”的动态规划体系

在我国现行规划体系中，规划可分为三类：一是国民经济和社会发展规划，归口国家发展和改革委员会；二是国土空间规划，归口自然资源部；三是各种专项规划，如环境保护规划、旅游发展规划、文物保护规划等，归口各对应行政主管部委。这三类规划均会在国家层面、省级层面和市级层面分别制定，并按照规划层级实行下位规划服从上位规划；同时，根据本区域发展现状和发展目标进行细化完善。

我国现行规划体系如下：

第一是国民经济和社会发展规划（归口国家发展和改革委员会）：这是阐明国家战略意图、指导和统筹推进经济、政治、文化、社会、生态文明建设的纲领性文件，其就经济增长、结构调整、教育、科技、文化、医疗、卫生、社会保障、生态、资源、环境、人口、交通、基础设施建设等方面提出主要发展目标，并制定预期性和约束性指标。

第二是国土空间规划（归口自然资源部）：这是自然资源部保留原国土资源部土地利用规划并整合发改委主体功能区规划以及住建部城乡规划所建立的统一的空间规划体系，负责组织划定生态保护红线、永久基本农田、城镇开发边界等控制线，构建生产、生活、生态空间布局等。

第三是各种专项规划（归口各对应行政主管部委）：这是由相关部委、地方人民政府及有关部门针对国民经济和社会发展的重点领域和薄弱环节编制的特定领域规划，原则上应符合国民经济和社会发展规划以及国土空间规划总体要求。

产业园区规划属于市域层面规划的下位规划，其规划体系应主要由产业发展规划、空间规划、投融资规划和运营管理规划四部分构成，其中，产业发展规划是先导、国土空间规划是平台、投融资规划是支撑、运营管理规划是保障（图 1）。具体而言，应按所在地城市国民经济和社会发展规划以及国土空间规划对园区的经济社会发展和空间管制需求，编制产业发展规划和空间规划；为保障园区建设期间的资金需求以及建成后的运营管理需求，应同期编制园区投融资规划和运营管理规划。

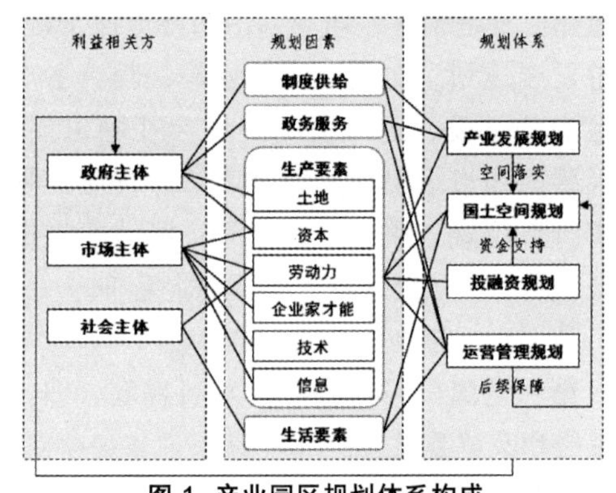

图 1 产业园区规划体系构成

在产业园区规划中，利益相关方包括政府主体、市场主体和社会主体。政府主体负责相关制度供给和政务服务，并与市场主体共同提供生产要素。产业园区中的社会主体，不仅包括产业相关劳动者，也包括产业园区所在地原住民。产业园区所在地的制度供给和政务服务水平、生产要素投入水平和生活要素需求水平，是产业园区各类规划编制的基础和前提条件。而规划，作为公共政策工具，最终体现的是政府意志，并由政府组织实施执行和进行管理监督。

由于经济社会发展本身是一个复杂的、非线性的巨系统，充满不确定性，无法通过“静态规划”来完全确定整个产业园区生命周期的发展路线，中国产业园区规划体系应是“动态规划”，其规划周期应根据产业园区战略发展目标和现状水平，以及所在地经济社会发展水平，灵活制定并及时调整。“动态规划”是求解多阶段决策过程的最优化问题，即一个阶段决策确定以后，会影响到下一个阶段的策略选择，以达到最优预期。

具体而言，产业发展规划是主导性和基础性规划，产业发展规划必须符合地方经济发展水平和客观发展规律，使规划真正具备可操作性。而在产业园区的成形期、成长期、成熟期和后成熟期的各个周期内，产业发展目标、方向和重点都各不相同。这也要求产业园区空间规划不仅需要根据现行产业发展规划要求，合理布局各类功能用地，还要注意预留足够的产业弹性发展空间，以及配套的生产性服务业和生活性服务业发展空间，并注意避免突破生态红线。对于投融资规划和运营管理规划，也必然随着产业园区成长周期而发生变化。在产业园区建设运营初期（成形期和成长期），无论是投融资还是运营管理，都必须主要依靠政府形成驱动力；而在成熟期和后成熟期，则将逐步演变为政府和市场双向驱动。

产业发展规划要详细落地

产业发展规划是未来一个时期指导园区产业健康发展的基础性规划，能够系统阐述园区产业定位、产业链条、产业细分、产业布局和产业发展策略等问题，并保障园区产业发展的竞争性、差异性、长期性、稳定性和可持续性，也是后期空间建设、环境保护等其他规划的基础性和指导性文件。

产业规划应当注意以下几个因素：

第一，以现状与趋势为基础。从国内外产业、资本转移以及区域经济发展角度出发，系统阐述园区所在地经济发展、产业发展大环境，包括区域经济发展水平、产业发展水平、产业结构、产业分工、产业转移趋势以及资源环境硬约束等，总结区域产业发展环境对产业园区的影响和启示；描述园区所在地产业发展现状，包括产业规模、企业规模、产业结构等，指出现状存在问题；在宏观上科学构建园区产业全局性发展蓝图，包括产业集聚、功能定位、开发模式、运作机制等。设定规划期限，并明确近期、中期、远期各期限内的产业发展目标。

第二，重视主导产业定位。在对相关上位

规划进行详细解读基础上，与区域其他产业园区进行比较分析，应用 SWOT（Strengths，优势；Weaknesses，劣势；Opportunities，机会；Threats，威胁）分析方法，总结该园区在区域层面的比较优势和比较劣势；明确园区产业发展方向和产业门类，根据平均投入产出数据进行产业优势度分析，包括规模优势度和效率优势度等，全面、客观地评价各类产业综合优势度；根据基于区域比较分析和园区自身分析两个视角，确定园区主导产业和支柱产业定位。培育主导产业集群，确定主导产业集群的发展思路、发展路径、集群构成和集群内重点发展领域。

第三，进行产业细分规划。围绕园区主导产业定位，并结合上位规划对于区域产业发展需求，明确园区产业发展规模、功能定位、发展特色、行业门类；重点探讨通过园区主导产业和相关产业发展，加快推进园区产业结构升级，并带动区域产业结构升级；提出近期、远期产业发展目标，包括总量目标、结构目标、技术创新目标、企业培育目标以及环境约束目标等；提出园区各个具体产业的发展思路、发展路径、内部构成和发展重点等。

第四，明确产业发展实施战略。包括但不限于：整合多重优势，积极争取国家、省、市各个层面对产业园区发展的项目和资金支持，挖掘园区发展潜力；提升行政效能，加大园区投资总额、投资强度、产业政策、用地政策、规划许可、环保要求、工程进度、优惠政策等方面的审核和执行力度；明确招商思路，出台翔实可行的招商方案，包括招商任务、方向和目标，强化招商队伍建设和人员业务培训；营造园区良好投资环境，提高运营管理水平，包括管理体制、产业招商、产业投资、品牌经营、孵化支持、明确目标客户选择和管控机制建设等；优化园区吸纳人才体制机制，加强人才发展软环境建设。园区应充分挖掘和利用自身比较优势和竞争优势，以福利性政策和发展性政策加快集聚各类创新创业人才，激励科研创新成果转化，为产业结构升级提供技术支持。

国土空间规划是“技术指导”

生态空间是维护产业园区生态环境健康可持续的基底，可酌情划定为禁止建设区和限制建设区，园区生产和生活活动应严格限制在生态红线内部。产业园区国土空间规划能够将产业发展规划落实到空间，并划定产业园区的生产空间、生活空间和生态空间。在适合建设区，产业园区空间规划可分为两个层级：控制性详细规划和修建性详细规划。产业园区空间规划是承接和落实城市一级国土空间规划以及产业发展规划战略的重要抓手和空间载体，也是控制土地容量、建设容量以及提高土地利用效率和保护生态环境的重要手段。园区空间规划采用规划语言系统表述园区建设目标和原则，是园区建设管理的科学依据和技术指导，具体包括如下要求。

第一，控制性详细规划应严格明确。控制性详细规划应包括三个方面的指标控制：一是用地规模控制。落实城市一级国土空间规划相关用地控制指标，以及产业发展规划指标，估算产业园区的产业规模和人口规模，明确园区建设用地和非建设用地（生态用地）规模。二是用地功能控制。规定园区规划范围内不同使用性质的用地界线，根据产业规划合理进行用地功能布局；规定各类用地内适建、有条件地允许建设以及不适建的建筑类型；明确公共服务设施位置及服务半径；规定大型市政通道的地下及地上控制要求；根据规划容量，确定工程管线走向、管径和工程设施用地界线；规定对环境有特殊影响设施的卫生和安全防护隔离界线。三是用地指标控制。规定各地块用地红线、用地编号，以及建筑限高、建筑密度、容积率、绿地率等主要控制性指标；规定各地块交通出入口方位、停车泊位等；规定道路红线、建筑红线、建筑贴线率、建筑间距等要求；确定各级道路控制点坐标、标高、转弯半径以及公交站场、停车场、禁止开口地段、人行过街地道和天桥等。

第二，修建性详细规划应详尽具体。修建性详细规划要以园区控制性详细规划为依据，制定用以指导园区建筑和各类工程设施建设施工的规划设计：一要进行详尽的场地现状分析。包括地理位置、行政区划以及经济、社会、自然概况，如地形、地貌、地质、气候、水文、土壤、人口、交通等。二要进行用地布局规划。结合上位规划和园区产业规划相关要求，严格落实到建设空间。合理布置居住用地、公共管理与公共服务设施用地、商业服务业设施用地、工业用地、物流仓储用地、道路与交通设施用地、公共设施用地、绿地与广场用地，确保符合产业发展需求和居民生活需求。三要进行各类专项规划，包括生态保护专项规划（绿地系统和水系专项规划）、文化空间专项规划、色彩引导专项规划、道路交通专项规划、环境保护和环境卫生专项规划、市政基础设施专项规划、综合防灾专项规划等。

投融资规划是建设保障

在市场经济体制下，资本运作是影响产业园区规划和建设的重要因素。前期政府投资能力水平、融资渠道畅通程度和吸引外商投资能力水平，在一定程度上影响了产业园区吸引资本密集型和技术密集型产业的能力水平，即影响了园区产业定位目标和产业发展方向。因此，投融资规划既是影响园区产业发展规划和空间建设规划的核心因素，也是架起规划建设和项目资金的桥梁，是各项规划得以顺利实施的核心保障。

具体来说投融资应注意以下几点。

第一，要进行投融资环境和主体分析。陈述园区投资环境，包括政治因素（如投资风险程度等），市场因素（如市场构成及容量、人民消费能力及消费习惯等），资源因素（如资源蕴藏量、开发水平和利用程度等），劳动力因素（劳动者数量及素质等）和其他因素（管理水平及对先进技术吸收能力等）；对地方政府、园区管委会、金融机构、社会投资人和居民等各个利益相关方进行量化评估，并建立财务模型；在现行相关法律法规和各项规章以及各类规划框架下，进行财务测算，试算出各个利益相关者的利益均衡点，以便实现各个利益相关者的利益平衡，达到资金和项目的有效匹配。

第二，进行投融资模式和渠道分析。明确政府和市场的投融资边界，通过合理划分边界，协调政府主体和市场主体之间的利益关系，进而设计相应的开发模式来提高盈利能力、控制风险、稳定预期；根据产业园区各类开发建设项目特征及资金需求，合理选择BOT、BT、TOT、PPP等不同投融资模式；根据各类项目投融资模式，选择一种或多种融资渠道。包括使用内源融资和外源融资、直接融资和间接融资、债务性融资和权益性融资等多种方式，如银行贷款、债券、股票融资、种子基金、公募或私募股权、风险投资、企业自筹等，来确保资金渠道畅通，合理配比投融资结构。

第三，进行投融资规模和成本估算。对园区资产产值率、资产负债率、风险投资占净资产比等进行参数估算；依据上位经济社会发展规划对园区产值目标和增长率要求，运用参数估算结果，对园区投融资需求规模进行总体计算。测算结果可帮助产业园区管委会更加便捷开展财政预算，并可进一步预估金融服务体量；合理估算相应投融资规模的成本，投融资成本估算不仅应包含投融资的显性成本，即融资费用和资金使用费，也应包括投融资的隐性成本，即机会成本、风险成本和代理成本等。

第四，进行盈利模式分析。根据产业园区产业发展类型及发展阶段不同，设定园区可能的盈利模式，如土地增值、租金收入、商业地产、住宅地产等。此外，还包括产业技术、产业发展性、生活配套性服务等各类园区增值服务盈利模式；应分阶段设定近期、中期、远期不同的园区盈利模式。处于不同发展阶段园区的盈利能力和盈利模式会存在较大差异，处于初级发展阶段园区一般以土地收入为主，而园区发展到高级阶段，则需拓展盈利渠道，增值服务盈利比重也将得到大幅提升；此外，应制定相关规章制度，规范园区各类盈利渠道，严格控制运营风险，保障园区基础性盈利能力的健康、持续和稳定。

运营管理规划是“操作手册”

运营管理规划是维持产业园区健康可持续发展的重要规划类别。中国产业园区大都实行政府主导的封闭式运营管理模式，各园区管委会是园区开发建设的直接责任主体，也是园区运营管理的直接责任主体，其职能类似于一级政府。

运营管理规划应注意以下两点。

第一，内容应全面且可实施。具体包括产业园区各项建设招投标工作规划；产业园区基础设施及其他建设项目的资金筹措、拨付和日常工作经费保障规划；产业园区企业及项目审核和签约相关手续工作，协助企业办理工商注册、税务登记和项目申报与备案工作规划；办理环保相关手续工作，协助企业做好环评工作规划；项目劳动用工、社会保险和职工定向培训工作规划等。

第二，要以创造良好政商环境为目的。园区管委会应创新政务服务领域，整合政务服务资源，搭建统一的政务服务平台，降低行政管理成本，提高运营管理效率，为企业提供更加便利快捷的服务；园区管委会也应创新建立一系列有利于产业集聚和发展的政策体系，包括贸易自由化和便利化政策、投资自由化和便利化政策、产业政策、财税政策、金融政策以及监管政策，以发挥和履行产业园区为全面深化改革和扩大开放探索新路经、积累新经验的重要作用和重要使命。

五大模式破解招商引资难题

广州开发区产业园区协会执行会长　陈永品

近期在考察一些内陆省份的开发区时，各地普遍反映招商引资比较困难，政府投资建设的楼宇、厂房长期闲置，或者引进的项目发展成功率较低。如何破解招商引资难题，值得深入思考与探讨。

“园丁式”培育

面对千帆竞发、百舸争流的区域竞争态势，内陆开发区招商引资想要突破，最关键是要与沿海开发区错位竞争。沿海开发区环境好、市场大、服务优、人才多，聚集效应已经形成，在空间资源有限的背景下，招商实质已转变为选商。虽然企业投资首选京津、长三角及珠三角地区，但面临着开发区的反向选择，企业竞争压力非常严重。所以，内陆开发区招商引资还是大有可为。

具体而言，内陆开发区的招商重点应专注于企业培育方面，立足于先让企业成活，再让企业成功，从无到有、由小到大，从容招商，而非一味追求大项目。例如，可以学习借鉴台湾新竹科技园的成功模式。新竹科技园成立之初并非要引进世界500强企业，而是重点培育小企业，从引进人才开始。园区管理局派人驻守美国硅谷，动员留学人员回来创业，并承诺提供一切需求。由此，园区从企业孵化开始，尽力提供一切服务，帮助企业成长为“参天大树”。目前，园区内共成立了385家高科技企业，平均每18个人就有一个公司，人均公司密度世界最高。

“保姆式”服务

企业在发展过程中，既会遇到资金、原材料供应、产品生产、市场竞争等问题，也会出现人才招聘、员工管理、政务服务、司法服务等问题。这之中许多问题企业自身无法处理和解决，需要当地政府部门出面协调沟通。如果政府先行一步将解决这些难题变成政府服务的一部分，营商环境自然能够优化提升，招商引资必然出现成效。

早在20世纪80年代，广州开发区就设立了企业筹建办，帮助企业协调解决工厂建设、生产经营中的各项问题，使得广州开发区的投资环境一直较为良好，吸引了大批外商投资企业。现在，内陆的一些开发区只注重引进企业，不注重配套的教育、医疗、休闲、娱乐等服务环节，没有真正为企业“当好保姆”，企业无法扎根发展，这样招商引资就成为了一种“抢项目”的游戏。因此，要留住企业，归根结底还要靠服务。开发区要站在企业角度想问题，以人才需求为中心，由筑巢引凤转变到引凤筑巢，真正使企业引得来、留得住、发展得好。

“伯乐式”引领

开发区找寻项目的同时，企业也在找“知音”，即能够真正读懂企业需求、帮助企业发展的合作者。因此，内陆一些开发区的管理者需要有效解决干部观念落后、思想不够解放等问题。一方面，让干部“走出去”开眼界，学习先进地区开发区的经验做法或派干部到沿海开发区跟班学习，使“门外汉”变“内行人”。另一方面，将人才“请进来”换脑筋，不仅引进创新创业人才，还要引进服务企业的专业化人才和机构，帮助企业对接各类资源。此外，西部地区开发区还应积极加强与东部先进地区开发区的交流合作，欢迎发达地区的干部入区挂职，传授先进的招商经验和服务理念，走出一条适合本地区招商引资的新路径。

“助理式”扶持

开发区要当好企业发展的助手，做到帮好忙、不添乱。首先，优化顶层设计，根据企业需求，精准制定招商引资政策，并保持政策的持续性和连贯性，真正起到雪中送炭的作用。其次，把目光转移到企业的培育上，尤其在项目创业初期加大支持力度。可以围绕本地区市场和产业链布局，引进一些中小型企业，并和企业共同挖掘市场，帮助企业活下去。最后，提高风险意识，切勿贪大求全，根据本地现有产业链配套相关企业项目，扎扎实实服务好每一家企业服务，真正做到为企业、人才服务。

“管家式”统筹

目前，一些内陆开发区缺乏高标准、高要求的建设理念，仅仅注重办公大楼形象设计，对于工厂、住宅等周边环境尚未合理布局，整体城市形象较为凌乱，也不利于吸引企业和人才入驻。因此，开发区要重视弥补环境建设短板，做好土地规划，提高绿化水平，加强配套设施建设。

同时，还应坚持精品意识，具有文化品味。例如，国外有些开发区在工厂里面开设咖啡厅、便利店，建设休闲场所等。我国开发区要学习国外先进的管理理念，将地方文化特色与开发区建设相结合，将文化要素植入建筑物、社区，营造具有地方特色的文化氛围，让文化成为招商引资的重要竞争力。

招商引资是一个系统工程，开发区要系统谋划、系统推进，不能总想投机取巧走捷径，否则就会欲速则不达。只有扎实做好软硬环境，才会形成开发区和企业互惠互利的双赢局面。

浅谈中小企业的培育之法

广州开发区人才工作集团有限公司董事长 陈永品

一直以来，中小企业是经济发展的重要力量，从企业成长生态来看，大中小微企业的数量呈金字塔状态排列；其中，中小微企业已占到全部企业总量的 90% 以上，承担着 70% 以上的就业人口。目前，越来越多的中小企业积极开展自主创新，推动产品转型升级，但却面临很多“痛点”“难点”，创新之路步履维艰，甚至许多企业半途而废、无功而返。

对此，开发区应高度重视、积极应对。必须认识到，创新是开发区长久的事业，不可能一蹴而就，应当以“十年磨一剑”的精神，耐心培育和滋养企业；要坚持以企业为中心、以创新为导向，按照创新发展的规律去谋划发展空间、布局发展平台、打造成本洼地，为创新型企业留足空间、找寻出路。

痛点、难点在哪里？

第一，成本高企，资金紧张。在创业初期，企业为了存活，总是想方设法节省成本、降低费用；在成长阶段，企业也会努力降低运营成本，增强市场竞争力。在开发区过去的创新发展历程中，曾出台很多扶持政策吸引创新种子、培育创新幼苗，包括研发资金配套补贴、房租补贴、专利补贴、人才补贴等，为创新型企业打造了低成本的创新创业环境。比如，在北上广深等一线城市，创新性企业的生产办公场地租金每天不足一元钱，甚至部分开发区还对高层次人才创业企业另行给予租金补贴甚至免除全部租金。在广州开发区管委会主导的孵化器与加速器中，至今仍有少数一部分保留了“每天一元钱”的租金制度。

第二，程序繁杂，办事不便。在实际招商引资工作中，政府办事的效率和便利化程度是中小企业选择投资地的重要考量标准。尽管东部地区成本相对高，但由于地方政府服务意识较强、办事效率较高、契约精神较好，许多企业宁可承担显性的、可控制的成本投资东部地区，却不愿意投资西部地区承担隐性的、不可控制的成本。同时，政府的承诺最终能否兑现，是否只能是享受不到的“水中月、镜中花”，也是企业始终担心的问题。

第三，市场有限，进入困难。习近平总书记在民营经济座谈会上指出，民营企业面临市场的冰山、融资的高山、转型的火山“三座大山”。一方面，市场准入门槛高，许多领域虽然在政策上允许民营企业进入投资，但实际上却存在着“玻璃门”“弹簧门”“旋转门”；另一方面，虽然许多民营企业研发生产出了很好的产品，但要进入市场仍然困难重重。此外，社会诚信问题也普遍存在，如企业之间相互拖欠货款、政府拖欠企业的工程款等，按照法律程序维权需要花费大量时间和精力。

开发区的态度是什么？

当前，在新发展理念指导下，开发区正在不断加快转型升级、创新发展的步伐，在过去主要发展大制造的基础上，加速聚集创新资源，推动创新驱动发展。一方面，大力发展战略性新兴产业，新增的土地资源主要供给新兴产业企业，限制传统产业的发展；另一方面，对早期引进的处于停产或关闭状态的制造业企业进行改造提升，注入创新元素，盘活现有存量土地。

在挖潜土地空间的过程中，为平衡拆迁搬迁成本和费用，被二次开发的土地性质大都变为商业服务用地或商住用地，过去的旧厂房、旧村镇正在变成摩天大楼、现代化都市，随之而来的是土地价值的大幅提升。以如今的广州科学城为例，商业服务用地出让价格在 5 000 元 / 平方米以上，商业居住用地出让价格更是超过了 1 万元 / 平方米；建成的物业价格自然也很高，商业楼宇售价约为 2.5 万元 / 平方米，每月租金在 100 元 / 平方米以上。这样的价格是大多数中小企业无法承受的。

在这种情况下，政府和开发商的收益大幅提升，开发区的创新创业成本优势却迅速丧失——过去支付每月 30 元 / 平方米租金的创业载体一去不返，新企业入驻的成本不断攀升，限制了大批初创型企业的进入。类似地，已入区成功孵化、亟需扩大生产办公场地的成长性企业也面临着同样的问题，高企的物业租金、不断攀升的用工成本、原材料大幅上涨，迫使成长型企业向区外迁移，寻求成本低廉的地方落户。深圳中小企业大举向周边的东莞、惠州甚至越南等东南亚国家迁移，就是最典型的案例。

另一个不争的事实是，迫于各种经济增长指标考核和发展排名的压力，多数开发区的主要精力仍放在大企业、大项目上，以确保产值不降、税收不减，无暇顾及中小企业的发展。但必须认识到，企业发展是一个复杂的生态，需要有大中小企业相互兼容、相互促进，“既有苗圃，又有森林，也有参天大树”，应凭借中小企业更高的创新积极性和竞争活力，激发大企业更强的创新动力，同时也促使中小企业更快成长为新一批龙头支柱企业，从而营造出更为积极的良性循环环境。

如何为中小企业留空间、找出路？

首先，要尽量保留一定规模的工业用地。在目前的土地分类中，只有工业仓储用地出让价格最低，要降低中小企业的成本，就必须维持工业用地的规模，确保较低的物业租金和售价。因此，在旧工厂改造中，要尽力保留工业用地性质，避免工业用地改为商业服务和商住用地，人为推高产业用地价格和租金。就政府而言，必须清醒认识到，开发区的根本动力应当是产业与创新，城市建设只是为产业与创新服务的，要舍得牺牲眼前土地出让所得利益，换取企业创新发展的长远利益，拒绝“靠出让土地吃饭”，坚持留足土地聚集创新资源、培育产业发展，这才是开发区的根本使命。

其次，要依托老旧工厂实施“腾笼换鸟”。在开发区早期引进的一批工业企业中，很多都已进入生命周期的中后端环节，原有的技术产品已不适应新时代发展的需要，被迫停工停产，厂房闲置空置。对于这类情况，收回旧工厂往往困难重重，即使将厂房出租，也大多因缺乏装修改造而只能引进质量不高的仓储物流类企业。

事实上，这些充满年代感的老旧企业也曾经有过旧日的辉煌，是开发区的历史名片，并不一定非要推倒重建；可以考虑借鉴欧洲旧城和老港口改造的有益经验，保留其建设形态，重新植入创新元素，仅对功能进行改造，使其重新焕发青春活力，如北京 798 工厂、深圳华侨城产业园等，均是较为成功的案例。从现实来看，仅对老旧厂房投资进行装修改造，而保留产权不变，也更能够得到业主的欢迎和配合。

再次，要鼓励企业自行提高土地容积率。早期开发区出让的工业用地容积率一般限制在 1.5 或 2.0 以下，土地集约利用率较低，甚至一些工业企业当年即预留了二期、三期用地，到目前为止仍未开发。从理论上，政府可以以用地闲置的名义将土地收回，但在事实操作中，企业往往不愿交出土地，甚至坐地起价，导致土地很难真正收回。对于这类情况，建议从实际出发，允许企业提高容积率，鼓励其建孵化器、加速器，引进创新型企业进驻，既调动了原有企业的积极性，也提高了土地集约利用率，为中小企业的创新发展开辟了新空间。

最后，要为成长型企业打造优质平台。早

在二十年前，开发区就开始了自主创新的步伐，新建和改建了一批孵化器，聚集了大批创新型企业；如今，经过近二十年的市场磨炼，这些企业已扎根开发区，且成长壮大、管理成熟、抗风险能力较强，不再惧怕“风吹雨打”。这些年营业收入已达3千万—3亿元的企业无法再“蜗居”在孵化器中，亟须扩大生产办公场所。一种选择是申请自行购买土地建设厂房（但开发区的新增用地往往供给产值规模更大的企业）；第二种选择是购买价格较为低廉的已有物业（但如今的开发区楼宇正在快速商业化、住宅化，售价和租金不断攀高，一些企业也开始难以承受）；最终，企业只能被迫到土地成本更低的周边或异地购买土地或楼宇。因此，开发区要留住更多的中小创新企业，就必须在产城融合进程中留出一片低成本的发展空间，建设一批租金低廉的加速器，让创新型中小企业拥有赖以生存和发展的优质平台。

开通项目审批落地的“快车道”

广州开发区发改局副局长 黄孝恕

企业是推动经济高质量发展的重要力量，为企业发展营造良好的营商环境是推动经济高质量发展的重要内容。随着沿海发达地区劳动力、原材料、环境要求等非制度性成本的不断上升，当前，营商环境优化的着眼点应当落于制度性成本的降低，主要在于优化和调整妨碍市场在资源配置中发挥决定性作用的方式方法和体制机制；而要发挥市场在资源配置中的决定性作用，更好发挥政府作用，必须深化行政审批制度改革。

细究现行的审批制度，其建立的理论基础是政府应能够全面掌握和管控市场信息，对市场信号先知先觉、全知全能，因此对经济工作的管理和服务能够“大包大揽”；但事实上，在市场经济条件下，政府对市场变化的超前预判能力和把控能力是有限度的，掌握市场信息的及时性和准确度也具有一定程度上的不确定性。必须打破现有的、与原审批制度相适应的利益格局，砍掉一部分机构的权力，削减一部分人的利益，杜绝各种各类设租和寻租机会，才能真正发挥市场在资源配置中的决定作用，把应当由市场配置的放给市场。

应当认识到，改革既要于法有据，又要行之有效，最为可行的办法就是进行“试点改革”，走“渐进式”道路，通过先行先试获取一定的先发效应，之后再进行大范围推广，并继续拓展体制机制创新的新领域。作为多年来先行先试的“试验田”和“先行者”，开发区有条件也有责任在深化行政审批制度改革上走进前列，争取更大作为。

2018年5月2日国务院常务会议：

落实中央经济工作会议部署和《政府工作报告》任务，深化“放管服”改革，解决营商环境中存在的企业开办和工程建设项目审批效率低、环节多、时间长等问题，有利于降低制度性交易成本、激发大众创业万众创新活力。

在北京、天津、上海、重庆、沈阳、大连、南京、厦门、武汉、广州、深圳、成都、贵阳、渭南、延安和浙江省等16个地区开展试点，进一步简化企业从设立到具备一般性经营条件的办理环节。2018年各直辖市、计划单列市、副省级城市和省会城市要将企业开办时间压缩一半以上，由目前平均20多个工作日减至8.5个工作日，其他地方也要积极压减企业开办时间，

2019年上半年在全国实现上述目标。

改革精简房屋建筑、城市基础设施等工程建设项目审批全过程和所有类型审批事项，推动流程优化和标准化。2018年在试点地区实现工程建设项目审批时间压缩一半以上，由平均200多个工作日减至120个工作日，2019年上半年在全国实现这一目标，推动政府职能转向减审批、强监管、优服务，促进市场公平竞争。

做好“减”字文章，简化审批程序

当前，我国从中央部署到各地实践，都沿循着“突出重点、由易到难”的道路，将“减”的切入点放在法律、法规、规章没有明确规定的审批事项，通过加强监管可以实现管理目的的事项，能通过数据共享实现核验的审批环节，重复审批的事项，交叉审批的事项，以及事前通过书面承诺、事后通过监管纠正且不会产生严重后果的事项。具体包括：

第一，减少审名事项。长期以来，企业名称审核在审批中有很大的自由裁量权，往往造成各地的标准不一，“在这里能批的，在那里却不能批”。有关统计显示，企业名称审批通过率仅在13%左右，绝大多数企业需要审批1—2次甚至更多，审名成为很多初创企业难过的关。按照国家新的规定，除特别规定外对企业名称不再实行预先核准；自此，已然面向市场的企业不再需要为名称审核而多费周折了。

第二，减少审章事项。公章是企业的“出生证”，过去，对公章的审批十分繁琐，需要指定一个专门的刻章单位。按照新的规定，公章刻制将备案纳入“多证合一”事项，申请人可自选公章制作单位。

第三，减少税务登记事项。按照新规，对于已领取加载统一社会信用代码营业执照的企业，不再单独进行税务登记、不再单独核发社保登记证，压缩发票申领和参保登记时间。

第四，减少证明事项。开发区可在2018年6月6日国务院常务会议部署的基础上，探索取消部分情形的证明材料；比如：没有法律法规明确规定的证明，开具证明的部门、镇街或村（社区）无权查证、无法核实的证明，能够通过现有证件、凭证办理的证明，能通过书面承诺等信用管理手段解决的证明，能通过部门间会商核查或实地调查核实的证明，能通过公共数据管理平台实现共享的证明等。

2018年6月6日国务院常务会议：

对国务院部门规章和规范性文件等设定的证明事项，可直接取消的要立即停止执行，并抓紧修改或废止规章、文件，在2018年底前先行取消申请施工许可证时需提交的资金到位证明等一批证明事项。

对法律法规有规定，但可通过法定证照、书面告知承诺、政府部门间核查等涵盖或替代的证明事项，要提请修法，依托信息共享和信用体系予以取消。

对各地自行设定的证明事项，除地方性法规规定外，最晚应于2018年底前取消。

各地区各部门要及时公布取消和保留的证明事项清单，对确需保留的要逐项列明设定依据、办理指南等。清单之外，政府部门、公用事业单位和服务机构不得索要证明。

第五，减少审批环节。取消施工合同、建筑节能设计审查备案等事项，将消防、人防等设计并入施工图设计文件审查。环境影响、节能等评价不再作为项目审批或核准条件，由政府统一组织区域评估。简化社会投资的中小型工程建设项目审批。对社会投资的房屋建筑工程，建设单位可自主决定发包方式。

做好“联”字文章，优化办理流程

“联”是程序性的解决办法，既可以解决一窗受理的问题，改异时性为共时性，也能够打破原有的审批先后顺序，变平面审批为立体审批。

时间联时间，“最多跑一次”。随着改革的深入，“最多跑一次”的意义不仅仅在于方便群众和企业办事，其更深层的目标是要促进治理体系和治理能力的现代化，从单纯的简政放权走向全面创新。实行“一次申请、一次告知”“来了就办、一次搞定”，解决互为条件、互为前提、互为卡口的问题，能够实现政府的职能转变、观念更新，为市场主体松绑、减负，使其充分发挥市场主体作用、发挥首创精神，真正焕发出活力与创造力。比如，企业申请办理行政审批事项时，按照公布的审批要件清单及标准一次性提交了审批要件的，审批部门应当“来了就办”；提交的审批要件不符合审批要求的，审批部门应当一次性告知其所要修改或补充的审批要件等内容。

空间联空间，“只进一扇门”。只有做到“只进一扇门”，才有可能“最多跑一次”。由此，必须打破部门的边界，对审批事项和流程进行整合：一方面，将分布于不同受理部门的审批事项实行联合受理，实现“一个口办多个口的业务”，做到“一窗受理，集成服务”；另一方面，审批部门应当根据企业投资建设项目的特点，对纳入集中审批范围的行政审批事项通过合并、联合、并联等措施优化审批流程。

具体而言，推行联合勘验、测绘、审图等，规划、国土、市政公用等单位限时联合验收；实行“一张蓝图”明确项目建设条件、“一个系统”受理审批督办、“一个窗口”提供综合服务、“一张表单”整合申报材料、“一套机制”规范审批运行。企业投资建设项目申请的多个事项可以在一个审批环节同时提交审批要件的，申请人可以同时提出申请，审批部门应当予以一次性受理。

同时，企业投资建设项目在申请办理行政审批事项过程中涉及规划、建设、环保、消防、水务、安监、交通、气象等部门专业技术问题或者需要跨部门协调相关审批事项的，可以通过“一个部门牵头、一个窗口受理、多个部门参与”的会议审批模式进行审批，实现申请人办理多个审批事项“一次搞定”。企业投资建设项目行政审批事项中涉及的所有技术审查环节，推行分阶段集中审查制度。技术审查事项或环节能够实施集中统一审查的，实施集中统一审查。由集中审查部门建立企业投资建设项目技术设计文件集中审查平台，实现跨专业的“一次性”审查制度。

线上联线下，“审批不见面”。由审批部门充分利用互联网、大数据、AI（人工智能）等信息化手段，逐步将服务窗口、服务机制拓展延伸至计算机端、移动端等网络终端，建立“不见面”审批服务平台，为企业投资建设项目提供便捷服务途径，实现审批和监管的信息互联互通。

具体而言，鼓励企业在办理行政审批事项过程中，运用电子证照、电子公文、电子签章等形式申请；审批部门逐步优化网上申请、受理、审查、决定、送达等流程，推行“不见面”审批服务。企业登入政务服务网投资项目在线审批监管平台后，可实现企业投资项目从赋码登记至竣工验收全流程的“网上申报、网上办理、网上共享”的“一站式”服务。开展集中许可权试点，打破信息“孤岛”，贯通在线审批监管平台的全链条，实现凡可通过部门信息共享获取的审批要件，均不再要求企业提交。实现“互联网＋政务”再升级，在企业登记等环节开展企业全程电子登记，注册人只需在电脑前操作，即可完成实名认证、电子签章、材料提交、线上审核、快递证照、电子归档等程序，实现“零纸张、零介质、零见面、零费用”的全新审批模式。

一卡联多卡，“民生一卡通”。事实上，在政府执行公务过程中产生的信息，应当属于公共资源，是公众得以了解公共事务和政府工作状况、监督公务人员的必要条件，政府部门有义务在市民个人办事时向其提供相关信息。但在现实操作中，许多个人信息分散掌握在不同的政府部门手中，难以同意周转和提供。因此，要将政府由信息管理方成为信息服务方，推行“一证通办”，打造基于互联网和信息化的改革升级版，建设一个平台加N个信息点组成的“1+N”网格，实现政府部门为群众办事提供数据服务，群众办事凭一张社会保障卡就能完成。

目前，“一证通办”已经在浙江的一些地方试点推行，取得了较好的成果。比如，过去办理特殊人员参保登记需要残疾证、低保证等各类证件，一些不够齐全的资料还需去相关部门开具证明。随着“民生事•一卡通”工程的推进，市民办理审批事项时经合法申请可以自动提取、自动生成。只需将社会保障卡放置在读卡器上，选择办事类别后，系统便会自动查阅与之相关的各类信息并生成表格。

做好“缓”字文章，实行容缺受理

在实际操作中，行政审批是互为条件的，前端环节审批完毕，后端环节才会接收材料；如果一个环节停滞了，后面的所有程序都无法履行。而容缺受理的实质是实行信任审批，指企业投资建设项目行政审批事项的申请人，通过书面承诺其符合公布的审批条件，或书面承诺其能在规定期限内达到审批条件（或补齐审批要件），审批部门基于对该申请人的信任，做出审批决定；对公共安全、生态环境保护以及人身健康、生命财产安全可能造成重大影响的企业投资建设项目，不适用信任审批。

事实上，容缺受理在上海、广州等地的国家级新区、开发区中已经试行多年。最近，国家发布的海南自贸区实施方案已经正式认可了容缺受理作为行政审批改革的重要内容。实行容缺受理、信任审批，可以进行程序性暂缓，实行“先审批、后补充”，解决“卡住过不去”的问题；也可以采取搁置，通过“缓”的形式达到“减”和“免”的目的。但在这其中，难点不在于承诺本身，而在于承诺后的监管，因此，必须完善配套办法，强化事中事后监管。

关于信任审批：

信任审批通常分为全信任审批、非核心要件信任审批和要件后补信任审批。

全信任审批：全信任审批是对完全信任事项实行免除证明材料。企业投资建设项目所涉及的行政审批事项，审批部门能够明确提出审批管理标准和要求，或者通过监管部门事中事后监管，能够达到管理目的的，审批部门均可以实行全信任审批。

实行全信任审批的事项，申请人在提出申请时，按要求签订信任审批告知承诺书后，无须再提交其他审批要件。由审批部门对申请人的信任审批告知承诺书进行审核，符合审批要求的，当日内作出审批决定，并同时将审批决定和申请人的信任审批告知承诺书抄送监管部门。

非核心要件式信任审批：企业投资建设项目所涉及的行政审批事项，审批事项部分非核心要件可以通过信息共享等方式从政府相关部门获取的，或对审批决定没有实质影响的，审批部门可以实行非核心要件式信任审批。审批事项的核心要件与非核心要件的具体内容要求和标准由审批部门确定，并向社会公布。实行非核心要件审批的事项，申请人在提出申请时，按要求签订信任审批告知承诺书，并同时提交审批事项的核心要件，无须再提交其他非核心审批要件。由审批部门对申请人的信任审批告知承诺书及申报材料进行审核，符合审批要求的，在审批事项承诺办结时限内作出审批决定，并同时将审批决定和申请人的信任审批告知承诺书抄送监管部门。

要件后补式信任审批：将相关收费事项作为审批的后置条件进行剥离。实际是改为后补。后补类事项实行容缺受理限期完善。企业投资建设项目所涉及的行政审批事项，申请人在提交申请时，核心审批要件以外的部分其他审批要件暂时无法同时提交，但申请人承诺能够在规定期限内提交的，审批部门可以实行审批要件后补式信任审批。实行要件后补式信任审批的事项，申请人在提交申请时，按要求签订信任审批告知承诺书并先行提交部分材料（含核心审批要件），由审批部门对申请人的信任审批告知承诺书及申请材料进行审核，符合审批要求的，在审批事项承诺办结时限内作出审批决定，并同时将审批决定和申请人的信任审批告知承诺书抄送监管部门。实行要件后补式信任审批的审批事项，申请人应当在信任审批告知承诺书规定期限内补齐剩余审批要件。审批事项可以补交的审批要件、补交要件的方式、期限及违约责任等要求由审批部门确定。

信任审批应做好如下工作。

第一，实行动态管理。实施信任审批的事项目录和类型，均由审批部门拟定并征询相关部门意见，经同级政府同意后，统一向社会公布。要定期对信任审批事项进行评估调整，对存在管理风险的事项，及时调整和完善信任审批类型、具体标准和要求；对确定存在较大管理风险的事项，不再实行信任审批。针对每种类型信任审批，制定相应的标准化实施细则；企业可自主决策是否参与信任审批。

第二，强化事后监管。审批部门和监管部门加强联动，建立与信任审批相适应的事中事后监管工作机制。审批部门作出准予行政审批的决定后，被许可人在信任审批告知承诺书约定的期限内，未履行承诺或者与承诺内容不符的，审批部门应当要求其限期进行整改；拒不整改或整改后仍不符合条件的，审批部门应当依法撤销行政审批决定。依据相关法律法规规定应当追究法律责任的，审批部门应当及时告知监管部门依法处理。监管部门应当按照相关法律法规，并结合实行信任审批事项的情况，对信任审批事项建立相应的监管机制，明确监管主体、检查对象、内容、方式、措施、程序、工作要求、监管计划等，并向社会公开。监管部门在监管过程中需要审批部门配合的，审批部门应予以配合。

第三，加强信用管理。实施信任审批的审批事项，审批部门应当在作出审批决定后，将申请人签订的信任审批告知承诺书及时向社会进行公示。审批部门应当建立信任审批申请人诚信管理档案。审批部门在审查过程中或监管部门在事中事后监管中发现申请人做出不实承诺或不按信任审批告知承诺书履行承诺的，应将失信行为录入申请人诚信管理档案，申请人一年内不再适用信任审批。有关行政主管部门、审批部门和监管部门应当通过审批监管大数据平台，共享申请人信任审批信息、事中事后监管信息和诚信管理档案信息等，建立守信激励和失信惩戒机制。

做好“先”字文章，创新制度模式

浙江省创新提出和试行的“带规划方案”的出让模式和“标准地”制度，均是做好“先”字文章的典型案例。其中，“带规划方案”出让模式是指在土地招拍挂程序完成之前，相关意向用地项目可以先行办理规划方案审查、环境影响评价等手续，经审查合格的规划方案等文件作为土地出让合同附件。“带规划方案”出让用地的项目，从企业签订国有建设用地使用权出让合同至取得建筑工程施工许可证过程中涉及的所有行政审批事项，符合法定条件和审批流程要求的，审批部门应当在15个工作日内完成；其他非“带规划方案”出让用地的项目，符合法定条件和审批流程要求的，审批部门应当在25个工作日内完成。

“标准地”制度是浙江省于2018年提出的，要求全省新增工业用地、商业用地、旅游用地都要带着能耗、环境、建设、亩产等标准进行招拍挂。所谓“标准地”，就是土地出让时把每块建设用地的规划建设标准、能耗标准、污染排放标准、产业导向标准、单位产出标准等给予明确。企业在取得土地之前，就已经知道该地块的使用要求和标准；取得土地之后，经发展改革部门“一窗受理”后，即可直接开工建设，不再需要各类审批；建成投产后，相关部门按照既定标准与法定条件验收。“标准地”制度的改革，除提高土地节约集约利用，颠覆供地模式、服务模式外，还刷新了招商模式，倒逼了产业的转型升级。

全国第一块“标准地”：

2017年8月31日，浙江省德清县国土资源局门户网站上挂牌出让国有建设用地使用权公告要求：“固定资产投资强度≥340万元/亩，土地产出≥600万元/亩，土地税收≥21万元/亩，单位工业增加值能耗≤0.5吨标煤/万元……”成为全国第一块标准地。

做好“前”字文章，提供超前服务

要建立联系服务企业制度，设身处地从企业角度考虑和设计政策，针对企业发展不同类型，探索分类施策，有预见性地解决企业反映集中的办事环节痛点、堵点和难点问题；对于不能减免的审批事项，应提前谋划并开展有关事项的报批和储备，完成前期工作。

比如，在项目落地前提前完成土地储备及做好配套设施及道路的立项和审批工作，推行企业筹建保姆式服务，实行“两指引、两专员”制度。

具体而言，“两指引”一是企业筹建通用指引，即对一般性筹建项目，在地块出让期间，就向企业提供项目落地筹建指引，提前为项目制订全程帮办审批流程，让企业及时掌握土地出让、地块平整、供电供水、排水排污、规划报建、施工许可、工程建设和综合验收等各项筹建环节的办理流程和办结时限。这一指引可以按行业类别、用地方式分为不同类别，分别明确告知筹建步骤、报批流程及相关要素，让企业筹建人员照册办事，有序推进。二是企业筹建专用指引，即对纳入重点的筹建项目和社会关注度高的项目，按一企一策模式，提供针对单个企业的个性化筹建指引，形成企业筹建路线图，让企业心中有数、按图索骥，有计划有针对性地实施筹建工作。

“两专员”指在推进重点项目筹建过程中按照项目选址，由片区筹建专员跟进并提供专班服务，解决企业筹建涉及事项多、协调工作量大的问题；同时，在行政审批机关设立行政报批指导专员队伍，解决审批政策性强、流程众多的问题，给企业提供更优质的个性化服务。对于重点企业投资建设项目，在办理行政审批事项时，帮办导办人员提前介入，提供“一对一”“点对点”的精准帮办服务和主题式导办服务。帮办导办人员在服务过程中，如发现企业拟申请的行政审批事项或技术审查事项存在可能影响后续审批效率、企业筹建速度等情形时，及时协助企业予以完善，并同时告知审批、企业筹建等部门。需要审批、企业筹建等部门提前介入协调解决的，审批、企业筹建等部门及时提前介入。

做好“免”字文章，实施免费服务

对于暂时不能“减”的事项，开发区可以探索实行技术审查与行政审批相分离，采用区别对待、分类处理的办法，通过政府购买服务的方式，由技术服务机构进行技术审查；行政审批主管部门根据审查结论进行审批，实际上也能够起到“减”的效果。一方面，政府购买服务可以解决审批人员力量不足的问题，避免项目单位长时间排队进入审查程序，同时，将审批事项所涉及的部分委托第三方技术服务的费用，通过政府统一采购服务并免费提供给企业，不仅减轻了企业的财务负担，还避免企业在多个环节、多个领域、反复比选技术服务机构上耗费时间。另一方面，让专业的机构做专业的事，由专业审查机构一步到位地提出优化方案的专业意见，也避免了过去项目方案报批中普遍存在的反复修改问题，使审批更科学、更规范。

在具体操作中，实施技术审查与行政审批相分离可以先在规划报建、初步设计、施工图、环评、固定资产节能审查等环节开展。具体而言，可以聘请专业机构，对规划、环保等事项报批免费提供专业咨询与指导；免费为企业提供规划设计文件“修详通”“报建通”“验收通”三个免费技术核查服务；免费为企业提供规划文件公示公布服务（原规划公示需要企业自费完成公示和公证）；免费为加建、改扩建项目提供零星地形图测量服务；免费为项目提供周边管线情况等基础数据资料；原由企业承担的施工图审查费用改为政府财政承担；免费为企业提供组织环评文件专家评审服务；免费为企业提供初步设计文件专家评审服务；免费为企业提供节能报告专家评审服务；免费为企业提供防雷设施专项评审服务。

下一阶段，还可以研究将更多的审批事项

纳入技术审查与行政审批相分离，进一步扩大免费服务范围，实在不能实行免费的，也可以采取一次集中缴费、网上缴费等方式，最大程度上为项目建设单位提供方便。

做好“变”字文章，转换服务思维

过去，政府机关作为“管理者”，对于市场主体持审视、审查的态度，在市场中扮演“管制”的角色；如今，要着力转变为公共服务提供者的角色，将为市场主体的合法活动服务转变为政府的内在职能，将为民生服务变为政府的内在职责，以及将为企业、为民生服务的责任真正落实到政府部门的身上。

比如，过去，土地本身的规划建设标准、能耗标准、污染排放标准、产业导向标准、单位产出标准等证照，大都按照“谁拍到了谁去办理”的原则进行，企业取得土地仅各类证件的办理就需要 8 个月以上；但浙江的“标准地”制度，则转换了服务思维，由政府帮忙办好相关手续，随同拍出的土地一起出让，让企业只需要参加竞标，获得土地就可以直接开工，摆脱了跑十几个部门、加盖几十个章才能拿到权威“准生证”的困扰。目前，浙江省正在探索建立企业投资项目发展改革委（局）“一窗受理”制度，涉及国土、建设、环保、规划等部门的事务，由发改委（局）代跑，真正从深层次促进治理体系和治理能力的现代化。

【背景材料】

浙江省德清县的“标准地”试点

2017 年 8 月，浙江省政府全体会议提出，要全面整合和优化企业投资项目“审批流”，努力实现企业投资审批“最多跑一次”。一是建立健全“标准地”制度，从 2018 年起，全省各地的新增工业用地、商业用地、旅游用地，要带着能耗、环境、建设、亩产等标准进行“招拍挂”，为企业投资项目“最多跑一次”改革奠定基础；二是探索建立企业投资项目发改委（局）“一窗受理”制度，涉及国土、建设、环保、规划等部门的，由发改委（局）代跑。两项创新均由德清县试点，再于全省总结推广。

2018 年 4 月，浙江省发改委印发《“标准地”试点德清县实施方案》和《企业投资项目发展改革部门“一窗服务”试点德清县实施方案》。

《“标准地”试点德清县实施方案》

事先作评价：在符合规划的区域内，全面实施区域能评、区域规划环评、涉水影响评价、矿产压覆和地质灾害等区域评价，完善区域负面清单，为“标准地”落地提供坚实基础。

事前定标准：建立工业类、仓储类、研发总部类和商服类项目用地“标准地”指导性控制指标体系（试行），并实行动态调整。根据实际情况，探索设置技术、人才、品牌等软性投资指标。

工业类项目	容积率、固定资产投资强度、能耗标准、环境标准、亩均税收
仓储类项目	容积率、固定资产投资强度、能耗标准、环境标准、亩均税收
研发总部类项目	容积率、能耗标准、环境标准、亩均税收
商服类项目	容积率、固定资产投资强度、能耗标准、环境标准、亩均税收

具体“标准地”出让时，各相关部门参照指导性控制指标，出具拟出让地块的联审意见，明确相关标准后，由德清县国土资源局公告出让。

事中做承诺：“标准地”出让后，项目业主与高新区、镇（街道）签订“标准地”使用协议，承诺按约兑现指标，明确违约责任，并按规定办理不动产权登记。项目实行企业投资项目发改委“一窗服务”。鼓励企业取得“标准地”后参与投资项目承诺制改革，进一步加速项目开工落地。

事后强监管：项目竣工后，由德清县国土资源局牵头，会同德清县住建（规划）局、发改委、经信委等单位，根据容积率、固定资产投资强度等相关指标进行竣工核验。竣工核验合格的，办理不动产权证变更登记，并注明达产复核的期限；未通过竣工核验的，由相关主管部门责令其限期整改。项目投产后，在约定期限内，由德清县发改委、经信委牵头，会同县环保局、财政局等单位，根据能耗标准、环境标准和亩均税收等指标进行达产复核。通过复核的，办理不动产权证变更登记；未通过复核的，责令其限期整改。同时，根据竣工核验、达产复核情况按约定予以奖惩。

《企业投资项目发展改革部门“一窗服务”试点德清县实施方案》

（一）一窗简办——实现一窗咨询、一窗收文、一窗出件。

1．一窗咨询。由德清县发改委牵头，设立企业投资项目发改委“一窗服务”综合窗口（以下简称“综合窗口”），由政府代办员为企业提供精准的审批材料编报指导、咨询服务，并根据实际需要，组织开展协商会审。

2．一窗收文。对企业到德清县行政服务中心报送项目审批材料的，由综合窗口进行一窗收文，并由政府代办员协助企业，通过在线平台2.0版，在线报送相关审批材料，其他相关审批部门不再单独对企业投资项目进行收文。

3．一窗出件。完成项目审批手续后，由综合窗口进行一窗出件，并做好配套服务，统一将相关证照文件邮寄或通过代办员送达企业，同时，负责收集投资项目电子证照（批文）包。

（二）专业代办——实现代办队伍专业化、专职化、高效化。

1．提供事前谋划服务。根据企业和地方需求，政府代办员进行投资项目初步研判，对符合产业导向、具备可操作性的项目提供谋划服务，帮助提出落地方案，协调具体事宜，持续跟踪项目签约，为优质项目落地提供高质量、高水平服务。

2．提供事中办理服务。在项目开工前、项目建设阶段，政府代办员提供代跑代办、咨询指导、沟通协调等服务，积极做好与项目业主、部门间的沟通协调工作，帮助企业通过在线平台2.0版进行100%网上申报，有效解决企业对网上申报暂时不适应、不熟练等问题，做到代办不包办、服务全免费。

3．提供事后配套服务。在项目竣工验收阶段，由政府代办员协助开展联合测绘、联合踏勘、联合验收。通过贴近企业、服务基层的代办服务和监测分析，提出企业投资项目全流程管理的优化建议，为党委政府的科学决策提供依据、参考。

（三）在线通办——实现网上办理全覆盖、全连通、全在线。

1．严格落实“一个端口申报”制度。依托在线平台2.0版，全面推广应用投资项目“一口受理”模式，将在线平台2.0版作为投资项目申报的唯一端口，杜绝在线平台2.0版之外受理、办理投资项目审批事项。积极引导项目业主互联网端企业账号申报，关闭线下、内网申报窗口，推进“100%网上申报”。

2．建立健全投资项目电子证照（批文）包。按照“凡是能通过网络共享的材料不再要求项目业主重复提交、凡是能通过网络校验的信息不再要求重复提交”的要求，加快建设投资项目电子证照（批文）包，深化电子证照和电子签章应用，实现证照批文、材料等数据共享，推动“一次录入、大家共用”和“一个数据用到底”。

3．加快提升三项在线监督。建立限时督办机制，综合窗口通过线上线下多种方式，对业务办理情况进行监督检查。加快应用德清县投资项目电子图档管理信息系统，实现工程方案设计、施工图设计电子图和竣工测绘电子图一网收集、协同审批、在线监督。加快推动省公共信用信息服务平台与在线平台2.0版对接，加大对投资项目主体的信用预警力度，将投资项目领域的守信和失信主体纳入公共信用监管体系。

（四）中介快办——实现中介服务规范化、市场化、精简化。

1．健全“中介超市”。依托德清县中介超市，加快引育优质中介机构，完善网上竞价系统。梳理行政审批中介服务清单，实行分类管理。建立中介执业信用档案，强化信用评价，提升中介机构管理水平。

2. 精简中介环节。依托区域评价，通过减免手续、在线备案、降低评级等方式，实现减前置、减流程、减时间、减成本。推行中介服务多评合一、联合评价、测验合一，实现中介服务时间提速 50% 以上。

3. 规范中介服务。对行政审批部门委托开展的咨询、评估、评价等行政审批中介服务事项，加快实现由主管部门通过网上竞价方式确定中介机构，提供免费代办服务，并公示中标单位和价格。对企业自主委托的编制行政审批申请文本等中介服务，由企业自主选择完成，或由企业自愿申请委托部门代办服务。

苏州工业园区实现引领式发展的路径探析

苏州工业园区工委、管委会研究室

2018 年，面对改革的深水区、难啃的“硬骨头”，苏州工业园区迎难而上、攻坚克难，改革创新迸发新活力，产业转型获得新突破，先行先试实现新进展，功能区体制顺利平稳过渡，各项工作保持稳中有进、稳中向好、稳中育新的良好态势，在国家级经开区综合考评中实现三连冠，入选江苏改革开放 40 周年先进集体，成为践行新思想、新理念的闪亮名片，成功跻身建设世界一流高科技园区行列。

点赞高质量开局“成绩单”

构建开放型经济新体制综合试点试验通过评估验收，11 项改革经验在全国复制推广，中新联合协调理事会赋予园区 9 项新的先行先试政策功能，“一窗受理、并行办理”、外资企业“一口办理”、电力报装“网上确认、串改并”等模式推行实施，新建元邻里中心成功上市发行全国首单社区商业 REITS 产品。

赛诺菲中国研究院、松下空调销售总部、SEW 电机智能制造等一批高质量研发、总部及先进制造项目落户，罗氏诊断、博世研发等重点项目开业运营，工业企业智能制造创新服务中心已汇集 800 余家智能制造服务商，可提供 1 600 种智能制造解决方案；在波士顿、新加坡等地设立一批海外离岸创新创业基地，牛津大学高等研究院（苏州）开业，中科院微电子所、自动化所、计算所、生物物理所 4 家科研院所落户。全年新增外资项目 284 个、科技项目 500 余个，新增持牌金融机构 13 家、总数达 160 家；生物医药、纳米技术应用、人工智能产业分别实现产值 780 亿元、650 亿元、250 亿元，同比分别增长 27%、30%、38%。

预计全年实现地区生产总值 2 550 亿元，同比增长 7% 以上；公共财政预算收入 350 亿元，同比增长 10.1%；进出口总额 1 030 亿美元，同比增长 20.1%；社会消费品零售总额 480 亿元，同比增长 9%；实际利用外资 9.8 亿美元；全社会固定资产投资 389 亿元，同比增长 3.8%；城镇居民人均可支配收入 7.1 万元，同比增长 7.8%。

冲破制约发展的“阿喀琉斯之踵”

发展动能转换速度较慢、新兴产业支撑度不够、上市企业集群规模有待增强、科技龙头企业数量匮乏、创新型经济在区域经济结构中比重偏低……这些现存问题依然是制约园区高质量发展的“阿喀琉斯之踵”。为此，必须围绕加快建设世界一流高科技产业园区的目标，进一步提高站位、找准定位、认清方位，推动思想再解放、改革再深入、目标再提升、思路再优化。

在融入服务国家战略中体现“园区担当”。坚定不移下好“改革棋”、走好“开放路”、打好“创新牌”，坚持世界眼光、全球视野、国际水平，主动融入国家战略，更好地发挥中新合作优势，在更高起点、更高层次、更高目标上将改革开放不断推向深入，努力在服务和参与“一带一路”交汇点建设中发挥“示范”作用，在国家对外开放全局中发挥“先行”作用，在国家自主创新体系建设中发挥“带动”作用，在长三角一体化发展中发挥“节点”作用。

在新时代高质量发展中贡献“园区样本”。加快推动经济发展质量变革、效率变革、动力变革，全面提升劳动效率、资本效率、土地效率、资源效率、环境效率、创新效率，让创新成为第一动力，协调成为内生特点，绿色成为普遍形态，开放成为必由之路，共享成为根本目的，不断开辟园区高质量发展新境界。

在攻坚克难奋勇争先中弘扬“园区精神”。进一步振奋精神、苦干实干，以与园区相匹配的格局境界、能力素养、精神状态、担当作为，诠释好“精英情结”，以“责任止于此”的担当、“要么不干，要干就一流”的追求，勇于突破、敢挑担子、奋勇争先，不断突破“过去时”，前瞻把握“未来时”，努力引领“进行时”，始终保持“处处争第一、事事争一流、行行争标杆、人人争先进”的良好氛围。

在“变”与“不变”间实现引领式发展

当前，世界面临百年未有之大变局，变局中危与机同生并存，要善于从国际格局的“变”中看到时代潮流滚滚向前的“不变”，适应新形势、把握新特点，放下历史包袱，摆脱路径依赖，打破思维定式，加快从跟随式发展向引领式发展转变，更好地凸显探索性、创新性、引领性，深化开展开放创新综合试验，加快建设世界一流高科技产业园区。

新的一年，园区经济社会发展主要预期目标为：地区生产总值同比增长 6.8%，一般公共预算收入同比增长 6.5%，进出口总额 860 亿美元，实际利用外资 7 亿美元，全社会固定资产投资保持稳定，全社会研究与试验发展经费支出占 GDP 比重达到 3.6%，全员劳动生产率同比增长 6.5% 左右，工业增加值率同比提高 0.5 个百分点左右，居民人均可支配收入同比增长高于 GDP 增幅。

高水平推进先行先试。对照最高标准、最好水平，编制实施好《深化开展开放创新综合试验总体方案》，细化实施流程图、时间表，确保深化开放创新综合试验向纵深推进。持续放大中新合作优势，深化中新双方在科技创新、人才培训、金融创新及服务和参与“一带一路”建设等领域合作，不断拓展和丰富合作内涵，全力推进 9 项新政策、新功能的落地实施。主动融入和服务“一带一路”建设，积极推进阿联酋、印尼、缅甸等境外共建合作项目，打造机遇共享、繁荣共享平台。推动园区与长三角洲城市群的对外开放大协同、科技创新大合作、产业升级大对接和营商环境大提升，促进产业、技术、人才、资本高效自由流动，加快建立分工协作、有序互动、协同发展新机制。积极推动综保区功能转型、产业升级和监管创新，争取开展服务贸易综合试点，大力发展“保税 +”新业态，提升综保区的功能内涵和发展能级。加强海关高资信企业培育，提升认证企业通关便利化程度，用足用好海关企业信用管理的新制度、新标准，引导企业自主管理、动态管理、合规管理，优化外贸营商环境。积极复制推广自贸区第四批 30 项改革试点经验，推动实施准入前国民待遇加负面清单的外资准入制度，推进投资和贸易自由化便利化。

高标准优化营商环境。对标世界银行营商环境评价指标，在开办企业、获得信贷、获得水电气、跨境贸易、不动产登记、施工许可、知识产权保护、办理破产等方面研究一批改革举措。纵深推进“放管服”改革，巩固“2333”

改革成果，加快建立“一网通办”机制，构建“一个政府、一生服务、一套标准、一网通办、一库展示、一体运行”的“六个一”大政务服务体系。深化“证照分离”“多证合一”和基层政务公开标准化规范化等改革试点成果，为市场主体添活力，为人民群众增便利。优化税收营商环境，落实好国家和省市出台的企业减费降税、促进公平公正等政策措施，全力推动生产要素、政策资源、信贷支持、政府服务等向实体经济倾斜，扩大人力资源蓄水池覆盖面，着力缓解企业用工困难。按照精简统一效能原则，稳步推进园区机构改革，构建更加精干高效、科学规范、符合园区实际的机构职能体系。

高质量推进国企改革。主动顺应国家战略、市场导向和园区大局，加快调整产业布局，推动重资产实现资产证券化，加大对科技、金融产业投入，增加科技载体有效供给，加快从“房东”向“股东”转变。改进国企考核模式，坚持任期考核与年度考核并重，实施分类考核，正确处理经济效益与社会效益关系，推动企业可持续发展。完善国企治理结构，推动市场化程度较高的企业股权多元化，择优引入在技术、管理和资源上能够优势互补、形成放大效应的战略投资者。理顺监管体制，深化授权经营体制改革，进一步厘清国资、监管的权责界限，提高运营管理效能。高水平推进苏宿、苏通、苏滁、苏银、中新嘉善等区域合作项目，开展与嘉兴经开区互惠合作，积极探索“飞地经济”新模式，深化苏相合作，更大力度输出园区经验、园区品牌。

打造国际化人才引育体系。实施国际化人才高地建设三年行动计划，结合现有优势产业，探索“引进一名人才、发展一批企业、带动一个产业”的“链式”路径，推动产业规划与人才规划同步制定、产业地图与人才地图同步绘制、产业高地与人才高地同步打造、产业资金与人才资金同步投入，完善“一产业领域、一人才规划、一重点工程”的产才融合发展格局。重点引进有望突破核心技术、能够提升产业整体水平的国家级重点人才工程人才、海外领军人才及团队，确保2020年前每年新引进高层次人才5 000名、海归人才1 000名、金鸡湖领军人才300名。做强金鸡湖人才计划品牌，做优金鸡湖创业大赛、金鸡湖路演中心等引才平台，发挥以才荐才、以才引才的正向效应，出台园区海归、外国人才创业就业优惠政策，确保人才引得来、留得住、发展得好。

构筑开放合作创新高地。在全球范围汇聚配置创新资源，大力推进离岸创新创业基地（中心）建设，引进更多国内外原创型、应用型科研院所、创新中心、创新团队，推动中科大高等教育研究院项目取得实质性进展，鼓励企业在全球布局能力中心，力争全年新引进5家大院大所，新增海外创新中心（离岸创新创业基地）不少于2个，支持企业新建海外研发中心5个，新增省级以上研发机构10个。加快推进纳米真空互联实验站大科学装置二期建设，积极争取纳入国家重大科技基础设施规划序列，优化MEMS中试平台功能，争取生物细胞（蛋白质）国家实验室等重大科研平台落户。加强创业孵化链条建设，完善考核评价机制，鼓励孵化模式创新，推动各类众创载体质效提升，全年新增各类众创空间10家、累计超过100家，持续增强创新环境竞争力。

培育自主品牌企业集群。突出企业主体地位，打造标志性企业品牌，布局科技型中小企业、高企培育入库企业、高新技术企业、瞪羚企业、独角兽企业梯次发展，分门别类地解决企业创新过程中遇到的实际困难，加快培育能代表园区、代表苏州形象的地标型企业，力争全年新增独角兽企业2家、瞪羚企业50家、高新技术企业250家。鼓励企业加大创新投入，贯彻落实企业研究开发费用加计扣除新政策，加大研发后补助支持力度，全年落实加计扣除企业1 500家。抢抓上交所设立科创板并试点注册制等有利时机，加快推进创新企业上市，力争全年新增境内外上市企业5家以上，着力打造园区科创板企业集群。

构建更为高效的成果转化体系。抢抓布局国家实验室、重组国家重点实验室体系的重大机遇，利用大院大所集聚优势，围绕未来主导产业，努力争取更多重大科研平台落户。引导支持企业与园区高校开展产学研合作，打通科技成果转化通道，推动从创新资源的“磁场效应”向创新驱动的“产出效应”转变，力争全年建立新型产学研合作体15个，联合承担国家级、省级重大科技项目10项，实现技术合同交易金额75亿元。引导金融资源深度融入创新链和产业链，推进科技金控平台建设，创新2—3款更具针对性、服务产业升级的科技金融产品，推动科技企业融资规模实现年增长超过20%，不断完善覆盖科技企业全生命周期的科技金融服务体系。加强与新加坡等国家的知识产权国际合作，加快“中国（苏州）知识产权保护中心”建设，深化国家专利导航示范区建设，探索有利于激励创新的知识产权归属制度，完善知识产权质押融资风险分担机制，力争实现全年万人有效发明专利拥有量超过165件，PCT国际专利申请350件，发明专利授权2 000件。

提升主导产业控制力。积极推动电子信息、机械制造两大千亿级主导产业优化升级，加快向“制造＋研发＋营销＋服务”转型、向企业总部转型，提升产业链与价值链地位。对自主可控技术、不可替代技术、可攻坚突破技术等进行全面梳理，组织引导开展集中攻关，提升知识产权的自主率、“三个关键”（关键核心技术、关键零部件、关键材料）的自有率与自控率。抢抓以人工智能、“互联网＋”为核心标志的第四次工业革命历史机遇，聚焦智能制造主攻方向，加快推进“互联网＋制造”深度融合，引进和培育互联网平台企业和智能制造技术研发及产业化项目，加快推进智能工厂和数字化车间建设，积极创建省级工业互联网产业示范基地。

提升新兴产业爆发力。围绕生物医药、纳米技术应用、人工智能等重点领域，定位再提升、政策再聚焦，着力打造全国生物医药产业核心区、纳米技术应用产业先导区、人工智能产业应用示范区。瞄准产业前沿，绘制产业资源全景图，开展产业热点、核心技术前瞻性研究，加快突破一批能够引领未来产业发展的关键核心技术，争创国家生物医药（生物大分子治疗）产业创新中心，大力推进园区智能网联测试示范区建设，以行业龙头的吸附能力，带动中小企业发展，提升产业规模层次，塑造产业核心竞争力。强化产业链的延链、补链、强链工作，聚焦最具发展条件和比较优势的创新领域，主攻最具带动力、竞争力的龙头型、旗舰型项目，打造具有核心技术和综合竞争力的高水平创新产业集群，力争全年生物医药、纳米技术应用、人工智能产业产值分别达到900亿元、800亿元、330亿元。

提升服务产业带动力。整合环金鸡湖现代服务业资源，提升服务能级，塑造“金鸡湖服务”品牌。深化服务贸易创新发展试点，积极争取在金融、教育、文化、医疗等领域取得新突破，推进数字贸易、技术贸易、文化贸易、高端服务外包创新发展，力争服务贸易同比增长10%。持续提升金融集聚和辐射能力，做强东沙湖基金小镇品牌，全区基金管理规模突破2 200亿元，以“金融＋”提升金融产业层级。做强金融科技特色，鼓励金融机构设立创新中心或科技实验室，积极争取创建金融开放创新试验区。积极推动一批总部项目及功能中心落户，力争全年新增省级总部和功能性机构5家，培育更多税收“亿元楼”“十亿元楼”。大力创建全域旅游示范区，持续推进商旅文体展融合发展，积极开发旅游新产品，打造产业会展和会奖旅游双高地，推出金鸡湖旅游购物节、金鸡湖国际会展周等一批新品牌活动。实施文化产业发展质效提升行动，聚焦影视制作、动漫游戏、创意设计、文化“走出去”等重点领域，做大做强园区文化企业。

提升实体经济支撑力。坚持“有所为、有所不为”，切实提升项目入驻门槛，严把高质量、高产出、高效益要求，聚焦“2+3”产业，引进产业结构优、科技含量高、行业地位前、亩均效益好的优质项目，力争全年新增科技招商项目800个、外资项目200个以上。引导存量项目提升能级，推动更多园区企业导入新产品、新技术，拓展研发设计、采购物流、财务人事、销售结算等共享服务功能或区域管理总部10个。持续优化亲商服务，坚持领导干部定期联系企业制度，当好“店小二”“服务员”，以全天候、无条件、不打折地靠前服务、主动服务、精准服务、优质服务提供帮助，使政企结成“命运共同体”。

推动城市品质新提升。以“大师情怀”科学规划、协调布局，以“工匠精神”注重细节、精益求精。构建更先进、更高效的规划编制及管理系统，科学研究规划园区综合交通系统，打造层次丰富、动静相宜、四季不同的景观体系。按照“分级分类、精准投入”要求，不断完善城市维护标准体系，加快建立城市管理综合执法队伍统分结合、协同响应机制，有效健全城市管理督查考核办法，实现差异化、标准化、精细化的城市管理。进一步加强“城市大脑”规划建设，积极探索大数据、人工智能在城市管理中的深度应用，不断提升现代化治理能力。深入推进实施“蓝鹰计划”，建立健全创业培训体系，因地制宜建设有特色、有品牌的街道创业孵化载体，引导有创业意愿、一技之长的动迁居民及其新生代自主创业，依靠自身努力和智慧创造财富。

优化营商环境，打造吸引外资沃土

天津经济技术开发区管委会

2019年3月22日，一汽丰田在天津开发区向世界推出了丰田TNGA全球旗舰车型——“亚洲龙”（AVALON），新平台、新车型再次将最先进的汽车制造技术成功引入泰达，这也是日本丰田在海外首个全新的TNGA工厂。

伴随着改革开放的脚步，万千企业融入天津开发区这片投资的“沃土”。数据显示，35年来，天津开发区已经引进79个国家和地区的外资项目3 231个，累计投资总额超过1 060亿美元。2018年，开发区全年新增内外资企业5 260家，认缴注册资金约1 400亿元，开发区市场主体达到近60 000家，规模以上外资工业企业产值超过3 600亿元，年产值超百亿元的外资企业达到8家。三星动力电池、三星电机MLCC等一大批高质量项目实现落地；大众APP310动力电机、丰田卡罗拉混动车换代、一汽丰田TNGA1.5L发动机等60个重点项目开工建设；一汽大众基地、一汽丰田新一线等80个项目竣工投用；开发区纵向延伸产业链，横向做大产业群，不断发展“源产业”，激发原动力，形成项目集中园区、产业集群发展的良好态势。

“专家＋管家”保姆式服务项目落地

天津经济技术开发区西区中南五街49号，一座现代化的工厂里，车辆川流不息，这里就是大众汽车自动变速器（天津）有限公司，公司于2012年7月正式成立，投产后重点生产大众旗下DQ380、DQ500等中高端变速器产品。从那时起，这里就成为了德国大众在中国拓展的一个重要基地，对开发区完善汽车产业链起到了重要的支撑作用。

2018年，为了紧跟产业前沿，大众变速器在津追加投资了新能源车急需的APP310电动机项目和承担人才培养的CEA双元制教育项目。

而这两个项目的落地也最真切地体现了开发区从顶层政策保障到实施层面的“专家+管家”保姆式服务。

由于项目期望在2020年投入使用，倒排工期则必须在2018年6月开工。但项目前期需要准备的要件涉及工程设计、监理、施工等五方，五方又分别处于不同的城市，签字盖章流程便影响了审批的进度。为了推进产品快速落地，开发区管委会领导现场调研时就确定可以以函代证，各部门以最快速度并联审批，2018年6月中旬开具施工许可证审批意见书，8月中旬基本完成所有手续办理。目前，两个项目正在按照原计划施工，当时预计2019年5月即可设备进场调试并预批量生产。

正是政府部门的担当作为，坚定了大众对天津开发区投资环境的认可，投资额由最初的50亿元累计到如今的近187亿元，变速器产品线也由最初的DQ380双离合自动变速器拓展到DQ500、DL382、DQ381等，并且响应环保政策，新投建了APP290动力电机、APP310电动汽车驱动电机项目，将在大众全电动车型中投入使用。此外，投资195亿元、占地108万平方米的一汽大众华北基地也正式落户天津，已经聚集了上下游20多家核心部件和零部件厂商，今年达产后将生产整车30万辆。

从大众变速器到大众整车，以项目带动产业，如今开发区已经聚集了一汽大众、一汽丰田、长城三个整车品牌，既有德系、日系的世界著名车企，又有优秀的中国自主品牌，这意味着整个区域的汽车产业有望实现集群发展，打造集发动机、汽车电子、零部件、技术研发和金融服务在内的规模效益凸显、具有关联带动能力的产业链生态圈。

政策延伸，支持外资实体企业发展

伴随着中国改革开放的脚步，世界五百强企业雀巢早在1994年就在天津开发区设立了生产基地，并于1995年建立了质量检测中心，不仅面向雀巢在中国境内的30多家工厂进行食品安全、质量检测等业务，业务范围还包括亚大非地区的复杂试验。

近期，雀巢一款新产品的进口遇到了新问题。根据相关规定，新产品进入中国必须符合国标，样品检测通过后才能进口。而由于此次需要检测的都是进口食品或者进口原料，在新的食品安全法规定下需要向海关进行申报，但样品不在中国销售就无法清关，这既不符合国内法规，也让品牌面临合规风险。加之样品通关速度慢（甚至无法通关）就意味着检测周期延长，进而影响产品进入国内市场的速度和可能性，面对庞大的国内市场需求，一时陷入了死循环。

为此，开发区各部门联合进行政策研究，发现可探索将自贸试验区针对自检用的自由样品相关政策延伸，在海关系统注册新产品相关信息，样品最终实现直接放行。目前，此种操作模式已经尝试两单，进口的婴儿配方奶粉、营养食品以及宠物类食品等潜在需求量依然很大。若未来公司自身可实现检测服务功能，市场部就可以快速引进产品，立即通过电商或者进口商品报关进入中国市场，快速满足国内消费者的需求。

雀巢大中华区董事长兼首席执行官罗士德表示，2019年十三届全国人大二次会议通过的《外商投资法》取代了原有的“外资三法”，统一了外商投资企业的各项标准，使外国投资者更容易了解中国的外商投资准入制度和要求，在外商投资便利化方面迈出了一大步。并且，原有的外商投资审批制度将被备案制度取代，进一步加强了对在华投资企业知识产权的保护，这对于雀巢等一直以创新为第一驱动力的企业将有更大利好。

面向南港，拓展高质量发展新领域

发展的首要条件是空间，对此，开发区提出面向南港拓展新空间的目标。历经十年建设，南港工业区现已具备良好的软硬件基础设施配套，为满足中沙、渤化等重点产业项目投产、运营需求所开展的道路、水系、能源等基础设施配套工程正在加快建设；电网结构日益完备，九座电力大通道已实现双电源供电，电力供应能力显著强化；南港口岸于 2018 年通过国家级验收，正式对外开放，也意味着天津整个 153 千米海岸线全部实现对外开放；渤西油气管线完成切改，10 万吨级航道实现通航。同时，陆地交通体系逐步完善，区域内已有百千米道路实现通车，形成“四横三纵”主干路网，连通雄安新区的津石高速已经开工建设，集疏运体系将进一步优化。

早在 2017 年，南港工业区便进一步优化了整体产业规划，重点发展多元化低碳烯烃、芳烃、聚氨酯、己二腈、锂电池、氢能利用等产业链，通过“产业链”与“产品集群”相结合的方式，打造具有特色的化工新材料等产业，拓展延伸上下游产品链，提升项目增加值率，突出产品特色，与环渤海区域已经布局的石化产业基地形成错位发展。2018 年，实现中沙聚碳酸酯、BP 润滑油、阿克苏诺贝尔过氧化物、亨斯迈聚氨酯、韩国金刚涂料、法液空工业气体等 20 个项目开工建设或拟开工，总投资额达 742 亿元，同步形成了投资总额近千亿元的项目储备。

今年，南港工业区将同时建设超过 20 个项目，全力促进中沙丙烯腈、乙二醇、中石化长城润滑油、立邦全球研发中心等项目签约落户，全力推动 PPP 运作、企业混改、引进战略投资者、创新融资模式等工作开展，有效促进全区产业链上下游招商、产业加快聚集和规模扩大、区域承载能力大幅提升。

“制度创新+技术创新”：全面推动营商环境改革优化

广州开发区政研室副主任 李飞流　广州开发区改革协调处处长 曾繁荣

作为广东省首个营商环境改革创新实验区，近年来，广州开发区始终以先行先试的改革决心、敢闯敢试的担当精神，勇闯深水区、敢啃硬骨头，在若干重点领域和关键环节取得实质性突破：聚焦企业开办、办理施工许可等行政审批遇到突出问题，以“制度创新 + 技术创新”推动行政审批制度改革；全面落实国家减税降费政策，刚性兑现政府承诺，大力推进“无费区”建设，降低实体经济成本，加速释放改革红利；在全国率先出台四个产业扶持“黄金 10 条”、人才和知识产权两个“美玉 10 条”，并在此基础上推出一系列政策创新举措，打造“金镶玉”政策体系升级版……目前，全区营商环境多项指标达到全国一流水平，开发区也荣获“中国十佳营商环境示范县市”称号。

破解审批“沉疴”跑出行政服务加速度

企业开办实现“一天办、一键办、离岸办”。线上方面，在全国首创“区块链 +AI”商事服务新模式，依托“商事服务区块链平台”，率先开启“全天候、零见面、一键办”企业开办服务，商事登记环节由系统智能审核、秒批发照，刻章备案环节 2 小时内“送章到点”，银行 0.5—1 小时内反馈预开户信息，税务窗口当日审批、发放发票；线下方面，在全市首推“企业开办一站式服务”，“照、章、银、税”等事项集成办理；目前，线上线下均实现了手续 1 天办结。

与此同时，推出商事登记“跨境通”服务，为港澳及国际投资者打造创新创业的“一站式、离岸办”注册服务平台。率先推行涉企证照

“44证合一”改革，整合事项全省最多、步伐全市最快。率先启动“证照联办”改革，实施企业开办与食品、药品、医疗器械等相关许可备案事项“一套材料、一窗受理、并联审批、统一出件”办理模式，将食品经营许可证的办理时间从10个工作日压缩到申请当日“证照同领”。

企业投资建设项目“一枚印章管审批”。设立全省首家行政审批局，集中承接企业筹建全链条涉及的立项、规划、环保、建设、市政、招投标等过去由8个部门负责的38个审批事项。推行行政审批和技术审查、行政审批和事中事后监管相分离，推出“来了就办、一次搞定”“承诺制信任审批”“订制式审批服务”等改革举措，将企业投资建设项目从签订土地合同到取得施工许可证主流程审批时间从110个工作日压缩至25个工作日，其中“带规划方案”出让用地的项目则压缩至15个工作日，如LG OLED配套晋阳电子项目仅用14个工作日即完成从立项到动工主流程审批。相关改革经验被中华人民共和国中央人民政府网站头版以及国务院《优化营商环境简报》刊发推广。

政务服务事项全面推行“秒批”。全国首推“秒批”政务服务事项清单，对审批流程相对简单、低自由裁量权、承诺办理时限相对较短的事项，通过减少审批层级、压缩审批时限、优化审批流程、规范办事规则等方面入手，对审批部门自我加压，实现“即来即办、即来即批”。除窗口“秒批”外，还依托区块链、AI、电子证照等技术，实现在线“秒批”，并提供“包邮送达”服务。目前，已分两批发布了涉及全区22个部门300余个“秒批”事项，约占全区依申请办理事项总数的1/4。

降低实体经济成本，助力企业发展增效益

以“统一限时”降低政策兑现成本。设立全省首个政策兑现窗口，建成全国首个限时办结政策兑现系统，涉及13个部门共281项兑现事项实现“一口受理、内部流转、集成服务、限时办结”，兑现时间不超过34个工作日，实际平均只用10.5个工作日，最短仅8.5个小时，相比传统政策兑现模式效率提升4倍以上。自“一门式”窗口运行以来，累计完成近2.5万宗拨付，4 000余家企业受益。

以“免费举措”降低企业直接成本。打造全省首个“企业开办无费区”，聚焦企业开办3个环节全过程，推出邮寄营业执照、邮寄发票、为新开办企业刻章等5个项目免费服务，首次实现全流程“零收费”。截至2019年9月底，累计共为23 196家新开办企业免费刻章23 118套，为企业减免刻章成本1 156万元。采取政府购买服务方式，在全国率先向工程建设项目提供地形图测量、施工图审查、规划放线测量等10余项免费服务，实现每1万平方米为企业节省15—20万元筹建成本。

以“筹建服务”降低项目建设成本。专门设立企业筹建服务机构，实行筹建项目全程帮办制度。出台全国首个“信任筹建行动方案”，为企业项目建设过程中涉及临水、临电、土方提前外运、路口开设、临时施工许可等关键节点疏通“绿色通道”，持续完善“专项验收，联合验收”投产验收服务机制，为项目建设添置“加速器”。开发“企业筹建App”，及时掌握企业在筹建全流程中反映的困难和诉求，实施部门联动、精准发力、靶向攻坚，确保项目早动工、快建设、早投产，日本爱丽思项目、卡斯马项目均实现当年立项、当年投产，粤芯12英寸晶圆项目从打桩到正式投产仅用18个月。

建立“金镶玉”政策链，打造创新创业新高地

加大政策体系创新力度。相继出台高新技术企业、先进制造业、现代服务业、总部经济四个产业扶持“黄金10条”，人才和知识产权两个“美玉10条”以及“区块链10条”“金融10条”“港澳青创10条”“海外尖端人才8条”等高质量发展政策，打造“金镶玉”政策体系升级版。率先出台“民营及中小企业18条”，统筹设立3个百亿发展基金，建设科技型民营中小企业发展先行先试区，全力支持中小企业

创新创业。贯彻落实国发〔2019〕11号文精神，抢先印发贯彻意见，重磅推出20条创新举措，打造开放型经济、创新型产业、核心技术等七大新高地，为国家级开发区高水平开放、高质量发展探索广州鲜活经验。

建设知识产权保护高地。深入推进国家知识产权运用和保护综合改革试验，独立设置区知识产权局，构建了覆盖知识产权创造、运用、保护、管理、服务全链条的政策扶持体系。汇聚广州知识产权法院、广州知识产权仲裁院等知识产权保护要素，形成集司法、行政、仲裁、调解、行业自律、海外维权于一体的多元化知识产权保护协同机制。引进国家知识产权局专利审查协作广东中心、广州知识产权交易中心、汇桔网等知识产权交易服务机构，共同打造知识产权服务、保护、交易和运营的全产业生态链。开展知识产权证券化试点，落地全国首支纯专利权的知识产权证券化产品（底层资产是11家区内民营中小科技企业103件发明专利、37件实用新型专利），总发行规模人民币3.01亿元，每家企业能够获得300万至4 500万元不等的融资款；创新知识产权质押融资服务，2019年1—9月完成知识产权质押融资15.13亿元，占全市比例超55%。

打造国际人才引育特区。推动招商引资模式从“三来一补”的“1.0模式”、土地劳动力要素投入的“2.0模式”、建设科技工业园区的“3.0模式”，升级为以人才集聚为核心的“4.0模式”。扩宽引才渠道，首创政府特聘雇员制度，瞄准高端复合型人才，面向全球公开遴选政府序列特聘雇员。设立“人才”服务专窗，为人才集中办理政策兑现、优先落户、父母养老、子女入学等事项。对人才需求全面包揽，构建“上管老、下管小”的人才服务体系，在区内房地产开发项目中配建5%以上的人才公寓，供人才优惠租住，人才子女享受区属公办幼儿园、义务教育学校等服务，为人才父母、岳父母提供养老公寓，解决人才发展后顾之忧。

总部经济发展的“外高桥经验”

上海外高桥企业发展促进中心有限公司　陶钧　夏瑞鸿

战略管理领域鼻祖艾尔弗雷德•D. 钱德勒在20世纪60年代提出：随着企业规模扩张，企业组织将形成多个分支机构，企业的总部和分部也会随之出现权力分配。由于大企业总部掌握着巨大的资源分配权，其决策将影响到地区甚至国家发展。《财富》杂志每年评选的全球500强企业，即是基于企业总部的经济数据进行统计，足见总部经济的重要性。

目前，“总部经济现象”已引起国内众多经济学家和政府部门的高度关注，从“十一五”时期开始，北京、上海、广州、深圳各大城市纷纷出台鼓励总部经济发展政策；进入“十二五”时期，进行了第一轮政策修订，总部企业扶持政策也竞相实施落地；在“十三五”规划中，各地政府纷纷以“用地、税收、融资、外籍员工出入境便利”等方面提供非常可观的优惠政策以吸引跨国企业设立地区总部。如今，广州已有世界500强企业290家，成都计划至2022年吸引超过400家总部企业。

近年来，上海市着力推行跨国公司地区总部激励政策，截至2017年底，已累计引进跨国公司地区总部653家；其中，亚太区总部79家，投资性公司358家，研发中心438家。为进一步加大对外开放，提高利用外资质量和水平，2018年1月，上海市积极贯彻落实《国务院关于扩大对外开放积极利用外资若干措施的通知》，再次修订发布了《上海市鼓励跨国公司设立地区总部的规定》，丰富了跨国公司的地区总部内涵，将总部型机构纳入政策适用范围；与此同时，在原有的资助与奖励、资金管理、人员流动、通关便利政策等方面做“加法”，吸收自贸试验区制度创新和科创中心政策成果，新增了部分资金管理、出入境便利、人才引进等方面政策，并首次提出“区政府支持”条款，鼓励各区因地制宜营造不断完善的适合总部经济发展的营商环境。

作为上海市开放型经济新体制的“试验田”，早在2004年，上海外高桥保税区就开始探索建立总部峰汇，通过探析其引进服务总部企业的成功秘诀，总结高标准建设和经营总部经济的有效经验，有助于分析总部经济在产业迁徙浪潮中扮演的角色及其真正需求，以便思考掌握“总部基地”建设的真正内核与要诀。

日益凸显的“总部经济现象”

从概念上讲，总部经济是伴随经济全球化、信息网络技术发展，以及国内市场化程度不断深化而产生和发展起来的，通常指某一区域凭借战略资源优势创造有利条件，吸引国内外经济实体和行政组织、民间组织的总部在区域内布局，通过扩散和极化效应，实现企业价值链与区域资源的空间配置最优化，并由此对该区域发展产生重要影响的一种经济形态。总部经济不仅能够带来可观的经济增长，提升城市活力，而且可以极大带动国际贸易和各产业蓬勃发展，促进服务贸易多元化，集聚金融、法务、会计等各类型人才，成为国际资金和资源要素的集约配置极、有形贸易和无形贸易的集约驱动极，以及高新科学技术的集约开发极。

总部经济对区域的城市体系结构和金融体系建设有较高要求。从经济全球化角度看，总部经济的首次出现是在二战后的发达国家，纽约、伦敦、东京、大阪、新加坡、中国香港等城市成为大公司集团总部所在地，并出现了跨国企业加紧在国际性大都市设立地区总部的趋势。自2000年中国加入世界贸易组织后，我国与各国间的贸易壁垒被“解锁”，一些保税区特有的政策被普适化，拓展基于保税特色的园区经济，成为海关特殊监管区域的一种发展方向，总部经济正是其关注的重点。

从城市再发展角度看，伴随着经济全球化与互联网的空前发展，大型跨国企业逐渐出现了企业管理供应链与生产制造环节在空间上的分离，即企业的管理、研发、投资、营销、配送、采购及以上功能的区域指挥中心与生产加工、销售网络分离，且管理供应链在一个中心区域内集聚而生产制造部分分散到周边地区。因而，发展以“区域指挥中心”为代表的总部经济，能为所在城市带来突出的税收贡献效应、产业乘数效应、消费带动效应、劳动就业效应及社会资本效应。

从企业生态构建角度看，近年来，国内大型企业集团出现“迁都”浪潮，北京、上海、广州、深圳等中心城市成为其“迁都”聚集地；与此同时，一批已经位居经济核心城市的企业正在将生产基地向郊区或外地迁移，仅将企业总部留在原城区内。

源自新加坡的启示

作为全球总部经济建设的“领头羊”，新加坡的总部经济建设是其经济腾飞的重要因素。在落户新加坡的跨国公司中，有60%以上的企业选择在新加坡设立总部或者区域总部，涉及的投资领域涵盖制造业、电子、化工、生物医疗、技术、物流、资讯、信息科技、金融等，可谓不负“总部基地”之名。归纳起来看，新加坡总部经济的成功离不开两个重要因素。

一是先天的中转港优势。虽然新加坡是个资源极度匮乏，甚至水资源都需要向马来西亚进口的“小国”，但其具备了自由港建设的关键特征：地处马六甲海峡，多条航运要道汇聚，是连接太平洋与印度洋的“咽喉要塞”，也是中国、日本、韩国等东亚国家能源运输的“海上生命线”。作为亚太地区最大的中转港，新加坡港独特的地理位置，给予了新加坡充裕的人流、货物流、资金流和信息流的集聚基础。

二是独特的战略构划。事实上，马六甲海峡的独特地理优势并不为新加坡一国所独有，除被评为“亚洲四小龙”的新加坡外，同处于马六甲海峡的还有被评为“亚洲四小虎”的马来西亚与印度尼西亚；但相比同样拥有先天优势的“近邻”，新加坡明显在战略构划方面做的更好。

EDB（新加坡经济发展局）作为负责规划与执行新加坡经济发展策略的主要政府机构，在1986年推出总部经济计划，至2006年，全国重量级的企业总部已增至415家；2010年，EDB又设立了“吸引500个重量级企业在新加坡建立企业总部”的发展目标。截至目前，共有2.6万家跨国公司立足新加坡，三分之一的“财富500强”公司选择在新加坡设立亚洲总部，新加坡已成为极少数拥有标普AAA信贷评级的国家。

除此之外，新加坡在现代服务业、高新技术业方面高度开放，在吸引外资特别是吸引“总部”落地方面实行有差别的优惠政策、高效廉政的政府、制度化的软环境基础等独具针对性的战略思路也使新加坡始终领先于整个亚太地区。比如，新加坡签署了50个避免双重课税协定和30项投资保证协议，使选择在新加坡进行跨国业务的总部公司均能够享有税务优势；作为《保护工业产权巴黎公约》和《与贸易有关的知识产权协定》的签署国，新加坡能够为企业提供额外保障，以实现最大的知识产权潜能释放；作为全球最大的外汇市场之一，新加坡拥有完善的金融体制，吸引众多区域财务中心在此落户。

此外，新加坡人还具备极强的忧患意识与创新意识。“我们一直在检讨自己，新加坡是一个小国，我们只能不断求新求变，一边做一边学”，EDB副局长陈俊祥曾在接受媒体采访时感慨：“新加坡什么资源都没有，除了人。”正是这样的价值观决定了人才战略在新加坡的核心地位。

“亚太营运商计划”的“先行者”

中国正式加入世界贸易组织后，需要逐步按照国际惯例进行贸易和投资；与此同时，保税区的优惠政策在逐渐减弱，比如，区内企业所得税15%的特殊性被全国所得税25%的普适性替代，外资贸易公司也无须设立于保税区内，而是可以自主选择国内注册地等。为顺应这些巨大变革，当时的上海外高桥保税区联合发展有限公司（以下简称“外联发公司”）提出了一个大胆设想——实施“营运中心企业计划”。

所谓“营运中心企业计划”是指该企业经其总部授权为亚太区或亚洲区的营销中心，或至少某一产品的销售是中国区的营销中心，同时要求其年销售额达到15亿元，年缴纳税金达1 000万元；达到上述要求的企业即可命名为营运中心企业，并可获得财政奖励。为满足营运中心企业的独立办公楼需求并兼顾营运中心企业的集聚效应，外高桥集团为运营中心企业定制了7 000平方米的“总部峰汇”独立办公区域。这便是外高桥乃至上海最早的总部经济模式之一，并且逐步演变至大家所熟知的“亚太营运商计划”（APOP）。

作为自贸区总部经济迭代升级过程中的一个重要的功能性项目，“亚太营运商计划”是集贸易、物流、结算功能于一体的实体运作的亚太区营运中心及营运总部，也是一项长期和动态的企业发展培育计划。计划启动以来，自贸区管委会、相关职能部门等已完成了首批20家试点企业未来几年的发展规划及其实现亚太营运的相关政策需求调研，梳理出共性和个性化问题，制定出相关解决方案，并选择企业进行试点，实施个案突破，完成实际操作。比如，改革监管流程，提升空运快速出口功能，使试点企业同类空运货物的出口通关速度可达世界先进国家同等水平；探索企业货物信息数据与海关监管系统实时互联；自贸试验区与部分长三角地区的特殊区域间的便捷转关模式；深化国际贸易结算中心功能创新，实现外汇试点账户结算、融资、理财的一体操作等。

并且，“亚太营运商计划”不设门槛，即不考评企业的出口规模、纳税规模，只权衡企业是否具有拓展亚太区业务的需求，一旦企业有需求，就可以将企业纳入计划。强调政企合作，不依赖于单纯的政策到位，而是重视企业的“用户”体验，建立起政府与企业在同一目标下的合作伙伴关系，以一种共同研究问题、共同研讨商业模式、共同提出解决方案的模式，找到先进国家贸易便利化、贸易监管和外汇管理改革的“样板”，以此推动整个自贸区制度创新的速度。

通过自贸试验区为枢纽，跨国企业的贸易订单、物流分拨、资金结算在亚太区乃至全球范围内流动和管理，促进其区域订单中心、供应链管理中心和资金结算中心在亚太区形成，从而建立统筹国内、国际市场，统筹在岸、离岸业务，统筹贸易、物流和结算环节的运作模式。

随着跨国企业中国业务的不断扩张，外汇集中收付及轧差净额结算、协调员制度和无纸化通关等“亚太营运商计划”优惠措施的竞争力也愈加凸显，更多的跨国企业开始进一步整合亚太区域业务，将东南亚等境外关联公司并入亚太营运商名下，从而带来了巨大的外贸经济增量和税收贡献度。2018 年，外高桥保税区新认定跨国地区总部 8 家、营运总部 24 家、高成长型总部 2 家，累计已有包括 92 家跨国公司地区总部（占全市 14.1%、占浦东新区 31.4%）在内的各类总部经济企业 220 余家；上述企业经营收入同比增长 11%，占保税区域经济总量的比重超过 50%。

以施坦威钢琴亚太有限公司为例。作为上海自贸区“亚太营运商计划”重点扶持企业之一，施坦威是全国第一个获得原国家工商总局（国家市场监督管理总局）批准的亚太公司，也是首批获得外高桥管委会认证的亚太运营商企业，其有效整合并实现了亚太区范围内的钢琴订单销售、物流运作、资金结算和培训等职能，成为具有贸易营运和管理功能的区域总部。2017 年，施坦威亚太实现销售收入 5.03 亿人民币，税收预计超过 5 000 万元人民币，预计 2018 年将实现销售收入 5.65 亿人民币。每年有五六千台钢琴从这里销往亚太区的各个国家和地区。

尤为值得一提的是，利用上海港航运中心的区位优势和外高桥的保税功能，施坦威在“中转货物原产地签证”制度下，申领到检验检疫部门签发的首份原产地转口证书，改变了过去亚太区国家和地区的钢琴必须由德国发货的繁琐漫长的物流问题。如今的施坦威顶级钢琴可以在中国上海调音检验、长期库存，再根据订单销售进入国内或者转口至亚太区的其他国家或地区。这其中，也得益于外高桥全面专业的服务——外高桥国际贸易营运中心有限公司利用保税延展政策，为施坦威公司提供了保税钢琴出区展示等关务服务；外高桥企业发展促进中心有限公司为施坦威提供各类政策解读、财税奖励政策落实等综合咨询服务。目前，外高桥管委会正在全力支持施坦威进一步推动国际中转、国际配送等多元化贸易，通过采用进口货物预检验模式实现“大量备货、快速出货”。

“私人定制”的高端物业

上海自贸区中保税展示功能的引入，吸引了更多外资知名企业进入中国试水开展业务，这些企业需要在初来乍到之时，即可拥有属于自己的一所小小物业以便投石问路。为此，定制化物业必须要在结合自贸区和海关特殊监管区域的政策功能基础上，充分考量企业发展的自身需求。

作为外高桥保税区的开发运营方，外高桥集团下属新发展公司为施坦威钢琴（亚太）提供了崭新的定制化物业，以满足于这家总部型企业独特的业务发展需求。建成的施坦威大楼造型酷似一架巨大的黑白琴键三角钢琴，建筑面积 6 300 平方米，是一个集办公、展示、调试、培训、销售、仓储于一体的复合型大楼。除传统的办公场所外，这里还配备了最为专业的智能化钢琴仓库、八个调音房以及一个大型选琴室，一支主要由德国和中国调音师组成的10人调音师团队，可以长期在这里调试钢琴，并为代理商的技师提供技术培训。

在大楼的一层东侧还设立了两个顶级钢琴标准仓库，外部建有两个斜向开口的卸货平台，库内温度控制在22℃，湿度保持在50%左右；仓库充分利用货架和德国定制的WMS库位管理系统，最大容量可存储6 000架钢琴，先进的系统软件甚至可以控制叉车自动完成上下货架和进出库动作。从拿到施工许可证到完工，整个施坦威总部大楼建设项目历时16个月，施坦威首签租期十年。

事实上，在施坦威大楼前，外高桥集团已经在运作智能制造产业园的过程中摸索出企业对物业要求的特点，为今后园区开发商的物业建设提供了有效参考。具体而言，经销高端装备、医疗器械以及精密机床等产品的外资企业，一般不愿与他人合用公共型仓库，其展示与检测往往结合在一起，并且更喜欢相对独立的办公场所。针对这类企业的需求，集团进行了独特的物业设计：一层为前厅、展厅及检测中心，二、三层是办公、会议室等行政区域，后方为仓储物流区域。这种结合多种功能于一身的物业，不奢求面积“够大”、只要求空间“够用”，能够使企业在入驻之时就完全掌控所有事项，并展现其独特的企业文化。

必须注意的是，提供定制化物业服务固然可以通过与企业签订长期租赁合同而将建筑成本转入物业租金，但作为园区开发商，也需要考虑防范背后的风险——即使是全球500强企业，在如今瞬息万变的市场竞争中也存在难以预测的发展前景（譬如2009年前后的诺基亚和通用汽车），而一旦企业出现经营问题，之前装修完善的定制化物业不易转租、也不可能拆除。由此，园区开发商必须对有定制物业需求的总部类企业进行深入的企业调研和行业调研，当然，也可以尽可能地提供毛坯房以降低可能存在的风险。

目前，我国正依托进一步深化改革和巨大的人口红利，发展成为全球最大的消费市场。根据规模报酬递增模型，企业必然会选择产出水平增长比例高于要素投入增长比例的地区开展业务。从全球新兴工商业的发展趋势看，研发与金融相结合的高科技成长型企业已崭露头角，为了顺应巨大变革，当前和未来，海关特殊监管区域在引进跨国企业总部策略方面应侧重于在打造良好营商环境、减轻企业负担方面下足功夫，从而充分激活企业的自身竞争力。

产业园区用地应实行弹性出让制度

礼森（中国）产业园区智库 管锡清

近年来，我国各地均以高质量发展为引领，加快推动质量变革、效率变革和动力变革，着力提升城市能级和核心竞争力，其中，提高资源配置效率、效能，是产业高质量发展的应有之义。土地资源是最为宝贵的有限资源，如何用好土地资源、破解城市发展面临的资源环境制约，是加快城市经济新旧动能转换，促进城市创新发展提质增效重要途径之一。

随着城市开发建设稳步推进，我国大中型城市的建设用地新增空间逐年递减，建设用地供应与需求之间矛盾日益突出，特别是上海、北京、广州、深圳等特大型城市，建设用地已经或即将达到“天花板”。合理使用新增计划，确保重大项目的落地和保障区域经济社会平稳发展成为社会管理者优先管理的政策之一。

对此，我国部分城市已经根据企业和产业发展规模，制定了工业用地弹性出让制度或进行了相关探索。比如，上海市将产业用地分为50年与20年两个年限出让；深圳、广州、南京等城市也都制定或实施了工业及其他产业用地供应的弹性出让管理办法或规定，切实优化了城市的土地资源有效配置，促进了城市的社会经济发展。

产业用地使用年限影响因素分析

企业生存对用地使用年限具有决定性影响。根据企业生命周期理论，企业的生命周期分为发展、成长、成熟、衰退四个阶段，是企业的从成立到注销的动态轨迹，也是企业生存的基本规律。数据显示，上海市开发区规模以上工业企业从2013年的5 722家变化为2017年的5 442家，其中，新增规模以上工业企业1 991家，退出企业2 271家，保留3 451家，总体减少了280家，五年间全市开发区规模以上工业企业流动性接近五分之二。因此，企业生存时间长短对其产业用地使用年限具有决定性的影响，企业生命周期的客观性，决定了土地出让使用年限应具备一定弹性。

行业发展环境对企业成长性具有较大影响。汽车产业与医药产业是近五年我国重点发展产业，2013—2017年，上海市汽车产业发展速度最快、企业成长性最好，医药产业也呈现企业数量与质量双增态势，产业规模大幅增长；相比之下，装备制造业、电子信息产业虽然同为重点发展行业，但由于其技术进步升级快、产业竞争激烈，企业更迭速度也较快；而作为上海的传统优势产业，纺织服装服饰产业在五年间共减少规模以上企业158家，相应的产值也出现较大降幅。可见，受产业发展的大环境影响，企业发展也可能出现较大变化，行业的周期性要求产业用地出让具有相当弹性，而固定的工业用地出让年限容易导致土地资源与企业发展之间的错配。

土地出让项目的未来发展受多重因素影响。2013—2017年，上海市共出让工业用地1 946.84公顷，截至2018年，在611个工业地块上有159家企业成为规模以上工业企业，使用的土地面积为727.81公顷，另外的1 219.03公顷工业用地上的企业仍暂时未成长为规模以上工业企业。可见，新出让工业用地的受让方经过若干年的开工建设、市场变化、技术进步、日常运营，最终能否成长为规模以上企业仍存在较大不确定性。由此，必须加大对新出让工业用地弹性出让制度的设计与探索，从土地出让的源头提高土地利用水平，以满足城市产业高质量发展的需要。

产业用地弹性出让制度设计建议

园区产业用地出让应从多角度总体考量。一是优化城市工业用地规模，保障先进制造业发展空间，保障城市工业用地可持续供应的预期。二是降低工业用地商品化属性，还原其产业化属性，降低土地使用权受让者未来涨价的预期，增加工业用地使用权的流动。三是推动存量工业用地更新和新增土地之间联动，如果新增土地与园区有效利用存量工业用地联动，将有力促进园区对存量土地的使用，推动园区探索存量工业用地有机更新，鼓励功能置换和混合使用。四是推动制造业在区域协调布局，各功能区明确产业定位，产业项目集聚发展。

不同产业用地应适用于不同出让原则。具体而言，制造业用地出让应遵循如下基本原则：

1. 分类管理。将工业用地项目分为租赁、租赁转出让、出让三种类型，同时根据产业项目的行业不同进行分行业出让管理。

2. 第三方评估。建立项目第三方评估机制，项目的准入、事中与退出评估都由第三方进行，根据评估结果进行产业项目全生命周期管理。

3. 弹性出让。根据项目企业所处生命阶段、规模与行业生命同期阶段、市场前景等，弹性确定工业用地出让年限，以10—50年为一个周期，根据企业发展前景增减出让年限，将弹性出让相关标准、评估流程等以合同形式确认。出让满年限后进入新一轮评估与土地使用周期。

4. 差别化价格。根据不同工业用地出让年限确定差异化的土地出让价格，让不同出让年限的价格差在招商引资过程中发挥积极作用。具体而言，出让年限越长，土地单价越高，同时提高工业用地全生命周期管理评估标准。

5. 确认产业发展前景对出让年限的影响，对新兴产业可适当延长出让年限。

类似地，研发用地出让也应遵循如下基本原则：

1. 稳定出让年限。建议科研用地使用年限以50年为主，20年为辅，科研院所与企业科研机构相对制造业的企业，其生命周期要长，同时增加科研用地的吸引力与竞争力。

2. 价格与制造业保持较稳定价差。建议科研用地出让单价在同年限情况比制造业用地高3倍左右。有利于制造业企业趋于使用工业用地。

3. 鼓励园区管理机构自持。对园区开发主体与管理机构持有科研用地有一定程度倾斜。其准入标准、获得科研用地的途径也严格按标准执行，但在全生命周期管理过程根据其对园区社会经济发展的作用给予一定优惠。

加强产业用地全周期管理，优化项目准入标准。产业用地出让应实行精细化的工业用地全生产周期管理，制定产业项目准入标准（表1）、事中评估标准（表2）及退出评估标准，并根据标准对产业项目进行进入评价、事中评价与退出评估，以提升园区对产业项目的事中、事后评价质量。应特别强调的是，标准要根据产业发展现状与提升方向制定，适用于全部新进产业项目，同时适用于存量土地引进新项目、存量土地二次开发引进项目。具体而言，应综合考虑三个方面：一是产业发展水平、规模与发展前景；二是项目企业情况的标准化；三是未来的土地资源的产出水平，同时对创新型项目适当考虑标准下浮。

表 1　园区产业用地分类弹性出让制度项目准入标准

类别	产业	评估结果	项目类型	出让方式	出让／租金价格
制造业	成熟产品的制造业项目	90/ 优	–	出让不超过 20 年	不同行业基本年单价之间有差异、不同年限价格之间有差异
			鼓励类项目	出让年限大于 10 年，小于等于 30 年	前五年可适当下浮基本年单价 5%，每五年一周期评估
		80–90/ 良	–	租赁转出让	租赁价格以市场价为准，评价为良可下浮 10%
		75–80/ 合格	–	租赁	
	战略性制造业	90/ 优	–	出让 20 年	不同行业价格之间有差异、不同年限价格之间有差异
			鼓励类项目	出让年限大于 20 年，小于等于 30 年	
		75–90/ 良、合格	–	租赁转出让	租赁价格以市场价为准，评价为良可下浮 10%
	初创企业或创新型企业	80/ 良以上	–	租赁	租赁价格以市场价为准，评价为优的项目可下浮 10%
科研用地	服务制造业项目	80 以上 / 良以上	–	出让不超过 20 年	不低于全市科研类地块均值、不同年限价格之间有差异，
		90/ 优	鼓励类项目	出让年限大于 20 年，小于等于 50 年	
	其他创新类项目	80/ 良	–	出让不超过 20 年	
标准厂房		良或以上	–	出让年限大于 10 年，小于等于 30 年	不低于制造业出让价均值

表 2　园区产业用地分类弹性出让制度事中评估标准

类别	产业	出让地块	后期评估	选择	租金转出让金	备注
制造业	成熟产品的制造业项目	独立地块	临期评估	良或以上可继续出让不超过 20 年	–	招拍挂或协议出让
		独立地块	投产后 5 年评估	评估后可选择缩短出让年限	–	招拍挂或协议出让
		独立地块，租赁期园区管理机构代持	投产后 5 年评估	5 年评估，鼓励类项目良可转出让，其他项目优可转让，合格继续租赁	项目公司可选择	租赁年限算进总的年限，协议出让
		园区管理机构持有标准厂房，出让时另确定地块		5 年评估，鼓励类项目良可转出让，其他项目优可转让，其他继续租赁	–	租赁年限不算进总的年限，协议出让
	战略性制造业	独立地块	临期评估	良或以上可继续出让不超过 30 年	–	
		独立地块	投产后 5 年评估	评估后可选择缩短出让年限	–	
		独立地块，租赁期园区管理机构代持	投产后 5 年评估	5 年评估，良可转出让，合格继续租赁	项目公司可选择	租赁年限算进总的年限，协议出让
	初创企业或创新型企业	园区管理机构持有标准厂房，出让时另确定地块	投产后 5 年评估可企业提出	评估结果为优的企业可以申请独立地块出让，其他继续租赁	–	租赁年限不算进总的出让年限，协议出让
科研用地	服务制造业项目	独立地块	临期评估	良或以上可继续出让不超过 30 年	–	协议出让
		独立地块	投产后 5 年评估	评估后可选择缩短出让年限	–	
	其他创新类项目	独立地块	临期评估	良或以上可继续出让不超过 30 年	–	协议出让
标准厂房		独立地块	建成后每 5 年评估	评估后可选择缩短出让年限	–	只鼓励园区管理机构持有

从研发投入看科技创新发展态势

上海市开发区协会科创园区专业委员会

科学技术与创新投资是推动科技发展、应对社会挑战、促进经济增长的根本保障，也是体现地区经济繁荣和产业发展的关键因素。因此，必须立足全球、面向全国、审时度势，主动对标国际先进水平，深入剖析全球科技创新动态，围绕重点地区、重点产业、重点园区、重点企业的研发投入和研发投入强度，清醒认识目前科技创新所处的地位和水平，系统把握推动科技创新发展的态势，加快推进产业及园区科技发展。

衡量一个国家的综合国力，要看其科技发展的水平；

衡量一个地区推动社会发展的趋势，要看其深化科技体制改革的措施和力度；

衡量一个园区的经济实力，要看其推动科技创新的能力；

衡量一个企业在行业中的地位，要看其技术研发的动力。

对全球科技研发投入的分析

中国研发投入加速提升，创新资源配置不断合理优化。

2017 年，联合国教科文组织（UNESCO）发布的全球各国科技研发（R&D）投资统计数据显示（图 1），全球研发投资总额为 17 875 亿美元，超过 100 亿美元的有 24 个国家，占总额的 93%；排名前十的国家占总额的 80% 以上；其中，美国、中国、日本排名前三，分别为 4 765 亿美元、3 706 亿美元、1 705 亿美元，研发投入分布高度集中的状况更趋明显。从 2017 年我国研发投入总量上看，中国研发投入较 2016 年增长 12.3%，增速较上年提高 1.7 个百分点；与发达国家相比，在总量上与美国的差距逐年缩小。

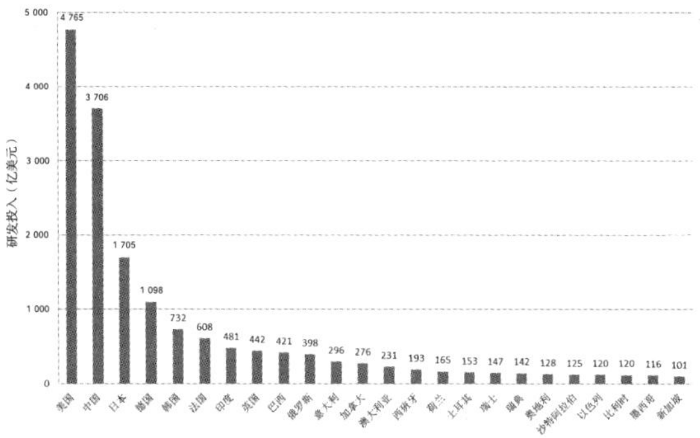

图 1 2017 年研发投入超过 100 亿美元的 24 个国家

UNESCO 数据（图 2）显示，全球 83 个国家的平均研发投入强度为 2.13%，超过平均值的主要有美国、德国、法国、韩国、日本、新加

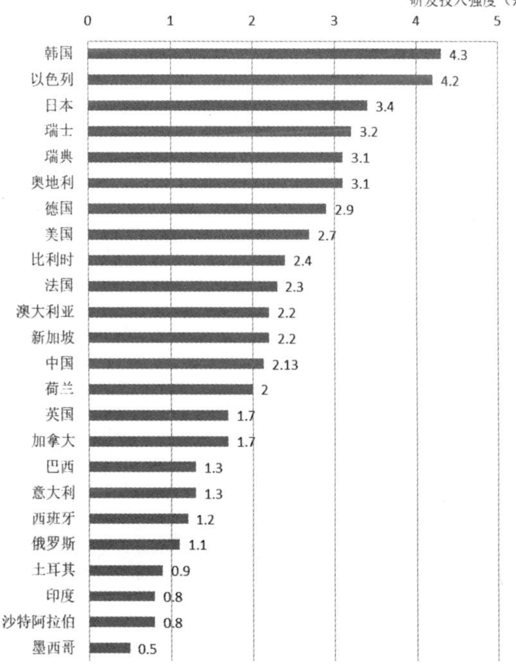

图 2 2017 年各国研发投入强度对比

坡、澳大利亚、中国等国家。中国研发投入强度为2.13%，在科技研发投入超过100亿美元的24个国家中排名第十三，研发投入强度已达到中等发达国家水平。

对研发投入超过100亿美元的22个国家研发主体（不包括巴西、沙特阿拉伯）进行分析，研发投入总额为16 128亿元，其中，企业研发投入为11 286亿美元，占总额的70%；政府主导的研发投入为2 272亿美元，占总额的14.1%；高校研发投入为2 298亿美元，占总额的14.2%，其他组织机构研发投入为272亿美元，占总额的1.7%。中国研发投入总额为3 706亿美元，各类企业研发投入为2 865亿美元，占中国研发投入总额的77.3%；政府主导研发投入为586亿美元，占总额的15.8%；高等院校研发投入为256亿美元，占总额的6.9%（图3）。数据表明，随着创新驱动发展战略不断深入，企业、政府主导研发机构、高等院校三大创新主体研发投入力度进一步增强，创新资源配置不断合理优化。

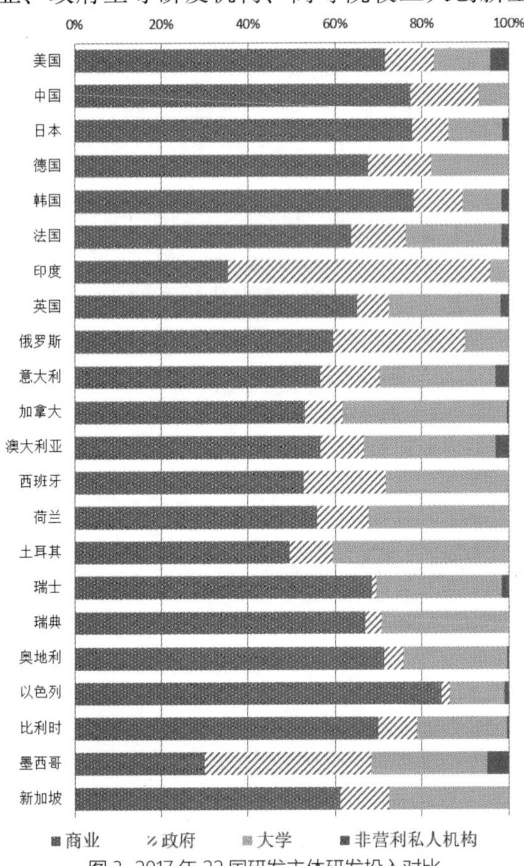

图3 2017年22国研发主体研发投入对比

全球研发投入前2 500家企业中，中国企业总体提升较快，但个体研发强度仍存在一定差距。

欧盟发布的《2018年全球企业研发投资排行榜报告》显示，全球研发投入金额最高的2 500家企业主要分布在美国、欧盟、中国、日本及其他国家和地区。2017年，美国有778家，欧盟577家，中国438家，日本339家，其他国家和地区有368家（图4），基本形成“4+1”五大地区分布和企业集群。

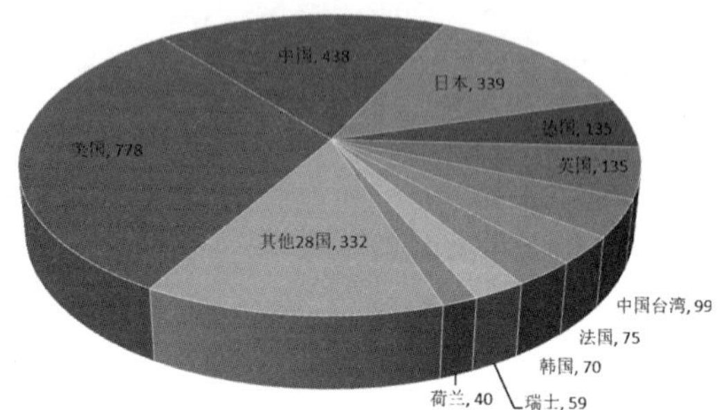

图4 2017年全球研发投入前2 500家企业地区分布

2017年，全球前2 500家企业研发投入总额为7 364亿欧元，同比增长8.3%，占全球研发投入总额的54%，占全球所有企业研发投入总额约90%。其中，美国企业研发投入为2 742亿欧元，占全球总额的37.2%；欧盟为2 001亿欧元，占全球总额的27.2%；日本为999亿欧元，占全球总额的13.6%；中国为712亿欧元，占全球总额的9.7%（图5）。数据表明，美国企业研发投入相对较高，中国企业的研发投入与美国企业相比，还是有一定差距。

2017年，在全球研发投入前2 500家企业

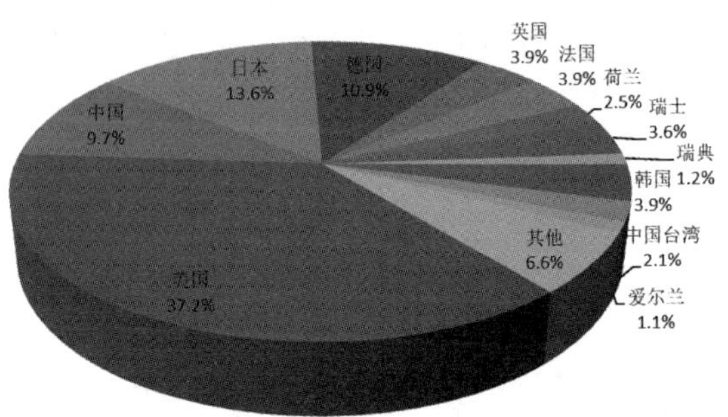

图5 2017年全球研发投入前2 500家企业占全球研发之比

中，中国企业的研发投入同比增长 17.9%，净销售额增长 9.7%，位居全球第一（图 6），研发投入强度与上年持平。从数据分析，中国单位企业个数的研发投入相对较低，平均每家企业为 1.63 亿欧元，而美国达 3.52 亿欧元，但华为达 113 亿欧元，代表了中国科创企业研发实力水平在不断提高。华为的崭露头角，预示着中国企业在不久将来赶超世界水平的信心。

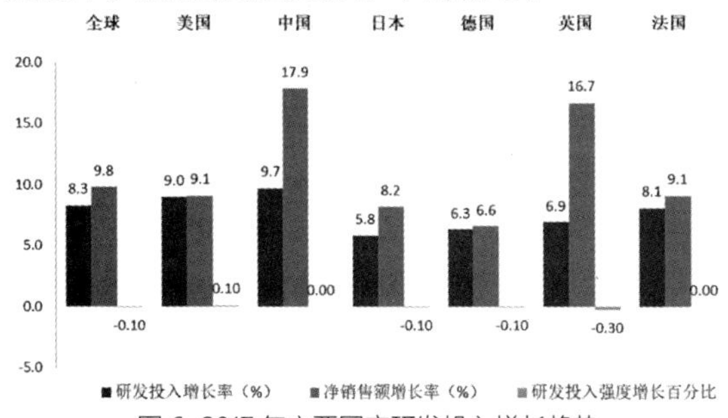

图 6 2017 年主要国家研发投入增长趋势

根据 ICB 标准行业分类，全球研发投入前 2 500 家企业主要涉及航空航天与国防、汽车与其他交通运输设施、化学制品、健康与医药、信息与通信（ICT）生产制造、信息与通信（ICT）服务、工业等八大产业领域，从企业数量上看，ICT 生产制造、健康与医药、ICT 服务等产业领域相对较多，分别为 509 家、490 家和 300 家。从研发投入占比看，ICT 生产制造、健康与医药产业也显示出较强的投入水平，其次是汽车与其他交通运输设施、ICT 服务产业领域；其中，ICT 生产制造业研发投入占比达 23.7%，健康与医药研发投入占比达 21.0%（表 1）。

2017 年，全球研发投入前 2 500 家企业中，美国、欧盟、日本、中国的重点产业领域研发投入总额为 64 54 亿欧元，其中，ICT 生产制造研发投入 1 412 亿欧元，占总额的 21.9%；健康与医药 1 328 亿欧元，占总额的 20.6%；汽车与其他运输设施 1 213 亿欧元，占总额的 18.8%；ICT 服务领域 1 001 亿欧元，占总额的 15.5%（表 2）。

表 1 2017 年全球重点产业领域企业数及研发投入占比

产业领域	领域细分	企业数（家）	研发投入占比（%）
航空航天与国防	航空航天，国防	51	2.6
汽车与其他交通运输设施	汽车零部件，汽车，商用车，卡车，轮胎	189	17.6
化学制品	通用化学制品，特种化学制品	129	2.9
健康与医药	生物技术，医疗保健供应商，医疗器材，制药	490	21.0
信息与通信（ICT）生产制造	计算机硬件，电子元件及设备，电子设备，电子办公用品，半导体，电信设备	509	23.7
信息与通信（ICT）服务	计算机服务，固定电话，互联网，移动通信，软件	300	14.1
其他工业	铝业，容器和包装业，多元化工业，工业机械，钢铁，有色金属，运输服务	293	5.4
其他产业	可替代能源，银行业，饮料，建筑与材料，电力，金融服务，食品与药品零售商，食品生产商，林业与造纸，燃气、水及多用途设备，普通零售商，家居用品及家具建筑，休闲用品，人寿保险，媒体，矿业，非人寿保险，油气生产商，石油设备、服务与分销，个人用品，房地产投资与服务，支持服务，烟草，旅游休闲	539	12.7
合 计		2 500	100

对 2017 年全球研发投入前 2 500 家企业产业细分领域的研发投入强度进行分析，第一类为航空航天、健康与医药、计算机硬件和服务等产业领域，研发投入强度保持在 5% 以上，企业数达 1 111 家，研发投入占总额的 54.1%。第二类为汽车、电子设备等产业领域，研发投入强度保持在 2%—5%，企业有 966 家，研发投入占 36.0%。第三类为石油设备、食品制造等产业领域，研发投入强度保持在 1%—2%；第四类为产业，银行、电力、运输服务等产业领域，研发投入强度保持在 1% 左右（表 3）。

2017 年，欧盟、美国、日本、中国的主要

表 2 2017 年美、欧盟、日、中四大主要国家和地区重点产业领域研发投入对比 单位：亿欧元

	航空航天与国防	汽车与其他运输设施	化学制品	健康与医药	ICT 生产制造	ICT 服务	其他工业
合计	167	1 211	187	1 328	1 412	1 001	349
欧盟	89	610	54	448	261	142	113
美国	75	213	53	732	710	703	93
日本	0	307	69	124	203	46	87
中国	3	81	11	24	238	110	56

表 3 2017 年全球研发投入前 2 500 家企业重点产业领域研发投入强度、企业数、研发投入对比

细分产业领域	研发投入强度 (%)	企业数（家）	研发投入占比（%）
航空航天，生物技术，计算机硬件，计算机服务，国防，电子办公用品，医疗保健供应商，互联网，休闲用品，医疗器械，制药，半导体，软件，技术硬件与设备，电信设备	高（>5）	1 111	54.1
汽车零部件，汽车，商用车与卡车，通用化学品，集装箱和包装，多元化工业，电子元件与设备，电子设备，金融服务，家居用品及家居建筑，工业机械，个人用品，特种化学制品，支持服务，轮胎，旅游休闲	中－高（2—5）	966	36.0
可替代能源，饮料，固定电话，食品制造，普通零售商，媒体，石油设备、服务与分销，烟草	中－低（1—2）	148	3.6
铝业，银行，建筑与材料，电力，食品和药品零售商，林业与造纸，燃气、水及多用途设备，房地产投资与服务，运输服务	低（<1）	275	6.3
合计		2 500	100

产业平均研发投入强度均达 2% 以上。其中，汽车与其他运输设施平均研发投入强度排名依次为欧盟、美国、日本、中国，中国为 2.8%；健康与医药领域：美国、欧盟和日本相当，达 11% 左右，中国为 2.9%；ICT 生产制造领域依次为美国、欧盟、中国、日本，中国为 6.4%；ICT 服务领域：中国和美国相当，达 9% 左右，高于欧盟、日本，中国为 9.2%（表 4）。从数据分析，在这些重点产业中，中国研发投入强度还是保持了一定水平。

表 4 2017 年欧盟、美、日、中四大主要国家和地区重点产业研发投入强度对比 单位：%

国家和地区	航空航天与国防	汽车与其他运输设施	化学制品	健康与医药	ICT 生产制造	ICT 服务	其他工业
欧盟、美、日平均水平	3.8	4.8	2.9	11.2	8.0	6.8	2.3
欧盟	5.0	5.4	2.1	11.1	9.1	4.4	2.0
美国	3.0	4.4	3.1	11.3	9.3	9.1	2.9
日本	0	4.1	3.9	10.8	4.8	2.2	2.4
中国	2.5	2.8	2.1	2.9	6.4	9.2	2.1

全球研发投入前 50 家企业中，中国企业数量较少，但研发投入强度较高。

2017 年，全球研发投入前 2 500 家企业中有 59 家企业研发投入超过 10 亿欧元，且研发投入强度大于 10%。以此，我们瞄准 2 500 家企业中的研发投入和研发投入强度排名在前 50 的企业，进一步分析了科技研发的动态。

从地区分布看，2017 年，全球企业研发投入前 50 家企业主要分布在美国、德国、日本、法国、瑞士、英国、荷兰、中国等 11 个国家，研发投入总额为 2 963 亿欧元，占前 2 500 家企业研发投入总额的 40.2%(表 5)。从产业领域看，排名前三的产业主要集中在健康与医药、汽车、ICT 生产制造、ICT 服务业等领域，企业数分别为 16 家、13 家、9 家和 6 家；研发投入分别为 843 亿欧元、744 亿欧元、664 亿欧元和 457 亿欧元（表 6），华为是中国唯一一家进入研发投入前 50 名的企业。美国在健康与医药、汽车、ICT 生产制造、ICT 服务等领域，产业分布相对均等。

表 5　2017 年全球研发投入前 50 家企业重点产业领域研发投入对比　　单位：亿欧元

	合计	健康与医药	汽车	ICT 生产制造	ICT 服务	航空航天	其他工业
合计	2 963	843	744	664	457	30	225
美国	1 381	454	128	335	424		40
德国	541	83	311		33		114
日本	274		203				71
瑞士	162	162					
韩国	134			134			
中国	113			113			
英国	89	89					
荷兰	73		43			30	
法国	114	55	59				
芬兰	49			49			
瑞典	33			33			

表 6　2017 年全球研发投入前 50 家企业重点产业领域企业数对比　　单位：家

	合计	健康与医药	汽车	ICT 生产制造	ICT 服务	航空航天	其他工业
合计	50	16	13	9	6	1	5
美国	22	9	2	5	5		1
德国	9	2	4		1		2
日本	6		4				2
瑞士	2	2					
韩国	1			1			
中国	1			1			
英国	2	2					
荷兰	2		1			1	
法国	3	1	2				
芬兰	1			1			
瑞典	1			1			

表 7　2017 年全球研发投入强度前 50 家企业重点产业领域研发投入与研发投入强度对比

	研发投入（亿欧元）	研发投入强度（%）					
		平均	航空航天	健康与医药	ICT 生产制造	ICT 服务	其他
研发投入合计／研发投入强度平均	1 974	16.7	13.1	17.4	17.3	15.0	19.3
美国	1 187	16.8		17.7	18.7	15.0	14.3
德国	86	15.0		15.6		14.2	
日本	71	18.2		18.2			
中国	159	15.0			14.4	15.3	30.8
英国	89	16.8		16.8			
瑞士	173	18.3		18.5	15.4		
荷兰	25	14.6			14.6		
法国	55	15.5		15.5			
芬兰	49	21.2			21.2		
瑞典	33	15.9			15.9		
中国台湾	16	24.0			24.0		
意大利	15	13.1	13.1				
丹麦	19	12.9		12.9			

从地区分布看，2017 年，研发投入强度前 50 家企业主要分布在美国、德国、日本、瑞士、英国、中国、荷兰等地区，平均研发投入强度为 16.7%（表 7）。从产业领域看，50 家企业主要集中在健康与医药、ICT 生产制造、ICT 服务等领域。健康与医药领域平均研发投入强度为 17.4%；ICT 生产制造为 17.3%；ICT 服务为 15.0%（表 8）。中国有 4 家企业进入全球研发投入强度前 50 名。

表 8 2017 年全球研发投入强度前 50 家企业重点产业领域企业数对比 单位：家

	合计	航空航天	健康与医药	ICT 生产制造	ICT 服务	其他
合计	50	1	23	15	9	2
美国	27		11	7	7	1
德国	2		2		1	
日本	4		4			
中国	4			2	1	1
英国	2		2			
瑞士	3		2	1		
荷兰	2			2		
法国	1		1			
芬兰	1			1		
瑞典	1			1		
中国台湾	1			1		
意大利	1	1				
丹麦	1		1			

2017 年，属于 ICT 生产制造产业领域的华为，是全球唯一进入研发投入前 50 名的中国企业，其研发投入达 113 亿欧元，位居第五，研发投入强度达 14.7%。中国研发投入强度进入前 50 名的有 4 家企业，分别是华为、中兴、百度、携程，其中，携程研发投入强度为 30.8%，位居第二（表 9）。

表 9 2017 年研发投入和研发投入强度名列前茅的中国企业

	产业	研发投入（亿欧元）	研发投入强度（%）	研发投入排名	研发投入强度排名
华为	ICT 生产制造	113	14.7	5	33
携程	其他（旅游休闲）	11	30.8	130	2
百度	ICT 服务	17	15.3	81	30
中兴	ICT 生产制造	18	12.9	76	44

对我国及上海市研发投入的分析

上海市研发投入及研发投入强度均排名靠前。2017 年，国家统计局《科技经费投入统计公报》数据显示，全国研发投入总额为 17 606.1 亿元，同比增长 12.3%；研发投入强度为 2.13%，比上年提高 0.02 个百分点。其中，广东、江苏、山东、北京、浙江、上海等 6 个地区研发投入均超过 1 000 亿元；北京、上海、江苏、广东、天津、浙江、山东等 7 个地区研发投入强度高于全国平均水平。2017 年，上海研发投入为 1 205.2 亿元，增长 14.9%，位居全国第六；研发投入强度为 3.93%，提高 0.11 个百分点，位居全国第二（表 10）。

表 10 2017 年研发投入强度高于全国平均水平的省市

	研发投入		研发投入强度（%）	
	2017 年（亿元）	增长率（%）	2017 年	2016 年
北京	1 579.7	6.4	5.46	5.96
上海	1 205.2	14.9	3.93	3.82
江苏	2 260.1	11.5	2.63	2.66
广东	2 343.6	15.2	2.61	2.56
天津	458.7	−14.6	2.47	3
浙江	1 266.3	12.0	2.45	2.43
山东	1 753	11.9	2.41	2.34
全国	17 606.1	12.3	2.13	2.11

我国企业研发投入的产业领域分布仍不够均等。

2017 年，我国全行业规模以上工业企业研发投入为 12 013 亿元，同比增长 9.8%；其中，制造业规模以上工业企业研发投入 11 624.7 亿元，增长 9.9%。计算机及通信和其他电子设备制造业、电气机械和器材制造业、汽车制造业三个产业领域研发投入均超过 1 000 亿元。研发投入增幅最大的是计算机、通信和其他电子设备制造业，达 191.8 亿元；研发投入增长最快的是废弃资源综合利用业，达 48.2%（表 11）。

2017 年，我国全行业规模以上工业企业平均研发投入强度为 1.06%，比上年提高 0.12 个百分点；其中，制造业规模以上工业企业研发投入强度为 1.14%，提高 0.13 个百分点。医药、计算机及通信和其他电子设备、汽车等 11 个制造业领域超过制造业平均水平。研发投入强度提高较快的是医药制造业、化学纤维制造业等。数据表明，企业研发投入的产业领域分布还不够均等。

上海市企业创新能力不断增强且更关注前沿技术研究。

2016 年，上海高技术产业研发投入为 130.80 亿元。其中，企业自筹研发投入达 104.38 亿元，占 79.8%；平均研发投入强度为 1.87%。从产业领域看，研发投入超过 50 亿元的主要是电子及通信设备制造业；研发投入强度最高的是航空航天器制造领域。上海六大支柱产业研发投入为 406.84 亿元，其中，企业自筹研发投入达 372.90 亿元，占 91.7%；平均研发投入强度为 1.74%。从产业领域看，研发投入超过 50 亿元的主要是汽车制造业，达 141.33 亿元；电子信息产品制造业，达 92.79 亿元；成套设备制造业，达 92.83 亿元（表 12）。数据显示，企业主体创新能力不断增强，研发投入更加注重前沿技术研究和重

表 11 2016、2017 年主要行业规模以上工业企业研发投入情况

	2016 年		2017 年	
	研发投入（亿元）	研发投入强度（%）	研发投入（亿元）	研发投入强度（%）
全行业总计	10 944.7	0.94	12 013	1.06
采矿业总计	267.8	0.56	281.1	0.59
制造业总计	10 580.3	1.01	11 624.7	1.14
农副食品加工业	249.7	0.36	274.6	0.46
食品制造业	152.8	0.64	148.1	0.67
酒、饮料和精致茶制造业	100.6	0.54	99.8	0.58
烟草制品业	21.4	0.25	19.8	0.22
纺织业	219.9	0.54	233.2	0.64
纺织服装、服饰业	107	0.45	110.5	0.53
皮革、毛皮、羽毛机器制品和制鞋业	59	0.39	65.1	0.46
木材加工和木、竹、藤、棕、草制品业	52.9	0.36	60.3	0.47
家具制造业	42.9	0.49	55.4	0.63
造纸和纸制品业	122.8	0.84	144.6	0.97
印刷和媒介复制业	46.8	0.58	53.9	0.69
文教、工美、体育和娱乐用品制造业	91.9	0.54	100.5	0.63
石油加工、炼焦和核燃料加工业	119.6	0.35	146.6	0.36
化学原料和化学品制造业	840.7	0.96	912.5	1.11
医药制造业	488.5	1.73	534.2	1.97
化学纤维制造业	83.8	1.08	106.1	1.34
橡胶和塑料制品业	278.8	0.86	307.2	1.01
非金属矿物制品业	323.1	0.52	362.8	0.61
黑色金属冶炼和压延加工业	537.7	0.87	638.7	0.99
有色金属冶炼和压延加工业	406.8	0.76	461.6	0.85
金属制品业	326.3	0.81	343.2	0.95
通用设备制造业	665.7	1.38	696.8	1.53
专用设备制造业	577.1	1.54	636.9	1.78
汽车制造业	1 048.7	1.29	1 164.6	1.38
铁路、船舶、航空航天和其他运输设备制造业	459.6	2.38	428.8	2.53
电气机械和器材制造业	1 102.4	1.5	1 242.4	1.73
计算机、通信和其他电子设备制造业	1 811	1.82	2 002.8	1.88
仪器仪表制造业	185.7	1.96	210	2.11
其他制造业	28.1	1.02	32.6	1.31
废弃资源综合利用业	11	0.27	16.3	0.42
金属制品、机械和设备修理业	17.8	1.47	14.7	1.35
电力、热力、燃气及水生产和供应业	96.6	0.15	106.4	0.16

表 12 2016 年上海高技术产业与支柱产业研发投入情况

类别	研发投入（亿元）	研发投入强度（%）	政府资金（亿元）	企业资金（亿元）	境外资金（亿元）
高技术产业	130.80	1.87	23.8	104.38	1.52
其中：信息化学品制造	0.82	3.24	0.01	0.81	
医药制造业	22.39	3.13	1.10	21.27	0.01
航空航天器制造	16.07	8.42	12.96	3.04	
电子及通信设备制造业	74.4	2.11	8.22	64.58	1.41
计算机及办公设备制造业	4.30	0.21	0.02	3.48	
医疗设备及仪器仪表制造业	12.82	2.62	1.50	11.19	0.10
六大支柱产业	406.84	1.74	29.59	372.90	2.45
其中：电子信息产品制造业	92.79	1.44	8.54	81.75	1.49
汽车制造业	141.33	1.96	0.98	139.48	0.26
石油化工及精细化工制造业	24.92	0.73	0.20	24.27	0.39
精品钢材制造业	24.38	1.80	0.80	23.58	
成套设备制造业	92.83	2.35	16.85	75.7	0.09
生物医药制造业	30.59	3.04	2.22	28.11	0.22

点产业领域的创新发展。

聚焦重点产业领域分析，2016 年上海健康与医药产业，包括医药、生物医药、医疗设备及仪器仪表制造等，研发投入总额为 65.80 亿元，研发投入强度为 2.97%（其中，企业自筹研发投入 60.57 亿元，占 92.1%）；汽车制造业研发投入为 141.33 亿元，研发投入强度为 1.96%（其中，企业自筹研发投入 139.48 亿元，占 98.7%）；ICT 生产制造，包括电子及通信设备、计算机及办公设备及电子信息产品制造等，研发投入为 171.49 亿元，研发投入强度为 1.42%（其中，企业自筹研发投入 149.81 亿元，占 87.4%）（表 13）。这三大产业领域的研发投入，主要以企业为主，同时研发投入的增长速度也较快。

表 13 2016 年上海三大产业领域研发投入情况

产业领域	研发投入（亿元）	主营业务收入（亿元）	研发投入强度（%）	其中政府资金（亿元）	其中企业资金（亿元）	其中境外资金（亿元）
健康与医药产业	65.80	2 211.78	2.97	4.82	60.57	0.33
汽车制造业	141.33	7 213.54	1.96	0.98	139.48	0.26
ICT 生产制造	171.49	12 044.86	1.42	16.78	149.81	2.90

对上海市开发区工业企业研发投入的分析

根据上海市开发区协会发布的《上海市开发区统计手册》年报数据，以国家公告的 41 个开发区、产业基地及城镇工业地块规模以上工业企业进行了分析。

上海市开发区研发投入总量大幅提升。

据不完全统计，2013—2017 年，上海市开发区累计研发投入 4 458.11 亿元，2017 年研发投入达到 1 356.43 亿元，同比增长 53.83%。2017 年，全市开发区研发投入强度首次突破 2%，为 2.08%，比 2013 年提高了 0.64 个百分点（图 7）。从 2016 年全国 146 家高新区研发投入强度看，上海张江高新达 3.87%，位居全国第二，仅次于北京中关村核心区的 5.60%，充分体现了上海市开发区在加快建设具有全球影响力科技创新中心中的重要贡献，以及在推进自主创新创业、提升科技研发和实体产业发展中的载体作用。

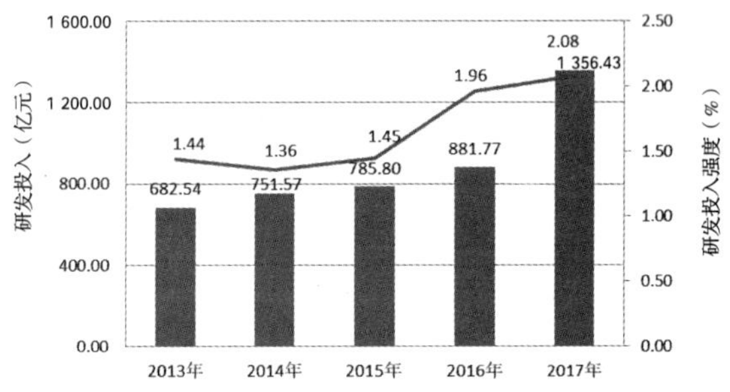

图 7 2013—2017 年上海市开发区研发投入与研发投入强度

各产业园区研发投入与研发投入强度梯度明显。

图 8 是近几年上海市主要辖区研发投入趋

势。2013—2017 年，上海累计研发投入前 10 名的国家级开发区（基地）包括漕河泾、张江、临港、金桥、紫竹等；市级开发区（基地）有国际汽车城、莘庄、康桥、嘉定汽车产业园、青浦等，累计研发投入 3 564.55 亿元，占全市开发区研发投入的 80%。其中，研发投入累计超过 1 000 亿元以上仅 1 家，即漕河泾新兴技术开发区（包括浦江园区），达 1 075.88 亿元，位居第一；超过 500 亿元以上的 1 家，即张江高科技园区，达 954.82 亿元；超过 100 亿元以上的有 7 家园区，以国家级开发区为主，包括临港产业区，临港产业区研发投入年均增长率最高，达 55.39%（表 14）。

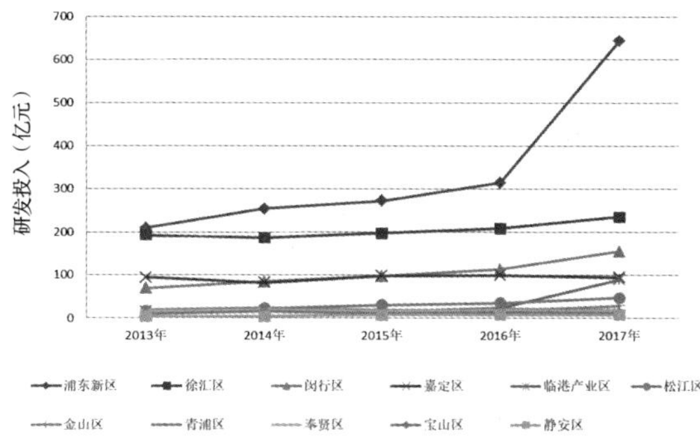

图 8 2013—2017 年上海主要辖区研发投入趋势

表 14 2013—2017 年研发投入前 10 名产业园区

序号	开发区名称	类别	研发投入累计（亿元）	研发投入年均增长率 % ）
1	漕河泾新兴技术开发区（含浦江园）	国家级开发区	1 075.88	7.05
2	张江高科技园区	国家级开发区	954.82	43.33
3	上海金桥经济技术开发区	国家级开发区	440.36	31.72
4	国际汽车城（安亭汽车产业基地）	产业基地	257.70	8.38
5	上海紫竹高新技术产业开发区	国家级开发区	169.15	12.84
6	临港产业区	产业基地	162.54	55.39
7	莘庄工业区	市级开发区	150.40	7.35
8	上海浦东康桥工业园区	市级开发区	140.80	3.25
9	上海嘉定汽车产业园区	市级开发区	119.26	−8.91
10	上海青浦工业园区	市级开发区	93.64	−0.26

从研发投入看，据不完全统计，2017 年，前 10 名开发区研发投入为 1 131.16 亿元，同比增长 67.30%，占全市开发区的 85.17%。其中，张江高科技园区研发投入达 443.41 亿元，比上年增长 191.05%，位居第一；其次是漕河泾开发区（含浦江园区）和金桥开发区，均超过 100 亿元以上，分别为 252.72 亿元、140 亿元。从增长速度看，临港产业区年均增速最快，达 277.46%，已成为全市科技创新的排头兵（表 15）。

从研发投入强度看，据不完全统计，2017

表 15 2017 年研发投入前 10 名产业园区

开发区名称	类别	研发投入（亿元）	占全市比重（%）	比上年增长（%）	主要产业
合计		1 131.16	83.39	59.76	
张江高科技园区	国家级开发区	443.41	32.69	191.05	软件、信息服务、生物医药
漕河泾新兴技术开发区（含浦江园）	国家级开发区	252.72	18.63	12.27	电子信息、新材料、生物医药、高端医疗器械、机器人
上海金桥经济技术开发区	国家级开发区	140.00	10.32	29.63	新能源汽车、工业互联网、机器人
临港产业区	产业基地	90.44	6.67	277.46	重装备、新能源装备、船用关键件、汽车、海工、航空
国际汽车城（安亭汽车产业基地）	产业基地	61.77	4.55	0	汽车
上海紫竹高新技术产业开发区	国家级开发区	40.79	3.01	−2.53	集成电路、软件、新能源、航空
莘庄工业区	市级开发区	33.92	2.50	8.97	微电子、机械、新材料
上海浦东康桥工业园区	市级开发区	29.15	2.15	1.55	电子信息、汽车零配件、医疗
上海松江经济技术开发区	国家级开发区	21.28	1.57	6.82	电子信息、机械、建材
中国（上海）自由贸易试验区	国家级开发区	17.68	1.30	15.93	综合

年，高于全市开发区平均水平（2.08%）的有13个产业园区，其规模以上工业企业研发投入为875.77亿元，占全市64.56%，其中，研发投入超过10亿元的有7个产业园区（表16）。

表16 2017年研发投入超过10亿元和研发投入强度高于全市平均水平的园区

开发区名称	类别	研发投入（亿元）	研发投入强度（%）	主要产业
张江高科技园区	国家级开发区	443.41	9.90	软件、信息服务、生物医药
漕河泾新兴技术开发区（包括漕河泾浦江）	国家级开发区	252.72	6.52	电子信息、新材料、生物医药、高端医疗器械、机器人
临港产业区	产业基地	90.44	6.99	重装备、新能源装备、船用关键件、汽车、海工、航空
上海紫竹高新技术产业开发区	国家级开发区	40.79	7.90	集成电路、软件、新能源、航空
闵行经济技术开发区	国家级开发区	17.63	2.96	装备制造、机电、医药
上海临港松江科技城	城镇工业地块	17.20	3.80	3D打印
上海嘉定工业园区	市级开发区	13.58	3.35	汽车零配件、机械、电子
全市		1 356.43	2.08	

各科创园区（基地）研发投入主要集中于四大领域。

全市近百家重点科创园区（基地）涉及的主导产业主要为四大领域中的43个细分领域：第一，引领制造业发展的重点产业领域，主要包括高端医疗器械与设备、新能源汽车及新型汽车零部件、机器人、集成电路、3D打印等细分领域；第二，制造与服务相融合的重点产业领域，主要包括海洋工程关键装备设计制造、卫星导航、移动医疗等细分领域；第三，跨界融合催生的新型服务业态，主要包括大数据与云计算平台、网络视听、互联网教育、健康互联网等细分领域；第四，移动互联、并购金融等细分领域（图9）。

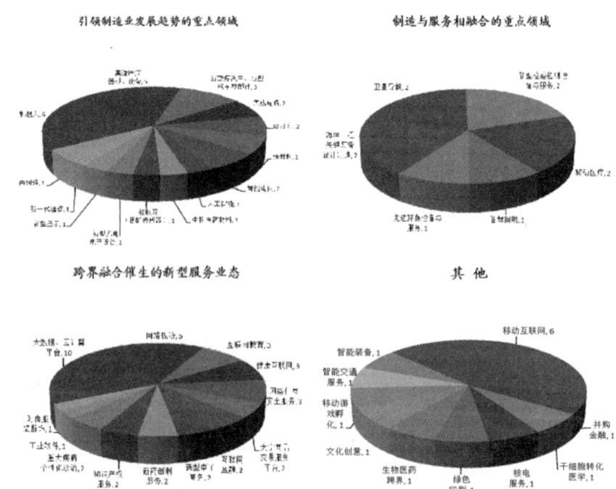

图9 上海市重点科创园区（基地）产业领域分布

据不完全统计，2017年，全市重点科创园区（基地）研发投入总额为1 102.7亿元，同比增长41.3%，平均研发投入强度为4.4，比上年提高0.8个百分点。在重点科创园区（基地）中，对主导产业为健康与医药（医药及医疗器械等）、ICT生产制造、ICT服务、汽车等四大领域的研发投入强度进行分析可见，2017年，健康与医药产业，包括医药及医疗器械等，研发投入强度为8.1%，同比增加4.4个百分点；ICT生产制造产业研发投入强度为3.1，同比增加0.2个百分点；ICT服务业研发投入强度为3.1%，同比增加0.4个百分点；汽车产业研发投入强度为5.6%，与上年基本相当（表17）。

表17 2016年、2017年上海市重点科创园区（基地）四个产业领域研发投入强度

产业领域	园区/基地数（个）	2016年研发投入强度（%）	2017年研发投入强度（%）
健康与医药	17	3.7	8.1
ICT生产制造	12	2.9	3.1
ICT服务	24	2.7	3.1
汽 车	3	5.7	5.6

据2017年，在全市重点科创园区（基地）中，重点对主导产业为健康与医药、ICT生产制造、ICT服务等四大领域的研发投入强度进行分析可知（表18）：在健康与医药领域，欧盟、美国、日本三大主要国家和地区研发投入强度平均为11.2%，重点科创园区（基地）研发投入强

度平均为8.1%，总体低于欧盟、美国、日本等主要国家和地区平均水平，但高于全国平均水平（2.9%）；在ICT生产制造领域，重点科创园区（基地）研发投入强度平均为3.1%，总体低于欧盟、美国、日本等主要国家和地区平均水平（8.0%），同时也低于全国平均水平（6.4%）；在ICT服务业领域，重点科创园区（基地）研发投入强度平均为3.1%，总体上，低于欧、美、日等主要国家和地区平均水平（6.8%），但高于日本，同时，低于全国平均水平（9.2%）；在汽车产业领域，重点科创园区（基地）研发投入强度平均为5.6%，总体高于美国、日本的平均水平（4.8%），与欧盟基本相当，并且高于全国平均水平（2.8%）。

表18 2017年上海市四大产业领域研发投入强度与欧盟、美国、日本、中国对比 单位：%

	健康与医药	ICT生产制造	ICT服务	汽车产业
欧盟、美国、日本平均值	11.2	8.0	6.8	4.8
欧盟	11.1	9.1	4.4	5.4
美国	11.3	9.3	9.1	4.4
日本	10.8	4.8	2.2	4.1
中国	2.9	6.4	9.2	2.8
上海市重点科创园区（基地）平均值	8.1	3.1	3.1	5.6

纵观2017年各行业全球平均研发投入强度（表19），健康与医药领域为17.4%，ICT生产制造领域为17.3%，ICT服务业领域为15.0%。总体而言，全市重点科创园区（基地）研发投入强度均低于全球研发投入强度前50家企业的平均水平。

表19 2017年上海三大产业领域研发投入强度与全球研发投入强度前50家企业对比 单位：%

	健康与医药	ICT生产制造	ICT服务
全球研发投入强度前50家企业	17.4	17.3	15.0
上海市重点科创园区（基地）	8.1	3.1	3.1

综上所述，全市重点科创园区（基地）重点产业领域的研发投入和研发投入强度均处于快速的培育和成长期，已显示出新技术、新产业、新业态、新模式科技研发能力的潜在优势。

（因数据获取渠道及统计口径原因，本文截取2017年数据进行分析，部分数据追溯至2016年）

“大手牵小手”：构建大中小企业融通发展新机制

上海市漕河泾新兴技术开发区发展总公司

一家科技小巨人企业为近5万家企业提供云计算服务，帮助约20万名软件工程师搭建平台；一家“世界500强”央企通过鼓励16万余名员工自主承包创业，产生了2.5万名“小CEO”。这两项创举都发生在上海市漕河泾新兴技术开发区，得益于其“大手牵小手”的促进大中小企业融通发展的全新机制。

在2017年5月17日的国务院常务会议上，李克强指出，中国大中小企业正在走一条融通发展之路，中小企业为大企业注入活力，大企业带动中小企业发展。“大中小企业融通发展是中国的优势所在”，李克强说，“促进制造业转型升级必须牢牢抓住这一优势”。对于这一现象，美国《华尔街日报》也评价，“他们正在携手构建一种以创新为本的全新商业模式，而不再单纯依靠廉价劳动力展开竞争”。

作为上海建设全球影响力科创中心重要承载区，上海市漕河泾新兴技术开发区着力构建有利于大中小企业融通发展的创新机制，善用大企业的资金、技术优势，同时注入中小企业的服务意识与创新活力，区内涌现了一批“大手牵小手”、产业联通对接、大中小企业协同创新的经典案例，大地云网和“漕河泾—思科创新实验孵化空间”就是其中的典型。

大地云网：服务内需的衍生“触手”

殷康，原思科中国研发中心CTO，负责高端技术研发，直接向美国总部的CTO汇报。

在思科工作了16年后，2015年底，殷康与原思科大中华区副总裁、全球研发总监鲁子奕等20余名思科中国的技术骨干，共同创办了大地云网科技有限公司，20人团队的背后是一支庞大的外企在华研发队伍——思科在上海漕河泾开发区建有其在中国最大的研发基地，研发人员最多时曾达2 500余人，目前也有2 000人左右。

事实上，外企在中国建立研发中心，短则十年长则二十年，由于其企业文化相对而言自成体系，能够普遍参与全球项目，而并非仅仅关注本地项目，因而更好地保留了海外创新文化和制度。其中一个显著现象是：坚持在一线工作十几年、几十年的资深技术人员比比皆是，即便在IT这种年轻人较多的行业，技术研发人员也不会仅定位于“吃青春饭”，而是拥有历时十年、二十年甚至三十年的培养计划的长线职位。在美国，很多50岁以上的工程师，仍然在一线亲自编写代码，他们不担任任何行政职务，只走技术领袖的路线，在公司里备受尊重，待遇也不会低于副总裁一类职位。

仍以思科中国研发中心为例，2 000余人的庞大团队被划分得十分清晰，走技术路线的工程师无须承担管理责任，无须参与无关技术的会议，自然不会被行政事务牵扯精力。大地云网的联合创始人、45岁的鲁子奕即是这样一位专注技术开发的工程师，作为最早加入思科中国的IT人之一，他是思科最杰出的技术领导人之一，以挑战各类技术难题而著称。

一个现实情况是，外企研发中心往往需要承担总公司的诸多相关项目，而对于本地市场需求力不从心，由此，外企高级技术人才辞职创业，为本土需求服务，成为顺理成章的结果。近年来，中国市场高速发展，随之产生了对基础层面创新的大量而急迫的需求。虽然中国互联网的业务量已站在世界前沿，但由于本地需求的独特性，需要将现有全球创新技术进行大量的本地化再开发。比如，“双十一”当日业务量可瞬间暴涨为平时的5倍，加之我国庞大的人口基数，网购总量十分可观，这对平台的性能稳定、用户体验等都提出了较高要求，是全球其他国家不会遇到的难题。在殷康看来，“经过十年、二十年培养起来的高层次人才，已经有能力直接解决这些国内所面临的巨大技术挑战，从‘幕后英雄’转为‘社会栋梁’，成为解决系统性难题的‘时代英雄’，这也正是众多一线研发团队的创业梦想”。

由此，完整的创业团队很快组建起来。这些原本就相互熟悉、沟通顺畅、配合默契、执行力强的“行家里手”，不仅节省了从头组建团队的时间成本，更完整地保留了外企的创新文化，凭借技术界“领头羊”的身份迅速获得外界的认可和信任。创业一年来，大地云网业务长势良好，基本上印证了当初的想法。

有意思的是，整整一个团队“跳槽”，思科并没有阻挠反而给予理解，甚至将一些高难度的国内项目引荐给创业团队，实验室和设备也继续向团队开放。这源于思科鼓励员工创业的企业文化。思科认为，大公司的内部创新往往困难重重，但脱离母体的小团队反而因机制灵活而更容易快速取得进展。因此，思科与许多创业团队都保持着紧密联系，并适时给予一定支持，甚至选择了一些优秀且有前景的创业公司进行投资；即使是失败的创业团队，思科也随时欢迎其回归研发中心，一些具有不懈创业热情的年轻技术人员甚至“三进三出”。当然，从另一角度来看，面对ICT产业（Information and Communication Technology，信息与通信技术产业）的技术转型期，思科也借助“走出来”创业的团队与本地市场保持了更为密切的接触，避过了跨国公司决策周期长的“短板”，更有利于其促进自身本地化，实为双赢之举。

“新思汇”：微创新的孵化“摇篮”

创新源于自由与开放的思想交流。在更加互联的知识分布型环境下，开放式创新能够降低成本、分散风险，各类创新方案也可更快地推入市场。为此，漕河泾开发区与区内的巨头企业合作，打造区域开放创新平台（Open Innovation Platform），将大中小企业连接到同一网络，来自大型企业的研发中心、研发机构与来自中小企业的创新者都汇聚于此，以解决其所面临的重大困难。在具体运作中，企业和研究机构可公布他们遇到的困难并做出一份筛选名单，创新者们可以表达其兴趣并提交正式的建设性方案；最终，发问者可组建一个团队并与之共同开发和执行这些创新性解决方案。

例如，开发区与默沙东、圣戈班、3M等知名企业合作，助力对接医疗、健康大数据、可穿戴设备、新材料等行业的优秀项目；与全球移动终端芯片领导者英国ARM公司旗下的加速器安创空间正式签署战略合作协议，在智能硬件和物联网领域展开深度合作；与标致雪铁龙（PSA）和交大—巴黎高科卓越工程师学院举办中法人才培养交流会，为中法产学研合作搭建合作平台；与微软（中国）合作举行Build Tour 2017年开发者大会，分享微软Windows总部的一线工程师带来的有关云、跨平台、大数据、桌面应用、人工智能、机器人框架、容器等最新热门技术的信息；与普华永道探索建立Cross-border Accelerator（跨境加速器）等。

最为典型的案例是漕河泾开发区与思科（中国）共同创建的“漕河泾—思科创新实验孵化空间”（简称“新思汇”，Thinkubation）。在这一平台上，思科能够在创新项目、行业标准、开源技术和研发方法论等领域与漕河泾创业中心孵化基地中的优秀项目分享知识和经验，共同营造开发区创新创业氛围；同时，联合孵化空间也将作为创业中心构建开发区开放创新平台，提升服务能级，强化市场化、专业化、国际化、标准化服务体系支撑，推动开发区向“科创漕河泾”、“科创服务漕河泾”转型升级。

事实上，“新思汇”项目最早诞生于2012年，旨在为旗下数千名员工提供开拓性的创新平台，为其提供专利申请知识和技能方面的帮助，推动人才和技术领域的发展，促进思科中国研发中心创新生态体系和人才的发展培养，并进而深层次地激发思科的创新文化变革、研发和创造力量。

据介绍，该项目目前由技术、产品、科研三部分构成。在技术层面，思科内部的硬件、研发方法、芯片、云运营以及SDN等不同团队组成各自的社群，定期组织活动，加强知识共享，提高思科各类技术人才在多个技术领域的专长能力，提升专利及技术创新力；在产品层面，思科更为关注微创新的孵化，甚至可以提供少量资金帮助工程师孵化“idea”，并通过与市场的对接，推动创新概念转变为商业计划；在科研层面，通过众多联合科研项目，不断加强与高校及科研院所合作，共同推动创新。此外，思科还支持员工商业案例开发，鼓励员工在国内外高端技术会议上发表论文并参与行业标准的制定，以及推动实现与本地合作伙伴共同开发解决方案的创新模式。

开展4年多来，“新思汇”项目效果显著：曾对专利毫无兴趣的员工，如今每年都有较为稳定的“产出”；已有34个“微创新孵化”项目获得资助，部分项目在思科全球创新大赛上取得了优异成绩，其中，大地云网更得到了思科美国总部的支持。

可以预见，未来“漕河泾—思科创新实验孵化空间”将链接与整合更多的产业链上资源，使大中小企业在区域内集群式融通发展，构建起最前沿的科技创新生态圈，形成创新氛围和产业集群，进而带动整个创新区域的发展，助力打造新的开放创新“增长极”。

立足品牌特色，推动跨越发展

上海市漕河泾新兴技术开发区总公司行政管理中心 郭奇警

漕河泾新兴技术开发区是上海建设具有全球影响力科技创新中心的六大重要承载区之一，截至目前，已引进中外高科技企业及研发、服务等各类机构3 000余家，84家世界500强跨国公司设立了139个高科技项目，形成了以电子信息为支柱产业，以新材料、生物医药、高端装备、汽车研发配套、环保新能源为重点产业，以现代服务业为支撑产业的“一五一”产业集群。

历经35年发展，漕河泾开发区始终秉承“高与新永远是我们的追求”，坚持“以明天的眼光做好今天的事情，以领先的标准集聚专业资源，以特色文化推动过硬发展”，把品牌建设与“产业发展推动者、城市更新建设者”这一时代使命统一起来。如今，“漕河泾”已成为从事产业地产开发、产业集聚、园区管理的优质品牌，象征着优良的投资环境、完善的服务体系、良好的科创氛围以及高科技产业集聚、精简高效的企业化运作机制。

筑牢品牌，做优特色

以“公司制”为特色，创新园区运作机制。自成立之初，开发区就积极进行体制创新，实行“人大立法、政府管理、公司运作”的独特管理模式，是全国为数不多的不设管委会、完全实行企业化运作的开发区，上海漕河泾新兴技术开发区总公司负责园区开发、建设、经营、管理、协调和服务，更具时代活力，更具市场竞争力。

以“管理输出”为特色，创新品牌辐射模式。作为首家获评“上海市著名商标”的开发公司，漕河泾开发区大力实施品牌战略，积极探索“走出去”发展，通过管理输出、合作开发、产业转移、人才流动等多种方式，在上海各区、长三角以及其他省市设立了多个“漕河泾”分园区（表1），形成以“统一品牌、跨区布局、多点联动、协同发展”为特色的品牌梯度发展格局。

表1 “漕河泾”分园区概览

分园区名称	所属地
浦江高科技园	上海市闵行区
北杨人工智能小镇	上海市徐汇区
赵巷科技绿洲	上海市青浦区
向阳工业物联网小镇	上海市闵行区
海宁分区	浙江省海宁市
盐城分区	江苏省盐城市
遵义分区	贵州遵义
柳东创新创业园	广西柳州
大同创新创业园	山西大同

以“科创服务”为特色，创新产业集聚内涵。作为上海建设具有全球影响力科技创新中心重要承载区，漕河泾开发区高举科创中心建设大旗，积极培育新兴产业，推动产业融合。“漕河泾科创嘉年华”开办3年来以“高与新”的特色文化吸引全球顶尖投资人、科创基金、项目团队汇聚漕河泾，综合展示了以新科技、新模式、新产业、新载体为要素的漕河泾创新生态体系，漕河泾品牌更具时代性、标杆性、全球性。

以“高新文化”为特色，创新园区文化载体。由漕河泾开发区管理学院打造的“漕河泾大讲堂”及“漕河泾微课堂”自2016年6月首期开讲至今，以“高品质、新热点、名专家”为品牌宗旨，先后邀请白岩松、张召忠、金灿荣、叶小文、余秋雨、黄佩瑜等大咖走进园区讲演，主题涵盖文化、历史、时政、经济、军事、音乐等，成为沪上“人文漕河泾”的金字招牌。

提升产业，高端发展

产业升级，立足人工智能引领高质量发展。近年来，人工智能产业在漕河泾呈现“高歌猛进”的发展趋势。商汤科技、今日头条、ARM、Emotech、依图、云知声、竹间智能等全球知名AI企业纷纷落户。对此，一方面，开发区积极促进AI头部企业与园区企业全方位合作，形成多样化的人工智能产品和服务，建立面向长三角的人工智能产业集群和生态圈。在上海市发布的首批人工智能应用场景创新产品名录中，开发区项目占比近1/4，分属AI+安防、AI+工厂、AI+家庭、AI+社区、AI+学校、AI+医院等领域，形成了在人工智能软硬件、智能传感器、智能场景应用等领域的高地。

另一方面，推动AI在园区开发运营中的应用，为漕河泾品牌输出注入AI核心动力。漕河泾总公司正在徐汇北杨地块打造“人工智能小镇”，包括人工智能全域应用示范区、国际化智能化产城融合区以及人工智能产业集聚区等；在闵行颛桥打造“工业互联网小镇”，构建工业互联网核心产业集群、智能技术与核心算法、智能工厂与系统集成三大板块；在青浦赵巷打造“赵巷科技绿洲”，推动互联网+、云计算、大数据等高新产业聚集，打造新一代高端智慧产城社区。

产业联动，建立造血机制形成可持续发展。自2013年上海对口帮扶遵义以来，按照“中央要求、遵义所需、上海所能”的原则，漕河泾贵州分区充分发挥两地优势，深化产业合作，通过招商引资、运营管理和人才交流等全方位支持，帮助当地形成更富竞争力的产业集群，拓展就业渠道、促进群众增收，推动实现更可持续性、更高质量的发展，成为东西部产业合作的示范园区。此外，广西柳州、山西大同分园区也在两地的共同努力下，为当地的经济发展和产业能级提升发挥着重要作用。

品牌背书，力争各类荣誉推动高水平发展。开发区积极申报各类荣誉，在申报中不断反躬自省自身工作，提升管理运营水平。先后获得国家知识产权服务业集聚发展示范区、国家知识产权示范园区、全国生态工业示范园区、国家新型工业化产业示范基地、国家高新区人力资本创新示范区、全国首批“双创”特色载体项目等国家级荣誉。漕河泾总公司曾获第五届全国文明单位、全国实施卓越绩效模式先进企业、亚太质量金奖上海市质量金奖、上海市五一劳动奖、上海企业文化20佳创新品牌等荣誉称号。在2018年商务部全国219家国家级经开区综合评价中，位列上海第一，全国第十。

创造新理念，引进新技术，打造新流程：温州推进“智慧开发区”体系建设成效显著

温州经济技术开发区管委会

近日，在中国地理信息产业年会上，由温州经济技术开发区管委会组织建设，温州设计集团市勘察测绘研究院承建的“智慧开发区——智慧规划建设与管理服务信息平台研究与建设”成果荣获“2019年中国地理信息科技进步奖二等奖”。

“地理信息科技进步奖”是我国地理信息行业的最高科技成果奖项，由国家科学技术部、国家科学技术奖励工作办公室、自然资源部批准设立，主要授予在中国地理信息科学研究、技术创新开发、科技成果推广应用、高新技术产业化、重大工程建设等方面，做出突出贡献的公民、组织。

近年来，在国家、省、市三级大力推动智慧园区建设的背景下，温州经济技术开发区以深化“互联网＋政务服务”为目标，充分利用地理信息、遥感监测、云计算、移动互联网、物联网、人工智能、大数据、数字孪生等先进技术，着重以政务服务为核心，打造了规划合理、管理规范、服务一流、运转透明的“智慧开发区”体系，实现了城乡基础设施空间智能化、城乡信息资源集成时序化，推动开发区管理服务模式的转型提升，增强园区的创新能力，促进了开发区经济、社会的全面发展。

“智慧规划建设与管理服务信息平台研究与建设”是智慧开发区体系的主要内容，以园区“土地、项目、企业”三大要素为核心，覆盖从招商引资、协同规划、土地管理、综合审批、项目建设、工程质安监管理到政务决策和社会服务的全过程，经开区形成了“1+1+N”的智慧园区大格局，即1个公共信息大数据中心汇聚数据资源、1个公共信息云平台提供大数据管理和共享服务、N项智慧应用服务各项业务。通过多期的“智慧开发区”建设，管委会不断在政务管理方面创造新理念、引进新技术、打造新流程，利用信息化、数字化、智慧化的手段更新政府服务管理方式，智慧开发区推进成果显著。

公共信息大数据中心：信息高度汇聚，数据深度融合

政府各部门“数据烟囱”林立，共享不畅一直是阻碍政府数字化转型的最大问题。因此，“智慧开发区”项目重点聚焦公共信息大数据中心建设，建立了开发区基础数据库和业务数据库，打破信息孤岛，实现信息高度汇聚、数据

深度融合。

具体而言，基础数据库涵盖了自然资源和空间地理信息、企业法人、人口、宏观经济以及建筑物五大类数据库，为开发区政府、企业和公众提供区域内经济社会发展各方面相关的基础信息，为其他数据收集、整合提供了基础参考。业务数据库则主要用于支撑部门专属业务应用，一方面提取可共享使用的业务公共信息作为公共业务数据，如规划、审批、建设工地监管、综合执法等多类业务数据信息；另一方面将业务办理中形成的不适合公开、共享的信息，以部门专属业务数据形式进行保存，供各自部门使用。

作为数据核心聚集地，公共信息大数据中心是上层应用的基石，各类业务系统通过公共信息云平台分别与公共信息大数据中心进行数据交换，实现数据在所有应用中自动化关联流转，解决了长期以来影响政府部门工作效率的“信息孤岛”问题，同时，以“一数一源”的形式，保证了各类数据的权威性和准确性。通过各类数据基于地理空间和时间序列的大整合与大集成，构建政府信息资源目录和各专项一张图，并形成目录与数据的动态更新管理机制，从而促进政府部门工作的协同、部门管理业务的联动。在此基础上，逐步扩大政府信息资源交换共享范围，实现政府各部门信息资源全面接入，并在日常工作中自动提取、汇聚，促进大数据在政务服务过程中的关联融合和信息共享。为开发区政府数字化转型提供了有利条件。

公共信息云平台：数据实时更新，信息共建共享

公共信息云平台是“智慧开发区”的核心纽带。一方面，它负责公共信息大数据中心各类数据的入库、管理、关联、查询、展示、申请、审批、交换等工作，与各业务系统对接实现数据实时更新，确保了共享数据的标准性、准确性、丰富性、实时性和全面性；另一方面，它负责与各类业务应用系统衔接，通过云平台将发布的各类数据服务提供给各业务应用系统使用，实现信息共建共享，并对数据服务使用进行实时监控，保障了数据使用的安全性。

公共信息云平台是信息技术创新下的产物，打通了横向和垂直壁垒，实现了信息的在线交互，为智慧开发区跨部门信息共享、协同审批、综合管理奠定了基础。它能够将各业务系统的数据信息、资源进行整合共享，形成开发区数据统一入口、统一出口，保障数据的安全性、准确性、唯一性、兼容性和全面性，让大数据中心成为“有源之水”“流动之水”。

智慧应用：精细化管理与服务型政府转型

多项智慧应用是“智慧开发区”建设的重要成果，也是“智慧开发区”应用的最终落脚点。在公共信息大数据中心、公共信息云平台建设的基础上，围绕智慧招商、智慧规划、智慧审批、智慧工地、智慧项目管理、智慧市政、智慧经济等，研究建设了招商引资信息服务平台、建设项目前期管理系统、“多规合一”协作管理信息平台、规划住建业务审批系统、“智慧工地”监管审批平台、公共设施动态管理及统计分析系统、园区经济大脑、政务移动辅助决策系统等一批高效实用的信息化、智能化业务服务系统，打通了各部门横向和垂直条线的数据库和业务系统，实现项目招商引资、立项、前期规划设计、业务审批、施工建设、质量安全监管、竣工验收、运营管理等全生命周期跨部门协同信息化管理。建立“项目一张图”进行公建、私建、重大、重点、交通、水利等各类项目的精细空间化管理，并通过系统平台对规划实施、土地利用、企业运营等情况进行关联监管，为开发区提高公共服务供给能力，由“纸质政务”向“电子政务”“智慧政务”转变，实现高效、敏捷、便民的服务型政府转型奠定了基础。

提供智慧招商，便捷服务投资商。招商引资工作是开发区建设发展的重要起点，也是项目全生命周期的起点。“智慧开发区”研发建设了招商引资信息服务平台，涵盖招商引资时空

数据库、招商项目管理子系统、招商一张图辅助决策子系统、招商引资推荐服务移动系统等子系统，从项目起点就以信息化手段实现智慧招商、便捷服务投资商，提高了管理部门对招商项目的监管力度和服务水平，加速了“搭建大平台、引进大企业、推介大项目”的进程。

夯实多规合一，协同三维规划。在项目土地审批、规划审批方面，“智慧开发区”研发建设了多规合一协作管理信息平台、规划三维辅助决策系统、规划住建业务审批系统等。建立了“多规融合”的数据标准和工作机制，整合了土地利用总体规划、控制性详细规划、海洋功能区规划等44类规划数据，辅助消除了空间矛盾，形成空间布局合理的“一张蓝图”，实现国土空间节约、高效、可持续利用，为项目智能选址、合规落地、协同审批提供支持。

同时，运用BPM（业务流程管理）、三维GIS（地理信息系统）、虚拟现实、BIM（建筑信息模型）等先进技术开展建设项目设计三维可视化规划审批，将项目设计模型配置虚拟现实三维场景中，直观查看该建筑建成后与周边环境是否协调、了解地下管线配套是否健全、周边光照是否受影响等情况，确保规划审批更科学、城市建设更合理。

精准管控土地，深化集约利用。土地是开发区发展的关键资源，精准管控、集约利用是提升开发区土地效益的重要手段。“智慧开发区”利用地理信息技术建立了土地利用基础信息数据库、土地集约利用数据库、规划用地数据库等多类专题数据，囊括跨部门用地规划、征地、地块拆迁、土地评估、用地审批、使用监管、地效评估等全流程管理内容，实现土地高效利用。建立时空信息“用地一张图”进行可用地、已供地、已用地等各类土地的精确划分，并通过多规合一、日常审批和业务流转对土地使用情况进行动态更新。利用高分遥感影像数据实现土地变化的时空演变监测，实现土地全流程、精细化管理，为制定土地管理政策提供依据和参考，进一步提高开发区的土地集约利用水平。

维护市政设施，实施动态管理。在市政设施管理维护方面，“智慧开发区”研发建立了公共设施动态管理及统计分析系统。结合移动GIS，实现公共设施全要素空间可视化管理，通过园区道路、绿化、管网、城管部件等200余类公共设施的一次性全域全要素普查，建立覆盖范围全、涉及类型广、颗粒度细的公共设施基础空间大数据库，最终形成园林绿化数据成果93 064条、公用设施数据成果100 059条、交通设施数据成果14 452条、市容环境数据成果3 416条、其他设施数据成果21 722条，总计232 713条。如此覆盖全、种类齐、内容多、颗粒度细、精度高的城市管理公共设施普查建库工作，在全国尚属首次。

同时，用户通过系统进行日常养护经费预算拨付、建设管理、养护管理、巡查上报、绩效评估等工作，实现公共设施信息动态更新；利用移动GIS建设公共设施移动端采集上报和管理维护系统，直观展示公共设施的空间布局和属性信息，方便城管、园林、交通、市政等部门的一体化、精准化规划设计和建设养护管理，进一步推进城市公共设施管理的数字化、智能化和精细化的水平和能力。

积极互联互通，省市区协同审批。在项目信息互联、协同审批方面，“智慧开发区”研发的规划住建业务审批系统、智慧工地监管审批平台、建设项目前期管理系统对接了浙江省投资项目在线审批监管平台、温州统一权力运行云平台、财政局金财工程系统、温州市智慧住建系统等省市系统实现审批业务协同。同时，与区内招商引资综合管理服务平台、多规合一协作管理平台、企业生态智管平台、政务移动辅助决策系统等进行审批数据共享，全面推进项目业务审批信息全流程应用，不仅大大降低了管理人员重复输入项目信息的工作量，也保证了各部门数据的一致性，提升了数据质量，确保政府资源切实有效的共享利用。

“智慧开发区”实现了省市区之间审批数据的互联互通。比如，在此之前，建设项目前期管理中心办理各项目审批业务需要前往审批局通过纸质材料申报办理，同时需要致电或专门前往了解业务上报进度。如今，通过“智慧开发区”与浙江省政府服务网各行政审批事项对接，中心项目经办人从前期接到建设任务在系统中建立项目电子档案，到项目最终竣工验收，所有协同审批流程均可在该系统上完成。经办人只要轻松动动手指敲击键盘，便可在线填写上报各类审批申请业务，并能实时查看业务审批进度，实现项目全过程管理。

自动关联要素，项目全流程管理。在建设项目全流程管理方面，“智慧开发区”研发建立的建设项目前期管理系统利将项目建议书、施工设计图、勘察测量合同、招投标文件、规划选址意见、用地规划许可等项目信息全要素直观展现给用户，并以流程化的方式帮助用户梳理好业务关系，让用户对项目建设前期需要办理的事项、已办理的事项、待办理的事项了如指掌；同时，对过程中发生的会议、相关的企业人员、证照、合同等要素进行了全面信息登记，让用户可快速、按需查找调阅，大大提升了办事人员工作效率。以“土地、项目、企业”三大要素为核心，通过“三大要素一张图”进行自动关联，跟随业务流程自动流转，免去了手动处理过程。

保证工程质量，安全智能监管。在建设工程质量安全监管方面，“智慧开发区”研发建设的“智慧工地”监管审批平台涵盖了建设项目施工审批、监督执法、专项检查、问题督改、材料检测、工程验收、现场监督记录、信息统计分析等质量安全管理的主要环节。各环节根据预设的质量安全管控目标，监控工程实体质量安全状态，配合并督促各质量安全责任主体行使自身职责，同时规范了监督人员的工作流程，最终实现从现场检查、发现问题、整改反馈到整改完成复核的全过程信息化、移动化、智能化、实时化管理。例如，系统集成了视频监控、智能门禁、通道闸管理、人脸识别、实名认证等先进技术和相关物联网设备，实时上传施工人员出入和考勤数据，强化现场人员安全管理，杜绝无关人员进入，监督项目经理、监理人员等关键人员到岗情况；通过与检测机构检测仪器的直接在线对接，实时获取检测实验工作视频和检测原始数据，并对数据进行存档，有效防止了检测报告篡改，提高了检测工作的有效性和科学性，也间接提升了建设工程质量。

此外，通过桌面端与移动端的业务联动，实现了室内外建设项目全在线业务审批、日常巡检、必控部位现场监督、专项检查、现场取证并开具整改通知书等，加强了工程项目监督管理的穿透力，有效提高了工程质量安全监督水平和效率。

监管经济运行，优化营商环境。在开发区经济运行常态监管方面，“智慧开发区”研发建立了园区经济大脑——企业生态智管平台。平台综合运用地理空间信息、大数据分析、人工智能、云计算、手机信令、数字孪生等先进技术，通过公共信息云平台抽取、清洗、整合了经济相关的各类数据，并进行数据挖掘分析，形成了园区经济大脑，实现开发区经济和企业信息资源多部门自动汇集、动态更新、集中管理、挖掘分析、预警预测和协同服务。以“一张图”的概念展现园区经济“体检报告”，评估和分析经济的各项指标、产业运行状况、人员结构及流动变化，助力开发区服务型政府转型，打造一流营商环境。

园区经济大脑可实现经济运行分析、产业分析、小微园管理、企业一张图、企业评价、土地效益分析、亩均英雄榜、数据汇聚更新、智能报表、运维管理等，犹如开发区经济的“晴雨表”，全面掌握开发区的经济动态及未来走势，同时，也引导工业企业树立“亩均论英雄”的发展理念，促进区域和企业实现集约高效发展、创新发展、绿色发展和产业转型升级，推动了全区经济提质增效升级发展，进一步优化营商环境、创新政务服务模式。

深度挖掘数据，提供辅助决策。“智慧开发

区”项目充分挖掘大数据，利用多年积累的基础地理信息、规划审批、用地情况、经济情况等信息，结合移动信令为代表的人口实时信息，进行时空发展演变分析，为开发区发展提供辅助决策。同时，还研发建立了移动办公及辅助决策系统，通过展示开发区的区位优势、地理环境、经济特色、建设成果等整体面貌，实现规划审批、项目管理等专题数据和时空信息数据的展示、查询、分析及应用，并提供移动审批、数据采集和项目管理功能，为政务办公人员招商引资演示汇报、移动办公等提供便利。

开发全媒体形式，服务社会公众。为了更好地服务公众，进一步促进向服务型政府转型，“智慧开发区”开设了专门的微信公众号，以全媒体形式服务公众。一方面，开通最新公示、招商引资、“最多跑一次”等信息查询展示，实现政府信息公开化、政府职能服务化，进一步提高政务服务工作的透明度和公众参与度，让群众直观、便捷地了解政府工作。另一方面，提供各类便民服务、生活服务，拓宽服务渠道、形式，实现“让数据多跑路、让群众少跑路”。

叠加经开区综保区功能，实现高质量发展

——专访中国保税区出口加工区协会副会长兼秘书长蒲少伟

《中国开发区》记者 吴佳禾

2019年5月28日，国务院印发《关于推进国家级经济技术开发区创新提升打造改革开放新高地的意见》(国发〔2019〕11号，简称“11号文”)，提出要提升对外贸易质量，支持符合条件的国家级经开区申请设立综合保税区。叠加今年年初出台的《国务院关于促进综合保税区高水平开放高质量发展的若干意见》(国发〔2019〕3号，简称“21条”)，未来，经开区将联手综合保税区（以下简称“综保区”），实现空间契合、功能叠加、管理联动的高水平开放高质量发展。

那么，于管委会而言，如何利用综保区提升经开区的对外贸易质量？如何整合经开区和综保区两大平台资源，营造更为优质的营商环境，促进先进制造业和现代服务业的集聚发展？本刊对中国保税区出口加工区协会副会长兼秘书长蒲少伟进行了专访。蒲少伟副会长从事海关特殊监管区域（以下简称“特殊区域”）特别是综保区建设发展和协调服务工作多年，是行业内“元老级人物”，更难能可贵的是，他也一直在关注和关心开发区的开放型经济发展，对于开发区与综保区的“嵌套”发展也有着独特见解。

《中国开发区》：作为我国开放型经济的特殊载体和政策功能平台，经开区与综保区有着怎样的渊源？

蒲少伟：经开区是改革开放的重要产物，是在总结经济特区成功经验的基础上建立和发展起来的经济区域，其主要目的是为了尽快形成投资环境的“小气候”，加快引进资金、先进技术和先进管理经验，并通过示范、辐射和带动作用，加速我国现代化建设和经济振兴。

类似地，海关特殊区域（以下简称“特殊区域”）的设立也是随着我国扩大对外开放的需要逐渐形成和发展起来的。为了营商环境的国际化，满足国际自由贸易过程中企业对货物“保

税缓税”的需要，规范加工贸易管理，自1990年开始，国家在不同的历史阶段根据需要批准设立了不同类型的以保税为核心功能的特殊区域，包括保税区、出口加工区、保税物流园区、跨境工业区、保税港区和综保区。2012年，国务院发布《关于加快海关特殊监管区域科学发展的指导意见》，明确提出，逐步将现有出口加工区、保税物流园区、跨境工业区、保税港区及符合条件的保税区整合为综合保税区；新设立的特殊区域，原则上统一命名为综合保税区。也正是因此，当前国家批准设立的综保区中，约有一半是由出口加工区等其他区域整合设立的。

在实践中，经开区与综保区的关系可谓是源远流长。早在2000年国家首批试点出口加工区设立时，国务院就明确要求：为了避免重复建设，出口加工区原则上应设在经国务院批准的国家级开发区内。为此，昆山、苏州工业园区、南通、杭州、大连、威海、烟台、松江、广州、郑州、武汉、西安和呼和浩特等第一批、第二批的多个出口加工区均设立在国家级经开区内，还有一些区域如成都、无锡出口加工区等则是设在国家级高新区内。目前，这些区域已基本整合为综保区。国家级经开区为出口加工区提供了坚实的产业基础和要素支撑，出口加工区也成为国家级经开区优质的开放经济政策功能“平台”，两者相得益彰地搭建起通向国际市场的“桥梁”。

经过近三十年的探索，特殊区域已然发展成为我国推动国际自由贸易事业的重要载体。最早的经开区内的出口加工区（大多已转型为综保区）也已经运营十九年，成为特殊区域发展的中流砥柱。

《中国开发区》：刚才您提到了多种形式的特殊区域，我们知道，许多经开区以建设出口加工区、保税物流中心等形式搭建外贸物流平台，那么在您看来，这些形式的海关特殊监管区域有怎样的区别？向综保区升级应在哪些方面进行完善？

蒲少伟：目前，在国家级经开区内设立的各类海关监管平台，主要有综保区、出口加工区和保税物流中心。其中，综保区和出口加工区是由地方政府申请，国务院批复设立的特殊区域，而保税物流中心则是通过直属海关向海关总署申请设立的保税监管场所。从功能角度看，保税物流中心的业务较为单一，只能开展保税状态下的物流业务，进出货物的性质不能发生变化。相比之下，出口加工区可开展的业务则相对全面，可以开展保税加工、保税物流，以及研发、检测、维修等多种业务。综保区可开展的业务比前两者更为齐全，增加了贸易展示等保税服务类业务，且鼓励开展业务创新。

目前，大多数地处经开区的出口加工区已经完成转型设立综保区的审批工作。下一阶段主要工作可以从三个方面展开：

一是完善基础设施和监管设施。海关是通过物理围网和信息系统对综保区内企业进行监管。出口加工区、保税物流中心升级综保区后，一般在用地空间和功能使用上都会有所调整，这就需要完善相关的基础设施，特别是信息监管设施。

二是做好改革创新和产业研究工作。按照“21条”相关要求，落实主体责任，深化改革创新，做好新形势下综保区的产业研究等工作。

三是做好项目招引和落地服务工作。立足各开发区实际，从服务开放的角度，脚踏实地，谋划一批高质量、接地气、可持续的项目，延伸和辐射产业链。

《中国开发区》：“11号文”提出支持符合条件的国家级经开区申请设立综合保税区，能否请您详细介绍下，目前这两类区域的“嵌套”关系现状如何？未来“嵌套”建设有怎样的意义？

蒲少伟：自2000年4月27日国务院批准设立首批15个试点出口加工区起，国务院就明确要求出口加工区原则上只能在国家级开发区内设立，包括国家级经开区和高新区等。从目前的实践发展来看，是十分有前瞻性的。

综保区与开发区嵌套发展、互相促进，有其必然的原因。一方面，综保区的功能定位决定了其性质是为所在城市和区域的开放经济和产业发展需求服务的，包括促进贸易便利化、承接产业转移等。另一方面，综保区的政策配置决定了其溢出效益远大于其直接经济效益，综保区存在的意义在于带动所在城市和区域的开放型经济发展，也就是发挥开放经济的聚合作用和辐射效应。部分发展较好且特色鲜明的综保区和加工区就是较好的例证，如设立在东部地区的昆山、松江、苏州、无锡、杭州，中西部地区的郑州、合肥、西安、成都和东北地区的大连等，其主要业态均与所在经开区（或高新区）的主导产业相互匹配、相得益彰。

早在2005年，《国务院办公厅转发商务部等部门关于促进国家级经济技术开发区进一步提高发展水平若干意见的通知》（国办发〔2005〕15号）中就提出，“鼓励符合条件的国家级经济技术开发区申请设立出口加工区、保税物流中心、出口监管仓库和保税仓库；支持条件成熟的国家级经济技术开发区开展与出口加工区、保税区和保税物流园区联动试点，实现优势互补。”特殊区域作为国家级经开区扩大开放的“窗口”和“载体”，发挥了较好的作用，主要体现在两个方面：

一是经开区以“区中园”形式建设特殊区域作为开放经济平台。从空间上看，由于特殊区域封闭运行的要求，国内的特殊区域面积大多在5平方千米以下，与国家级经开区动辄几十平方千米的面积相比小得多，这为国家级经开区以“区中园”形式设立特殊区域提供了可能。从功能上看，特殊区域的加工、仓储和配送等功能都是围绕制造业各个环节展开的，而国家级经开区在吸引外资、打造制造业集群等基础条件上，则为特殊区域作用的发挥提供了有力支撑。

二是经开区与附近已建成的特殊区域联动协调发展。与国家级经开区相比，特殊区域享受保税政策且通关便利，特别是综保区近年来开展“区内企业增值税一般纳税人资格试点”，大力复制推广自贸试验区“货物按照仓储状态分类监管”等成果，推进“融资租赁”“跨境电子商务”等新型业态，为更好地辐射服务周边地区有保税需求的开放型产业、企业畅通了渠道。许多经开区选择与周边发展较为成熟的特殊区域合作，资源共享、互补共进，协调促进了区域的外向型经济发展。

今年出台的“11号文”提出，要支持符合条件的国家级经开区申请设立综保区，更明确了未来国家级经开区与综保区的发展关系。一方面，支持符合条件的国家级经开区申请设立综保区，不仅能够加速国家级经开区对外开放的节奏和步伐，综保区的政策体制优势也可以为国家级经开区吸引新的投资、激发新的活力；另一方面，在国家级经开区特别是中西部地区国家级经开区设立综保区，也有利于全面激活国家级经开区的交通运输资源，促进水陆空立体交通资源的整合，大幅提高物流运输效率，真正实现快进快出，将不靠海、不沿边的国家级经开区建设成为新的对外开放平台。

《中国开发区》：今年新出台的《国务院关于促进综合保税区高水平开放高质量发展的若干意见》（国发〔2019〕3号），对于综保区而言，是里程碑意义上的重大转折。那么，您认为新出台的“21条”有哪些亮点？为综保区带来了哪些方面的机遇？对于为综保区提供产业平台支撑的经开区而言，又应从哪些方面着重发力，支持综保区创新发展？

蒲少伟：我国特殊区域应改革而生，因改革而兴。“21条”的主要精神是改革创新、促进开放，文件的具体内容是完善政策、业态创新。李克强总理在主持审议通过该文件时强调，要充分发挥综保区稳外贸、稳外资的作用，发挥综保区对外开放的重要窗口作用，继续扩大开放，加快加工贸易向中西部转移。胡春华副总理提出要加快制度创新、完善政策功能，着力把综保区打造成为对外开放新高地和高质量发展的新引擎。

“21条”的亮点集中体现在三个方面。一是提出了综保区打造“五个中心”的发展目标，即要成为对外开放新高地，高质量发展的新引擎；二是制定了支持综保区创新发展的“21条”政策措施，支持通过畅通区内区外联动，链接国际国内两个市场发展；三是提出了落实综保区运营管理“主体责任”的明确要求，要求地方加强领导优化管理，优化环境加强招商引资。这些目标政策要求，进一步明确了综保区的发展方向和主要任务，优化了综保区的营商环境和发展动能，夯实了综保区的发展基础和工作保障，是综保区新一轮发展的新机遇和新动力。

因此，作为综保区高质量发展重要载体或“母体”的经开区要认真领会文件精神，结合区域开放的实际需要，乘势而为、因势而动、为所能为、有所作为。在我看来，可以从三个方面具体发力：一是落实运营管理主体责任，优化体制机制，配备好有担当、懂业务、善作为的管理服务机构；二是理解消化新政策、新举措，优化功能业态，定位好符合区情、独具特色、可持续发展的主导产业；三是强化共建共享机制建设，优化营商环境，形成协同创新、通关便捷、成本低廉的智慧监管体系。

特别强调的是，在具体实践中要注重运用好“区内企业增值税一般纳税人资格”等政策，落实好“货物按照仓储状态分类监管”等措施，完善好以“优环境降成本便利化增效益”为核心的智慧监管体系。

《中国开发区》：您对于经开区与综保区下一阶段的相互促进、共赢发展有怎样的建议？经开区管委会应当在其中扮演怎样的角色，采取哪些有效的推进措施？

蒲少伟：综保区是国家根据地方发展开放经济的需要布局设立的特殊政策功能平台和承接产业转移重要载体，是符合条件和有需求的省市区，特别是开发区进一步扩大开放、发展开放型经济、吸引外商投资的重要窗口。国家支持在有条件的经开区设立综保区，既明确提出了经开区要进一步扩大对外开放的要求，也进一步强调了经开区要利用综保区积极引进外资和优化营商环境的作用。

具体而言，经开区和综保区都是国家促进经济发展的功能载体，但其功能政策和产业业态有所区别。从宏观层面看，经开区是综保区设立和发展的主要载体，综保区是经开区优化投资环境和发展开放经济的重要平台。经开区要从高站位、大开放的全局出发，重视发挥综保区聚合、辐射和服务区域开放的特殊作用，积极引进外资、承接转移产业和发展新型开发业态。

在具体实践中，有条件设立综保区的经开区在申报设立综保区时要坚持三个原则，即科学论证，特色定位，为所能为。也就是弄清楚为什么要申报综保区，要建设什么样的综保区，怎么建设好有特色的综保区。与此同时，也要防止三种倾向：一是盲目跟风、追求政绩；二是超前投资、超标建设；三是重视形象，轻视发展。对于已经设立了综保区的经开区，特别是发展相对落后的区域，更要重视三项工作：一是加强工作领导，配备好想干事、会干事和能干成事的运营管理队伍；二是强化招商引资，做到主导产业定位准确、重大项目倾力引进、创新复制特色鲜明；三是优化营商环境，形成关地融合的共建机制、有利发展的保障机制、便利高效的服务机制。

昆山综保区：切实推动口岸服务降费提效

昆山综合保税区管理局 盛文洋

《关于促进综合保税区高水平开放高质量发展的若干意见》（国发〔2019〕3号）文件提出，要进一步健全综合监管体系，持续改善营商环境和创新环境，有效降低市场运行成本，充分激发市场活力。为此，昆山综合保税区对口岸收费及货物流转情况进行深度调研，切实研究降费提效的创新举措，力求切实减轻企业负担、提升货物流转效率。

口岸服务企业“效益背反”现象凸显

一般而言，高水平的服务必然伴随着高水平的服务成本，企业很难同时做到提高服务水平和降低服务成本。与上海、苏州等长三角地区相比，昆山综保区目前的口岸服务费用总体偏低，甚至已有部分口岸服务企业处于微利或亏损状态，多重问题已严重影响到口岸服务的质量与效率。

效益背反是指服务成本与服务水平的反相关关系，服务的高水平必然带来企业业务量的增加、收入的增加，同时却也带来企业服务成本的增加，使得企业效益下降，即高水平的服务必然伴随着高水平的服务成本，且服务水平与成本之间并非呈线性关系，企业很难同时做到提高服务水平和降低服务成本。

主要服务费用总体偏低。目前，昆山综保区口岸服务费用主要包括卡口通行费及场站通关服务费。其中，卡口通行费指对进出卡口的车辆实行信息比对以及单证复核等收取的相关服务费，收费标准2003年经市物价局核准，2009年起开发区管委会决定对该项费用减半收取。场站通关服务费是为协助海关对进出综保区的通关实货进行监管而收取的费用，包括监管作业制单费、放行作业费、场地费、操作服务费等4项固定收费项目，以及称重费、仓储费、进出仓力资费、查验费、临时封作业费、区间途中监管制单费、滞留货监管费、打包费、车辆过夜费、其他费等9项非固定收费项目，收费标准原经市物价局核准，2008年之后由企业自主定价。

由原昆山出口加工区转型升级为综合保税区后，海关监管要求增加监管业务类型，但企业对新增业务类型的收费标准仍不得高于原收费标准。经粗略测算，与上海、苏州工业园区等地相比，当前，昆山综保区的制单费、场地费、操作服务费、过磅费以及理货费等主要收费总体偏低。

口岸服务企业微利或亏损。由于卡口通行费已减半收费十年，场站服务费已十年未提价，加之近年来受产业转移、通关一体化、企业实际运营成本增加、通货膨胀、一般纳税人试点等因素影响，口岸服务企业反映现已处于微利或亏损状态。具体而言，负责收取卡口通行费的昆山综保区物业管理有限公司自2015年以来，企业营业收入及利润一直处于下降趋势，2018年亏损166余万元（表1）。

类似的，负责收取场站通关服务费的昆山综合保税区物流中心有限公司，近年来营收及利润呈逐步下降趋势。以2018年为例，进场车次653 542辆，同比2017年下降5.1%；作业票数1 343 532票，同比下降了4.5%；进出库票数21 997票，同比下降61.37%。受此影响，全年营业收入同比下降4.3%，为4 841万元（明显

表 1 卡口历年收支情况统计表

年份	收入（万元）	支出（万元）	利润（万元）
2008	748.86	739.60	9.26
2009	698.41	665.73	32.68
2010	871.69	849.00	22.69
2011	914.79	893.89	20.90
2012	934.74	936.36	−1.62
2013	821.54	759.93	61.61
2014	762.38	635.20	127.18
2015	778.45	643.95	134.50
2016	733.38	614.95	118.43
2017	718.25	647.29	70.96
2018	672.36	839.05	−166.69

低于苏州工业园区的 9 000 万元），扣除场地租金、经营成本等费用，利润约为 500 万元，同比亦略有下降。

现存问题影响通关效率。口岸服务是促进对外经济发展的重要环节。但目前，口岸收费及货物通关方面仍存在部分问题，对通关效率造成一定影响。在通关效率方面，理货及查验环节耗时相对较长，部分卡口设施设备较为老旧，放行系统反应较慢。在监管角度方面，项目收费实行市场调节价，收费项目及标准或由提供服务的单位自行制定或由供需双方协商确定，也给监管和规范收费行为带来一定难度。在操作效果方面，部分企业反映存在经营性收费竞争不充分、上级补贴政策传导机制不畅通、通关成本仍然偏高等问题。

在收费结构方面，由于收费项目数量偏多、不同口岸间的收费项目名称也不统一，导致相同的收费内容冠以不同的收费名称，以及收费名称相同但收费内容不同的问题仍然存在；加之，同类型但不同场站间的收费标准也不完全一致，因而，难以测算不同场站平均每车及每票单价，也难以进行横向比较。

“有形之手”调控口岸服务降费提效

多年来，昆山综保区通过卡口减半收费、场站服务费维持不变等方式在一定程度上减少口岸收费，降低生产企业负担；自叠加保税功能实施以来首创的分送集报模式，也大幅减少了企业报关数量，极大提升了报关效率，得到海关总署认可并在全国推广。下一阶段，将继续落实《关于促进综合保税区高水平开放高质量发展的若干意见》要求，大胆尝试、积极创新，力争通过政府补贴或政府购买等形式保证口岸服务企业的成本回收，同时实质性推进口岸服务质量进一步提升。

政府补贴场站通关服务费。综合考虑现有服务企业与海关方面的配合默契度、管理能力及服务水平、服务对象满意度、当前的盈利状况等因素，原则上以维持现状为宜。若需进一步加大降费力度，可参照成都、西安等地做法，要求服务企业适当降低收费，与原收费标准间存在的差价由政府予以补贴，或可由政府购买通关环节的部分或全部收费项目；亦可通过公开招标等方式，引入第三方有管理经验的机构提供场站通关服务。

优先取消卡口通行费。按照海关方面的规定，委托服务企业对进出卡口车辆进行管理，对所有出入卡口车辆不再收取任何费用，预计全年可为企业节约 700 万元成本。企业运营所需管理费用经企业测算、第三方审核及财政部门确认后，由财政予以补贴。

引入信息化智能化技术。在立足海关监管要求的基础上，引入信息化智能化技术规划流程前置作业方法。考虑与银行等第三方合作，针对不理货不查验车辆，通过二维码载入报关单、核放单、车辆及单位信息等业务信息，由企业直接通过自助关联机、线上支付等方式先行缴纳有关固定通关费用，司机只需在场站等候手机接收放行指令即可出关，无须在场站缴纳任何费用。该举措将使单车平均通关时效提升 25% 以上，2019 年将在南区场站进行试点。

提升关键环节管理效率。要在查验、理货等需要实体操作且耗时较长的监管作业环节，加派业务熟练、经验丰富人员，进一步提升核查速度；同时，及时对卡口老旧设备进行更新替换，提升设备处理速度，压缩车辆通关时间。

开发区创新提升观察之一：优化“大营商环境” 释放经济发展活力

和君咨询朱文奇团队

营商环境概念的提出源于2001年世界银行提出加快发展各国私营部门新战略后，急需一套衡量和评估各国私营部门发展环境的指标体系，即企业营商环境指标体系。首份《营商环境报告》于2003年发布，截至2019年，世界银行的《营商环境报告》已连续发布16期。报告不仅对各个国家、地区的营商环境进行了评价，更重要的在于逐渐引起各国对“营商环境”这一概念的重视并有意识地进行优化。根据每年考评的侧重点不同，世界银行的营商环境评价体系也会进行相应的调整。以2019年为例，《营商环境报告》的评价体系共包含11个领域(表1)。

表1 世界银行2019年《营商环境报告》评价体系

	一级指标	二级指标	
1	开办企业	开办企业程序	开办企业成本
		开办企业时间	最低法定资本金
2	办理施工许可证	手续	成本
		时间	建筑质量控制指数
3	获得电力供应	手续	保证金
		时间	供电可靠性和电费透明度指数
		成本	电价
4	登记财产	转移财产登记手续	转移财产登记成本
		转移财产登记时间	土地管理质量指数
5	获得信贷	合法权利力度指数	信用信息深度指数
6	保护少数投资者	纠纷调解指数	股东治理指数
7	纳税	缴税频率	时间
		税及派款总额	报税后程序指标
8	进行跨国界贸易	出口时间	进口时间
		出口成本	进口成本
9	执行合同	时间 成本	司法程序质量指数
10	办理破产	回收率	破产框架力度
11	劳动力市场监管	雇佣	工作时间
		裁员	裁员成本
		工作质量	

为优化发展环境，最大限度激发市场活力，我国在全国范围内推行了“放管服”改革(表2)。该项改革是我国目前优化营商环境的重点，共包括三大方向和36项具体内容，可以看作是“有

表2“放管服”改革主要内容

以简政放权放出活力和动力	• 整改审批和许可事项 • 压缩企业开办时间 • 推开“证照分离”改革 • 推行市场主体简易注销改革 • 工业产品生产许可证制度改革 • 商标注册、专利申请等便利化改革 • 投资项目审批改革 • 优化项目报建审批流程	• 清理废除妨碍统一市场和公平竞争的各种规定和做法 • 实行全国统一的市场准入负面清单制度 • 提升跨境贸易便利化水平 • 税制改革 • 依法治税，减少征税自由裁量权、增加透明度 • 清费减费 • 整顿各种中介服务 • 降低企业运营成本
以创新监管管出公平和秩序	• “双随机、一公开”监管 • 重视投诉举报 • 跨部门联合监管和“互联网＋监管”	• 信用监管 • 提升政府信用度
以优化服务服出便利和品质	• 针对影响企业和群众办事的困难环节采取措施 • 减政便民行动 • 不动产办理优化 • “互联网＋政务服务” • 养老保险、医疗保险等领域的不同地区联网办理 • 优化创新创业服务 • 优化公共服务	• 水电气暖、银行、公证等服务领域改革 • 打造全国一体化政务服务平台 • 跨地区、跨部门、跨层级信息数据开放共享 • 提升信息安全水平 • 完善电子证照、电子印章等相关领域的措施及法律法规 • 构建中国特色营商环境评价体系，引入第三方评估

中国特色的营商环境评价体系”。

但是改善营商环境，需要有适用的评价体系。从目前我国的实践来看，各级开发区在改善营商环境时，使用的评价体系存在着四个误区：

第一，简单套用世界银行的营商环境评价体系。世界银行的《营商环境报告》，目的在于衡量监管法规是否有助于推动或是限制商业活动，指标也多为法规方面的内容，其适用范围是一个经济相对独立的国家或地区（如中国香港特别行政区），而各级开发区对法规并无修改的权限。同时，世界银行关注的电力获取、跨国界贸易等因素，在我国的许多开发区都是次要条件。因此，世界银行《营商环境报告》中的诸多指标并不适用于评价我国开发区的营商环境。

第二，用“放管服”改革代替营商环境优化。“放管服”改革，目的是简政放权、促进公平竞争、提供高效服务。这是我国当前改善营商环境的重点，但不是全部。根据各地情况的差异，“放管服”没有涵盖的内容，也许就是需要关注的重点。

第三，营商环境不等同于软环境。营商环境是企业发展所需区域要素的总和，既包括软环境，也包括硬环境。改革开放以来，我国的基础设施条件有了大幅改善，但由于各地情况的不同，配套设施、服务体系需要完善的空间还很大，特别是产城融合、生产性服务设施及体系，还有很大的改善余地。

第四，营商环境不仅仅针对于民企。世界银行提出营商环境的概念时，重点针对的是各国私营部门的发展。但在我国，受营商环境影响的不仅仅是民企，国企同样受到影响。

打造适合开发区的营商环境评价体系

打造适合开发区的营商环境评价体系，首先需要明确两点原则：

一是要从企业发展的原点考虑营商环境的内涵。凡是企业在经营中涉及的区域要素，都是营商环境的范畴，既包括软环境，也包括硬环境。特别是要考虑到开发区是产业集聚区，随着产业转型升级，企业对社会化服务、生产性服务的要求不断提高，更应加以重视（表 3）。

二是要考虑到开发区管委会的职权范围和可控性。涉及法律法规等方面的要素，已经超出了开发区管委会的权限，只能在认真执行的同时积极建议和争取，无法通过自身工作彻底改善，就不应列入评价体系。

按照上述原则，和君建立了适合各类开发区的营商环境评价体系框架，含一级指标 7 项，二级指标 26 项。根据开发区管委会在各指标上

表 3 企业选址的关注要素

传统企业重点关注要素	共同关注要素	创新型企业重点关注要素
• 交通条件 • 能源供应 • 物流仓储成本 • 原材料供应	**传统区位因素** • 基础设施条件	• 交通条件
—	**市场情况** • 本地市场空间 • 周边市场空间 • 市场秩序	—
• 上下游配套 • 产业基础	**产业集聚情况** • 相同产业环节的竞争程度	• 产业生态
—	**科技支撑水平**	• 科研院所 • 科技服务平台 • 高校
• 原材料成本 • 用工成本	**各类成本** • 水电气成本 • 税收成本 • 房租 / 房价成本	• 员工通勤对应的时间成本 • 城市消费水平
• 能否有足够且易获取的土地	**土地获取难易度**	—
• 一般劳动力供应	**人力资源**	• 人才种类丰富 • 多高端人才供应量
—	**融资环境** • 融资成本	• 企业金融发展情况
政府环境 • 政府办事效率 • 各类手续的流程、时间、成本 • 企业问题反馈及处理 • 与当地产业规划的契合度 • 政策优惠力度及执行率		

自主权的不同，可以将各项指标分为三个层次(表4)：

一是被动落实项。主要指的是由上级机关规定，开发区无建议权、修改权，仅有执行权的营商环境内容。如知识产权保护，其相关法规及保护条例均由上级制定，开发区的知识产权机关只需按照规定执行即可。

被动落实项考验的是开发区在优化营商环境时的执行力，也是营商环境优化的基础。落实度低、执行力差是我国基层政府部门普遍存在的问题，也是“放管服”改革的重点。为解决“落实”问题，需要提升全体工作人员的素质，提高思想认识和执行力。同时，对于法规、条例中不完善、不合理的内容，开发区应积极提出意见建议，但最终如何修改仍由上级部门决定。

表 4 开发区营商环境评价体系

一级指标	二级指标	三级指标
基础设施	九通一平	
	开敞空间	公园、广场、公共绿地
	垃圾处理	
	外部交通	高速公路、高铁、机场
配套服务	空间设施	办公空间、生产空间
	商务设施	酒店、会议展览、交流空间
	企业运营服务	技术、知识产权、财税、法律、管理咨询、人力资源、中介代理、广告公关
社会化服务	医疗	
	教育	
	文体娱乐	
	住宅	
	商贸餐饮	
	社会治安	
市场环境	市场准入机制	负面清单简化度、“非禁即入”落实度、公开透明度
	市场经营秩序	个人诚信系统、对失信企业的管理和惩罚
	监管方式	市场监管方式、“双随机、一公开”作业模式执行度
政府政务	手续办理	企业开办、施工许可证、竣工验收、办理纳税、不动产登记
	网络服务平台	平台搭建情况、联网情况
	政府采购	
	政务信息公开度	
	招投标便利度	
	政府诚信度	
政策环境	优惠政策公平性	
	政策落实程度	
融资环境	信贷获取	融资成本、抵押物范围、担保
	民间资本积极性	民间资本投资相关政策、民间资本活跃度

二是积极争取项。主要指开发区可向上级部门积极争取，经上级部门批准后可得到改善提升的内容，体现了开发区在优化营商环境时的主动性。如区域外高速公路的修建，开发区管委会并无自主决定权，需向上级政府积极争取。

三是主动创新项。指开发区能够在法律、法规、政策允许的范围内，根据自身实际情况，对营商环境中存在缺陷的内容、操作流程及操作方式进行调整、优化甚至创新。如开发区可以通过合理的设定，在现有的政策框架下，设计出更加具有针对性的优惠政策，为企业发展创造条件。

主动创新项更多地受制于思想的开放程度以及对上级政策、法规边界的把握程度。要有“敢为人先”的精神，做“第一个吃螃蟹的人”，在“法无授权即禁止”的边界范围内不断突破原有机制、形式、流程等各方面的束缚，找到更适合企业发展的方式方法。作为我国多项政策的发源地，江浙地区始终保持着创新精神，在方方面面寻求突破，最终由“敢为人先”变为“全国领先”。

明确开发区营商环境的着力点

开发区营商环境的改善不是一蹴而就的事情，而是需要分清轻重缓急，循序渐进。应将主要精力置于主动创新项上，通过各方面的创新，打造适合企业发展的良好营商环境。

创新配套服务体系。随着我国产业的转型升级，原有园区配套及服务体系难以适应产业发展需要的问题越来越突出，集中体现在产城融合不到位、生产性服务业不发达、产业生态不完整、各类配套设施不完善等问题上。如南港工业区虽起步较晚，但其始终围绕主导产业内企业的需求，尽力打造与企业发展相匹配的配套服务体系，终在短时间内取得了骄人的成绩。

案例：天津南港工业区

南港工业区位于滨海新区东南部，是一个以石油化工、冶金钢铁、重型装备制造、港口物流为主导产业的工业开发区。

自2009年起，经过十年建设，南港工业区现已具备良好的软硬件基础设施配套。为满足中沙、渤化等重点产业项目投产、运营需求所开展的道路、水系、能源等基础设施配套工程正在加快建设；电网结构日益完备，九座电力大通道已实现双电源供电，电力供应能力显著强化；南港口岸于2018年通过国家级验收，正式对外开放，也意味着天津整个153千米海岸线全部实现对外开放；渤西油气管线完成切改，10万吨级航道实现通航。同时，陆地交通体系逐步完善，区域内已有近百千米道路实现通车，形成“四横三纵”主干路网，连通雄安新区的津石高速已经开工建设，集疏运体系将进一步优化。

同时，为满足区内员工、居民的生活需求，南港工业区专门规划生活区，提供住宿、教育、医疗、购物等多方面的配套。

2019年，南港工业区将同时建设超过20个项目，区域产业发展呈现蓬勃之势。

创新市场准入。长期以来，我国在投资领域实行比较严格的“正面清单”制度，即由政府规定市场主体“只能做什么”，而且多以政府的审批为准入条件，除此之外皆不可行，极大限制了市场主体的投资行为，阻碍了市场在资源配置中发挥决定性作用。随着上海市率先发起“负面清单管理模式”并取得良好效果后，该模式开始逐渐在全国范围内推广。然而，部分地区虽实施了“负面清单”制度，但由于内容过多，最终实施效果与“正面清单”并无实质性差别。例如，在上海自贸区的负面清单发布仅3个月后，佛山市南海区也随之发布了属于自己的负面清单。不同于上海自贸区的负面清单，南海区的负面清单不分市场主体的所有制，也不分企业的本地、外地，覆盖面较为广泛，是对地方自身产业发展的一种规范和引导；而且，其中有不少针对环境、民生等方面的约定，在保护环境、为民企释放更多市场空间的同时，推动产业转型升级。由此可见，创新并不一定是无中生有，在原有基础上进行符合自身条件的优化，也是创新的一种。

案例：佛山市南海区

佛山市南海区从2013年12月启动“三单”管理模式，开创了广东省行政审批制度改革的先河。第一批负面清单涉及负面清单355项、准许清单359大项(434小项)、监管清单32项，第二批负面清单也将陆续公布。南海“三单”管理模式中的负面清单主要是结合区域产业发展特色和环境保护的要求，对落后产能、高能耗、高污染等产业进行限制或禁止，以清单的形式列明哪些领域是不能投资和限制投资的。清单主要包括四个大的领域：外商投资、企业投资、区域发展、环境保护。例如：个人或企业想在南海进行投资，可以登录南海区行政服务中心网站，查询负面清单中的具体项目，如果投资领域在负面清单里面，则无法获得政府相关审批。在负面清单以外的领域，只需要按照法定程序注册登记就可以进行投资。

创新市场监管。在基层市场监管方面，主要存在着“人事不匹配，基层市场监管执法力不从心”“信息不通畅，基层市场监管执法效率低”“追责随意化，执法人员履职存隐忧”“监管多头化，行政资源浪费严重”等多种问题。唯有从体制机制上进行根本改革，才能解决上述这些问题。例如，虽然目前我国大部分地区已实现“一个部门管市场”的改革，但作为该项举措的开创者，重庆两江新区在面临“部门分割，多头监管，要么缺位，要么重叠，企业守法成本增加，行政资源浪费”的市场监管困境时，并未随波逐流，而是选择试水大部制改革。通过问题梳理、源头回溯，最终进行了科学合理的部门融合，使得决策权上移和集中化，执行权下移和专业化，最终将影响市场监管的“堵点”疏通。

案例：重庆两江新区

2014年6月16日，中国内陆首个市场和质量监督管理局在重庆两江新区挂牌成立，对原两江新区、北部新区工商、质监、食药监三大职能进行整合。新挂牌成立的两江新区市场和质量监督管理局承担着两江新区范围内涉及生产、流通、消费环节的市场和质量监管职能。

机构改革带来了显著的效果。一是内设机构大幅减少，由42个减到10个；二是人员编制减少，由230人减至162人；三是机关人员减少，机关人员编制仅占总编制的40%，确保60%的人员下沉基层监管所和执法支队。原有分段式监管变成了对生产、流通、消费全领域全时段管控，建立横向到边、纵向到底的专业化、网格化、全覆盖监管格局。

目前，依靠市场信用监管平台和App，两江新区消费维权的反应速度和处置效率明显提升，基本破解传统行政执法管理的体制性障碍，有效解决了多头执法和监管缺位问题。整合商标注册、品牌建设、标准化等功能，搭建服务企业综合平台，“政出多门”转向“统一服务”。

创新政府手续办理。手续办理始终是我国各地营商环境的痛点。目前，政府手续办理过程中存在的主要问题有流程不清晰、流程繁琐、材料重复提交、所需手续数量过多、承诺办结时间太长、手续办理成本高、可实现网上办结的事项比例低等。但在全国平均办理时间为20天，国务院、广东省、广州市要求企业开办时间分别为8.5天、5天、3天的情况下，越秀区已经能够做到1天办结，其速度领先全国。在“越秀速度”的背后，更多体现的是工作人员的专业性和当地政府对营商环境的重视度。在服务人员专业素养过硬的基础上，通过对整个企业开办流程的再造，对不必要的环节进行精简，并实现各事项的并联办理，最终为客户提供“零跑动办事”服务。

案例：广州市越秀区

2018年7月10日，由越秀区市场监管局牵头，联合公安、税务、银行等多个部门共同打造的越秀区政务服务中心“四大项一天联办”服务专窗正式对外测试运行。在符合申办条件、材料齐全的前提下，即可“1天”完成营业执照、刻章备案证明领取及银行开户、税务在线电子申报。

同时，为提高办事便利度，越秀区政务服务中心推出了“越秀区网上办事大厅”手机App，可实现在线申办、办事指南查询、热门事项推荐、办件进度查询、在线预约、政务动态、交通查询、火车票预订等事项。

创新政府招标流程。采购招标流程相对繁杂、各类手续较多是我国目前政府招标存在的主要问题。譬如，当前我国政府采购的招标流程就多达20余项，除前期的信息收集、询价、比价、议价之外，还有耗时更长、审批更为繁杂的评估、索样、请购、订购等步骤。这样的流程，对于政府或是企业，都将消耗巨大的时间成本和人力成本。

案例：湖南省株洲市

2014年4月，株洲市招投标局简化程序，以法律法规为准绳，在“取消”和“简化”上做文章。对重新招标的招标公告和招标文件一致时，不再审签。对招标公告和招标文件备案，由以往的五个环节减少到三个环节，即最后由总工程师审定即可。对申请委派1名业主评委和招标人申请重新招标，由原来的三个环节减少到二个环节，即由分管领导审批即可。同时，还对特殊事项的处理和企业压证等十余项程序进行了简化。在此基础上，该局还积极创新管理程序，探索投标保证金双密码管理制度，为遏制围标、串标进行了创新。相关程序简化后，使程序更加简便快捷，为业主单位在招投标工作中节约了大量时间。

为使“简化”工作制度化，该局还明确相关责任领导负责制订《简化程序实施细则》，切实为招投标工作的“高效、快捷”提供制度支撑。

创新优惠政策。优惠政策作为我国地方政府招商引资的“必备武器”，目前已出现严重的同质化。当各地政策条目都趋近一致时，自然而然就开始了优惠力度的比拼，部分政府甚至不惜涉险触碰红线。但大多时候，这些政策并不能切中企业的痛点，更无法对区域产业发展起到促进作用。然而，四川天府新区管委会印发《关于支持新经济企业入驻独角兽岛的若干政策》，目标直指独角兽企业，在摸清其重点需求后，制定相关政策，并且政策中的多项条目均为全国罕见。

案例：成都市天府新区

2018 年 12 月 31 日，四川天府新区管委会印发《关于支持新经济企业入驻独角兽岛的若干政策》，切实抓住了独角兽企业的需求痛点，取得了良好效果：

• 提升企业美誉度。新区每年安排 1 000 万元独角兽岛品牌宣传专项资金，提升岛内企业知名度；新区持有的户外公益宣传载体，经申请，免费提供给岛内企业使用，同时将新区联系的中央、省、市媒体渠道主动与岛内企业共享，增强企业市场拓展的便利性；对岛内企业参加境内外知名展会的，按照每平方米 1 000 元的标准给予展位补贴，单户企业每次最高不超过 20 万元、年度最高不超过 50 万元。

• 支持知识产权维权。对岛内企业在国内外发生知识产权纠纷，经法院判决或裁定胜诉并已生效的，标的额 50 万（含）以上 200 万（含）以下的，按实际发生维权费用 50% 给予补贴，单户企业年度累计最高不超过 100 万元；标的额超过 200 万的，按实际发生维权费用的 40% 给予补贴，单户企业年度累计最高不超过 200 万元。

• 优化供地模式。对岛内企业项目在新区其他范围的用地需求，经项目合规性评审后，按不同功能用途实行土地的混合利用，允许同一地块或同一建筑兼容多种功能；对于兼容多种功能混合利用土地的，按主要用途确定供应方式，其中产业用地可实行短期出让（租赁）或先租后让等差异化供地模式，降低岛内企业生产经营成本。

创新融资环境。融资成本高、抵押物范围窄、担保难、财务状况不乐观导致无法获取贷款、审批效率低下等是我国中小微企业在融资过程中遇到的普遍现象。如何帮助真正有成长性的企业扫除资金障碍并严控风险，成为目前各开发区最迫切需要解决的问题。

案例：山东省潍坊市再担保集团

潍坊市再担保集团通过搭建担保联盟，扩大服务网络。集团加强区域合作，与全市 11 个县市区签署合作协议，业务范围覆盖全市所有 17 个县市区。推出市县“2∶8 比例再担保”业务，同时加入山东省再担保体系，中小企业担保业务可获得 25% 代偿补偿，实现省、市、县三级业务合作、风险分担。

对不同类型企业开展针对性创新，推出系列“政银担”“过桥担保贷款”“投保联动”“批量授信担保”等多元化的融资担保服务，以及履约保函、诉讼保全等非融资性担保业务。

针对企业缺乏金融机构认可抵质押物的情况，通过对企业自有资产或预期收入、收益进行组合设计，帮助企业实现融资，不断深化拓展反担保范围，创新落地土地房产二次抵押、存货浮动抵押以及机器设备、应收账款、企业股权、专利权、商标权、特许经营权、在建工程、农村土地承包经营权、林权、蔬菜大棚所有权抵质押等反担保措施，将企业的知识、技术、信息、数据等新生产要素转化为成长发展过程中的宝贵资金，有效盘活企业“沉睡资产”。

开发区创新提升观察之二：强化专业化招商破解发展难局

和君咨询朱文奇团队

招商引资是改善地方经济、加速产业发展的重要手段，是开发区的生命线。2008 年全球金融危机以来，在国内外形势深刻变化的背景下，开发区招商引资工作也面临着新的挑战。

国内外经济形势严峻，外部环境深刻变化。一方面，经济全球化遭遇波折，多边主义受到冲击；国外经济不景气，跨境投资明显减少；美国提出“再工业化”，推动制造业向本国回流。另一方面，国内经济下行压力不断增大，正面临经济增速换挡期、结构调整阵痛期、刺激经济增长消化期“三期叠加”的严峻挑战，投资增速明显回落，实体经济企业投资意愿降低，招商工作压力骤增。

产业转型升级发展，招商工作未能及时跟进。随着产业转型升级的推进，传统产业的增长已逐渐放缓，以数字经济、智能经济、生物经济、海洋经济和绿色经济为代表的新经济则成为增长的主要动力。然而，多数开发区对产业转型升级的认识不够到位，对新经济的了解不够充分，对相应的配套服务重视程度不足，导致招商环境改善、招商工作专业化未能跟上产业转型的步伐。

同质化情况严重，恶性竞争影响发展。改革开放以来，开发区已成为我国经济发展中的一种特有模式，各类开发区如雨后春笋般不断涌现，特别是过去 10 年，开发区数量的增长愈发惊人。以国家级经开区为例，1984 年至 2002 年，国家级经开区仅为 54 家，至 2018 年底达到 219 家，增加了 166 家。数量快速增长的背后，是结构雷同、特色不明、重复建设甚至恶性竞争等诸多问题和弊病的显现。在区位、资源、经济基础、人才供给等条件均类似的情况下，为引进优秀企业，开发区之间比拼的不再是服务水平、营商环境，而是更低廉的土地价格、更优惠的税收政策、更丰厚的财政补贴，这样的恶性竞争严重影响了开发区的良性发展。

产业地产快速发展，行业竞争愈发激烈。近年来，园区开发建设运营的市场化趋势愈发明显，产业地产进入了快速发展期。华夏幸福销售额超过 1 500 亿元，武汉光谷已在长江经济带开发运营主题型园区 17 个，联东 U 谷在全国布局园区 167 个，以万科、绿城为代表的传统房企也纷纷转型产业地产。这些集土地整理、园区规划、开发建设、商业运营、物业服务、企业投资及资本运作于一体的市场化专业产业资源整合者的不断涌现，对传统开发区的招商工作提出了更高挑战。

面对种种难题，新时期开发区如何创新招商模式，提升招商实效，破解招商难局，成为各地开发区当下最紧迫的课题之一。

与时俱进，系统更新招商理念

以往的招商引资工作中，“唯 GDP 论”、“行政导向”、拼资源、拼政策等现象普遍存在，导致招商引资“怪招”不断、失误不断、纠纷不断、效果不佳。面向新时期，开发区应当树立正确的招商理念，以市场化为导向，建立专业化和系统化思维，讲诚信、重服务，正确认识本地优劣势，真正以投资商的合理需求为中心，与时俱进开展招商工作。

要树立专业、系统和市场化的招商理念。许多开发区曾经采用“全民招商”“三同招商”“离岗招商”等简单粗放的工作方式，将招商引资等同于人海战术、开会造势、酒桌承诺，对于经济高速增长时期企业大量扩充产能起到了一定的效果。但在经济增长由高速增长转为中高速增长、产业结构优化升级、投资驱动和要素驱动转向创新驱动的“新常态”大背景下，企业的需求已经大相径庭，招商引资工作相应地需要创新升级，更加专业化、市场化、系统化。因此，新时期开发区应将招商引资工作重心转移到创造良好的投资环境和创业氛围上来，加强与专业机构合作，组建内外结合的高效招商组织，注重培养高素质的招商人员，提供专业系统的招商引资服务。

案例：烟台经济技术开发区构建专业化招商新体制

2018年底，烟台经济技术开发区出台《关于建立市场化专业化“大招商”体制的实施方案》，深度整合专业招商职能，广泛网罗社会招商资源，加快构建以全员招商为基础、以“1+9+6N”为框架、集团化作战、扁平化组织的“大招商”体制。

组建“1”个专业招商牵头部门。整合原投资促进局、烟台保税港区西区管理局和商务局外事职责，组建招商合作管理局，统筹全区招商引资工作。

打造“9”个市场化专业招商平台。在招商合作管理局统筹管理下，设立中韩（烟台）产业园管理服务中心和8个产业投资促进中心，形成9个市场化运作的专业招商平台。

围绕6方面建立“N”个招商共同体。构建内协与外联相互配合、内部招商与社会招商协同并进的招商大网络。其中包括：筛选一批龙头企业、专业园区、科创平台、孵化载体，作为“产业合作招商平台（公司）”，与产业投资促进中心结成“N”个招商平台联盟；面向全球筛选一批知名度高、业界公认的招商中介、投资基金、行业协会进行合作，签约“N”个产业招商中介公司；广泛对接企业高管、行业权威、科技专家等高层次人才，聘请“N”名招商顾问，发挥人脉、信息、资源优势，为引进人才项目牵线搭桥，为开发区招商代言推介。

要树立诚实守信的招商理念。招商引资工作中的“诚”即做出的承诺、双方的约定要符合实际需求、遵守法律要求，不能为了吸引企业而夸大；“信”要求及时兑现承诺约定，取信于投资商。当前，我国正在大力开展社会信用体系建设，企业经营者更加看重合作方的信誉。作为经济发展的重要载体和排头兵，开发区理应成为诚实守信的典范。但事实上，各级开发区管委会“招商时摆手、发展了伸手、出问题背手、有纠纷动手”“新官不理旧账”等失信事件屡有发生、屡禁不绝，严重影响开发区形象的同时，也对当地投资环境造成了巨大破坏。因此，新时期开发区要牢固树立诚实守信的招商理念，提高干部的责任心和使命感，统筹协调各相关部门的工作，形成系统完整的招商工作体系和流程体系，减少直至消除工作中的“梗阻”，避免因部门利益冲突影响招商诚信事件的发生，为投资商创造最佳的投资环境。

案例：最高法院：政府招商毁约收回土地，赔偿全部损失

2009年，绥中滨海经济区管委会与北京中科签订《项目合作协议书》和《补充协议》，北京中科在园区内建设生物兽药、干扰素项目，管委会以900万元出让4.3公顷工业用地，其中60亩为无偿出让。

项目建设过程中，当地政府调整规划，项目土地被政府单方收回，并作为住宅用地另行高价出让，北京中科的投资建设内容被拆除。经过起诉和上诉，最高法判定当地政府违约，绥中滨海经济区管委会及绥中县国土资源局赔偿北京中科项目投资及损失3770余万元。

要树立服务为本的招商理念。在市场竞争激烈的当下，劳动力成本、土地价格、区位条件、优惠政策等传统要素逐渐趋同，已不再是企业选址的决定性因素，高质量的招商服务才是吸引投资商最核心的竞争力。因此，新时期开发区要从理念上进行根本改变，真正树立服务投资商、服务经济、服务社会的意识，加强与投资商的沟通交流，关注产业、企业的现实需求并提供解决方案；要按照“放管服”改革的要求，持续转变职能，以投资商的合理利益为中心，构建完善的服务体系。

要树立系统化大招商的招商理念。招商引资工作绝不仅仅是招商部门的工作，需要多个部门、组织的参与和密切配合。因此，开发区要以科学的产业规划为指引，以系统化招商方案为统领，以专业化组织分工、专业化制度流程、专业化政策设计为保障，形成“大招商体系”。

着眼升级 科学运用专业招商方法

招商引资工作是由定位规划、信息搜集、招商环境打造、政策制定、队伍建设、签约谈判等诸多环节构成的系统化体系，每个环节都需要相当的专业知识技能，全部的工作环节又需要统筹衔接，因此，专业化是招商工作的基本前提。在新的发展背景下，专业化几乎又是招商工作最核心的“词汇”。国务院“11 号文”明确提出:“支持国家级经开区按市场化原则开展招商服务”，即鼓励招商工作走市场化、专业化道路。

制定产业规划。成功的招商应该建立在科学的产业规划基础上，否则就是“缘木求鱼”。开发区应通过对园区准确的评价和对行业发展的精准判断，谋划园区未来发展的蓝图，指导、引领下一步的招商工作。通常情况下，开发区会与专业的咨询机构合作制定产业规划。

具体而言，一是园区评价。园区发展应全面清晰认识自身，通过软硬条件的评价，找出自身的优势与短板。对园区要素条件的评价可通过客观分析辅以入驻企业反馈的方式进行，以得出相对客观中肯的评价。其中，客观分析是根据要素条件的实际现状进行分析与评价，特别是易于量化或比较的要素条件（交通、资源等），以此得出直观的结论；入驻企业反馈即通过调查问卷、走访、座谈的形式了解已入驻企业对园区各项要素条件的评价，从客户角度出发，获得对园区更加全面的评价结论。

二是产业研究。根据园区的优势与短板，结合产业发展趋势、国家鼓励发展的产业目录，确定大致可以发展的产业范围，进行详细的研究分析，了解产业现状、趋势和关键要素。常见的产业研究评估模型包括行业吸引力（如市场状况、外部环境、竞争态势等）和本地资源能力（区位交通、资源禀赋、产业基础）两个维度，以此分析一个产业的前景及与园区的匹配度。

三是产业定位和规划。根据产业研究的结论，对目标产业进行科学筛选，得出若干个未来重点发展的产业，最终形成开发区产业定位，也就是未来招商方向。之后根据产业定位，制定详细的产业发展规划，明确招商目标。同时应根据开发区实际用地情况，结合各产业发展需求特点、控规要求、环保要求及产城融合等方面的考虑，对空间布局进行统一安排，确保开发区的可持续发展。

案例：中新苏州工业园的产业规划与定位变迁

中新苏州工业园是中国与新加坡两国政府重要的合作项目，也是开发区跨国合作建设的典范，于 1994 年启动建设。多年来，苏州工业园根据国家产业导向和自身发展优势，不断调整和优化产业定位和发展规划，为园区招商指明了方向。

2004 年以前，园区明确了三个主导产业：机械制造、电子信息和现代服务业。2004 年启动转型升级，增加了生物医药、纳米光电新能源、新材料、融合通讯和生态环保五个新兴产业，形成了“3+5”产业格局。2012 年，园区制定了新的“2+3”产业规划，2 个主导产业是电子信息、机械制造，3 个新兴产业是生物医药、纳米技术和云计算。2016年，结合云计算和大数据产业优势制定了人工智能发展规划。

到2018年，苏州工业园生物医药产值780亿元，纳米技术650亿元，人工智能250亿元，已成为全国高新区中竞争力排名第一的开发区。

建立招商信息库。信息是招商的基础，保持对产业、潜在招商对象、竞争对手发展动态的密切跟踪是开发区成功招商的关键。同时，及时、准确的招商信息有助于开发区紧跟市场动向、发现招商机会。

具体而言，一是产业发展信息。通过对主导产业的密切跟踪，及时掌握行业发展动态，如市场环境、技术发展、竞争格局、核心壁垒、政策导向等，充分了解行业发展需求，梳理潜在招商对象名单。

二是招商对象信息。招商对象信息是招商信息库的核心。要深入搜集分析潜在招商对象的发展现状、未来规划及拓展需求等各类信息，并聚焦于其新增投资需求与园区是否匹配的核心问题上：企业发展情况是否良好，在行业中是否具备足够的影响力，是否掌握核心技术、拥有核心人才？企业未来战略发展方向是否与园区匹配，有无新增投资、拓展的规划？企业有哪些新增投资需求，哪些因素将影响企业投资决策？

三是竞争对手信息。保持对各类具有类似区位、要素禀赋、产业定位的竞争对手的了解，有助于及时调整招商策略、改进招商方案，提升园区的核心竞争力，掌握竞争的主动权。

打造营商环境。营商环境是招商引资的第一竞争点，也是投资商考察的首要因素。在区位、交通、自然资源等外部环境难以改变的情况下，开发区应从自身着手，打造优良的营商环境。

具体而言，在硬环境方面，主要包括基础设施（如N通一平、交通系统、公共设施等），空间设施（如办公空间、生产空间等），商务设施（如酒店、展馆、会议中心等）和生活设施（如住宅、餐饮、医疗、教育等）。开发区应根据产业定位，结合主导产业需求，制定相应的配套设施规划，进行合理建设和引进。

在软环境方面，开发区应为企业提供优质的行政服务与配套服务。

行政服务层面，一是提高行政效率，以效率和效益为价值取向，建立精简、统一、高效的行政运行机制，推行首问负责制、限时办结制等，提高社会化服务的比例和作用。二是构建适用且更有针对性的政策体系，而不是将优惠政策当做开发区招商最重要、甚至是唯一的吸引点；同时，借鉴各地经验，对标竞争对手，适时调整政策。三是树立良好的区域品牌形象，做到诚实守信，对投资商的承诺须及时兑现。

配套服务层面，关注产业和企业发展的现实需求，有针对性地引进金融、法律、财税、咨询、知识产权等配套服务。条件允许的情况下，可通过兴办或引进与主导产业相关的高等院校、职业院校、人才培养基地等方式，着力提升人才供给能力。

宣传园区品牌。园区品牌宣传环节主要解决两个问题，即打造怎样的园区形象和如何将园区形象有效传递给目标受众。

具体而言，形象设计方面，一要明确形象定位，其内涵应当反映出对区域历史人文价值观的深度挖掘和高度提炼，既是区域精神，也是对区域经济文化生活等特点的总结。二要设计视觉识别系统（VI），通常由logo、标准色、标准字体等多种基本要素组成，具有较高识别度的同时，也向外界传达出园区的发展理念与内在价值。

品牌传播方面，需要有效的手段使其在目标群体中形成恰当而完整的认知，从而真正服务于园区招商，并在社会中建立良好的形象。根据园区发展阶段的不同，可以将品牌传播分为品牌导入期、品牌拓展期和品牌深化期三个阶段，最终达到品牌的自传播目标。在传播渠道上，应充分利用各种传媒资源，结合自身及受众特点，科学构筑符合需求的、立体化的传播体系。在宣传强度上，一方面，定期采取延续性的传播手段，保持对园区的关注度；另一方面，适时推出强势的公关方案，吸引各界目光。

接洽商谈项目。项目接洽商谈是招商过程中对招商人员专业性要求最高的环节，招商人员必须具备一定的产业知识、法律知识，并对区域环境形成深刻理解。

具体而言，一是项目对接。开发区应做到行商与坐商相结合，充分做好潜在客户来访准备，保证潜在客户在来访过程中能够深入、迅速感知到开发区最好的一面；而当寻找到重要的潜在客户时，招商团队应主动走出开发区，与潜在客户积极对接。

二是项目选址。作为企业从入园意向到实质进展的第一步，选址尽管只是初步进展，但为保障园区的长远发展，为企业提供的地块选择应根据规划指导，综合考虑产业集聚、环境保护、配套完善等因素，做到园区发展与企业发展协调一致。

三是尽职调查。不同于企业间的尽职调查，开发区对投资方的尽职调查主要关注其财务现状、环境成本、社会效益及企业信誉度方面的信息，考察其是否能够履行投资承诺，带动经济发展。待条件成熟时，可根据过往经验形成科学量化的项目评估办法。如：惠州市2019年3月发布了《惠州市招商项目遴选办法（试行）》，建立了由16项量化考核指标组成的项目评估体系。

四是项目谈判。当双方基本意向都已确定时，招商进入最后的谈判阶段，双方都将关注各自的博弈焦点，为自己争取利益最大化。开发区应当组建一支规模适当、知识互补、性格协调的谈判队伍，按照双赢、平等、合法、高效等原则，以保障地方利益为前提、以引进优质项目为目的，与企业进行商谈，最终实现项目的落地投产。

建设人才队伍。人才是招商工作的保障。具体而言，一是人才引进和培养。招商部门人才引进时，需要根据实际需求，有针对性地引进相关专业人才，如公共管理人才、行业专家、媒体人才、法律人才等。在此基础上，通过专业知识学习、个人能力培养、实习培训使其成为一名合格的招商人员。二是组织建设与考核。专业的招商部门组织架构通常按照目标区域或目标行业来进行小组划分，并根据实际工作需要，设置关键岗位和编制。开发区应建立并逐步完善与岗位职责相匹配的考核机制，通过考核调动招商人员的积极性，推动工作方式的转变。

出奇制胜，创新使用多种招商策略

现阶段，新技术、新产业、新业态、新模式不断涌现，企业需求也呈现多样化趋势。为适应这些变化，越来越多的开发区摒弃原有的单纯谈判招商的模式，逐渐在招商策略上出奇制胜，以求破解当前的发展困局。

资本招商。开发区发挥国有资金的撬动作用，联合社会资本成立产业基金或投资公司，以股权投资为筹码吸引优质企业入驻，是近年来各地方政府和开发区创新招商的重要手段之一。

案例：广州开发区入股LG项目

2017年7月，韩国LG显示器公司宣布：广州的OLED大尺寸面板的合资工厂已正式落户广州开发区。这一项目的总投资额约为450亿元。

合资工厂的注册资金约为157亿人民币，LG持股70%，另外30%的股份由广州凯得科技持有。凯得科技成立于1998年，由广州凯得控股有限公司全额投资，而广州凯得控股有限公司是广州开发区为支持高新技术发展和资产运营而设立的国有独资企业。广州开发区通过股权投资的形式，促成了LG的入驻。

案例：重庆投资京东方，招商、盈利两不误

2013年，京东方A公布定增预案，拟募集不超过460亿元资金，用于建设公司3条液晶面板生产线和1条触摸屏生产线。其中，重庆渝资以63亿元获得30亿股（2.1元/股），成为京东方第三大股东，该资金主要用于重庆8.5代新型半导体显示器件及系统项目建设。

重庆渝资是重庆两江新区开发公司与重庆国资委旗下渝富控股合资成立的投资公司。重庆政府通过投资的方式，成功将京东方引入了两江新区，并带来了多家上下游配套企业，“无中生有”造就了一个液晶面板产业集群。

在获得招商成功的同时，重庆渝资还赚取了投资收益。2017年11月，重庆渝资减持京东方股份，根据公告日收盘价计算，这笔投资的浮盈达到110.4亿元。

人才招商。人才是产业的核心，对顶尖人才的招揽往往比项目招揽效果更佳，甚至出现一个人带动一个产业兴起的情况。近年来，以西安、武汉为代表的城市掀起了一波“抢人大战”，纷纷以各种优惠政策吸引人才。但从产业招商角度看，普通的人才政策对顶尖人才并不奏效，而往往是家乡情结、校园情愫更能发挥意想不到的作用。

案例：武汉“百万校友资智回汉工程”，雷军一人为光谷带来一个产业

2017年2月，武汉市召开全市招商引资大会。会上，新任市委书记陈一新直接喊话陈东升、雷军、孙宏斌、汪潮涌、李书福等武汉各高校杰出校友，提出实施“百万校友资智回汉工程”，号召武汉各高校校友资本回汉、智力回汉。随后，武汉成立招才局，实行虚拟机构，实体运作。招才局聘请陈东升、雷军、程一兵、汪潮涌、陈宗年、阎志等6位武汉知名校友为招才顾问，同时聘请10位招才大使。

在人才招商工程的引领下，武汉2017年招商工作取得了一系列突破，仅7场校友专场会便签约了10 678.4亿元。

这次人才招商中，最成功的当属武汉光谷对雷军的招揽。雷军是湖北仙桃人，大学就读于武汉大学计算机系，第一次创业也在武汉。从2017年到2018年，雷军系旗下的多家企业先后入驻武汉光谷，成立总部或第二总部。截至2018年7月，光谷已落户小米、金山、顺为、小米产业基金、西山居、金山办公等多个项目，形成了以雷军系为核心的产业生态。

订单招商。作为近年来最“出奇”的创新招商策略，订单招商以目标企业的订单为核心，通过承诺帮助企业解决项目落地投产后的产品销售订单，吸引企业入驻。尽管各项真金白银的优惠政策极具吸引力，但有保障的产品销售订单，才能真正解决企业生存发展的关键问题。

案例：重庆两江新区订单招商打造机器人产业

近年来，重庆发力机器人产业。2014年，重庆两江新区撬动社会资本，成立了重庆两江机器人融资租赁有限公司。一方面，两江新区向拟引入的机器人企业承诺巨额订单，由机器人融资租赁公司购买他们生产的机器人；另一方面，两江新区以折扣优惠和补贴鼓励本地企业以融资租赁的方式来使用机器人。通过这种手段，两江新区在2016年成功引入了发那科、川崎、库卡等全球机器人巨头，打造了机器人产业集群。

事实上，重庆汽车产业、笔记本电脑产业发达，对机器人的需求十分旺盛。一个典型的例子是，机器人融资租赁公司帮助长安汽车锁定了川崎上亿元的机器人订单，川崎获得了大额订单，长安汽车获得了生产资料，也美化了报表。两江新区政府以融资租赁公司作为桥梁，既帮助了招商，又促进了生产，而付出的成本仅仅是对企业融资租赁的优惠与补贴。

以商招商。利用已入驻企业或其高管的资源，为园区招商团队推荐、协调业内其他优秀企业，核心在于内培外引，筑巢引凤。因此，在现有企业中建立良好的口碑也是以商招商的关键。

案例：安徽长丰县以商招商引来苏宁、网易等项目

安徽长丰县为推动以商招商步伐，编制了招商信息网，结合自身重点产业的发展实际，成立了长丰县重点产业发展领导小组，助力重点产业的发展壮大以及产业辐射吸引作用的发挥。另外，长丰县还从县内外重点企业中择优选聘了21位企业家和职业经理人作为招商顾问，定期开展“以商招商”座谈会、招商推介会等，深入挖掘本地区“以商招商”的潜力。

截至2018年8月，长丰县累计引进项目226个，协议总投资达1 471.56亿元；实现到位资金1 020.8亿元，引进招商项目95个。其中，以京东安徽电子商务产业园落户为契机，通过“以商招商”的方式，吸引了诸如苏宁云商产业园、网易云合肥双创基地、上海交大科技示范园等一批产业辐射带动力强的项目成功落户，创新创业平台的搭建也吸引了石家庄四药、康诺药业、谊品生鲜等一批总部经济项目顺利落户。

产业链招商。围绕一个产业的主导产品及与之配套的原材料、辅料、零部件和包装件等产品吸引投资，谋求共同发展，形成倍增效应，以增强产品、企业、产业乃至整个地区综合竞争力。其实，对一个产业链的吸引力，核心在于对产业链龙头企业的招揽，进而便会吸引大批行业上下游配套企业靠拢，最终发挥集聚作用形成产业集群。

案例：郑州航空港区数年追逐引入富士康

郑州航空港区是如今全球手机生产的中心，每7部手机中，就有1部产自郑州航空港区。而这一成就，来自于郑州对富士康历时3年的追逐。早在2007年，郑州便成立了市长牵头的“富士康科技集团郑州投资项目协调推进领导小组”，尽管合作无实质进展，但仍持续保持沟通。

2010年，富士康对郑州进行了1周的综合考察，考察后，河南迅速将对接从市上升到省级层面。时任河南省委书记和省长在过去的地方工作中均与郭台铭相熟多年，省领导与郭台铭的几次会面推动了项目的实质性进展。2010年6月，双方签订了《战略合作框架协议》。

在项目落地过程中，郑州给予了最大力度的配合。为了给富士康准备厂房，郑州在16天里24小时连轴转，完成了32天的工作任务。1个月后，富士康第一个项目便投产。在一些企业注册审批之类的环节上，郑州都以最高效率完成。比如，海关备案一般是两到三天，但在多方协调之下，郑州几个小时就完成了。

同时，郑州市在土地供应、保障、税收、用工服务等各方面给予“最大限度的利益让步”。在土地环节，郑州提供了10平方千米的“超大”地块。河南省还承诺为富士康招聘培训10万名员工，并在职业介绍、培训等各环节对相关机构给予政府补贴，应聘者还有望每月得到生活补贴。

郑州对富士康的成功引入，吸引了中兴、天宇、创维、OPPO、魅族等一批企业的入驻，带动了郑州智能终端产业集群的形成。2017年郑州航空港区手机产量达2.99亿部，占全球的1/7。

大数据招商。利用大数据所蕴含的丰富信息，精准对接招商目标，提升招商效率。随着大数据上升为国家战略，通过激活庞大的政府数据存量，基础性战略资源的价值得以充分释放。由此，地方政府为各地经济社会长足发展找到了新引擎，数字经济全面铺开。

案例：贵阳高新区利用大数据实现精准招商

2018年，贵阳高新区针对在招商安商工作中线索挖掘不精准、追踪服务不到位、问题处理不及时等痛点，创造性地提出利用大数据技术进行招商引资改革，率先利用大数据深网爬虫、数据众包以及大数据清洗、比对、关联、融合等技术手段搭建“大数据精准招商安商云平台”，包括“大数据精准招商平台”和“智能管理平台”。

其中，“大数据精准招商平台”主要是利用大数据技术，精准锁定目标企业和精准挖掘投资线索；“智能管理平台”针对招商安商过程进行全流程、全留痕管理，利用大数据、智能化管理理念和技术，精准追踪洽谈和精准项目服务。2018年上半年，贵阳高新区通过大数据将企业与产业匹配，建立了具有50多个维度的目标企业库，并根据各种算法，最终筛选出既有投资实力又有投资意愿的目标企业，提高项目对接洽谈的成功率和招商质量。

创新的招商引资模式，提升了招商引资精准度。2018年，贵阳高新区招商呈现出“数量多、层次高、质量好”三大亮点：上半年签约的56个项目中，大数据产业类项目占比53.57%，涵盖大数据核心业态、关联业态和衍生业态，涉及人工智能、智慧金融、智能家居、智慧城市、互联网+等领域。

为确保项目落地，贵阳高新区还利用大数据建立"临近时限黄色预警、超过时限红色报警、自动结转绩效考核、严重问题督查问责"等功能模块，实现各类招商安商信息资源数据一体化管理、高度共享和深度应用，提升招商引资信息化水平和投资促进工作效率。

（资料来源：贵阳日报）

开发区创新提升观察之三：明晰产业发展方向 寻找产业突破口

和君咨询朱文奇团队

经过三十余年的发展，我国多数开发区已经形成了明确的主导产业和优势产业集群。但是，产业层次低、传统产业占比高、转型升级压力大等问题仍普遍存在。新时期，如何推动自身产业结构优化和产业转型升级，已经成为多数开发区迫切需要思考的问题。

以规划轨迹寻找产业突破方向

制造业始终是我国经济发展的重点。经过若干年发展，我国已经拥有由39个工业大类、191个中类、525个小类构成的完整工业体系，成为全世界唯一拥有联合国产业分类中全部工业门类的国家，稳居世界制造大国第一位，并且500余种工业产品中有220种居世界第一。"十五"计划时，面对即将加入世界贸易组织的形势，我国首先选择将制造业融入国际分工体系，发挥劳动密集型产业的比较优势，使劳动密集型产品的市场空间在"入世"后进一步扩大。"十一五"和"十二五"时期，工业结构优化升级成为工业发展的重点，提出加速发展电子信息制造、生物、航空航天等高技术产业，提升汽车、船舶、数控机床、输变电等在内的重大技术装备制造业的自主研发和创新能力。到了"十三五"时期，高端装备制造成为制造业的重点发展方向，强调智能制造的培育推广，以及制造业由生产型向生产服务型转变。由此可以看出，我国制造业的研发与创新含量在不断提升，现代工业体系也愈发完整，在国际分工中形成了较强的竞争力。因此，制造业仍将是我国新时期产业发展的重点，继续夯实制造业基础，巩固和放大制造业的国际竞争优势，进一步提升制造业的智能化水平，将是未来的发展方向（表1）。

表1 历次五年规划中制造业发展重点

工业制造			
十五计划	十一五规划	十二五规划	十三五规划
装备制造 原材料 轻工纺织 老工业基地改造	装备制造 汽车 船舶 轻工纺织 冶金工业 化学工业 建筑环保	装备制造 船舶 汽车 钢铁 有色金属 建材 石化 轻工纺织	航空航天装备 海洋工程装备 高技术船舶 先进轨道交通装备 高档数控机床 机器人设备 现代农机装备 高性能医疗器械 先进化工程套装备

高技术产业、新兴产业在经济结构中的比重不断上升，成为我国未来经济增长的主要动力。从"十五"计划起，国家开始重视高新技

术产业发展，提出“加速发展高技术产业，特别是信息产业的发展，使之成为国家竞争力的制高点”；“十一五”规划专门用一章的篇幅阐述高技术产业发展；“十二五”规划则正式提出重点发展一批战略性新兴产业；“十三五”规划阶段，不仅战略性新兴产业的内涵和外延更加丰富，还提出了“战略性新兴产业增加值占国内生产总值比重达到15%”的目标。可以预见，高新技术产业、新兴产业仍将是我国新时期产业结构升级的努力方向，也是未来经济增长的主要动力（表2）。

专业化、高附加值、高品质是服务业的发展趋势。在“十五”时期之前，我国服务业的总体比重偏低。“十五”计划提出“提高服务供给能力和水平”，旨在提高服务业的占比。经过15年的发展，服务业比重明显上升，已经趋于合理。“十三五”规划又提出“推动生产性服务业向专业化和价值链高端延伸、生活性服务业向精细化和高品质转变”。可以预见，专业化、高附加值、高品质仍是我国新时期服务业的发展重点（表3）。

以发展趋势寻找产业突破方向

注重技术突破。技术创新是产业升级的根

表2 历次五年规划中高技术产业、新兴产业发展重点

高技术、新兴产业				
十五计划	十一五规划	十二五规划	十三五规划	
高速宽带信息网	集成电路和软件	节能环保产业	智能系统	绿色低碳
深亚微米集成电路	新一代网络	新一代信息技术产业	新一代信息技术	高端装备与材料
生物技术工程	先进计算	生物产业	高效节能环保	数字创意
新型涡扇喷气支线客机	生物医药	新能源产业	智能材料	虚拟现实与互动影视
新型运载火箭	民用飞机	新材料产业	高效储能与分布式能源系统	新型飞行器及航行器
数字化电子产品	卫星应用	新能源汽车产业	精准医疗	新一代作业平台
新型显示器件	新材料		先进半导体	空天一体化观测系统
光电子材料与器件			机器人	量子通信
现代中药			增材制造	泛在安全物联网
卫星应用			智能交通	合成生物
			新一代航空装备	再生医学技术
			空间技术综合服务系统	新一代核电装备
			新能源汽车	小型核动力系统
			生物技术	民用核分析与成像

表3 历次五年规划中服务业发展重点

服务产业			
十五计划	十一五规划	十二五规划	十三五规划
生活性服务业：	生活性服务业：	生活性服务业：	生活性服务业：
房地产业	商贸服务业	商贸服务业	教育培训
装修装饰业	房地产业	旅游业	健康养老
规范发展物业管理业	旅游业	家庭服务业	文化娱乐
促进旅游业	市政公用事业	体育事业和体育产业	体育健身
社区服务企业	社区服务业	生产性服务业：	旅游业
商业零售业和零售业	体育事业和体育产业	金融服务业	家庭服务业
职业培训产业	生产性服务业：	现代物流业	生产性服务业：
面向生活消费的金融、保险服务	交通运输业	高技术服务业	工业设计和创意、工程咨询、商务咨询、法律会计、现代保险、信用评级、售后服务、检验检测认证、人力资源服务等产业
文化和体育产业	现代物流业	商务服务业	第三方物流和绿色物流、冷链物流、城乡配送
生产性服务业：	金融服务业		服务环节专业化分离和外包
流通业、运输业和邮政服务业	信息服务业		建立与国际接轨的生产性服务业标准体系
金融保险业	商务服务业		
中介服务业			
信息服务业			

本动力。回顾三次工业革命历程，产业结构的颠覆性改变无不伴随着重大技术的突破。新技术一旦与市场需求相匹配，将对社会需求结构产生明显改进，使价格高昂的“奢侈品”变成价格低廉的“必需品”，从而释放出巨大的增长潜力。例如，通信技术的发展极大降低了互联网与移动互联网的成本，而5G技术的发展将推动相关成本的进一步降低。

一方面，着眼于第四次工业革命，未来五年的突破性技术包括5G、物联网、人工智能、石墨烯、量子科学、基因工程和可控核聚变等七大技术，与之对应的，数字经济、智能经济、生物经济等将是我国新时期产业发展的重点方向。另一方面，集成电路、芯片半导体等受制于国外的关键技术正处于缓慢发展期，为我国自主可控技术的赶超提供了机遇。目前，在芯片半导体等科技细分领域，全球产业发展已经遇到“叹息之墙”，例如，传统硅材质的芯片工艺基本达到了物理极限，全球顶尖企业芯片产品的单核频率提升速度已经非常缓慢；在软件领域，近五年几乎未出现划时代的软件应用产品，五年前的个人电脑仍然可以运行当前的软件。因此，抓住科技领域的战略机遇期，选择与自身产业结构相契合的突破性技术，培育相关产业也将是我国新时期开发区产业突破的重点方向（图1）。

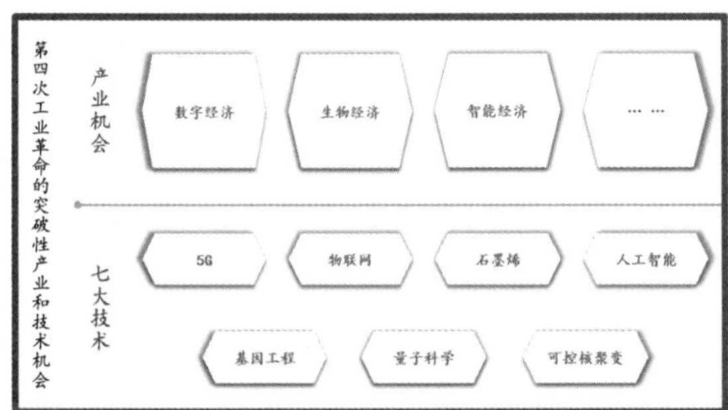

图1 第四次工业革命的突破性产业和技术机会

注重空间突破。地理空间的大幅拓展，也为新的产业赛道孕育提供机会。随着海洋技术、空间技术的发展，人类的发展空间将实现进一步突破，在这个过程中也将孕育海洋经济、太空经济等新的产业。

注重制度突破。回顾我国改革开放40余年发展历程，制度创新也是产业发展的重要推动力量，能够释放巨大的经济发展活力。面向未来，随着前期改革红利的减弱，市场化改革进入了全面深化改革的攻坚期，一系列新的制度突破，特别是土地、资金、技术等要素市场化改革，以及产权制度的进一步完善，将为一些产业的发展创造条件。例如，农村土地的“三权分置”作为土地大规模流转的基础，为规模农业、智慧农业、设施农业等现代农业的发展铺平了道路，也为“一二三”产联动创造了条件。

注重内需突破。2018年，我国人均GDP约为9 768美元，达到世界银行划分的上中等收入经济体水平，随着人均GDP的上升，高端生活服务业的市场空间将呈现快速增长的趋势，教育培训、医疗保健、休闲旅游、文化娱乐、健康养老等高端生活性服务业将在新时期获得较大的发展。

注重发展环境突破。于开发区而言，产业持续健康发展离不开基础设施、空间设施、生活设施等硬环境与政策、资本、人才等软环境相结合的发展环境。新时期的区域产业竞争将由单个产业竞争、产业链竞争演进至产业生态竞争，产业发展不仅需要“强链、补链、延链”，更需要构建完整的生态系统。因此，开发区在发展主导产业的同时，也应注意通过培育和完善金融服务、现代物流、科技服务、人力资源服务等生产性服务业，创造产业发展的最优环境，形成有活力的产业生态系统。

以构建“L+E”产业组合实现产业转型升级

推动区域产业升级是新时期开发区需要思考的重要命题。我们认为，思路之一是构建“L+E”产业组合：L即地方优势产业（Local Advantageous Industry），E即新兴产业（Emerging Industry）（图2）。

具体地，以园区平台为依托，在巩固地方优势产业的基础上，科学地选择并培育能够与传统优势产业相互融合、相互促进的新兴产业，形成区域产业发展的接续力量，实现“提升与创新”并重。在这个过程中，新兴产业通过新技术、新模式的导入，帮助传统产业进行效率提升，传统产业则为新兴产业提供市场空间；开发区为传统优势产业创造优良发展环境，形成稳定的税收作为产业转型的基础保障，同时为新兴产业提供资本支持、发展环境（特别是软环境）等企业成长的必备要素，进而帮助区域经济打开进一步增长空间。

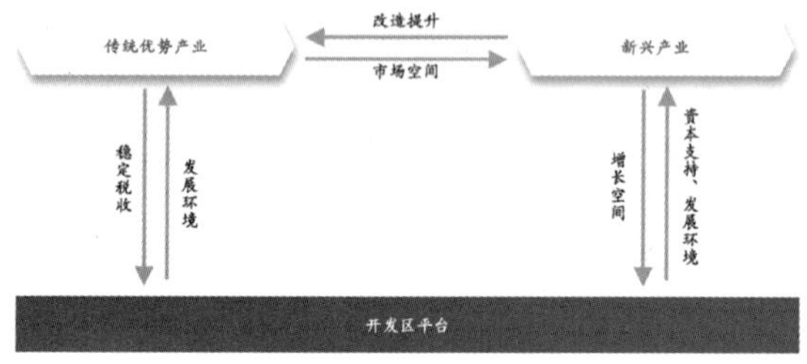

图 2 开发区构建“L+E”产业组合

案例：湖南城陵矶新港区的“高铁型”产业体系

湖南城陵矶新港区位于湖南省岳阳市东北部，拥有湖南省唯一通江达海的深水良港——城陵矶港。依托城陵矶港，湖南城陵矶新港区具有发展航运物流、粮油加工业和对外贸易产业的天然优势，形成了特色鲜明的产业集群。

2017 年，在经过系统的调研后，和君发现，虽然产业特色较为鲜明，但区域产业发展的问题也较为突出：

（1）三大主导产业均为传统产业，新兴产业较为薄弱，产业发展缺少接续力量。

（2）航运物流、对外贸易对地方政府的税收贡献较低。

（3）制造业基础较为薄弱，区域产业协作体系尚未形成。

（4）城市功能发展滞后，与产业发展、港口发展进程严重脱节。

为破解上述问题，和君提出了从三方面入手的思路：

一是培育能够与现有主导产业相互促进，且符合区域特点的新兴产业，构建“L+E”产业组合，为产业进一步发展打开空间。

二是进一步夯实地方优势产业，通过一系列措施，巩固其在全省乃至更大区域范围的优势地位。

三是大力推动城市功能提升，以城市发展促进产业发展和港口发展，放大全省唯一深水港的优势，以产业发展反哺城市发展，最终形成港口、产业和城市的共同繁荣。

在新兴产业选取方面，在对外部环境和区域内部条件进行了系统分析，对现有产业基础、临港产业特点等进行梳理的基础上，得到城陵矶新港区未来可能发展的若干重点产业。进一步应用产业评估模型，对产业机会进行区隔和取舍，最终发现：先进装备制造、新材料与新能源汽车是新港区未来五年应重点发展的新兴产业。

至此，新港区未来产业发展的“L+E”产业组合就较为清晰了：以“现代物流”和“开放型经济”两大板块为动力，以“创新升级产业”板块为核心内涵的“高铁型”产业体系，同时推动港产城融合发展，实现综合提升。

目前，城陵矶新港区的发展态势良好，2018 年 GDP 增长率达到 9.6%，新金宝集团、哈工大机器人集团、岳阳新能源汽车产业园、无人船装备生产基地、冠都（岳阳）置业五星级酒店、长郡新港国际学校等一系列项目均在 2018 年实现签约和落地（图 3）。

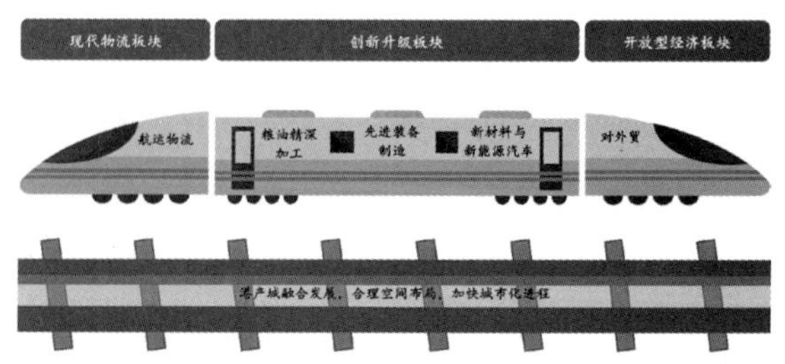

图 3 湖南城陵矶新港区“高铁型”产业体系

开发区创新提升观察之四：聚焦专业化、多元化、市场化，推动管理创新提升

和君咨询朱文奇团队

2019年5月28日，国务院印发了《关于推进国家级经济技术开发区创新提升打造改革开放新高地的意见》，为国家级经开区吹响了新时期发展的号角。从我国开发区内部看，多年发展过程中在体制机制、管理方式等方面也积累了一系列问题。新时期，如何从管理机制角度探索转型创新路径，已经成为开发区需要深入探讨的重要课题。

我国开发区管理体制现状

目前，我国开发区的管理体制主要包括单一管委会型、管委会与行政区合一型、公司型三种。

单一管委会型管理体制属于准政府型管理模式，是目前大部分开发区选择的管理模式。其运作方式为由地方人大进行立法或政府特别授权组建开发区管委会，作为上级政府的派出机构，代表上级政府行使开发区的管理权，主要行使经济管理职能，同时，由上级党委派出工委会，开发区不设人大和政协。这类管理体制的优点是高度授权、机构精简，管委会作为上级政府的派出机构，具有较高的独立性，同时，在部门设置上较为精简，有利于职能的高度整合，从而形成较高的行政效率；不足之处在于，管委会作为准政府机构，重点突出了经济管理职能，在社会事务职能方面有所欠缺，随着开发区人口增加和产城一体化发展，职能缺位的矛盾将日益凸显。

管委会与行政区合一型管理体制，即开发区管理部门在保留原有行政管理部门的前提下，享有较高一级的独立审批权限。该模式通常适用于开发区作为行政区内的一部分或者全境的情况，是在传统行政管理体制基础上的一种创新。由于管委会的地位和权限相对独立，使其能够在体制改革和创新方面进行更多探索。同时，原有行政职能得以保留，也使得开发区管理部门处理经济和社会事务的职能较为完整，有利于提高工作效率。

公司型管理体制是指以公司为主体，对开发区进行开发建设和运营管理。在这种体制下，政府仅负责城市规划、土地利用规划编制、土地政策发布等宏观事务，园区开发运营企业负责资金筹措、土地开发、招商引资、运营管理等一系列工作，由此能够充分发挥企业高效、快速、灵活的优势，有利于开发区管理效率的提升和服务体系的完善。但是，由于对开发运营企业的资金实力和能力要求较高，该模式多应用于小型园区，在开发区中的实际应用较少。

开发区现行管理体制存在的问题

机构设置无法适应发展需要。在发展初期，开发区主要承担土地开发、项目建设、招商引资职能，工作内容相对集中，机构设置相对精简，较少存在职责交叉、职责盲区等现象。随着区域发展带来的企业和人口增加，各项事务的复杂程度也逐步提升，若机构设置仍不进行动态调整，将对各项工作的开展造成一定阻碍。从实际情况来看，开发区机构设置主要存在以

下两方面问题：

一是管理权限不足。以规划与自然资源分局、生态环境分局等为代表的垂直部门通常不接受开发区管委会领导，只受其所在分局领导，这往往造成协调难度加大，导致开发区管委会在规划、土地、环保等领域的批复效率降低，从而影响项目落地的时速。同时，开发区范围内一些乡镇土地虽属管委会管辖，但由于体制原因，土地范畴的各项社会管理职能仍由所在地政府行使，这在一定程度上减轻了开发区的社会管理压力，但也往往不利于拆迁、土地收储等工作开展。

二是职责交叉现象涌现。管委会与所在地政府之间，管委会与分园区、组团之间往往出现职责交叉。例如在招商方面，管委会、所在政府、分园区以及园内的孵化器、科创中心等往往都具有相关职能，这种职责重叠既不利于统一调配招商资源，也对项目推荐、签约、落地和客商关系服务等工作的顺畅进行造成阻碍，不利于项目全过程跟踪服务。

编制人员与专业人员缺乏。开发区管委会通常是按照精简、高效的原则，在机构设置上，一个部门往往承担行政区多个部门的工作职能；在人员编制上，按照“大部制”思路，行政、事业编制也较为精简。因此，随着区域内各项事业的不断发展，人手不足的情况将逐步显现。同时，由于工资待遇、职业发展等多方面原因，多数开发区专业性人才较为缺乏，特别是在规划、产业研究、产业招商、产业服务等专业性较强的岗位，容易出现人员专业性不足的问题，从而影响相关工作顺利开展。

薪酬机制的灵活性较低。由于多方面限制，开发区工作人员薪酬往往比照行政事业单位，一定程度上影响了对优秀人才的吸引力。一方面，行政编制、事业编制和合同制人员具有不同的工资体系，容易出现“同工不同酬”现象；另一方面，不同部门、不同岗位的工作强度和能力要求有所不同，薪酬机制尚未与工作职责、专业相挂钩，极不利于员工积极性调动和干部队伍建设。

考核机制的科学性有待提升。目前，部分开发区尚未建立起科学的考核机制，在考核时，往往采用定性为主、定量为辅的指标体系，且尚未建立起针对不同岗位、不同层次的人员考核指标，使考核的科学性大打折扣；亦或是由于薪酬空间、职务激励空间的限制，未将考核结果应用于员工职务升降、薪酬增减、培训、辞退等方面，使得考核的激励作用未能得到充分发挥，从而弱化了考核的价值。

开发区管理创新提升的新方向

吸纳优秀人才、充分调动人才积极性是开发区产业结构升级、营商环境优化、招商引资等工作顺利实施的根本保障。而通过管理创新吸引人才、留住人才、激发人才活力，从而更好地促进产业升级和区域的综合提升，也成为多数开发区改革和创新的重要方向之一。

相对于普通行政区，开发区的优势在于拥有更大的灵活性，在机构和岗位设置、人才选聘、激励机制等方面均具备较大创新空间。总结而言，开发区的管理创新主要包括机构设置专业化、运营主体多元化、人才机制市场化三个方面。

机构设置专业化，构建专业化的招商机构。随着我国产业发展模式由“追赶型”向“开创型”转变，招商模式也要随之转变，由过往的“拼政策”、“比优惠”向“拼服务”、“拼环境”转变。并且，在招商组织方面，过往的“全员招商”显然已经不符合时代需要，组建专业化、市场化、有活力的招商队伍成为越来越多开发区的选择。

例如，烟台经济技术开发区在招商合作发展局下设置了新一代信息技术、高端装备制造、高端化工新材料等 8 个企业化运作的产业促进中心，以系统化、链条化方式开展招商引资、产业培育工作。一方面，每个产业促进中心仅负责一个产业，招商人员拥有充分精力深入、细致地研究产业类型，通过对产业链运作模式、各个环节特点、企业对各类要素需求、本区域优劣势等进行系统了解，能够与企业高效对接，提高招商效率；另一方面，企业化运作的产业促进中心在人员招聘、激励机制等方面均具有较高灵活性，能够充分吸纳专业人才，并激发人才的积极性。

构建专业化的产业服务机构。“重招商”、“轻落地”是大多开发区普遍存在的问题，在项目落地过程中，企业需要与工商、税务、发改、土地、规划、环保、消防等多部门进行对接，任何环节出现问题都将对项目落地的进程造成较大影响。因此，围绕重点产业门类，设置专业化的产业服务机构，对于产业项目的顺利落地将大有裨益。

例如，成都市高新区围绕自身产业特点，组建了新经济发展局、电子信息产业局、生物产业局等3个专业化产业推进机构。各个产业局不仅负责产业招商，还整合了分散在多个部门的企业服务职责，建立“政策研究＋招商引资＋项目运营＋保障服务”全链条服务模式。这样的机构设置，能够有效解决招商与落地脱节的问题，从而保障项目高效落地。

构建专业化的营商环境优化机构。过往沿用的“一站式”大厅、综合管理部等机构，难以统筹解决营商环境改善过程中面临的多环节、长链条等复杂问题。因此，设置专业化机构是促进区域营商环境提升的重要方式之一。

例如，作为广东省首个营商环境改革创新实验区，今年3月，广州开发区成立了“营商环境改革局”，系统推进全区营商环境建设工作，除拟订并组织实施全区营商环境建设工作规划和年度计划外，还将着手推进营商环境指标体系建设工作，成为全国首个探索区级营商环境指标体系的开发区。

构建专业化的智囊机构。对于大多数开发区而言，由于编制不足、人员专业度不够、日常事务缠身等原因，领导班子对产业发展趋势、产业政策制定、区域品牌建设等一系列问题难以形成较为深入的思考。此种情况下，借助外部专业化智囊机构的力量，内外结合共同推动区域发展将成为一种优质选择。

为解决开发区的上述困扰，和君咨询推出了“地方产业发展研究院”产品，采取与地方政府联合组建的方式，常年跟踪服务，为开发区搭建信息交流平台、专家聚合平台、资源对接平台、品牌推广平台、人才培养平台五大平台，提供基础服务、延伸服务、高端服务、定制服务四方面服务（表1）。

表1 和君咨询地方产业发展研究院服务体系

	包含内容
基础服务	区域产业发展诊断、主导产业动态分析、产业大讲堂、产业发展座谈、决策参与、年度产业发展建议报告
延伸服务	高层次专属专家委员会、媒体对接、公众号运营、北京产业交流办公室
高端服务	专业化行业论坛或区域经济发展论坛、专场招商推介活动
定制服务	产业规划、五年规划、招商方案、政策制定、营商环境改善方案、投融资方案、专项课题等

运营主体多元化。在过往的实践中，开发区的管理运营多以政府为主导。随着产业结构升级，企业对区域发展环境的要求越来越高，加之区域之间竞争加剧，对园区运营能力也提出了新的要求。同时，专业化的园区运营企业的规模和实力已经得到大幅提升。在此背景下，以市场化方式引进专业机构，对开发区部分或整体进行运营，形成政府和社会机构的优势互补，将成为越来越多开发区的选择。

例如，今年1月，山西省委办公厅和省政府办公厅联合发布《关于开发区管理和运营分离改革的指导意见》，明确提出“探索推进开发区行政管理体制和市场化运营模式分离改革”，对开发区管理机构的产生和职责、开发区运营机构的确定和职责加以明确，是我国第一次在省级层面鼓励开发区推进市场化运营模式。

案例：龙河高新区的政企合作模式

早在2005年，廊坊市龙河高新区就在引进市场化运营机构方面进行了探索，可以说是政府与市场化机构合作的成功典范。

龙河高新区位于河北省廊坊市主城区东南部、廊坊母亲河—龙河流域沿岸，总规划面积

71平方千米，距北京和天津市中心分别为40千米和60千米，一小时内可以到达首都机场、天津机场和天津新港，拥有非常独特、便利的海、路、空立体化交通物流网络。

2005年，廊坊安次区政府与宏泰发展签订了合作协议，宏泰发展获得了37.5平方千米的开发运营权。按照协议，政府统一领导园区经济社会事务，宏泰发展则负责规划、土地整理和基础设施建设、招商引资和运营服务等一揽子开发运营工作。

对于宏泰发展而言，该模式有如下特点：

(1) 土地一级开发收入并非与成本挂钩，而是与土地出让收入挂钩。

(2) 产业招商服务收入不与投资额挂钩，而是与落地企业所缴纳的税收挂钩。

(3) 宏泰发展有权参与龙河高新区主要项目决策的政府咨询，准备项目开发计划和土地使用年度计划。

可以看出，该模式很好地体现了“运营”的思路，宏泰发展不仅需要招商引资，还需要通过专业的运营服务，切实保障项目落地，只有产业项目真正给当地带来税收，宏泰发展才能获得较好的收益。

目前，龙河高新区已经进入发展成熟期，形成了「十横七纵」道路网络和「九通一平」投资条件，逐步显现良好的经济和社会效益，步入发展的快车道。

人才机制市场化。建立以“赛马”为导向的选人用人机制。一些开发区已经开始实行全员聘任制，打破原有编制身份界限，实行合同管理，真正实现“人员能进能出、职务能上能下”。例如，桐城经开区在干部任用时，将原身份“封闭管理”，所有工作人员不受行政、事业编制限制，一律采取竞聘上岗。南昌高新区对一级主办以上领导干部视情况采取直接聘任、竞岗聘任、公开选聘等灵活聘用方式，对二至五级主办采取双向选择的方式竞岗聘用。

建立以绩效为导向的激励机制。改变过往“铁工资”的分配方式，向以考核结果为导向的“活薪酬”转变。特别是对于一线招商人员，只有建立以结果为导向的激励机制，才能充分调动其积极性。例如，日照经开区制定了“倾斜一线、以岗定薪、优绩优酬”的薪酬分配制度，将职员的收入与工作实绩挂钩，不受原有身份级别限制。对于完成任务的一线招商人员，绩效奖励最高可上浮200%。

建立科学合理的绩效考核机制。在制定考核指标时，应根据不同岗位的职能职责，设置针对性的考核指标体系。同时，要以“量化考评”为主，避免“人情分”“关系牌”对考核结果的影响。在考核结果应用方面，应将考核结果与薪酬分配、评先树优、干部选拔任用紧密挂钩，真正实现“能者上、平者让、庸者下”。

试论民间史料在《德阳经开区志》编写中的意义和价值

德阳经济技术开发区　李学建

近年来，在编写《德阳经开区志》过程中，不少领导和部门负责同志建议，不仅要写党、政、军活动，还要研究广大建设者的历史，突出经开区的特色。也就是说，《德阳经开区志》的编写不仅要站在执政党自身视角探讨其政策的酝酿、产生、发展和演变，还要立足建设者视角来编写那些深受党的各项政策影响，与德阳经开区各项事业休戚相关的数以万计的建设者的日常生活史与命运变迁史。只有这样，一部有血有肉、有干有枝的德阳经开区建设发展史才能有效地构建起来，历史的真实性、生动性也才能得以彰显。基于此，本文拟从以下三个角度谈谈民间史料在《德阳经开区志》编写中的意义和价值。

角度一：民间史料能为《德阳经开区志》编写提供新的视角

对《德阳经开区志》而言，其本身就是广大建设者在党的领导下，在建设发展中进行的艰苦卓绝的奋斗史、创业史，诸如数以万计的农民、农民工群体为经开区建设发展立下汗马功劳，在近30年的建设发展中起到了独特作用，理应是编写《德阳经开区志》的重要组成部分。不少人对这些群体的大体了解主要源于正式文件资料的叙述、媒体的报道，它们主要聚焦于农民、农民工等群体对经开区建设发展的贡献等。这些当然在很大程度上有助于我们深化对这些群体的认识；但亦应指出的是，这些信息的采集和披露主要是采用“由外向内”“由上往下”的视角，可能会遗失、遮蔽相关历史信息。作为当事人的农民、农民工群体其真实生存状态、心理诉求如何等等，外界往往知之甚少，知之不详。从农民、农民工群体自身视角来观察、编写《德阳经开区志》自然是一个很好的角度，而类似这样的视角转变应该还可以不断探索发掘。

史学研究视角的转变，当然不是源于编写工作者主观想象，而是来源于新的资料驱动。如收集到的《农民日记》《农民家书》《农民笔记》《农民工口述史料》等民间史料，同经开区相关文件资料一起，成为编写《德阳经开区志》的重要史料来源。而依据这些民间资料，立足民间，可以倾听和感受农民、农民工等建设者在德阳经开区建设发展中的生存际遇、情感诉求。由此，农民、农民工等群体不再是一个抽象的历史名词，而是一群具有鲜明时代特征的人物群体。随着诸如此类的民间史料的不断收集，《德阳经开区志》编写可以不断拓展既往的编写路经，变为“由上而下”“由下而上”双重互动结合之视角。视角的转变和扩充，必然有助于我们看到德阳经开区建设发展更全面更生动的历史画面。

角度二：民间史料能为《德阳经开区志》编写注入更多的人文关怀

编写《德阳经开区志》的价值之一，就是通过对建设者过去经历的认识，来帮助今天的建设者更好地认识自我，把握今天。在这个意义上说，编写志书不外是人类的一种自我认识。编写工作者必须具备深切的人文关怀，才能很好地承担这一重任。那么，编写工作者的人文关怀从何而来呢？这不仅源于编写工作者崇高的“史德”和科学理念的养成，亦在很大程度上取决于德阳经开区建设时期的建设者是否为时代留下反映其内心情感和个人命运的资料，以帮助外界走进他们的心灵，从而帮助人们更好地认识和理解这个时代；否则，所谓的人文关怀，也就成为无本之木，无源之水。

德阳经开区建设以来，数万民众参与其中，贡献其中。不少家书、回忆录及先进人物的史料记录了民众对经开区建设发展的观察、体验和感受等，这些为《德阳经开区志》编写注入人文关怀提供了直接的史料来源。有位建设者曾言：“加强建设者史料的研究，不仅有利于全面真实地反映德阳经开区建设发展的历史，也会让建设者产生一种共鸣感。”这就是说，关怀建设者、亲近建设者可以为编写《德阳经开区志》注入更多的人文关怀。只有更加重视，更好运用这些民间史料，《德阳经开区志》才能更好地以人文情怀和温暖的笔调去书写建设者、理解建设者，给建设者应有的“同情之理解”。这种人文关怀既有助于全面构建《德阳经开区志》立体图景，也让《德阳经开区志》变得真实而有温度，生动而丰满。

角度三：民间史料有助于拓展深化《德阳经开区志》具体历程与细节的考察

古今中外，任何一项政策、制度、无论设计者、决策者考虑多么周全，在见诸实践后，总要与特定历史时空下的环境发生不同程度的碰撞、磨合，这往往导致文献表达与客观现实可能存在统一与疏离的双重面相。而开发区建设是一场当代中国经济、政治、文化等方面、全方位的改革，范围广、力度大、影响深，其具体过程、演进逻辑十分复杂。因此，我们在编写《德阳经开区志》时，不仅要重视正式文件资料的表达，也要重视实际运行状态。只有如此才能使《德阳经开区志》更加深入全面地再现这段丰富多彩、鲜活生动的发展历程。

就《德阳经开区志》编写而言，我们不仅参阅了正式文件资料之表达，也回到德阳经开区建设发展的现场，走近建设者，考察各项事业、各个领域的实际运行状态。春江水暖鸭先知，由于党和国家各项政策、制度等最终要传达至基层、企业以及建设者，后者是各项官方文件的感知者、实践者，这就意味着评估任何一项官方政策、制度的实际运行状态效果，一个重要的渠道就是从普通建设者感受和察觉中获取。这就意味着我们编写《德阳经开区志》，固然需要熟悉正式文件资料，同时还需要考察这些文件资料的具体实践情形，特别是在街道办事处、在企业的具体运行样态。多年来，收集了一些当年建设者的个人自述、口述资料以及与具体企业有关的报纸、书籍、画册等都记录了企业和建设者的个人生命史，记载了德阳经开区不少相关政策、制度在基层、在民间的具体运作状态，而这些民间资料的运用，有助于我们看到《德阳经开区志》在一些基层、部门、企业真实运作的复杂情形，经开区建设发展的丰富鲜活历程也由此得到更好的彰显。

《德阳经开区志》在经开区建设发展中大有可为

习近平同志基于中国特色社会主义历史、中国历史、世界历史的发展趋势，提出把我国建成社会主义现代化强国的目标。实现这一目标，无疑将成为中华人民共和国历史、中华民族历史、世界社会主义发展历史上的重要里程碑，作为史学工作者都应为之不懈努力。《德阳经开区志》编写中坚持了唯物史观，讲清楚了经开区建设发展的来路去向，为经开区进一步建设发展提供了历史智慧和精神动力。

为经开区资政育人提供史料。过往的经开区建设都成为历史，历史研究是一切社会科学的基础，历史研究是往回看的，但是任何时代的任何历史研究都是站在现实社会基础上往回看的。这决定了我们在编写《德阳经开区志》时，总是不可避免地带着现实的眼光，希望《德阳经开区志》会对经开区建设发展起到推动作用。所以，从这个意义说，《德阳经开区志》是用来资政育人的，资政育人是历史研究的题中应有之义，也是史学的主要社会功能。古往今来，任何一部有价值的历史著作都是研究过往、关照未来，都是希望对现实社会发生作用，或者是提醒后人少走弯路，或者是希望借鉴历史经验走向光明未来。这就是我们常说的以史为鉴。脱离现实社会的历史研究是没有前途的，是不为社会所重视的，历史无用论的盛行往往都是因为历史研究脱离了现实社会。

资政育人是我国史学的优良传统。北宋司马光坚持“专取关国家盛衰，系生民休戚”的撰述主旨，修撰了《资治通鉴》这样一部编年体中国通史，希望“鉴于往事，有资于治道”，书名就非常鲜明地表达了该书的资政性质。历史研究“有资于治道”，这是我们编写《德阳经开区志》所没有忽视的。

中国共产党成立后，许多历史学家以唯物主义史观为指导开展历史研究，资政育人仍是重要目的。如郭沫若、范文澜都在马克思主义理论指导下用唯物史观研究中国历史、探寻中国历史发展规律，力图对中国共产党人的历史认识起到指导作用，为中国革命和建设提供借鉴。

习近平同志指出：世界的今天是从世界的昨天发展而来的。今天世界遇到的很多事情可以在历史上找到影子，历史上发生的很多事情也可以作为今天的镜鉴。重视历史、研究历史、借鉴历史给人类带来很多了解昨天、把握今天、开创明天的智慧。所以说，历史是人类最好的老师。历史知识的积累、历史规律的探寻、对人们世界观、人生观、价值观的形成具有十分重要的作用，《德阳经开区志》对经开区建设发展具有十分重要的指导意义。今天，我们即将踏上经开区建设发展的新征程，《德阳经开区志》应更好发挥资政育人作用，为建设者提供更多了解经开区的昨天、把握今天、开创明天的智慧。

《德阳经开区志》要为经开区建设发展提供智慧。习近平同志指出，中国特色社会主义道路是在改革开放30多年的伟大实践中走出来的，是在中华人民共和国成立60多年的持续探索中走出来的，是在对近代以来170多年中华民族发展历程的深刻总结中走出来的，是在对中华民族5 000多年悠久文明的传承中走出来的，具有深厚的历史渊源和广泛的现实基础。这些重要论述都表明，认识中国特色社会主义必须有历史眼光，历史思维。所以经开区的建设发展也要有历史眼光、历史思维。

经开区建设发展，必须坚持正确道路，这条道路就是中国特色社会主义道路，编写经开区史要深化对这条道路的研究。近代以来，中国人饱受列强的侵略，各种政治力量都在不同历史时期寻找解救之方，但都以失败告终。只有中国共产党成立以来，才结束了向下“沉沦”的趋势，迎来向上发展的光明前途。中国共产党成立及其以后的一系列事件，画出中国社会的历史轨迹。建国后，我们是在原苏联已建立社会主义社会的大背景下进入社会主义社会的，但对社会主义社会如何在中国生根、发展并没有照搬苏联的模式，而是结合中国国情和历史特点进行探索。改革开放后，党领导中国人民开辟了中国特色社会主义道路，使我们大踏步赶上时代。经开区建设发展蕴含的历史规律是很值得深入研究的，把这个建设发展过程研究透，我们才能清楚自己是怎样一步步走过来的，才能进一步坚定我们的道路自信、理论自信、制度自信。

经开区建设发展最本质的特征是加强党的领导，最大优势也是有党的领导。只有在党的领导下，才能加快建设发展。我们党是在与近代中国各个政党的竞争中显示出自己无与伦比的政治优势从而脱颖而出的。中国共产党之所以具有无与伦比的政治优势，主要是因为中国共产党没有自身的利益，是全心全意为人民服务的党，这是其他政党不能比的。习近平同志指出：“中国共产党人的初心和使命，就是为中国人民谋幸福，为中华民族谋复兴。这个初心和使命是激励中国共产党人不断前进的根本动力”。我们搞历史研究的要把这个问题作为重大问题进行深入研究，通过历史研究把历史选择了中国共产党、人民选择了中国共产党，经开区建设发展离不开党的领导这个道理讲清楚。

加快经开区建设发展，需要认真学习德阳的传统文化。德阳几千年的悠久历史留给我们许多优秀传统文化，市、县志等典籍都有许多治国理政的思想精华，有些政治家、思想家、革命家也留下许多治国理政的精彩之论，都值得我们今天借鉴。德阳历史上的一些优秀传统，使我们在面对改革开放时可以不屈不挠、汲取新知、革故鼎新，终于改变了经开区一穷二白的面貌，形成了较为完备的装备制造业体系，众多制造业企业研制出一大批世界级产品，聚集了自主创新良好资源。这些历史经验都是值得研究和总结的，对于加速经开区建设发展也具有重要借鉴意义。

到本世纪中叶把我国建成富强文明和谐美丽的社会强国，这是一个宏伟的远景发展目标。在这样的时代号角鼓舞下，作为历史研究工作者要依靠自己的专业素养推出经开区建设发展的研究成果，为实现这一宏伟目标作出自己的努力。

抓住经开区建设发展重要节点深化历史研究。2020 年是经开区建区 28 周年，《德阳经开区志》用翔实的历史资料叙述开发区从小到大、从富到强的发展历程，深化对经开区建设发展的认识。

2049 年是中华人民共和国成立 100 周年，我们从现在起开始收集积累史料，准备进行第二轮《德阳经开区志》修编；除了阐述经开区建设发展的历史特点，还要阐述开发区建设以来的特点比较。通过这样的比较研究，不仅可以使开发区建设者对开发区建设发展有更深刻的认识，也会对中国改革开放有更深刻的认识，对为什么要建设中国特色社会主义有更深刻的认识。

《德阳经开区志》为经开区建设发展提供智慧，有利于在研究中提炼出富有改革开放文化特点的概念和话语体系，为建设者提供更多中国特色社会主义智慧。这是史学发展的契机，我们史学工作者应紧紧抓住。

综　合　篇

2019年北京市开发区发展情况综述

一、北京市开发区2019年基本情况

（一）经济总量快速增长

截至2019年底，北京市开发区累计投产开业企业2.56万家，实现总收入8万亿元，同比增长12.5%，其中，中关村自主创新示范区实现总收入6.6万亿，同比增长12.9%。开发区实现工业总产值13 692.5亿元，占北京市工业总产值的72.1%，同比增长5.1%。带动就业319.2万人。实现利润总额和税收总额分别为4 847亿元和2 339.6亿元，同比增速分别为4.6%和11.7%。2019年，北京经济技术开发区全年实现工业总产值4 214亿元，同比增长9.7%，占全市开发区工业总产值的30.8%，成为北京市“高精尖”产业的重要承载区和经济发展的增长极。

（二）土地空间集约利用

2019年，北京市开发区规划面积486平方千米。截至2019年底，北京市开发区累计已开发土地面积和累计已供应土地面积分别为355.8平方千米和321.1平方千米，占规划面积的比重分别为73.2%和66.1%。国家级开发区单位土地总收入和工业总产值分别为2.1亿元/公顷和1.4亿元/公顷，市级开发区分别为1.3亿元/公顷和0.49亿元/公顷。

（三）科技创新优势领先

2019年，北京市开发区规模以上国家高新技术企业数量为1.3万家，实现利润总额1 798.6亿元，占北京市开发区利润总额的37.1%；从业人员规模为186.8万人，占开发区从业人数的58.5%。其中，中关村聚集了全国21%的“千人计划”人才、全国近30%的国家级重点实验室、超过20%的国家工程研究中心。北京经济技术开发区强力推进具有全球影响力的技术创新中心建设，制定了《科技创新中心建设实施方案》，围绕千亿级产业集群建设，设立光刻机零部件、基因技术转化等10家前沿性技术创新中心。强化与大院大所合作，新组建北京亦创生物技术产业研究院、北京深知无限人工智能研究院等6家产业技术研究院。

（四）招商引资成效显著

截至2019年底，北京市开发区招商项目个数共计9.2万个，项目总投资4.27万亿元，注册资本4.17万亿元；其中，三资企业注册资本47 59亿元，外商实际投资391亿美元。中关村国家自主创新示范区招商项目6.06万个，项目总投资2.7万亿元，注册资本2.59万亿元；其中，三资企业注册资本2 910.5亿元，外商实际投资294.8亿美元。

二、推进高精尖产业发展系列政策

认真落实市委市政府推动高精尖产业发展系列政策，编制稳定制造业投资、加快高精尖项目落地的指导意见，出台促进5G、超高清视频、机器人、信息消费等领域发展的行动方案，成立一批专项工作专班，健全政策实施和项目落地工作机制。依托市、区两级高精尖产业落地推进工作专班，实行全市高精尖产业项目“一库式”管理，全面加强项目落地的统筹调度、服务保障和督导考核。各区围绕产业定位，加大工作力度，采取一企一策、挂图推进、跟踪服务等方式，降低项目落地成本、加快落地速度。顺义区通过信息系统在线跟踪服务项目建设，大兴区大幅压缩项目开工手续办理时限，房山区整合分散地块集中保障项目用地，密云

区采取租赁方式盘活产业空间资源。

三、推动京津冀产业协同发展。

与津冀共同签署进一步加强产业协同发展备忘录、智能网联汽车道路测试互认合作协议。持续推动北京（曹妃甸）现代产业发展试验区、北京·滦南大健康产业园、北京·张北云计算产业基地等共建园区建设；首钢京唐二期等重点产业项目建成投产，完成国家智能汽车与智慧交通（京冀）示范区一期建设，开展京津冀地区新能源汽车动力蓄电池回收利用试点。

（北京市开发区协会供稿）

2019年上海市开发区发展情况综述

一、概况

2019年，上海市开发区（以下简称“本市开发区”）聚焦高质量发展和提升经济密度的主要任务，深度推进转型升级。本市开发区全年实现营业收入108 936.29亿元，上缴税金5 398.3亿元；规模以上工业企业实现工业总产值27 650.76亿元，规模以上工业企业利润总额为2 341.96亿元，增幅均高于全市水平。在上海市委、市政府的领导下，围绕上海建设具有全球影响力的科创中心的总体目标，本市开发区进一步发挥先行先试的改革开放排头兵和核心载体作用，大力推进战略性新兴产业、先进制造业、现代服务业发展，推进开发区产业转型升级；通过开发区二次开发，提高工业用地利用效率，提升园区产业配套服务能级。本市开发区已成为全市推进实体经济发展的重要载体，同时也是承载上海建设具有全球影响力的科创中心和深化改革开放的主要战场。

2019年，本市开发区（包含本市国家公告开发区、产业基地和城镇工业地块）经济运行呈现以下主要特点。

二、开发区经济总量规模超过10万亿

2019年，本市开发区实现营业收入108 936.29亿元，同比增长0.61%；其中国家级开发区实现营业收入超过7.19万亿元。2019年全市营业总收入超千亿元以上的开发区（产业基地)有17个，陆家嘴金融贸易区和中国(上海)自由贸易试验区产业规模2019年超过2.3万亿元，排名前二位，两者合计占本市开发区营业收入之比接近50%；上海金桥开发区超过7 200亿元，排名第三；国际汽车城在汽车制造业出现下滑的情况下，总量低于7 000亿元，排名第四。张江高科技园区、漕河泾新兴技术开发区、上海嘉定工业区、上海浦东康桥工业园区、上海松江经济技术开发区、莘庄工业区和上海市市北高新技术服务业园区等超2 000亿元，成为本市开发区2019年经济能级保持稳定的龙头和重要引擎。

三、开发区制造业保持稳定，园区三产比重进一步增长

2019年，本市开发区第三产业完成营业收入总计74 385.41亿元，同比增长1.92%；市级以上开发区第三产业规模达到69 164.43亿元。2019年本市开发区二、三产营业收入之比为31.32∶68.68，产业结构中三产所占比重比2018年提高非常大。

2014年本市开发区第三产业比重首次超过第二产业，以市级开发区为代表的制造型园区的第三产业也呈现快速发展态势。2019年本市进一步促进制造业转型升级，提升智能制造水平，第二产业在市级开发区、产业基地与城镇工业地块比重保持稳定。

四、工业生产略有下降，战略性新兴产业发展较好

2019年本市开发区规模以上工业企业完成工业总产值27 650.76亿元，占全市规模以上工业企业总产值的80.32%，可比下降0.73%，降幅略高于全市水平。2019年本市开发区全口径完成工业总产值31 180.87亿元，同比下降1.02%，占全市工业总产值的87.87%。

2019年本市开发区工业生产较2018年略有下滑，全年降幅收窄趋势明显，上半年每月增幅低位震荡，下半年每月增幅增长趋势明显，其中12月份实现两位数增长，各开发区稳增长效果明显，取得一定成果。

五、战略性新兴和高技术产业集聚开发区产业发展良好

从战略性新兴产业分析，2019年本市开发区战略性新兴产业企业共完成产值9 570.20亿元，可比增长3.31%，增幅略高于全市水平，占全市战略性新兴产业产值的85.72%。本市战略性新兴产业八成五集聚在开发区，开发区是本市战略性新兴产业的主阵地。

从各区分析，2019年浦东新区开发区战略性新兴产业工业总产值最高达到3 657.95亿元，占全市开发区的38.22%，其次是闵行区和松江区的开发区的战略性新兴产业，其产值分别为1 163.5亿元和957.07亿元。

2019年战略性新兴产业产值最高的上海浦东康桥工业园区，产值约为1 420亿元；其次是张江高科技园区和上海松江经济技术开发区，产值超过730亿元；本市开发区战略性新兴产业排名前九位的园区，产值达到320亿元以上。

从高技术产品产值分析，2019年本市开发区高技术制造业共完成产值6 412.67亿元，可比下降1.01%，与全市开发区工业生产保持同步。开发区高技术制造业产值占全市高技术制造业产值的89.94%。本市高技术制造业九成集聚在开发区，开发区是本市高技术制造业的主战场。

2019年本市开发区高技术制造业利润总额为373.90亿元，占全市规模以上工业企业利润的85.44%，同比增长20.73%，增幅高于全市1.18个百分点。高技术制造业利润成为全部规模以上工业利润的重要增长点。

六、产业集群规模化成效显著，汽车制造业大幅下降

本市2019年规模以上工业企业行业超过500亿元的行业有13个，比2018年增加一个行业，其中汽车制造业继续成为第一大行业，计算机、通信和其他电子设备制造业排名第二；其中汽车制造业产值超过6 000亿元，两者的生产产值合计超过10 880亿元，为本市开发区制造业的第一阵营。其次，化学原料和化学制品制造业、通用设备制造业和电气机械和器材制造业超过1 840亿元产业规模，为第二阵营。十大行业的规模以上工业企业2019年共完成工业总产值22 908.57亿元，占全市开发区完成工业总产值的82.75%。2019年本市开发区前五大行业中有四个行业属于先进装备制造业，产值规模超1 800亿元，本市开发区工业生产中智能制造产业结构调整取得较好成效。本市超千亿规模的行业还有石油、煤炭及其他燃料加工业、黑色金属冶炼和压延加工业、专用设备制造业以及电力、热力生产和供应业四个行业。

七、开发区工业企业销售小幅下降，利润出现两位数降幅

2019年本市开发区规模以上工业企业实现营业收入31 679.73亿元，同比下降3.4%，降幅高于全市水平1.1个百分点，主要受宏观经济形势下滑和中美贸易争端的影响。2019年本市开发区规模以上工业企业利润总额为2 341.96亿元，占全市规模以上工业企业利润的80.6%，同比下降15.6%，降幅高于全市1.9个百分点。

2019年本市开发区规模以上工业企业销售增幅与工业生产基本同步，呈下跌趋势。近几年本市开发区工业企业主营业务收入与工业生产保持高度一致。

2019年开发区总体产销率为100.1%，比去年同期高0.4百分点，共有17个行业产销率在100%或以上；其中，造纸和纸制品业、废弃资源综合利用业和非金属矿物制品业排名前三，产销率超过101%，而通用设备制造业、医药制造业和专用设备制造业等重点行业均低于100%。

八、开发区引进外资实现较大增长，引进内资继续下降

2019 年本市开发区引进外资项目 3 209 个，同比增长 16.06%，吸引合同外资金额 215.64 亿美元，同比增长 12.91%。陆家嘴金融贸易区、中国（上海）自由贸易试验区和张江高科技园区排名前三，三个园区共引进合同外资 137.13 亿美元，占开发区引进合同外资的 63.6%。

2019 年本市开发区引进内资项目 31 913 个，同比减少 7.38 %；落户内资企业注册资金为 2 989.85 亿元，同比减少 5.04%。注册资金降幅低于项目数的降幅，说明本市开发区内资项目规模有扩大，本市开发区引进内资项目的质量有所优化。

九、全市开发区固定资产投资实现较大增长

2019 年全市开发区完成全社会固定资产投资金额为 2 031.17 亿元，占全市 25.35%，同比增长 4.22%。2019 年全市开发区累计完成工业固定资产投资 1 054.72 亿元，占全市工业投资的 78.04%，同比增长 20.56%。

十、2019 上海市开发区主要工作特点

（一）坚持资源高效配置，强化土地空间资源保障

2019 年上海市编制并发布了《规划产业区块外企业“零增地”技术改造正面和负面清单》，为区块外企业技术改造提供操作指引。开展市级层面战略预留区优质项目认定工作，完成战略预留区优质项目认定 122 个，各区完成 195 和 198 技改项目认定 90 个。在项目认定流程优化、控规调整、使用集体土地、“需增地”项目落地等方面取得创新突破。同时，进一步加强产业发展与空间规划的衔接。按照市级节点要求调整优化全市工业用地布局专项规划，保障规划工业用地空间，积极探索优质项目认定、战略预留区解锁、规划空间机动指标等过渡期政策。

（二）聚焦产业园区主战场，持续推进“腾笼换鸟”

发布《关于开展资源利用效率评价工作的指导意见》、《上海市低效工业用地标准指南（2019 版）及《本市低效产业用地处置工作实施意见》等多项上海市开发区高质量发展文件发布。同时上海市开发区推动以评促转以评促优行动，推动各区落实操作细则并启动第一轮资源利用效率评价，推动市级部门数据互通并启动规模以上工业企业资源利用效率评价试点。2019 年内上海开发区转型升级成果显著，桃浦中以创新园开园、南大首发地块开工建设、吴淞地区产业规划和建设规划发布、吴泾地区产业规划初步方案完成编制；金山二工区转型发展取得显著进展、马桥人工智能创新试验区建设工作方案获市政府批复、星火开发区转型升级方案已完成编制并报请市政府审议；结合园区转型升级实践情况，形成《园区整体转型升级方案编制指南》，加强工作指引。

（三）资源要素保障能力显著提升

2019 年，上海加大产业统筹力度，资源要素的供给效率也在提高。在质量导向方面，“四个论英雄”理念深入人心，资源利用效率评价工作稳妥推进，产业准入、低效用地、结构调整等一系列工作标准和差别化政策陆续出台，对专注实业的优质企业来说是重大利好消息。在弹性适应方面，市规划资源局推出了产业用地容积率、混合用地、标准地等支持政策。市生态环境局积极推动区域环评与项目环评联动。市绿化市容局提出了绿地率统筹优化配置的实施方案。

（四）聚焦产业特色，各类园区高质量发展

2019 年上海市开发区及时响应工信部卓越提升计划，继续推进国家级、市级新型工业化产业示范基地建设。积极提升园区产业能级，强化本市 20 家国家新型工业化示范基地的考核评估工作，松江（电子信息）、嘉定（工业互联网）两家市级基地申报国家级示范基地。并按照“四大品牌”工作部署，全力打造张江、国

际汽车城、化工区等“产业名园”发挥园区“头雁”效应。高度重视工信部先进制造业集群竞赛工作，推动本市集成电路、生物医药和绿色化工集群参与集群竞赛并中标胜出，有利于聚焦政策培育生态，提升园区“雁阵”能级。G60科创走廊、东方美谷、马桥人工智能创新试验区、集成电路设计园、市西软件园等上海市特色重点区域建设工作推进顺利，成果显著。

（五）部门联动协同增强，合力推进产业高质量发展

2019年，上海市开发区围绕“三大任务、一大平台”、四大功能等重点工作任务聚焦攻关，迎来了上海自贸区临港新片区、长三角绿色生态一体化示范区的设立发展，迎来了科创板企业上市热潮，一批特色产业和重点项目落地。“5+X”整体转型重点区域成为城市新的战略发展空间，从资源整备、功能定位、空间布局到项目落地，各部门积极协同联动，加强政策集成和工作聚焦，推动重点区域功能定位、产业结构调整、园区提质增效等相关工作。例如市规划资源局召开支持产业发展规划土地政策工作部署会，并就标准地出让、简化审批流程、土地出让合同优化等工作进行密切沟通。市生态环境局推进区域环评基础性工作，提前介入积极参与，完成松江经开区、张江高科技园区、漕河泾开发区等园区的规划环评报告审查和跟踪环评报告论证。市绿化市容局做好生态廊道国有企业退出政策研究。

（六）大力推动区区合作，园区品牌联动创新不断

2019年，上海开发区之间拓展合作空间，品牌联动形成趋势，张江同金山工业区联动，形成研发、生产分工协调；临港集团与嘉定区加强战略合作，继续推动金宝工业园区整体转型升级。张江集团与金山区继续推进生物医药产业基地建设，推动“研发在张江、制造在金山”模式落地。金桥集团与宝山工业区合作建设上海北郊未来产业园。上海仪电集团依托产业和物业优势，在浦东、徐汇等区打造智慧园区。联动U谷、金地威新等市场主体发挥品牌效应，在金山、宝山、闵行、嘉定等区合作开发存量低效工业用地。宝武集团与上实、临港合作，围绕宝武特钢、不锈钢地块成立上海宝地上实产城发展有限公司和上海宝地临港产城发展有限公司，探索吴淞地区转型升级开发机制。张江—临港“双区联动”，打造浦东“南北科技创新走廊”等一系列品牌联动，加快了资源要素的流动，助推上海产业发展。

（七）响应国家战略，长三角开发区协同发展再谱新征程

2019年，“长三角一体化”成为国家战略。在这一背景下，长三角园区合作迈上新的台阶。长三角开发区协同发展联盟理事会在浙江嵊州召开。江浙沪皖三省一市的开发区在协同发展方面共商共建产业对接的新平台。截至2019年底，长三角开发区产业协同创新发展基地网络已初显成效。目前已初步形成了上海临港集团（及漕河泾）、宁波慈溪、市北高新（南通）科技城等多个合作试点基地；尤其是2019年6月，上海临港集团与慈溪市签订全面战略合作协议，合作建设新能源汽车供应链产业园，标志着长三角开发区合作迈入新阶段。基地网络的初步构建将促进产业要素跨省域分布、推动形成长三角产业垂直一体化。

（上海市开发区协会供稿）

【上接172页】

2019年江苏省开发区发展情况综述

一、概况

江苏作为沿海开放地区，是最早建设开发区的省份之一。江苏开发区经过40多年的建设，成为经济发展的主阵地、改革开放的排头兵、创新驱动的引领区，对全省经济社会贡献持续增强，是推动全省双向开放、高质量发展的主力军。截至2019年末，江苏省现有省级及以上开发区158个，其中，国家级46个，省级112个。在国家级开发区中，国家级经济技术开发区26个，国家级旅游度假区2个，保税港区1个。

2019年，全省开发区坚持以习近平新时代中国特色社会主义思想为指导，深入贯彻党的十九大以及十九届二中、三中、四中全会精神和习近平总书记重要指示要求，全面落实党中央国务院和省委省政府决策部署，坚持稳中求进工作总基调，深入贯彻新发展理念，统筹做好稳增长、促改革、调结构、惠民生、防风险、保稳定各项工作，全力推动高质量发展，经济运行总体平稳，为全省经济社会的平稳健康、高质量发展提供了重要支撑和坚实保障。

2019年，全省158家开发区（不含筹建开发区，下同）实现业务总收入214 115.2亿元，同比增长0.6%，一般公共预算收入4 867.9亿元，同比增长3.5%。国家级开发区实现业务总收入121 750亿元，一般公共预算收入2 908.7亿元，同比分别增长3.2%和3.3%。全省开发区呈现出苏南地区在高平台上快速增长，苏北地区发展速度逐步稳定，苏中地区发展进一步减缓的态势（表1）。

表1 分区域业务总收入和一般公共预算收入完成情况

单位：万元

	业务总收入	同比(%)	一般公共预算收入	同比(%)
全省	214 115.2	0.6	4 867.9	3.5
苏南	142 977.8	9.6	3470.5	9.6
苏中	38 603.8	−19.0	641.4	−12.7
苏北	32 533.6	−6.4	756	−5.8

注：2019年包括高新类开发区数据，而2018年全省开发区统计公报仅为经济类开发区。

二、工业经济

全省开发区结合自身特点，着力加快重点产业发展，产业结构进一步优化。围绕转型升级目标，全省开发区内产业不断调整、优化和集聚，产业规模稳步增长。2019年，全省开发区完成重点产业增加值同比增长5.5%。其中，国家级开发区完成重点产业增加值同比增长5.6%。

三、固定资产投入

2019年，全省开发区完成固定资产投资同比增长0.1%，其中工业项目固定资产投资同比增长为5.8%，建成智能车间908个，同比增长53.6%，占全省86.1%。国家级开发区完成固定资产投资同比增长3%，工业项目固定资产投资同比增长9.7%，建成智能车间583个，同比增长58%，占全省55.3%（表2）。

表2　重点产业增加值排位前8位的行业发展速度

产业名称	完成增加值(%)
计算机、通信和其他电子设备制造业	0.2
电气机械及器材制造业	9.3
通用设备制造业	4.5
化学原料及化学制品制造业	11.3
汽车制造业	5.6
专用设备制造业	−0.3
黑色金属冶炼和压延加工业	8.8
石油加工、炼焦和核燃料加工业	16.4

注：重点产业增加值：指以《国民经济行业分

类与代码》(GB/T4754-2011)的大类划分，并且增加值排在前三位的3个行业增加值的总和，同口径计算增速。

开发区主要经济指标来自各开发区上报汇总核实数，进出口等外贸数据来自海关；计算方法是与上年同期相比；增加值增速为名义增速。

四、招商引资

2019年，全省开发区实际使用外资237.6亿美元，同比增长1.9%，占全省比重90.1%；其中国家级开发区实际使用外资141亿美元，同比下降1.1%。全省开发区新批外商投资企业2 673家，同比增长7.8%，占全省78.4%。其中，国家级开发区新批外商投资企业1 523家，同比增长3.3%。全省开发区引进跨国公司总部和功能性机构225家，占全省86.9%；其中，国家级开发区177家，占全省68.3%。

开发区吸引内资企业规模减缓。2019年，全省开发区新增内资企业注册资本14 846.3亿元，同比下降2.8%；其中工业项目注册资本3 701.2亿元，同比下降8.9%。国家级开发区新增内资企业注册资本8 805.7亿元，同比下降1.1%；其中工业项目注册资本1 743.3亿元，同比增长28.3%。全省开发区新增内资企业189 052家，同比增长20%；其中国家级开发区新增内资企业120 434家，同比增长13.5%。

五、对外贸易

2019年，全省开发区实现进出口总额、出口额和进口额分别为5 066.2亿美元、3105.1亿美元和1 961.1亿美元，同比分别下降7.9%、4.8%和12.5%，分别占全省的80.5%、78.7%和83.6%。国家级开发区实现进出口总额和出口额分别为4 120.4亿美元和2 489.7亿美元，同比分别下降9%和5.9%。

六、科技创新

全省开发区积极推进科技创新载体建设，区内设有高新技术孵化器、众创空间1 166家，孵化器、众创空间内共有47 725家企业，同比分别增长29.7%和9.2%。2019年，全省开发区当年新增授权发明专利为20 290项，同比下降19.2%，占全省50.7%。全省开发区内现有高新技术企业18 062家，同比增长36.2%，占全省75.1%。高新技术产值同比增长1.5%。其中，国家级开发区内有高新技术企业10 812家，同比增长32.9%，高新技术产值同比下降4.4%。

七、社会贡献

2019年，全省开发区期末从业人员达1 687.1万人，同比下降0.9%，其中工业从业人员864.1万人，同比下降2.2%；境外人士在职人员12.3万人，同比增长23.6%。国家级开发区期末从业人员883.9万人，同比下降1.1%，其中工业从业人员451.1万人，同比下降4.6%；境外人士在职人员6.5万人，同比增长8.8%。

八、生态环境

2019年，全省158家开发区中共有112家开发区开展生态工业园创建。其中，获批省级以上生态工业示范园82家，占全省开发区的70.9%。

九、共建园区

共建园区是省委、省政府为加快苏北振兴促进区域共同发展采取的一项重大举措。经过多年的努力，全省共建园区数量已达45家。苏南开发区共派出310多位各级各类干部及管理人员到共建园区工作。

共建园区主要经济指标稳定增长。南北共建园区产出快速提升，2019年，全年完成工业产品销售收入5 387亿元，规模以上企业工业增加值1 195.6亿元，地方公共预算收入102.2亿元。共建园区完成基础设施投入170.7亿元，同比增长2.7%；批准进区项目1 117个，项目注册资金273.9亿元，实际到账注册外资12.8亿美元。产业转移项目485个，开工在建项目497个，建成投产项目1 880个。

十、平台载体

紧紧围绕省委、省政府“一特三提升”的工作目标，探索竞合发展实践路径，建设一批优质平台。截至2019年底，先后认定36家省级特色创新示范园区、16家省级智慧园区、9家省级国际合作园区，充分发挥推动开发区加快特色创新产业集聚、加速向现代产业园区转型、深化国际合作双向开放的载体平台作用。

（江苏省开发区协会供稿）

2019年浙江省经济开发区发展情况综述

2019年，浙江省经济开发区全面贯彻落实习总书记在浙考察重要讲话精神，党的十九大以及十九届三中、四中会议精神和《国务院关于推进国家级经济技术开发区创新提升打造改革开放新高地的意见》（国发〔2019〕11号）文件精神，根据省委省政府工作部署，坚持以“八八战略”为指引，立足“开放创新、科技创新、制度创新”，以美丽园区建设为目标，全面开展开发区产业链“链长制”、国际产业合作园建设和开发区创新整合提升，全力构建高能级现代化平台，提升开发区治理能力。面对国内外风险挑战显著上升的复杂局面，全省经济开发区2019年持续健康发展，成为浙江省全面发展的“重要窗口”。

一、全省经济开发区建设总体情况

（一）经济开发区强化使命担当，扎实推进各项工作

2019年，全省经济开发区坚决贯彻党中央国务院关于开发区建设的决策部署，强化使命担当，打好开发区创新提升组合拳，全力推动开发区开放创新、科技创新、制度创新，提升对外合作水平和经济发展质量，打造改革开放新高地。一是召开全省国家级经开区整合创新提升工作座谈会，深入贯彻国发〔2019〕11号文件精神，总结全省经济开发区建设经验，明确经济开发区功能定位，推动开发区体制机制创新提升，激发开发区发展活力。二是积极应对中美经贸摩擦对产业链的冲击，我省开展开发区产业链“链长制”改革试点，先后出台了《浙江省商务厅关于开展开发区产业链“链长制”试点进一步推动开发区创新提升工作意见》和《浙江省商务厅关于进一步落实开发区产业链“链长制”推动企业复工复产确保产业链安全的通知》，以改革的思路创新体制机制，以链式的思维推动开发区产业巩固、增强、提升、创新，加强开发区产业链健康稳定。三是制定出台了《浙江省美丽园区建设实施方案》，召开全省美丽园区建设现场推进会，构建浙江省美丽园区（开发区）指标评价体系，启动美丽园区建设，推动园区有机更新，完成我省首批美丽园区创建。四是开展完成我省第三轮32家经济开发区整合提升工作，开发区高能级平台能力进一步释放。

（二）经济开发区队伍发展壮大，有序推进梯队建设

2019年，浙江德清经济开发区、路桥经济开发区、永嘉经济开发区获省政府批准整合设立，全省经济开发区队伍继续壮大。常山、开化、婺城、遂昌、椒江、庆元、柯城、苍南、龙港等多地整合设立开发区工作有序推进。全省积极贯彻落实国务院《关于促进综合保税区高水平开放高质量发展的若干意见》（国发〔2019〕3号）文件精神，持续探索“开发区+海关特殊监管区”工作模式，推动海关特殊监管区改革创新。温州保税物流中心、义乌保税物流中心（B型）升级综合保税区工作有序推进，综保区队伍2020年将继续壮大。截至2019年末，全省共有国家级经济技术开发区21家，省级经济开发区60家，参照省级经济开发区管理单位8家。

（三）经济开发区不断提高现代化治理能力，营商环境进一步提升

2019年，全省经济开发区贯彻落实党的

十九届四中全会精神，努力推进各项工作。一是根据省政府“分类分块分步改造传统开发区，建设美丽园区”的重点工作部署，开展全省美丽园区（开发区）建设，全省30家开发区成功创建美丽园区示范园区，18家开发区创建美丽园区试点园区。开发区营商环境向国际化、特色化、绿色化、数字化、高端化、便利化发展。二是积极落实“深化亩均论英雄改革”部署，推进开发区“亩均效益”领跑行动，2019年首次开展开发区“亩均效益”评价，优化开发区要素利用率，宁波石化经济技术开发区受省政府表彰。三是加快推进国际产业合作园建设、复制推广自贸区改革试点经验和开发区立法工作，进一步理清开发区治理能力与营商环境的关系，深化改革，优化营商环境，提升开发区现代化治理水平。

（四）推动开发区考核结果运用，考评导向作用显现

2019年度，经济开发区综合评价结果充分发挥了开发区考核高水平高质量发展的指挥棒、风险隐患的探测器、奖勤罚懒扶优汰劣的刻度尺作用，全省经济开发区综合实力进一步提升。一是国家级经济技术开发区头部引领作用凸显。2019年商务部国家级经济技术开发区综合考评结果显示，我省六成以上经济技术开发区进入百强，有三家经济技术开发区综合排名位列全国前20强，实际利用外资单项全国前十强开发区数量超过江苏省。二是省级经济开发区对标国家级经济技术开发区，对比赶超气氛浓厚。嵊州、瑞安、乐清等开发区坚持以国家级开发区为目标，做大做强开发区，形成良好的争先进位氛围。

二、全省经济开发区综合发展情况

经济开发区经过36年的发展，已经成为浙江省经济国际化的先导区、经济高质量发展的引领区、体制机制改革的先行区、创新强省建设的实践区、区域经济发展的带动区和绿色集约发展的示范区。2019年度浙江省经济开发区综合评价结果显示：全省经济开发区平台作用稳定，各项经济指标稳中有进，总体发展态势持续向好，经济贡献不断提升，规模优势明显，高能级平台能力得到进一步释放。

2019年全省经济开发区规模以上工业企业总产值实现50 190.8亿元，较上年增长9.9%。规模以上工业企业增加值实现11 046.52亿元，占全省68.4%，较上年增长12.1%，区域带动作用明显（图1）。

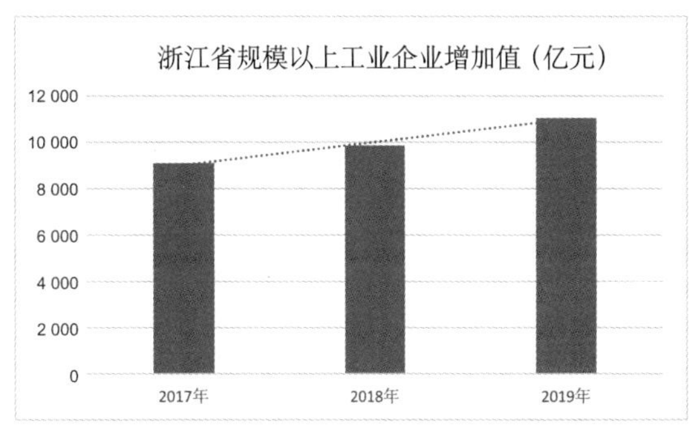

图1　2017—2019年全省经济开发区规模以上工业企业增加值

外向型经济进一步激活，外贸规模扩大，利用外资水平提高，全年共引进高质量外资项目235个(指投资总额3 000万美元以上外资项目)。2019年开发区扩大投资，优化营商环境，技改投入额达2 715.27亿元，较上年度增长7.5%，实现技改投入率23.86%，每万科技人员数1 233人，较上年增长16.1%，集聚了知识、人才、技术等要素，开发区产城融合联动效益明显，综合效益全面提升。

（一）利用外资情况

利用外资占全省六成以上，外资向高能级平台集聚。全省经济开发区利用外资规模不断扩大，利用外资水平不断提高，国家级经济技术开发区平台优势得到了高质量外资的青睐。

2019年，全省经济开发区实有外商投资企业共14 310家；实际利用外资88.6亿美元，引进合同外资219.2亿美元，分别占全省的65.3%、50.2%，较上一年度分别提升了5.6、10.6个百分点，开发区在全省扩大开放主要载体的作用进一步凸显（2019年度利用外资按照国家要求进行了口径调整，增幅不做分析，表1）。

表 1 2019 年全省经济开发区利用外资情况及全省占比

指标名称	指标值	在全省占比（%）
实际利用外资（亿美元）	88.6	65.3
其中：国家级经济技术开发区	63.9	47.1
省级经济开发区	24.7	18.2
合同外资（亿美元）	219.2	50.2
其中：国家级经济技术开发区	136.0	47.1
省级经济开发区	83.2	28.8

国家级经济技术开发区利用外资水平不断提高，13 家国家级经开区创建了国际产业合作园，成为了利用外资的重要载体。2019 年度国家级经济技术开发区利用外资 63.9 亿美元，占全省利用外资的 47.1%，占全省经济开发区的 72.1%；共引进合同外资 136.0 亿美元，占全省经济开发区的 62.0%。

省级经济开发区加快利用外资步伐，强化外资队伍建设，全年实现利用外资 24.7 亿美元，占全省利用外资的 18.2%，占全省经济开发区利用外资的 27.9%；引进合同外资额 83.2 亿美元，占全省经济开发区的 38.0%（表 2、图 2、图 3）。

表 2 全省经济开发区利用外资项目情况

指标名称	指标值	增幅（%）
实有外商投资企业（个）	14 310	27.6
其中：500 强企业（家）	249	1.6%
新批投资 3 000 万美元项目（个）	235	−18.4%
新批 500 强投资项目（个）	23	−4.2%

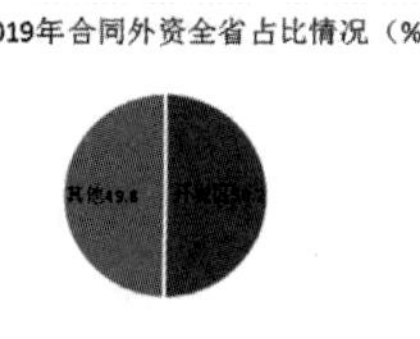

图 2 开发区在全省实际外资、合同外资占比图

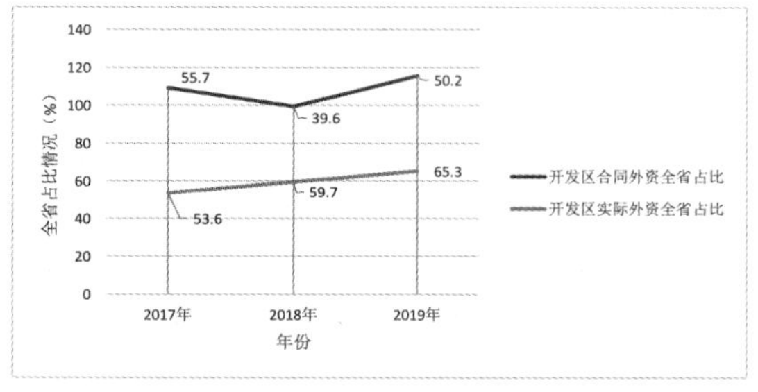

图 3 2017—2019 年开发区利用外资在全省占比变化

（二）对外贸易情况

经济开发区进出口总额占全省近五成，2019 年外贸增幅趋缓。2019 年全省经济开发区实现进出口总额 2 426.4 亿美元，与上年同比增长 8.3 %，占全省的 47.2%；其中，出口总额 1 832.9 亿美元，同比增长 16.2%，占全省的 47.7%；进口总额 593.6 亿美元，同比下降 10.1%，占全省的 45.9%（图 4）。

图 4 2019 年经济开发区进出口总额全省占比

国家级经济技术开发区一直是浙江省对外贸易的重要平台之一，2019 年实现进出口总额 1 349.5 亿美元，同比增长 12.7%，占全省的 26.3%，占全省经济开发区的 55.6%；其中进口总额 397.9 亿美元，同比下降 3.7%，占全省经济开发区的 67.0%；出口总额 951.6 亿美元，同比增长 21.4%，占全省经济开发区的 51.9%。省级经济开发区实现进出口总额 1 076.9 亿美元，同比增长 3.1%。

总体来看，受全球经济形势影响，全省经济开发区外贸情况总体平稳有升，占全省的外贸比重不断上升，但是整体增幅趋缓。

（三）税收贡献情况

2019 年，全省经济开发区实现税收收入 4 720.7 亿元，同比增长 15.6%，占全省的 38.5%，较上一年度上升 3.7 个百分点。其中，国家级经济技术开发区税收收入 2 898.9 亿元，较上年上升 15.7%，省级经济开发区税收收入 1 821.8 亿元，较上年上升 16.2%，余姚、乐清、桐乡等三家省级经济开发区税收贡献列入全省开发区前十强。省级经济开发区区域贡献力增强（图 5）。

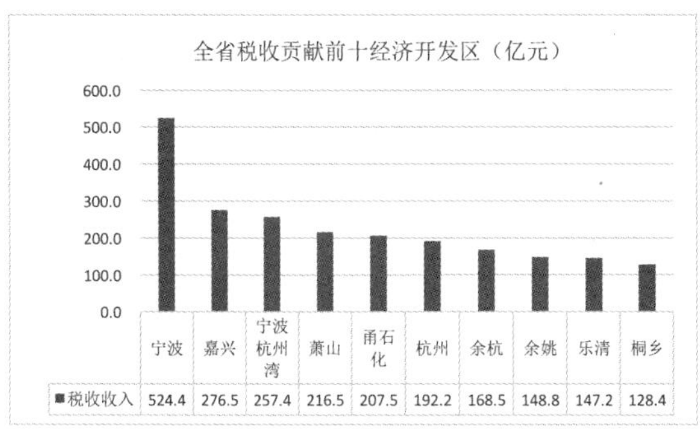

图5 2019年全省税收收入前十经济开发区

2019年，全省经济开发区规模以上企业主营业务利润实现6 030.8亿元，较上年上升9.1%，实现利润率12.5%。其中国家级经济技术开发区实现规模以上企业主营业务利润3 321.3亿元，同比上升3.5%，实现利润率12.0%；省级经济开发区规模以上企业主营业务利润实现2 709.5亿元，同比上升16.8%，实现利润率13.1%（表3）。

表3 2019年度规模以上工业总产值超千亿的经济开发区

	开发区简称	规模以上工业总产值(亿元)		开发区简称	规模以上工业总产值(亿元)
1	宁波	3 850.4	10	乐清	1 364.0
2	嘉兴	3 206.8	11	袍江	1 268.1
3	杭州	2 917.6	12	湖州	1 233.6
4	甬石化	1 958.2	13	温州	1 219.9
5	宁波杭州湾	1 911.4	14	杭州湾上虞	1 180.6
6	余姚	1 599.8	15	柯桥	1 115.5
7	海宁	1 532.8	16	平湖	1 113.0
8	桐乡	1 447.1	17	衢州	1 098.6
9	余杭	1 434.5	18	富阳	1 030.5

三、全省经济开发区产业发展情况

近年来，全省经济开发区主动适应经济发展新常态，认真践行新发展理念，转方式、调结构、促转型，推动开发区产业转型升级，做大做强平台，产业总体发展迈上新的台阶。

2019年度，全省经济开发区实现规模以上工业企业总产50 190.8亿元，规模以上工业企业增加值实现11 046.5亿元，分别同比增长9.9%、12.1%。开发区单体规模逐渐提升，2019年全省共有千亿级规模以上工业总产值的开发区共18家，有两家开发区突破3 000亿产值，分别是宁波经济技术开发区和嘉兴经济技术开发区；其中，宁波经济技术开发区最高，为3 850.4亿元。

开发区发展呈现强大后劲，余杭、宁波杭州湾、余姚、乐清、桐乡、海宁等6家开发区实现规模以上工业总产值总量、增速均挺进全省前十位（表4）。

表4 2019年度规模以上工业总产值超千亿且增幅前十的经济开发区

	开发区简称	规上工业总产值增幅（%）		开发区简称	规上工业总产值增幅（%）
1	袍江	71.4	6	温州	12.9
2	宁波杭州湾	19.1	7	乐清	9.3
3	余杭	17.8	8	桐乡	9.3
4	余姚	15.4	9	湖州	8.7
5	海宁	13.3	10	平湖	8.1

(一)产业链“链长制”统筹开发区产业发展，推动产业创新提升

2019年，浙江省商务厅结合省特色产业块状特点，以打造具有战略性和全局性的产业链为目标，创新“链长制”工作制度，积极构建现代产业体系，在全省经济开发区内开展产业链“链长制”试点。截至2019年底，多数经济开发区参与“链长制”实践探索，在强链、补链、延链中形成了宝贵的浙江经验。“链长制”成为浙江开发区（园区）变革提升的具体举措，成为了开发区经济发展的“加速器”。

杭州湾上虞经济技术开发区开展新材料产业链“链长制”，由区委书记担任“链长”，充分发挥链长主体责任，创新产业链招商引资方式，推动产业链重点项目开工，破解产业链融资难等问题，产业发展取得了极大成效。2019年新材料产业链产值实现290.2亿元，较2018年提升9.9%（表5）。

表5 2019年度部分经济开发区产业链“链长制”带动效益

	产业链名称	2019年产值（亿元）	增幅（%）
杭州湾上虞	新材料	290.2	9.9
萧山	高端制造装备	50.5	9.0
乐清	现代化电气	782.4	8.6
乍浦	化工新材料	596.9	1.7

（二）龙头企业带动，主导产业集群优势明显

2019 年度，全省经济开发区以产业链建设为主线，推动产业链向中高端延伸，在产业龙头企业的带动下，上下游企业加速向开发区集聚，整体竞争力上升，主导产业集群效益明显。全省经济开发区 2019 年度主导产业实现总产值 32 724.4 亿元，较上年上升 7.2%；产业集聚率实现 65.2%（表 6）。

全省经济开发区三大主要主导产业分别是：化学原料和化学制品制造业、电气机械器材制造业和汽车制造业，分别占全省经济开发区主导产业总产值的 18.8%、13.1% 和 11.4%。传统纺织业在推进转型升级过程中，虽产值规模有所下滑，但仍是我省开发区的第四大产业，占比为 10.1%。

表 6 2019 年度全省经济开发区主导产业及开发区代表

	主导产业名称	2019 年总产值（亿元）	开发区代表
1	化学原料和化学制品制造业	6 136.2	宁波
2	电气机械和器材制造业	4 257.6	乐清
3	汽车制造业	3 726.75	宁波杭州湾
4	纺织业	3 301.0	柯桥
5	通用设备制造业	3 139.6	余杭
6	石油加工、炼焦和核燃料加工业	1 828.9	甬石化
7	计算机、通信和其他电子设备制造业	1 459.8	嘉兴
8	金属制品业	1 324.5	永康
9	黑色金属冶炼和压延加工业	992.55	丽水
10	有色金属冶炼和压延加工业	779.0	富阳

经济开发区龙头企业带动效益明显，龙头企业产值占开发区该主导产业比重不断上升，部分开发区已经形成了明显的产业集群。从 2019 年综合考评数据分析，省级经济开发区的经济发展对龙头企业的依赖性较高，需进一步扩大龙头企业的招引，确保产业稳定发展（图 6、表 7）。

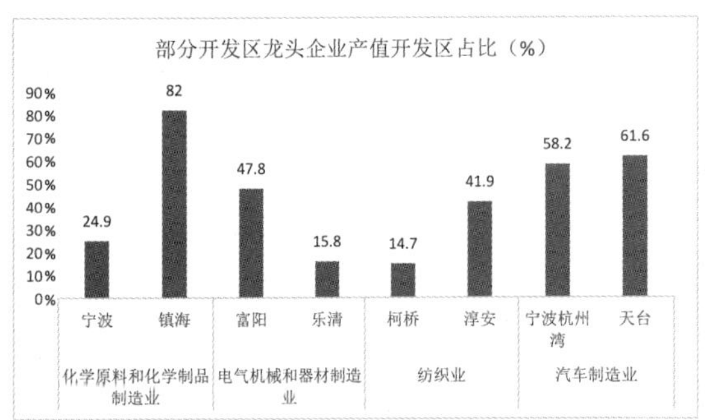

图 6 2019 年部分开发区龙头企业带动效益

表 7 2019 年度部分经济开发区主导产业的龙头企业

产业名称	代表开发区	龙头企业名称	产值（万元）	比重（%）
化学原料和化学制品制造业	宁波	浙江逸盛石化有限公司	276.7	24.9
	镇海	宁波乐金甬兴化工有限公司	106.5	82
电气机械和器材制造业	富阳	富通集团有限公司	139.4	47.8
	乐清	浙江正泰电器股份有限公司	123.8	15.8
纺织业	柯桥	浙江天圣化纤有限公司	115.1	14.7
	淳安	浙江强强实业有限公司	2.6	41.9
汽车制造业	宁波杭州湾	上汽大众汽车有限公司宁波分公司	563.6	58.2
	天台	浙江银轮机械股份有限公司	28.6	61.6

医药制造业、金属制品业、通用设备制造业等产业 2019 年保持较好的增长态势，其中医药制造业实现 100% 的产值提升。主要原因在于：一是经济开发区纷纷布局生物医药产业，引进头部企业效果明显；二是经济开发区整合提升使得开发区产业集聚度上升。

主导产业的地区辐射效益明显，部分产业链在浙江省呈现全链条发展。

一是化工原料和化学制品制造业、电气机械和器材制造业、通用设备制造业均覆盖全省 50% 的经济开发区，实现 100% 各地市覆盖。上述三条产业链基本实现了产业链完整性布局，浙江产业链的抗风险能力进一步提升。

二是汽车制造业在浙江省开发区形成以整车为核心的辐射带动效益。全省共 19 个开发区布局汽车制造业，其中宁波、杭州等地开发区侧重于整车企业及研发发展，台州、温州等地开发区侧重于整车配套的零部件发展。汽车制造业集聚效益明显。宁波、杭州等地开发区的汽车制造业产值占全省开发区该产值的 70.8%，其中宁波地区汽车制造业产值占比达 52.6%（图 7）。

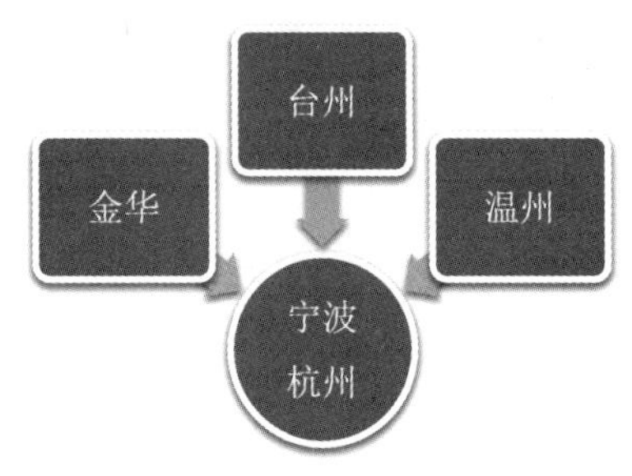

图 7 2019 年汽车制造业分布

（三）鼓励创新，新兴产业动能加快

2019 年全省经济开发区以改革创新促提升，战略新兴产业实现产值 19 154.7 亿元，较上年增长 19.9%，产业集聚率达 38.2%，新兴产业动能转换速度加快。新材料、高端装备产业、生物医药产业为 2019 年全省经济开发区三大新兴产业，产值分别占全省经济开发区新兴产业总产值的 31.3%、18.0% 和 13.9%。其中生物医药产业发展迅猛，较上一年度上升 77.1%，新材料产业增幅 3.8%，高端装备产业增幅 2.8%（图 8、图 9）。

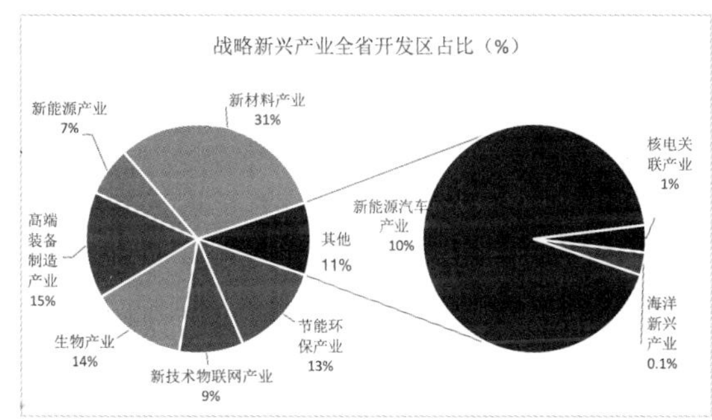

图 8 战略新兴产业全省开发区占比

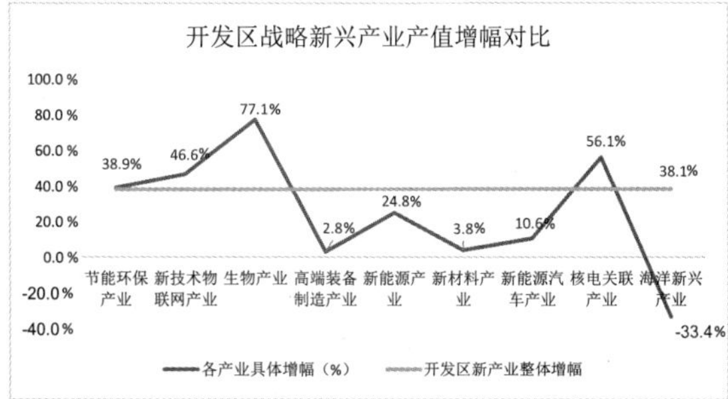

图 9 2019 年开发区各战略新兴产业增幅对比

四、全省经济开发区亩均效益情况

浙江省经济开发区经过三轮整合提升，发展质量得到实质性提升。2019 年全省经济开发区继续贯彻落实省委、省政府“亩均论英雄”改革决策部署，开展开发区“亩均效益”领跑评价，开发区改革创新，主动对标，土地产出等各项亩均指标逐年提高。

2019 年度参加全省开发区综合考核评价的 79 个经济开发区中，共有规模以上工业企业 26 729 家，已完成开发利用面积共计 427.6 万亩，其中规模以上工业企业实际面积 94.4 万亩，综合能耗 6 674.4 万吨标煤，实现规模以上工业企业增加值 11 046.5 亿元，规模以上工业企业主营业务利润 6 030.8 亿元，开发区税收收入共计 4 720.7 亿元（表 8）。

表 8 全省经济开发区部分经济指标对比

	2019 年指标值	2018 年指标值	增幅（%）
规模以上工业企业增加值（亿元）	11 046.5	9 856.3	12.1
规模以上工业企业主营业务利润（亿元）	6 030.8	5 529.7	9.1
税收收入（亿元）	4 720.7	4 074.0	15.9
规模以上工业企业数（家）	26 729	23 681	12.9
规模以上工业企业实际面积（万亩）	94.4	92.1	2.5
已开发完成土地利用面积	427.6	340.0	25.8
综合能耗（万吨标煤）	6 674.4	5 860.5	13.9

（一）亩均税收

1. 开发利用土地亩均税收。2019 年全省经济开发区已开发利用土地亩均税收实现 11.0 万元，较上一年下降 0.9 万元。主要原因：开发区进行了全面的整合提升，空间范围进一步增大，产值体现需要时间积累。宁波、杭州两地开发区该指标值继续领跑全省经济开发区水平，分别为 21.3 万元 / 亩，17.3 万元 / 亩。

国家级经济技术开发区已开发利用土地亩均税收 11.2 万元，领跑全省经济开发区，高于全省经济开发区平均水平 0.2 万元 / 亩。其中宁波石化经济技术开发区亩均税收最高，为 102.8 万元，而杭州湾上虞经济技术开发区亩均仅 4.2 万元，国家级开发区亩均绩效不平衡，仍需加大平台整合，提高资源利用率（表 9、表 10）。

表 9 2019 年度全省各地市开发区亩均税收均值情况（已开发利用土地）

	地市	亩均税收（万元 / 亩）
1	宁波市	21.3
2	杭州市	17.3
3	温州市	13.2
4	嘉兴市	12.0
5	金华市	10.5
6	湖州市	8.9
7	丽水市	8.1
8	台州市	7.5
9	衢州市	7.0
10	舟山市	5.9
11	绍兴市	3.7

表 10 2019 年度国家级经开区亩均税收情况（已开发利用土地）

	亩均税收（万元 / 亩）	同比增幅（%）	已开发利用面积（亩）
甬石化	102.8	−9.5	20 193
宁波	51.0	0.0	102 855
萧山	31.8	58.2	68 100
余杭	24.3	12.6	69 300
宁波杭州湾	21.3	77.2	121 020
嘉兴	14.5	9.3	190 230
湖州	13.9	−12.0	75 120
杭州	12.1	−57.1	158 700
富阳	11.8	−45.5	61 710
义乌	11.8	25.3	57 555
衢州	9.3	−12.7	73 185
平湖	8.2	−27.7	86 325
温州	8.0	9.3	136 530
丽水	7.6	69.9	78 720
金华	7.4	−12.2	79 515
长兴	6.0	−24.4	133 260
柯桥	5.1	44.6	239 745
嘉善	4.7	5.9	194 385
杭州湾上虞	4.3	22.6	190 500
袍江	1.5	−84.9	458 490

参评的省级经济开发区 2019 年度已开发利用面积土地亩均税收 10.7 万元，其中东北片亩均实现 11.3 万元，西南片亩均实现 10.0 万元。前洋经济开发区最高，为 22.67 万元 / 亩（表 11）。

表 11 2019 年度部分省级开发区亩均税收（已开发利用土地）

东北片经开区			西南片经开区		
	亩均税收（万元 / 亩）	已开发土地利用面积（亩）		亩均税收（万元 / 亩）	已开发土地利用面积（亩）
桐乡	35.7	36 000	乐清	35.6	41 413.1
前洋	22.7	17 115	头门港	18.7	16 288.5
南浔	18.5	33 090	永康	17.5	36 615
桐庐	18.1	25 800	温岭	16.3	26 955
余姚	14.9	99 775.35	武义	14.8	27 930

2. 规模以上工业企业亩均税收。2019 年度，对全省经济开发区规模以上工业企业亩均税收进行了重点分析，结果显示：2019 年度，全省经济开发区规模以上工业企业亩均税收实现 50.0 万元，较上一年提升 10.8 万元。各地市开发区规模以上工业企业亩均税收较各地市规模以上工业企业亩均税收情况优势突出。经济开发区在当地的亩均税收贡献率高（表 12）。

表 12 2019 年度全省各地市开发区规上工业亩均税收

	地市	开发区亩均税收（万元 / 亩）	2018 年各地市亩均税收（万元 / 亩）
1	杭州市	74.7	43.4
2	温州市	71.9	34.6
3	宁波市	68.4	44.7
4	嘉兴市	46.4	23.3
5	金华市	46	13.4
6	湖州市	42.7	18.0
7	绍兴市	40.9	17.1
8	丽水市	38.3	15.5
9	台州市	31.3	24.2
10	衢州市	16.4	11.3
11	舟山市	13.8	7.7

注：2018 年各地市亩均税收数据来源《2019 年全省“亩均论英雄”改革绩效报告》

国家级经济技术开发区规模以上工业企业亩均税收 59.5 万元，较已开发利用面积的亩均税收高 48.3 万元。其中，萧山经济技术开发区 168.9 万元 / 亩，衢州经济技术开发区仅 18.6 万元 / 亩。国家级经济技术开发区内规模以上工业企业效益存在较大距离，衢州经济技术开发区需重点关注（表 13）。

表 13 2019 年度国家级经开区规模以上工业亩均税收

	亩均税收(万元／亩)	规上工业企业面积（亩）
萧山	168.9	12 814.95
宁波杭州湾	116.8	22 027.05
义乌	92.6	7 318.5
宁波	89.0	58 905
甬石化	76.8	27 034.95
余杭	73.8	22 830
柯桥	73.2	16 585.95
杭州	70.1	27 430.5
湖州	59.0	17 700
温州	53.3	20 433
嘉兴	49.8	55 560.3
富阳	49.6	14 728.5
金华	49.0	11 983.2
长兴	41.3	19 260
丽水	38.3	15 701.7
嘉善	36.0	25 174.5
平湖	30.3	23 505
袍江	29.7	23 607
杭州湾上虞	29.3	27 915
衢州	18.6	36 817.99

省级经济开发区规模以上工业企业亩均税收 39.5 万元，较已开发利用土地亩均税收高 28.8 万元，东北片 42.1 万元／亩，西南片 36.0 万元／亩（表 14）。

表 14 2019 年度部分省级开发区规模以上工业亩均税收

东北片开发区			西南片开发区		
简称	亩均税收（万元／亩）	规模以上工业企业面积（亩）	简称	亩均税收（万元／亩）	规模以上工业企业面积（亩）
吴兴	92.1	3 914.1	乐清	106.1	13 882.35
前洋	80.5	4 824	瑞安	69.2	7 449
桐庐	59.6	7 830	永康	17.5	36 615
余姚	57.2	26 007	瓯海	16.3	3 911.7
桐乡	56.8	36 000	东阳	66.4	5 424

开发区规模以上工业企业亩均税收与已开发利用面积亩均税收增速出现相反方向变动，主要原因是：开发区内可开发利用的土地要素进一步缩减，工业土地面积增速缓慢。

总体来看，全省经济开发区亩均税收稳中有进，开发区要素资源进一步盘活。

（二）亩均增加值

2019 年全省经济开发区工业土地亩均增加值 116.9 万元，较上一年度提升 9.8 万元，同比增长 9.2%。全省经济开发区持续做好开发区“低小散”企业整治、加大“五未”土地利用率、扩大小微园区建设等工作，提高开发区土地产出率。其中温州地区开发区亩均增加值全省最高，均值为 159.2 万元／亩（图 10）。

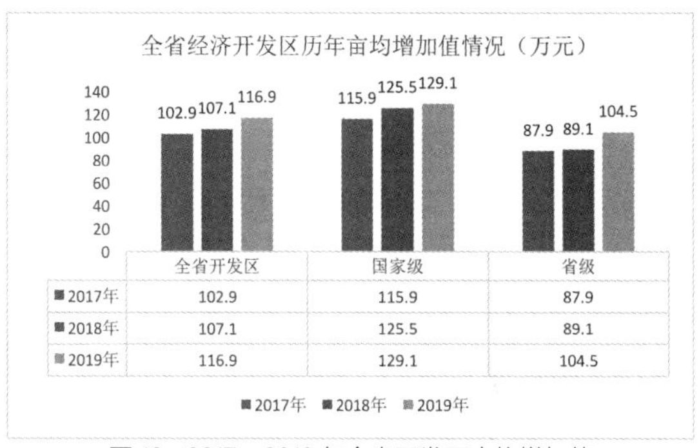

图 10 2017—2019 年全省开发区亩均增加值

国家级经济技术开发区亩均增加值 129.1 万元，同比增长 2.9%（表 15、图 11）。

表 15 2019 年度国家级经开区亩均增加值

	亩均增加值（万元／亩）		亩均增加值（万元／亩）
杭州	240.0	义乌	112.8
甬石化	198.5	嘉兴	112.3
宁波杭州湾	170.0	平湖	105.6
湖州	161.1	丽水	104.8
柯桥	158.1	金华	102.3
萧山	156.3	袍江	94.5
余杭	147.5	长兴	93.6
宁波	144.0	杭州湾上虞	82.8
富阳	134.3	嘉善	74.5
温州	122.9	衢州	68.9

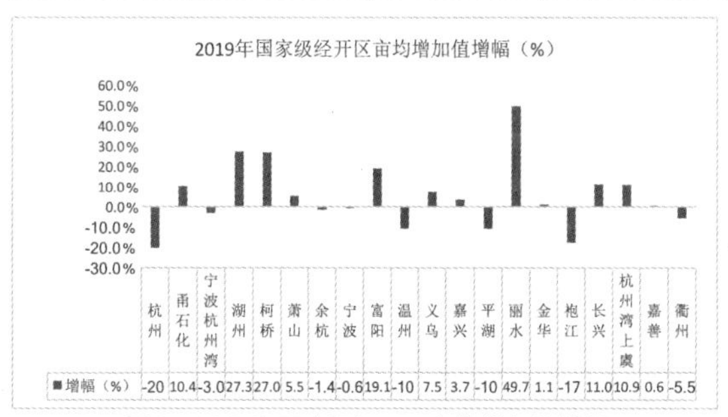

图 11 2019 年国家级经开区亩均增加值增幅

省级经济开发区工业土地亩均增加值为104.5万元，同比增长17.8%。东北片实现113.8万元/亩，西南片实现91.9万元/亩。参评的省级经济开发区规模大小不一、发展阶段各不相同，亩均效益发展不平衡，有12家开发区已经接近国家级开发区水平（表16）。

表16 2019年度部分省级开发区亩均增加值情况

东北片开发区		西南片开发区	
	亩均增加值（万元/亩）		亩均增加值（万元/亩）
奉化	223.0	瓯海	248.7
吴兴	164.8	乐清	207.5
海盐	161.2	瑞安	153.5
宁海	152.9	兰溪	148.0
余姚	135.3	玉环	134.0

（三）全员劳动生产率

全省经济开发区2019年发展效益持续提升，工业企业劳动生产率再创新高。全年开发区内规模以上工业企业从业人员共425.3万人次，规模以上工业企业劳动生产率实现26.0万元/人，同比提高1.2万元/人，较全省规模以上工业企业劳动生产率高出5.3个百分点。

国家级经济开发区工业企业劳动生产率为31.4万元/人，较上一年度上升0.7万元/人，18家开发区超过全省规模以上工业企业劳动生产率，仅温州、嘉善经济技术开发区落后；省级经济开发区工业企业劳动生产率为21.6万元/人，其中东北片为23.6万元/人，西南片为18.8万元/人（表17、图12）。

表17 2019年度国家级经开区劳动生产率

	劳动生产率（万元/人）		劳动生产率（万元/人）
甬石化	191.04	长兴	27.74
宁波杭州湾	45.59	嘉兴	27.53
宁波	43.72	柯桥	27
湖州	38.36	义乌	25.5
杭州	37.74	丽水	25.44
衢州	33.1	余杭	23.84
富阳	32.91	平湖	21.73
萧山	31.84	金华	20.98
袍江	30.56	嘉善	15.63
杭州湾上虞	29.88	温州	14.55

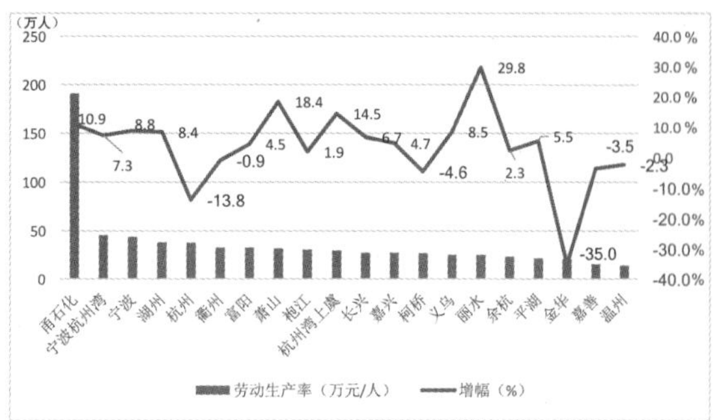

图12 2019年国家级经开区劳动生产率及增幅

（四）单位能耗增加值

2019年全省经济开发区坚持绿色发展理念，持续推进新型工业化道路，节能减排取得成效，开发区能耗下降率加快，单位能耗增加值稳定。

全省经济开发区规模以上工业企业单位能耗增加值2019年保持1.7万元/吨标煤。其中国家级经济技术开发区企业单位能耗增加值为1.4万元/吨标煤，省级经济开发区企业单位能耗增加值为2.1万元/吨标煤。

（五）研究与试验发展费用支出占主营业务收入之比

2019年全省经济开发区加大企业的科技研发经费支出，不断提升企业科技实力，助力开发区产业转型升级。全省经济开发区研究与试验发展（R&D）费用支出占主营业务收入之比呈线性上升。

2019年全省经济开发区研究与试验发展（R&D）费用支出占主营业务收入之比实现2.7%，较上年提升了0.5个百分点。国家级经济开发区为2.6%，省级经济开发区为2.9%（图13）。

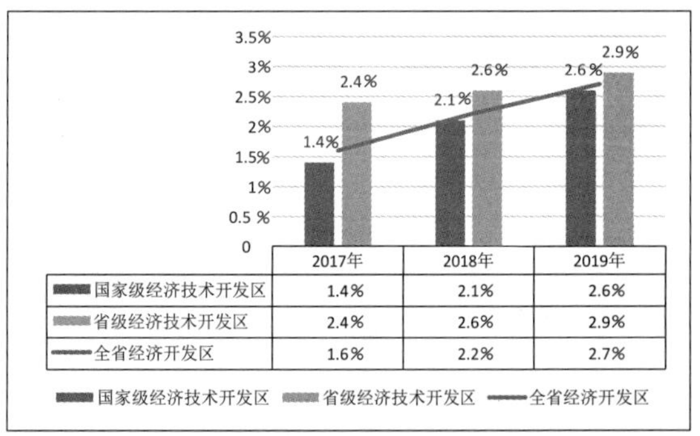

图13 2019年全省经济开发区研发经费占主营业务收入之比

近年来，国家级经济技术开发区坚持创新驱动，培育增长新动能，科技经费支出加大。2019 年全省国家级经济技术开发区研究与试验发展（R&D）费用共计 728.6 亿元，较上一年提升 26.8%。其中义乌、金华、嘉善三个经济开发区研究与试验发展（R&D）经费支出继续保持全省领先。

省级经济开发区 2019 年研究与试验发展（R&D）费用共计 670.6 亿元，较上一年提升 28.8%。

五、全省经济开发区科技创新情况

近年来，全省经济开发区坚持科技创新，深入贯彻国发〔2019〕3 号文件精神，加大创新投入，优化创新平台，集聚创新资源，激活创新活力，开发区创新能力对标国际化。

（一）高新经济实力增强，主要经济指标全面增长，对开发区的贡献和作用愈发突出

2019 年全省经济开发区新增高新技术企业 3 899 家，同比增幅 38.9%，占全省新增高新技术企业的 81.1%，累计共有高新技术企业 9 153 家。规模以上高新技术企业产值 22 067.3 亿元，较上年增长 18.3%，占全省经济开发区总产值的 44.0%，同比增长 7.6%。开发区科技贡献率进一步提升（图 14）。

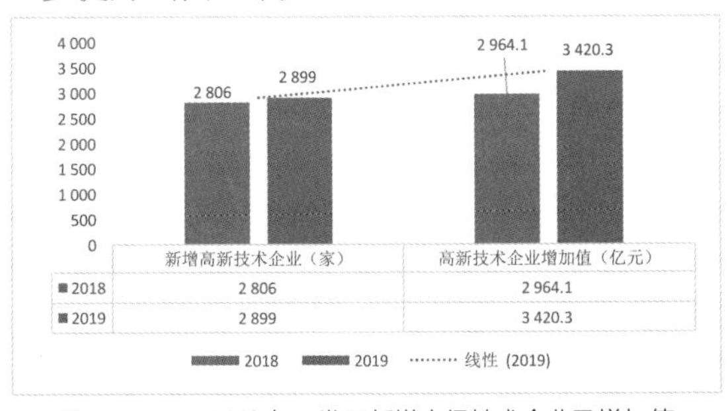

图 14　2017—2019 年开发区新增高级技术企业及增加值

全省经济开发区高新技术企业在全省经济作用明显增强，全省经济开发区迈入了“以创新为驱动的高质量”发展新阶段。

（二）创新平台蓬勃发展，科技贡献逐年上升

2019 年，全省经济开发区积极完善创新平台培育体系，优化人才政策，主动培育、引进高层次人才，全面提高开发区创新动力。创新平台蓬勃发展，创新环境持续改进（图 15）。

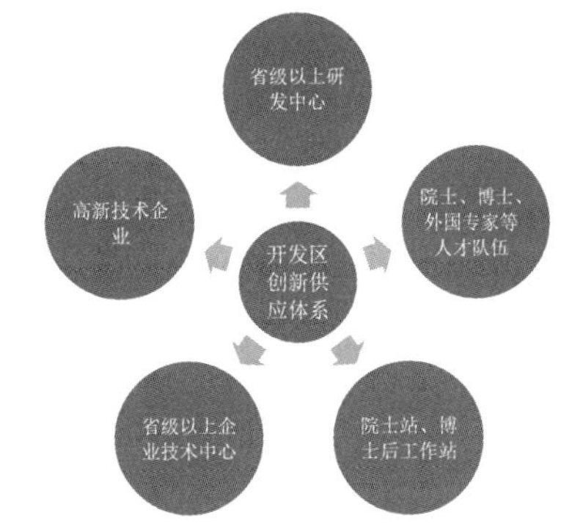

图 15　全省经济开发区科技创新供应体系

开发区新增省级以上研发中心 487 个，省级以上企业技术中心 169 个，新增院士工作站 24 个、博士后工作站 104 个。累计引进院士 440 人，国千、省千人才 1 939 人、外国专家等 2 248 人。开发区已形成了规模化的科技创新供应体系。

2019 年，全省经济开发区鼓励企业申请发明专利等创新举措，出台系列支持政策，聚焦创新资源，开发区创新能力提高。全年新增企业发明专利 13 540 件，较 2018 年提升 12.8%，占全省新增发明专利的 39.7%；新增世界 500 强项目 23 个，高层次人才项目 233 个。

六、存在的主要问题

（一）国内外形势复杂多变，全球产业链和供应链面临重要变革

2019 年全方位国际竞争日益激烈，全球对资源、资金、人才、技术等要素的竞争不断变化，中美经贸摩擦持续，部分产业向外转移压力显著增加。开发区作为地区开放的主平台、产业集聚的重要基地、科技创新的中坚力量，在市场多变的情况下，要加大力度稳定开发区产业链，保证产业健康发展。

（二）浙江省开发区单体规模不大，与先进开发区差距明显

国家级经开区是经济发展的强大引擎，经

济总量是衡量国家级经开区实力的重要指标。全国219家国家级经开区GDP平均值为435亿元，而我省国家级开发区GDP平均值为520亿元，比全国平均值略高，最高的是嘉兴经开区GDP为1 430亿元，较三强经开区有1 000亿以上的差距。

（三）体制机制创新不够，体制优势弱化

浙江省经济开发区管委会承担的社会管理事务越来越繁重，机构臃肿、职能不明晰、权责不一等问题日益突出，与开发区“精干、统一、高效”的行政管理体制初衷相悖。

七、提升全省经济开发区发展的思路和建议

2019年5月，国务院发布了《国家级经济技术开发区创新提升打造改革开放新高地的意见》，2019年10月胡春华同志在广州全国经济技术开发区创新提升会议上做了重要讲话，对全国经济开发区开放创新、科技创新、制度创新，提升对外合作水平和经济发展质量，打造改革开放新高地提出了具体要求。下阶段，浙江省经济开发区要根据省委省政府工作部署，更加注重开发区高质量发展，服务国家战略大局，发挥更强的辐射带动作用。

（一）加快开发区创新整合提升，做大做强开发区平台

以最高层级平台为核心，开展创新性变革。大力推动开发区管理体制、运行体制的创新和科技创新、产业创新，加快建设创新生态优、创新策源强，创新成果转化快的平台体系，努力在质量变革、效率变革、动力变革中走在前列。

（二）继续做好开发区产业链“链长制”试点

围绕“巩固、增强、提升、畅通”八字方针，实施开发区产业链“链长制”，由开发区所在地区的党政主要领导担任“链长”，强化各开发区在产业链建设中的主体责任，各开发区确定主、特产业进行产业链建设，建立“九个一”工作机制，充分开发区在“六稳”“六保”中的重要作用。

（三）大力建设国际产业合作园，注重开放平台协同合作

巩固提高现有的20家国际产业合作园，发挥他们在全球精准合作和开放创新能力建设中的示范带动作用。积极培育国际产业合作园建设梯队，争取国际产业合作园在国家级经开区实现全覆盖。推动国际产业合作园围绕全省八大万亿产业，瞄准世界产业发展高地和技术创新高地，促进开发区产业链、价值链由中低端向中高端迈进。

（四）完善开发区比学赶超机制

围绕“高质量、竞争力、现代化”要求，以国际、国内领先开放平台为标杆，制定赶超计划，开展“比学赶超”活动，形成你追我赶的“滚雪球”效应。以考核评价为导向，推动全省经开区争先进位、奖优罚劣。对连续两年居于末位的省级经济开发区，报省政府建议退出开发区管理序列进入限期整改期，整改无效的予以撤销；对连续两年居于末位的国家级经开区，报请商务部按照国家级经开区的退出机制和相关规定办理。

（浙江省开发区协会供稿）

2019年福建省开发区发展情况综述

2019年，国务院出台了《关于推进国家级经济技术开发区创新提升打造改革开放新高地的意见》和《关于促进综合保税区高水平开放高质量发展的若干意见》。7月26日，福建省政府召开常务会议，研究推进开发区创新提升工作，强调要认真贯彻落实国务院文件精神，推进全省开发区开放创新、科技创新和制度创新。福建省商务厅按照国务院文件精神和省政府关于促进开发区高质量发展的指导意见，大力推动开发区创新提升、高质量发展。2019年，全省开发区实现地区生产总值1.42万亿元，同比增长11.8%，占全省33.6%；实现税收收入1 068亿元，同比增长1.8%，占全省24.7%；实际利用外资166.57亿元，占全省52.8%；对外直接投资额207.71亿元，占全省68.6%以上；进出口总额7 521.79亿元，同比增长11.3%，占全省56.6%。

一、制定促进开发区高质量发展实施方案和政策

牵头研究制定《贯彻<国务院关于推进国家级经济技术开发区创新提升打造改革开放新高地的意见>实施方案》《福建省促进综合保税区高水平开放高质量发展实施方案》《推动开发区高质量发展工作方案》和《关于开发区整合托管有关工作的通知》，会同省自然资源厅制定出台《关于严格土地节约集约利用促进开发区高质量发展十条措施》。以上方案、政策均经省政府同意后印发实施。

二、着力在开发区管理体制机制创新上下功夫

指导推动10家国家级经开区研究制定创新提升具体实施方案，着力培育20个特色产业园区。东侨经开区围绕“做大锂电新能源千亿产业集群”的目标，锂电新能源产业以年均144%的增速爆发式发展，成为全球规模最大的锂电池生产基地；泉州经开区重点发展高端纺织鞋服产业和新兴产业，营造一流营商环境，2019年新签约项目实现数量、质量双提升，通过建设中意“两国双园”，加强意大利—中国（泉州）产业深度对接。开发区体制活力进一步激发，全省开发区管委会主要领导由所在地领导兼任的超过一半，设立运营公司的约占85%，成立专业化招商公司的近1/3。

三、发挥开发区招商引资平台作用

推动开发区开展公司化招商、产业链招商和产业基金招商等模式。厦门9•8投资洽谈会期间，组织全省20个开发区参展招商，展示开发区主导产业和良好的营商环境，吸引海内外客商投资开发区。据不完全统计，厦洽会期间开发区共签约内外资项目79个，总投资超千亿元。同时，积极配合推荐开发区参加境内外招商推介活动，引导省外开发区或客商到省内开发区投资考察，帮助协调联系，促进投资合作。

四、开展开发区年度综合发展水平考核评价

按照省商务厅等7个部门出台的《福建省开发区综合发展水平考核评价办法（暂行）》，委托第三方机构完成全省开发区年度综合评价工作，形成《2018年度福建省开发区综合发展水平考核评价报告》，考评结果通报各地政府和省直有关部门。对综合发展水平排名前10位、实际利用外资前10位的开发区分别给予奖励，

对考评结果后5名的省级开发区予以警告、限期整改，引导激励开发区创新提升发展。

五、指导推动海关特殊监管区转型升级

推动福州出口加工区、福州保税港区、厦门海沧保税港区、厦门象屿保税物流园区等4家海关特殊监管区转型升级为综合保税区。指导泉州、宁德等符合条件的地方设立保税物流中心（B型），泉州石湖港保税物流中心（B型）已获得海关总署、财政部、国家税务总局和国家外汇管理局四部委联合批准设立。同时，积极争取设立福州空港综合保税区，配合做好前期筹备工作。

六、促进区域协同发展

研究商务工作服务两大协同发展区建设机制，完成《两大协同发展区商务工作机制调研报告》和《提升两大协同发展区开放合作水平的对策建议》。支持闽西南协同发展区五市商务部门签订《闽西南协同发展区商务部门合作框架》，重点在搭建联合招商合作平台、促进产业布局调整和协同发展、加强商贸服务合作、开展电商和物流合作、深化口岸通关、推进菜篮子工程建设、加强对台交流合作等七大领域联动发展。推动闽宁开发区合作，省内有3家国家级经开区（东侨、融侨、龙岩）与宁夏2家国家级经开区（银川、石嘴山）在闽宁第23次联席会上签订合作协议，漳州金峰开发区与宁夏固原开发区签订合作协议，推动合作双方开展交流考察、深化合作。

七、督促开发区做好环境保护工作

配合做好中央第二轮环保督察工作。积极督促督察发现问题的整改，持续推进开发区落实规划环评和污水集中处理设施建设。目前全省省级以上开发区基本实现污水集中处理及在线监控全覆盖。

（福建省商务厅供稿）

2019年山东省开发区发展情况综述

一、运行情况

2019年，山东省经济开发区（含15个国家级经济技术开发区、124个省级经济技术开发区）实现公共财政预算收入2 428.4亿元、进出口11 185.3亿元、实际利用外资63.6亿美元。

二、固定资产投资

2019年，山东省经济开发区实现固定资产投资增长-8.1%，高于全省0.3个百分点。

三、公共财政预算收入

2019年，山东省经济开发区实现公共财政预算收入2 428.4亿元，增长1.6%，高于全省1个百分点。

四、对外贸易

2019年，山东省经济开发区实现进出口总额11 185.3亿元，增长6.1%，高于全省0.3个百分点。

五、外商实际投资

2019年，山东省经济开发区实际利用外资63.6亿美元，增长18.8%，高于全省0.2个百分点。

六、园区调整

2019年，山东省人民政府批准撤销胶南经济开发区、青岛临港经济开发区和荣成工业园区。

下一步，要以党的十九届五中全会精神为引领，深入贯彻省委、省政府部署要求，全面落实新发展理念，推动各类优质要素向开发区集聚，根据综合评价结果，对标对表，补短板、强弱项，充分发挥开放创新、科技创新、制度创新功能优势，形成新的集聚效应和增长动力，加快构筑新发展格局，为全省高质量发展发挥排头兵、主力军作用。

（山东省商务厅开发区处供稿）

2019年湖南省开发区发展情况综述

2019年，根据《湖南省省级及以上产业园区综合评价办法》(湘园区〔2018〕2号)，省发展改革委（省园区办）会同相关部门对2019年度全省纳入统计范围的134家省级及以上产业园区（不含综保区）进行了综合评价。全省134家园区平均得分为87.75分，较2018年度提高0.37分。各园区最高得分144.23分，最低得分48.68分。从层级分布看，国家级、省级园区平均得分为114.10分和84.18分，差距较2018年度缩小0.71分。从地域分布看，长株潭地区、洞庭湖地区、湘南地区、大湘西地区园区平均得分为102.69分、95.27分、83.31分、77.06分。从园区类别分布看，高新类园区和经开类园区（含工业集中区）平均得分为97.40分、84.08分（表1、表2）。

表1 2019年湖南省级及以上产业园区统计年报汇总表（139家）

指标名称	计量单位	本年实际	增长（%）
一、基本概况			
1. 规划面积	平方千米	2 392.71	1.6
2. 实际开发面积	平方千米	1 060.08	1.9
其中：工业用地面积	平方千米	732.18	2.8
3. 园区企业个数	个	56 216	8.9
4. 园区工业企业个数	个	22 984	7.0
5. 园区高新技术产业企业个数	个	6 592	20.1
其中：经科技部门认定的高新技术企业个数	个	3 203	33.7
6. 园区外商投资企业个数	个	930	8.3
7. 园区港澳台投资企业个数	个	601	-0.7
8. 园区制造业企业个数	个	21 074	10.3
其中：年主营业务收入10亿元及以上的企业	个	386	5.8
年主营业务收入20亿元及以上的企业	个	161	8.8
年主营业务收入50亿元及以上的企业	个	59	13.5
9. 规模以上服务业企业个数	个	1 741	-15.6
10. 期末从业人员	万人	382.82	6.4
其中：新增从业人员	万人	32.61	15.2
11. 园区工业企业从业人员	万人	278.84	5.4
12. 高新技术产业企业从业人员	万人	147.41	9.1
13. 园区拥有本科及以上学历从业人员	万人	51.20	9.5
其中：硕士学位及以上人员	万人	8.97	16.2
14. 具有高级职称的专业技术人员	万人	8.74	5.4
15. 海外留学归国人员和境外常驻人员	万人	1.05	2.3
二、园区经济总量			
1. 园区生产总值	亿元	13 678.86	11.1
2. 园区工业增加值	亿元	9 593.50	10.8

续表

指标名称	计量单位	本年实际	增长（%）
3. 园区高新技术产业增加值	亿元	5 999.45	11.5
其中：园区规模以上高技术产业增加值	亿元	4 543.53	15.1
4. 园区第三产业增加值	亿元	3 214.62	5.8
其中：规模以上服务业增加值	亿元	799.08	9.6
其中：生产性服务业增加值	亿元	507.40	2.7
5. 技工贸总收入	亿元	48 552.76	10.3
（1）工业企业主营业务收入	亿元	34 856.07	9.7
（2）建筑业企业主营业务收入	亿元	2 228.27	14.7
（3）批零企业主营业务收入	亿元	6 172.51	10.2
（4）住宿餐饮企业主营业务收入	亿元	218.54	14.1
（5）规模以上服务业企业主营业务收入	亿元	1 966.09	23.2
（6）房地产开发企业主营业务收入	亿元	1 691.59	20.5
（7）其他企业主营业务收入	亿元	1 419.69	−6.7
6. 高新技术产业主营业务收入	亿元	22 507.42	11.6
其中：高技术产业主营业务收入	亿元	15 429.27	11.5
7. 主导产业主营业务收入	亿元	28 026.92	5.8
8. 利润总额	亿元	2 357.71	19.0
其中：工业利润总额	亿元	1 851.77	18.5
9. 上交税金总额	亿元	1 603.60	8.3
其中：工业税收总额	亿元	993.74	−2.0
三、园区创新驱动			
1. 省级及以上研发机构数	个	1 671	14.6
2. 省级及以上众创空间孵化器数	个	300	26.1
3. 省级及以上众创空间孵化器在孵企业数	个	11 640	13.2
4. 省级及以上产业服务促进机构数	个	518	9.1
5. 专利申请数	件	34 144	14.4
6. 专利申请授权数	件	19 336	14.7
7. 技术合同交易额	亿元	365.29	22.1
四、园区投资建设及招商引资			
1. 本期完成固定资产投资总额	亿元	9 704.14	9.2
其中：基础设施建设投资	亿元	1 964.20	−10.6
工业固定资产投资	亿元	6027.38	12.7
2. 招商引资总额	亿元	3 580.95	27.4
其中：实际使用外资额	亿美元	98.44	14.5
实际使用省外境内资金额	亿元	2 901.89	30.8
3. 进出口总额	亿元	3 105.00	39.1
其中：出口总额	亿元	2 107.51	47.9
进口总额	亿元	997.49	23.6

表 2 2019 年园区综合评价指标

开发区名称	发展质量							发展实效					
	1. 单位土地面积生产总值(万元/亩)	2. 单位面积税收产出强度	3. 单位面积工业固定资产投资强度	4. 园区土地节约集约利用指数	5. 主导产业集聚度	6. 工业集中度	7. 全员劳动生产率	8. 园区生产总值及增速(%)	9. 税收总额及增速(%)	10. 工业增加值及增速(%)	11. 期末从业人员及增速(%)	12. 产业投资及增速(%)	13. 进出口额及增速(%)
望城经济技术开发区	8.48	9.07	10.69	4.43	3.29	0.00	10.23	6.64	10.00	5.86	3.00	8.00	4.00
株洲高新技术产业开发区	10.98	12.00	10.17	4.26	3.30	5.00	5.39	7.85	4.00	6.67	3.00	4.23	1.55
浏阳经济技术开发区	11.85	12.00	12.00	4.41	4.84	2.55	8.00	4.51	10.00	4.89	1.20	7.15	1.60
邵阳经济开发区	5.78	8.55	9.03	3.85	3.34	4.52	5.63	7.51	10.00	6.94	3.00	7.38	3.67
岳阳高新技术产业园区	6.86	6.84	12.00	4.00	5.43	3.70	6.93	4.94	6.32	6.28	2.53	4.81	0.07
湖南湘乡经济开发区	10.00	4.36	5.72	5.29	4.32	5.03	9.63	5.48	6.94	6.71	3.10	6.67	0.32
娄底经济技术开发区	6.24	6.01	7.56	4.34	4.16	3.71	8.74	6.71	7.77	7.23	1.48	5.06	4.00
岳阳临港高新技术产业开发区	6.47	6.00	12.00	4.21	3.77	0.00	5.02	5.68	6.97	5.77	2.97	7.13	2.02
湖南娄底高新技术产业开发区	7.21	5.55	5.04	4.26	5.14	3.48	6.42	5.84	7.00	6.28	2.53	5.01	2.07
湖南石门经济开发区	8.69	5.76	6.29	5.21	5.87	4.32	4.59	5.66	6.53	6.28	4.00	5.88	2.26
湖南醴陵经济开发区	12.00	10.56	8.77	4.22	4.18	3.04	3.93	6.96	9.04	7.43	2.95	6.13	1.60
长沙雨花经济开发区	11.47	12.00	5.38	3.91	4.75	4.92	10.14	4.83	7.74	4.58	1.31	1.92	4.00
长沙经济技术开发区	12.00	12.00	5.20	4.35	3.32	4.05	8.09	4.96	6.36	4.14	3.00	5.30	3.97
桃源高新技术产业开发区	2.92	4.29	11.00	5.03	4.79	4.75	2.39	4.81	6.74	4.55	4.00	5.55	0.54
湖南邵东经济开发区	12.00	6.78	1.81	4.00	3.69	4.30	5.07	8.00	8.30	8.00	2.24	5.26	2.11
益阳高新技术产业开发区	7.13	8.95	12.00	4.25	0.00	3.28	4.37	5.26	10.00	6.29	2.70	3.20	3.00
湘潭经济技术开发区	6.98	4.73	9.66	4.32	3.69	4.61	7.24	6.22	8.75	7.04	3.00	5.75	1.60
常德经济技术开发区	9.13	12.00	2.80	4.03	4.18	4.78	12.00	5.75	6.54	5.64	2.22	2.95	3.39
江华高新技术产业开发区	3.02	4.54	5.03	5.05	6.41	6.23	5.75	5.00	6.80	6.04	0.79	6.21	3.00
湖南祁阳经济开发区	7.04	4.54	10.65	4.97	0.00	6.31	3.54	5.94	6.71	6.51	1.60	4.97	1.20
岳阳经济技术开发区	6.34	8.77	12.00	4.09	0.00	4.03	4.61	5.22	8.08	5.26	1.20	6.94	4.00
湖南永兴经济开发区	6.13	1.56	8.27	4.03	3.95	4.08	11.66	5.85	7.03	6.91	3.00	6.50	1.60
湖南资兴经济开发区	7.85	2.40	11.00	5.15	0.00	4.91	8.36	3.84	6.40	4.78	4.00	7.62	2.33
湖南湘潭天易经济开发区	5.74	2.91	8.44	5.42	5.44	5.14	6.62	4.68	7.92	5.67	2.16	5.23	2.87
宁乡高新技术产业园区	6.23	5.34	10.71	4.25	0.00	3.15	4.36	7.25	8.74	8.00	1.20	6.99	3.00
长沙高新技术产业开发区	11.19	12.00	5.97	4.34	0.00	4.78	7.41	3.20	9.24	3.20	3.00	5.14	3.00
郴州高新技术产业开发区	7.45	2.16	12.00	4.20	3.16	4.05	6.09	5.03	7.32	5.39	3.00	5.47	2.90
常德高新技术产业开发区	3.03	2.61	6.73	4.18	3.05	4.49	8.90	6.17	7.47	6.38	2.49	4.79	2.88
韶山高新技术产业开发区	9.23	2.38	11.00	5.00	6.20	5.77	10.00	3.39	2.99	4.05	2.80	4.91	0.08
桂阳高新技术产业开发区	9.48	3.10	9.59	4.97	4.62	5.34	6.80	4.14	6.53	4.79	4.00	5.32	2.52
雨湖工业集中区	4.59	4.48	10.89	4.04	4.12	2.51	7.69	3.75	6.77	5.22	2.17	5.11	2.40
平江高新技术产业园区	7.00	2.97	5.68	5.06	7.32	4.51	5.67	4.50	5.77	4.74	3.64	4.07	0.94
株洲经济开发区	6.98	12.00	7.52	3.88	3.04	0.00	3.45	4.35	7.23	3.51	2.51	3.98	0.21
岳阳绿色化工高新技术产业开发区	7.56	12.00	2.35	4.07	5.67	4.97	11.73	3.73	4.00	3.80	1.20	6.23	0.84
湘潭高新技术产业开发区	5.08	2.77	9.06	3.98	3.71	3.27	9.02	5.21	3.09	5.68	3.00	5.22	1.21

续表

开发区名称	发展质量							发展实效					
	1. 单位土地面积生产总值(万元/亩)	2. 单位面积税收产出强度	3. 单位面积工业固定资产投资强度	4. 园区土地节约集约利用指数	5. 主导产业集聚度	6. 工业集中度	7. 全员劳动生产率	8. 园区生产总值及增速(%)	9. 税收总额及增速(%)	10. 工业增加值及增速(%)	11. 期末从业人员及增速(%)	12. 产业投资及增速(%)	13. 进出口额及增速(%)
隆回高新技术产业开发区	3.37	3.11	9.46	5.19	4.27	5.92	1.63	0.61	6.06	5.78	4.00	3.30	0.53
永州经济技术开发区	6.66	12.00	12.00	4.29	3.56	4.18	4.39	4.54	5.18	2.87	2.19	4.15	1.92
津市高新技术产业开发区	3.53	1.59	6.51	4.13	3.74	4.20	3.14	5.84	6.59	5.78	3.00	6.14	0.18
宁乡经济技术开发区	5.55	4.41	9.43	4.34	0.00	3.64	7.08	7.08	10.00	5.72	3.00	5.29	4.00
湖南临武工业园区	4.14	3.24	11.00	5.00	5.36	4.42	3.50	4.75	5.90	5.45	3.30	6.29	1.86
湖南临湘工业园	6.35	1.03	9.08	4.91	6.45	5.21	7.84	4.65	0.26	5.72	2.83	1.46	1.60
浏阳高新技术产业开发区	5.34	7.35	12.00	4.30	4.78	0.00	5.84	1.68	8.42	1.63	1.08	5.76	1.52
怀化高新技术产业开发区	2.50	3.55	5.25	4.25	4.12	0.00	6.43	3.37	4.80	3.21	2.19	2.71	1.90
湖南益阳长春经济开发区	5.00	3.32	6.58	4.05	0.00	4.55	3.21	3.20	6.82	5.37	1.93	0.98	4.00
湖南常宁水口山经济开发区	2.96	2.71	3.18	5.17	7.49	5.13	3.46	5.07	6.33	6.16	3.83	4.13	2.60
岳麓高新技术产业开发区	6.19	1.48	8.01	3.80	4.93	0.00	9.57	2.58	0.21	2.16	2.13	2.98	2.25
湖南嘉禾经济开发区	4.45	2.31	9.66	5.11	6.94	4.74	7.16	4.91	5.83	2.78	2.97	5.47	1.93
湘西高新技术产业开发区	3.71	5.57	2.61	5.38	4.70	0.00	7.68	2.42	6.91	5.68	3.04	3.71	0.57
湖南宜章经济开发区	7.77	7.18	11.00	5.03	4.47	4.62	3.11	0.84	6.31	0.85	3.95	5.67	2.07
长沙金霞经济开发区	8.18	8.07	5.69	4.22	3.19	4.11	7.43	3.65	9.69	0.82	3.00	6.82	4.00
湖南衡阳松木经济开发区	2.31	2.63	8.66	4.05	5.73	4.44	6.39	5.41	1.72	5.66	2.23	4.15	1.46
湖南桃江经济开发区	2.77	2.14	6.72	5.02	4.91	4.47	2.83	4.79	6.11	5.82	3.98	5.81	0.05
荷塘工业集中区	8.50	9.52	12.00	4.29	3.06	2.70	4.35	4.55	1.09	5.33	0.89	5.18	0.36
鹤城工业集中区	6.68	3.72	3.66	3.79	0.00	3.67	8.34	5.20	3.28	4.32	2.01	5.04	0.00
君山工业集中区	6.26	1.04	4.83	4.94	5.22	4.56	3.95	4.94	2.84	5.96	3.47	5.41	0.01
华容工业集中区	5.68	1.56	7.05	5.12	5.66	6.04	8.12	5.03	2.97	6.05	2.98	4.14	0.07
洪江高新技术产业开发区（洪江区片区）	6.12	5.17	7.13	4.97	5.93	3.46	6.58	4.47	2.97	2.83	2.64	5.09	1.38
湖南汉寿高新技术产业园区	3.80	1.09	4.49	5.01	4.92	5.32	4.44	3.54	3.00	5.86	1.19	5.70	0.70
澧县高新技术产业开发区	2.92	2.47	2.18	5.22	0.00	3.78	4.19	2.81	6.05	3.38	2.33	5.13	2.23
湖南蓝山经济开发区	3.96	1.74	1.00	4.84	0.00	6.03	2.08	3.75	5.81	3.81	1.60	0.18	1.63
湖南新邵经济开发区	2.85	2.62	1.65	4.88	4.70	4.89	3.44	2.92	5.57	2.65	2.43	3.88	2.36
衡阳高新技术产业开发区	4.36	5.01	2.06	4.12	0.00	4.20	7.59	4.65	7.38	4.04	2.67	7.19	1.20
湖南安化经济开发区	4.13	4.34	4.37	5.01	7.16	0.00	3.37	4.48	1.18	5.25	2.88	5.14	0.05
湖南南县经济开发区	2.65	1.31	4.44	4.97	0.00	4.96	3.48	3.30	2.94	4.15	3.09	3.43	1.63
新化高新技术产业开发区	2.42	2.81	3.27	5.07	5.36	0.00	2.95	4.67	6.03	5.53	3.30	5.49	1.45
湖南双峰经济开发区	4.20	2.45	4.56	5.02	6.12	3.87	3.25	3.16	5.88	3.32	2.48	2.72	0.49
汨罗高新技术产业开发区	5.08	3.52	3.08	5.00	6.22	4.24	5.08	3.62	1.61	4.67	1.60	1.16	0.03
大祥工业集中区	11.09	10.32	4.34	4.11	4.16	2.69	5.75	2.29	6.67	2.66	0.68	1.89	2.22
湖南临澧经济开发区	2.20	2.30	3.55	5.07	5.20	4.85	2.64	4.24	5.38	5.00	3.40	2.51	0.04

续表

开发区名称	发展质量							发展实效					
	1.单位土地面积生产总值（万元/亩）	2.单位面积税收产出强度	3.单位面积工业固定资产投资强度	4.园区土地节约集约利用指数	5.主导产业集聚度	6.工业集中度	7.全员劳动生产率	8.园区生产总值及增速(%)	9.税收总额及增速(%)	10.工业增加值及增速(%)	11.期末从业人员及增速(%)	12.产业投资及增速(%)	13.进出口额及增速(%)
湖南郴州经济开发区	8.29	2.55	1.80	4.30	0.00	4.61	6.61	3.60	7.41	3.84	3.00	5.70	1.60
邵阳县工业集中区	4.56	2.91	5.57	4.73	0.00	4.60	2.22	3.04	5.72	3.80	3.51	3.87	0.75
永兴稀贵金属再生资源利用产业集中区	5.12	5.84	12.00	4.05	5.48	0.00	12.00	3.85	3.24	2.63	1.85	3.89	0.00
靖州工业集中区	1.69	0.84	5.15	4.77	6.21	3.24	5.36	4.34	2.78	2.61	2.54	4.11	0.01
娄星工业集中区	5.90	3.22	3.60	3.86	4.69	0.00	4.92	5.60	6.54	5.90	2.53	4.00	2.42
张家界高新技术产业开发区	1.62	3.61	1.20	4.96	4.31	0.00	2.24	4.34	5.76	2.56	2.76	3.37	0.04
湖南株洲渌口经济开发区	2.52	2.02	2.83	4.13	0.00	3.91	7.92	5.21	6.27	3.69	0.80	3.68	0.01
湘阴高新技术产业开发区	1.94	1.29	3.16	4.88	7.28	5.27	2.56	4.42	2.19	5.38	3.87	4.30	0.27
攸县高新技术产业开发区	4.06	3.01	7.10	4.04	4.93	3.05	5.37	2.51	3.18	2.85	1.08	1.69	1.46
湖南湘潭岳塘经济开发区	5.55	3.57	2.90	4.12	4.77	0.00	6.45	4.79	6.66	0.14	2.37	6.94	1.75
安乡工业集中区	1.60	0.61	0.79	4.93	4.64	5.19	2.56	4.48	2.82	5.03	3.02	4.78	1.89
湖南怀化经济开发区	6.18	4.72	6.88	3.26	4.83	0.00	2.71	4.95	1.35	2.12	3.00	1.31	2.77
通道工业集中区	2.13	3.18	2.02	4.73	6.01	0.00	6.41	4.11	2.83	2.52	2.46	4.88	0.00
湖南冷水江经济开发区	4.65	6.13	4.79	4.00	4.25	3.40	2.87	1.76	3.10	2.10	3.00	5.39	0.29
宁远高新技术产业开发区	0.82	0.32	0.49	4.96	0.00	5.84	3.13	2.81	5.80	2.81	3.96	5.13	3.00
湖南武冈经济开发区	3.10	2.25	6.32	5.17	3.94	4.53	1.52	4.64	5.78	1.80	4.00	1.31	0.00
西洞庭工业集中区	1.86	0.75	2.43	4.71	5.78	4.66	2.96	2.32	2.94	1.39	2.61	3.40	0.07
湖南零陵工业园区	1.84	1.57	0.20	4.03	3.20	4.85	5.71	2.59	6.86	4.40	1.23	4.87	2.90
衡山高新技术产业开发区	2.37	1.56	2.18	5.02	0.00	5.54	1.84	2.88	4.49	3.35	3.96	2.16	1.86
道县工业集中区	1.94	1.18	2.85	4.61	5.06	6.11	2.83	2.39	4.24	2.94	2.48	3.49	0.28
芷江工业集中区	3.86	1.40	2.27	4.62	4.90	0.00	4.37	4.34	2.76	2.61	2.58	4.89	0.00
双牌工业集中区	2.84	1.22	0.61	4.82	5.61	5.39	3.86	4.51	2.86	5.30	2.86	4.85	1.93
炎陵工业集中区	3.96	7.24	11.00	5.02	5.65	5.19	2.95	0.44	2.91	0.72	1.54	2.37	1.99
湖南衡东经济开发区	1.15	2.23	1.15	4.81	4.06	3.87	2.14	3.26	5.96	5.16	3.06	0.25	0.12
湖南茶陵经济开发区	5.17	5.79	7.94	4.99	0.00	3.95	3.48	2.60	4.87	2.98	1.75	2.69	0.00
麻阳工业集中区	1.98	0.76	3.34	4.69	4.03	0.00	5.74	4.34	2.76	2.62	2.54	3.75	0.00
洪江高新技术产业开发区（洪江市片区）	3.84	2.27	2.71	4.97	0.00	3.90	2.61	4.50	2.91	5.28	3.06	3.19	1.82
新宁工业集中区	4.22	2.38	3.00	4.93	5.83	4.68	1.97	4.20	2.89	5.26	3.22	1.24	0.31
沅陵工业集中区	0.32	0.51	4.48	4.84	6.36	4.18	0.78	4.22	2.74	2.43	2.57	3.00	1.87
长沙天心经济开发区	5.48	4.22	2.75	4.18	4.15	0.00	6.65	0.66	1.09	0.10	0.45	6.22	3.19
湖南祁东经济开发区	1.59	0.77	0.45	5.12	0.00	3.72	4.18	2.98	4.22	2.83	3.35	2.12	1.91
衡南工业集中区	1.02	1.31	3.25	4.84	6.35	4.11	2.12	2.71	3.82	3.39	3.61	1.88	1.24
湖南东安经济开发区	1.97	1.07	1.11	4.85	4.42	5.95	2.69	4.47	2.87	5.17	0.57	2.30	2.38
湖南沅江高新技术产业园区	4.62	1.99	6.46	5.11	0.00	3.84	4.13	0.73	0.37	1.14	2.59	0.92	2.16

续表

开发区名称	发展质量							发展实效					
	1. 单位土地面积生产总值（万元/亩）	2. 单位面积税收产出强度	3. 单位面积工业固定资产投资强度	4. 园区土地节约集约利用指数	5. 主导产业集聚度	6. 工业集中度	7. 全员劳动生产率	8. 园区生产总值及增速(%)	9. 税收总额及增速(%)	10. 工业增加值及增速(%)	11. 期末从业人员及增速(%)	12. 产业投资及增速(%)	13. 进出口额及增速(%)
桃江灰山港工业集中区	5.68	4.74	3.99	4.76	4.58	3.81	5.58	3.91	0.97	4.82	2.88	0.43	0.00
慈利工业集中区	1.40	0.94	1.93	4.42	0.00	4.37	1.95	3.32	2.84	2.65	2.37	2.56	0.07
新晃工业集中区	2.58	2.76	1.27	5.04	3.92	4.99	4.21	4.36	4.38	2.49	1.75	4.60	0.00
湖南耒阳经济开发区	1.89	1.66	0.24	4.96	0.00	0.00	1.95	2.04	5.99	1.92	4.00	2.81	0.03
江永工业集中区	3.45	1.38	3.53	4.76	0.00	5.31	2.84	2.06	2.81	1.58	2.86	3.15	2.14
桑植工业集中区	0.40	0.61	0.44	4.64	4.60	5.19	2.21	0.71	0.12	0.91	2.13	4.87	1.80
辰溪工业集中区	2.14	1.28	2.92	4.81	4.72	3.46	1.77	3.92	2.94	4.75	3.11	3.63	0.00
宜章氟化学工业集中区	1.68	1.04	8.23	5.06	7.81	0.00	5.22	2.99	0.04	2.49	2.46	1.70	0.03
大通湖工业集中区	1.73	1.47	2.25	4.86	6.05	0.00	2.53	4.34	1.35	1.89	2.73	0.89	1.81
安仁工业集中区	2.71	1.57	6.80	4.32	0.00	4.75	1.97	0.49	2.90	0.82	3.24	5.19	1.85
湖南永顺经济开发区	1.30	1.41	0.65	4.95	0.00	4.02	4.30	3.71	2.99	2.57	2.71	0.11	0.01
龙山工业集中区	2.00	1.28	0.80	5.05	4.78	0.00	2.66	3.61	2.73	2.47	2.50	4.82	0.00
龙岭工业集中区	2.27	2.77	1.85	3.88	4.64	0.00	1.42	2.23	3.07	2.60	2.39	3.27	2.19
湖南洞口经济开发区	2.16	1.48	1.30	5.04	0.00	4.55	4.45	1.51	2.28	4.94	0.88	5.16	0.46
苏仙工业集中区	7.25	4.27	12.00	3.77	0.00	0.00	5.17	3.64	3.20	2.28	1.71	3.34	1.68
新田工业集中区	2.43	0.46	3.47	4.99	5.02	6.18	2.51	0.96	1.75	0.55	2.00	2.07	2.13
湖南汝城经济开发区	2.65	2.45	3.07	4.56	5.37	4.62	2.17	1.36	2.97	1.56	3.06	5.10	1.41
绥宁工业集中区	3.22	1.32	2.87	4.81	5.58	5.38	2.99	1.45	1.89	1.79	0.61	2.14	0.01
花垣工业集中区	0.40	1.23	0.55	4.20	5.74	5.37	1.13	4.30	5.76	2.56	2.17	0.09	0.00
保靖工业集中区	1.15	1.18	0.95	5.04	5.62	3.59	4.57	4.32	0.67	2.58	0.15	4.89	0.00
湖南长沙暮云经济开发区	3.57	2.09	1.25	3.98	0.00	0.00	9.03	1.44	0.71	0.12	0.48	6.90	1.42
湖南衡阳西渡高新技术产业园区	2.29	1.73	2.09	5.09	0.00	4.72	2.44	1.30	1.52	2.42	1.77	0.42	1.54
会同工业集中区	0.97	1.18	4.21	5.16	0.00	0.00	1.59	3.90	2.76	2.47	2.56	3.20	0.01
中方工业集中区	1.23	1.36	1.73	4.08	4.76	0.00	1.41	2.10	1.49	2.70	0.72	0.22	0.00
湖南吉首经济开发区	0.64	0.81	0.73	4.78	0.00	0.00	3.04	0.17	2.95	0.95	0.77	5.27	0.00
凤凰工业集中区	0.66	0.67	1.35	3.90	5.48	0.00	2.58	0.27	0.85	2.46	2.50	4.90	0.00
泸溪高新技术产业开发区	2.00	2.72	0.48	5.04	6.28	4.22	1.99	0.33	0.46	0.33	0.68	1.90	0.05
古丈工业集中区	1.32	1.24	2.10	4.69	5.41	4.00	3.26	1.10	2.76	2.44	2.49	2.74	0.00
溆浦工业集中区	1.71	1.05	1.28	4.82	0.00	0.00	3.22	4.20	2.81	2.64	0.27	0.31	1.85
桂东工业集中区	1.52	2.61	1.05	4.48	0.00	4.80	4.67	1.40	2.90	0.83	2.52	3.00	0.00
城步工业集中区	1.44	0.84	1.19	4.92	0.00	5.12	0.77	4.27	2.75	2.50	2.92	4.86	0.00

（湖南省开发区协会供稿）

国家级经济技术开发区篇

金普新区（大连经济技术开发区）

【综述】金州区（金普新区）地处辽东半岛南部、大连市区东北部，东南临黄海，西濒渤海，南与甘井子区毗邻，北与普兰店区接壤。国务院批复金普新区总面积 2 299 平方千米，其中金州区行政区划面积 1 480.47 平方千米。海岸线长 478.4 千米，其中陆岸线长 404.93 千米，岛岸线长 73.47 千米。

2019 年，全区有街道办事处 25 个，设社区居民委员会 136 个（含保税区 14 个）、村民委员会 204 个（含保税区 22 个）。年末户籍总人口 88.8 万人，比上年增长 1.5%。金普新区坚持稳中求进工作总基调，以供给侧结构性改革为主线，推动高质量发展，深化“重实干、强执行、抓落实”专项行动，扎实做好“六稳”（稳就业、稳金融、稳外贸、稳外资、稳投资、稳预期）工作，改革、开放、创新、发展等各项事业稳中有进、持续向好。

【经济发展】2019 年，全区实现地区生产总值 2 073.5 亿元，按可比口径计算比上年增长 4.6%，增长幅度与大连市保持同步（大连保税区为独立 GDP 核算单位）；一般公共预算收入 192.9 亿元，比上年增长 26.1%；固定资产投资 343 亿元，比上年下降 33.1%（受英特尔大连芯片厂项目影响）；实际使用外资 1.3 亿美元，比上年下降 31.2%；规模以上工业企业增加值比上年增长 9.9%；进出口总额 2 774.3 亿元，比上年下降 14.9%；社会消费品零售总额 629.1 亿元，比上年下降 2.3%；城镇居民人均可支配收入 48 695 万元，比上年增长 6.9%，高于经济增长速度；万元生产总值能耗比上年下降 3.3%。年内，金普新区 40 余项工作分别获国家级、省级、市级荣誉，全区经济社会发展呈现良好局面。

【项目建设】2019 年，金州区（金普新区）项目建设助力经济发展，全区谋划推进项目 500 余个，投资规模达 3 500 亿元。大众汽车自动变速器（大连）有限公司五期扩建项目、蒂森克虏伯发动机系统（大连）有限公司凸轮轴五期项目、万纬产业园等 26 个项目竣工投产，京都风情街•小京都、唯品会大连运营总部、奥特马锂电池精密涂布机等 108 个项目开工，车载动力电池二期、宇培大连产业园等 95 个项目续建，中国传媒岛、优品车、捷美生物食品等 60 个项目签约，联想科技城、北控电信通大连数据中心、三垦电气扩建等 200 余个重点项目在谈。央地合作深入推进，中交集团、中铁集团、中粮集团、中化集团、中建集团、中铁建集团、中电科集团、中国电子集团等 30 余家中央管理企业与金普新区达成合作意向，双方在新一代信息基础设施建设、城市综合开发、战略性新兴产业等领域合作力度持续加大，中国电子、中交集团签约落地新区项目规模达 1 100 亿元。“双湾”（普湾经济区、小窑湾国际商务区）联动成效显著，从规划设计调整、基础项目先行、整顿土地秩序入手，激活存量、引进增量，策划引进中传未来文化产业园、维特奥康养小镇、国际社区、渔人码头等一批聚集人气、带动商机的大项目，开工建设金牌教育园、香格里拉酒店、丰茂国际大厦等一批服务业项目，加快推进中冶北方国家级技术中心、医诺生物研发中心及健康产业孵化园、神黄科技中医传承技术中心等一批重点项目，万科、富力、金科、绿地、和记黄埔等一批知名地产企业进驻新区。

普湾经济区双硼医药、恒坤新材料、大特气体等16个重点项目开工，傲视化学、中昊光明院、锦源二期等18个项目续建，佳秀百隆涂料、九信作物等13个项目签约。

【产业结构优化】2019年，金州区（金普新区）新兴产业快速发展，智能制造、数字经济等促进制造业发展，电子信息、生物医药等产业继续保持快速增长势头。对标全国先进水平加快推进“5G金普智慧新区”建设，建成5G通信基站296个，5G创新孵化中心成功引进，数字城市运行管理中心、环保数字化监管平台开工建设，与移动、联通、电信三大运营商签署10亿元投资框架协议，与华为技术有限公司、中兴通讯股份有限公司等10家国内领先通讯和软件公司签订合作框架协议，积极对接中能建控股集团有限公司、阿里云计算有限公司等5G产业链企业，大连金普5G高峰论坛成功举办，大连金普新区5G产业促进会成立，全区首批14个千兆宽带精品示范小区在大连市率先开通。金普新区（智能）装备制造示范基地跻身全国五星级示范基地。服务业亮点纷呈，线下零售、住宿、餐饮业增长率位居全市前3名，“夜经济”成为居民消费新场景，金普新区居民“剁手力”在“双十一”淘宝官方排名中位居全市前列，阿里巴巴网络技术有限公司旗下大连第二家盒马鲜生门店落户金普新区，全国第4家、东北三省唯一的北方国家版权交易中心投入运营，同中央人民美术出版社、人民文学出版社、日本爱可信（北京）技术有限公司等50余家国际国内知名出版企业合作洽谈顺利进行，中国网络文学港项目成功引进，大连国际沙滩文化节、国际大樱桃节、金普购物节等节庆活动成功举办。金石滩国家旅游度假区作为东北唯一上榜的景区跻身2019年度中国国家旅游最佳休闲旅游目的地榜单。都市现代农业质量更优，“两水一菜一花”成为农业优势主导产业，西部大樱桃、东部设施农业产业集聚效应进一步增强，新增国家级海洋牧场示范区2个、农业产业化国家重点龙头企业2个，“电商+乡村品牌”试点正式启动，大连金州大樱桃被评为2019中国十大好吃樱桃，七顶山街道拉树山村跻身第九批全国“一村一品”示范村镇名单。

【自贸区创新发展】2019年，中国（辽宁）自由贸易试验区大连片区（以下简称大连自贸片区）在全国第三批7个自贸区21个片区中率先完成总体方案确定的119项改革试点任务，在全国第三批自贸区制度创新排名中位居第四。“进境粮食全流程监管”作为国务院第五批试点经验之一在全国复制推广；“集装箱码头股权整合新路径”和“大连冰山集团混合所有制改革”2项国企改革案例入选商务部第三批全国自贸区“最佳实践案例”；“海关归类智能导航体系”以评估总分第1名的成绩位居“制度创新十佳案例”之首；大连自贸片区39项制度创新经验在辽宁省推广；“五位一体”商事登记确认制、“以审代查”和“非侵入式稽查”等多项制度创新成果在全国率先落地；全球首个“区块链电子放货平台”正式运行。528项央地涉企经营许可事项“证照分离”改革全覆盖试点全面展开。

【对外开放】2019年，金州区（金普新区）多举措鼓励外资及港澳台资企业拓展市场，推动对外及港澳台贸易发展。全区3 412家进出口实绩企业，实现外贸进出口总额2 774.33亿元，比上年下降15%，占大连市外贸进出口总额的63.7%。其中，实现自营出口额1 119.98亿元，比上年增长8.6%，占全市出口总额的58.5%；实现进口总额1 654.35亿元，比上年下降25.9%，占全市进口总额的67.9%。

年内，金州区（金普新区）高起点规划对日合作，在促进日本产品跨境贸易、推动文化交流、扩大金融开放等领域全面发力。金普新区党工委、管委会领导坚持“每月一访”赴日开展招商推介，洽谈项目50多项，投产3项、开工6项、签约8项，总投资额190亿元。作为中日经济合作示范试点城市重要建设内容，新日本工业团地园区规划完成，已成为日本对华投资的重要承载地，总投资达26亿美元的日本电产工业园带动34户配套企业签约入驻。中日绿色技术交流会成功举办。金普新区同韩国产业公团蔚山本部围绕产业互通互联开展合作。中俄（大连）产业合作示范园项目积极推进。欧美优质企业实现增资扩建，冰山金属技术二期、斯凯孚轴承、博格华纳新能源、柏德皮革三期、格劳博 EV 数控机床等项目接续落地新区。

【营商环境优化】2019 年，金州区（金普新区）重塑管理体系，营商环境进一步优化。按照金州区委（金普新区党工委）统一部署，渐次推进各项改革，设置党政机构 29 个，167 个公益性事业单位优化重组为 16 个，27 个街道调减为 25 个，21 个功能区（产业园区）压缩至 3 个。按照市场化标准组建大连金普新区生态环境建设投资有限公司、美丽乡村建设投资有限公司、海绵城市建设投资有限公司 3 家国有企业。深化干部人事制度改革，创新薪酬制度，新区发展活力进一步提高。“放管服”改革不断深化，在自贸创新、招商引资、招才引智、简化施工手续、商事制度改革、促进文化产业发展 6 个方面出台“金十条”优惠政策，打造全国一流投资区域。在全国率先实现企业设立登记注册全域通办，在东北率先实施政银合作便利企业注册登记、境外投资者主体资格证明承诺制、特种设备购置第三方监管制度等新举措。举办产业协作配套大会，促成 400 余家企业达成合作意向，协作配套金额 50.9 亿元。金普一号“马上办”专线获全国年度政务服务贡献媒体奖，受理企业诉求，“事事有回音、件件有着落”。减税降费政策深入实施，全年累计新增减税降费 37.84 亿元，增值税改革新增减税 18.6 亿元、小微企业普惠性政策新增减税 3 亿元。金融服务实体经济能力持续增强，全国公共资源交易电子保函运营服务平台、德泰票据中心、金普新区金融服务平台上线运行，首支城市发展基金——中交大连金普新区城市发展私募股权投资基金正式成立，首个美元债在中国香港特别行政区成功发行，设立金普新区知识产权质押融资风险补偿基金，积极争取规模达 2 000 亿元的中日产业基金母基金落户辽宁自由贸易试验区大连片区。全年新登记市场主体 24 606 户，新办理企业登记 14 021 件，比上年增长 12.3%。金普新区公共行政服务中心被评为第九届全国人民满意的公务员集体，金普新区获全国模范劳动关系和谐工业园区称号。

【创新引领作用增强】2019 年，金州区（金普新区）高新技术产业产值占规模以上工业企业总产值的比重达到 75%，高新技术产品增加值 627 亿元，比上年增长 20%，规模以上工业企业研发经费支出 67 亿元。新增高新技术企业 125 家、新增市级研发机构 20 个、新增孵化载体 10 个、纳入科技企业培育库的中小微企业 1 274 家；经辽宁省科技厅确认“瞪羚企业”21 家，位居东北三省各区县首位，5 家工业设计中心获市级认定；战略性支柱性产业研发中心纷纷进驻，欧姆龙中国区健康事业总部和研发中心落户新区，日本电产研发中心等入驻步伐加快。知识产权战略深入实施，全年专利申请量 4 426 件，专利授权 2 520 件，有效发明专利拥有量 2 499 件，其中企业专利占 70% 以上，专利申请量、授权量位居大连市第一；16 项发明专利获大连市专利奖，1 项企业专利获第 21 届中国专利奖金奖、1 家企业被评为国家级知识产权优势企业。科技成果加快转移转化，全年 224 项成果转化为现实生产力；实现技术交易合同 35 亿元，比上年增长 12%。政产学研合作不断加强，与大连大学、大连民族大学签署合作协议，3 个院士工作站入驻金普新区。全年引进博士和副高级职称以上高层次人才 163 人、产业发展紧缺人才 33 人，为金普新区吸纳的人才 636 人发放安居补贴 2 048 万元。全区获批大连市“海聚计划”引智项目 17 项、中国博士后科学基金面上资助项目 2 项。市场创新数量、质量均大幅提升，百汇双创园被批准为国家级科技企业孵化器，大连金泰正新科技有限公司等 2 家企业获中国创新创业大赛优秀企业称号，大连医诺生物有限公司被评为国家专精特新“小巨人”企业。

【城乡发展统筹推进】2019年，金州区（金普新区）城乡基础建设力度加大。开工建设振兴路—滨海路立交工程，完成永安大街金州段、金七线等道路工程；实施“亮绿工程”，对金马路、斯大林路等“七条通道”和银帆广场、沈大高速公路五一路收费口等“六大门户”进行升级改造。建设污水管网15千米，实现燃气并网和入户改造1.2万户，完成大魏家街道5 300户居民自来水入户工程。城乡管理不断加强，拆除违法建设约6万平方米，取缔“小开荒”近10万平方米，清理整治违建别墅231栋、大棚房3 138个；开展丹大高速、大窑湾高速公路沿线市容环境整治，完成高铁沿线外部环境隐患整改161处；治理14个街道42处非正规垃圾点，改造老城区垃圾集运点270处，提前完成市政府下达的垃圾分类户数指标任务，在大连市垃圾分类考核中金普新区名列各区市县首位；彻底解决瑞仕尚城等13个地产项目共1万余户业主产权登记办理难题；持续推进老旧小区改造，城市精细化管理考核总分列全市第一。环保治理取得重大进展，中央环保督察交办案件整改销号率97.8%，中央生态环保督察“回头看”及渤海生态保护修复专项督察交办案件整改完成率89.7%，国家海洋督察反馈整改任务全部完成，港口污染治理成效明显，新增人工造林89万株，金普新区森林公安局被国家森林公安局授予集体二等功，金普新区获全国绿化模范单位称号。美丽乡村建设取得新成绩，出台《金普新区美丽乡村建设工作实施方案》，18个美丽示范村村庄规划编制启动；探索美丽乡村建设土地盘活、投资融资、开发建设和经营管理新模式；实施农村人居环境整治，推进农村垃圾治理、污水治理和改厕工作，绿化造林206.3公顷；新建及维修农村公路43条68千米，提前1年实现“屯屯通油路”，惠及32个行政村62个自然屯1 100户农村居民近3万人，金普新区获辽宁省“四好农村路”示范县称号。

【民生和社会事业】2019年，金州区（金普新区）民生和社会保障及教育、文化、体育等社会事业蓬勃发展。投资1.6亿元，完成校舍维修改造工程146项，新开设公办普惠制幼儿园4所，中考优秀率和全科及格率稳步提高，金州区职教中心被评为2019年全国教育系统先进集体，金普新区社区教育品牌被评为全国终身学习品牌项目；成功举办金普新区第二届全民运动会，金普新区被授予辽宁省县（区）级校园足球优秀单位称号。民生福祉持续增进，全年投入民生直接相关领域资金108亿元，38件“惠民实事”扎实推进；城镇登记失业率再创新低，劳动者实现充分就业；为2 458户企业发放失业保险稳岗返还资金7 000万元，为832名高校毕业生发放一次性求职创业补贴近百万元，发放入伍义务兵优待金、退役士兵一次性经济补助金近4 000万元，组织退役军人4 515人免试免费就读省市属高职院校；建立农民工工资保障长效机制，全年为农民工补发工资3 129万元；城乡居民最低生活保障标准提高至每人每月720元，“互联网＋社保经办”服务模式让数据多跑路群众少跑腿；大连市首个医养结合养老社区投入运营，每1 000名老人享有养老床位34张。医疗卫生事业健康发展，持续深化家庭医生个性化签约服务，在全市率先推行“家庭医生服务车进社区”；在东北地区率先开展“日间手术”模式，有效解决患者住院难、看病难、手术迟等问题；中医药发展取得长足进步，省级以上“名老中医专家工作室”达到3个。文化事业日益繁荣，“文化惠民”基层文化提升工程暨街团文化工作结对共建活动有序开展，“一街一特色，街街有品牌”的基层文化建设格局已经形成；2位作家获“辽宁文学奖”；“家庭幸福安康主题教育行动”被评为全国终身学习品牌项目；文明城市创建工作扎实推进，金普新区被确定为全市唯一的国家级新时代文明实践中心试点单位。“平安金普”建设深入推进，落实“三级书记抓信访”责任，信访矛盾减存控增成效显著，“扫黑除恶”专项斗争深入开展，大连市公安局经济技术开发区分局哈尔滨路派出所入选全国首批“枫桥式公安派出所”。基层政权建设不断加强，完成软弱涣散村整改任务。金普新区工商联被评为全国县级“五好”工商联和全国工商联民营企业调查点工作示范单位。

【金普一号“马上办”专线获全国年度政务服务贡献媒体奖】2019年1月11日，在由中国广播电影电视社会组织联合会和山东广播电视台联合举办的第二届广电融媒发展论坛上，金普新区融媒体中心开发建设的金普一号“马上办”专线获年度政务服务贡献媒体奖。这是金普新区融媒体中心在“新闻+政务”领域获得的首项殊荣。此次评选表彰活动中，全国50余家表现突出的基层融媒体中心受到表彰，其中获得政务服务贡献媒体奖媒体10家。专家一致认为，金普新区融媒体中心的金普一号“马上办”专线聚焦本地“一次办好”改革，开办舆论监督专栏，充分发挥新闻舆论围绕中心、服务大局、推动工作作用，为基层融媒体中心如何更好服务地方党委、政府中心工作提供范例。金普一号“马上办”专线是在金普新区党工委宣传部的领导下，利用山东广播电视台轻快云平台开发建设的政务类手机App，专门受理、回应企业的各类诉求，解决企业困难。该平台与政府部门的受理、承办、督办机制融为一体，作为金普新区优化营商环境的重要载体，体现政府部门积极转变工作作风、以“店小二”精神为企业服务的深刻变化。金普一号“马上办”专线多次受到中央及省、市级媒体关注和报道。为进一步方便外资企业和外商向“马上办”专线反映诉求，畅通服务企业“最后一千米”，专线又新增英、日、韩多语种服务说明，受到中外企业的广泛好评，总访问量已突破37万次。该专线2018年7月25日上线运营，至2018年末，接到企业的各类诉求400余件，反馈办结率达到95%以上。

【金普新区获全国模范劳动关系和谐工业园区称号】 2019年3月23日，人力资源和社会保障部、中华全国总工会、中国企业联合会/中国企业家协会、中华全国工商业联合会四部门联合发布《关于表彰全国模范劳动关系和谐企业与工业园区的决定》，表彰全国模范劳动关系和谐企业342家、全国模范劳动关系和谐工业园区50个，大连金普新区通过国家、省、市层层选拔、推荐和评审，成为全国模范劳动关系和谐工业园区之一。

金普新区有企业9 500余家，其中外资企业2 300余家，职工总数达33.47万人。因外资企业多、中青年务工人员多，导致构建和谐劳动关系面临诸多挑战。多年来，金普新区大力弘扬“企业关爱职工、职工热爱企业”的和谐文化，深入开展和谐劳动关系创建，积极探索和谐劳动关系创建新举措、新路径，努力构建新时代中国特色和谐劳动关系。金普新区结合实际，勇于创新，在原有三方协调机制的基础上，形成“3+X”工作机制，即政府、工会、企业联合会/企业家协会和司法、工商、商务经贸等多部门联合工作机制，同时建立健全政府负责、多方参与、企业配合的劳动争议预警机制，建立起企业调解、人民调解、行政调解、仲裁调解、司法调解“五位一体”的大调解长效机制，使区内劳动关系矛盾预防、预警和化解得到可靠保障，职工利益与企业利益得到“双维护”。

【金普新区公共行政服务中心获全国“人民满意的公务员集体”称号】2019年6月25日，第九届全国“人民满意的公务员”和“人民满意的公务员集体”表彰大会在北京人民大会堂举行，金普新区公共行政服务中心获“人民满意的公务员集体”称号，并作为获奖集体代表受到中共中央总书记、国家主席、中央军委主席习近平的亲切会见。全国“人民满意的公务员”和“人民满意的公务员集体”称号是公务员和公务员集体的最高荣誉，由中共中央组织部、中共中央宣传部组织评奖，每5年评选一次。该评选活动旨在通过选树典型、弘扬正气，进一步提升公务员的职业荣誉感，充分展示公务员对人民负责、为人民服务、让人民满意的时代风采和公仆本色，激励广大公务员在新时代展现新担当新作为。此次大会表彰全国“人民满意的公务员”192名、全国“人民满意的公务员集体”98个，辽宁省共有6名个人和3个集体受到表彰，金普新区公共行政服务中心成为大连市在本届表彰中唯一获此殊荣的单位。多年来，金普新区公共行政服务中心作为国家级新区和中国(辽宁)自贸试验区大连片区的创新高地，始终坚持联系服务企业和群众这一“生命线”，在加强理论建设、注重制度创新、打造一流队伍等方面积极探索，为金普新区打造全国一流营商环境和助力中国(辽宁)自由贸易试验区大连片区建设做出突出贡献，赢得社会各界的一致好评和赞誉。该中心先后荣获“全国工人先锋号”“学习郭明义先进集体”“辽宁省人民满意公务员示范岗”“辽宁省文明单位”“辽宁省青年文明号”“大连市文明单位标兵”等光荣称号。

【机构设置与党工委、管委会领导】2019年，金普新区党工委、管委会分别作为市委、市政府的派出机关，分别与金州区委、区政府合署办公；金普新区党工委、管委会工作部门及派出机关和群团机关也是金州区委、区政府工作部门及派出机关和群团机关。

至2019年末，党工委设置工作部门10个，分别是纪工委机关（金州区纪委、区监委）、党工委管委会办公室、组织部、宣传部、统战部、政法委、编办、区委巡察办、直属机关工委、信访局。管委会设置工作部门19个，机构规格为正处级，包括发改局、教育和文化旅游局、科学技术局、民族和宗教事务局、司法局、财政局、人社局（民政局)、住建局（执法局)、交通运输局、农业农村局、商务局、卫生健康局、退役军人事务局、应急管理局、审计局、国有资产监督管理局、市场监督管理局(知识产权局)、统计局、营商环境建设局（行政审批局)。群团机关12个，包括总工会、共青团、妇联、工商联，为党工委管委会直接管理单位；社科联、科协、文联、侨联、残联、贸促会、红十字会、计生协会，为党工委管委会工作部门代管理单位。设置3个园区，包括：大连保税区[中国(辽宁)自由贸易试验区大连片区]党工委、管委会，大连金石滩国家旅游度假区党工委、管委会，大连普湾经济区党工委、管委会。3个园区的党工委、管委会分别为市委、市政府派出机关，机构规格为大连市正局级，委托金普新区管理，承担本区域内规划建设、财政融资、招商引资等职责。全区辖街道办事处25个，分别是：光中街道办事处，先进街道办事处，拥政街道办事处，友谊街道办事处，站前街道办事处，登沙河街道办事处，杏树街道办事处，大魏家街道办事处，七顶山街道办事处，向应街道办事处，华家街道办事处，得胜街道办事处，大李家街道办事处，金石滩街道办事处，董家沟街道办事处，大孤山街道办事处，海青岛街道办事处，湾里街道办事处，马桥子街道办事处，三十里堡街道办事处，石河街道办事处，复州湾街道办事处，炮台街道办事处，亮甲店街道办事处，二十里堡街道办事处。在其他有关事项方面，普兰店区所辖的普兰店经济开发区和铁西、丰荣、南山、太平4个街道享受金普新区政策，区域规划和产业布局等重大事项由金普新区和普兰店区建立相应协商机制。

至2019年末，金普新区党工委、管委会在职领导人员如下：大连市委常委，金普新区党工委书记、管委会主任，中国(辽宁)自由贸易试验区大连片区党工委书记，大连保税区党工委书记李鹏宇；辽宁自贸试验区大连片区党工委副书记、管委会主任，保税区党工委副书记、管委会主任刘爱民；金州区人大常委会主任解学慧；金普新区党工委委员、管委会副主任，金州区政府党组成员吕东升；大连普湾经济区党工委书记丛军；大连金石滩国家旅游度假区党工委书记、管委会主任柳金红；金普新区管委会副主任，金州区政府副区长，普湾经济区管委会主任楚天运；金州区政协主席夏德永；金普新区党工委委员、管委会副主任，金州区委常委、金州区政府党组副书记、副区长马英骥；金普新区党工委委员、纪工委书记，金州区委常委、纪委书记、监委主任王锡庆；

金普新区党工委委员、统战部部长，金州区委常委、统战部部长佟欣秋；金普新区党工委委员，金州区委常委、金州区人民武装部部长徐相会；金普新区党工委委员、宣传部部长兼新区党工委网信办（新区互联网信息办公室）主任，金州区委常委、宣传部部长兼区委网信办（区互联网信息办公室）主任刘昱；金普新区党工委委员，金州区委常委、金州区政府党组成员刘文锋；金普新区党工委委员、政法委员会（国家安全委员会办公室）书记（主任），金州区委常委、政法委员会（国家安全委员会办公室）书记（主任）王端平；金普新区党工委委员、组织部部长，金州区委常委、组织部部长，区委非公有制经济组织和社会组织工作委员会书记，金普新区党校校长（行政学校校长、社会主义学校校长）王开革；金普新区党工委委员，金州区委常委、金州区政府党组成员赵东；金普新区党工委委员、管委会副主任（挂职）郑煜；金普新区管委会副主任，金州区政府党组成员、副区长，市公安局金州分局局长王天欣；金普新区管委会副主任，金州区政府党组成员、副区长王长义；金普新区管委会副主任，金州区政府党组成员、副区长王杰；金州区人大常委会党组成员、副主任刘新君、杨永全，金州区人大常委会副主任毛长毅；金州区政协党组成员、副主席阎立明，金州区政协副主席徐晓莉、张俊余；辽宁自贸试验区大连片区党工委委员、管委会副主任，保税区党工委委员、管委会副主任陈玉石，王久飞，李光，张洪光，张茂民；大连金石滩国家旅游度假区党工委委员、管委会副主任李东伟，谭向阳；大连普湾经济区党工委委员、管委会副主任王方，庞少涛，邹宇平；金普新区总工会党组书记、主席闫为宁。

（金普新区党工委、管委会）

秦皇岛经济技术开发区

【发展概况】秦皇岛开发区是1984年经国务院批准设立的全国首批、河北首家国家级开发区，目前下辖7个乡处、87个村、25个社区。规划控制面积128平方千米，总人口数30多万人；分为东区、西区两区，西区紧邻北戴河，东区位于山海关老龙头东侧，拥有海岸线6千米，海域面积23.81平方千米。经过36年发展，开发区从无到有，从小到大，经济实力显著增强，成为全市经济发展的增长极、项目建设的主阵地、改革开放的排头兵。开发区在全国219家国家级经开区考核评价综合排名中位居第37位。连续7年在河北省开发区综合排名中位居第一，并先后获得中国创造力开发区、最佳投资环境开发区、最具发展潜力园区、河北省经济发展先进开发区、全国首批民生改善典范开发区等多项荣誉称号。

【产业发展】2019年，秦皇岛开发区把产业作为立区之基，坚持高质量发展方向，打造全市现代产业主阵地。把打造现代产业作为主责主业，深入推进供给侧结构性改革，实施质量变革、效率变革、动力变革，加快产业高端发展、创新发展、品牌发展步伐，形成汽车零部件制造、粮油食品加工、重大装备制造和电子信息、大健康等特色产业，构建了多极支撑的现代产业及产品体系。开发区已经成为世界最大的汽车铝制零部件生产基地，中国第二大汽车玻璃生产基地，重要高端装备制造基地和北方最大的粮油食品加工基地。开发区发展特色如下：

一是汽车零部件产业快速崛起。1985年，英国TI汽车系统在华建立的独资企业——邦迪管路系统有限公司落户开发区，成为秦皇岛市首家外资企业，开创了秦皇岛汽车零部件产业发展先河；2019年为止，汽车零部件产业发展成为开发区的“顶梁柱”产业，集中信戴卡、凯斯曼、戴卡兴龙、兴龙轮毂、方华埃西姆、威卡威、旭硝子汽车玻璃、邦迪管路等一大批骨干企业，形成以特种车辆、汽车轮毂、汽车内饰件、汽车玻璃、汽车管路、汽车线束等为主的产品体系。2019年，全区16家规模以上汽车零部件制造企业实现营业收入311.79亿元，利润18.09亿元，分别占全市相关产业营收的99.1%和99%。

二是粮油食品加工产业持续壮大。粮油食品加工业是开发区的基础产业。世界最大粮油食品加工企业——美国ADM公司、世界最大粮油贸易企业——新加坡丰益集团、世界五百强企业——中粮集团、中国著名粮油加工企业——华龙集团等知名企业，在开发区投资建立金海食品、中粮面业、永顺泰麦芽等一批投资规模大、带动能力强、科技含量高的项目，培育出了“口福”“鹏泰”“秦皇”等著名商标。2019年，5家规模以上粮油食品加工企业合计实现营业收入154.38亿元，利润4.81亿元，分别占全市的61.5%和75.9%。

三是重大装备制造产业高端发展。开发区重大装备制造企业主要分布在东区，形成了以哈电重型装备、天威秦变、山船重工、秦冶重工为龙头，以GE能源、五矿天威、动力设备物流等企业为配套的重大装备制造产业群。主导产品有船舶修造、发电、输变电设备、大型冶金阀门、公路铁路施工机械、燃气轮机、核岛主设备、特高压变压器、建筑工程机械、冶金设备等。在这里生产出全国首台 9FA 级重型燃气轮机、全国第一台 720MVA/220 千伏发电机主变压器、全国最大发电机组百万千瓦机组主变压器、全国首台“巨无霸”级变压器。同时，开发区还是世界一流的百万千瓦级核岛主设备生产基地、中大型冶金阀门领域市场份额超过 50%的冶金设备生产基地。2019 年，80 家（与其他产业有交叉）规模以上重大装备制造企业实现营业收入 526.02 亿元，利润 43.82 亿元，分别占全市相关产业营收的 81.7% 和 80.1%。

四是电子信息产业蓬勃兴起。电子信息产业是开发区重点发展和支持的产业。2008 年以来，开发区率先提出了大力发展数据产业、打造中国数谷，电子信息产业得到了快速发展。2019 年电子信息产品制造企业、软件与信息技术服务企业达到 140 余家，集聚了鹏鼎科技、海湾电子、中兴网信、鹏远光电、燕大软件、晨砻科技、甲骨文人才产业基地等一批龙头企业，初步形成了以高端电子线路板（PCB）、消防电子、电子医疗器械、LED 半导体照明、软件开发、信息技术服务为主导的电子信息产品结构。2019 年，6 家规模以上电子信息企业实现营业收入 91.27 亿元，利润 13.89 亿元，分别占全市相关产业营收的 98.6% 和 98.4%。

五是大健康产业方兴未艾。借力北戴河生命健康产业示范区品牌，坚持错位发展，聚焦健康制造。2019 年，已聚集了康泰医学、惠斯安普、爱迪特陶瓷、康姿百德、领先生物等知名企业，涉及健康制造、健康管理、远程医疗等新业态领域，年产值近 50 亿元。

【投资促进】2019 年，秦皇岛开发区招商工作抢抓国家宏观产业调整和京津冀一体化协同发展的重大战略机遇，以“四大两特”招商项目为主线，拓宽招商渠道，提升服务水平，组织开展各项招商工作。一是参加“2019 中国•廊坊国际经济贸易洽谈会”“第四届中国康养产业发展论坛”“2019 中国康复辅助器具产业创新大会”，会议期间，招商小组采取会前拜访、会中对接、会后跟踪等方式，与国泰医疗、大湾汉唯签署投资协议；陪同嘉宾考察泰盛健（瑞士）、康复辅具产业园、惠斯安普、康泰医学等区内企业；签约项目 14 个，总投资 36 亿元，主要包括康辉医疗科技有限公司康复床及适老产品生产项目、北京工道风行智能技术有限公司智能“冬残奥液压阻尼弹性系统运动假肢”项目等。二是加强产业研究，深挖产业链条。依托戴卡开展汽车零部件行业的招商工作；依托金海食品、中粮面业加强粮油食品加工产业的研究；依托哈电、保变、山船重工开展填海造地及临港产业规划；依托臻鼎科技公司引进电子配套企业等。三是加快战略性新兴产业和现代服务业发展，助推产业结构转型升级。加大康复辅具产业招商力度。发展高端装备制造、电子信息、大健康、大智移云等战略性新兴产业，引进北京佳龙食品产业园、康复辅具产业园、耀华绿色功能玻璃产业园、金海食品后续系列蛋白项目等。

【项目建设】2019 年，秦皇岛开发区加强与招商、规划、国土等单位沟通，精心筛选投资规模大、技术含量高、手续较完备的项目申报省市级重点项目，确保“报一个开一个”。坚持每月定期联系、定期走访，掌握项目进度，发现问题及时协调解决，有效促进了一些重大项目的建设进度，例如京能热电项目 2019 年度煤电投产计划、煤电应急调峰储备电源计划、民生供热优先发电量计划；协调金海食品项目备案审批手续、协调鹰领航空项目建设施工手续等；计划新开工康复辅具产业园、方华埃西姆新基地等 5 个项目（开工率均为 100%）。全年 10 个重点建设项目完成投资 34 亿元，为年目标任务的 1.94 倍；12 个重点前期项目有 8 个取得实质性进展，秦皇岛防威科技有限公司消防科技创新产业园项目提前开工建设。方华艾西姆、京能热电等 10 个省市重点建设项目完成投资 26.96 亿元，达到了全年目标任务的 1.5 倍。中秦兴龙康复辅具产业园项目展示中心如期建成投用，成功举办了第四届中国康养产业发展论坛、中国康复辅助器具产业创新大会等活动。京能热电项目1号机组168小时满负荷试运行成功，正式交付使用。

【体制机制创新】2019年，开发区制定《秦皇岛开发区2019年“双创双服”活动实施方案》，将活动分解为科技研发创新平台建设、市场主体培育、服务重点企业等20个专项任务。将重点工业企业141家、重点服务业企业43家与科技型中小企业11家进行分包，分包领导与部门定期走访，确保重点企业与政府进行“面对面”沟通、“心贴心”交流；以50个重点项目为重点，实行包洽谈签约、包立项开工、包施工保障、包进度质量、包竣工投产的领导分包“五包”制，对所包项目进行全程跟踪式服务；重视平台的日常运行和管理，组织相关单位20余人参加“河北省政企服务直通信息化平台”培训会，半月一通报各单位省政企服务直通信息化平台工作排名情况，全年243家企业提交问题885个，提交率364.2%。全区135家重点规模以上企业、75项重点项目全部分包到人，帮助协调解决各类问题287项。

2019年，秦皇岛市商务局将天山市场升级改造列为河北省“双创双服”民生实事工程，造山船市场列为市级民生实事工程，造山船市场列为区级民生实事工程；7月初，天山市场完成全部市场升级改造任务；7月底，山船市场完成提升改造任务。开发区深入推进简政放权、放管结合、优化服务的“放管服”改革，企业设立登记时间缩短至1个工作日，简易事项即时办理。

【文化发展】2019年，开发区各类文化旅游市场经营单位共计113家，从业人数550余人。2019年，开发区积极打造文明诚信、和谐稳定、健康繁荣的文化市场新秩序。全年共开展文化旅游市场检查550余家次，出动执法人员1 100余人次，妥善处置文化旅游投诉4起，文化旅游和出版市场安全事故0起，重大违法经营案件0起，构建了全区良好的社会文化环境。

2019年，《秦皇岛日报·开发区周刊》围绕中心把牢导向，强化重点工作宣传，结合创建国家卫生城市、优化营商环境、促进企业项目建设、扫黑除恶等重点工作，不间断开设各类专栏，刊登系列报道，共出版48期，刊发各类稿件近2 000篇。秦皇岛电视台《开发区新闻》全年共播出261期，在秦皇岛电视台《秦皇岛新闻》发稿107篇，在各县区发稿排名中名列第三；“圆梦秦皇岛”手机客户端发布各类稿件总计1 721篇，实现总阅读量10 479 742人次；此外，开发区不断加大对外宣传力度，发挥内外合力，提升对外宣传报道质量和水平，在市级以上媒体刊发稿件620篇。其中，省级480篇，中央级140篇，央级媒体刊发稿件数量创历史新高；由秦皇岛开发区方志办编撰的《中国·秦皇岛经济技术开发区年鉴（2018年）》，获第六届全国地方志优秀成果（年鉴类）专业组综合年鉴三等奖，是2018年秦皇岛市唯一一本入围并获国家级荣誉的年鉴，同时也是唯一一本连续多年在全国地方志优秀成果评比中获奖的年鉴。《中国·秦皇岛经济技术开发区年鉴(2019)》实现了秦皇岛市地方志提出的县区年鉴“当年编辑当年公开出版”的目标，在秦皇岛市2019年公开出版的年鉴中，位列县区第一；同时，开发区作家协会小说艺术委员会、诗歌艺术委员会、文艺评论艺术委员会、散文艺术委员会等专业学术交流平台相继成立，拓展了开发区作家协会工作范围和领域，为提高作协会员的创作水平，打造特色鲜明、形式多样的开发区文化开辟了新路径。

【秦皇岛出口加工区整合优化为综合保税区】综合保税区整合升级工作。2019年9月5日，国务院下发《国务院关于秦皇岛出口加工区整合优化为综合保税区的批复》（国函〔2019〕82号），同意秦皇岛出口加工区整合优化为综合保税区；保税区四至是：东至辽宁省界、南至温州道、西至浙江路、北至京沈铁路。依据海关总署《综合保税区基础和监管设施设置规范》，秦皇岛综合保税区基本完成“七通一平”；累计建成围网和巡回道路7 187米，道路总长15 542

米；设置红外对射安防系统 125 对，视频监控系统 171 路，所有监控与海关联网，可在监控大厅调取上墙，并有录像备份超过 3 个月；一期已封关区域建设有 4 车道智能卡口，海关综合楼建筑面积 4 500 平方米，监管仓库建筑面积 1 528 平方米，验货广场面积 4 600 平方米；二期未封关区域建设有 6 车道智能卡口，入区货车通道建设有核辐射监测装置，建成验货专用场地 17 325 平方米，监管仓库建筑面积 2 170 平方米，配置与海关信息化系统联网的 100 吨汽车衡 1 台，设置高度为 15 米的多头高杆照明灯 4 套，建有喷淋设施，符合病媒生物监测要求；建成检疫处理区，总面积 4 384 平方米，建筑面积 400 平方米（包括熏蒸房、热处理房、焚烧炉、药品库等）。综合保税区土地获得建设用地批复，封关验收和配套设施基本具备验收条件。综合保税区是政策更优、开放层次更高的海关特殊监管区域。封关验收后，按照《国务院关于促进综合保税区高水平开放高质量发展的若干意见》的要求，结合已有中信戴卡物流集散中心和海东青冷链物流集散中心的基础，逐步建立秦皇岛综合保税区的物流分拨中心和冷链物流产业基地，同时建设公共保税仓，强力推进招商引资，积极复制推广自贸区政策，推进区港联动和区区联动，构建大开放格局，打造开放高端新载体。经济指标增速明显。出口加工区经济指标继续保持快速增长，全年共审核进出口报关单 20 918 票，同比增长 29%；实现监管货运量 10.24 万吨，完成进出口额 5.8 亿美元，同比增长 84.5%。为整合优化综合保税区打下坚实基础。

【生态环境】2019 年，秦皇岛市生态环境局开发区分局以党的十九大精神和习近平关于生态文明的重要论述为指导，扎实有效地解决突出的生态环境问题，协同推进经济高质量发展和生态环境高水平保护。组织开展 VOCs（挥发性有机化合物）企业“一厂一策”工作，开展汽修行业专项整治，提升改造 4S 店喷漆房。全年秦皇岛开发区空气质量有效监测天数 328 天，达标天数 237 天，达标率 72.3%；PM2.5 累计平均浓度 42 微克 / 立方米，综合指数 5.53。深化道路扬尘综合治理，实行“以克论净”，道路施工现场扬尘整治达标率达到 100%。加强工业企业料堆场管理，对 7 家重点企业料堆进行治理。加强入河排污口排查。保障水质达标，推进污水处理厂提标建设。经检测辖区内 3 条河流 5 个考核断面水质均达标。戴河（开发区段）核心区被评为河北省评为首批“秀美河湖”之一，位列第一位。进一步严格建设用地准入管理，完善污染地块名录及其开发利用的负面清单。全区危险废物转移量共 2.5 万吨。11 月 21—22 日，秦皇岛开发区通过国家生态环境保护部“中环联合认证中心”4 位专家的监督审核。秦皇岛开发区“ISO14001 环境管理体系”持续有效运行。

【秦皇岛开发区首次入围全国 30 强】秦皇岛开发区坚持把综合发展评价作为重中之重，组织上报国家级、省级以上开发区综评材料，全力以赴争取好成绩。深入研究指标内涵和评价体系，积极向商务部、商务厅汇报请示，主动与指标承担部门沟通，认真分析指标内涵，深入挖掘指标潜力，全面、翔实地组织指标数据和证明文件，按时上报综评材料。在 2018 年度全国经开区综合发展考核评价中排名第 28 位，河北省的开发区首次进入全国 30 强。在 2018 年度省级以上开发区综合评价结果中，综合排名第一，连续 7 年蝉联榜首。

【幸福开发区】“幸福开发区”工程运用大数据、人工智能以及移动互联网等先进技术，通过建设大数据平台，开发个人 App 端、企业 Web 端、政府管理端和线下服务端，打通个人、法人、公务人员之间的数据互联。“幸福开发区”工程的参与主体涵盖开发区众多部门和企业，开发区专门成立了工程领导小组和大数据资源管理局，先后派员到杭州、深圳等信息化建设先进地区“取经”，并聘请燕山大学、东北大学、秦皇岛燕大燕软信息系统有限公司等高校和知名软件公司的专家学者组成“智囊团”，为工程建设出谋划策。开发区还对工程相关部门负责人进行了培训，使其全面地理解工程概念，打破各部门间的“信息孤岛”。

为了最大化利用现有资源、减少投入，开发区多次组织各部门和企业负责人召开调度会，对各类自有业务办理电子平台进行资源整合。各街道办事处工作人员也深入基层调研，了解真正的民生所需，以便日后老百姓使用时真正感觉到方便、贴心。为实现行政审批事项的在线办理，工作人员对现有的行政审批事项逐个梳理优化办理流程，协调行政审批部门、窗口受理部门、服务单位和运营公司之间的数据对接，打通业务办理的各项环节。“幸福开发区”工程于2019年5月20日正式上线启用，“幸福开发区”运营管理中心、“幸福秦皇岛”手机App、社区综合服务中心、“幸福社区”便民服务站、企业服务平台Web端一系列线上和线下服务终端集体亮相，走进了开发区居民生活、产业发展和政务管理的方方面面，聚合了跨部门的智慧应用，与大气质量检测、智慧出租车、能源监测、污染源监测等系统实现数据共享，为城市治理和便民利民提供数据支撑，覆盖城区居民10万人。

（秦皇岛经济技术开发区管理委员会）

天津经济技术开发区（南港工业区）

【区域简况】天津经济技术开发区(简称“天津经开区”）于1984年12月6日经国务院批准建立，系首批国家级经济技术开发区。1984年8月6日，天津经济技术开发区管委会成立，系天津市政府派出机构，代表市政府对经开区实行统一管理。2009年4月，天津市委、市政府决定由经开区管委会主导南港工业区开发建设，组建南港工业区管委会，与经开区管委会“一套机构、两块牌子”，全称为天津经济技术开发区（南港工业区)。

2017年12月24日，中共天津市委、滨海新区区委决定，滨海新区中心商务区并入经开区，中心商务区管委会并入经开区管委会，经开区形成“实体经济+自贸功能”“先进产业+核心城市”的新发展格局。

经开区适应发展需要拓展区域，形成东区、逸仙科学工业园、微电子工业区、现代产业区、西区、南港工业区、南部新兴产业区、中区、一汽大众基地、中心商务片区等园区格局。占地面积由建区时的33平方千米扩至400多平方千米。

2019年，天津市人大修订《天津经济技术开发区条例》。是年，启动并完成法定机构改革。天津市人民政府在经开区设立管理委员会(简称管委会)，作为在经开区履行相应行政管理和公共服务职责的法定机构，负责区域开发、产业发展、投资促进、企业服务等工作，根据市人民政府授予的权限，实行企业化管理。

【经济发展】2019年，天津经开区地区生产总值（GDP）2 009.06亿元，按可比价格计算，比上年增长9.7%；其中，第二产业增加值1 184.66亿元，增长10.3%；第三产业增加值824.41亿元，增长8.8%。第二、三产业之比为59.0：41.0，第三产业比重比上年提高0.1个百分点。全员劳动生产率49.9万元/人，可比增长2.6%。完成全口径财政收入687.25亿元，增长12.9%；其中，税收收入576.11亿元，增长3.5%，税收占比为83.8%。区级一般公共预算收入159.97亿元，增长2.8%；其中，税收收入151.19亿元，增长2.7%，税收占比达到94.5%，与上年基本持平。全年财政总支出265.03亿元，增长18.8%，其中一般公共财政预算支出210.17亿元，基金预算支出42.30亿元。完成全社会固定资产投资412.10亿元，比上年增长1.0%。2019年，与天津经开区发生贸易关系的国家和地区194个，同比增长4.3%。外贸进出口总额2470.49亿元，比上年下降0.1%。实现限额以上社会消费品零售总额56.10亿元，下降24.0%。

【产业发展】2019年，天津经开区壮大先进制造业产业集群，促进现代服务业量质双增。工业实现增加值1 139.66亿元，按可比价格计算，比上年增长10.8%；其中，规模以上工业企业总产值5 128.27亿元，增长8.3%，外资企业工业总产值3 853.47亿元，增长5.3%，内资企业工业总产值1 274.80亿元，增长18.7%。全区264家企业工业产值超亿元，产值合计占全区工业总产值的比重为98.1%；其中，66家企业超过10亿元，产值合计占比为85.9%；12家企业超过100亿元，产值合计占比为60.1%。在规模以上工业企业中，汽车制造、电子信息、现代石化、装备制造、医药健康等五大支柱产业实现工业总产值4 723.49亿元，增长8.4%，占到全区规模以上工业企业总产值的92.1%；工业增加值增长10.3%，总量占到全区规模以上工业企业增加值的93.2%；其中，汽车制造业实现产值1 603.17亿元，增长18.2%，工业增加值增长21.0%。整车产量首次突破100万辆，达到104万辆，增长23.8%。电子信息产业实现产值1 103.39亿元，增长0.9%，工业增加值下降1.5%。石化产业实现产值909.48亿元，下降2.4%，工业增加值增长2.1%。装备制造产业614.30亿元，增长15.3%，工业增加值增长17.2%。医药健康产业实现产值493.15亿元，增长11.7%，工业增加值增长13.6%。

规模以上工业企业中，高新技术企业实现产值1 099.44亿元，增长22.0%，占全区规模以上工业企业总产值的21.4%；工业增加值增长19.3%，总量占全区规模以上工业企业增加值的21.0%。高技术制造业实现产值1 503.55亿元，增长5.0%，占全区规模以上工业企业总产值的29.3%；工业增加值增长6.5%，总量占全区规模以上工业企业增加值的27.8%。战略性新兴产业实现产值2 098.46亿元，增长5.5%，占全区规模以上工业企业总产值的40.9%；工业增加值增长7.6%，占全区规模以上工业企业增加值的39.2%。东区完成规模以上工业企业总产值2 317.54亿元，增长9.8%，工业增加值增长12.1%；西区完成规模以上工业企业总产值1 650.63亿元，增长23.9%，工业增加值增长22.9%；南港工业区完成规模以上工业企业总产值514.57亿元，下降7.3%，工业增加值下降4.2%；微电子工业区完成规模以上工业企业总产值388.59亿元，下降24.0%，工业增加值下降17.0%；现代产业区完成规模以上工业企业总产值98.67亿元，下降2.6%，工业增加值增长14.0%；逸仙科学工业园完成规模以上工业企业总产值106.38亿元，增长6.8%，工业增加值增长4.8%；中区完成规模以上工业企业总产值26.76亿元，增长18.9%，工业增加值增长13.5%；一汽大众华北基地完成规模以上工业企业总产值12.72亿元，增长17.6倍，工业增加值增长24.8倍；中心商务片区完成规模以上工业企业总产值12.42亿元，增长7.5倍，增加值增长8.6倍。

【科技创新】2019年天津经开区创新环境持续优化。建立专业招商局室、专业化运营公司、专业化科技园区三位一体的科技招商格局。制定《天津经济技术开发区加快引育新动能推进高质量发展实施方案》，明确未来科技发展和科技招商工作目标任务。编制《天津经济技术开发区科技创新战略规划》。全年投入泰达科技发展资金4.3亿元，支持600个科技项目获得政府扶持金额达3.72亿元。创新平台建设加快推进，新一代超级计算机、人工智能军民融合创新中心等国家级创新平台落户，中国（滨海新区）知识产权保护中心、滨海新区环境创新研究院投入运营。成功举办“创响中国”天津开发区站系列活动、2019泰达华博杯华侨华人创新创业大赛、第四届中国创新挑战赛（天津经开区）等活动，区域创新创业氛围日益优化。

创新主体茁壮成长。新增国家级高新技术企业107家，累计583家，拥有天津市雏鹰企业132家，天津市瞪羚企业43家。新增市级以上众创空间4家，其中3家位于滨海—中关村科技园，累计16家；新建孵化转化载体面积0.3万平方米，累计120.3万平方米；新增在孵企业656家，累计2 580家。泰达绿化集团获国家级企业技术中心认定，滨海新区信息技术创新中心3个项目获工信部立项，新增企业技术中心11家，累计达到71家；新增工程技术研究中心1家，累计达到41家；企业重点实验室累计达到28家。新增上市挂牌企业4家，全部为科技型企业，上市挂牌企业总数达到66家，其中科技型企业55家。康希诺生物在香港主板上市，赛诺医疗在科创板上市，泽达易盛公司科创板IPO获批通过，深之蓝、唯捷创芯等公司列入新区科创板上市储备项目。云圣智能、飞旋科技、瑞派宠物、达因建材等公司获得风险投资或战略投资。

高端人才加快汇聚。推动重点人才工程，经开区通过海河英才计划落户人才5 764名。培育高端企业和高端人才，全年获评天津市战略性新兴产业领军企业63家，累计达88家，认定领军企业急需型人才1 942人，推荐1人申报国家“千人计划”创业人才项目，1人申报滨海新区顶尖人才项目。全年新增2人入选国家创新人才推进计划，10人入选市创新人才推进计划，13人入选新区创新领军人才；25人入选新区青年英才培育计划。新增院士工作站2家，新入驻院士3人。

创新成果不断涌现。康希诺埃博拉病毒疫苗成功获批生产，其四价流脑结合疫苗的新药注册申请获得国家药监局受理，成为我国首个进入新药注册程序的四价流脑结合疫苗；新一代E级计算机研制获得重大进展；赛诺医疗公司的颅内药物洗脱支架启动临床试验；航天泰心公司“人工心脏”成功植入人体，填补国内空白；飞旋科技“磁悬浮透平真空泵”达到国际领先水平；凯莱英公司药物临床研究技术创新中心正式启动；瑞奇外科微创手术器械正式进入美国市场；“深之蓝”智能动力浮板连续两届获得德国红点设计奖；海之星智能水下检测机器人填补国内空白。航天长征、膜天膜等6家企业产品获认定天津市“杀手锏”产品，区内企业拥有的市级“杀手锏”产品达到62项。14个项目获天津市科学技术奖。全年技术合同登记428项，技术交易额47.07亿元。科技成果鉴定登记27项，申报专利5 800项，其中发明专利1 900项；截至2019年末，拥有有效授权专利总数达到18 500项，其中拥有发明专利总数达到4 400项。

【投资促进】2019年，天津经开区优化机构设置，拓展招商渠道，积极参加第三届世界智能大会、第二届上海进口博览会、第十六届中国制造业国际论坛等论坛活动，实现“走出去”和“请进来”的招商渠道统筹。2019年，天津经开区外贸进出口总额2 470.49亿元，比上年下降0.1%。按贸易方式分，加工贸易实现外贸进出口总额1 369.20亿元，下降9.4%；一般贸易实现外贸进出口总额911.89亿元，增长9.7%。按产品类型分，高新技术产品外贸进出口总额1 407.18亿元，下降2.7%；机电产品外贸进出口总额1 420.79亿元，下降5.5%。

全区实际使用外资11.78亿美元，增长5.1%，实际使用内资303.56万元，增长5.0%。当年新增内资企业注册资本金达到968.79亿元。新增市场主体10 487家，增长18.0%，其中企业6 140家，增长12.3%。

新批外商及港澳台投资企业104家，48家企业增资，合计认缴注册资本25.50亿美元，新增外资合同金额34.52亿美元，平均增资规模8 084万美元；合计投资总额75.62亿美元，在104家新批企业中，投资总额1 000万美元及以上企业36家，投资总额300—1 000万美元及以上企业17家。新设立登记内资企业5 991家，合计认缴注册资金968.79亿元，平均认缴注册资金1 617万元，认缴注册资本亿元以上企业110家，千万及千万元以上企业1 127家。

新批外商及港澳台投资工业企业12家，合计新增合同外资金额2.76亿美元。新批外商及港澳台投资服务业项目92家，合计新增合同外资金额21.84亿美元。至年末，区内共有外商及港澳台投资企业1 742家，合计投资总额折780.51亿美元，外方注册资金折346.59亿美元。

2019年，包括华熙生物透明质酸钠、长城汽车新平台、玛氏宠物食品、大陆汽车、大陆汽车亚太研发总部、日本爱丽思智能基地、唯捷创芯增资扩产、金桥高端焊材智能工厂等一批重点制造业项目落户；泛生子总部、自如综合运营总部、趣头条北方总部、华电骏业投资、中化资本创新、“转转”交易平台总部、永安信通总部等一批重点服务业项目落户。储备各类在谈项目272家，合计投资总额超过1 260亿元，其中世界500强、中国500强和大型央企投资项目40余个。

【法定机构改革】2019年，天津市人大专门修订《天津经济技术开发区条例》，创新行政管理体制机制，启动并完成法定机构改革。按照精简、高效、大部制原则变革组织机构模式，设置内设部门35个、专业工作机构23个，较改革前精简行政事业单位17个。专业招商部门从6个增至12个，占内设部门总数的34%，招商引资和企业服务人员比重提至85%。推行市场化的选人用人机制，实行全员聘任制和聘期制，聘任中级以上干部159名。

制定基层干部竞聘实施方案、岗位绩效工资制实施方案、退休管理实施方案。实行全员竞聘，取消编制管理，140人申请提前退休，竞聘中越级聘任28人。坚持干部队伍年轻化、专业化的重塑导向，选拔年轻有为干部，改革后科长平均年龄38岁，副科长平均年龄34岁。大学本科以上人员达到90%以上，研究生以上学历人员占40%。实行聘期制，聘期三年，根据业务能力和考核情况进行续聘和解聘，形成能上能下、能进能出的动态管理制度。

针对内设部门、专业工作机构授薪外人员，开展交流选聘，选聘上岗329人，招商部门选聘上岗91人；非招商部门选聘上岗238人。对原编制外全体工作人员，分类施策、分步推进，逐步建立授薪外人员管理制度和法定机构下的人员聘用、薪酬福利、绩效考核配套制度，逐步建立适应区域发展的授薪外人员管理制度，盘活人力资源，提高人工成本效率。

成立绩效考核和人事薪酬工作组，厘清各部门的工作职责和工作重心，以考核增量、考核实绩、考核高质量发展为导向，聚焦主业、突出量化、分类实施，明确35个部门、148个一级指标、300余个二级指标及加减分项的考核内容、目标及考核方式。重构薪酬体系，实行岗位绩效工资制，变“铁工资”为“活薪酬”，建立以岗位职责为基础、以绩效考核为核心、以市场化为导向的岗位绩效工资分配制度，根据所聘岗位核定薪酬。

【深化改革】2019年，天津经开区不断深化改革。自贸试验区建设发展深入推进。全面贯彻落实党中央、国务院关于加快推进自贸试验区建设的各项实施方案，进一步发挥“开发区+自贸区”功能叠加优势，围绕服务实体经济发展，以制度创新为核心，主动对标高标准国际经贸规则和一流营商环境，在聚集市场主体、创新金融服务监管、深化放管服改革、扩大多领域开放合作等方面加强探索研究，积极推动项目政策落地。充分发挥统筹国际国内两个市场、两种资源的“试验田”作用，率先成为中国北方第一个拥有自由贸易账户的自贸试验区，跨境金融服务体系得到增强，为企业“走出去、引进来”参与更高水平的双循环发展提供便利、创造条件；持续加强金融业务创新，在央企创新型金融业务、私募基金与大资管、跨境投融资等领域形成了一批创新型操作案例，特别是以商业保理为核心的供应链金融服务在全国走在前列。全面分解落实天津市支持自贸试验区创新发展行动方案，配合推进自贸试验区调区扩区，扩大政策功能延伸覆盖范围，形成协同发展、联动发展的强大合力，不断提升天津经开区对外开放、改革创新的广度深度速度。

国企改革有效推进。积极推进国有企业混合所有制改革，泰达低碳中心项目混改项目顺利落地，成为滨海新区各开发区所属首家成功混改的国有企业；一汽大众基地公司PPP项目实现挂牌、南港能源公司混改、泰心医院改革等重点项目有序推进。深入开展“僵尸空壳”企业出清工作，全年注销“僵尸空壳”企业10户，助推国有企业提质增效。着力防范国有企业重大风险，严格审批新增对外投资项目，严控国有企业债务规模，坚决守住不发生区域性系统性风险底线。完善薪酬体系建设，出台《关于规范区属国企薪酬体系的指导意见（试行）》，为企业提升经营竞争活力提供了有力保障。

行政效能提升改革。全面开展区域权责梳理及事项承接工作。明确承接市级权力下放事项298项。推进“证照分离”改革试点，推动“一制三化”改革2.0版各项举措落地。不断完善“承诺制”审批事项工作流程，探索开发区“标准+承诺”审批新模式。对相关行政许可事项进行“流程再造”，初步实现“马上办”“网上办”“一次办”，对外商投资企业设立变更备案、对外贸易经营者备案等事项实施网上预审，依托“工程建设项目平台”建立重点项目服务台账，利用信用承诺、以函代证、容缺后补等工作机制，不断提升项目审批效能。按照全国“互联网+政务服务”工作部署，深度推动融合东区行政审批大厅和自贸区行政审批大厅。

【绿色集约】2019年，天津经开区环境质量明显改善。全区环境空气质量综合指数为5.49，改善率5.2%，达标天数比例62.7%；PM2.5的浓度为50μg/m。排海污水达标率93.4%，排海雨水达标率71.4%，污水处理厂出水达标率100%。19条河道、10个湖泊，4个地表水考核断面，地表水总体水质为Ⅴ类，固定污染源运行较为平稳，区内5家污水厂达标率99.8%，92家水重点污染源达标率98%，145家次废气污染源监测达标率96.2%。

生态环保机制进一步完善。设立生态环境保护委员会，制定发布区域生态环境保护责任规定。智慧环保信息系统作用充分发挥，优化空气质量预警、溯源及处置流程，强化数据分析和应用，建立跨部门协同处置机制。突出环境问题整改落实，完成第一轮中央环保督察的轻轨噪声扰民、西区和顺家园违法停车场案件的整改销号工作，河南东路菜市场违建整改工作取得突破性进展，中央环保督查件无一反弹。办理天津市环境保护突出问题督办件74件，处理各类环境信访问题657件。严防死守确保36家“散乱污”企业不反弹。

工业治污效果突出。持续推进“蓝天保卫战”。实施20台燃气锅炉低氮改造，完成10家挥发性有机化合物（VOCs）企业治理，完成热源厂烟气冷凝深度治理3家。实施大气网格化闭环管理，完成派遣案件7 356件。深入实施“碧水保卫战”，东排明渠、北排明渠、西区景观河道、大头河等污染治理加快推进，全面实施河长制，科学制定“一河一策”。全力推进“净土保卫战”，开展重点行业企业用地土壤污染状况详查。排海口监管工作深入开展。积极探索循环经济“泰达模式”，开展低碳工业园区试点，推动区域绿色发展。实现全部299家危废重点源企业危废管理计划和转移的在线审批。修订管委会ISO14001环境管理体系文件，推动区内百余家企业开展ISO14001体系认证。开展第二次全国污染源普查。

【京津冀协同发展】深入落实习近平总书记在京津冀协同发展座谈会上的重要指示精神和市委区委各项重要部署，制定《承接非首都功能疏解攻坚行动方案》，积极主动承接非首都功能，承接重大项目32个，协议投资额约410亿元。发挥滨海—中关村科技园优势，全年注册企业482家，占历年注册数量33.9%。加大与京冀项目对接力度，221家来自京冀企业投资落户，占全部招商项目的35.2%，新引进北京重点招商企业数量占总数30%。主动服务雄安新区，积极探索合作共建模式。

【机构设置与管委会领导】至2019年年末，天津经开区管委会法定机构改革后设置内设部门35个：商务和投资促进办公室，电子信息产业促进局，汽车产业促进局，装备及智能制造产业促进局，金融局，新经济促进局，贸易发展局，科技创新局（科学技术协会），绿色石化产业促进局（南港工业区经济发展局），新能源和新材料产业促进局，医药健康产业促进局，滨海—中关村科技园区办公室，企业服务局（营商环境办公室），发展和改革局（统计局），财政局，人力资源和社会保障局（医疗保障局、离退休人员服务中心），规划和自然资源局，生态环境局，建设和交通局，应急管理局，审计局，国有资产监督管理局，政务服务办公室（行政审批局），市场监督管理局（知识产权局），自由贸易试验区滨海新区中心商务片区管理局，西区办公室，中区办公室，南港工业区综合办公室，南港工业区规划建设局，南港工业区应急管理局，党委办公室（管委会办公室、政法办、网信办、信访办），党建工作部（机关党委、机关工会、机关团委），经开区纪委（巡察工作办公室、巡察组），非公有制经济组织和社会组织党委办公室，总工会（妇联、团委）。专业工作机构23个：综合事务服务中心，档案馆、图书馆(地方志编修办公室)，法律援助中心，翻译中心，金融综合监管中心，双创服务中心，统计调查中心，财务中心，公寓管理中心，人才服务中心，不动产登记中心，环境保护监测中心，环境监察支队，基本建设中心(路灯管理所)，建设工程管理中心，交通运输服务中心，投资项目评审中心，土地整备发展中心，安全生产执法监察中队，南港工业区规划建设服务中心，南港工业区安全生产执法监察中队，市场稽查大队（计量检定所、特种设备安全监察站），公证处。

2019年年末，天津经开区党委书记、管委会主任郑伟铭，党委副书记张青，纪委书记刘越红，党委常委、管委会副主任于梅，党委常委徐庆和、马建军，党委常委、管委会副主任梁军、罗平、李涛，管委会副主任梅志红、金香花。

（天津经济技术开发区档案馆）

青岛经济技术开发区

【经济发展】青岛经济技术开发区是我国首批国家级经济技术开发区之一，1984 年 10 月经国务院批准设立，1985 年 3 月动工兴建。经过 30 多年的开发建设，青岛开发区从一个小渔村建成了一个现代化城区。随着西海岸新区开发建设上升为国家战略，青岛开发区站在新的历史起点，以习近平新时代中国特色社会主义思想为指引，深入贯彻新发展理念，聚焦高质量发展，聚力新旧动能转换，加快推进青岛开发区产城融合、转型发展。获批全国东部唯一智能化工业园区试点示范，综合实力位居全国开发区前列、山东省首位。2019 年，青岛开发区完成地区生产总值 2 299 亿元，增长 5.6%（按可比价计算），占青岛市地区生产总值的比重为 19.6%。实现公共财政预算收入 197 亿元，增长 0.4%；实现税收收入 340 亿元，增长 2.7%；完成固定资产投资 747 亿元，增长 7.4%。

【产业发展】2019 年，青岛开发区以“中国制造 2025”为方向，牢牢把握发展实体经济这一坚实基础，加快构建以海洋经济为特色的现代化经济体系。坚持推进工业化与信息化深度融合，家电电子、石化、汽车、船舶海工等四大集群产值约占青岛市 1/2。拥有家电电子、船舶和海洋工程、软件和信息服务 3 个国家级新型工业化产业示范基地及国家级船舶出口基地。坚持优势产业转型升级与新兴产业培育壮大“双措并举”，促进服务业跨界融合、高端发展，着力打造实体经济总部中心、智慧医疗中心、国际航运中心和信息技术基地，积极培育发展新动能和新的产业增长点。

智能化工业园区工作成效显著。深入推广智能化改造，探索制定智能制造标准，进一步加快产业转型，激发企业活力，借助清华系先进制造业专家优势，引智、引才、引技、引资并举，打造国内一流的智能制造公共服务平台。海尔集团 COSMO 平台获批成为首家国家级工业互联网智能制造平台。全年共认定智能工厂 1 家，数字化车间 5 家，自动化生产线 7 条；累计省级以上智能制造试点示范项目 2 个；省级以上两化融合管理体系贯标试点企业 8 家，新旧动能转变步伐不断加快，推动产业水平迈向中高端，加快打造全市智能制造发展先行区。新一代信息技术、高端装备制造、数字经济、海洋经济等战略性新兴产业产值占规模以上工业产值的比重达到 25%。

【科技创新】青岛开发区建立产、学、研科技成果转化机制，截至 2019 年底，拥有省部级以上科研机构 61 家，成立创新战略联盟 6 个、院士（专家）工作站 5 家。建成国家级众创空间 7 家，国家级孵化器 3 家，入孵企业超过 1 200 家、入驻创客突破 5 000 人，规模居青岛市首位。

搭建新型人才载体引智聚才，投资 100 亿元建设中电光谷产业园，园区累计签约落户各类企业和机构 800 余家，聚集带动本科以上学历人才就业约 9 000 人。

构建人才支撑体系，集聚复旦大学、石油大学、山东科技大学等 9 所知名高校，人才总量占全区人口的 1/3 以上。荣获“全国科技进步考核先进区”。

【投资促进】青岛开发区积极融入“一带一路”建设，适应对外开放新形势，积极推广复制自贸区试验成果。坚持“双招双引”的发展理念，突出新技术引进、新模式培育，推动招商模式由个体化、零散型招商，向“区中园”“楼宇经济”等模式转型。已有60多个国家和地区的客商来区投资，累计引进世界500强投资项目超过80个。2019年实际到账外资（FDI）6.7亿美元，增长3.4%。区域内前湾港是青岛港的主港区，拥有11个全国最大水深的集装箱专用泊位，与180多个国家和地区的700多个港口建立贸易往来，2019年青岛港货物吞吐量突破5.15亿吨，同比增长6.1%，集装箱吞吐量2 101万TEU，同比增长8.8%；实现营业收入121.64亿元，同比增长3.6%；归属于上市公司股东的净利润37.90亿元，同比增长5.5%。

【投融资服务】2019年，青岛开发区完善金融市场体系，集聚金融服务机构159家。积极利用社会资金，综合运用PPP、组合融资、基金投资等方式，设立9个政策性扶持基金。鼓励企业上市，拥有海信、澳柯玛、赛轮等上市企业22家。

加快推进金融集聚区建设，区域内各类金融机构超过160家，打造国际金融中心项目，入驻金融企业42家，年内新增主板上市企业3家（青岛港国际、青岛惠城环保科技、青岛海尔生物医疗股份），历年最高。

【绿色集约】2019年，青岛开发区牢固树立生态优先、绿色发展理念，是全国首个成功创建国家可持续发展实验区的国家级开发区。推进“区中园”项目引建模式，由原来突出工业项目招商，向总部经济、高端新兴产业、生产性服务业和现代服务业、高端研发机构等“四类形态”转型。大力推进全域城市化，激发社会领域投资活力，迅速启动旧村改造工程，通过加快市政配套设施建设、成片综合开发等措施，开发区实现了巨大变化，已成为环境优美，功能完善、宜居宜业的现代化新城区，城市化率提升至84.5%。以绿化提升城市品质，全区林木绿化率35.6%，城区绿化覆盖率45.8%。坚持把学校、医院建成全区最好的建筑，建成山东最大、国内前五的医疗单体西海岸医院，荣获“中国人居环境范例奖”。顺利完成ISO14001环境管理体系再认证，国家生态工业示范园区顺利公示，国家循环化改造示范试点顺利验收。

【特色创新】2019年，青岛开发区在全国首创公共区域环境责任保险。本着先行先试、积极推进的原则，健全公共区域环境风险防范体系，完善风险控制网络。保险公司承保后，将主动组织专业力量对区域环境安全进行整体性跟踪分析评估，并提出整改意见和建议，进一步完善区域环境安全防控体系；保险公司负责对园区内因各种原因造成的公共区域环境污染实施无害化处理，先行赔付公共区域群众财产损失和应急救援过程产生的费用，减轻政府在污染清理等方面的财政压力负担；对因污染造成的财产损失，保险公司将依据投保协议内容，向有关责任单位提起诉讼，依法代位向污染责任主体进行追偿，有利于警示企业加强管理，杜绝侥幸心理，维护区域环境安全。

承接青岛市首个租赁型住宅建设试点，并建成青岛市首个国际人才社区项目。按照“国企先行，社会资本跟进”的思路，创新租赁型住宅建设运营管理模式，发挥区属国企在增加租赁住房有效供给等方面的引领和带动作用，吸引更多国内外人才到新区就业创业、安居落户，打造有创新氛围、有国际文化、有发展平台、有宜居生活、有服务保障的特色人才聚集新高地。

搭建新型创新载体。在国家批准的两个智能化工业园区示范试点区域中，探索实施研发机构法人化，率先以国企民营混合制的方式推进试点工作，搭建智能制造公共服务平台，为辖区内企业智能化提升进行服务。建成前湾自动化码头、上汽通用五菱SUV、斐雪派克智能互联工厂、海尔智慧厨电、澳柯玛自动化生产线、益和电气等高端智能制造示范项目，着力打造国家智能制造新模式。

【机构设置与管委会领导】2019年，青岛开发区加快服务型管委会建设，建立完善权责到位、分工明确、精简高效的管理体制和运行机制。深化行政管理体制改革，按照大部制要求，进一步精简优化机构设置，精简整合职能部门，提升行政效能和服务效率。荣获“中国最具投资潜力十强开发区”荣誉称号。

工委管委领导成员：工委书记（任职于2019年4月）王建祥、路玉军，管委主任路玉军，工委委员、管委副主任高嵘、陈国良、赵增高、闫晓峰，工委委员、纪工委书记徐全征。

（青岛经济技术开发区管委会）

南通经济技术开发区

【经济发展】南通经济技术开发区是我国首批 14 个国家级经济技术开发区之一。2019 年，完成地区生产总值 865.74 亿元，按当年可比价增幅 12.8%；工业产值 2 454.3 亿元，增长 4.6%；财政收入 160.07 亿元；进出口总额 67.73 亿美元，其中出口 40.94 亿美元；城镇居民可支配收入 52 753 元，增长 8.3%；在国家级经济技术开发区综合考评中列第 30 位。

【产业发展】2019 年，南通开发区深入实施“培大扶强”工程，召开企业高质量发展大会，着力培育龙头企业，新增规模以上企业 115 家，累计达 895 家；新增高新技术企业 39 家，高新企业总数达 178 家；高新技术产业产值、新兴产业产值占规模工业产值比重分别达 41.5%、27.7%；新增 IPO 上市企业 1 家、新三板上市企业 2 家；中天科技入选江苏高质量发展标杆企业。以大数据产业为重点，加快集聚现代服务业新业态、新模式。2019 年服务业增加值占 GDP 比重达 39%，新设立注册资本 1 000 万元以上服务业企业 160 家；服务外包执行额超 3.8 亿美元，总量居南通市第一。国家集成电路测试产业园、海峡两岸信息技术产业园落户南通开发区；获批为江苏省智慧园区；能达商务区获批为江苏省生产性服务业集聚示范区。南通大数据产业园获批为江苏省大数据产业园，成功创建南通市数字文创（视频）产业园。南通综保区全面封关验收条件基本具备；分类监管进出区货物总量列江苏省第一；在全国首创“慧眼通”电子虚拟围网通关监管模式；顺利获批海关特殊监管区域企业增值税一般纳税人资格试点，进出口总额在全省 21 个海关特殊监管区域中排名第 8，继续保持苏中苏北第一。区控股集团公司、炜赋集团公司正式揭牌。

【科技创新】2019 年，南通开发区主办承办 2019 年江海英才创业周、首届长三角数据智能创业大赛等专业活动，集聚创新资源，提升创新水平。能达水务公司、格诺思博生物科技有限公司双获国家科技进步二等奖；研发(R&D)投入强度达 2.7%；引进落户 13 个海内外高层次人才项目，新签高层次人才工作站 6 家，入选省“双创人才”10 人，双创团队 1 个，入选率达 100%，总量创历史新高，项目质量持续提升。

【投资促进】2019 年，南通开发区聚焦新一代信息技术、智能制造、大数据等特色产业，举办国家集成电路测试产业园成立大会、长三角大数据一体化发展论坛等专业活动。2019 年，新增注册外资 6.7 亿美元，实际利用外资 6.1 亿美元，同比增长 3.8%，总量南通市第一。新签约项目 54 个，其中亿元以上产业项目 26 个、10 亿元重大项目 8 个；总投资 125 亿元的润泽数据中心、总投资 50 亿元维业达高端智能触控终端、总投资 35 亿元的罗化新型显示芯片封测等项目落户。认定新开工亿元以上项目 51 个，包括大王第二工厂等 11 个超 10 亿元项目；认定竣工投产项目 48 个，包括总投资超 10 亿元的美乐家健康科技项目；认定转化达产项目 33 个。在南通市产业项目建设考评中列第二、开发园区第一。

【生态建设】2019 年，南通开发区深入贯彻落实“长江大保护”要求，深化污染防治攻坚，3 个省考断面达到Ⅲ类水体比例为 66.7%，集中式饮用水源地水质达标率保持 100%；PM2.5 浓度为 38.4 微克 / 立方米，同比下降 2.5%；AQI 达标率为 78.9%；3 条省考黑臭水体整治全面完成，建成区黑臭水体基本消除；“六小”行业整治工作取得重大进展；钢丝绳后道生产整改工作成效明显，73 家企业退出钢丝绳生产，28 家企业完成整改提升。

【城市建设】2019 年，南通开发区累计完成城建工程实际投资 15.5 亿元，广州路改造、张江路建设等工程加快推进，综港路等 19 条道路顺利完工。公共文化中心等功能项目加快建设，能达市民广场基本建成，小海停车场东侧小游园、长江沿线绿化提升工程按期完工。中创区、精密机械园产业用地、小海街道等重点区域拆迁推进顺利，累计完成拆迁 32.4 万平方米。城市“微治理”项目完成率达 93%，77 个小区垃圾分类覆盖率达 100%，累计拆除违法违章建筑 5.7 万平方米。瑞兴路、景兴路等重点道路整治成效明显，沿江环境持续优化，圆满完成“森旅节”各项环境提升任务，文明城市建设水平有效提升。

【社会文化事业】2019 年，南通开发区 15 项民生实事工程进展顺利；每万名劳动力中高技能人才数位列南通市第一；2 个案例入选苏陕合作省级先进典型。星湖小学正式启用，中高考成绩取得新突破；公共卫生健康水平不断提升，社区医疗健康信息互联互通应用相关做法得到国家卫健委肯定；群众文化活动广泛开展，“书香开发区”建设不断加快。社会主义核心价值观大力弘扬，栾馨仁、“莫文隋”等志愿服务品牌持续放大。深化平安法治开发区建设，不断提升网格化管理水平，网格规范达标率列南通市第四；扫黑除恶专项斗争扎实开展，查办涉恶案件实现新突破，社会大局保持和谐稳定。

【机构设置与管委会领导】2019 年，南通开发区党工委、管委会下设办公室（宣传部、文明办、社科联、网信办、改革办），纪工委监察工委（市纪委、市监委派出机构），组织部（人社局、编办、两新工委、民政局、残联），政法委（司法局、国安办、依法治区办、法学会），群工部（总工会、商会、妇联、团委），人武办公室，社会事业局（红十字会、人口计生委、教育工委、教育工会、爱卫办），经济发展局，招商局，投资促进局，财政局（国资办），住房和城乡建设局，行政执法局，应急管理局，生态环境局（生态环境局开发区分局，市生态环境局派出机构），南通综合保税区管理局（区管委会派出机构），市场监督管理局（食品药品监督管理局，工商行政管理局，质量监督管理局），行政审批局（投资服务中心、政务服务管理办公室），服务业发展局，人才科技局，上海招商局（上海联络处），大数据产业发展局，审计局，统计局，化工园区管理办公室等，另有法院。

南通开发区党工委、管委会领导成员为：党工委书记羌强；党工委副书记、管委会主任沈红星；党工委副书记董克新；党工委副书记、政法委书记丁秉华；党工委副书记周建；党工委委员、管委会副主任陈强；党工委委员、综保区管理局局长范志强；党工委委员、管委会副主任李晓斌；党工委委员、管委会副主任刘锋；党工委委员、纪工委书记（监察工委主任）周静；党工委委员、管委会副主任曹海锋（任职于 2019 年 2 月至 2020 年 6 月）；党工委委员、开发区公安分局局长、党组书记成明；党工委委员、组织部部长、人社局局长曹雁卉（任职于 2019 年 2 月至 2020 年 9 月）；党工委委员、管委会副主任保德林；党工委委员、管委会副主任曹维熙；党工委委员、管委会副主任、科技镇长团团长陈玉君（任职于 2018 年 12 至 2019 年 8 月）；党工委委员、科技镇长团团长徐明；党工委委员、管委会副主任金海彬（任职于 2018 年 7 月至 2019 年 10 月）党工委委员、管委会副主任苑丹坚措（挂职于 2019 年 5 月至 2020 年 1 月）。

2018—2019年南通经济技术开发区主要经济综合指标一览表

项目		单位	2018年	2019	增幅（%）
开发区生产总值		亿元	767.69	865.74	12.8
第二产业		亿元	502.64	560.9	11.6
工业		亿元	477.65	523.8	9.7
第三产业		亿元	263.9	303.9	15.2
工业总产值（现价）		亿元	2346.8	2 454.3	4.6
高新技术企业		亿元	745.8	753.25	1.0
销售（营业）收入		亿元	3 505.1	3 776.4	7.7
第二产业		亿元	2 465.2	2 576.2	4.5
工业		亿元	2 378.2	2 481.6	4.3
第三产业		亿元	1 038.3	1 198.3	15.4
利润总额		亿元	183.13	205.6	12.3
第二产业		亿元	139.5	145.1	4.0
工业		亿元	138.12	142.5	3.2
区内主导产业及产值					
主导产业	1. 化学新材料	亿元	610.3	621.37	1.8
	2. 现代纺织	亿元	268.5	295.6	10.1
	3. 精密机械	亿元	242.5	265.8	9.6
	4. 通用设备制造	亿元	162.7	175.2	7.7
进出口总额		亿美元	73.45	67.73	−7.8
出口		亿美元	44.15	40.94	−7.3
财政收入		亿元	196.7	160.07	−18.6
税收收入		亿元	96.998 7	109.73	13.1
财政支出		亿元	114.3	71.44	−37.5
新批企业个数		个	3 076	3 321	8.0
外商及港澳台企业		个	54	43	−20.4
内资企业		个	3 022	3 278	8.5
新批企业投资额	外商及港澳台企业	亿美元	18.7	19.5	4.3
	内资企业	亿元	249.5	268.7	7.7
	增资企业	亿美元	24.15	25.2	4.3
规模以上企业个数		个	798	895	12.2
合同外资金额		亿美元	20.178 1	13.837 3	−31.4
外商实际投资		亿美元	3.032 9	6.174 3	103.6
固定资产投资		亿元	578.49	587.17	1.5
年末从业人员数		万人	15.325 8	16.275 2	6.2
万元GDP能耗		吨标煤／万元	0.645 6	0.538 1	−16.7
水资源消耗总量		万立方米	7886	8312	5.4
单位国内生产总值取水量		立方米／万元	10.272 375 57	9.601 034 95	−6.5
研发（R&D）支出		万元	203 438	233 301	14.7
研发（R&D）投入强度		%	2.65	2.7	1.7
上市企业数量		家	4	5	25.0
创业创新平台数量		个	49	58	18.4
科研院所数量		家	1	1	0.0
区内职业教育学校数量		家	2	2	0.0

（南通经济技术开发区管理委员会）

上海漕河泾新兴技术开发区

【经济发展】2019 年，上海漕河泾新兴技术开发区对接国家战略，对外拓展实现新突破，经济继续保持平稳，全年营业收入 3 830 亿元，工业总产值 720 亿元、利润总额 266 亿元、税收总额 140 亿元、进出口总额 102 亿美元。在 2019 年国家商务部公布的国家级经开区综合评价中，漕河泾开发区取得了综合排名第十、科技创新排名第七的好成绩。在上海市开发区 2019 年综合评价中，漕河泾开发区环境保护指数排名第一。

【投资促进】2019 年，漕河泾开发区赵巷分园区顺利完成一期项目抢封顶、二期项目出形象、三期项目促启动的既定目标。一期、二期项目约 7.6 万平方米产业载体实现结构封顶。顺利竞得三期研发用地和社会租赁住宅用地约 165 亩，首次打通园区平台认定—定向挂牌—定向出让的土地竞买路径。至此，已成功取得赵巷科技绿洲一、二、三期项目总计 420 亩的土地使用权。

海宁分区实现规模以上工业企业工业总产值 58.8 亿元，同比增长 47%；主营业务收入 48.9 亿元，同比增长 41%；利润总额 5.4 亿元，同比增长 25.6%；利税总额 6.4 亿元，同比增长 12.3%。成功引进世界 500 强企业日本 JFE 商事株式会社，德企 50 强艾森曼集团热工设备项目等等。目前，海宁科技绿洲入驻企业 28 家，实现合同外资 1 065 万美元，完成年度任务的 150%；实到市外内资 74 000 万元，完成年度任务的 3 600%。

北杨人工智能小镇年内顺利竞得土地总计 370 亩，未来项目地上可建面积达 74 万平方米，预计项目总投资达到 150 亿元，为园区二次创业打下坚实基础。

【品牌输出】2019 年，漕河泾开发区轻资产“品牌输出”扎实推进。慈溪高新区、余姚工业区两个品牌输出项目顺利落地。在上海以外区域冠名“漕河泾”的分园区达到了 7 家，包括漕河泾海宁、慈溪、余姚、柳州、大同等。漕河泾品牌合作年度收入超过 2 000 万元。年内还推动了漕河泾颛桥光华园轻资产运营工作，有望在明年一季度实现开园；完善《漕河泾高科技园区品牌服务输出标准》并梳理基础服务产品清单，从而进一步夯实了品牌输出服务内容。

【项目建设】2019 年，园区本部新引进项目 81 家，包括奇安信、奥升德、诺力昂等行业龙头企业，递易智能、视源电子、仁童电子、和讯华谷、瑞数信息等一批人工智能、大数据、网络安全等前沿科技领域的新兴产业企业。新注册项目 175 家（含分园区），合计注册资本折合人民币 12.84 亿元，其中外资注册资本 0.84 亿美元。

【金融服务】2019 年，漕河泾开发区金融服务发力成就“上市大年”。上市服务方面，2019 年是多家园区企业的丰收之年，共 5 家企业上市挂牌。开发区孵化企业澜起科技顺利登陆科创板，扎根漕河泾 10 年的移远通信登陆 A 股主板，园区独角兽企业复宏汉霖登陆港交所，摩贝化学品登陆纳斯达克，均受到了资本市场的欢迎。目前开发区已有各类上市（挂牌）企业 137 家。

投融资方面，开发区 26 个项目总计获得风投金额近 19.8 亿元。漕河泾天使基金首投项目鸿研物流顺利完成D轮融资，预计2020年初启动股改，并筹备登陆科创板。年内首次尝试服务换期权，创业中心以多项增值服务换取诺优信息0.277 8%的认股期权，对应诺优整体投后估值1.8亿元。

融资平台信息化一期系统完成并投入使用，贷款审批流程实现无纸化，将打造成为企业大数据智能信贷平台和投融资对接平台，助力企业获得多元化融资。融资平台自2009年启动以来对区域内457家次企业的累计授信额度已经达到20.6亿元。

【原创经济】2019年，漕河泾开发区融通发展蓄势培育“原创经济”。

协同创新方面，携手博世成立了其亚太首个创新孵化基地“Shanghai Connectory”，为开发区初创型、成长型企业提供专业知识与技术支持，促进物联网生态系统的创新和发展。与博世、科思创、拜耳、微软、标致雪铁龙、思科、强生等跨国公司创新负责人共同举办开放创新沙龙。和华鑫园、聚科园以及贝岭园在科技政策服务、孵化器建设等方面紧密互动，将服务渗透“园中园”。

国际交流方面，“原创新动力”系列活动首次走进英国，近20位开发区创业企业代表参加伦敦科技周活动，湃道科技在路演活动中获得第四名；Connectory联合孵化项目入选2019年度国际科技园协会（IASP）最佳创新解决方案征集大赛十佳项目；承办第一期意大利跨境加速项目，为来华意大利企业提供为期三个月的加速服务；连续第四年承办昆士兰大学暑期创业实习项目。

【对外拓展】2019年，漕河泾开发区对外拓展加速发挥“溢出效应”。牵头长江经济带经开区协同发展联盟，召开联盟第三次理事会议，成立联盟金融服务专委会及科技创新专委会，全年落地项目18个，落地投资额100.79亿元。组织“柳东漕河泾重点企业产业对接会”，举办“漕河泾大同创新驱动国际发展论坛”，为柳州项目举行首期漕河泾创新模式研讨班。为海口高新区定制三期系统化培训。

【深化环境建设】2019年，漕河泾开发区规划建设展现新面貌：

一是攻坚克难，打造精品载体。2019年，园区规划建设项目16个，其中施工项目13个，总面积101.2万平方米，创近年新高；规划设计3个，总面积79.1万平方米。商贸区项目取得中国绿色建筑协会颁发的“绿色建筑二星”奖牌，商贸区、科技绿洲四五六期、光启四期LEED金奖设计阶段已通过美国绿色建筑委员会初评。科技绿洲四期项目的两个标段获得“优质结构奖”和“市文明工地”荣誉。

二是备战5G，完善网络基础设施。基本完成智慧园区网络二期建设，高速光纤主干基础网作为园区信息化主要基础，为各类服务应用提供强有力的网络基础支撑。历经两期的建设和运营，网络覆盖漕河泾开发区所辖包括赵巷在内的7个子分公司、29个子园区以及酒店会所等对外服务场所。项目共建设有线点位527个，无线AP点位587个。上线“充电管家”小程序，实现充电桩一期8个园区330个桩的智慧管控，打造园区配套业务的新亮点。

三是坚守生态红线，保障园区绿色环境。完成开发区34台自有锅炉改造，118个雨污混接点改造，16个点位的土壤和地下水监测；探索搭建中小实验室危废处理协同平台，归集园区中小实验室危废处置需求；依托区区合作平台，协助安普泰科解决市政管网污水倒灌，瑞侃电子、先进半导体环评审批，3M重污染天气排放控制等问题；做好2018年国家生态工业示范园区建设评价24项指标收集、统计工作。

【社会事业】科创文化方面，第四季漕河泾科创嘉年华以“一场探界科技与服务未来的园区特色品牌盛会”为概念，历时206天，围绕5G与人工智能、知识产权引领产业高质量发展、长三角科技金融协同与创新、工业物联网、科创领袖等主题开展了30场活动。开幕式上，漕河泾开发区“产业资本融通发展联盟”扬帆启航。

体育文化方面，承办“漕河泾杯”第三届上海市开发区运动会，吸引来自各开发区近1万名运动员参与角逐，开发区内企业职工超过10万人次参与，活动影响辐射各开发区近百万企业职工。举办“C空间•白领戏剧节”、第二届好声音大赛、海派书画交流展、室内音乐会、俱乐部沙龙等活动，并创新推出“企业艺术服务包”，有效提升园区文化“软实力”。

人文文化方面，“漕河泾大讲堂”立足名人名家、实时热点，先后邀请了郑强、余秋雨、王珮瑜、张兆安、阮宗泽、丁建华、吴孟超团队、黄奇帆、汤爱民、白岩松等莅临开发区，举办了10场高质量的专题讲座，5 000余人前来听讲，讲座的社会影响力、知名度和美誉度日益提升；“漕河泾微课堂”立足实用性、技能型、兴趣性，全年开设了投资理财、子女教育、形象设计、珍宝鉴赏、摄影摄像等20期培训班，吸引1 200多名听众前来听讲，成为艺术漕河泾、人文漕河泾的新亮点。

（上海漕河泾新兴技术开发区）

上海闵行经济技术开发区

【经济指标】2019年，上海闵行经济技术开发区（以下简称“闵行开发区”）整体保持平稳发展态势，闵行开发区完成规模以上工业企业总产值557.22亿元，同比增长3.37%；销售收入656.67亿元，同比增长1.89%。企业利润总额56.23亿元，与上年同期相比增长0.15%；财政实缴税金47.9亿元，与去年同期相比减少4.23%。

闵行开发区闵行园区2019年度主要经济指标 单位：亿元

	2018年	2019年	同比增减
工业总产值	539.04	557.22	3.37%
销售收入	644.51	656.67	1.89%
利润总额	56.15	56.23	0.15%
财政实缴税金	50	47.9	-4.23%

【整体概况】闵行开发区闵行园区现有企业69家，其中40%的企业为全球500强企业投资项目，拥有强生集团、亨斯迈集团、圣戈班集团、米其林集团、艾仕得5家重量级研发机构。目前，闵行开发区正朝着集研发、设计、制造、营运、培训等生产服务业融合一体化的创新园区、科技园区转型，现已基本形成了以先进装备制造、新材料、生物医药和研发中心为主导的产业格局。闵开发西区借助“上海马桥人工智能创新试验区”建设契机，推进园区整体建设发展。

【亨斯迈集团亚太区总部正式落户】1月，亨斯迈企业管理(上海)有限公司完成工商注册。1月31日，亨斯迈亚太区总部项目完成签约。7月24日亨斯迈管理型总部获得资格认定。11月20日，亨斯迈集团亚太区地区总部项目获上海市政府跨国公司地区总部授牌。

【不凡帝啫哩糖第二条流水线顺利投产】3月，闵行开发区企业不凡帝公司投资方决定再投资8 000万元人民币，新增第二条生产线，2019年厂区内布局调整已完成。

【申美独立饮料工厂成功设立】5月，闵行开发区与上海申美饮料食品有限公司签署《备忘录》，申美公司承诺设立独立饮料企业，同时新增2条生产流水线，并将税收落户闵行开发区。该项目投资额达1.6亿元人民币。

【伊利集团研发试验平台落户】5月，伊利集团注册成立了伊利伊诺科技(上海)有限公司，注册资本1.5亿元人民币。该项目首期投资额2.38亿元人民币。7月，闵行开发区与伊利集团完成项目合作协议书的签署。

【“三带三引”党建工作法获评“上海市国资委系统党建品牌”称号】6月25日，闵行开发区党建品牌“三带三引”党建工作法，获评“上海市国资委系统党建品牌”称号。

【闵行开发区2018年度国家生态工业示范园区复查评估成绩获“优秀”】7月，生态环境部等三部委联合发文公布2018年度国家生态工业示范园区复查评估结果，闵行开发区获评优秀。

【西区标准厂房前期工作完成】8月17日，赴闵行区经委进行项目方案专题汇报。10月，以“科大讯飞AI PARK”为名称，向区经委报2020年产业项目计划。

【博朗厂房项目当年开工当年竣工】9月，闵行开发区顺利完成博朗新型电动剃须刀项目定制厂房的施工建设，并正式向博朗（上海）有限公司交付了厂房。该项目当年开工、当年竣工、当年交付。

【推进闵虹—交大科技成果产业化基地建设】9月12日，完成与上海交通大学签署合作共建“国家大学科技园·闵虹—交大科技成果产业化基地”协议。

【开展结对帮扶工作】9月27日，按照商务部工作部署，与广西凭祥边合区开展结对共建活动，在产业项目转移、干部交流、课题研究等方面开展帮扶合作。

【完成东亚食品厂房回购工作】11月，地产闵虹顺利完成东亚食品厂房交易手续，并取得了不动产权证书，宗地面积26 000平方米，建筑面积20 744平方米。

【上海闵行联合发展有限公司被命名为“上海市安全文化建设示范单位”】11月，闵行开发区管理主体上海闵行联合发展有限公司被命名为“上海市安全文化建设示范单位”。

【8幅地块通过审批】截止12月，已有8幅地块通过闵行区规划和自然资源局的审批，并提交区常委会审批，目前已完成土地出让合同签署，8幅地块合计面积141 920.10平方米(折合212.88亩)。另有5幅地块正在办理相关手续，合计面积141 686.60平方米（折合212.53亩)。

2018—2019年上海闵行经济技术开发区主要经济综合指标一览表

项目		单位	2018年	2019年	增减（%）
开发区生产总值		亿元	225.58	229.84	1.89%
第二产业		亿元	219.89	223.41	1.60%
工业		亿元	219.89	223.41	1.60%
第三产业		亿元	5.68	6.43	13.20%
工业总产值（现价）		亿元	539.04	557.21	3.37%
高新技术企业		亿元	255.68	269.63	5.46%
销售（营业）收入		亿元	644.51	656.68	1.89%
第二产业		亿元	628.27	638.30	1.60%
工业		亿元	628.27	638.30	1.60%
第三产业		亿元	16.24	18.38	13.18%
利润总额		亿元	56.15	56.23	0.14%
第二产业		亿元	54.09	54.99	1.66%
工业		亿元	54.09	54.99	1.66%
区内主导产业及产值（可加减项）					
主导产业（可加减项）	1. 机电	亿元	297.29	310.23	4.35%
	2. 食品饮料	亿元	49.78	53.63	7.73%
	3. 医药医疗	亿元	95.11	98.44	3.50%
进出口总额		亿美元	21.37	19.22	−10.06%
出口		亿美元	12.51	9.79	−21.74%
财政收入		亿元	0.00	0.00	−
税收收入		亿元	50.00	47.88	−4.24%
财政支出		亿元	1.60	1.23	−23.13%
新批企业个数		家	2	4	100.00%
外商及港澳台企业		家	0	2	−
内资企业		家	2	2	0.00%
区内世界500强企业数		家	24	21	−12.50%
国家级高新技术企业数		家	11	12	9.09%

续表

项目		单位	2018 年	2019 年	增减（%）
新批企业投资额	外商及港澳台企业	亿美元	–	0.12	–
	内资企业	万元	–	2.38	–
	增资企业	亿美元	–	–	–
规模以上企业个数		家	57	55	−3.51%
科学研究与试验发展经费（R&D）支出		万元	184 549.80	209 154.30	13.33%
研究与试验发展（R&D）经费投入强度		%	8.18	9.10	11.25%
合同外资金额		万美元	1 250.50	1 200.00	−4.04%
外商实际投资		万美元	19.00	5 513.88	28 920.42%
固定资产投资		亿元	6.74	7.85	16.47%
年末从业人员数		万人	2.84	2.69	−5.28%
万元 GDP 能耗		吨标煤 / 万元	0.093 19	0.088 04	−5.53%
水资源消耗总量		万立方米	396.35	392.05	−1.08%
单位国内生产总值取水量		立方米 / 万元	1.76	1.71	−2.84%
区内建立的创业创新平台数量		个	1	1	0.00%
区内职业教育学校数量		家	10	10	0.00%

（上海闵行经济技术开发区管理委员会）

宁波经济技术开发区

【经济发展】2019年，宁波经济技术开发区经济实力稳步提升。实现地区生产总值1 155亿元，同比增长8%左右；财政总收入350亿元，增长19%；一般公共预算收入182.6亿元，增长15.6%；规模以上工业企业总产值3 125亿元，增长10.2%；实际利用外资9.78亿美元，约占全市1/4；外贸进出口总额增长9%，进口和出口额首次双破百亿美元；银行贷款不良率下降至0.61%，金融生态持续保持全市最优。居民人均可支配收入增长8.7%。

【产业发展】2019年，宁波开发区装备制造业产值占规模以上工业企业产值的比重为41%，“新领军行业”地位日益稳固。战略性新兴产业产值增长11%，实现规模以上工业企业新产品产值948亿元，新产品率达30.3%。完成首批71个市级技改项目验收，兑现补助资金1.9亿元。启动“千百十亿”企业培育工程，远大物产成为全市首家本土千亿级企业，申洲国际纳入恒生指数成分股，贝发、海伦分别获评国家单项冠军产品企业和国家服务型制造示范企业，51家企业实现小升规。成立拟上市企业联盟，25家企业进入上市流程。新增“浙江制造”品牌认证企业5家，海天精工智能工厂顺利通过工信部验收，拓普集团获评省级上云标杆企业。制定出台服务业扶持新政；营利性服务业营收增长30.9%，成为全市唯一入选的省电子商务创新发展试点区；霞浦物流园区获评国家示范物流园区和全国优秀物流园区。

【扩大开放】2019年，宁波开发区加快创建“一带一路”建设综合试验区核心区，积极配合做好自贸区扩区方案，全面落实“中东欧国检试验区”首批9条贸易便利化措施。穿山北港区通过国家口岸开放验收，特色贸易平台加快集聚，中商联、丹马士等项目相继开工，进口整车首破1万辆，同比翻一番。实现限上商品销售额4 792亿元、约占全市1/4，类金融企业注册资本突破2万亿元。建成全市首个出口监管仓，网易考拉客服体验中心投入运营，跨境电商交易额达19.5亿美元，文具、服装两大产业入选国家级外贸转型升级基地，境外投资连续三年领跑全市，继峰公司成功收购百年德国企业。认真抓好区域对口协作，全年共实施支援项目43个，较好地完成年度对口扶贫合作任务。

【项目建设】2019年，宁波开发区加强项目投资支撑。招商引资取得新成效，总投资近200亿元的台塑新材料系列项目和总投资11亿美元的敏实系列项目顺利签约，引进落户超20亿元的项目6个。浙商回归到位资金134亿元，居全市首位。芯港小镇建设加快推进，新签约落户项目13个，总投资达70亿元，中芯宁波N1项目投产，N2项目、南大光电、安集微电子等顺利开工，成功入选省级集成电路产业基地创建名单。项目攻坚取得良好成效，吉利CMA、中海油LNG二期、申洲全方位技改等30个项目顺利开工，新秀丽物流中心、康达医疗产业园等18个项目建成投产。全年184个政府投资项目建成率、投资完成率分别达90%和95%。

【科技创新】2019年，宁波开发区加大创新要素供给。北航宁波创新研究院正式揭牌，固高科技北仑区域合作中心、华科城孵化园等平台签约落户。宁波大学梅山校区正式开学，宁波公共实训中心一期建成投用。全社会研发投入经费占比达3%，梅山产业集聚区获批创建先进制造省级高新技术产业园，6家企业入选省创新能力百强名单，新增高新技术企业11家、市级科技型初创企业136家。成功创建全市首家智能制造装备国家级质检中心，新认定省级企业研发中心6家、省级企业研究院5家、市级院士工作站4家。东方电缆成功研发生产国内首条海洋脐带缆，并获评国家技术创新示范企业和国家企业技术中心。举办首届中国海外工程师大会，"百企百千""名师名医"工程扎实推进，新增顶尖人才12名、特优人才15名、高层次人才150名、高技能人才5 000余名。

【深化改革】2019年，宁波开发区全面深化"最多跑一次"改革，1 324个群众和企业办理事项实现"最多跑一次"，其中448项实现"零上门"。出台"标准地+承诺制"改革实施方案，梳理企业投资项目审批"一件事"清单，实现项目开工前审批"最多跑一次""最多100天"。率先开展"证照分离"改革试点，推广全程电子登记，企业开办时间压缩至3日。深化"亩均论英雄"改革，整治"低散乱"企业112家，改造旧厂区20.4万平方米"批而未供"土地5 600亩，20个"供而未建""建而不快"项目实现兑账销号。完成税务征管体制改革，国地税顺利合并。加快投融资体制改革，积极稳妥推进政府性债务化解。

【绿色集约】2019年，宁波开发区全面打响"两整两提"行动攻坚战。启动全区54个市场综合整治，新建、改造菜场5个，农批市场、新碶和霞浦老菜场等市场整治取得良好成效。开展小微企业整合，落实新建示范小微企业园选址7个、改造提升20个。推进河道水质提标，建成全市首座出水标准类IV类污水处理厂，区控以上水质考核断面达标率90%以上，小浃江获评省级"美丽河湖"，第三次捧得"大禹鼎"，基本建成"污水零直排区"。推进城乡居住环境提升项目84个，整治老旧住宅小区200个，整改各类"围挡"150处、"桥头跳车"隐患桥梁65座，改造城区积水点62处，群众身边的各类"顽疾"得到有效治理。小港、戚家山和郭巨3个街道高质量完成小城镇环境综合整治省级验收。

【城乡建设】2019年，宁波开发区坚决打赢城乡建设管理持久战。完成滨江新城发展战略研究，梅山湾沙滩公园、万年基业游艇港开放运营。积极打造美丽经济交通走廊，完成329国道大榭叉口改建、人民路拓宽、云台山路延伸等工程，轨道交通2号线二期拆迁顺利推进，甬舟高铁客专过境方案基本确定，泰山路获评省绿化美化示范路，连续三年被评为省"四边三化"行动优秀区。实行境内高速客车免费通行，完成10个城区路口拥堵点改造，新增配建5 930个停车位，部分路段交通拥堵现象得到初步缓解。"三改一拆"处置违法建筑169.8万平方米，完成城中村改造56.1万平方米、危旧房治理3.36万平方米，成功创建"基本无违建县(市区)"。隆顺、星阳等地块实现拆迁"清零"，妥善承接北仑新村、北极星村"三供一业"管理职能，顺利完成邬隘变扩容改造。

认真打好乡村振兴战略开局战。全域景区化推进美丽乡村创建，启动秀美山川沿线改造提升和北仑城郊公园、"美丽和鸽"示范村建设，积极打造"四好农村路"，新培育美丽乡村风景线1条、示范村3个、A级景区村庄15个。实施33个农村生活污水改造提升工程，完成森林抚育2 000亩、林相彩化500亩，新建美丽森林村庄2个，农村人居环境不断提升。启动芦江省级农业园区建设，河头村获评省休闲旅游示范村，全年乡村旅游接待游客突破1 000万人次，营收达5亿元。高质量完成农村土地承包经营权确权登记颁证工作，全区12个重点薄弱村开展企业结对帮扶，消薄工作扎实推进。成功创建省级农产品质量安全放心区，地产农产品抽检合格率达99%以上。

【生态环保】2019年，宁波开发区生态创建更加扎实有力。出台生态文明示范创建三年行动计划，启动第二批街道生态示范创建，白峰街道获评全市首批“十佳美丽街道（乡镇）”。顺利通过国家生态工业示范园区复查评估，获得全省首批“美丽浙江”建设考核优秀单位。编制完成区域自然资源资产负债表，认真开展街道领导干部自然资源资产责任审计，绿色发展报告制度被列为省级环保改革试点。“一打三整治”行动取得良好成效，全省首例海洋非法捕捞刑事附带民事公益诉讼案顺利办结。实施环保“督政问企”，推进环保历史遗留项目整治清理 349 个。

环境治理更加科学有效。高质量完成中央环保督察“回头看”、国家海洋督察和省级环保督察问题的整改。出台打赢污染防治攻坚战三年行动计划，扎实推进工业挥发性有机物治理，推行靠港船舶“油改电”，完成宁钢烧结机等重点企业脱硫脱硝改造，空气质量优良率达 88%，PM2.5 浓度均值为 28 微克 / 立方米，六项空气指标首次全部达到国家二级标准。坚决打赢净土保卫战，启动电镀园区异地迁建，开展金属表面处理等 5 个行业污染整治，建成固废处置三期，年增危废处理能力 3 万吨。落实耕地保护责任，新建高标准农田 1.43 万亩。

绿色发展更加深入人心。稳步推进省级低碳区试点，加强重点用能企业碳排放管理，全年规模以上工业增加值能耗下降 5%。率先通过国家级园区循环化改造示范试点验收，获得国家扶持资金 8 900 万元，吉润汽车获评国家“绿色工厂”。全面推进节水型社会建设，获评全省实行最严格水资源管理制度成绩突出集体。倡导绿色出行，新能源出租车和清洁能源公交车比例分别提高至 58% 和 83%。积极推进生活垃圾分类收运处置体系建设。探索“党建 + 环保 + 公益”的公众参与模式，生态文明馆列入全市首批环保公众开放示范。

【管委会领导】宁波经济技术开发区党工委书记梁群，党工委副书记孙旭东、沈恩东，党工委委员丁丁、王海军、谢开定；宁波经济术开发区管委会主任梁群，管委会副主任孙旭东、沈恩东、丁丁、王海军，管委会副巡视员谢开定。

（宁波经济技术开发区管理委员会）

连云港经济技术开发区

【经济发展】2019年，连云港经济技术开发区紧紧围绕“抢占高质发展制高点，勇当后发先至排头兵”的目标要求，振奋精神促发展，创新思路求突破，经济运行稳中有进，发展质量不断提升。2019年，全区实现地区生产总值354.7亿元，同比增长9.2%；第二产业增加值286.71亿元，增长10.2%，占地区生产总值比重80.8%；第三产业增加值67.5亿元，增长4.9%，占地区生产总值比重19%；工业总产值678亿元，增长7.7%；全社会固定资产投资250.66亿元，增长2.1%；财政收入90亿元，增长9.8%；财政支出28.3亿元，增长22%。

【产业发展】2019年，连云港开发区产业质态向高层次加速推进，新医药、新材料、新能源、高端装备制造等“三新一高”产业实现产值540亿元，增长11.6%；其中新医药产业实现产值443.1亿元，增长13.6%。恒瑞医药荣登全球制药企业50强榜单，豪森药业港交所成功上市。实现产值过亿元企业43家，其中过100亿元企业2家。国家农业对外开放合作试验区核心区建设正式启动，成功获批自贸试验区、国家知识产权示范园区，综合保税区实现封关运作。

【科技创新】2019年，连云港开发区以科技创新为第一驱动力，全力打造创新型经济的“领军板块”，为园区高质量发展提供坚实支撑。获批国家知识产权示范园区，新引培省级以上高层次人才22人；获批江苏省科技成果转化项目5个，领跑苏北；恒瑞医药、康缘药业、豪森药业、正大天晴等四大药企跻身中国医药创新力前五强，恒瑞医药的艾阳等“江苏造”抗癌神药受到省委娄勤俭书记开年寄语高度点赞，豪森药业长效降糖药孚来美填补国内空白，康缘药业银杏内酯制剂及制备工艺获中国专利金奖。杰瑞自动化获批国家重点研发计划“智能机器人”专项，中科院国家重大科技基础设施项目开工建设。

【投资促进】2019年，连云港开发区大力推进产业招商，重新修订招商部门、非招商部门、街道三级考核办法，精准设置考核指标体系，务实招商的区域氛围更加浓厚。在深圳、上海等地设立5个驻点招商办事处，新签约开工总投资40亿元的“一带一路”供应链基地、30亿元的慧智光学材料等过亿元项目35个，平均单体投资达11亿元。备案新设总投资1.2亿美元的江苏韩晶新材料科技有限公司等外商投资企业19个，总投资25.5亿美元，协议注册外资9.6亿美元。备案新增协议外资额1.6亿美元的连云港磐道投资有限公司等增资外商投资企业7个，新增协议注册外资11.7亿美元。审批、核准、备案内资项目212个，总投资470.39亿元人民币。

【园区建设】2019年，连云港开发区以综合保税区、自由贸易试验区获批为契机，大力推进特色专业园区建设。自贸试验区建设正式启动。正式启动“两区四园”产业规划，同步启动产业发展专项规划编制。聚焦投资体制改革等制度创新七大领域，成功复制推广先进自贸试验区政策65项，形成投资建设项目审批直通车等创新成果2项。实施道路交通、城市家具、视觉识别等11个专项提升行动，“一带一路”供应链基地等一批重大工程实质性启动。

中华药港实现破题。瞄准“全国一流、世界知名”的总体定位，科学编制产业发展规划和三年行动计划，医药展示馆投入运行，25万平方米“中华药港”核心区西区、51万平方米创新药产业园全面开工。江苏省原创化学药创新中心等入驻项目加速孵化，恒瑞标准化医药技能人才实训基地等基本建成投用。综保区建设深入推进。投资7 000万元，完成监管设施、基础设施及信息化系统建设等项目41个，顺利通过联合验收，正式封关运作。跨境电商产业园加快建设，跨境电商综合服务平台与连云港市公共平台实现系统对接，电商孵化运营中心完成规划设计，标准化海关监管设施等陆续投用，快速通关、跨境货物仓储物流等功能日益完善，丝路电商等跨境电商项目落地开花。

成功举办连云港市重点产业项目现场观摩会等活动，55个市重点产业项目完成投资120亿元，14个项目竣工投产。盘活闲置低效用地近1万亩，34个项目实现腾笼换鸟、涅槃重生。

【体制机制创新】2019年，连云港开发区持续发力改革攻坚，一大批重大改革创新成果争相涌现，发展活力加速释放。聚焦体制机制不顺等17个方面问题，提出“十二个双”主抓手，机构改革全面完成。自贸试验区企业服务中心正式启用，开辟“一窗通办”审批窗口，推行“拿地即开工”，80%事项全程网上办，“1220”实现常态化。市场监管43项“免罚清单”首开江苏省开发区先河，审批制度改革举措在连云港市复制，破解医药发展“人才之困”等经验在江苏省推广。全方位扩大开放。自贸试验区获批建设，综保区封关运作。成功承办第三届国际医药技术大会、江苏知名企业家走进连云港暨连云港自贸试验区创新合作推介会等大型活动，“一带一路”供应链基地项目开工建设，开发区影响力和知名度全面提升。

【绿色集约】2019年，连云港开发区加大投入力度，统筹推进园区功能配套、安全环保、社会民生等工作，全力打造宜居宜业新园区。城市品质提档升级。自贸试验区医院、国际双语学校等加快推进，恒大特色街区等全面启动，中医药文化励志公园等建成投用，完成旧城改造60万平方米。环保安全持续强化。以大浦片区、东部片区环境整治为突破口，累计拆除违建50万平方米，关停小散乱污企业200多家，新增绿化50万平方米，国省考断面水质稳定达标，空气优良率位居连云港市前列。深刻汲取“3•21”等事故教训，深入开展安全生产责任“一查三督”等专项行动，园区工矿商贸企业未发生伤亡事故。

【社会事业】2019年，连云港开发区规范农村“三资”管理，完成24个涉农村居农村集体清产核资工作。2个村居完成省级水美乡村创建。连云港融盛双语学校项目开工建设。城乡居民基本养老保险覆盖率达99%，园区自来水入户率达100%，污水管网覆盖率达90%，新型社区、公墓启动建设，残疾人之家工作经验全市推广，农村人居环境明显改善，创文创卫扎实推进，教育、文化、社会等事业蓬勃发展。

【基层党建】2019年，全区扎实开展“不忘初心、牢记使命”主题教育，开展专项整治、推动非公企业学习教育等经验做法被省主题教育简报、《新华日报》等主流媒体刊发推广。全力打造“园区党旗红”品牌，统筹党建群团组织资源，推动基层党组织“人员、阵地、功能”建设全面过硬。进一步规范基层干部选拔任用工作，从“事前预审、事中列席、事后备案”三个方面，坚决防止和纠正选人用人不当之风。健全年轻干部培养机制，围绕房屋征收、环境整治等工作开展干部日常考察。召开双招引双服务动员大会，将人才优惠政策嵌入“中华药港”招商引资政策和自贸试验区政策。精神文明建设深入推进，“患癌近10年仍坚守三尺讲台”的王桂华当选敬业奉献“中国好人”。

【机构设置与党工委管委会领导】2019年，连云港开发区以“不见面审批服务”改革为抓手，加快政府职能转变，优化机构设置和职能配置，提高效率效能。目前，连云港开发区党工委、管委会下设机构有：党政办公室（政策研究室)，纪工委（监察工委)，组织宣传部（统战部、机构编制委员会办公室)，政法委，经济发展局，科学技术局，财政局（国有资产监督管理办公室)，人力资源和社会保障局，住房和城乡建设局，社会事业局，行政审批局（政务服务管理办公室)，综合行政执法局（市场监督管理局)，应急管理局，综合保税区管理局，生命健康产业园管理办公室（中华药港管理办公室)，新材料产业园管理办公室，新能源和装备制造产业园管理办公室[中科院（连云港）燃气轮机产业园管理办公室]。环境保护垂直管理改革，环境保护职能划入市生态环境局，连云港开发区不再设置环境保护机构。

连云港开发区党工委、管委会领导有：连云港市委常委，连云港开发区党工委书记，中国（江苏）自由贸易试验区连云港片区管委会主任尹哲强；开发区党工委副书记、管委会常务副主任胡传宏；开发区党工委委员、管委会副主任张昭华；开发区党工委委员，区纪工委书记、监察工委主任、政法委书记王波；开发区党工委委员、管委会副主任张磊；开发区党工委委员、管委会副主任曹洪秋；开发区管委会副主任王琪；开发区党工委委员、管委会副主任张庆科；开发区党工委委员、管委会副主任张小海；开发区党工委委员、管委会副主任牛强（挂职)；开发区党工委委员、区党群工作部部长、总工会主席万军；开发区党工委委员，区公安分局局长、党委书记雷斌。

连云港经济技术开发区主要经济综合指标一览表

项目		单位	2018年	2019年	增减（%)
地区生产总值		亿元	326	354.7	9.2
第二产业		亿元	262.92	286.71	10.2
工业		亿元	257.52	281.07	10.4
第三产业		亿元	62.6	67.5	4.9
工业总产值（现价)		亿元	629.6	678	7.7
高新技术企业		亿元	470.2	529.9	12.7
销售（营业）收入		亿元	1 000.7	1 082.8	8.2
第二产业		亿元	816.6	881.9	8.0
工业		亿元	802.7	867.6	8.1
第三产业		亿元	183.1	199.1	8.7
利润总额		亿元	119.8	121.4	1.3
第二产业		亿元	114	115.6	1.4
工业		亿元	112.3	114.1	1.6
第三产业		亿元	5.9	5.6	-5.1
区内主导产业及产值		亿元	483.7	540	11.6
主导产业	1. 生命健康	亿元	390	443.1	13.6
	2. 先进材料	亿元	17.7	19.3	9.1
	3. 临港装备制造	亿元	76	77.6	2.1
进出口总额		亿美元	33	30.7	-6.9
出口		亿美元	11.2	9.8	-12.6
财政收入		亿元	81.9	90	9.8
税收收入		亿元	76.3	76.2	-0.2
财政支出		亿元	23.2	28.3	22.0
新批企业个数		家	1 061	1 523	43.5

续表

项目	单位	2018 年	2019 年	增减（%）
外商及港澳台企业	家	10	19	90.0
内资企业	家	1 051	1 504	43.1
区内世界 500 强企业数	家	30	33	10.0
国家级高新技术企业数	家	51	60	17.6
规模以上企业个数	个	230	275	19.6
科学研究与试验发展经费（R&D）支出	万元	192 165	212 335	10.5
研究与试验发展（R&D）经费投入强度	%	5.68	5.97	0.3
合同外资金额	亿美元	1.93	9.7	402.6
外商实际投资	亿美元	7 743	20 732	167.8
固定资产投资	亿元	245.5	250.66	2.1
年末从业人员数	万人	68 954	7 8821	14.3
万元 GDP 能耗	吨标煤 / 万元	0.168 1	0.164 5	−2.1
水资源消耗总量	万立方米	1 358	1 354	−0.3
单位国内生产总值取水量	立方米 / 万元	4.17	3.82	−8.4
上市企业数量	家	3	4	33.3
区内建立的创业创新平台数量	个	148	155	4.7
区内科研院所数量	家	1	1	0.0
区内职业教育学校数量	家	1	1	0.0

（连云港经济技术开发区管委会）

广州开发区

【概况】广州经济技术开发区于1984年经国务院批准成立，是全国首批国家级经济技术开发区之一，与广州高新技术产业开发区、广州出口加工区、广州保税区、中新广州知识城合署办公（统称“广州开发区”），实行“五区合一”的管理体制。广州开发区是广州市重要的经济发展增长极、科技创新重大引擎、创新驱动发展核心区。

【经济发展】2019年，广州开发区实现生产总值（GDP，下同）2 978.89亿元，按可比价格计算，比上年同期（下同）增长8.6%。其中，第一产业增加值5.11亿元，下降10.0%；第二产业增加值1 897.88亿元，增长8.3%；第三产业增加值1 075.91亿元，增长9.3%。实现规模以上工业总产值5 934.42亿元，增长5.8%；工业增加值1 779.14亿元，增长8.5%，占全区GDP总量的59.7%。限额以上批发零售业企业615家，完成商品销售额7 129.54亿元，增长46.4%。商品销售额超10亿元以上企业70家，合计实现商品销售额6 348.74亿元，增长55.1%，占全区限额以上批发零售业商品销售额的89.0%。批发零售业实现增加值251.98亿元，增长15.5%，占全区GDP和第三产业增加值的比重分别为8.5%和23.4%。规模以上其他服务业企业769家，全年实现营业收入1 962.82亿元，增长12.82%。完成固定资产投资1 274.32亿元（项目在地口径），同比增长22.8%。全年开展集中动工活动4次，动工项目334个，平均每周新开工6个项目，总投资金额约3 100亿元。

2019年，广州开发区获联合国颁“2019年度全球杰出投资促进机构大奖”；获“2019年度中国营商环境十佳经济开发区”第一名及“2019年度中国营商环境改革创新最佳示范区”称号。根据商务部通报的2019年国家经济开发区综合发展水平考核评价结果反馈，广州开发区综合发展水平位居全国219家国家级经济开发区第2位。广州经开区生产总值（GDP）、实际使用外资等均位居全国开发区首位。

【“四区四中心”实现联动发展】2019年，中新广州知识城、广州科学城、黄埔港、广州国际生物岛共完成固定资产投资931.38亿元，同比增长15.5%，占全区比重73.1%；完成工业总产值2 832.37亿元，占全区比重47.7%，合同利用外资12.19亿美元，占全区比重60.7%。其中，中新广州知识城全年完成固定资产投资365.52亿元，增长25.2%，规模以上工业企业总产值91.25亿元，增长19.3%，新增合同利用外资7.22亿元。集聚新一代信息技术、生物医药等主导产业的科学城完成固定资产投资522.67亿元，增长12.6%；规模以上工业企业总产值2 700.46亿元，增长8.4%，在阿里健康、百奥泰等企业增资带动下新增合同利用外资4.71亿元；黄埔港（临港经济区）完成固定资产投资33.70亿元，增长5.0%；规模以上工业企业总产值40.26亿元，增长9.3%。生物岛完成固定资产投资9.48亿元，工业总产值0.37亿元，合同利用外资0.26亿元。

【“信任筹建”助力企业建立动工建设“绿色通道”】2019年，广州开发区发挥全国首个“信任筹建”政策优势，为“诚信记录好、动工意愿高、安全生产管理能力强”的企业建立动工建设“绿色通道”，支持企业尽早开展项目勘察设计及工程报建，为企业项目筹建全过程中的关键环节建立信任审批、容缺审批改革措施，有效破解项目审批繁、落地难、推进慢等问题，降低企业投资建设的时间、人力和资金成本。分别于3月1日、5月28日、8月28日、9月27日举办4次集中动工活动，形成倒逼动工机制，推动广州国际生物岛、中新广州知识城、穗港特别智造合作区、穗港科技园暨京广协同创新中心等重大项目落地。是年，40余个筹建项目的临水、临电、土方提前外运、路口开设等事项纳入信任筹建，26个项目在取得用地前即完成地质勘探，大幅加快项目筹建进度。

【“企业有呼，服务必应”筹建服务模式推出】2019年，广州开发区推出“企业有呼，服务必应”筹建服务模式，设立“有呼必应”事项清单，全面梳理标准化政务服务事项，结合企业筹建各个环节，覆盖企业设立、规划审查、建设报批、竣工验收等19个类别、144个服务事项，形成企业筹建“有呼必应”事项清单，整合多部门政务数据资源，开发全省首个企业筹建App，搭建企业筹建过程中对接政府部门的线上流转平台，与“有呼必应”综合指挥平台、“粤商通”平台对接，为企业提供随时随地呼叫、全流程线上办理、筹建问题追溯、动态信息综合展示等全方位服务，建立高效便捷、权责清晰、服务精准、信息集成的企业筹建服务体系，实现项目筹建从用地申请到验收投产环节全链条信息“一库共享”和企业查询“一端服务”，打造24小时不打烊工作机制。

【上市企业数量居全国开发区首位】2019年，广州开发区上市企业有53家，居全国开发区首位。近年来，广州开发区优化政策扶持，打造高质量发展政策体系。出台“金融10条”，创新债券融资贴息、并购贷款贴息等扶持内容，有效降低企业融资成本。构筑金融生态，落实“风投10条”，构建“天使—VC—PE—IPO”金融生态链，设立50亿元“黄埔人才基金”和14支子基金，推动风投机构集聚发展。至2019年末，已集聚天使、风投、创投等基金400余家，管理资金规模900亿余元。采用政府直接投资方式，给予高成长企业、高层次人才创办企业、优秀民营及中小企业扶持，有效增强企业资本实力，加速企业上市进程。已直投扶持项目14个，金额近3亿元。提升服务水平，与上海、深圳、香港、新加坡等交易所建立信息沟通机制，组织开展“走进交易所”活动，帮助企业精准对接资本市场。成立加快推进企业上市工作小组，点对点开展服务跟踪，协调解决场地产权确认、知识产权纠纷、税务处理等问题，确保企业成功上市。

【广州科学城国家“双创”示范基地获国务院督查激励】2019年5月10日，广州高新技术产业开发区科学城园区被列入“在推动‘双创’政策落地、扶持‘双创’支撑平台、构建‘双创’发展生态、打造‘双创’升级版等方面大胆探索，勇于尝试，成效明显的区域的国家‘双创’示范基地”。是年，以广州科学城为主体的广州高新区位列全国十大世界一流高科技园区，依托于粤港澳大湾区在构建经济高质量发展的体制机制方面走在全国前列、发挥示范引领作用，加快制度创新和先行先试，成为粤港澳大湾区创新创业样板。

【全球生态智慧城市样板打造】2019年，中新广州知识城建设融入新加坡城市元素，高标准构建公共服务中心体系，规划建设18个邻里中心。借鉴新加坡风雨连廊设计理念，建设南起步区“全覆盖”风雨连廊，为居民提供舒适便捷的“最前1千米与最后1千米”步行体验。结合新加坡多层地表与垂直绿化理念，精细化立体设计绿化景观，实现绿道与水系林网穿插交融。建设国际水准公共配套设施，沿九龙湖布局国际会议中心、图书馆、博物馆等文化设施，加速建设知识城南方医院等一批高水平医疗设施，布局新加坡南洋中学等中小学、幼儿园等教育机构。建设国家智能电网示范区，规划建设10座智能变电站，供电技术标准全球领先。建成城市综合管廊10.5千米，建设密度将超越发达国家水平。打造低碳生态智慧城区，获批全国首批智慧城市创建试点，基本完成智慧政务、智慧城管等47项创建任务。以凤凰湖、九龙湖及河涌综合整治工程为重点，打造全国独特“大海绵体”。制定绿色建筑星级分布专项规划，打造特色绿色建筑体系，绿色建筑率达100%。

【高水平科技创新载体和平台打造】2019年，中新广州知识城列入《粤港澳大湾区发展规划纲要》重大创新载体。建设创新载体。规划建设“三区四园”，建设中新国际联合研究院、清华珠三角研究院知识城创新基地、中国科学院大学广州学院等一批重大创新平台，聚集腾飞科技园、中慧科技园、知识城国际领军人才集聚区、广州国际智慧产业中心等专业孵化载体，高标准打造粤港澳科技创新合作区。强化智力支撑。引进王晓东院士、施一公院士等人才团队，邀请许宁生、施一公等50多名国内外知名专家，筹备高端智库论坛，建设集思想库、项目库、人才库、动力库“四库合一”的高端智库，全面激发创新创业新活力。加强产权运用保护。推动成立粤港澳大湾区知识产权联盟，率先开展专利、商标、版权“三合一”管理体制试点；规划建设知识产权机构，引进北京大学知识产权发展研究院、广州知识产权法院等专业机构，落户审协广东中心，全力打造国家知识产权运用和保护综合改革试验区。

【全国首支纯专利知识产权资产证券化产品推出】 2019年9月11日，广州开发区知识产权证券化产品“兴业圆融——广州开发区专利许可资产支持计划”成功在深圳证券交易所发行，标志着中国首支纯专利知识产权证券化产品成功落地。该产品以民营中小科技企业专利权许可费用作为基础资产，选取华银医学等11家黄埔区内民营中小科技型企业作为底层专利企业，底层资产包括103件发明专利、37件实用新型专利，发行规模为3.01亿元人民币，债项评级达到AAA级。产品销售期间，受到资本市场高度认可，获得中信银行等投资机构充分认可并积极参与投资认购，最终发行票面利率为4.00%/年，创下2019年三年以上期限资产支持证券票面发行利率新低。

【中国首条高世代OLED面板生产线投产】2019年8月29日，中国首条高世代OLED面板线——乐金显示广州OLED项目在广州科学城正式投产。该项目总投资460亿元，是全球最大尺寸和最先进的8.5代OLED生产线，最大加工能力为9万片/月，主要产品为4K超高清55英寸、65英寸、77英寸等大尺寸电视用OLED面板，达产产值约200亿元。

【机构设置及党工委（管委会）领导名录】2019年3月13日，广州市编委印发《关于调整优化广州经济技术开发区、广州高新技术产业开发区、广州出口加工区、广州保税区、中新广州知识城党工委管委会内设机构的批复》，明确广州开发区党工委、管委会单独设置的工作部门9个：广州开发区政策研究室、广州开发区投资促进局、广州开发区国有资产监督管理局、广州开发区民营经济和企业服务局、广州开发区知识产权局、广州开发区金融工作局、广州开发区援建和对外经济合作局、广州开发区城市更新局和广州开发区营商环境改革局；广州开发区党工委、管委会部分工作部门分别与黄埔区委、区政府有关工作部门和市政府工作部门派出机构实行“一个机构、两块牌子”的单位有18个：广州开发区纪工委机关与黄埔区纪委机关一个机构、两块牌子，广州开发区党工委办公室（广州开发区管委会办公室与其合署办公）与黄埔区委办公室一个机构、两块牌子，广州开发区党工委组织部与黄埔区委组织部一个机构、两块牌子，广州开发区党工委机构编制委员会办公室与黄埔区委机构编制委员会办公室一个机构、两块牌子，广州开发区党工委老干部局与黄埔区委老干部局一个机构、两块牌子，广州开发区口岸局与黄埔区政府办公室（黄埔区口岸局）一个机构、两块牌子，广州开发区发展和改革局与黄埔区发展和改革局一个机构、两块牌子，广州开发区科技创新局与黄埔区科学技术局一个机构、两块牌子，广州开发区经济和信息化局与黄埔区工业和信息化局一个机构、两块牌子，广州开发区财政局与黄埔区财政局一个机构、两块牌子，广州开发区规划和自然资源局与市规划和自然资源局黄埔区分局一个机构、两块牌子，广州开发区生态环境局与市生态环境局黄埔区分局一个机构、两块牌子，广州开发区建设和交通局与黄埔区住房和城乡建设局一个机构、两块牌子，广州开发区应急管理局与黄埔区应急管理局一个机构、两块牌子，广州开发区审计局与黄埔区审计局一个机构、两块牌子，广州开发区市场监督管理局与黄埔区市场监督管理局一个机构、两块牌子，广州开发区统计局与黄埔区统计局一个机构、两块牌子，广州开发区行政审批局与黄埔区政务服务数据管理局一个机构、两块牌子。功能园区管理机构有 6 个：中新广州知识城合作事务办公室（中新广州知识城开发建设办公室）、广州开发区西区产业园管理委员会（挂保税业务管理局牌子）、广州开发区长岭居管理委员会、广州开发区黄埔临港经济区管理委员会（挂长洲生态文化旅游区管委会牌子）、广州国际生物岛（中以合作区）管理委员会、广州开发区云埔工业区管理委员会。按照穗编字〔2019〕314 号设置的机构 1 个：广州开发区商务局，与黄埔区商务局实行一个机构、两块牌子。

2019 年，广州开发区党工委书记周亚伟，副书记：陈勇(2019 年 2 月任职)、冼银崧(2019 年 5 月任职)、陈小华（2019 年 1 月任职）、谭明鹤（2019 年 2 月任职），委员：胡德开（2019 年 12 月任职）、黄东、陈娟(2019 年 12 月任职)、黄晓峰（2019 年 6 月任职）、陈智勇（2019 年 4 月任职）、张超平（2019 年 2 月任职）、孙学伟（2019 年 5 月任职）、蒋宝鸿（2019 年 5 月任职）、符华胜(2019 年 12 月任职)、严志明(2019 年 12 月任职)、洪谦（2019 年 12 月任职）。广州开发区管委会主任周亚伟，常务副主任陈勇(2019 年 3 月任职)、陈小华(2019 年 1 月任职)，副主任：张超平(2019 年 3 月任职)、孙学伟(2019 年 4 月任职)、蒋宝鸿（2019 年 5 月任职）、黄晓峰（2019 年 7 月任职）、严志明（2019 年 10 月任职）、黄东（2019 年 10 月任职）。

（广州开发区管理委员会）

温州经济技术开发区

【经济发展】2019年，温州经济技术开发区（以下简称“温州开发区”）“一区七园”实现地区生产总值512亿元，工业总产值1 253亿元。区本级实现地区生产总值248.9亿元，增长8.3%；工业总产值601亿元，增长7.7%；规模以上工业增加值100.57亿元，增长7.4%；财政总收入33.89亿元，增长17.8%，其中，一般公共预算收入20.4亿元，增长21%；固定资产投资118.91亿元，增长10.1%；批零住餐业销售额1 380.9亿元，增长128.4%；外贸出口额97.74亿元，增长13.8%；研发（R&D）经费支出占比达3.9%；城镇和农村居民人均可支配收入分别增长8.7%、9.8%；万元GDP能耗下降4%。

【产业发展】2019年，温州开发区贯彻落实中央和省、市基层减负要求，推出区级13条举措，减免税费8.61亿元，兑现惠企资金3.98亿元。顺利完成工业经济“三百”计划，全年规模以上工业增加值100.57亿元，产值亿元以上企业109家，小升规企业100家。实施企业主体培育工程，多弗国际、大自然钢业、法派集团等3家企业进入中国民营企业500强，人本集团入选省“雄鹰企业”，13家企业进入温州市企业100强，11家企业进入温州市制造业企业50强，年度产值超10亿元企业8家，纳税超亿元企业7家。持续推进“凤凰行动”，雷亚电子在纳斯达克上市报会，完成股改13家。加快外向型企业发展，新增境外投资企业5家。推进“质量强区”建设，新增市场主体3 971家，“浙江制造”标准8家，“品字标”认证8家（数量居全市第一），浙江明泰获评2019年度市长质量奖。加强特色小镇培育，汽车时尚小镇年度考核省级优秀，浙南电竞小镇列入省级培育名单。

【科技创新】2019年，温州开发区实施自创区建设“八大专项攻坚行动”，研发（R&D）经费支出占比全市领先；新增高新技术企业50家、省科技型企业255家，居全市前列；新增创新型领军企业3家、省高成长型中小企业35家，创历史新高；新认定省、市级技术中心4家。大力发展数字经济，新增企业上云681家，列入国家级首台套装备、国家两化融合贯标认证、省级优秀工业新产品各1项，入选省首（台）套产品3项、省级工业新产品40个。积极搭建科创平台，引进中德研究院、航天云网、浙大网新等三大载体，设立区科技（人才）金融服务银行，建立产业学院、企业学院和微创学院等三大产教融合平台，获省科学进步奖成果2项，入选省级重大项目、卡脖子技术2项。落实人才新政，引进院士2名、国千和省千人才2名，引育高层次人才219名。

【投资促进】2019年，温州开发区全年完成温商回归到位资金38.2亿元，实际利用外资9 287万美元，落地亿元以上产业项目15个，完成率分别为106%、109%和100%。在全省推进长三角一体化发展大会上签约投资100亿元嘉定工业区温州园项目，总投资20亿元的一期项目已落地开工；中国电子信息产业园加快项目集聚，成功引进整机年产能100万台的中国长城自主创新基地重大产业项目；总投资10.8亿元的正泰农光互补项目进场设备安装；国际电竞中心新业态氛围逐步形成。丰树汽车、上海电表厂产业基地、欧珑二期等一批落地大项目开工建设，百威啤酒、长江汽车二期、明泰标准件二期、奔腾激光二期等一批在建大项目稳步推进，全年建成投产亿元以上产业项目7个，工业性投资比重达31.3%，居全市第一。

【绿色集约】2019年，温州开发区国家生态工业示范园区通过复评，落实央督省督“回头看”整改，“环保管家”模式获全市推广。垃圾分类工作得到省督查组高度肯定，建成省、市级示范小区2个，无害化处理率达100%。新建绿地10.2公顷、绿道6.56千米，“纬十浦·金海湖”组合获省“美丽河湖”称号，纬十浦公园获省优质公园称号。辖区沿河规范排水率达到90%，全面完成296千米三级管网排查。完成15座公厕提升改造。持续推进“三改一拆”，处置违章45.1万平方米，以改革举措推进海城高层建筑历史违建问题；完成海城、天河街道小城镇环境综合整治；改造旧厂区6万平方米；通过“无违建区”创建。消化“批而未供”土地248亩、“供而未用”土地1 639亩，完成城镇低效用地再开发415.67亩。

【基础设施建设】2019年，温州开发区启动城市有机更新规划编制，“智慧开发区”荣获中国地理信息科技进步奖二等奖、中国智慧城市优秀应用成果二等奖。深入开展“大干交通、干大交通”行动，S2线开发区段投资完成率和建设进度居全市第一；甬台温复线通车，金丽温高速东延管线迁改进场施工；环山东路主线完工；沙城中心街西延连通，天柱大道一期竣工，海工大道一期完成提升整治，新川大道一期进场施工，环山南路完成政策处理。瓯飞围垦工程年度投资7.8亿元，累计投资144亿元，新增围垦空间1 000亩以上。瓯飞起步区主体工程顺利竣工验收，3 380亩填海竣工海域使用权验收，完成655亩土地收储。瓯飞一期北片主体工程提前半年完工验收，20.33千米堤线全面达到度汛要求，温瑞平原东片排涝工程前期完工验收。

【社会事业】2019年，温州开发区民生领域财政支出同比增长40.7%，占一般公共预算支出比重73.13%。推进教育普惠发展，启动街道第二所公办幼儿园建设，滨海二幼竣工，海城实幼主体结顶，金海一小、沙城一小、海城中学、海城一小埭头校区等配套建设进展顺利。推进健康开发区建设，正式设立区中心医院，二甲标准的滨海医院新院投用，滨城医院进入装修，建成海城、沙城2家示范型养老服务中心。推进基层综合治理，建设社会治理综合服务中心、“基层治理四个平台”和全科网格2.0版，开发应用“幸福宝”智慧服务平台，“老乡民警工作室”入选全省“枫桥经验”品牌案例。推进“平安开发区”建设，以安全生产七大攻坚行动为抓手，排查整治了一批重点领域安全隐患；创建“无欠薪开发区”，涉薪投诉下降60%；深入开展扫黑除恶专项斗争，创建“警司联盟”平台，全区各类警情大幅下降。

【党建工作】2019年，温州开发区深入开展“不忘初心、牢记使命”主题教育，区党工委班子带头，全区党组织和党员开展集中学习、调查研究、检视问题、整改落实各项工作，结合省委巡视和回访检查反馈问题整改，实施“9+4+1”专项整治，全面完成31项整改。深化“包乡走村”解难题，有效化解基层问题475个。深化基层基础提升年建设，开展“比看”活动现场会3次，新建提升“瓯江红”党群服务中心等红色阵地30个，实现区、街两级全覆盖，形成15分钟党群服务圈，开展红色星期天活动1 200余次；完成后进村整转3个，全区村集体总收入增速38%，村均730万元，居全市第一；开设机关党建“问·学”课堂，规范落实“主题党日”“三会一课”制度；创建两新党建品牌22个，成立民营企业党建研究所，提升区智慧党建平台。建强意识形态阵地，全年新建文化礼堂6家，意识形态主体责任切实落实。

【机构设置与管委会领导】2019年，温州开发区下设直属机构有：党政办公室、组织宣传部、统战和群团工作部、政法委（信访局）、经济发展局、公安分局、文教体工作局、科技局、财政局、人力资源局、交通和建设局、民政卫生和计划生育局、农业农村和水利局、商务局、应急管理局、审计局、综合行政执法局、人大工作联络室（政协工作联络室）、行政审批局、综合行政执法局（城市管理局、综合行政执法大队）；直属事业单位有：行政事务服务中心、产业研究中心、招商服务中心、建设项目前期管理中心、大数据和档案管理服务中心、机关事务管理服务中心、社会事务服务中心、社会治理指挥中心、建设工程管理站、财政集中支付中心；派驻机构有：派驻纪检监察组、司法分局、自然资源和规划分局、市场监督管理分局、社会保障分局、交管局五大队、消防分局；街道办事处有：星海街道、沙城街道、天河街道、海城街道。

管委会领导有：徐蓬勃、沈林杰、黄定恩、陈旭辉、黄伟龙、张福祯、谢忠诚（至2019年8月）、金旭东、潘国杰、董学德、朱城、姜益祥、应维胜、赵立强、王长林（至2019年11月）、凌王兴。

（温州经济技术开发区管理委员会）

昆山经济技术开发区

【概况】昆山经济技术开发区（以下简称“昆山开发区”）位于昆山市东部，位于长三角中心地带，辖区面积108平方千米，西至环城河、娄江、需浦河、铁路、小澞河一线，东至太仓、上海市界，北至太仓塘，南至312国道、青阳港、吴淞江、黄浦江路、铁路一线，距离上海市和苏州市的距离分别为56千米和38千米。截至2019年底，昆山开发区常住人口68.43万人，其中户籍人口18.44万人、流动人口49.99万人，户籍人口同比增长10.6%。昆山开发区在2018年度江苏开发区科学发展综合考核评价中名列第二，在2019年全国开发区营商环境指数中排名第三，在2019年国家级开发区综合发展水平考核评价中名列第五。

【经济发展】2019年，昆山开发区牢牢把握稳中求进工作总基调，深入贯彻新发展理念，全力打造新时代高质量发展生态宜居园区，全市经济发展主力军地位进一步巩固，压舱石作用进一步突显，现代化建设试点迈出稳健步伐。全年完成地区生产总值1 870.7亿元，同比增长6.9%；规模以上工业企业产值5 104.4亿元，同比增长0.8%；全社会固定资产投资234.2亿元，同比下降13.1%，其中工业投资74.6亿元，同比下降28.1%；进出口总额638.1亿美元，同比下降8.3%，其中出口439.1亿美元，同比下降4.5%；一般公共预算收入150.7亿元，同比增长5.8%；新增到账外资3.3亿美元，同比增长3.4%。

【产业发展】昆山开发区始终以扩大开放、改革创新为主题，以解放思想、抢抓机遇为先导，不断深化改革开放，引领产业多元化、功能创新化、园区城市化发展，综合保税区、光电产业园、留学人员创业园等一批国家级特色功能园区已具规模，机器人智能装备产业园、欧美科学产业城、高端食品产业园等一批特色产业园区加快建设，形成了光电半导体、电子信息、智能装备、新能源汽车、现代服务五大主导产业。截至2019年底，累计引进欧美、日韩、港澳台等51个国家和地区客商投资的2 510个项目，投资总额408亿美元，注册外资218亿美元，注册内资企业数量超36 800家，注册资本超2 770亿元。

【科技创新】2019年，昆山开发区围绕打造国家一流产业科创中心目标，全力推进夏驾河科创走廊建设。启用科创空间59万平方米，新增孵化器、众创空间11个，投入人才公寓616套。高层次人才引进和人才培育数量创历年新高，全年引进院士5人、国家级高层次人才9人。入围省“双创人才”3人、“姑苏领军人才”9人、昆山“双创人才”34人，全年培育高技能人才2 600余人。仁宝、纬创、启佳获评省首批职业技能等级认定试点企业。深化与清华大学、省产研院等大院大所合作，启动首期规模1亿元的两岸企业科技攻关引导资金。智能光电研究所落户，超精密加工技术研究所投入运营。电子科技大学技转中心、中德技转中心等14个创新平台启动，举办产学研对接活动38场，签订技术合同162项，合同金额3 200万元。企业创新能力持续提升，认定高新技术企业96家。三一重机荣获省科学技术奖一等奖，实现全市零突破；龙腾光电获批国家企业技术中心；华天、创通获省科技成果转化A类项目。

【投资促进】2019年，昆山开发区积极应对中美贸易摩擦带来的严峻挑战，充分发挥招商护商工作机制，精准招商成效显著。成功引进威马智慧出行、纬新智能终端等百亿级龙头项目，曼胡默尔、泰凌微电子等高质量项目相继落户。重大产业项目建设顺利推进，全市首个汽车整车项目——宝能新能源汽车、动力电池项目开工建设。科创板首批上市企业澜起科技投资的新型可控数据中心平台投入运营。填补国内超宽幅偏光片空白的之奇美增资项目实现投产。台资在全区经济发展中继续保持重要地位，截至2019年底，全区共集聚台资企业1 377家，总投资258.7亿美元，注册资本123.2亿美元。其中制造业企业536家，注册资本92.3亿美元，占比74.9%；服务业企业841家，注册资本30.9亿美元，占比25.1%。

【体制机制改革】2019年，昆山开发区坚持深化“放管服”改革，严格落实优化营商环境23条举措，在全市率先实现“1330”改革目标。正式上线“一网通办”手机端2.0版平台，推进24小时自助服务区建设。全省首家国家级开发区公安出入境全业务分中心暨出入境智慧大厅正式启用。年内新增企业5 701户。截至2019年底，全区市场主体数量超6.5万户，其中企业近3.8万户。窗口累计办件量超43万件，投资核准、备案立项金额361亿元。累计投资核准、备案立项金额650亿元，报建面积330万平方米。全力推进综合行政执法体制改革，挂牌成立综合行政执法局，有序承接城市管理、安全监管、劳动保障等674项行政处罚权。扎实推进综保区“五大中心”建设，惠普发出大陆市场内销“第一单”，旭达开出国内全球维修业务“第一票”。充分发挥国资平台对经济发展的促进作用，完成产业项目投资超10亿元。扎实开展宁夏银川、云南红河、四川绵阳、江西瑞金等地对口支援和南北挂钩合作。积极参与“一带一路”建设，高质量完成江苏昆山（埃塞）产业园启动区概念方案设计，培训埃塞俄比亚管理人员3批71人。

【城市建设】2019年，昆山开发区深入开展“美丽昆山”建设和城市更新工作，完成夏驾河科创走廊、蓬朗产业街区规划编制。全年新开工建设275万平方米，竣工167万平方米。加快构建城市绿色慢行交通体系，稳步推进体育公园、夏驾河景观带湿地公园等重点景观项目，有序实施天文路、蓬莱路等一批道路改造项目。高效能开展国土绿化和闲置土地覆绿建设，全年完成新增、改造绿化面积50万平方米，闲置地块覆绿80万平方米。大力推进“厕所革命”，新建、改建公厕56座。不断完善公共基础设施，新建、改建公交候车亭84座，完成市政基础设施维护工程28项。拆除违法建设88.7万平方米。扎实推进青阳港滨水城市中心、朝阳路沿线地块、蓬朗老镇等区域城市更新改造，全年完成签约民房173户、企业63家。完成低效用地再利用2 406亩，总量位居全市第一。

【社会事业】截至2019年底，全区拥有各级各类学校41所（以建制为单位），在校学生57 204人；图书馆（室）20家，藏书10.57万册；影剧院（场）4家，座位3 063个；社区卫生服务中心1个、院区1个、社区卫生服务站8个、体育场馆6家、健身点134个。全年完成村级经济总收入1.2亿元，村级稳定性收入1.03亿元，村均933万元；农民人均收入45 309元，同比增长6.6%，居民人均可支配收入增长8.3%；完成社区股份合作制改革，分红3 816万元，平均每股分红535元。探索设立社区管理“红黑榜”，创新实施综治警务“双网融合”，完成39个老旧小区技防改造。落实公办学校“明厨亮灶”“五常法”制度，完成5个农贸市场标准化改造。加快实施文体惠民工程，组织开展新中国成立70周年大型音乐会等系列庆祝活动，顺利承办2019海峡两岸（昆山）马拉松赛、2019海峡两岸（昆山）中秋灯会慧聚广场灯区活动等重大活动。完成新中国成立70周年大庆、第二届进博会等重大安保维稳任务。强力推进扫黑除恶专项斗争，有效化解一批重点领域信访积案。加快建设“海棠花红”三级党群服务体系，建成党群服务中心、服务站和服务点72个。创新开展“评审联动”，完成30家单位评审工作。严格落实党风廉政建设责任制，扎实推进惩防体系建设，严查违纪违法案件，筑牢廉洁从政防线。

【绿色集约】2019年，昆山开发区大力推进安全生产大排查大整治、安环消防领域专项严打整治行动，检查生产经营单位（场所）11.7万家，整治隐患8.3万处，立案处罚630起，取缔非法生产经营场所910家。推行安环领域企业“负面清单”和重点企业“正面清单”制度，创新开展红蓝军对抗演练，完成“三级挂牌”重大事故隐患整改19处。持续推进“331”专项行动，全面推行群租房标准化管理，消除火灾隐患3.4万处，火灾事故数下降超20%。全力配合做好各级环保督察“回头看”工作，坚决打赢污染防治攻坚战。完成金柯有色金属搬迁和517家企业雨污管网改造工作。深入开展“263”专项行动，完成27项大气污染防治工程，空气质量优良天数比例达到82%。全面提升河道水质，打造栈泾河、雨花塘等5条样板河道。关停淘汰产能落后企业46家，整治“散乱污”企业（作坊）217家。

【综合保税区】昆山综合保税区于2009年12月20日经国务院批准设立，规划面积5.86平方千米，由全国首个封关运作的昆山出口加工区转型而成。2006年12月，经国务院批准，昆山出口加工区开展拓展保税物流功能和开展研发、检测、维修业务试点。2010年6月30日、2012年12月3日，昆山综保区分期通过国家验收并封关运作。截至2019年底，全区已投产企业122家，其中工业企业69家、物流企业40家、贸易企业8家、其他服务企业5家，投资总额46亿美元，注册资本23亿美元，实际利用外资14亿美元，从业人员13万余人。2019年，昆山综保区完成工业总产值2 912.9亿元，同比增长1.3%；进出口总额470.8亿美元，同比下降8.2%；其中出口337.5亿美元，同比下降3.6%，进口133.3亿美元，同比下降18.0%。年内，参与增值税一般纳税人资格试点企业24家，其中正式运作22家。根据海关统计，2019年全年非保税货物入区金额70.3亿元，非保税货物出区金额67.6亿元；保税货物进口额51.5亿美元，保税货物出口额60.4亿美元；国税增值税发票开票金额31亿元，税额4.1亿元。

【昆山留学人员创业园】昆山留学人员创业园由江苏省人事厅、科技厅和昆山开发区于1998年联合创办，是全国首家设立在县级市的留学人员创业园，也是全国唯一设在县级市的“省部共建”创业园。园区拥有孵化面积14万平方米，集聚了光电、半导体、智能制造等产业领域的优质企业。截至2019年底，昆山留学人员创业园累计引进留学人员918名、科技企业607家，集聚昆山市级以上领军人才234人次，其中国家“千人计划”42名（自主培养6名）、省双创人才27名、姑苏人才46名、昆山市级领军人才119名。昆山留学人员创业园先后被命名为全国首批“中国青年科技创新行动示范基地”“国家火炬计划先进管理单位”“国家先进高新技术创业服务中心”“江苏省优秀科技企业孵化器”“江苏省先进科技企业孵化器”“江苏省火炬先进管理单位”“江苏省留学回国人员工作先进单位”“科技服务业标准化试点单位”“江苏省示范博士后工作站”，被中央组织部、宣传部、统战部、国家人事部、教育部、科技部联合授予“全国留学回国人员先进工作单位”荣誉称号。

【夏驾河科创走廊】作为全市产业科创中心建设核心区之一，“夏驾河科创走廊”以“推动成果转化、促进协同创新、实现自主可控”为功能定位，以构建“一带四园”空间格局为切入点，围绕已经形成和支持发展的产业链部署创新链，沿夏驾河滨水景观带、轨交S1线，整合布局“科创创意园、科创孵化园、科创总部园、科创加速园”四个核心科创功能区块，形成“产业、生活、生态”三大磁极，打造不少于100万平方米的科创承载区。截至2019年底，累计启用科创承载空间58.99万平方米，投入使用人才公寓616套，新引进孵化器和众创空间11家，累计启用孵化面积30万平方米，全年引进美国工程院院士、中国工程院外籍院士、2019年中国友谊奖获得者约翰•科瑞谭登等5人，国家级高层次人才9人。入围省双创人才3人、姑苏领军人才9人，昆山双创人才34人、团队1个。华东新材料产业转化基地、中科院科技服务网络江苏中心昆山分中心等14个创新平台全面启动运作。认定高新技术企业96家，新增各级各类研发机构、工程中心80个，发明专利授权644件，PCT专利申请139件。

【机构设置与党工委、管委会领导】设立中共苏州市昆山经济技术开发区委员会和昆山开发区管理委员会，分别为苏州市委、市政府的派出机构，为副厅级建制，享有省辖市的经济审批管理权限，由苏州市委托昆山市管理，对开发区内的政治、经济、社会等各项行政事务实行统一领导、统一管理。从2002年起，中共昆山开发区党工委书记均由昆山市委书记兼任。2002年12月党工委书记、管委会主任按副厅调整到位。开发区共有内设机构12个，均为一级局建制，分别为：党政办公室、党群工作部、经济发展促进局、人力资源和社会保障局、规划建设局、安全生产监督管理和环境保护局、社会事业管理局、综合保税区管理局、台商投资服务办公室、科学技术局、行政审批局、综合行政执法局。为便于工作、搞好服务，市公安局、财政局、国土局等部门分别在开发区设立分局。

2019年，党工委领导有：昆山开发区党工委书记杜小刚（至2019年12月）、吴新明（2019年12月起），党工委副书记周旭东、沈一平（主持日常工作）、邹文元，党工委委员石敏（至2019年8月）、潘建康、盛雪东、姚伟宏、唐翱（援宁）、陈春明、管文乾（2019年12月起）；

管委会领导有：管委会主任周旭东，管委会副主任：沈一平（主持日常工作）、邹文元、石敏（至2019年8月）、潘建康、盛雪东、黄乃宏、姚伟宏、唐翱、管文乾（2019年12月起）、杨波（挂职，2019年11月起）、王少东（挂职，至2019年8月）。

2018—2019年昆山经济技术开发区主要经济指标一览表

项目		单位	2018年	2019年	增减（%）
开发区生产总值		亿元	1 750	1 871	6.9
第二产业		亿元	1 037	1 080	4.1
工业		亿元	998	1 039	4.1
第三产业		亿元	723	788	9.0
工业总产值（现价）		亿元	5 302	5 380	1.5
高新技术企业		亿元	1 173	1 246	6.2
销售（营业）收入		亿元	7 753	7 847	1.2
第二产业		亿元	5 470	5 530	1.1
工业		亿元	5 320	5 412	1.7
第三产业		亿元	2 253	2 287	1.5
利润总额		亿元	289	314	8.7
第二产业		亿元	192	202	5.2
工业		亿元	188	194	3.2
区内主导产业及产值（可加减项）		——	——	——	——
主导产业	1. 电子信息制造业	亿元	3 415	3 430	0.4
	2. 智能装备制造业	亿元	1 024	1 086	6.1
	3. 光电半导体产业	亿元	1 087	1 190	9.5
	4. 现代服务业	亿元	897	968	7.9

续表

<table>
<tr><th colspan="2">项目</th><th>单位</th><th>2018 年</th><th>2019 年</th><th>增减（%）</th></tr>
<tr><td colspan="2">第三产业</td><td>亿元</td><td>97</td><td>112</td><td>15.5</td></tr>
<tr><td colspan="2">进出口总额</td><td>亿美元</td><td>688</td><td>638</td><td>−7.3</td></tr>
<tr><td colspan="2">出口</td><td>亿美元</td><td>456</td><td>439</td><td>−3.7</td></tr>
<tr><td colspan="2">财政收入</td><td>亿元</td><td>277</td><td>312</td><td>12.6</td></tr>
<tr><td colspan="2">税收收入</td><td>亿元</td><td>248</td><td>249</td><td>0.4</td></tr>
<tr><td colspan="2">财政支出</td><td>亿元</td><td>71</td><td>106</td><td>49.3</td></tr>
<tr><td colspan="2">新批企业个数</td><td>家</td><td>7 645</td><td>7 673</td><td>0.4</td></tr>
<tr><td colspan="2">外商及港澳台企业</td><td>家</td><td>85</td><td>92</td><td>8.2</td></tr>
<tr><td colspan="2">内资企业</td><td>家</td><td>7 558</td><td>7 581</td><td>0.3</td></tr>
<tr><td colspan="2">区内世界 500 强企业数</td><td>家</td><td>58</td><td>58</td><td>——</td></tr>
<tr><td colspan="2">国家级高新技术企业数</td><td>家</td><td>201</td><td>250</td><td>——</td></tr>
<tr><td rowspan="3">新批企业投资额</td><td>外商及港澳台企业</td><td>亿美元</td><td>2.43</td><td>1.25</td><td>−48.6</td></tr>
<tr><td>内资企业</td><td>亿元</td><td>501</td><td>482</td><td>−3.8</td></tr>
<tr><td>增资企业</td><td>亿美元</td><td>5.74</td><td>5.3</td><td>−7.7</td></tr>
<tr><td colspan="2">规模以上企业个数</td><td>家</td><td>1 239</td><td>1 331</td><td>——</td></tr>
<tr><td colspan="2">科学研究与试验发展经费（R&D）支出</td><td>万元</td><td>525 000</td><td>580 000</td><td>10.5</td></tr>
<tr><td colspan="2">研究与试验发展（R&D）经费投入强度</td><td>%</td><td>3</td><td>3.1</td><td>3.3</td></tr>
<tr><td colspan="2">合同外资金额</td><td>亿美元</td><td>8.17</td><td>6.55</td><td>−19.8</td></tr>
<tr><td colspan="2">外商实际投资</td><td>亿美元</td><td>3.46</td><td>5.32</td><td>53.8</td></tr>
<tr><td colspan="2">固定资产投资</td><td>亿元</td><td>269</td><td>234</td><td>−13.0</td></tr>
<tr><td colspan="2">年末从业人员数</td><td>万人</td><td>51.32</td><td>54.44</td><td>——</td></tr>
<tr><td colspan="2">万元 GDP 能耗</td><td>吨标煤 / 万元</td><td>0.144 7</td><td>0.132 6</td><td>−8.4</td></tr>
<tr><td colspan="2">水资源消耗总量</td><td>万立方米</td><td>6 033</td><td>6 060</td><td>0.4</td></tr>
<tr><td colspan="2">单位国内生产总值取水量</td><td>立方米 / 万元</td><td>4.370 9</td><td>4.146 4</td><td>−5.1</td></tr>
<tr><td colspan="2">区内建立的创业创新平台数量</td><td>个</td><td>27</td><td>34</td><td>——</td></tr>
<tr><td colspan="2">院士工作站</td><td>个</td><td>6</td><td>6</td><td>——</td></tr>
<tr><td colspan="2">区内职业教育学校数量</td><td>家</td><td>4</td><td>4</td><td>——</td></tr>
</table>

（昆山经济技术开发区管理委员会）

湛江经济技术开发区

【经济发展】湛江经济技术开发区（以下简称湛江开发区）总面积502平方千米（含滩涂），由建成区及东海岛、硇洲岛、东头山岛和南屏岛等区域组成。2019年，下辖1个镇、5个街道，年末户籍人口32.14万人，常住人口33.4万人。2019年，湛江开发区地区生产总值为439.2亿元，同比增长6.7%；规模以上工业企业增加值为189亿元，同比增长7.6%；固定资产投资276亿元，同比增长17.5%；社会消费品零售总额198.9亿元，同比增长9.3%；实际利用外资5 293万美元，同比增长86.6%。来源于该区的财政总收入63.23亿元；地方一般公共预算收入14.34亿元，同比增长17%，地方一般公共预算收入总量全市排名第一。

【项目建设】2019年，湛江开发区推行区领导挂点、政企联席会议等制度，全力服务好重大项目建设。总投资100亿美元的巴斯夫湛江一体化项目顺利落地并成功启动，中德两国总理发来贺信，湛江经开区上升为国家层面扩大开放的平台和窗口；解决中科炼化项目交地、供水、配套成品油与天然气管道等40多个问题，推动项目全面建成，中交世界级石化产业园初见雏形。湛江钢铁三号高炉动工建设，四、五号高炉启动立项、征迁等前期工作，多项建设项目荣获"国家优质工程奖"等3项国家级奖项。全年23个投资共38.5亿元的钢铁配套项目建成投产，在建钢铁、石化配套项目72个，投资共73.2亿元。新立项钢铁、石化配套项目19个，投资60亿元。

【招商引资】2019年，湛江开发区落实招商引资"黄金十条"，创新"基金＋产业"招商模式，与深圳前海和凯创业投资有限公司合作，筹备组建"湛江经开区智能科技产业投资基金"，以资本为纽带拓宽招商引资渠道，新引进签约项目28个。欢乐家食品集团等7家金融机构、企业总部落户该区，湛江邮轮港综合体项目一期工程完成投资44.2亿元，湛江农商行挂牌开业，中投证券粤西财富管理中心正式运营，投资15亿元的广东南粤银行大厦破土动工，平安银行湛江分行确定选址，与戴维斯商业管理有限公司签订合作框架协议。编制完成《硇洲岛全域旅游发展规划和项目策划》，龙海天片区控制性详细规划基本完成编制及报批，工业游、乡村游等旅游新业态加快推进，宝钢、冠豪高新工业游纳入"湛江一日游"进行推介。

【创新发展】2019年，湛江开发区钢铁产业园被认定为全省首批8个"5G+工业互联网示范园区"之一；湛江钢铁、冠豪高新被认定为国家绿色工厂；湛江钢铁新型建材成为全市唯一的第二批固废综合利用项目；区科技创业服务中心成为湛江首家国家级孵化器；湛江海洋医药研究院被认定为省级新型研发机构；国联水产等2家企业入选工业互联网应用标杆企业，东腾等2家企业获得"服务券"支持。全年新认定高新企业13家，累计46家；新增省级研发机构1家，市级研发机构4家；企业获各类科技项目立项19项，高新技术产品241个，增长20%；高新技术产业产值370亿元，增长92.7%。促进小微企业上规模8家，"个转企"80户，申翰科技等4家企业获得广东省高成长性中小企业认定。

【深化改革】2019年，湛江开发区优化机构职能，进一步理清区内各职能部门的职责，稳步推进部分涉改部门机构改革工作。推进“放管服”改革，在全市率先设立“政务服务首席代表”、企业专区及“一窗式”综合服务窗口，推行工商登记“马上办”服务，实行“容缺受理”等制度。全面推行“一线工作法”，区党政班子成员挂点服务56家规模以上企业，有效解决了中科炼化、湛江钢铁、双林生物等企业一系列困难，为企业解决生产经营问题37宗、申报各级补助资金9 839万元，帮助企业动产抵押和股权出质登记16.84亿元。

【基础设施建设】2019年，湛江开发区大力推进东海岛“一环三横四纵”路网建设，基本完成钢铁大道等7条道路建设，东海岛工业尾水总管（陆域）工程基本完成，东海岛自来水厂投产运营，口岸政务服务中心、边检营房竣工验收，化工园区应急救援中心开展设备采购等工作，巴斯夫项目公共管廊等13个配套设施项目加快推进。建成区海旗路、龙平路、龙汐路等3条市政道路加紧建设，廉政文化广场建设完成。

【用地保障】2019年，湛江开发区建立区领导挂点联系机制，全力推进征地拆迁。巴斯夫项目征地4 700余亩，按时完成项目首期第一批332亩土地回填、出让；完成2 059亩用地报批手续，解决水田欠账指标2 253.5亩，新收储土地5 866.1亩，出让、划拨土地1 037.5亩；启动中科项目卫生防护区征拆及遗留问题处理工作，开展湛江钢铁安全防护区等19个项目征迁和卫片执法拆除行动90余次，拆除违法建筑714宗、20.48万平方米，拆违量全市第一。

【社会民生】2019年，湛江开发区扎实推进乡村振兴和精准脱贫。270条自然村完成“三清三拆”任务，完成率88.8%；3条省定贫困村通过市审定达标出列；贫困人口1 484户3 384人达标退出，退出率99.9%；累计投入帮扶资金4 855.84万元，“两不愁三保障”落实率100%。持续优化生态环境，东简污水处理厂提质改造，平乐再生水厂二期项目完成招投标，文保河等4条城市河渠基本消除黑臭，湛江钢铁实现了“全流程钢铁废水零排放”，该区污染防治考核连续两年排名全市第二。加大“创文”“巩卫”力度。投入资金1.5亿元，推动镇街基础设施全面升级，首次覆盖东海岛，建成文明实践中心（所、站）20个，“创文”工作走向精细化，全年“巩卫”双月考核排名全市第二。切实保障和改善民生。全区财政民生类支出23.34亿元，占一般公共预算支出81.1%，增长28%，增速全市第二；城乡居民养老保险等5项指标考核全市第一；中科项目一、二期安置房243栋9 555套全部竣工验收；帮助700多名东海岛籍群众在家门口就业；扶持373名征地搬迁村民免费就读技校。推动教育高质量发展。优化学校布局调整，整合建成区新二中等4所学校，新建迁建区四中等4所学校；加强教育管理，扎实推进“区管校聘”工作。繁荣文体事业。围绕新中国成立70周年、建区35周年，开展书画摄影雷剧作品展、“我和我的经开区”征文比赛等系列文化活动，举办纪念五四运动100周年文艺晚会等活动，雷州方言歌曲《颠倒歌》获广东省第十三届“百歌颂中华”比赛金奖；成功举办全国新区经开区高新区首届职工健康运动会湛江经开区乒乓球邀请赛，全区代表队分别获得电竞、乒乓球、羽毛球项目比赛团体冠、亚、季军。推进健康经开区建设，东简社区卫生服务中心升级改造完成总体工程的45%，19间村卫生站动工建设，4间基层医疗机构中医馆建成使用。

【平安建设】2019年上半年，湛江开发区“三项测评”群众安全感排名全市第一、扫黑除恶专项斗争知晓率全省第一；下大力气抓“全民禁毒”工作，推动禁毒中心（站）基础提升和功能完善。加强信访维稳工作，各级领导接访群众587批1 166人次。加强稳控管理，实现了敏感时期群众进京到省零上访目标，特别是在庆祝中华人民共和国成立70周年系列工作中表现突出，被湛江市委、市政府通报表扬，该区被授予“新中国成立70周年信访维稳先进单位”。全面落实安全生产“一岗双责”，生产安全形势总体平稳。加强法治政府建设，区法院被省委授予“广东省依法治省工作先进单位”。重视做好“预青”工作，团区委、乐华街道综治中心被授予省级“青少年维权岗”称号。统战、宗教、外事、工青妇、档案、地方志、机关事务管理、审计、打私、打假和质量强区等各项工作取得新进步。

（湛江经济技术开发区管理委员会）

福清融侨经济技术开发区

【经济发展】2019年，是新中国成立70周年的喜庆之年，也是福清融侨经济技术开发区提质增效的奋进之年。一年来，融侨开发区认真按照上级的部署要求，紧紧围绕“实现千亿园区、做强三大产业、实现11311”的奋斗目标，积极融入“不忘初心、牢记使命”主题教育和“三个年”“三个福州”建设专项行动，砥砺前行，攻坚克难，推进园区各项工作实现新突破。全区173家规模以上工业企业完成产值1 015.74亿元，同比增长7.16%；全社会固定资产投资104亿元，同比增长57.15%；其中工业95.23亿元，同比增长55.94%；规模以上工业税收15.54亿元，同比增长34.43%。在商务部对全国219个国家级经济技术开发区综合发展水平考评中进入全国百强（位居91位，上升37位）；在省商务厅对97个省级及以上开发区综合发展水平考评中入选全省十强、福州市第二。

【招商引资】融侨开发区推进“2019招商年”活动和“强产业补链条”专项行动，围绕电子信息、精密汽车部件、光学三大产业，进一步分析梳理上下游产业链，明确发展重点，开展精准招商。园区全年新增招商项目备案148个，其中属于三大产业的69项，其他大都为三大产业配套服务项目。在这些项目中，列入福清市“2019招商年”的项目35个（任务为17个），总投资96.01亿元。其中，电子信息产业项目备案12个，总投资51.08亿元；精密汽车部件项目备案8个，总投资14.9亿元；光学产业项目备案2个，总投资5.7亿元。这些项目的引进落地，进一步壮大产业集群，填补了产业链短板，提升了园区产业竞争力。

【项目建设】2019年初，融侨开发区梳理分析当年园区项目建设总盘子，制定“两单一表”，推行项目目标管理，实行全程跟踪服务；推进“抓项目促发展”专项行动和建设项目“问题清零”行动，每半个月召开一次项目协调会商会，梳理存在问题，及时协调推进。2019年列入省“五个一批”项目30个，年度计划投资14.49亿元，完成24.56亿元；在“强产业补链条”专项行动中，新开工项目任务15个，已完成20个；竣工项目任务11个，已完成15个。京东方柔性面板项目已完成项目公司注册、备案、公告等工作，临建办公区主体结构已竣工，正在进行室内地板铺设及室外绿化施工。

【科技创新】2019年，融侨开发区完成各类改扩建、技改项目31个，总投资约23.86亿元；新增国家级高新技术企业18家（其中复核4家，共43家）、省级高新技术企业16家（共28家）、科技小巨人领军企业5家（共17家）；新增有效发明专利126件（共570件）、实用新型专利396件（共2 287件）、外观新型专利38件(共339件)、企业PCT专利15件(共62件)；新增国家级绿色工厂3家、绿色供应链管理示范企业1家，新增省级绿色工厂4家、绿色供应链管理示范企业1家、绿色设计产品7个。冠城瑞闽入选福建省智能制造示范企业，福耀玻璃入选“2019中国民营企业500强”，捷联电子等3家企业获评“2019中国民营企业制造业500强”。

【优化营商环境】一是推进“双保”服务。落实园区干部职工联系服务企业“双保”行动制度。二是完善基础配套。组织实施洪宽工业村部分道路维修及绿化提升改造、南部片区清华路绿化改造等5项基础设施建设，总投资7 534万元；推动市市建局、城设集团完善园区所在街道市政雨、污水管网建设，年内新增9个路段管网，总长12.3千米。三是坚守环境保护底线。加快园区总体规划环评修编，已完成送审稿报国家环境保护部审查；做好中央环保督察第一轮中发现问题整改“回头看”，抓紧抓实第二轮5件信访投诉的核查整改，办结率100%。

【党的建设】2019年，融侨开发区深入学习贯彻习近平新时代中国特色社会主义思想，以“不忘初心、牢记使命”主题教育活动为载体，以“三抓三带”和“四抓四重”为抓手，进一步强化党建引领作用。先后组织“学习强国”知识竞赛、大型红歌演唱会、青年男女联谊会等各类文体活动50多场，编印《清风融侨》学习材料9期，召开廉政专题教育会11场等。深入推进廉洁园区建设，不断健全资金管理、工程招投标、物资采购等制度，完善权力运行制约和监督机制。持之以恒正风肃纪，加强机关作风效能建设，严格执行中央八项规定精神，坚决纠正形式主义、官僚主义，防止“四风”问题反弹回潮。

（福清融侨经济技术开发区管理委员会）

杭州钱塘新区（杭州经济技术开发区）

【杭州钱塘新区成立】2019年4月2日，浙江省政府发布关于同意设立杭州钱塘新区的批复，同意设立杭州钱塘新区，明确新区规划控制总面积531.7平方千米，空间范围包括杭州大江东产业集聚区和杭州经济技术开发区，托管范围包括江干区的下沙、白杨2个街道，萧山区的河庄、义蓬、新湾、临江、前进5个街道，以及杭州大江东产业集聚区规划控制范围内的其他区域（不含党湾镇所辖接壤区域的行政村）。杭州钱塘新区按照“一个平台、一个主体、一套班子、多块牌子”的体制架构，保持原有的杭州经济技术开发区、浙江杭州出口加工区、萧山临江高新技术产业开发区3个国家级牌子，同步撤销区域内省级以下产业平台牌子。

【经济产业】2019年，新区实现地区生产总值1 100.2亿元，比上年增长2.1%；第三产业增加值324.8亿元，增长9.7%；规模以上工业增加值658.4亿元。完成固定资产投资357.76亿元，增长0.1%。其中：工业投资121.77亿元，增长8.1%；交通投资20.05亿元，增长49.7%；高新技术产业投资70.11亿元，增长11.5%；生态环境和公共设施投资28.59亿元，增长12.7%。全年新区完成数字经济核心产业增加值110.7亿元，增长17.5%。数字经济核心产业规模以上企业营业收入529.8亿元，增长25.6%。机器人产业规模以上企业营业收入46.9亿元，居杭州第一位；电子信息制造产业649.6亿元、集成电路产业61.2亿元，均居杭州市第二位。

【人才科技】2019年，新区新增市级高层次人才295人，新引进应届高校毕业生4 994人，13人入选杭州市“521”计划，8人申报浙江省青年拔尖人才。全年新区新认定国家高新技术企业128个，浙江省科技型中小企业213个，荐申报杭州市“雏鹰计划”企业53个，申报数量有较大增幅。突出企业研发主体地位，新申报浙江省级企业研究院5个、省级企业研发中心24个，新认定杭州市级企业研发中心29个。新区新增国家高新技术企业128个、市级“雏鹰计划”企业120个。加快科技型企业培育，全年新区新认定科技型初创企业53个，通过认定的科技型初创企业（“雏鹰企业”“青蓝企业”）累计289个；新认定省科技型中小企业207个，通过认定的省科技型中小企业累计1 172个；新认定国家科技型中小企业193个。2019年，新区专利申请量1.32万件，比上年增长12.2%。发明专利申请量6 623件，增长12.9%；专利授权量6 623件，增长2.8%；发明专利授权量1 693件，增长8.3%；PCT国际专利申请量102件，增长13.3%。

【投资促进】2019年，新区完成实到外资11.8亿美元，比上年增长23.3%。完成产业个性化项目招商引资任务，全年高端装备制造目标7个，完成7个；数字经济项目目标3个，完成6个；生物医药项目目标6个完成10个。获评杭州“大好高”项目5个、“小而美”项目1个；省市县长“152”工程项目引进5个，开工3个。落实项目“招大引强”方针，服务推动总投资350亿元的高端芯片制造项目、总投资100亿元的华瑞航空制造和总投资56亿元的天境生物三大项目签约落户新区。

【杭州综合保税区通过验收】2019年6月11日，杭州综合保税区通过海关总署授权省联合验收组的验收。联合验收组实地查验杭州综合保税区基础和监管设施建设，听取杭州综合保税区建设情况汇报，实地查验基础和监管设施建设及文件资料，认为园区建设标准高、设施设备完备，达到《海关特殊监管区域基础和监管设施验收标准》的验收条件，并签署《验收纪要》。

作为杭州唯一的综合保税区，杭州综合保税区充分发挥区位要素和政策优势，打造"一基地两平台五中心"，即以制造业升级为新引擎、以现有高新技术产业为基础，通过招大引优做强，打造"高、新、尖"制造产业创新基地；创新发展跨境贸易，凸显保税物流业的运输作用和仓储作用，扩大产业规模，挖掘服务深度，发挥进口肉类查验场和生物医药检疫两大平台优势，将"引进来"与"走出去"相结合，发挥区域产业优势，促进园区转型升级，做大做强做优生鲜、冷链物流业及金融业，实现差异发展；做实技术研发中心，做强加工制造中心，做大物流分拨中心，做优贸易服务中心，做新检测维修中心，蹚出一条高质量高水平发展的新路子，把杭州综合保税区建设成为具有全球影响力和竞争力的对外开放平台。

【推进高质量发展大会召开】2019 年 10 月 18 日，钱塘新区推进高质量发展暨全面实施"新制造业计划"大会召开，新区党工委副书记、管委会主任何美华主持会议。新区党工委副书记、管委会常务副主任施华淼解读新区"新制造业计划"。副市长、新区党工委书记柯吉欣强调，要全力推进新区高质量发展，坚实扛起杭州制造业发展主平台责任担当，努力把新区打造成为杭州新时代实施"新制造业计划"的最大增长极。会议发布《关于建设"人才特区"打造才智高地的意见》、"1+4+X"政策体系、产业规划及新区官方标识（logo）。会议表彰新区工业产值十强、财政贡献十强、产业投资十强、服务业发展十强、科技创新十强"五个十强"企业，签约落户西子航空合资项目、优替济生项目等 10 个项目，与钱江海关、浙江大学等 6 个单位签订战略合作协议，并向首批钱塘智库代表发放聘书。会上，西子联合控股有限公司、松下电器（中国）有限公司、杭州壹网壹创科技股份有限公司等企业负责人、服务专员代表和钱江海关负责人做交流发言。

【"1+4+X"政策体系发布】2019 年 10 月 18 日，杭州钱塘新区在推进高质量发展暨全面实施"新制造业计划"大会上公布《杭州钱塘新区"1+4+X"政策体系》，新区产业发展规划同步发布。"1"即 1 个纲领性文件——《关于推动钱塘新区高质量发展打造智能制造产业高地的若干意见》。杭州钱塘新区每年计划从财政支出中按不低于 20% 的比例安排专项扶持资金，推进"新制造业计划"，实施"领飞计划"，加大招商引资，鼓励创新创业，提升产业层级，加快集聚人才，实现高效优质发展。"4"即 4 条领飞计划，指钱塘头雁计划、钱塘雨燕计划、钱塘雏鹰计划和钱塘凤凰计划。旨在从企业成长规模出发，制定梯队培育计划，给予领军企业、成长性企业、科技型企业以及上市企业全方位、多渠道的扶持。"X"是指钱塘新区发布的各条线政策。政策将围绕加快新制造业发展、加快现代服务业发展、推动科技创新创业、集聚高端人才、促进跨境电商及口岸发展、加快医药港建设以及推动区校合作等方面，实施专项政策。在战略规划的基础上，钱塘新区提出围绕新区主导产业体系，将全力聚焦构建"515"现代产业发展体系。

【"一轴双湾五园"产业总布局和"515"产业发展体系构建】2019 年，杭州钱塘新区产业规划在战略规划基础上，围绕新区主导产业体系，加快产业空间整合、产业要素集聚、产业分工协作和科技产业融合，构建"一轴双湾五园"产业总体布局。其中"一轴"指横穿新区东西的产业发展主轴，"双湾"指位于下沙区域的"金沙科创港湾"和位于江东区域的"东沙融创港湾"，"五园"指生命健康产业园、未来产业园、半导体产业园、智能装备产业园和新材料产业园。首次明确新区重点发展的五大千亿产业平台，即生物医药“万亩千亿”产业平台、航空航天“万亩千亿”产业平台、半导体“万亩千亿”产业平台、汽车产业千亿平台和新材料产业千亿平台。构建“515”现代产业发展体系，即围绕新区产业发展战略定位，结合现有产业发展基础和比较优势，以半导体、生命健康、智能汽车及智能装备、航空航天、新材料五大先进制造业为重点，探索布局未来产业，发展研发检测、电子商务、科技金融、软件信息、文化旅游五大现代服务业。

【重大项目集中开工、竣工】2019 年 12 月 11 日，杭州钱塘新区举行重大项目集中开工和竣工投产活动。活动涉及项目 30 个，总投资 663 亿元，其中：开工项目 20 个，总投资 246.43 亿元；年内投产（试生产）项目 10 个，总投资 416.41 亿元。重大产业开工项目中包括得力•普乐士智能物联与办公科技项目、顾家智能家居及家具制造项目、阿里巴巴杭州 eWTP 示范区项目，以及生命健康产业代表项目和达药谷四期等，项目的实施将夯实新区主导产业基础，加速构建“515”现代产业发展体系。

【中国药科大学（杭州）创新药物研究院揭牌】2019 年 5 月 10 日，中国药科大学（杭州）创新药物研究院揭牌仪式在杭州医药港小镇举行。揭牌仪式后，中国药科大学与浙江医药股份有限公司、浙江瀛康生物医药有限公司等杭州药企签署产学研合作项目，推动杭州生物医药产业快速发展。中国药科大学党委书记金能明与杭州市钱塘新区管委会主任何美华共同为中国药科大学（杭州）创新药物研究院揭牌。中国药科大学（杭州）创新药物研究院位于杭州医药港小镇，以创新药物制剂、全工艺过程质量风险控制为特色，以小分子药物、中药、生物大分子药物的研发为基础，重点建设高端长效药物制剂研发服务中心、药学研究服务中心、生物医药产业育成中心、仿制药物一致性评价中心等四大区域公共技术服务平台。

【中欣晶圆半导体项目投产】2019 年 11 月 22 日，杭州中欣晶圆半导体股份有限公司半导体大硅片项目在杭州钱塘新区投产。2017 年 9 月 28 日，杭州中欣晶圆半导体股份有限公司正式落户杭州钱塘新区，该项目建设有 3 条 8 英寸（200mm）、2 条 12 英寸（300mm）半导体硅片生产线，属于浙江省重大产业项目。整个项目达产后将成为国内规模最大、技术最成熟的大尺寸半导体硅片生产基地。中国半导体产业中，国内大尺寸硅片尤其是 12 英寸半导体大硅片的供应基本被国外企业所掌控，市场高度垄断。中欣晶圆大硅片项目的建成投产，将改变国内半导体大硅片完全依赖国外的现状，有效填补国内半导体大硅片供应的行业短板。

【杭州钱塘新区与海宁展开战略合作】2019 年 10 月 23 日，杭州钱塘新区与海宁市签订全面战略合作协议。双方以建设杭嘉一体化合作先行区为基础，在规划政策对接、产业协同发展、平台合作、功能聚合等方面进行协同，打破行政区域限制，促进人口、资金、信息等要素的自由流动和相关领域的融合发展。新区与海宁分处钱塘江两岸，双方展开战略合作，以两地区域一体化发展为核心，通过建立全面战略合作关系，合力推进两地在规划、建设、产业、平台和社会事业等各方面的对接合作，加快形成开放型区域一体化发展新格局，努力将新区和海宁打造为浙江省跨行政区一体化发展的示范区、领率区、样板区，“长三角”一体化高质量发展的标志性大平台。当天，新区党政考察团实地考察盐官旅游开发合作项目、欣奕华半导体智能装备项目、“奕斯伟”项目和浙江大学海宁国际校区。

【机构设置与管委会领导】2019 年，杭州钱塘新区下设纪检监察工委，党工委，管委会办公室，政法委，党群工作部（组织部），财政金融局，经发科技局（统计局），经济发展局，教育与卫生健康局，建设局（城市建设发展中心），招商与人才局，应急管理局，行政审批局，综合行政执法局，综合保税区管理办公室，杭州市公安局钱塘新区分局，杭州市规划和自然资源分局，杭州市生态环境局钱塘新区分局，杭州市市场监管局钱塘新区分局，机关党委，总工会，医药港小镇发展服务中心，大创小镇发展服务中心，农业发展服务中心，经开区法院，经开区检察院。

中共杭州钱塘新区工作委员会书记柯吉欣，党工委副书记何美华、邵立春、施华淼、陈金生。杭州钱塘新区管理委员会主任何美华，常务副主任邵立春、施华淼；管委会副主任陈金生、许昌、王永芳、俞斌、李鹏、李国梅、董蒋灿、陈炯林；总规划师王学雄。

（杭州钱塘新区管理委员会）

长春经济技术产业开发区

【概况】长春经济技术开发区（以下简称长春经开区）于 1992 年 7 月成立，同年 10 月进入省级开发区序列。1993 年 4 月，经国务院批准为国家级经济技术开发区，是国家最早设立的 49 个国家级经开区之一，规划面积 112 平方千米。2011 年，吉林省政府依托长春经开区建设我省唯一的综合保税区。经过 3 年多的建设，长春兴隆综合保税区于 2014 年 3 月正式封关运营，是全国第 19 个、吉林省首个综合保税区(以下简称保税区)，与长春经开区实行“一支队伍、两块牌子”的运营管理模式。长春经开区辖区面积 106.88 平方千米，辖 1 个镇、4 个街道办事处、29 个社区、8 个村，常住人口总数 40 万。历经 27 年的开发建设，长春经开区始终坚持工业立区、产业立区不动摇，紧紧抓住实体经济和对外开放两大主题，形成了汽车整车及零部件、农产品深加工、现代服务业三大主导产业以及智能制造、光电信息、国际贸易等八大战略性新兴产业的发展格局。2019 年国家商务部对全国 219 家国家级经济技术开发区综合发展考核评价，长春经开区排名第 28 位。

【经济发展】2019 年，长春经开区地区生产总值（GDP）实现 705.3 亿元，增长 5.4%，占长春市的 11.9%；规模以上工业总产值实现 934 亿元，占长春市的 10.9%；固定资产投资实现 185.5 亿元，增长 19.4%；社会消费品零售总额 197.8 亿元，增长 3.7%；进出口总额完成 25.3 亿美元，增长 15.6%，其中出口 7.9 亿美元，增长 49.7%，进口 17.4 亿美元，增长 4.73%。一般预算全口径财政收入实现 68.9 亿元，区本级财政收入实现 13.1 亿元，增长 3.1%。

【产业发展】2019 年，长春经开区全年 25 个项目扩能升级，总投资 65 亿元，全部达产后可实现产值百亿元以上。国家发改委、科技部、工信部、自然资源部、国家开发银行等五部门正式授予长春经开区“国家产业转型升级示范园区”称号，综保区工业孵化园、石墨烯产业园两个项目因此获得 6 076 万元转型资金。在省政府发布的关于 2018 年度全省开发区考评结果通报中，经开区综合发展水平位居全省第二，其中产业发展水平全省第一。大陆电子、富维安道拓等 33 户企业上榜长春工业企业 100 强，位居全市各县市（区）首位。

【科技创新】2019 年，长春经开区科技创新主体培育实现历史性突破：新增国家高新技术企业 62 户，增长 170%；新增吉林省科技小巨人企业 24 户，增长 300%。三鼎变压器、大成生化荣获国家科技进步二等奖，珩辉光电、中盈志合获得全国双创大赛初创组第三名，奥普光电作为全省唯一上榜企业入选 2019 年国家技术创新示范企业。科创广场等三大创新平台入住率达 95% 以上，张洪杰、王立军、姜会林等院士团队项目取得突破性进展。特别是王立军院士团队创办的慧眼神光公司“固态激光雷达智能芯片系统”项目，入围国家工信部《新一代人工智能产业创新重点任务揭榜计划》智能网联汽车专项，标志着从国家战略层面上确认了公司的榜首地位，未来将对公司给予重点支持。路易凯威、智宸光电、稳拓通信等孵化项目成长迅速，王会军院士与中农阳光共建的智能监测站完成全国千站建设目标。

【综保区建设】2019 年，长春经开区综保区功能更加完善，发展质量明显提高，整车进口口岸实现“当年验收，当年运营”。经过努力，药品进口口岸有望上半年获批。“长满欧”班列承运量达 10 246 标箱，增长 8.7%，其中本地货物占比 52%，货量同比增长 67.8%。大连港至长春的全省首班海铁联运班列开通，天津长春无水港正式揭牌并实现试运行。新增注册外贸企业 63 户，达到 227 户，增长 38.41%。综保区园区业务额达 100 亿元，增长 30%，其中一线进出口额实现 50 亿元，增长 400%，总量和增速在东北综保区中均排名第一。

【营商环境】2019 年，长春经开区深入推进“万人助万企”行动，收集企业反映问题 664 件，解决 639 件，解决率 96%，企业满意率 100%。企业服务日等特色载体活动常态化开展，在载体创新上继续引领全市之先：首推政务“5+1”“服务星期六”“局长窗口服务日”活动，获得社会好评，诚信政府建设得到各界认可。国控集团、综保公司的服务和管理水平有了大幅提升，园区环境出现根本性变化。全区 260 项常办业务审批时限压缩 30% 以上，98% 的事项可实现“最多跑一次”，审批效率稳步提高。受益于营商环境的提升，市场活力不断增强，全年新增企业 4 363 户，增长 28.56%，新增个体工商户 6 606 户，增长 14.8%。目前全区各类市场主体达到 69 046 户，增长 18.13%。在《2019 年全国经开区营商环境指数报告》中，经开区营商环境指数排名第 16，企业增速排名全国第 6。

【基础设施建设】2019 年，长春经开区全年累计增加绿量 23 万平方米。大连路、东朝阳沟两条累计 8.5 千米的排水主动脉建成通水，彻底解决了专用车园区自成立以来的雨污合流问题。建成总长 5 千米的金钱沟截污干管工程，彻底解决了安龙回迁楼区域困扰多年的污水排放问题。安龙及金色家园二期回迁楼交付使用。兰州社区用房建设完成。大连路消防站和环卫基地办公楼建设完成。综保区及北区路网全面开工建设，为项目落位提供重要保障。特别是困扰多年的综保区沈阳大路建成通车，打通北区的道路节点，极大提升了交通出行效率。

【社会事业】2019 年，长春经开区投资近 20 亿元，全部完成年初确定的 85 件民生实事。近万平方米的民生大厦投入使用。举办了首届群众文化体育艺术节等文体活动，文化惠民初见成效。社区建设取得明显成效，新成立锦州社区，全区千米社区达到 96%，农村服务用房面积全部达标，3 家社区卫生服务中心即将投入使用。教育基础进一步夯实，教育投入不断加大，招聘教师数量创历年之最。聘用制教师实现同工同酬，班主任津贴提到全市最高。力行小学交付使用，洋浦初中部、昆山、二十一中完成主体建设。华侨公寓、化油器宿舍等老旧散小区完成改造。供热质量不断提升，投诉量始终保持全市最低，供热集团连续两年位列全市第一。

【党建工作】2019 年，长春经开区深入开展两批次“不忘初心，牢记使命”主题教育，全区党员干部梳理的 500 余个问题，全部整改到位，形成了“守初心、担使命、找差距、抓落实”的良好氛围。重点打造了一批党建品牌和阵地，“红驿舫”党建模式被评为吉林省基层党建工作典型，“红飘带”党群服务模式品牌效应不断增强。

【机构设置与管委会领导】

长春经开区机构设置包括：党工委办公室、群团工作办公室、纪律检查工作委员会、管委会办公室、政策研究室、软环境建设办公室、人力资源和社会保障局、财政局、国有资产监督管理委员会、经济发展局、商务局、规划局、建设发展局、社会发展局、东方广场街道办事处、临河街道办事处、会展街道办事处、世纪街道办事处、兴隆山镇政府、文教局、审计局、安全生产监督管理局、产业发展研究办公室、金融服务办公室、工商业联合会、政法与维护社会稳定工作办公室、市容环境卫生管理局、国土资源分局、长春兴隆综合保税区综合信息处、长春兴隆综合保税区经贸发展处（投资促进五局）、长春兴隆综合保税区规划建设处、项目服务一局（生物产业园区办公室和装备制造业园区办公室）、项目服务二局（专用车园区办公室）、三产发展办公室（项目服务三局）、投资促进一局、投资促进二局（驻天津办事处）、投资促进三局、投资促进四局（上海办事处）、投资促进六局、投资促进七局、房屋征收办公室、新闻信息中心、财务结算中心、土地收购储备中心、政府采购中心。

领导班子成员包括：市政协党组成员，经开区党工委书记、管委会主任，长春兴隆综合保税区管委会主任何泉秀；经开区党工委委员、管委会副主任王大鹏；经开区党工委委员、管委会副主任丁万钧；经开区党工委委员、纪工委书记张巧珑；经开区党工委委员、政法委书记、长春兴隆综合保税区管委会副主任曹臣；经开区党工委委员、长春兴隆综合保税区党工委副书记、管委会副主任吕东；经开区党工委委员、管委会副主任王彪；经开区党工委委员、管委会副主任宋开春，经开区党工委委员、管委会副主任张运广；长春兴隆综合保税区党工委委员、管委会副主任于海军。

2018—2019 年开发区主要经济综合指标一览表

项目		单位	2018 年	2019 年	增减（%）
开发区生产总值		亿元	662.55	705.29	5.4
第二产业		亿元	269.95	278.90	4.6
工业		亿元	223.42	230.23	5
第三产业		亿元	392.46	426.27	6.1
工业总产值（现价）		亿元	951.19	944.45	−0.7
高新技术企业		亿元	350.2	356.1	1.68
企业销售（营业）收入		亿元	1 557.78	1 518.87	−2.49
第二产业		亿元	1 097.93	1 019.74	−7.12
工业		亿元	951.84	895.37	−5.9
第三产业		亿元	459.85	499.13	8.54
企业利润总额		亿元	89.95	79.36	−11.7
第二产业		亿元	62.77	58.59	−6.6
工业		亿元	57.29	53.19	−7.2
区内主导产业及产值（可加减项）					
主导产业	1. 汽车零部件	亿元	655.6	642.1	−2.1
	2. 农产品深加工	亿元	119.2	110.9	−7.0
	3. 现代服务业	亿元	90.5	100.1	10.6
第三产业		亿元	459.85	499.13	8.94
进出口总额		亿美元	22.5	25.3	12.4
出口		亿美元	5.45	7.9	44.9
财政收入		亿元	84.6	68.9	−18.5
税收收入		亿元	36.4	66.9	83.8
财政支出		亿元	33.6	30.5	−9.2
新批企业个数		家	3 348	4 205	25.60
外商及港澳台企业		家	12	18	50
内资企业		家	3 336	4 187	25.51
区内世界 500 强企业数		家	40	40	0
国家级高新技术企业数		家	52	108	107.7

续表

项目		单位	2018 年	2019 年	增减（%）
新批企业投资额	外商及港澳台企业	亿美元	0.11	2.51	2 181.82
	内资企业	亿元	245.75	325.57	32.48
	增资企业	亿美元			
规模以上企业个数		家	513	594	15.7
规模以上工业企业科学研究与试验发展经费 (R&D) 支出		万元	191 675	25 4283.3	32.6
研究与试验发展 (R&D) 经费投入强度		%	2.01	2.64	31.3
合同外资金额		亿美元	0.79	0.87	10.1
外商实际投资		亿美元	0.79	0.87	10.1
固定资产投资		亿元	155.29	185.5	19.5
年末从业人员数		万人	19.83	20.93	5.5
万元 GDP 能耗		吨标煤 / 万元	0.3	0.29	−3.3
水资源消耗总量		万立方米	5 310.5	4 069.7	−23.3
单位国内生产总值取水量		立方米 / 万元	7.67	5.77	−24.7
区内建立的创业创新平台数量		个	16	16	0
区内科研院所数量		家	1	1	0
院士工作站		个	0	1	100
区内高等院校（大学）		所	3	3	0
区内职业教育学校数量		家	9	9	0

（长春经济技术开发区管委会）

惠州大亚湾经济技术开发区

【经济发展】2019年，惠州大亚湾（国家级）经济技术开发区（以下简称“大亚湾开发区”）实现地区生产总值724.5亿元，同比增长3.3%；规模以上工业企业增加值545.6亿元，增长2.1%；社会消费品零售总额49.7亿元，增长9.8；一般公共预算收入63.7亿元，增长4.3%；税收总额260.91亿元（不含海关代征税），增长8.6%；进出口总额241.5亿元，增长1%；居民人均可支配收入4.4万元，增长8%。

【产业发展】2019年，世界级绿色石化产业基地建设加快，石化区综合实力跃居中国化工园区第一，石化产业产值1 438.6亿元。主导产业加快发展。光弘二期投产、三期开工，科达利发展迅猛并增资扩产。全区电子信息、汽车产业产值超500亿元。全区港口货物吞吐量7 499万吨，增长7.8%；着力创建省级全域旅游示范区，全年旅游总收入实现42.6亿元，增长39.1%。

【园区特色】惠州大亚湾石油化学工业区（以下简称“石化区”）规划面积31平方千米，已开发面积约20平方千米。2012年列为全国首个安全生产应急管理创新试点化工园区；2014年入选国家重点发展的七大石化产业基地之一；2019年位列“中国化工园区30强”第一，综合实力连续6年位居中国化工园区前列；2016年获评华南地区首个国家级精细化工专业科技企业孵化器；2017年获评国家第一批“绿色园区”，入选国家循环化改造示范试点园区。凭借石化区的规模质量优势，大亚湾开发区2018年获评国家新型工业化产业示范基地。目前，石化区已实现炼油2 200万吨/年、乙烯220万吨/年的生产能力，炼化一体化规模全国第一；已落户项目90宗，总投资2 150亿元，其中世界500强和行业领先企业投资占比近90%；已形成碳二、碳三、碳四、碳五、碳九、芳烃等优势产业链；化工产品就地转化率达71%，循环经济产业链关联度达85%。2019年，园区实现产值1 499.8亿元。

【科技创新】2019年，北京化工大学产学研基地完成创新与研发平台搭建，“中国·广东省惠州大亚湾经济技术开发区海外（波士顿）创新创业中心”挂牌，成功引进清华大学李亚栋院士团队。创新主体不断壮大。高新技术企业数达96家，占比18.6%；全区规模以上企业研发机构覆盖率达50%，省级以上企业创新平台24个。入选惠州市“天鹅汇聚工程”的创新团队占全市的56%，入选惠州市领军人才占全市的76%。

【投资促进】2019年是“项目建设攻坚年”，19宗省市重点项目超额完成投资计划，123宗区重点项目全面推进。固定资产投资343.1亿元，增长22.6%（其中工业投资73.7亿元，增长22.9%；基础设施投资36.7亿元，增长27.2%）。“招商选资促进年”活动深入开展，新备案项目154宗，涉及投资额795亿元。持续做好稳外资稳外贸工作，实际利用外资1.81亿美元。埃克森美孚惠州乙烯项目开工建设，中海壳牌惠州三期乙烯项目列入国家石化产业规划储备类项目，恒力PTA项目签订投资协议，慧湾——新一代信息技术产业港项目开工建设。

【深化改革】2019年，以“改革深化提速年”为契机，全面深化“放管服”改革，推行企业投资项目预审承诺、企业疑难事务快办、建设工程项目并联审批、“信用快审”等改革事项，审批时效进一步提高。率先实行“二十四证合一”，落实“秒批”“即办”。开办企业“一网通办、一窗受理、并行办理”，企业开办时间压缩至3天，商事注册登记控制在1天。新增企业3 425家，增长25.6%；新增个体工商户4 497家，增长46.1%。出台扶持区实体经济、民营经济两个“十条”，降低企业运营成本。全面落实减税降费政策，为企业减负16.9亿元。

【生态环保】2019年，治水工作成效明显。供排污一体化改革深入推进，提前完成新建污水管网43千米的年度任务。新建成运营7座一体化污水处理设施，扩建城镇污水处理厂2座，新增污水处理能力15万吨/日。农村生活污水处理设施及配套管网进一步完善。坪山河、石头河、淡澳河水质综合污染指数较去年同比下降31.3%、57.3%、47.4%，水质明显好转。响水河、妈庙河黑臭水体整治工作通过“初见成效”评估。饮用水源达标率100%。空气质量持续改善。深入开展扬尘污染精准治理、挥发性有机物（VOCs）整治和泄漏检测与修复（LDAR）技术应用。空气质量优良率94.2%，排名全市第二。

【城市建设】2019年，实施城建计划208宗。建成龙山三路、龙山五路等12条道路，加快推进龙海三路、石化大道、安惠大道改造提升工程。完成石化区海堤改造升级，“四好农村路”（把农村公路建好、管好、护好、运营好）建设稳步推进。完成客家民俗公园配套工程等6项市政设施建设。实施文明城市常态化管理，大力开展人居环境整治升级行动，实现城市保洁一家管、全覆盖。城乡生活垃圾分类试点工作不断推进，已有14个单位、16个村委会参与试点。重拳打击“两违”（即指违法用地和违法建设行为），超额完成全年目标任务。

【民生事业】2019年，深入保障改善民生，民生支出增长43.57%，占一般公共预算支出的76.9%。教育事业均衡发展。建成西区实验学校、澳头第一小学红树林分校、霞涌第一小学小径湾分校等3所公办学校，增加优质学位3 810个。高考本科上线率全市各县区第一。卫生事业加快发展。中山大学附属第一医院惠亚医院二期项目、中医院和西区卫生服务中心建设加快推进，大亚湾区医学检验病理中心成立。社区卫生服务中心和32间纳入一体化管理的村卫生站免费提供基本公共卫生服务。全年免费体检57 580人。社会保障不断提高。城乡低保标准提高到865元/人/月，达到省二类城市标准。六项底线民生保障标准（六项底线民生保障标准：城乡最低生活保障对象、城镇“三无”人员、农村“五保”、贫困残疾人生活补贴、重度残疾人护理补助及孤儿养育）均居全市第一。三个街道均建成养老服务中心。

【党建工作】2019年，深入开展“不忘初心、牢记使命”主题教育。精选13个学习示范点，实现168批近万人次党员干部群众现场交流学习，依托各级党校、远程教育平台集中组织培训党员超12 300人次。深入开展“基层组织力提升年”活动，新增设立“两新”组织党组织22个，打造党组织示范点10个。推进街道村（社区）干部“大储备”工作，公开招聘村（社区）党组织书记储备人选17人，“建档立卡”268人。投入基层党建工作经费3 437万元，同比增长14.8%。建设“1 + 2 + 3 + N”党群服务中心体系，目前已建成1个街道党群服务中心，村（社区）党群服务中心100%全覆盖。

【机构设置与两委领导】大亚湾开发区管理委员会为惠州市人民政府派出机构，属副厅级建制，辖澳头、西区、霞涌3个街道，设村委会29个，社区28个。全区设有42个区直管部门，其中：区委、管委会工作部门19个（区委机构3个、纪委单列管理、区管委会工作部门10个、市政府部门派出机构5个）；区委、管委会工作部门的管理单位（人财物不单列管理）6个，归口管理单位（人事不单列管理）13个（其中：机关单位6个，事业单位7个）；其他部门4个（人大政协工作办，群团工作部，检察院，法院）。

区委领导包括：大亚湾区委书记范志益；区委副书记王滨；区委副书记、政法委书记詹星；区委常委黄伟忠，区委常委、纪委书记方小龙；区委常委、两委办主任严文生；区委常委黄志军；区委常委、组织部部长潘智（3月任职）；区委常委杨宏滨（兼任）；区委副书记、政法委书记张添才。

管委会：管委会主任、党组书记王滨；常务副主任、党组副书记黄伟忠；党组成员严文生、黄志军；副主任、党组成员杨宏滨（兼任）、杨远辉；副主任梁浩；副主任、党组成员江永良、黄小慧、潘添新。

2018—2019年开发区主要经济综合指标一览表

项目		单位	2018年	2019年	增减（%）
开发区生产总值		亿元	716.7	724.5	3.3
第二产业		亿元	544.4	542.6	1.8
工业		亿元	524.3	523.3	2.1
第三产业		亿元	170.6	180.4	9.5
工业总产值（现价）		亿元	2 295.3	2 217.5	−3.9
高新技术企业		亿元	509.3	566.2	11.2
销售（营业）收入		亿元	2 941.8	2 855.2	−2.9
第二产业		亿元	2 458.6	2 231.8	−9.2
工业		亿元	2 449.6	2 217.5	−9.5
第三产业		亿元	483.2	623.4	29.0
利润总额		亿元	199.1	210.8	5.9
第二产业		亿元	143.1	99.2	−30.7
工业		亿元	142.9	98.8	−30.9
第三产业		亿元	56.0	111.6	99.3
区内主导产业及产值（可加减项）					
主导产业（可加减项）	1. 石化产业	亿元	1 594.4	1 439.4	−9.7
	2. 电子信息产业	亿元	315.1	378.3	20.1
	3. 汽车零部件产业	亿元	181.5	160.2	−11.7
进出口总额		亿美元	39.1	38.5	−1.5
出口		亿美元	25.8	24.0	−7.0
财政收入		亿元	395.2	367.0	−7.1
税收收入		亿元	364.3	351.8	−3.4
财政支出		亿元	52.3	69.7	33.3
新批企业个数		家	2 925	3 351	14.6
外商及港澳台企业		家	58	23	−60.3
内资企业		家	2 867	3 328	16.1
区内世界500强企业数		家	28	30	7.1
国家级高新技术企业数		家	82	96	17.1
新批企业投资额	外商及港澳台企业	亿美元	15.1	8.1	−46.2
	内资企业	亿元	374.4	439.4	17.4
	增资企业	亿美元	—	—	—
规模以上企业个数		家	464	539	16.2
科学研究与试验发展经费（R&D）支出		万元	170 300	190 100	11.6

续表

项目	单位	2018 年	2019 年	增减（%）
研究与试验发展（R&D）经费投入强度	%	2.48	2.62	5.6
合同外资金额	亿美元	1.12	14.40	1185.5
外商实际投资	亿美元	1.79	1.81	11.0
固定资产投资	亿元	277.9	340.8	22.6
年末从业人员数	万人	18.39	23.00	25.1
万元 GDP 能耗	吨标煤 / 万元	2.36	2.08	4.6
水资源消耗总量	万立方米	10 199.32	12 700.697 1	24.5
单位国内生产总值取水量	立方米 / 万元	14.883 5	17.529 5	17.8
区内建立的创业创新平台数量	个	24	28	16.7
区内科研院所数量	家	3	4	33.3
院士工作站	个	1	1	0

（惠州大亚湾经济技术开发区管委会）

北京经济技术开发区

【经济发展】2019 年，北京经济技术开发区（以下简称北京开发区）坚决贯彻党中央、国务院以及市委、市政府的重大决策部署，落实蔡奇书记、陈吉宁市长“双调研”重要指示精神，全力推进升级版开发区和亦庄新城建设，经济社会持续保持高质量发展态势，较好完成了全年各项目标任务。全年北京开发区实现地区生产总值 1 932.8 亿元，比 2018 年增长 8.9%。从产业结构看，二、三产业之比由 2018 年的 66.1 ∶ 33.9 调整为 65.1 ∶ 34.9。一般公共预算收入完成 270.0 亿元，比 2018 年增长 5.0%。税收完成 604.6 亿元，比 2018 年增长 1.5%。一般公共预算支出完成 226.9 亿元，比 2018 年增长 10.3%。全社会固定资产投资比 2018 年下降 6.6%。房屋施工面积为 369.7 万平方米，比 2018 年下降 17.0%；房屋竣工面积为 10.0 万平方米，比 2018 年下降 61.3%。社会消费品零售额实现 441.1 亿元，比 2018 年增长 4.8%。

【产业发展】2019 年，北京开发区四大主导产业发展迅速，按照“补链、强链、升链”的思路，加大集成电路、新型显示、医药健康、新能源智能汽车等重点产业发展。全年规模以上工业实现总产值 4 125.2 亿元，比 2018 年增长 11.1%。四大主导产业实现工业总产值 3 803.6 亿元，比 2018 年增长 11.4%，占规模以上工业总产值的 92.2%。新一代信息技术产业实现产值 705.5 亿元，比 2018 年增长 1.0%，占开发区工业总产值的 17.1%。签约项目 2 个。中芯国际集成电路创新中心、中科九微真空装备项目摘牌。汽车制造产业实现产值 2 032.3 亿元，比 2018 年增长 16.9%，占开发区工业总产值的 49.3%，成为四大主导产业中增速最快的产业。北京汽车集团有限公司在开发区实现整车产量 57.2 万辆，主要整车及零部件企业工业总产值 1 860.6 亿元，缴纳税收约 286 亿元。高端汽车及新能源汽车关键零配件产业园落成，首批零部件企业麦格纳汽车系统（北京）有限公司入驻园区。同时，支持北汽新能源高端智能生态工厂、北京奔驰 C 级车（V206 车型）等项目开工建设。推动奔驰动力电池工厂等项目竣工，推动奔驰前驱车项目达产，进一步完善产业链及产业生态，推动高端汽车和新能源智能汽车产业高质量发展。生物医药产业实现产值 514.8 亿元，比 2018 年增长 12.3%，占开发区工业总产值的 12.5%。北京永泰生物新型生物药研发及产业化基地项目签约。亦庄新药研发生产基地项目摘牌。开发区 5 个创新药被纳入国家医保目录。智能制造产业实现产值 551.1 亿元，比 2018 年增长 6.3%，占开发区工业总产值的 13.4%。引入美国福瑞自动化公司、无人驾驶隐形冠军踏歌智行。迅玲腾风汽车动力科技(北京)有限公司攻克的微型燃气轮机空气轴承测试可达到 21 万转 / 分钟，攻克的 14 万转 / 分的高速电机功率密度达到 10—20 千瓦 / 千克，约为普通工业电机的 10 倍。

【科技创新】2019 年，北京开发区全力推动“三城一区”主平台建设，科技创新迎来新突破。围绕“白菜心”，聚焦“硬技术”，持续打造科技成果转化承载区、技术创新示范区。加强政府协同，与中关村、海淀区制定《关于共同建设中关村科技成果产业化先导基地的行动方案》，推进中关村前沿技术创新中心建设，构建“南北协同、产研互补”的发展格局。推动校企合作，与清华大学、北京大学、中国科学院等高校院所完成对接调研，鼓励区内企业与高校院所建立产学研用相结合的联合研发机构。全年117个“三城”科技成果项目在北京开发区转化落地。发挥企业创新主体作用，联合国内外重点高校及科研院所，挂牌23个技术创新中心和13家产业中试基地，获批工业和信息化部授予全国唯一智能网联汽车制造业创新中心。新增国家高新技术企业142家，总数突破1 100家。组建2个高价值专利培育中心，1月—11月，专利申请比2018年增长11.5%，专利授权比2018年增长25.7%，有效发明专利8 071件，PCT专利313件。发挥政府创新引导作用，围绕国家科技和产业战略需求，整理21个攻关项目，支持企业“揭榜挂帅”，涌现出一批具有引领性、突破性的重大技术创新成果。珐博进的1类新药罗沙司他胶囊成为首个中国本土孵化、首个在中国获批的全球首创原研药；星际荣耀实现中国民营航天首次一箭双星入轨发射。加强政策引领，设立人才发展专项资金，在全市首发人才基金。加强人才培养，推荐区内人才参加“北京市有突出贡献人才”评选，组织开展第一批人才基金项目和第一批优秀青年人才培养资助项目评审工作，深入实施职工素质提升工程。区内两院院士37人，其中芯创智公司吴汉明博士新当选为中国工程院院士，成为开发区本土成长的首位民企院士；新增院士专家工作站4家，累计28家；新增博士后科研工作站分站11家，获批数占全市近三成，累计50家；享受国务院政府特殊津贴20人。

【投资促进】2019年，北京开发区积极应对复杂的外部环境，灵活配置各类资源，重点策划和促进战略型产业项目落地。招商成效更加显著。建立“双招双引”工作机制，加大与龙头企业、行业协会、产业联盟、国际机构合作力度。构建“1+1+N”政策体系，为高精尖技术创新和产业培育全过程提供精准扶持。在谈产业项目超过900个，累计新增企业7 400多户。产业优势进一步巩固。强化“七促”机制，优化项目调度，加快推进89个重点项目落地建设。落实北京市服务业扩大开放综合试点三年行动计划，放宽区内非投资性外商企业资本项下外汇使用范围。主动应对中美经贸摩擦，对61家受影响企业配备服务管家，支持瓦里安、GE航卫、中芯国际获得美方关税豁免。实际利用外资5.6亿美元，比2018年增长3.5%，新增外资企业39家，拜耳医药保健和威讯北京等34家企业增资扩产，瓦里安设立研发中心，GE256排高端CT项目实现落户，阿斯利康设立北方总部。完成内外资备案项目166个，项目总投资180.1亿元，其中87%投向四大主导产业。进出口总额为195.8亿美元，比2018年增长1.5%。其中，出口总额为57.3亿美元，比2018年下降9.7%；进口总额为138.4亿美元，比2018年增长6.9%。机电产品出口额为52.3亿美元，比2018年下降10.2%，占北京开发区出口总额的91.3%。全年新设企业5 368户，市场主体累计26 906户，比2018年增长17.13%。其中，内资私营企业20 870户，比2018年增长19.07%；内资非私营企业4 587户，比2018年增长14.05%；外资企业1 070户，比2018年增长4.39%；个体工商户339户，比2018年下降6.87%；代表机构40户，比2018年增长17.65%。

【体制机制创新】2019年，北京开发区着力加强体制机制建设，重点领域改革取得新进展。以深化改革激活发展动力，以扩大开放拓展发展空间，推动全面深化改革向纵深发展。营商环境持续优化。发布建设营商环境改革示范区工作方案，获全国企业营商环境十佳园区称号。服务更精准。建立企业家早餐会制度，收集整理问题155项，办结率超过90%。为75家重点企业量身定制“服务包”，涉及服务事项171项，办结率93%。服务更高效。推进行政审批制度改革，181项行政许可及关联事项由行政审批局集中行使，实行行政审批与技术审查相分离。“一网通办”系统上线，全部事项实现100%网上可办，平均每件审批事项实际办结时间比全市对外承诺时限缩短4.7天。探索设立企业投资项目承诺制，企业开工前期手续由300多天压缩至100天以内。不动产司法认定全市率先实现网上处理。实施以企业为单元海关监管模式，创新成套设备检验制度，缩短通检时间，提高物流效率。服务更便捷。设立9个“亦企服务港”，接待、走访企业260多家，解决各类诉求500多件，实现企业“小事不出厂、大事不出港”。市药品检验所亦庄分中心挂牌，打通检验检测领域服务企业的“最后一千米”。在园区和银行设立21个工商登记注册指导站，有效延伸登记注册服务。电商购物节期间开启“专窗”，集中为企业办理税控发行业务，助力电商企业发展。土地集约利用持续加强。严控产业用地成本，实行分区域土地一级开发成本统筹平衡，推行土地弹性出让、试点代建厂房等，加强土地利用管控，加速产业项目落地。全年出让工业用地46万平方米，出让年限均为20年。紧抓低效用地更新，制定市属企业工业用地利用整治提升方案，编制城市更新产业升级方案，收储10.67万平方米闲置工业土地，全年完成用地升级3.33万平方米。区域协同工作持续深化。落实城南行动计划，积极推进各项任务。开展平谷区结对协作工作，每年出资1亿元共同设立产业投资基金，联合建设中关村科技园区平谷园，吸纳平谷区近500人来开发区就业。对接援疆工作，提供800万元援助资金，选派3名干部到新疆维吾尔自治区和田地区挂职，京东集团在新疆维吾尔自治区建立首个“京东农场”。落实京津冀发展战略，加快推动亦庄•永清园建设，实现创智云谷等一批项目签约入驻。

【投融资服务】2019年，北京开发区联合人民银行营管部和市相关部门出台《金融支持北京市制造业高质量发展的指导意见》。依托亦庄国投实现新增投资项目18个，投资额41.7亿元。与区内龙头企业合作设立并购基金，基金总规模超46亿元。充分发挥专项纾困基金作用，新增落地产值80亿元、税收6亿元。注重投、贷、保、租紧密协同，新增融资担保业务总额48.5亿元、投放租赁合同额10亿元。获批工业和信息化部首批中小企业创新创业升级资金2 500万元。支持区内银行推出无还本续贷业务。促进“创新对接”，累计举办路演及配套服务活动116场，近550个创新创业项目参与，共计释放融资需求47亿元，吸引创投机构240家。为“创新发声”，建立“亦庄创新发布机制”，定期为企业发布融资、人才等创新需求清单，全年推介合作需求56项、释放投融资需求超100亿元。

【绿色集约】2019年，北京开发区做好基本无“城市病”标杆，切实保障改善民生，构建和谐稳定、宜业宜居的亦庄新城。坚持规划引领，城市建设有序。高质量推进控制性详细规划编制，完成市政基础设施、综合交通、海绵城市等专项规划编制工作。高效率完善交通体系，有轨电车T1线实现试运行，荣昌东街、康定街下穿京沪高速通道、大羊坊桥进区匝道建成通车，天宝中街等3条道路工程改造完成，科慧大道等5条道路优化提升工程开工建设。高标准推进公园建设，南海子公园二期、亦庄新城滨河森林公园（二期）和通明湖公园建成开园，依托公园新增骑行绿道22千米。提升海绵城市建设水平，海绵城市达标面积占城市面积超30%，提前超额完成目标任务。坚持绿色发展，生态环境持续向好。入选“无废城市”试点，成为国家级经开区唯一代表，实施方案率先通过生态环境部专家评审并发布。以垃圾分类为突破，在全区32个社区实现厨余垃圾源头分类。以工业固废循环利用为重点，推广橡胶沥青使用，累计消耗废旧轮胎超270万条，减少二氧化碳排放超30万吨，成为亚洲首个城市道路运用橡胶沥青达百万平方米的区域。污染防治攻坚战成效显著。三年来大气环境持续改善，PM2.5年均浓度由81微克/立方米下降到44微克/立方米。区域地表水环境持续改善，地下水环境总体稳定。全区土地安全利用率达100%。绿色建筑发展国内领先。在全国率先创建工业绿建集中示范区，新建工业项目全部实现工业绿色建筑二星标准以上。京东方 8.5 代线获批全国电子信息行业建筑体量最大的绿色工业建筑三星运行标识项目，X88 地块幼儿园成为国内最大规模的“被动式建筑”幼儿园。

【社会事业】2019 年，北京开发区继续优化教育供给，建华实验亦庄学校小学部、X88 地块幼儿园建成，全年新增基础教育学位 720 个、学前教育学位 630 个。截至 2019 年年底，开发区共有学校 7 所（十二年一贯制学校 1 所、九年一贯制学校 3 所、普通中学 1 所、小学 1 所、中外合作办学机构 1 所），幼儿园 11 所，大专院校 1 所，中等职业学校 1 所。在校学生 21 487 人，教职工 3 131 人。初中毕业率为 100%，高中毕业率为 100%。不断培育弘扬以工程师文化和工匠精神为核心的创新文化，开展“我和我的祖国”快闪活动，网上点击量超过 300 万次。联合国家大剧院、北京京剧院、北京演艺集团等国内一流院团，开展评剧《金沙江畔》、京剧《赵氏孤儿》、儿童剧《妈妈咪鸭之鸭飞冲天》等一批高水平演出；组织第八届青年歌手大赛等系列活动，惠及职工群众近万人次；在南海子公园、大族广场等标志性地域开展传统文化活动 20 多场，累计 7 000 多人次参与。开展全民阅读优秀项目申报、书香北京评选工作，累计评选推荐全民阅读优秀项目 1 个、书香家庭 10 个、书香社区 10 个、金牌推广人 10 个。加强文化扶持，新扶持群众性文化团队 58 支，群众性文体基地 24 个。有医疗机构 88 家（9 家停业），医院 7 家，现有床位 1 452 张。启动“十四五”时期体育发展规划研究，继续推进构建全民健身服务体系，宣传贯彻《北京市全民健身条例》，落实开发区《全民健身实施计划（2016—2020 年）》。完成国民体质监测 2 500 人次，提供运动处方，指导科学健身。举办开发区第十一届运动会暨北京市第六届外企职工运动会、开发区第 16 届全民健身体育节；举办开放日、公开课、社会体育指导员培训、健康管理和赛事活动 200 多场次，约 12 万人次参与。推动冰雪活动发展，开展冰雪嘉年华、冰雪公益体验课，实现冰雪体验 5 000 人。

【机构设置与管委会领导】2019 年 1 月至 9 月，北京开发区工委内设机构为工委办公室、工委组织部、工委宣传部、党群工作部、政法工作部、机关党委、总工会，管委内设机构为管委会办公室、发改局、科技局、投促局、企业发展服务局、财政局、人劳局、房地局、建发局、征地拆迁办、城市管理局、社发局、审计局、环保局、统计局、安监局、研究室、信息办、规划分局、城管分局。

2019 年 9 月 25 日，根据《市委编委关于印发〈北京经济技术开发区机构改革方案〉的通知》，开发区机构设置调整为党政办公室、组织人事部、宣传文化部、地区协同事务局、经济发展局、营商合作局、科技创新局、财政审计局、开发建设局、城市运行局、社会事业局、商务金融局、行政审批局、综合执法局、规自分局（双重管理），以及不列入机构序列的机关党委、机关纪委和总工会，另设立 9 个共公共服务机构（党群服务中心、土地储备与建设服务中心、财务结算中心、政务服务中心、公共资源管理服务中心、社会保险保障中心、劳动人事争议仲裁院、档案数据中心、产经政策研究院）。

中共北京市委经济技术开发区工作委员会书记为王少峰，中共北京市委经济技术开发区工作委员会副书记、北京经济技术开发区管委会主任为梁胜。

2018—2019 年北京经济技术开发区主要经济综合指标一览表

项目	单位	2018 年	2019 年	增减 (%)
开发区地区生产总值	亿元	1 793.5	1 932.8	8.9
第二产业	亿元	1 185.1	1 258.8	6.2
工业	亿元	1 143.6	1 212.6	6.0
第三产业	亿元	608.4	674.0	10.8
工业总产值	亿元	3 713.7	4 125.2	11.1
高新技术企业	亿元	3 171.8	3 431.4	8.2
营业收入	亿元	11 049.7	13 372.0	21.0
第二产业	亿元	4 397.6	4 937.3	12.3
工业	亿元	3 881.7	4 420.9	13.9
第三产业	亿元	6 645.3	8 417.2	26.7
利润总额	亿元	630.8	665.4	5.5
第二产业	亿元	496.5	548.1	10.4
工业	亿元	482.7	527.1	9.2
四大主导产业工业总产值	亿元	3 414.0	3 803.6	11.4
进出口总额	亿美元	192.9	195.8	1.5
出口	亿美元	63.5	57.3	−9.7
税收收入	亿元	595.5	604.6	1.5
一般公共预算收入	亿元	257.3	270.0	5.0
一般公共预算支出	亿元	205.7	226.9	10.3
国家级高新技术企业数	家	844	1 051	24.5
规模以上工业企业个数	家	275	311	13.1
规模以上企业 (R&D) 经费内部支出	万元	665 802	741 466	11.4
外商实际投资	亿美元	5.4	5.6	3.5
年末从业人员数	万人	34.8	37.7	8.3
万元 GDP 能耗	吨标煤 / 万元	0.153	0.125	−18.0
区内职业教育学校数量	家	2	2	0.0

（北京经济技术开发区管委会）

合肥经济技术开发区

【经济发展】2019年，合肥经济技术开发区（以下简称经开区）经济总体平稳增长，全年实现地区生产总值较上年增长8.7%，规模以上工业企业增加值增长11.5%，固定资产投资增长21.2%。全年产值超亿元企业146户，超10亿元企业31户，2户企业产值超百亿元。在省政府年度通报的安徽省开发区综合考核评价中，位列全省29家开发区首位。

【产业发展】2019年，经开区加快转型升级，集成电路、新能源汽车、生物医药等战略性新兴产业加快崛起。集成电路行业突破“卡脖子”核心技术，安徽省单体投资最大的工业项目——长鑫12吋存储晶圆制造项目实现国内首款自主研发DRAM芯片量产，产能达1万片/月；引进产业链核心企业20家。新能源汽车行业实现了跨越发展，产量5.9万辆，占全国4.9%，实现产值142亿元。蔚来汽车产销突破2万辆；江淮大众研发中心开建，旗下首款车型——思皓E20X正式上市。生物医药及高端医疗器械行业厚积薄发，建成世界第一条“口服胰岛素胶囊生产线”，项目通过省重大专项专家评审，新引进威高集团区域总部等15个项目，引导国药控股、南京医药、九州通并购整合区内医药流通企业，全年税收增长70.5%。

传统产业加快高端化、数字化升级改造，家电产业中，海尔中西部首个中央空调研发中心落户，滚筒洗衣机、中央空调2个智能化超级工厂投产，家电产业实现产值、利润增长15.7%、58%；智能终端产业中，联宝蝉联全市最大工业企业，年产值超700亿元；快速消费品产业中，联合利华引进花漾星球、花木星球、奥妙凝珠等品牌并实现量产。全区工业企业发展效益提升，占地企业亩均税收、利润、营收，在上年增长16%、23%、39.5%的情况下，再实现9.2%、15.3%、18.2%的增长。

【科技创新】2019年，全区共有高新技术企业、科技型中小企业327家、860家，分别增长50.2%、20.6%。设立市级以上各类研发机构265家，其中国家级研发机构19家(其中国家级企业技术中心占全市22%、全省的13.4%)，省级研发机构90家。建成院士工作站11个。发明专利申请量3 750件，发明专利授权量991件。全区有上市企业9家，新三板企业4家，新四板企业132家。全社会研发投入4.5%，为首批“安徽省知识产权示范园区”。

注重与清华大学、天津大学等高校院所的良性互动，全区共建设各类创新载体243万平方米，清华合肥院建设巨灾科学中心，列入合肥综合性国家科学中心交叉前沿研究及产业创新转化平台。智能装备园开园，高校三创园入驻中科凤麟中子技术创新产业基地、复旦合肥先进产业研究院等12个产业化项目。中德教育合作示范基地公共平台项目实现结构封顶，入驻项目团队18个。获批省级南艳湖机器人特色小镇。现有国家级科技企业孵化器5家，省级科技企业孵化器及省级众创空间12家，获批建设国家大中小企业融通型双创特色载体，建成海创汇等9家。合力、洽洽、华凌等企业，携手全球最大企业应用软件供应商德国思爱普，建设区域工业互联网平台。推荐省首台（套）重大技术装备8项、省工业精品3项，市智能工厂3家、市数字化车间38家。

【投资促进】2019年，合肥经开区招商引资总量213.6亿元，其中内资167.8亿元；外商直接投资7.05亿美元，全市第一。新签约重点项目147个，总投资705.76亿元，包括华东科技存储器封测等重大项目。其中20亿元及以上项目7个；10亿至20亿元项目11个；外资项目13个，战新产业项目60个，总投资551.87亿元，分别占比40.8%、78.2%。另外各类科创平台引进项目260个，其中高新技术企业投资项目44个。

经开区充分利用世界制造业大会、2019年中国宽禁带功率半导体及应用产业峰会、首届世界显示大会等重大专项活动，积极宣传推介合肥市及经开区良好的投资环境，吸引企业来肥投资发展。营造产业发展和招商引资氛围，举办2019年项目集中签约暨智能装备科技园开园、日企专题交流座谈会、人力资源产业峰会、央企熠星创新创意大赛项目对接路演等重大活动，进一步扩大我区产业对外知名度。聚焦重点区域主动招商，赴荷兰、西班牙、日本、台湾等地开展专题招商活动，推进大众智慧城市等项目进展，获取一批重要项目信息。

【对外开放】获批国家外贸转型升级基地（消费类电子产品）。2019年，全区进出口实现127.8亿美元，分别占全市进出口总额的39.7%和全省的18.6%。全年进出口额超千万美元企业48家，超亿美元企业11家。超亿美元企业累计实现进出口总额达112.2亿美元，同比增长11.1%，占全区进出口总额的87.8%。区内重点企业联宝（合肥）电子科技有限公司全年出货突破2 500万台/套，进出口额突破70亿美元，蝉联合肥市最大工业企业和安徽省最大外贸进出口企业。

几大开放平台中，航空港进入二期筹建阶段，新桥机场旅客吞吐量1 228.24万人次，货邮吞吐量8.71万吨（同比增长24.81%），增速位居全国千万级机场第二位；其中，国际货运吞吐量同比增长167.32%。口岸实现进口额5 000万美元，货量同比增长51.6%。空港B保实现进出口额7 200万美元。出口加工区获批升级合肥经开区综合保税区，成为全省第四家综合保税区，标准厂房、保税仓库和跨境电商产业园建成使用，园区辅助通关及智能卡口升级，建设跨境电商线上综合服务平台，完成跨境电商保税进口业务单超100万单，在线成交额突破2亿元。派河国际物流园建设“公铁水联运”物流枢纽，铁路专用线二期项目开工，与宁波舟山港在铁路、物流园、派河港、运营管理全领域全方位合作。

【绿色集约】2019年，经开区新（续）建项目198项，完成计划投资145亿元（完成实物投资76.37亿），完成全年计划的155%，同比增长76%，创建区26年以来历史新高。在国家工信部公示的第四批绿色园区名单中，合肥经开区成为合肥市首个国家绿色园区。

坚持规划引领，启动《合肥经济技术开发区明珠广场片区有机更新研究与城市设计暨重点地段控制性详细规划》编制，明确北区建设思路，编制《合肥空港经济示范区发展规划》《合肥空港国际小镇水生态综合系统规划》。完成施工图设计120项，其中市级投资项目14项，区级投资项目106项。包含翡翠路、天都路、大学城地下空间利用、新港路等一批南北区重点市政项目。

坚持土地先行，已上报35个批次合计9 109.33亩土地，其中南区2 157.64亩，北区6 951.69亩。获批21个批次，新增建设用地面积5 408.79亩，保障了创业园路、竹西路、珠江路等重点项目用地。已供应各类建设项目用地48宗，总用地面积5 540.2亩。加大低效用地清理，合计收回土地面积约1 059亩。完成土地集约利用更新评价、土地批而未供阶段性清理、配合完成第三次国土调查、2018年土地例行督察及土地卫片执法检查等工作。

重点围绕“城市管理提升、保障房建设、产业平台打造、生态文明发展、教育卫生提升”几大板块，加大精品建设力度。建设全省首个5G基站，全年完成云外路、汤口路等35条(段)

52.3千米精品道路新（改、扩）建；建设20千米城市慢行系统；15个老旧小区“旧貌换新颜”；打造5个星级智慧菜市场；实施“党建＋社居＋物业＋”管理，海恒社区党群服务中心揭牌启用，这是全市“1+8”文件出台后首家新建投用的街道层级党群服务中心。

环境优化，空气污染物PM2.5、PM10均值浓度分别下降7.8%、4.3%；涉及210家单位的286个排口雨污混接问题全部整改到位，完成85个老旧小区阳台水改造，整改速度和质量领先全市；扎实开展河湖管理范围确权划界，实施河湖“清四乱”，加强水域岸线空间管控；创新设计施工一体化建管模式，推进水环境治理，王建沟流域综合整治系统一期工程达到预期效果；王建沟流域水污染预警溯源精细化监管系统作用初显；十五里河京台高速初期雨水调蓄池受到省水利厅、国家环保部等部门高度认可。提升长鑫项目周边、瓦东干渠等3 000亩绿化，形成空港城市“绿肺”。

【体制机制创新】2019年，合肥经开区高标准打造营商环境，深化放管服改革，出台“4+5”产业政策，兑现政策资金22亿元；发放科技贷、高企贷近1亿元；落实减税降费37亿元；新政务服务中心启用，近400项政务服务事项“应进必进”，推行一窗受理、容缺受理、并行办理，企业开办实现“一日办结”，工程项目审批缩短至3.5个工作日，市场主体累计突破5万户，其中企业2.8万户，分别同比增长16.17%、21.49%；全省首家国家级中国合肥人力资源服务产业园正式揭牌，举办长三角地区人力资源一体化发展论坛，促进长三角地区人力资源的有效流动和优化配置，新增就业4.21万人；开通G60科创走廊“一网通办”服务，一体受理，一体发证。复制自贸区66项改革经验，推行“批次进出、集中申报”“先出区、后报关”等监管模式创新，提升通关效率。

【社会事业】2019年，合肥经开区全区新增4所公办园、12所普惠园，公办率达到45.3%、普惠率达到77%，清华附中合肥学校正式开学迎新，168玫瑰园东校区、168新桥中学、五十中西校区等8所学校建成开学，完成实验学校、68中等14所学校扩建。首推区内集团化办学，168玫瑰园一校三园管理同步，建平小学全面接管南艳分校，全区名校办学率达59%，中小学生学业质量绿色评价指数继续位居全市前列，中考平均分较去年提高22.27分；完成空港医院规划设计及高刘、长岗卫生中心的升级改造，省二院统一管理北区2所卫生所，基层医疗体系建设基本形成；打造“互联网＋养老”，安医大二附院全面托管南区卫生服务中心，加快区三级养老中心建设和运营，优化养老设施运行，全年服务老人60余万人次；完成空港片区启航南北苑3 573套40.2万平方米安置房分房，9 335名群众住进安心“暖居”。新建5所阅读空间，南艳湖体育公园完成主体施工，举办了第八届全民文化活动月。

【机构设置和党工委领导】2019年，合肥经开区工委、管委会下设纪检监督机构1个：纪检监察工委；直属机构有2个：合肥加工区出口管理局、合肥空港经济示范区管理委员会；工作部门17个（不含归口部门）：工委办（融媒体办公室，归口管理发展研究中心、机关党委、企业党委、共青团工作委员会、妇女联合会），管委办（归口管理机关事务中心、绩效考评中心、政务服务中心），经贸发展局（归口管理中小企业服务中心），建设发展局（归口管理建设管理服务中心、重点工程建设管理中心），财政局（归口管理财务管理中心），人事劳动局（归口管理人力资源中心），社会发展局（社会发展局党委），社区管理局（归口管理退役军人服务管理中心），市场监督管理局（知识产权局，归口管理市场监管稽查大队），政法办公室（信访局），投资促进局（归口管理创新转型升级办公室），总工会，科技局（数据资源局），应急管理局，环保分局，审计中心，公共资源交易中心；社区及街道办事处7个：新港工业园园办事处、高刘街道办事处，海恒、锦绣、莲花、芙蓉、临湖社区管理委员会；区属企业3个：

海恒投资控股集团公司、公用事业发展公司、公共交通运营有限公司。

2019 年，合肥经开区党工委、管委会领导为：党工委书记、管委会主任秦远望；党工委副书记、管委会副主任操云何、桑林兵；党工委副书记刘勇；党工委委员、管委会副主任孙余洲、王亚斌、王家和、刘声、王新华；党工委委员、纪工委书记张明；管委会副主任张露；党工委委员、工委办主任孙超；党工委委员、社发局局长李应天。

（合肥经济技术开发区管理委员会）

武汉经济技术开发区（汉南区）

【概况】2019年，是新中国成立70周年，也是第七届世界军人运动会在汉举办之年。作为军运会主要承载区，武汉经济技术开发区工委（汉南区委）深入学习贯彻习近平新时代中国特色社会主义思想，全力服务军运，着力推进转型升级，努力改善民生，大力维护社会稳定，使得军运会取得圆满成功，区域综合实力明显增强，城市品质显著提升，人民生活不断改善，进入高质量发展的新阶段。

【经济发展】武汉经济技术开发区（汉南区）坚持稳中求进的工作总基调不动摇，积极应对汽车产业持续下行的巨大压力，千方百计稳增长，刻不容缓促转型，着力推进经济高质量发展。2019年，实现地区生产总值1 643.5亿元，同比增长6.6%；规模以上工业总产值3 035.5亿元；规模以上工业增加值637.4亿元，同比增长1.1%；全社会固定资产投资744.1亿元，同比增长11.5%；一般公共预算总收入332.3亿元；社会消费品零售总额124.8亿元，同比增长9%。

【承办军运会】武汉经济技术开发区（汉南区）是军运会主要承载区，全区认真贯彻习近平总书记“办好一次会，搞活一座城”的重要指示精神，以高度的政治责任感和历史使命感，举全区之力，全员参与，全力以赴，实现了军运会圆满成功。习近平总书记亲临武汉体育中心出席开幕式，并宣布第七届世界军人运动会开幕。军运会期间，8个比赛项目分别在武汉开发区(汉南区)8个场馆进行，共产生金牌83枚。女排和跳水项目荣获“最佳竞赛组织奖”。武汉开发区（汉南区）主媒体中心新闻发稿11 000余条，网络传播覆盖1亿多人次，开闭幕式、游泳、跳水比赛全球直播。

全面展现城市形象。场馆建设实现质效并重，“一场两馆”改造一新，设施全面升级。主媒体中心功能完备，国际领先。城市环境跃上新的台阶。完成道路改造48条、96.01千米。完成绿化提升项目20个、177公顷。完成建筑立面整治2 897栋、879.87万平方米。完成楼宇景观照明401栋、闲置空地整治1 300亩，背街小巷整治73条。开展“文明主场人”活动50余场次、清洁家园活动1 000余场次。

胜利完成服务保障。赛时服务中外记者1.75万人次，服务新闻发布会40场次、新闻直播百余场、专业采访数万次，接待各类参观50余次；服务667名运动员、383名技术官员，服务观众累计11.24万人次，做到了零投诉、零差评、零纠纷。

【工业经济增效】2019年，武汉经济技术开发区（汉南区）规模以上工业企业总产值完成3 035.5亿元。支柱产业支撑强劲。汽车及零部件产业实现产值2 217.9亿元，占规模以上工业企业的73.1%，整车产销95.2万辆。电子电器行业实现产值480亿元，占规模以上工业企业的15.8%。出台扶优扶强专项政策，着力稳固工业发展基础。东风本田逆势增长，年产汽车79.2万辆，产值1 350亿元，创历史新高，成为武汉开发区（汉南区）工业经济的定海神针。全力推进工业项目。东本三厂、宏信通航等项目投产。东风日产“云峰”、吉利路特斯及飞行汽车等项目开工。新增规模以上企业67家。大力推进工业技改提升，5家企业承担市2019年智能化改造示范任务，兑现区级67个“支持企业转型升级”项目资金 1.2 亿元。美的新一代空调等 123 个技改项目进展顺利。

【现代服务业发展】2019 年，武汉经济技术开发区（汉南区）服务业增加值增幅达到 10%。武汉经开综合保税区顺利通过验收，国家检验检测集聚区（湖北）武汉园区在区正式挂牌，汉南港区纱帽作业区一类口岸申报国家验收，跨境电商、检验检测、港口物流等产业发展平台全面搭建。引进融创文旅产城总部、信中利华中总部、华润医药湖北总部、供销 E 家华中总部、保和皇冠酒店、曲水兰亭商业综合体、东风雪铁龙融资租赁、安立杰汽车检测中心、圣泽捷通物流等重点服务业项目。武汉开发区（汉南区）被国家体育总局命名为“国家体育产业示范基地”，赛会经济、体育产业跻身“国家队”；获批国家级人力资源产业园；不断提升休闲农庄接待能力，接待游客 180 万人次。集装箱累计运输超 10 万标箱，汽车年滚装运输 55 万辆。武汉开发区（汉南区）建筑业企业完成产值 650 亿元，同比增长 18%。商品房销售面积 220 万平方米，同比增长 10%。

【乡村振兴】2019 年，武汉经济技术开发区（汉南区）完成国家农村集体产权制度改革整区试点任务，组建农村集体经济组织 80 个，11.05 万农民变股民。深入推进湘口水产示范园提档升级，发展名特优养殖面积约 3.44 万亩。恒大农业基地 30 万方智能温室完成投资 7.3 亿元，现代大田作业区完成投资 1.4 亿元，国内领先、世界一流的现代农业产业园初现雏形。新引进碧桂园农业、华大农业、武汉林业集团、亚非种业等一批企业参与湘口种业小镇建设。培育家庭农场（大户）150 家，农民专业合作社 297 家，带动农户 1.24 万户。形成 3 个电商专业村，农产品年度网上销售额达 2.7 亿元。农民人均可支配收入 23 785 元，同比增长 8%。大力实施“三乡工程”，着力将郧阳村、汉江村打造为省级示范美丽乡村。

【创新创业】2019 年，武汉经济技术开发区（汉南区）加大创新发展力度。国家智能网联汽车（武汉）测试示范区投入试运行，建成全国场景最丰富的 5G 车路协同自动驾驶测试道路，发出首张自动驾驶车辆商用试运营牌照。有效促进区内车企加快智能网联汽车技术创新与产业发展，助推下一代汽车人才、技术、产业集聚。ARM 芯片、中车 IGBT、5G 射频芯片等一批“芯”产业入驻园区。人工智能科技园投入运营，百度、腾讯、英伟达等人工智能研发中心及东风高端新能源汽车研发运营中心顺利入驻。海创云获批省级孵化器，新引进汇谷众创空间等孵化器。新增孵化面积 8.8 万平方米，新入驻企业 148 家，在孵企业达到 260 家。大力推进新型研发机构建设，康明斯东亚研发中心、启迪协信、法雷奥中国技术中心二期、武汉中科院先进技术研究院、哈工大机器人国际创新研究院投入运营，EV100 电池研究院、智能控制工研院等项目加快推进。

推动创新要素集聚。召开武汉开发区（汉南区）人才大会，系统实施六大“人才工程”。推出全国首个具有支付功能的“人才一卡通”服务平台。成立首支人才创新创业基金。举办第二届全球智能汽车前沿峰会等高端论坛 20 余场次，成立“自动驾驶城市示范与产业协同创新联盟”，清华大学湖北校友会在武汉开发区（汉南区）挂牌。建成智慧车都青年城、长利小区人才公寓，累计筹集人才公寓 2 784 套。深入实施“百万大学生留汉”工程，吸纳 2.2 万名大学生来区创新创业，落户 4 700 余人。开展“车都英才”项目中期考核，兑现人才项目资助资金 3 100 万元。新引进院士 5 人，国家特聘专家 3 人，入选省海外人才“百人计划”2 人。

推动科技成果转化。全年举办科技成果转化对接活动 12 场，承接项目 130 项。新增院士专家工作站 1 家，新增科技特派员工作站 2 家。新增高新技术企业 35 家，总量达 239 家。国家知识产权示范园区、中国武汉（汽车及零部件）知识产权快速维权中心建设取得突破性进展，每万人发明专利拥有量在国家级经济技术开发区中保持领先，全年企业发明专利申请量同比增长20%以上，1 608项专利信息在区知识产权交易中心挂网交易。

【招商引资】2019年，武汉经济技术开发区（汉南区）招商引资签约资金1 995亿元，实际到位资金733亿元。引进亿元以上项目76个，其中100亿元以上项目7个。新引进世界500强企业3家、中国500强企业1家，世界500强投资项目15个、中国500强投资项目11个、中国民营企业500强投资项目6个。大力实施补链、强链、延链招商，签约项目中产业链项目占比超过60%。近五年签约的278个项目中，187个项目实现开工建设，开工率达67.3%；98个已实现投产，投产率达52.4%。着力推进园区“腾笼换鸟”，清理闲置土地、批而未供项目41宗、1.51万亩，完成处置37宗、2 896亩。

【改革开放】2019年，武汉经济技术开发区（汉南区）围绕营造最优营商环境，深化“放管服”“四办”改革。实现“政务服务一张网”街道、社区全覆盖。新设企业开办时限再次刷新至2天，企业设立登记网办率在全市名列前茅。创新建设工程联合图审机制，在全市率先开发运行中介机构监管服务平台。建立市民服务中心智慧停车系统，有效解决群众办事停车难问题。出台产业、创新创业创造和人才政策，拟定了知识产权、口岸、跨境电商、建筑业等多个专项政策，初步建立了促进经济发展“3+N”政策体系。一站式办理企业扶持金申请983件，兑现扶持资金2.6亿元。严格落实减税降费政策，全年为企业减税降费40亿元以上。

高水平对外开放。引导企业参与“一带一路”战略。实际利用外资21.4亿美元，同比增长12%；外贸进出口总额232亿人民币，同比增长6%。组织参与“武汉—德国经贸合作推广会”等海外招商活动10余次。成功举办亚洲羽毛球锦标赛、第二届国际航联世界飞行者大会、国际篮联男子篮球世界杯（武汉站）、2019年中国汽车摩托车运动大会。

【脱贫攻坚】2019年，武汉经济技术开发区（汉南区）对贫困户进行精准识别、动态管理，建立产业、教育、医疗、就业、兜底保障长效机制。小康建设帮困人口1 116户2 492人已达到“两不愁三保障”的标准。帮扶对象住院、门诊重症就诊4 920人次，费用1 655万元，实际报销比例94.7%。落实教育帮扶，拨付196名帮困家庭学生助学资金43.23万元。对有就业能力及意向的帮扶对象实施分类培训、推荐就业。强化政策兜底，实现了帮扶人口应保尽保。

【城市建设】2019年，武汉经济技术开发区（汉南区）完成城建投资261亿元。地铁16号线全线站点开工，加速推进。纱帽大道二期、马影河大道延长线、纱帽大道交汉洪高速综合枢纽工程建成通车。硃山路综合管廊正式建成。新建通村公路11.4千米，实施农村公路提档升级工程3.4千米。全省首座固定式加氢站正式投入运营。开通3条氢燃料公交示范运营线路，运行规模居全国前列。优化调整公交线路6条。新增停车泊位2.35万个、充电桩1万个。完成军山等4座消防站建设，湖滨、幸福消防站投入使用。沌口六村改造、纱帽八村集并房屋拆迁基本完成。启动郭徐岭、汉纸生活区旧改工程。积极推进湘口集镇改造提升。完成53个老旧小区二次供水改造。强化智慧城管基础建设，全面推进城市精细化管理。“大城管”考核位居全市前列。逐级覆盖、有序推进生活垃圾分类工作。

污染防治攻坚战深入推进。创新开展长江大保护，建立长江水事综合执法基地，武汉开发区（汉南区）长江段实现全线视频监控。深入实施“蓝天、碧水、净土”行动。全区空气质量网格化监测系统上线运行，PM10、PM2.5均值浓度分别同比下降3.9%、4.3%。实施“四水共治”建设项目65个，完成投资41亿元，完成额全市第一。26个湖泊水环境整治工程全面提速，累计完成投资19.4亿元，劣V类湖泊同比减少76%。4个饮用水水源地水质全年100%达标。万家湖、汤山渠、纱帽河、泥湖河通过中央、省、市黑臭水体整治验收，正式进入“长治久清”阶段。周家河泵站完工运行、汉银泵站改造工程开工，汉南片区排涝抗旱能力不断提升。汉南第二污水厂、沌口第二污水厂、湘洪污水厂提标工程等项目顺利推进。建成农村公厕41座，完成农村社区2 710户生活污水治理。完成全区雨水、污水、供水专项规划编制。持续开展涉及重金属重点企业排查工作，未发现重金属污染土壤。

【社会事业】2019年，武汉经济技术开发区（汉南区）坚持把就业作为民生之本，实现城镇新增就业1.58万人。五险净增参保6.19万人。区级“互联网+居家养老”信息平台建成并投入运行。新建7家社区老年人服务中心，5个农村老人互助照料服务点。获评全国智慧健康养老示范区。积极构建现代公共文化服务体系，组织文体活动300余场次。区级公益文化馆、图书馆、博物馆、档案馆建设稳步推进。义务教育现代化学校创建率达93.7%，全市领先。东城垸中心学校、晨曦幼儿园等7所中小学、幼儿园投入使用，新增中小学学位3 990个，幼儿学位810个。武汉经开外国语学校正式招生。基层医疗卫生机构综合改革有序推进，医联体建设取得新进展。稳妥落实乡村医生退养保障政策。汉南区人民医院改革工作不断推进，武汉儿童医院西院暨区妇幼保健院、协和西院二期、综合公共卫生服务中心、重离子等医疗项目加快实施。

社会治理不断加强。坚持和发展“枫桥经验”，充分发挥民调组织在解决社会矛盾中的作用，调解成功率为100%。全区刑事有效警情连续4年同比下降，人民群众安全感、满意度不断提升。武汉开发区（汉南区）被授予“平安银鼎”称号。整合政务云、政务网、门户网站三大平台。完成区企业大数据、智慧执法、人口健康等六大网络平台建设。建立完善“民呼我应”工作体系、工作机制，信息化服务平台实现试运行。安全生产形势持续平稳，全年无重大安全生产责任事故、食品安全事件发生。实施“一二三四”精准普法，群众法治意识进一步提高。认真开展第四次经济普查，东风在汉三大总部首次在武汉开发区（汉南区）纳统，统计数据质量不断提升。启动“十四五”规划编制工作。

2019年武汉经济技术开发区（汉南区）主要经济指标一览表

指标名称	单位	2019年
地区生产总值	亿元	1 643.5
地区生产总值增幅	%	6.6
其中：第一产业	亿元	15.2
第二产业	亿元	1 128.4
第三产业	亿元	499.9
规模以上工业企业总产值	亿元	3 035.5
规模以上工业企业增加值	亿元	637.4
固定资产投资总额	亿元	744.1
财政收入	亿元	425.9
其中：税费总收入	亿元	320.3
地方一般公共预算收入	亿元	160
招商引资实际到位资金	亿元	733
实际利用外资	亿美元	21.4
进出口总额	亿元	232
社会消费品零售总额	亿元	124.8
居民人均可支配收入	元	36 380

[武汉开发区（汉南区）档案馆（史志研究中心）供稿]

南昌经济技术开发区

【概况】南昌经济技术开发区（以下简称经开区）位于南昌市北郊，毗邻红谷滩区，创建于 1992 年，2000 年被国务院批准成为江西省第一家国家级经济技术开发区。2019 年 5 月，经开区成为赣江新区统筹区，回归南昌市管辖。现辖区面积 160 平方千米，下辖一镇(蛟桥镇)两处（白水湖管理处、冠山管理处），有 26 个村民委员会、29 个（社区）居民委员会，常住人口约 50 万。

【经济发展】2019 年，经开区大力实施“加速转型升级，打造现代产业新城”战略，攻坚克难，全年实现园区总收入突破 4 000 亿元大关，成为江西省首个突破 4 000 亿大关的经开区；实现园区技工贸总收入 4 021.48 亿元，增长 11.33%；全区工业营业务收入 1 413.8 亿元，增长 7.88%；实现地区生产总值达到 517.52 亿元，增长 9.7%；规模以上服务业企业营业收入达80.17亿元，增长42.18%，增幅列南昌市第一；完成财政总收入 54.9 亿元，增长 6.1%；实现地方公共财政预算收入 21 亿元，增长 20.9%，增幅列南昌市第一；工业用电量达 21 亿度，位居全省前列，列全市第一。经开区在商务部 2019 年度全国 219 个国家级经开区综合发展水平考核评价中排名 33 位，比 2018 年排名前移 15 位，成为江西省唯一进入全国 40 强的国家级经开区。

【产业发展】2019 年，经开区围绕产业高质量发展“三年再翻番、进军三十强”的目标任务，重点推进“1+3”产业提质增效，基本形成了以电子信息为首位产业，以新能源汽车及汽车零部件、医药食品、智能制造为主导产业的产业集群。全区现有企业 6 000 余家，产值过亿元的企业 200 多家。全年实现主营业务收入 1 230 亿。其中，首位电子信息产业实现主营业务收入 450 亿元，占全市比重 42%，形成了以品牌手机运营、核心零部件制造、ODM/OEM 为核心的产业集群；以江铃新能源、百路佳和格特拉克为主的新能源汽车及汽车零部件产业实现主营业务收入 169.43 亿元，同比增长 15%，形成了汽车整车、动力电池、变速箱、齿轮及相关零部件为一体的产业集聚区，被认定为江西省第四批战略性新兴产业集群。

【项目建设】2019 年，经开区紧紧围绕全市“大干项目年”活动，大抓项目，抓大项目，10 月 29 日，举行了千亿重大产业项目集中签约、开工、投产活动，涉及项目 134 个，总额超 1 100 亿元。集中签约项目 61 个，投资总额约 450 亿元；集中开工项目 34 个，投资总额约 439 亿元；集中投产项目共计 39 个，总投资约 227 亿元。其中过 50 亿元的项目就有 5 个，过百亿的项目有 2 个。项目涉及电子信息、高端智能制造、新能源汽车新材料、医药、家电制造、总部经济、创新平台、航空物流等产业。这次活动增强了开发区的发展后劲，是经开区回归南昌市后向市委、市政府交上的第一篇作业，得到了市委、市政府主要领导的肯定。

【招商引资】2019 年，经开区坚持把招商引资工作摆在突出位置，创新招商举措，优化营商环境，招商引资工作成效明显，发展后劲增强。全年新签约项目 62 个，总签约合同额 410 亿元，其中有 43 个项目开工建设，投产项目 30 个。同时，积极探索外资并购模式，推动了法国雷诺集团并购经开区江铃新能源汽车有限公司，并购资金 1.6 亿美元。全区外贸出口实现大幅上扬，其中，凯马百路佳出口 2 887.15 万美元，同比增长 47.68%；欧菲光电出口 22 787.83 万美元，同比增长 539.93%。全年实际利用内资 414.13 亿元，占全市 1/5，同比增长 25.42%，列全省开发区第一。其中，利用省外资金 285.88 亿元，同比增长 21.01%，列江西省第一；实际利用外资 10.41 亿美元，同比增长 27.97%。

【营商环境唱响新品牌】2019 年，经开区坚持打造优质营商环境，提升开发区竞争力。依托现有区位优势，加快建设多式联运中心，减轻企业融资、用工、物流成本；加大加快集生产、生活、办公于一体的工业综合体建设，助力企业快速投产，拎包入驻；深化落实“降成本、优环境”各项惠企政策，优化完善“店小二”“企情收处”“企业大走访”三张名片，用足用好绿色金融改革试验区、人力资源产业园、“双创”示范基地三张国字号招牌，大力推进“五型”政府建设，努力打造政策最优、成本最低、服务最好、办事最快的“四最”营商环境。在江西省开发区争先创优上半年综合考评中，经开区营商环境指标在全省 100 个开发区中连续三年蝉联全省第一。

【城市建管】2019 年，按照城市功能品质提升“年年有变化、三年城区化”的目标，加速推进园区规划、园区配套、园区业态“三大更新”：园区规划更新上，邀请美国 AECOM 设计公司、上海同济规划设计院、华南理工大学建筑设计院等国内外一流设计团队，对经开区的城规和土规作了全面更新，实现生产、生活、生态“三生融合”；在园区配套更新上，按照“地下、地面、立面”三位一体和“六改”要求，加大市政基础设施建设投入，全年总投资约 24 亿元，集中力量改造完成黄家湖路、双港大道、瀛上桥拓宽工程等 33 条道路，基础设施逐步城区化。投入约 1.5 亿元，实施“绿改彩”、LED 循环化改造，实现绿化、亮化、彩化；投入近 1.2 亿元，新建完善了路口信号灯 64 个、电子警察 54 套、护栏 21 000 米、标线 10.32 万平方米；园区业态更新上，重点解决河道治理、违章搭建等突出问题，淘汰散乱污企业，促进业态全面更新升级。2019 年全区进场施工建设项目 41 个，累计完成投资约 6.04 亿。共推进“两房”项目 20 个，其中安置房 12 个，总建筑面积约 268 万平方米，新开工项目 1 个，建筑面积为 5 万平方米。标准厂房项目 8 个，总建筑面积 238.98 万平方米。

【儒乐湖新城快速建设】2019 年，紧紧围绕全市“美丽南昌 • 幸福家园”环境综合整治与区城市功能与品质提升“年年有变化、三年城区化”三年行动方案，按照生产、生活、生态、智慧“四位一体”的要求，突出抓好新城市政基础设施（含市政道路、综合管廊等）、两房建设、生态景观、总部经济、招商配套等各类建设项目 30 多个，全面推进新城建设。新城全年完成总里程长达 50 千米的 22 条路网基础建设项目已分段分批交付；总投资约 200 亿元、占地面积约 1 500 亩的健康文旅产业小镇已初具规模，四大医疗远程医疗中心已具备开业条件，体检中心已开业运营；总投资约 150 亿元的总部经济项目已进入全面施工阶段。

【工程建筑质量管理佳绩】2019 年，经开区共监督区房屋建筑和市政基础设施工程招标投标项目共计 25 个，其中施工项目 19 个、监理项目 5 个、勘察项目 1 个，项目总投资约 30.5 亿元。其中，鸿博科技园项目荣获江西省首届建筑信息模型（BIM）优秀作品二等奖，儒乐湖新城一号综合管廊先后获得全国工程建设质量管理小组活动成果交流会Ⅱ类成果（全国二等奖）、2019 年江西省工程建设质量管理活动一等成果（江西省一等奖），昱博科技园二期项目荣获南昌市建筑工程质量最高奖“滕王阁杯”奖，为提高施工质量以及开发区工程形象发挥积极作用。

【投融资服务】2019 年，经开区利用赣江新区绿色金融改革实验区的政策优势，不断做强做大平台公司，做强融资主体，提高融资征信，把平台公司变成绿色金融改革创新的承载主体。

经开区开展了非公开定向债务融资工具（PPN）发行工作，发行落地 PPN2 融资亿元、绿色市政专项债 3 亿元，拓宽了融资渠道，化解了融资“阻力”。

【科技创新】2019 年，经开区坚持创新引领发展，成果显著。先后引进中科院先进制造产业技术研究院和生物医药装备技术研究院等新型研发机构 9 家，高新技术企业数量新增 55 家、总数突破 175 家。全区全年投入研究与发展（R&D）经费达到 17.5 亿元，占 GDP 比重 3.56%，是南昌市占比的两倍以上，全年专利申请量 3 068 件，专利授权量 2 000 件；每万人有效发明专利拥有量 30.65 件，在全省保持前列。经开区在江西省开发区争先创优上半年综合考评中，科技创新指标独占鳌头，创新创业成为经开区发展的“新引擎”。

【民生工程】2019 年，经开区坚持民生为先的理念，切实完善社会保障体系。涉及民生的教育、社会保障就业、卫生健康、农林水事务、节能环保和城乡事务等 6 个领域，累计投入 22.91 亿元。其中，投入 5 000 多万元，完成了南天金源、万科金域、吉都居等 3 个“1+5+X”社区邻里中心示范点建设；发放退役士兵自主就业一次性补助金 115 万余元，发放义务兵家庭优待金 560 万余元；推进农民工工资实名制管理，开展实名制管理工程项目 129 个，共为 1.4 万多农民工发放工资 2.2 亿元；建立绿色殡葬奖补机制，区级财政安排资金共计 1 163.47 万元，其中 893.47 万元用于殡葬改革管理专项经费，270 万用于购置骨灰堂格位，完成全区 26 个行政村殡葬基础设施建设，覆盖率达 100%；着力推进了凯丰大厦小吃街、盈石广场美食街 2 条“明厨亮灶”示范街建设；全年开展食品药品抽样检验总量达 1 090 批次；新增两所幼儿园评为市级示范园，经开区公办园在园人数顺利完成 40%的目标任务；引入优质教育资源，创办豫章师范附小、南昌二中昌北校区和南昌十中经开校区等中小学；引进和推动了南大一附院儒乐湖分院、远程诊断中心、蛟桥医院、七喜医院等项目建设。经开区计划生育工作荣获 2019 年度全省计划生育先进县（市、区）二等奖称号。

【生态环保】2019 年，经开区坚持打好蓝天碧水净土保卫战，加快推进生态文明建设。集中精力开展了码头搬迁整治工作攻坚战，仅用了 113 天时间，就完成了占南昌市 1/3 数量、1/2 体量的非法码头整治任务，打赢了这场生态治理的硬仗，创下了全市“三个第一”的佳绩。认真落实上级生态文明建设决策部署。其中，落实 2016 年中央环保督察信访件共 49 件，已销号 47 件，销号率 95.9%；落实 2018 年中央环保督察组“回头看”交办经开区信访件共 85 件，上报完成整改数 84 件，上报完成整改率为 98.8%，销号数 69 件，销号率为 81.2%；2018 年江西省环保督察组进驻南昌市期间，转办 173 件信访件，上报完成整改数 170 件，上报完成整改率 98.3%，目前已销案 161 件，销案率约为 93.1%。

（南昌经济技术开发区管委会）

南京经济技术开发区

【经济发展】南京经济技术开发区成立于1992年9月，位于南京市东北郊，紧邻亚洲内河第一大港南京港新生圩外贸港区和龙潭深水港。2002年3月被国务院批为国家级经济技术开发区。2003年3月获批准设立国家级出口加工区。2012年9月，国务院批准设立南京综合保税区（龙潭片）。开发区现已拥有经济技术开发区、新港高新技术产业园、南京综合保税区（龙潭片）、南京港口型（生产服务型）国家物流枢纽等4个国家级功能平台以及中国（南京）智谷、液晶谷、华侨城等特色产业载体，集聚322家来自20多个国家和地区代表行业乃至世界领先水平的企业，世界500强投资企业90家，内资超亿元企业75家，规模以上工业企业241家，形成光电显示、高端装备、生物医药三大主导产业集群，培育打造人工智能、新能源汽车等新兴产业地标，产业基础雄厚、创新实力强劲，已成为长三角地区重要的国家级开发区和南京市外向型经济、科技创新的重要阵地，综合实力跃居国家级经开区第9名。2019年，南京经开区地区生产总值1 135亿元，增长9.3%；一般公共预算收入101.5亿元，增长5.5%；规模以上工业企业总产值3 003亿元，增长5.1%；全社会固定资产投资110亿元，同比增长10.5%；实际利用外资7.26亿美元。

【产业发展】南京经开区始终坚持产业发展核心，努力打造高端产业集聚区，已形成光电显示、高端装备、生物医药三大主导优势产业。2019年，规模以上工业企业产值规模超3 003亿元。光电显示产业集聚了LG、夏普、中电熊猫等一批龙头企业，以新型显示方向为主，产业规模超过千亿，占全市的70%。高端装备产业集聚了AO史密斯、博世、康尼机电等智能化水平较高的装备企业50多家，涉及工程机械、轨道交通设备、特高压输变电设备等前沿行业，并积极拓展装备维保等现代服务产业，实现了多业态联动发展，产业规模近400亿元。生物医药产业集聚了正大天晴、金陵药业、圣和药业等药品生产企业30家和生物医药检测、器械生产、药品流通企业10余家，产业产值140亿元，其中医药制造产业规模80亿元，占全市近三分之一。新能源汽车产业引进建设了蔚来、LG化学新能源动力电池等配套企业近30家，形成了较为完善的涵盖电池系统、冲换电系统、无人驾驶、运营服务的新能源汽车产业链，企业年营收超过200亿元。人工智能产业充分发挥三区融合优势，高标准规划建设了70平方千米的“中国(南京)智谷”，引进和培育了地平线、旷视科技、创新工场、中智行等240家人工智能企业，积聚了张钹、刘多、李开复、周志华、陈松灿等50多名领军人才，以及12家以人工智能为主攻方向的新型研发机构。2019年产值超过60亿元，产业规模在全市占比超过70%。

【科技创新】南京经开区坚持聚力创新，紧扣“创新名城”战略部署，加快落实市委1号文件精神，以科技创新引领转型发展。2019年，新港高新园“江苏省大众创业万众创新示范基地”被评为优秀等次；园区建设的江苏省新型显示成果转化基地获得“创新方法推广应用示范基地”；被中国人工智能产业发展联盟评为“中国人工智能示范园区”；被江苏省公安厅评为“江苏省内部安全保卫先进集体”，综合考评位列全省、全市前列。深入推进“两落地、一融合”，与中科院、中国信息通信研究院、南京大学、东南大学、斯坦福大学、新加坡国立大学等一流高校、院所共建新型研发机构30余家，通过市级备案新研机构21家，累计孵化和引进企业361家，实施科技成果转化近200项，实现年营收1.7亿元，孵化企业年收入达20亿元。面向英、德等国家开展“生根出访”，瑞典皇家理工学院李海波教授、日本千叶大学张煜教授等一批高端人才和团队相继落户，西班牙马德里理工大学南京创新中心、瑞典斯堪瑞克5G工业无线遥控系统研发中心等一批优质创新资源加速汇聚。全面提升企业创新能力，全年新引进科技企业488家，新增高新技术企业169家，科技型企业全年实现销售收入达83亿元。江苏艾科赛特新材料有限公司、南京优科生物医药集团股份有限公司、南京中电熊猫液晶材料科技有限公司等三家企业入选2019年南京市瞪羚企业榜单，中智行无人驾驶汽车成为博鳌亚洲论坛官方车队首发车辆，地平线机器人估值超过30亿美金，成为全球估值第一的AI芯片初创公司。强化知识产权保护，2019年，全年完成国内专利申请10 083件，其中发明专利申请4 123件；完成专利授权5 121件，其中发明专利授权1 107件；完成PTC专利申请171件；全区有效发明专利数量达5 230件。加强人才企业培育力度，开展创业训练营活动，新增30名省级国家级人才，其中新增1家全国最具成长潜力的留学人员创办企业（全市仅2家），新增1名科技部创新人才推进计划（全市仅10家），新增1名江苏省留学先进个人（全市仅4家），区级人才优质孵化位列全市第一方阵。

【投资促进】南京经开区坚决落实全市“招商突破年”部署要求，牢固树立“大招商、招大商”的理念，充分发挥重大项目牵引作用，全面做好建链、补链、强链文章，招商引资和项目推进实现新突破。主要领导带队赴美、德、日、韩等重点国家开展精准招商，组织筹办中国人工智能峰会、世界人工智能与机器人大会、中国汽车智能制造大会等高质量的招商活动。2019年，全年新引进1 000万美元或1亿元以上重大项目105个，累计总投资超1 300亿元。新开工乐金化学新能源电池七工厂、华信藤仓光缆等重大项目24个，当年完成工业固定资产投资65亿元，实现开工面积82万平方米；新竣工乐金化学新型电池、南京电气高压复合套管研发及产业化等重大项目23个，当年完成工业固定投资90亿元，实现竣工面积63万平方米。大力发展新能源汽车、人工智能、5G技术等战略性新兴产业。新能源汽车产业链条不断延伸拉长，蔚来汽车XPT二期竣工投产，奇瑞雄狮智能网联汽车研发项目签约落地，一批产业链上优质项目加速汇聚。抢先布局5G产业，东洲5G通信应用、英特尔未来科技智慧中心等重大项目先后落地，华为、海康卫视、浙江大华等优质项目加速跟进，正在形成新的产业增长极。全年实际到账外资7.26亿美元，实际到账内资205亿元，获得南京市高质量发展优胜奖，实际利用外资、实际利用内资突出贡献奖。

【体制机制创新】南京经开区始终把优化营商环境放在重要位置，持续深化推进“放管服”改革，促进政府职能转变、降低准入门槛、激发市场活力和社会创造力，在2019年国家级经开区营商环境指数排名中跻身前十。近年来，南京经开区深入推进相对集中行政许可权改革、国家级开发区全链审批赋权改革、“互联网＋政务服务”改革、证照分离改革、工程建设项目审批制度改革、3550改革和“864改革”、不见面审批改革、信用承诺制改革等一系列改革举措，减环节、优流程、压时限、提效率，实现审批办件平均提效率达52%。启动实施国家级经开区全链审批赋权改革，明确首批实施清单为79个事项。目前，南京经开区企业开办全流程已实现最快0.5个工作日、常态2个工作日办结，企业投资建设项目从立项至施工许可证，审批领取全流程平均耗时为24个工作日。同时，不断完善“提前指导、全程代办、批后回访”的代办服务工作机制，全面实现定制化菜单式精准代办服务。持续推进“大全科”政务服务改革举措，促进形成“前台统一受理、后台分类审批、统一窗口出件”的审批服务模式。创新审批监管形式，进一步明确监管事项、监管责任主体、监管流程、监管措施和监管标准。完善激励考核机制，面向社会聘请政务服务行风监督员，规范政务服务运行，促进机关作风转变，全力打造“新港温度＋新港速度”政务服务品牌，激发区域企业发展活力。

【投融资服务】南京经开区着力健全科技金融服务和财政支持体系，推动科技金融服务体系不断完善。先后出台了《高新技术企业扶持资金管理办法》《专利专项资金使用管理办法》《创业新港人才计划实施意见》《创业新港人才计划资金管理办法》《南京经济技术开发区关于深化创新名城建设文件精神促进开发区产业转型的实施办法》等若干政策举措，形成了有利于各类人才来园区创新创业的一整套政策体系。集聚知识产权、技术转移、研发设计、法律服务、科技金融等第三方服务机构100余家，构建了覆盖科技创新全链条的科技服务体系。与中国建设银行、南京银行、江苏银行、中国银行、韩国釜山银行等国内外知名金融机构开展战略合作，帮助高新技术企业、新型研发机构获得稳定的资金支持。区内7家公司境内上市，1家公司境外上市，14家企业挂牌新三板。

【绿色集约】南京经开区高度重视生态园区建设及园区循环化改造工作，出台了《关于成立南京经济技术开发区循环化改造推进工作领导小组的通知》《2019年南京经济技术开发区打好污染防治攻坚战目标任务》《2018年南京经济技术开发区城市精细化建设管理十项行动组织方案》《南京经济技术开发区落实创新名城建设文件精神促进开发区产业转型的实施办法》等一系列政策文件，从组织领导、技术、资金等方面制定了配套保障措施，积极推动优化产业转型升级，挖掘循环化改造潜力，对主导产业和新兴产业的副产品和废弃物综合利用及循环化发展方面进行充分整合，建成了一条以新型显示、生物医药、新能源汽车、集成电路、人工智能、激光制造六大产业为主的区域性循环经济产业链。2019年，经开区持续推进大气、水、土壤环境治理修复工程，开展经开区全国第二次污染源普查，推动生态工业园区年度评价和三线一单工作，获评2018年国家级经开区绿色发展最佳实践园区。2019年，开发区空气质量持续改善，PM2.5浓度同比下降10.6%，PM10浓度同比下降18.4%，水环境质量总体向好，主要断面、排口水质改善幅度较大，兴武大沟水质稳定达到地表水V类标准。开发区通过升级生产工艺、大力推广天然气的使用、建设太阳能光伏发电、实施污水处理及中水回用、环境综合治理等措施，有效提高了资源、能源利用效率，减少了传统化石能源的使用，减少污染物的排放强度，提升了污染治理水平，实现了污染治理集中化。

此外，南京经开区坚持土地集约节约利用的高质量发展模式，坚持规划引领，适度提高产业地块容积率、高度、密度等核心规划经济技术指标，适度减少产业用地面积，促使用地模式由“粗放式”向“节约、集约”转变。积极完善供地模式，强化土地市场化配置，建立健全退出机制，推进低效用地转型。2019年度经开区工业用地综合容积率为1.2，工业用地建筑系数为64.27%，区内工业用地建筑状况已达到了较高的水平。2019年经开区土地集约利用评价位居全省国家级经开区前三。

【城市建设】作为南京市推动紫东地区发展、实施东部崛起战略的重要增长极，近年来，南京经开区抢抓紫东发展机遇，深入贯彻落实新发展理念和高质量发展要求，着手对新港、华侨城红枫、液晶谷和龙潭四大板块进行全域的规划研究，以加快提升城市功能品质，全力优化营商环境，推进园区向城市综合功能区转型。新港建成区以南部兴智中心开发建设为抓手，完善城市服务配套功能，打造集科研、教育、住宅为一体的产城融合先导区，通过低效用地再开发等手段不断提升产业层次，彻底解决有产无城的局面，使经开区由“生产车间”转变为城市客厅和生活家园；中部片区通过红枫科技园和华侨城文旅项目建设，营造功能复合、开放共享、灵活多变的创新创智新空间，打造南京中部科创文旅的新地标；液晶谷片区以液晶产业为龙头引领，依托仙林大学城产学研的优势，整合上下游产业链，推动高端液晶产业布局，逐步完善片区基础设施和商业配套建设，形成集高新技术产业和居住休闲为一体的综合型片区；龙潭片区以龙潭新城开发为引擎，用最现代的城市建设理念，高标准打造宜业、宜居、宜游的现代化复合型产业新城。

【机构设置与党工委管委会领导（至 2019 年 12 月 31 日）】中共南京市委南京经济技术开发区工委领导有：书记黎辉，副书记沈吉鸿、李华（2019 年 9 月份免职）、陈乙华（2019 年 12 月份任职），委员蒋伟、沈吟龙、徐宁生。

中共南京市纪委南京经济技术开发区工委领导：书记翟建明。

南京经济技术开发区管委会领导有：主任沈吉鸿，副主任蒋伟、沈吟龙、徐宁生、秦天堂（2019 年 8 月份免职）、周华（2019 年 8 月份任职），二级巡视员李华（2019 年 9 月份任职），一级调研员刘众、陈林午。

中共南京市委南京经济技术开发区工委工作机构包括：办公室、组织人事局（管委会人力资源和社会保障局）、宣传局（管委会法制办）。

南京经济技术开发区管委会工作机构包括：经济发展局、投资促进局、财政局（国有资产监督管理办公室）、国土规建局、科技人才局、企业服务局、社会事业局（房屋征收办公室）、城市管理局（综合执法支队）、安全生产监督管理局、审计局、机关党委、环境保护局、行政审批局（政务服务中心）、市场监督管理局、南京新港高新园管理办公室、南京综合保税区管理委员会（龙潭）管理局、城市建设指挥部、总公司计划财务部、总公司投资管理部。

群众团体包括南京市总工会南京经济技术开发区总工会。

派驻机构包括南京市监察局驻南京经济技术开发区监察室。

（南京经济技术开发区管理委员会）

长沙经济技术开发区

【经济发展】2019 年，长沙经济技术开发区（以下简称“长沙经开区”）实现规模以上工业企业总产值 2 426.12 亿元，同比增长 7%。完成规模以上工业企业增加值 607.35 亿元，同比增长 6.74%；完成全社会固定资产投资 290.39 亿元，同比增长 11.8%。完成工商税收 155.51 亿元，同比增长 6.04%。

【产业发展】工程机械产业产值 1 358 亿元，增长 30.6%。三一集团装备板块终端销售额突破 1 000 亿元，跻身全球工程机械前三强；铁建重工研制国内首台中低速磁浮智能巡检车，获批“国家级工业设计中心”；山河智能液压静力压桩机获评国家冠军产品。汽车产业布局基本完成。三一智联重卡暨道依茨发动机、广汽三菱研究院及零部件配套园、索恩格新能源汽车技术全球研发中心暨工业园二期等重大项目相继落地，上汽大众新能源、福田汽车超级中轻卡、奇瑞汽车新能源商用车、吉利汽车等重大项目洽谈稳步推进，汽车产业后劲持续增强。电子信息产业实现产值 220.1 亿元，增长 12.7%。蓝思科技与全球知名企业达成重大产品配套协议，在显示材料领域的领先优势持续扩大。国科集成电路产业园顺利推进，国科微加快打造全国芯片设计领域独角兽企业，园区获批建设国家“芯火”双创基地。

【科技创新】新增高新技术企业 66 家，总数达 271 家，实现高新技术企业产值 1 996.35 亿元。新研发省、市首台（套）智能制造装备 34 件，申请专利 3 000 件，授权 2 100 件，获中国专利奖 9 项，占全省获奖总数 30%。新建工业地产 28 万平方米，引进中小微创新企业 448 家，新增创新平台国家级 3 家、省级 7 家、市级 1 家，三一众创获评国家级科技企业孵化器。铁建重工牵头攻关“超级地下工程智能成套装备关键技术研究与应用”项目。

【投资促进】新引进投资额 5 000 万元以上项目 40 个，总投资 691.3 亿元，其中世界 500 强企业投资项目 3 个，中国 500 强企业投资项目 1 个，投资额 100 亿元以上项目 1 个，投资额 10 亿元以上项目 12 个。全年实际到位外资 7.11 亿美元，同比增长 12.57%；引进省外境内资金 42 亿元，同比增长 18.81%；实现外贸进出口额 49 亿美元，同比增长 23.43%。三一智联重卡暨道依茨发动机、比亚迪 IGBT、铁建重工第三产业园、索恩格新能源汽车技术全球研发中心、夸特纳斯长沙产业园、华天光电激光陀螺等重大项目签约落户。重点在谈项目 10 个，总投资额约 187 亿元。

【绿色集约】规模以上工业企业工业耗能 52 万吨标准煤，万元产值综合能耗 0.023 9 吨标准煤。主要能源中，电力消耗 32.1 亿度，天然气消耗 5 832 万立方米。辖区内 3 座污水处理厂完成提标提质改造，完成星沙污水处理厂扩容（四期）提标工程项目立项和可研评审。总投资 54 798.59 万元，扩容设计规模 7×104 立方米 / 天，提标设计规模 25×104 立方米 / 天。服务范围为锦绣路以东、远大路以北、黄兴大道以西、开元路以南区域，纳污区域面积 23.3 平方千米。配合省市节能监察部门对园区蓝思科技、广汽三菱、广汽菲克等 4 家纳入节能监察重点用能企业进行监察，重点监察企业能源管理制度建立、能源审计整改落实等情况，并均达到监察要求。完成园区内所有充电桩项目审批及首次验收工作，对全区12个充电站项目涉及的133个充电桩现场验收。在入区企业特别是重点用能企业中开展节能宣传周和低碳日活动，发放宣传海报600份。

【智慧园区】实施智慧园区中长期发展规划，“一档两库一平台”一期项目完成验收，被评为“2019全国智慧开发区建设十大优秀案例”。二期项目重点建设信息仓、工业经济运行分析及企业服务管理系统。大陆集团智慧城市及智能出行示范5个子项目全面启动，应用体系建设取得实质进展。

【基础设施建设】铺排基础设施项目99个，完成投资49.7亿元。落实长沙市“一圈两场三道”、新三年造绿大行动，建成人行道23.1千米、自行车道30.2千米、停车场1个，新增绿地面积40万平方米。蓝田路下穿长永高速、长株高速榔梨东收费站项目完工，东十路下穿长永高速、东十一路上跨长永高速项目进入尾声，黄兴大道全线贯通。推进电力“630攻坚”，110千伏韶光变进线电缆通道建成，220千伏鼎黄线塔基即将全线交地，泉塘变电站启动建设。

【投融资服务】拓展财政筹资渠道。组织园区相关部门、单位申报政府债券工作，统筹协调各项目建设单位多批次包装整合储备项目，向省市政府申报三一智联重卡项目资金支持。获地方政府专项债券资金12.83亿元。

打造金融集市。开展20余次金融集市活动，强化担保、小贷、金融服务中心等金融服务平台服务功能，发挥风险补偿基金、过桥转贷基金作用，出台金融帮扶专项政策，启用新金融集市场地。120家企业通过金融集市等服务平台获得融资16亿元。

推动企业上市。协调上交所在园区设立上市工作站，引进中金公司、普华永道等国内外著名中介机构；根据国发〔2019〕11号文件精神，推进平台公司上市。推荐15家园区企业纳入省市拟上市企业库。湖南丽臣、耐普泵业获省证监局备案批复。铁建重工母公司同意其分拆至科创板上市；韶关半导体、顶立科技就分拆上市工作加紧与母公司协调。

推进PPP项目建设。完善流程管控，明确责任节点，出台《长沙经开区PPP项目投资控制实施流程》。调增前4个PPP投资额6.87亿元，协调省财政厅更新相关信息。启动第5个PPP项目。

【体制机制创新】出台改革创新20条举措，出台区县“强园富县”实施方案。按照“派驻改内设、委托改授权、一枚印章管审批”原则，相对集中行政许可权改革试点和机构改革获省、市批准，市派出机构已全部调整为内设机构，星沙产业基地和土地储备中心纳入园区管理，新一轮干部竞争上岗工作全面展开。创新选人用人机制，推进干部年轻化、专业化，开辟管委会与直属企业双向交流通道，激发干部队伍活力。

【国际合作】4月10日，长沙市人民政府主办、长沙经开区承办的汽车零部件供应商投资说明会在日本名古屋举行。三菱汽车工业株式会社、广汽三菱、日本阿斯铁亚、林天连布、泰极爱思、荻原、电装、中央精机等23家汽车零部件供应商代表出席。林天连布、荻原、泰极爱思、福州六和4家企业与长沙经开区签约，总投资10亿元，成为首批进驻广汽三菱汽车零部件产业园的日资企业；储备在谈项目3个，计划投资4亿元。5月15日，长沙经开区承办2019长沙国际工程机械展览会，1 150家中外工程机械企业参展。7月12日，长沙市人民政府主办、长沙经开区承办的长沙市汽车产业链暨德系汽车零部件招商推介会在上海举行。上汽大众、博世汽车、大陆集团、德国博泽集团、安通林汽车配件、联合汽车电子、马勒热系统、法雷奥汽车电器系统、宁德时代、均胜电子、琥珀汽车、新吉奥等80余家国内外汽车企业的100余名高管出席推介会。

【政策发布】2019年1月8日，出台《长沙经济技术开发区“千人帮千企百日大行动”金融帮扶企业实施办法》，从企业融资财政贴息、风险补偿基金贷款增信、过桥转贷基金支持、担保融资补贴、小额贷款支持五个方面给予园区企业金融支持，促进企业高质量发展。8月21日，出台《加快引进培育技能人才实施办法》，加大技能人才奖励支持力度，兑现2 200余名技能人才相关奖励401.72万元。9月30日，出台《长沙经济技术开发区技术工人购房贷款利息补贴实施办法》，规定符合条件的技术工人2019年1月1日至2021年12月31日在长沙经开区、长沙县范围内新购买自住商品房的，按购房贷款前三年利息的20%予以补贴，每人每年补贴最高不超过5 000元。

【社会事业】引进英国百年名校康礼·克雷格公学，湖南第一师范学院星沙实验学校落地开建，湘郡未来实验学校新校区、长沙师范学院附属幼儿园主体竣工。出台《长沙经开区穿梭巴士补贴管理办法》，补贴穿梭巴士1 000余万元；大众公租房首末站、德普公交首末站建成并投入使用；新开通X214星沙联络线公交首末站—新安路站场、蓝思科技—汽车西站、蓝思科技—汽车南站公交线路。保障蓝思科技、上汽大众、礼恩派等企业员工住房需求；充分调度三一员工小区、创业乐园、中部智谷等社会房源，保障维胜科技、熙迈机械、五新隧装等企业员工入住。完成上汽大众龙峰安置区分户、基础设施建设及指导拆迁安置户自建房屋等工作。

【党建工作】开展“不忘初心，牢记使命”主题教育。新建企业党组织13家，改选基层班子52家，集中整顿软弱涣散组织10家，撤销空壳党组织8家；制定2019年互联共建联组及产业链党建小组工作方案，组织互联共建、党建联盟、产业链党建活动41次，协调解决问题300余个；推进“五化”支部建设，评选97个示范化基层党支部，开展“两争一创”评优活动，评选表彰183个先进典型；落实党建工作考核制度，通报187家基层组织考核结果。举办春、秋季培训班2期，开设专题讲座8场，培训党务干部430人次；开设“党务知识小课堂”，举办支部发展党员等党建业务培训14场次，培训党务干部1 000人次。统一编印《政审资料手册》，完成年度党员发展任务269人。落实基层关怀等各类经费补助近300万元。编发《党建印记》《“微党建”专辑》《党务培训集锦》图文画册。园区351个基层党支部、5 859名党员完成组织生活会及民主评议。

【机构设置与工管委领导】2019年8月，上级编制部门批复同意长沙经开区党工委、管委会机构改革方案。改革前，长沙经开区工管委内设办公室、人力资源与社会保障局、党群工作局、纪检监察审计室、招商合作局、产业环保局（知识产权局）、财政局、建设发展局、社会事业局9个工作部门，另设有经济研究室；所属政务服务中心、创业服务中心、人才交流服务中心、投资评审中心、政府采购与招投标办公室、征地拆迁办公室、拆迁事务所、建设工程质量安全监督站、法律事务中心9个事业单位；直属长沙经济技术开发集团有限公司、长沙经开区项目开发建设管理有限公司2家企业。经济研究室及所属事业单位归口（挂靠）相应局室管理。

机构改革后，长沙经开区工管委内设办公室、人力资源与社会保障局、党群工作局、纪检监察审计室、招商合作局、经济发展和企业服务局、财政局、社会事业局、重点项目推进服务局、自然资源和规划建设局、市场监督管理局（知识产权局）、行政审批服务局12个工作部门；所属政务服务中心、创业服务中心、人力资源公共服务中心、投资评审中心、政府采购与招投标中心、征地拆迁安置事务所（征地服务中心）、建设工程质量安全监督站、法律事务中心、产业发展事务中心9个事业单位；成建制接转长沙县2个事业单位，即星沙产业基地管理中心、土地储备中心；直属长沙经济技术开发集团有限公司、长沙经开区城建开发有限公司2家企业。

工管委班子成员包括：党工委书记曾超群（至2019年3月），党工委书记沈裕谋（2019年

3月任职），党工委副书记、管委会主任张庆红，党工委副书记贺代贵，纪工委书记周志远，管委会副主任常利民、袁钊、张湘鸿；党工委委员周志远、常利民、袁钊、张湘鸿、肖靖（至2019年6月，挂职）。

（长沙经开区经济技术开发区管委会）

郑州经济技术开发区

2019年，郑州经济技术开发区（以下简称郑州经开区）坚持以习近平新时代中国特色社会主义思想为指导，全面贯彻党的十九大和十九届二中、三中、四中全会精神，学习贯彻习近平总书记视察河南重要讲话和指示批示精神，认真落实中央、省委和市委市政府各项决策部署，突出高质量发展主题，坚持开放创新双驱动战略，以“双十工程”为工作主线，凝心聚力促发展，创新思路求突破，党的建设全面加强，经济社会持续保持健康稳定发展态势，各项工作取得了新的成效。

【经济发展】2019年，郑州经开区全年地区生产总值完成1 059亿元，同比增长6%，首次突破千亿大关；第二产业增加值完成768.1亿元，占地区生产总值的72.5%；第三产业增加值完成289.2亿元，占地区生产总值的27.3%；固定资产投资完成429.5亿元，同比增长0.1%；社会消费品零售额完成256亿元，同比增长0.4%；公共财政预算收入完成72.8亿元，同比增长6.3%；税收总收入236亿元，同比增长3.4%，进出口额完成247亿元，同比降低10.4%。

【产业发展】2019年，郑州经开区以构建现代产业体系为统揽，按照习总书记关于“把制造业和实体经济搞上去”的重要指示，结合区域“制造业+枢纽”的产业发展优势，着力打造郑州先进制造业先行示范区、郑州200万台汽车城核心支撑区、陆港型国家级物流枢纽，全区全年规模以上工业企业总产值完成1 666.8亿元，同比增长5.9%；销售产值完成1 559.6亿元，同比增长3.4%，产销率为93.6%；增加值完成484.4亿元，同比增长5.6%。

以智能制造、国家级枢纽建设、数字经济为引领，打造产业发展新动能。一是以国家物流枢纽建设为契机，依托国际陆港和国际物流园区区位交通及开放优势，谋划打造陆港型国家物流枢纽，编制《郑州陆港型国家物流枢纽建设方案》，积极筹备第二批申报工作。二是以河南省首批智能化示范园区建设为依托，加快推动区内企业智能化改造进程。编制完成《经开区智能化改造示范园区建设方案》，制定智能化公共服务平台项目建设计划，引导上汽、海马、海尔等40余家及企业完成智能化诊断。三是探索培育数字经济、人工智能、大数据、云计算等新经济、新业态。目前，郑州经开区数字经济发展成效初显，拥有保税大数据中心、陆港大数据中心等国内外电子商务大数据项目，上汽大数据中心等制造业大数据项目。

以汽车、装备两大主导产业为支撑，打造郑州先进制造业先行示范区。

汽车产业转型升级实现突破。上汽、东风日产、宇通、海马四大整车厂均有新能源智能网联车型实现量产，宇通新能源动力电池一期建成投产，年产能达到16GWh。2019年全区规模以上汽车制造产业完成产值834.4亿元，同比增长4.2%；完成增加值199亿元，同比增长4.7%，占规模以上工业增加值总量的41.1%。

装备制造业转型提质。以河南省智能化产业园建设契机，大力发展以中铁盾构、宇通重工、郑煤机为代表的大型成套装备及以海尔、富泰华为引领的电子电气设备，加快中铁智能化高端装备产业园建设，打造世界一流的地下空间开发掘进装备产业中心；谋划培育以安图生物为代表的精密高端诊疗设备及人工智能装备，推动安图生物诊断仪器产业园项目、生物试剂扩能项目开工建设。全年装备制造业规模以上工业企业产值实现478.4亿元，同比增长13.1%；实现增加值116.8亿元，同比增长12.9%，占规模以上工业企业增加值总量的24.1%。其中电子信息产业制造业完成产值115亿元，同比增长2.5%；实现增加值35.9亿元，同比增长3.5%。

以现代物流发展为引领，以结构优化提升为重点，着力推动服务业提质增效。

全区现代物流业持续向好，医药物流、快递物流营业收入占全省一半以上，全社会物流总额超4 000亿元。一是着力推动现代物流业优化提升。围绕全省现代物流业转型发展规划，重点发展以冷链物流、电商物流、医药物流、保税物流为代表的高附加值物流业。二是以三大省级服务业专业园区建设为引领，推动服务业产业结构进一步优化。推动区内重点龙头企业“二三产剥离”“主辅业务分离”，引导全区生产制造类、批零贸易类等企业剥离科技研发、供应链管理、售后服务。同时推动城市服务业改造提升，扩大全区商贸服务业总量。

【科技创新】2019年，郑州经开区科研经费支出占财政支出比重达到13.3%，科技创新对经济增长的贡献明显提升。全年高新技术产业产值约完成1 400亿元，同比增长12%；高新技术产业增加值333亿元，占规模以上工业企业增加值的68.8%。全年新增科技型企业134家，同比增长25%；新增高新技术企业56家，同比增长33%；获批市级以上研发中心27个，同比增长23%；引进培育领军人才和高层次紧缺人才16人（市级11人、省级5人），同比增长33%；完成国家网技术交易额备案6.7亿元，同比增长109%；获批国家级科技企业孵化器1家；万人有效发明专利量31.61件。

加强科技创新主体培育，形成梯次发展格局：2019年全区新增科技型备案企业134家，占全区累计数的1/4强，新增高新技术企业56家，占全区累计数的1/3强。目前，全区年营业收入超1 000万元科技雏鹰企业26家，较去年年底增长44%；超2 000万元科技小巨人企业44家，较去年年底增长47%；超1亿元科技瞪羚企业33家，较去年年底增长27%；超10亿元科技创新龙头企业10家，较去年末增长43%，形成了梯次发展格局。

引进发展新型研发机构，聚集科技创新资源：2019年，重点跟进了中科院苏州纳米所、国家增材制造创新中心等数家新型研发机构。同时，积极推进大连理工大学郑州研究院的发展，搭建了“交通运输装备及零部件轻量化院士工作站”“工业装备结构分析国家重点实验室郑州分实验室”“装备和结构轻量化设计服务平台”等研发平台，申报专利17项，其中发明专利6项。

培育创新引领型人才，激发创新创业活力。一是培育和支持高端人才创新创业，积极宣传国家、省、市科技创新人才政策。2019年，全区获批河南省“中原人才”4人，获批市级引进培育高层次人才29人。二是充分发挥留学人员创业园、中美国际创业港等双创载体，利用欧美同学会、河南郑州国际人才智汇港等平台优势，吸纳与承载海外、豫外人才回归创新创业，2019年全区引入留学生创业企业12家。三是加强校地合作，共促人才培养。

优化创新创业环境，构建协同创新体系。一是建设科技信息公共服务平台，规范科技项目管理，强化无纸化办公，助推行政效能提升；二是开展创新创业活动，组织跨境电商企业专题培训会，组织中小微企业科技金融政策宣讲暨投融资对接会，组织全国知名创投机构中原行走进经开区活动；三是依托各类双创载体定期举办创业沙龙、创业讲堂、项目路演等系列活动，实现创业者之间的互动交流，营造浓厚的创业创新文化氛围；四是推动企业科技组织的建立，为科技工作者搭建开放、共享、互通平台。

加强知识产权工作，推进知识产权强区。全

年申请专利3 000件，授权专利达1 900件。

【投资促进】2019年，受国内外经济下行压力和贸易摩擦影响，郑州经开区外资、外经、外贸工作形势严峻，外商投资日趋收紧，进出口贸易、境外投资、产业升级等均受到一定程度冲击，这是对全区涉外经济领域的可持续健康发展的挑战。全年新批外商投资项目8个，合同外资金额543万美元；实际吸收外资金额58 774万美元，同比增长3%，占郑州市实际吸收外资金额的13.3%；增资项目3个，共计增资537万美元；新批内资企业4 394个，新增内资企业注册资本607 763万美元，同比增长346%。完成进出口总额247亿美元，同比下降10.4%，占郑州市进出口总额的6%。其中出口总额162.6亿美元，同比下降15%；进口总额69.5亿美元，同比下降9%。

2019年郑州经开区还围绕优化营商环境的重点领域和难点痛点堵点，相继出台了《关于印发经开区“工业标准地”管理实施意见的通知》《关于印发经开区工程建设项目区域评估实施方案的通知》《经开区企业开办全流程“一件事”零成本一日办结实施方案》《经开区集中整治形式主义、官僚主义优化营商环境工作方案》《经开区工程建设项目审批制度改革提升方案》《经开区应急转贷资金管理办法》等政策性文件十余件，着力提升营商环境优化工作的规范性、系统性和指导性。好环境带动大投资。上汽郑州基地项目，实现了三年四大步、累计投资200亿元。东风日产、海尔、中铁、郑煤机等一批产业龙头，持续加大投资、滚动发展成为新的特色。截至2019年底，全区共443个重大项目总投资1 960亿元，累计完成投资410亿元，完成固定资产投资入库430亿元，新开工项目90个，竣工投产项目75个。

【体制机制创新】建立健全体制机制：2019年以来，郑州经开区管委会基于园区产业布局及工作实际，重点对事业单位职能进行调整，对职能相近的部门进行整合撤并，科学完善其管理职能；及时规范办事处设置，保障基层社会、民生稳定；对区域发展核心职能部门的人员编制重点保障，加强自贸区经开区办事处领导班子配备及人员调剂，保证了自贸区经开区办事处在郑州片区的主导地位。

深化“放管服”改革。积极推行权责清单、服务清单、负面清单制度。推行“互联网+政务服务”，围绕“不见面”智办、“店小二”帮办、“一张网”通办、“跑一次”即办、“一件事”一次办，打造“经心办”政务服务品牌，通过协调垂直部门、沟通上级单位、促成银企互联等措施，同步推进实体大厅和网上办事流程的优化提升。

以制度创新提升产业发展动能：推动跨境电商坚持制度创新，多项成果已全国复制推广。组织部门积极研判、主动作为，累计上报各项制度创新案例近30项，其中“一区多功能”“一店多模式”“跨境电商海关正面监管”“项目模拟审批改革”等创新案例经商务部同意全国复制推广，河南保税集团经授权成为“跨境电商1210保税线下直提”全国唯一试点，对相关产业带动效果明显。

【投融资服务】2019年，郑州经开区围绕解决企业融资难、融资贵问题，鼓励企业对接多层次资本市场，提升金融服务水平。

一是推动企业上市。实行后备企业动态管理，更新上市挂牌后备企业近20家。2019年1月17日和11月11日，河南省证监局分别接收郑州速达工业机械服务股份有限公司和河南联合精密材料股份有限公司辅导备案材料。12月18日，中国证监会受理郑州速达工业机械服务股份有限公司申请材料。2019年5月15日上午，组织23家经开区企业参加郑州市政府在中原股权交易中心路演厅举行的集中挂牌仪式，并代表经开区做了典型发言。截至目前，我区新增中原股权交易中心挂牌企业93家。二是拓展融资渠道。协调河南省超亚医药器械有限公司与平安国际融资租赁有限公司开展融资租赁业务，从9月至目前企业完成4笔共计298万元融资租赁融资；全区实现资本市场融资27亿元。三是争取政策支持。依据省市有关文件要求，申报兑付各类奖补资金共计 2 410 万元。

【绿色集约】一是坚决打好污染防治攻坚战。2019 年，郑州经开区开发建成了省内领先的覆盖全区的智慧环保平台，通过大数据、云计算，关联分析污染成因，趋势预警、靶向治理、自动调度，极大地提高了监控和治理效果。截至 12 月底，全区 PM10 同比下降 2.75%，下降率全市第 4；PM2.5 平均浓度排名全市第 1，同比下降 9.84%，下降率排名第 1。

二是全力做好土地监察，打击违法用地。2019 年，郑州经开区土地执法工作“以消除违法状态，实现违法用地清零为任务目标”，以“拆除复耕、补办手续为整改标准”，实现了 2019 年新增私搭乱建违法用地为“零”的突破。同时充分利用土地市场实时监测服务平台，对未构成土地闲置条件的企业，提前督促开工建设，全年共清查闲置土地 44 宗 2 205 亩，进一步盘活了闲置土地，规范了土地开发利用秩序。

三是循环化园区改造成效明显。2019 年以来，郑州经开区结合自身产业结构特征，以科学发展观为指导，以循环经济为理论依据，以完善循环化产业链条、推进能源梯级利用为主要发展模式，同时推动废弃物集中处置和基础设施绿色化改造，建立企业在能源、物质、基础设施和信息等方面的循环利用和共享机制，实现了废物的最少排放，达到了高科技、高质量、高效益、低污染、配套化、生态化的建设目标。

【社会事业】基础设施建设方面，2019 年，郑州经开区稳步推进循环路网建设，全年新开工道路项目 31 个，建成通车道路 5 条；起步区改造有序推进，完成航海东路等大修工程 20 余个，对外交通更加便捷；持续推进“公厕革命”，提升公共配套能力；完成正商广场等 83 栋楼体的夜景亮化提升，推进 25 千米通信光缆入地改造。通过一系列卓有成效的工作，郑州经开区的城市形象面貌焕然一新。全年民生支出 40 亿元，占公共预算支出的 70%，创历年之最。群众回迁安置进展顺利，回迁万余人，基本实现大头落地。教育医疗蓬勃发展，建成学校 6 所，新增学位 1 万个，为历年最多。郑大二附院新院区等项目顺利推进，建成并投入使用社区卫生服务中心 5 所，公共医疗体系不断完善。生态环境明显改善，创新环保智慧平台建设受到省市领导肯定，颗粒物指标成为全市唯一一个完成任务的区域，PM2.5 下降率全市排名第一。城镇居民人均可支配收入 43 254 元，同比增长 7.5%；农村居民人均可支配收入 26 265 元，同比增长 7.9%；人民群众的生活质量明显提高。

【国际合作】2019 年，郑州经开区“陆上丝绸之路”越跑越快。中欧班列（郑州）保持高频次往返运行，全年开行 1 000 班，货值 33.8 亿美元，综合运行指数全国第 2。“网上丝绸之路”越来越便捷。成功举办第三届全球跨境电子商务大会，跨境电商业务走货量 1 亿包，进出口货值 110 亿元。

【党建工作】2019 年，郑州经开区切实履行全面从严治党主体责任，旗帜鲜明支持纪委监督执纪问责，推动党风廉政建设取得新成效，为经济社会发展提供了坚强的政治和纪律保障。一是履行全面从严治党主体责任，强化政治担当。二是贯彻落实中央八项规定，驰而不息纠正“四风”。三是全面推进党风廉政建设，着力构建良好政治生态。四是扎实开展巡察整改工作，持续保持高压态势。

【机构设置与党委（党工委）管委会领导】郑州经开区机构设置情况如下。截至 2019 年 12 月底，郑州经开区共有：14 个内设机构和 1 个政府部门，分别是党政办公室、纪工委（监察审计局）、人事劳动和社会保障局、财政局、规划分局、国土资源分局、建设环保局、科技局、城市管理局（城市综合执法局）、社区管理服务局、机关党委、党群工作部、经济发展局、商务局和市场监管局；27 个管委会直属事业单位，其中经市编办核定 3 个（金融办公室、自贸区郑州片区经开办事处，机关事务管理局），经开区自定 24 个；6 个办事处，分别是明湖办事处、潮河办事处、京航办事处、前程办事处、九龙办事处和祥云办事处。

管委会领导如下。2019 年，郑州经开区党工委书记、管委会主任樊福太，党工委副书记、管委会副主任王义民，党工委委员、副主任孙兵，党工委委员、纪工委书记武斌，党工委委员、副主任杨光，党工委委员、副主任马良，党工委委员、工会主席王宏伟，党工委委员、副主任刘洋，郑州市人大常委会经开区工作委员会主任李国立，郑州市人大常委会经开区工作委员会副主任杨宁、李飞、赵凯。

2018—2019 年开发区主要经济指标综合指标一览表

项目		单位	2018 年	2019 年	增减（%）
开发区生产总值		亿元	988	1 059	7.2
第二产业		亿元	542	768	41.7
工业		亿元	420	510	21.4
第三产业		亿元	187	289	54.5
工业总产值（现价）		亿元	1 543	1 736	12.5
高新技术企业		亿元	1 229	1 347	9.6
销售（营业）收入（四上企业）		亿元	3 421	3 686	7.7
第二产业		亿元	1 945	2 034	4.6
工业		亿元	1 403	1 485	5.8
第三产业		亿元	1 476	1 652	11.9
利润总额（四上企业）		亿元	194	252	61.7
第二产业		亿元	135	155	14.8
工业		亿元	123	146	18.7
区内主要产业及产值		亿元	1 574	1 667	5.9
主导产业	1. 汽车	亿元	800	834	4.2
	2. 装备制造	亿元	423	478	13.1
第三产业		亿元	–	–	–
进出口总额		亿美元	276	247	−10.4
出口		亿美元	131	197	33.5
财政收入		亿元	251	264	5.2
税收收入		亿元	228	236	3.5
财政支出		亿元	55.8	64	14.6
新批企业个数		家	5 065	4 394	−13.2
外商及港澳台企业		家	5	8	60
内资企业		家	5 060	4 386	−13.3
区内世界 500 强企业数		家	39	39	0
国家级高新技术企业数		家	103	157	52.4
新批企业投资额	外商及港澳台企业	亿美元	5.7	5.9	3.5
	内资企业	亿元	58.9	17.1	−70.9
	增资企业	亿美元	0.4	0.05	−87.5
规模以上企业个数（工业）		家	145	166	14.5
科学研究与试验发展经费（R&D）支出		万元	417 116	443 903	6.4
研究与试验发展经费（R&D）投入强度		%	2.37	2.67	12.7
合同外资金额		亿美元	2.2	0.05	97.7

续表

项目	单位	2018 年	2019 年	增减 (%)
外商实际投资	亿美元	5.7	5.9	3.5
固定资产投资	亿元	429.0	429.5	0.1
年末从业人员数	万人	236 219	234 158	−0.9
万元 GDP 能耗	吨标煤 / 万元	0.033 9	0.048 5	43.1
水资源消耗总量	万立方米	1 070.9	1 063.3	0.7
单位国内生产总值取水量	立方米 / 万元	1.741 9	2.195	26
区内建立的创业创新平台数量	个	12	15	25
区内科研院所数量	家	1	1	0
院士工作站	个	13	13	0
区内高等院校（大学）	所	1	1	0
国家级工程研究中心	个	6	10	66.7
区内职业教育学校数量	家	9	12	33.3

（郑州经济技术开发区管理委员会）

昆明经济技术开发区

【经济发展】2019年，昆明经济技术开发区（以下简称昆明经开区）主要经济指标在云南省开发（度假）园区中位居前列，实现主营业务收入2 068亿元，增长12.7%，首次跨上2 000亿元新台阶。地区生产总值486.39亿元，其中，第二产业增加值增加38.79亿元，占地区生产总值8%；第三产业增加值增加9.14亿元，占地区生产总值2%。规模以上工业企业销售（营业）收入增长26.83%，增幅超2成；固定资产投资增长5.22%，规模以上工业企业固定资产投资增长7%；全年实现社会消费品零售额增长3%。外贸出口增长11%。一般公共预算收入41亿元，增长8%。税收收入保持较快增长，占财政收入总额95%。全年财政支出31.09亿元，同比增支3.93亿元，增长14%。建区以来，昆明经开区用21年时间实现主营业务收入过千亿，用6年时间突破两千亿元，全区经济总量自党的十八大以来实现了翻番。

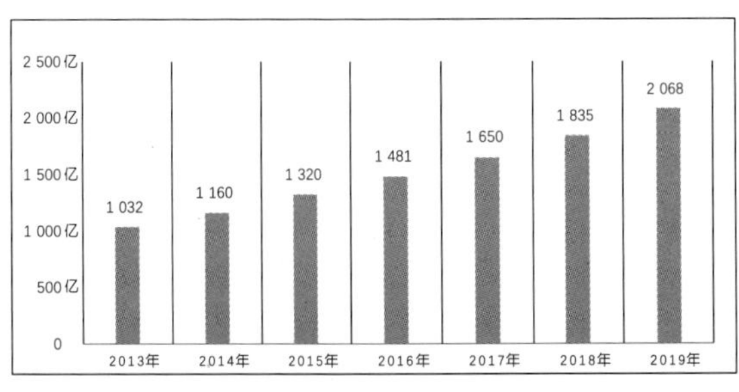

昆明开发区主营业务收入

【产业发展】2019年，昆明经开区结合自身发展实际，初步形成以装备制造、生物医药、烟草及配套、光电子信息等主要工业和现代物流、信息软件、总部经济、金融服务、会展业等现代服务业共生互促发展的产业结构。推动工业经济优化升级，获评云南省“新型工业化产业示范基地”，在云南省工业园区考核中排名第一。拨付企业扶持资金4亿元，助力企业科技创新、转型升级、升规上市、扩产促销。加速传统产业提升和智能化改造，云内动力等企业技术改造项目纳入省级扶持范围，统一食品、雪兰牛奶获省绿色食品10强企业称号，庆沣祥茶业获省绿色食品20佳创新企业称号，10户工业企业升级为规模以上企业。神农肉业、北方奥雷德等5家企业被认定为省级上市培育“金种子”企业（占昆明市25%）。建立大中小融通型服务体系，设立中小企业（双创）服务中心，形成“专精特新”和“小巨人”企业培育库。批发、零售等传统服务业经营状况企稳回升，商务服务、信息技术服务等现代服务业快速发展。2019年，全区规模以上工业企业112户（占全市总数的1/10），其中，10亿元以上企业8户，亿元以上企业59户。全年规模以上工业企业总产值增长7.04%；规模以上工业企业增加值增长9.50%。全年组织企业申报省、市有关信息产业和信息化项目26类167个。装备制造业实现产值120.15亿元，在全区规模以上工业中占比达25.30%。2019年，经开区有规模以上烟草及配套产业企业10家，完成产值96.35亿元，增长44.45%。非烟轻工业实现产值151.20亿元，占比达31.80%；生物医药产业实现产值16.58亿元，占比达3.50%。

【科技创新】2019年，昆明经开区出台《昆明经济技术开发区关于加快技术进步促进产业转型升级的若干意见实施细则（试行）》《关于印发昆明经济技术开发区大中小融通型特色载体建设实施意见》，鼓励企业加大研发投入提升创新能力，带动产业结构升级、促进高新技术产业集聚，提升区域竞争能力。2019 年，全区科技投入资金累计支出 5.3 亿元，占一般公共预算支出 17%，企业研究与发展（R&D）经费 16.98 亿元，分别占昆明市 23.6%、云南省 10.5%，排名全市第一；高新技术企业工业产值增长 5.3%。新认定国家级高新技术企业 59 家、市级以上研发机构 26 个。全面贯彻落实国家关于科技企业各项税收优惠政策，区内享受研发费加计扣除 169 户，扣除金额 3.59 亿元。全区拥有各类科技服务机构 63 家，科技服务收入 31.20 亿元，拥有有效发明专利总数较上年上升 10%。区内已形成云南航天工程物探检测股份有限公司、昆明金域医学检验所有限公司等一批科技服务企业集群，基本形成覆盖科技创新全链条的科技服务体系，服务科技创新能力大幅增强。在 2019 年云南省科技奖励评选中，区内企业获科技进步奖特等奖 1 项，二等奖 2 项，三等奖 6 项。

昆明经开区全面贯彻落实昆明市春城计划人才政策体系和昆明经开区人才新政，有效发挥政策导向性作用，增强发展动力。不断完善区级人才发展政策体系，编制《昆明经济技术开发区人才调研报告》《昆明经开区人才需求目录》《昆明经开区紧缺人才（岗位）目录》，开展全区人才资源统计工作，为下一步贯彻落实人才政策提供科学依据。2019 年，兑现 997 名高层次高技能人才补贴 160.56 万元；引进和培养各类高层次高技能人才 267 人，其中新增硕士以上学历 118 人，副高及以上职称 149 人；2 人入选省级中青年学术和技术带头人后备人才；1 人入选省技术创新人才培养对象；区内 2 家企业获得“昆明市优秀名匠工作室”称号；8 人入选云南省“万人计划”；1 位外国专家获得“彩云奖”；3 位外国专家获得“春城友谊奖”称号。

【投资促进】2019 年，昆明经开区党政主要领导每月带队外出招商，先后赴京津冀、长三角、珠三角等地开展 15 次精准招商活动，考察拜访 39 家优质企业，在上海、成都、杭州举办 3 场云南自贸区昆明片区专题招商推介会，引进普洛斯环普产业园、河南保税跨境电商、华为智慧园区、国豪通信等 20 多个重大产业项目，总投资超 100 亿元。出台招商引资“黄金十条”，拿出真金白银用“干货”支持企业发展。开展上门招商、平台招商、以商招商，在香港地区设立招商联络点。加强专业化招商队伍建设，选派干部到先进开发区挂职培训。注重招才引智，高薪招引自贸人才，面向全国招聘 1 名管委会副主任、3 名部门副职和 29 名博士、硕士；累计投入人才经费 1.14 亿元。全年引进市外内资 149 亿元，实际利用外资 1.1 亿美元，招商引资考核连续 9 年位居昆明市开发区板块第一。2019 年 12 月，北京零点市场调查有限公司发布的《昆明市营商环境第三方评价红黑榜》中，昆明经开区在昆明市 14 个县（市）区和 4 个开发（度假）园区的测评中总排名第一。

【体制机制创新】2019 年，昆明经开区创新政务服务，成立云南省首家专业化政务服务公司，制定自贸区综合服务中心行政审批优化流程，“一窗受理、一网通办、一次办成”的审批服务体系基本成型。打造“三一四最”高效审批服务，加强对全责清单的动态管理，深度清理行政审批中介服务事项，杜绝“红顶中介”“黑中介”。开展企业登记全程电子化试点，落实“先照后证”“多证合一”和“证照分离”改革，办理企业设立登记 1 176 家、实施税务“套餐式”服务 531 户。严格执行企业登记前置、后置审批项目目录，以“减证”推动“简政”，实现开办企业最快 2 天可营业。推进“智慧政务”和信息平台一体化建设，IOC 城市智能运营中心荣获“2019 年智慧开发区建设优秀案例”。跨境电商信息化平台及 9610、1210 查验线建设加快推进，跨境 O2O 新零售保税展示交易中心项目正式运行，“买全球、卖全球”成为现实。

【投融资服务】2019 年，昆明经开区制定《昆明片区深化金融领域开放创新试点任务前期工作（2019—2020）实施方案（试行）》，成立金融服务专项工作小组，建立“金融服务、政策传导、风险防范、研究创新”四位一体服务模式，以完善企业金融服务需求清单为出发点和立足点，建立健全区内跨境贸易企业名录，听取企业在跨境贸易、跨境投融资、跨境金融服务方面遇到的问题和困难，进一步梳理企业遇到的“堵点”“痛点”，及时帮助企业协调解决发展存在的问题和困难，让政策真正惠及企业发展。

扩宽企业融资渠道，实施好“财园助企贷”政策，加大双创担保和双创基金支持民营企业发展力度，优化中小微企业贷款风险补偿金使用，积极帮扶企业解决融资难融资贵问题。进行第六批“财园助企贷”，发放贷款 5 080 万元。优选中国交通银行、中国农业银行到我区税务服务大厅宣传“税融通”“纳税 e 贷”等针对中小微企业设计的信贷产品，组织有融资需求的企业进行报名，累计发放贷款 60 余笔，涉及金额 4 000 余万元。搭建银企合作平台，落实普惠金融政策。积极贯彻落实创业担保贷款财政贴息政策，拨付小额担保贷款财政贴息 80 万元。

【绿色集约】2019 年，昆明经开区加强环保基础设施建设，完成投资 5.44 亿元。21 个滇池保护治理“三年攻坚”和“十三五”规划项目加快实施，倪家营、普照水质净化厂二期改扩建工程启动建设。污水处理能力持续提升，污水处理率 93.1%、再生水利用率 100%。实施黑臭水体专项整治，宝象河、马料河、洛龙河三条入滇河道水质达到或优于昆明市下达目标。狠抓大气污染防治，空气质量保持优良，达到国家二级标准。污染物削减成效明显，工业固废处置利用率 99.67%，四项主要污染物减排全面完成市下达目标。推动工业节能降耗，万元增加值能耗下降 22.49%。提升园林绿化水平，新增城市绿地 21.8 公顷，建成区绿化覆盖率 41.2%。创建国家生态工业示范园区通过国家验收。

2019 年，经开主区综合容积率为 0.83，工业用地综合容积率为 0.85，主区建筑密度为 29.92%，主区工业用地建筑系数为 51.63%。用地效益包含产业用地投入产出效益子目标。2019 年，经开区主区工业用地固定资产投入强度为每公顷 4 951.10 万元，工业用地地均税收为每公顷 330.50 万元。从土地集约利用现状值变化情况来看，2019 年度得分相对稳定，土地集约利用保持较好水平。

【建党工作】2019 年，昆明经开区坚持把政治建设作为根本性建设，锁定学习贯彻习近平新时代中国特色社会主义思想根本任务，筑牢思想根基，强化初心使命，紧扣主题教育“十二字”总要求、“五句话”具体目标，从“工作无差错、服务创优质”活动为主题的教育预热升温。把四项重点举措贯穿始终，坚持分类指导，做实规定动作，实现“一把钥匙开一把锁”。组织主题教育分享会，用好身边案例，讲好经开故事，点燃初心炉火，主题教育成效明显。优化制度建设，制定实施《加强党的政治建设的实施方案》《贯彻落实“三重一大”事项集体决策制度实施办法》等制度文件，把党的政治领导落实到各领域各方面，广大党员“四个意识”更加牢固、“四个自信”更加坚定、“两个维护”更加坚决。细化教育培训，以理论学习中心组为龙头，结合“两学一做”学习教育常态化制度化，依托“三会一课”、主题党日活动等，组织党员干部通过多种形式开展理论学习，覆盖 453 个基层党组织，重点抓好党员干部特别是县处级以上领导干部的学习教育，推动党的创新理论入心入脑、走深走实。

【社会事业】昆明经开区把改善民生作为一切工作的出发点和落脚点，2019 年民生支出 24.98 亿元，占一般公共预算支出 80%。全区就业形势总体稳定，城镇登记失业率 2.38%，就业创业扶持资金支出 2 300 余万元。社会保险覆盖率保持在 96% 以上，降费政策全面落实，累计减轻企业负担 1.45 亿元。优化教育医疗资源配置，全面推进“医联体”和居家养老服务中心建设。“名校融校”取得积极成果，昆明市中华小学自贸区分校、经开区分校及昆明市外国语学校云经尚品中英文小学建成招生。与北京大学肿瘤医院合作办医，经开人民医院新院项目有序推进。群众文化活动丰富多彩，选送节目《白鹭飞来》获云南省群众文化艺术最高奖项“彩云奖”金奖。7家社区居家养老服务中心建成使用。昆明铁道职业学院、阿拉街道和石坝社区成功创建为市级民族团结进步示范单位。全年拨付1 000余万元、引进2个产业项目巩固禄劝撒营盘镇、云龙乡脱贫攻坚成果。

【机构设置与党委（党工委）管委会领导】 2019年，中共昆明经济技术开发区工作委员会、昆明经济技术开发区管理委员会作为昆明市委、市政府的派出机构，推行“大部制”，以职能整合为基础，设置“五部一办加公司”，即经济发展部、建设发展部、城乡发展部、社会发展部、党群工作部、党政办公室和投资开发公司；上级派驻机构有：纪检监察组、公安分局、工商分局（2019年9月止）、市场监管分局（2019年9月起）、税务局、财政分局、国土分局、规划分局、土储分中心；托管2个街道，即阿拉街道、洛羊街道。

2019年8月，中国（云南）自由贸易试验区昆明片区设立挂牌，与昆明经开区党工委、管委会实行两块牌子、一套人马，合署办公、一体化融合发展。

中共昆明经济技术开发区工作委员会领导名单如下：书记郭子贞（2019年1月止）、赵学锋（2019年1月起），副书记李河流、王富昌（2019年1月止）、赵兴旺（2019年1月止）、何云虹(2019年1月起)，党工委委员:宋栋(2019年1月止)、孟光寿（2019年1月止）、李丕方（2019年1月止）、王军（2019年1月止）、王月冲(2019年1月起)、王桂泽(2019年1月起)、徐春(兼)、李勇、戴端、金平(2019年4月起)、王刚（2019年8月起）、王勇（2019年1月起）。

昆明经济技术开发区管理委员会领导名单如下：主任李河流，副主任宋栋（2019年1月止）、孟光寿（2019年1月止）、李丕方（2019年1月止）、王月冲（2019年1月起）、王桂泽（2019年1月起）、徐春（兼）、李勇（2019年4月起）。

2018—2019年昆明经济技术开发区主要经济综合指标一览表

项目		单位	2018年	2019年	增减（%）
生产总值		亿元	438.58	486.39	10.9
第二产业		亿元	283.16	321.95	13.7
第三产业		亿元	154.85	163.99	5.9
高新技术企业		亿元	152.83	160.90	5.3
销售（营业）收入（规模以上企业）		亿元	1 869.17	2 370.64	26.8
第二产业		亿元	1 158.21	1 573.43	35.9
第三产业		亿元	710.96	797.21	12.1
利润总额（规模以上企业）		亿元	96.48	125.06	29.6
第二产业		亿元	73.86	101.36	37.2
区内主导产业及产值（规模以上企业）					
主导产业	1. 装备制造业	亿元	117.82	120.15	1.98
	2. 烟草及配套产业	亿元	66.70	96.35	44.45
	3. 生物医药产业	亿元	52.03	50.13	−3.7
第三产业（规模以上企业）		亿元	24.91	23.70	−4.9
进出口总额		亿美元	3	2.9	−3.3
出口		亿美元	1.8	2	11.1
财政收入		亿元	37.93	41	8.1
税收收入		亿元	35.39	38.84	9.7

续表

项目		单位	2018 年	2019 年	增减（%）
财政支出		亿元	27.16	31.09	14.5
新批企业个数		家	3 064	3 461	13
外商及港澳台企业		家	9	23	155.6
内资企业		家	3 055	3 438	12.5
区内世界 500 强企业数		家	43	43	0
国家级高新技术企业数		家	150	167	11.3
新批企业投资额	外商及港澳台企业	亿美元	2.72	2.06	−24.5
	内资企业	亿元	196.4	252.4	28.5
	增资企业	亿美元	0.12	0.11	−8.1
规模以上企业个数		家	458	464	1.3
科学研究与试验发展（R&D）经费支出		万元	135 600	169 800	25.2
科学研究与试验发展（R&D）经费投入强度		%	3.2	3.5	9.4
合同外资金额		亿美元	1.17	0.77	−33.8
外商实际投资		亿美元	1.00	1.10	10
固定资产投资		亿元	99.07	104.24	5.2
年末从业人员数		万人	146 115	163 042	11.6
万元 GDP 能耗（规模以上企业）		吨标煤 / 万元	0.051 5	0.025 7	−50.1
水资源消耗总量（地下水）		万立方米	12.29	7.39	−39.9
区内建立的创业创新平台数量	省级以上技术研发机构	个	71	80	12.7
	工程技术研究中心	个	11	11	0
	企业技术中心	个	40	45	12.5
	重点实验室	个	6	7	16.7
院士工作站		个	17	21	23.5
区内职业教育学校数量		家	1	1	0

（昆明经济技术开发区管理委员会）

宁波大榭开发区

【经济发展】2019年，宁波大榭开发区实现地区生产总值382.8亿元，同比增速为7%；财政总收入178.8亿元，同比增长7.7%；一般公共财政预算收入86.9亿元，同比增长9.4%；规模以上工业企业增加值200.1亿元，同比增长13%；固定资产投资45.02亿元，同比增长25.3%；限上商品销售额2 934.4亿元，同比增长7.7%；进出口总额349亿元，同比增长3.4%；港口货物吞吐量1.01亿吨，首破亿吨大关。

【重大项目】2019年，宁波大榭开发区总投资291亿元的大榭石化五期项目启动；东华能源2×40万吨聚丙烯等后续产业项目全面开工；大榭石化馏分油改扩建溶脱项目、全市最大应急气源站完工投产；华泰盛富轻烃综合利用等在建项目进展顺利；推动宁波万华补齐研发短板，在大榭建立研发、生产、销售“三位一体”产业创新体系；推动中海油大榭石化拉长产品链条，实现由低附加值的油品向高附加值的油品化工品转变；推动东华能源构筑规模优势，启动丙烷资源综合利用系列项目规划布局建设。通过拓链补链，进一步建立更加紧密的产业共同体，增强龙头企业的核心竞争力。全年完成工业项目投资总额39亿元，占全区固定资产投资总额的86.7%，同比增长42.1%，增幅位居宁波市第一。

【科技创新】2019年，宁波大榭开发区完成高新技术产业增加值94.8亿元，同比增长9.7%；新增4家高新技术企业，累计达到12家；设立博士后工作站1家。培育创新载体，宁波万华获得全国石油和化工科技创新进步奖特等奖，入选全市首批产业技术研究院。深化招才引智，制定出台全区首部人才政策，积极对接国内外院所专家，引进产业人才1 650人。推动智能制造，举办宁波石化工业智能制造发展论坛，3家企业获评国家两化融合贯标试点示范企业和浙江省“智能工厂”称号，招商国际RTG远程智能操控系统达到国内一流水平。

【招商引资】2019年，宁波大榭开发区签约总投资60亿元的东华能源丙烷资源综合利用三期项目；聚焦千万吨炼化一体化产业，深化华泰盛富二期下游项目洽谈；聚焦穿鼻岛整体开发，深入论证项目总体布局，广泛接洽海内外投资商，谋划生成产贸一体大型实业项目；聚焦生物医药产业，推动美诺华30亿片固体制剂项目顺利开工；聚焦现代物流产业，引进全国民营500强企业与信业码头开展合作，为其海外工业项目提供全程式物流服务。

【体制机制创新】2019年，宁波大榭开发区成功纳入中国（浙江）自由贸易试验区宁波联动创新区。开发区全面开展政策研究复制推广工作，汇编形成全区调研报告，细化提出差异化特色化改革创新举措11项；激励干部担当，推行职务职级并行，选派干部到市级部门和基层单位挂职锻炼、培训提升，引进“双一流”高校高学历人才5名，5名同志获评省市担当作为好支书、六争攻坚好干部、优秀共产党员和优秀党务工作者。

【企业转型】宁波大榭开发区重视中小企业培育，2019年3家中小企业跻身省市隐形冠军、单项冠军、省“小微企业成长之星”榜单，新增小升规企业4家。深化“亩均论英雄”改革，在全市率先覆盖所有占地工业企业，2项指标持续位居全市第一，两项指标增速跃居全市第一，5 家企业分别入围首批省市制造业重点企业“亩均效益”领跑者企业名单。完成 20 家“低散乱”企业提升改造，编制小微企业园实施方案。

【绿色集约】2019 年，宁波大榭开发区实施 17 个企业节能技改项目，全年全区规模以上工业企业增加值能耗下降 7.9%。全面打好蓝天、碧水和净土保卫战，建立生态环境议事厅平台，完成大榭污水厂提标改造，全年空气优良率 91%，PM2.5 排名全市第一。积极打造绿色生态海岛，建成孚竹公园，推进松止公园二期、一桥门户区绿化前期工作，开建 30 千米生态游步道，完成山林绿化、林地抚育 3 000 余亩，建成良好生态屏障和公共绿地系统。

【对外开放】2019 年，宁波大榭开发区完成跨境电商贸易 4 亿美元。新增外贸备案企业 58 家，新增进出口实绩企业 28 家，共有 9 家企业入围全市进出口 200 强企业名录。深化穿鼻岛建设，全岛已纳入全省生态“三线一单”范围，完成矿产资源规划调整、穿鼻岛一期采矿权设置出让和部分用地用林指标审批。港口货物吞吐量突破亿吨大关，占宁波舟山港货物吞吐量 9%，油品业务和班轮航线拓展到“一带一路”沿线国家。推广保税油跨关区直供业务等政策，探索保税原油及其期货原油监管，助力开展深加工结转业务。推动成立宁波首家海上防污染应急联防体，无证小飞艇整治取得阶段性成效。成立服务口岸开发开放工作专班，全面推广应用国际贸易“单一窗口”，船舶预检率达到 100%。

【城市建设】2019 年，宁波大榭开发区稳步推进城市建设，以全域品质优化为导向，高起点完成《大榭开发区城市设计》，深入推进国土、港口等各领域规划编制调整工作。以全域城区化为目标，榭北地块全部清零，榭南四村进展顺利，太白山路以东地块房屋征收完成签约，伟佳、伊尔兰地块安置房二期完成施工监理招标。以全域精细化为要求，开展“五整顿两提升”专项行动，启动“无违建区”创建“百日攻坚”行动，全年完成“城乡争优”重点项目投资 2.8 亿元，拆后利用率居全市第二。率先启动国内首个“三位一体”智能环卫一体化 PPP 项目，全区垃圾分类准确率居全市前列。

【民生保障】2019 年，宁波大榭开发区实施“内联外通”教育质量提升工程，完成幼儿园改造提升，推动初小幼衔接共同体建设，设立“马春玉导师工作室”，“七顶山大课堂”获评浙江省社区教育优秀工作品牌。积极落实稳就业，推进“无欠薪区”创建。深入推进“健康大榭”建设，大榭医院二期工程投入使用，重点人群家庭医生在签率达到 87%。打好脱贫攻坚战，推进“救急难”为重点的社会救助体系建设，贫困人员养老、医疗应保尽保；建立特殊人群“大病帮困”爱心基金，筹集资金 288 万元。

【文化事业】2019 年，宁波大榭开发区重视红色文化培育，深入挖掘“渡海第一仗”红色资源，入选全国党员教育电视片优秀奖作品。加强文明典型选树，2 名职工、5 家单位分获全国五一劳动奖章、省劳动模范、首批市级公共服务窗口文明单位、宁波市十佳最美志愿服务社区称号，持续开展第四届“大榭好人”评选，涌现出“志愿服务团队壹加壹”等一批文明标兵和先进典型。

【党建工作】2019 年，宁波大榭开发区主题教育走深走实，创新开展电视访谈、专题读书班、主题党日等活动，总结推出“行动党小组”“工地学堂”“小事工作法”等经验做法。品牌打造成效明显，以“党建全覆盖五色工作法”为统领，深化“全面进步、全面过硬”示范区创建，着力构建“五个一”红色阵地集群，完成党建风景线二期建设，行动党小组经验做法获评全国开发区党建论坛一等奖。系统推进“清廉大榭”建设，制定出台实施意见，推动全面从严治党向纵深发展。成立党工委巡察办，完善党风廉政建设主抓直管体系，推动巡察向基层有效延伸。全面深化廉政警示教育等活动，推动教育向全体党员覆盖。

【机构设置与管委会领导】2019 年，宁波大榭开发区下设办公室（审计局），行政服务中心，纪检监察组，组织部（巡察办、群团部、宣传部、人事局），政法办（信访办、司法局），经济发展局，财政局（国资局），社会保障局，建设局（综合执法局），房屋征收办，应急管理局（生态环境局），交通港口局（口岸办），投资合作局，穿鼻办。下辖一个街道：大榭街道（民政与社管局、退役军人事务局）。双重管理单位有税务局、市场监管分局、自然资源和规划分局、公安分局、检察院。区属国有企业有：开发（控股）公司、房产（工程）公司、大桥公司、化工仓储公司。驻区机构有大榭海关、大榭海事处、大榭边检站、大榭法庭、大榭消防救援大队。

党工委、管委会领导成员为：宁波市委常委、党工委书记、管委会主任梁群，党工委副书记、管委会常务副主任江国梁，党工委委员、管委会副主任陈旭勤、王志荣、刘黎勇，党工委委员、纪检监察组组长李金平，党工委委员、管委会副主任王雅宁，党工委委员、管委会一级调研员沈才林、黄金国。

2018—2019年宁波大榭开发区主要经济综合指标一览表

项目		单位	2018年	2019年	增减（%）
开发区生产总值		亿元	333.10	382.81	7.0
第二产业		亿元	189.20	202.46	7.02
工业		亿元	187.70	198.88	5.83
第三产业		亿元	143.90	180.34	25.27
工业总产值（现价）		亿元	666.80	654.08	-1.9
高新技术企业		亿元	41.58	161.78	289.02
销售（营业）收入		亿元	3 080.81	4 439.74	44.11
第二产业		亿元	613.86	656.02	6.86
工业		亿元	604.45	643.96	6.54
第三产业		亿元	2 466.95	3 783.72	53.38
利润总额		亿元	245.36	195.94	-20.14
第二产业		亿元	154.8	106.91	-30.9
工业		亿元	154.8	106.95	-30.9
区内主导产业	临港石化	亿元	553.39	599.8	-2.5
进出口总额		亿元	337.43	348.89	3.4
出口		亿元	109.56	893.83	-18.4
财政收入		亿元	166.01	178.81	7.7
税收收入		亿元	159.65	169.71	6.0
财政支出		亿元	69.31	67.59	-2.5
新批企业个数		家	1 051	909	-13.5
外商及港澳台企业		家	13	17	30.8
内资企业		家	1 038	892	-14.1
区内世界500强企业数		家	1	1	持平
国家级高新技术企业数		家	8	12	50
新批企业投资额	外商及港澳台企业	亿美元	1.76	2.49	24.5
	内资企业	亿元	4.05	11.68	188
	增资企业	亿美元	0	0	0
规模以上企业个数		家	167	237	41.9

续表

项目	单位	2018 年	2019 年	增减（%）
科学研究与试验发展经费 (R&D) 支出	万元	33 516.90	—	—
研究与试验发展 (R&D) 经费投入强度	%	1.0%	—	—
合同外资金额	亿美元	1.69	2.09	24.51
外商实际投资	亿美元	1.00	0.3	−60.3
固定资产投资	亿元	35.90	45.01	25.34
年末从业人员数	万人	1.75	1.9	7.04
万元 GDP 能耗	吨标煤／万元	0.64	0.58	−9.4
水资源消耗总量	万立方米	3 724.72	4 979.19	28.8
单位国内生产总值取水量	立方米／万元	24.38	20.59	18.4
区内科研院所数量	家	1	1	0
院士工作站	个	1	1	0
国家级工程研究中心	个	5	5	0
区内职业教育学校数量	家	1	1	0

（宁波大榭开发区管理委员会）

乌鲁木齐经济技术开发区（头屯河区）

乌鲁木齐经济技术开发区1994年8月经国务院批准设立，是全疆第一个国家级开发区；2011年1月，经开区与市辖行政区头屯河区合并，实行“区政合一”，集国家级开发区、行政区、国际陆港区、综合保税区及若干特色功能园区于一体，是首府乃至全疆特有的多功能、复合型经济区。

【经济发展】2019年，乌鲁木齐开发区（头屯河区）全年实现地区生产总值544.2亿元，同比增长7.2%，完成全社会固定资产投资431.1亿元，同比增长2.2%；实现地方财政收入122.3亿元，同比下降21.2%，一般公共预算收入93.9亿元，同比增长4.6%；实现工业总产值731.1亿元，同比增长20%，其中规模以上工业企业总产值707.6亿元，同比增长20.8%；社会消费品零售总额145.6亿元，同比增长4.7%；实现全口径外贸进出口总额34.7亿美元，同比增长5.7%；城镇居民人均可支配收入46 900元，同比增长7.8%；农村居民人均可支配收入21 448元，同比增长9.3%。

【产业发展】2019年，乌鲁木齐开发区（头屯河区）先进制造业新旧动能加快转换。工业经济提质增效。以钢铁冶金、烟草制品为代表的传统工业转型升级步伐加快，钢材精准研发应用并实现量产，红云红河产品打入中高端市场。以广汽、上汽、陕汽为代表的汽车产业逆势增长，地产乘用车份额不断提升，商用车出口实现倍速增长。以风电、纺织机械为代表的装备制造业量质齐升，金风科技荣获“全国质量奖”殊荣，卓郎带动全疆智能制造产业升级。以正威、百纳威为代表的智能终端、新材料实现新突破，手机出口总量超百万部，智能设备产量超200万部，全疆首台地产笔记本下线，十万吨精密铜线项目顺利投产。

现代服务业发展活力持续增强。软件信息产业快速发展，新疆软件园成功引进海康威视、浪潮、天地伟业等龙头企业，天山云计算产业基地开园运行，入驻企业达38家，90家企业享受云服务便利，企业上云数全疆第一，“一园两区”成为全疆首个5G示范园区。电商发展渐具规模，电商产业园交易总额近200亿元，注册企业超过千家。“疆字号”农产品供应链平台上线运营，开启“线下+线上”联动升级模式。商贸物流业不断壮大，以万达、盛达、YOYO环球港为代表的高铁商圈商业综合体达5家，冷链物流占全疆市场份额超过九成。金融服务业持续提升，以国海为代表的证券服务机构、以中信银行为代表的货币信贷机构、以晟道投资为代表的基金投资企业纷纷落地。

【科技创新】2019年，乌鲁木齐开发区（头屯河区）科技创新动力持续释放。新增国家企业技术中心1家、国家地方联合工程研究中心3家、国家首批“专精特新”小巨人企业2家，“科技小巨人”企业占全市半壁江山。实施装备制造业、信息产业大中小企业融通工程，辐射带动企业162家，产业集聚度达到63.4%。新疆创新试验区先进制造业创新联盟集群持续扩容，入盟企业、院所、协会突破60家。创新主体培育力度不断强化，新增创业企业300余家，注册资金达35亿元。

【投资促进】2019年，乌鲁木齐开发区（头屯河区）提升招商引资质量，以投资拉动促进产业集聚发展。树立“到全世界去招商”的理念，强力推进以商招商、产业招商、园区招商、联合招商等方式，进一步加大工业项目及工业配套项目的引进力度，根据已制定的招商引资政策，积极引进新型的、高附加值的符合我区产业导向的工业项目，进一步巩固我区先进制造业地位。加大对“腾笼换鸟”项目、工业地产项目、综合体项目、关键技术国内领先项目、现代服务业项目的引进力度，做到精准招商。招商引资量质创历史新高，新引进项目37个，投资总额达617亿元。工业招商引资成果丰硕，新引进工业项目23个，投资总额达432亿元，占招商引资总额七成，汉能汉瓦、创泽机器人、奎开电气等17个项目实现当年签约、当年开工。

【深化改革】2019年，乌鲁木齐开发区（头屯河区）重点领域改革全面深化。供给侧结构性改革持续推进，钢铁产业高质量发展基础不断夯实，新材料、高端装备制造等新动能蓬勃发展。国资国企改革纵深推进，国资规模达844亿元，净资产突破320亿元，实现融资130亿元。“放管服”改革精准发力，“最多跑一次”改革、智慧政务联动推进。减税降费政策红利释放，年度减税14亿元，惠及35.6万余户次。农村集体产权制度改革深入实施，土地承包经营权完成确权。兵地联系机制常态化开展，兵地合作成果有效巩固。人才引进政策更加完善，雇员纳编试点顺利启动，人力资源和智力保障进一步夯实。

营商环境持续优化。升级版政务服务中心揭牌运营，实现进“一门”可办九成事项。建设智能化政务大厅，事项上网率达75.8%，30项可全程网办。建立领导对口联系制度，落实“五个一”服务标准，做到“墙内的事企业管，墙外的事政府办”。深入开展“企业服务月”活动，四套班子带队回访企业总部8批次25家，走访区内企业上千家，反馈问题2 227个，办结率73.8%，答复率100%。

【城市建设】2019年，乌鲁木齐开发区（头屯河区）城市功能更加完善。产业空间布局不断优化，二期转型发展取得突破性成果，高标准规划国际陆港区发展空间，高水平编制现代服务产业园规划，全面启动国际纺织品服装商贸中心新选址规划，完成两河片区控规编制，启动两河古生态林景观规划，促进产业空间集约高效发展。基础保障能力进一步增强，二号台地、高铁南广场电采暖供热工程投入使用，马家庄安全饮水工程、头屯河引水工程顺利完工，金湖路电力排管、陆港区高压接电工程、110千伏变电线电缆隧道工程全面竣工。

城市品质有效提升。扎实开展“三大”行动，市政设施大维修累计修补机动车道17.4万平方米、人行道2.6万平方米、路缘石1.6万米；清洁卫生大扫除累计开展12次，参与群众12万余人次；市容市貌大整治成效明显，河南西路牌匾整治、电线入地工程全面完成。生活垃圾分类工作有序推进，10个生活垃圾分类试点小区设施设备全部到位。精心打造城市特色风貌，维泰南路、中亚大道、丹霞山街等10条道路景观靓出颜值，高铁生态新城频频亮相央视，新中国成立70周年灯光秀华彩绽放。

环境改造项目扎实推进。“树上山”“地变绿”提升“活力范”，以五山绿化、道路绿化和防护绿化为重点，栽植乔灌木46万株，新增绿地面积4 177亩，全区绿化覆盖率提高至43%。“天变蓝”“煤变气”增添清新感，全面完成201家“散乱污”企业专项整治，完成51台燃煤锅炉拆改、28台燃气锅炉低氮改造。“城变美”亮出精气神，8栋建筑旧貌换新颜，4个棚户区市政配套工程启动，2 000套既有房屋改造完成，人居环境进一步提升。克服老城改造规模大、时间紧、任务重等重重困难，圆满完成1 231户108万平方米征收工作。

【国际合作】2019年，乌鲁木齐开发区（头屯河区）开放带动走深走实。集货提质，中欧班列全年开行超过千列，“集拼集运”模式被国务院在全国推广，“和田—喀什—乌鲁木齐”集拼集运班列常态化开行。建园提速，集结中心建成并投入使用，铁路口岸商务商贸区、北站资源整合等重点项目稳步实施。多式联运中心保税库获批并投入使用，中国（新疆）自由贸易试验区、汽车整车、粮食进境指定口岸和保税物流中心（B型）申报工作扎实推进。聚产业提升，国际陆港区铁路口岸服务楼引进企业65家，跨境电商与保税物流协同发展，引进O2O跨境新零售业态以及“秒通关”模式，丝路西大门跨境电商项目成功落地。

【机构设置与区级领导】机构设置情况如下：

片区管委会（14个）：钢城片区、火车西站片区、高铁片区、白鸟湖片区、中亚南路片区、中亚北路片区、嵩山街片区、王家沟片区、乌昌路片区、北站西路片区、北站东路片区、西湖片区、两河片区、乌鲁木齐站片区。

法检、区委工作部门、人大办、政协办、公安（16个）：法院、检察院；纪委监委、区委办、组织部、宣传部、统战部、政法委、网信办、编办、机关工委、老干部局；人大办、政协办；区公安分局、钢城公安分局。

政府工作部门（30个）：政府办、发展和改革委员会、教育局、科学技术局、工业和信息化局、民族宗教事务局、民政局、司法局、财政局、人力资源和社会保障局、建设局、城市管理局、农业农村局、商务局、招商服务局、文化体育和旅游局、卫生健康委员会、退役军人事务局、应急管理局、审计局、国资委、市场监督管理局、统计局、医疗保障局、政务服务局、信访局、综保区保税业务局、综保区国土资源局、综保区招商服务局、综保区规划建设局。

群团组织、直属事业单位、临时机构（18个）：区委党校、史志办；征收办、工业园区办、软管办、留创园、园林管理局；总工会、团区委、妇联、工商联、科协、侨联、红十字会、残联；1+8功能园区办、陆港办、纺服办。

派驻机构（6个）：税务局、规划分局、自然资源分局、生态环境分局、社保分局、气象局。

国有企业（7个）：建投公司、维泰股份、高铁开发、软件园公司、新旅投公司、建发公司、陆港公司。

区四套班子领导名单如下：

区委书记朱刚，区委副书记、管委会主任、区长张峻祥，区委副书记阿地利江•阿布力孜，区人大常委会党组书记、副主任武林平，区人大常委会党组副书记、主任周风日，区政协党组书记、副主席党佩东，区政协党组副书记、主席赛福鼎•艾则孜，区委常委、人武部部长闫鋆，区委常委、管委会副主任、常务副区长李贺祖，区委常委、组织部部长王光地，区委常委、统战部部长卡地尔•吐尔洪，区委常委、纪委书记、监委主任宋美谕，区委常委、管委会副主任、副区长李鑫，区委常委、宣传部部长王会成，区委常委、政法委书记霍宏，区人大副主任李炳强、马明华，管委会副主任、副区长张长林、丁彤卒、侯洁琼、卢艳红、蒲杰、徐兰宏，区政协副主席李春生、崔芳。

2018—2019年乌鲁木齐经济技术开发区（头屯河区）主要经济综合指标一览表

项目	单位	2018年	2019年	增减（%）
开发区生产总值	亿元	476.4	544.2	7.2
第二产业	亿元	182.3	209.45	8.4
工业	亿元	117.8	142.54	10.9
第三产业	亿元	286.9	327.25	6.6
工业总产值（现价）	亿元	609.3	731.1	20.0
高新技术产业	亿元	188	250.6	33.3
销售（营业）收入	亿元	3 327.8	3 881.2	16.6
第二产业	亿元	816.4	1 011.1	23.8
工业	亿元	610.1	786.4	28.9
第三产业	亿元	2 511.3	2 870.1	14.3

续表

<table>
<tr><th colspan="2">项目</th><th>单位</th><th>2018 年</th><th>2019 年</th><th>增减（%）</th></tr>
<tr><td colspan="2">利润总额</td><td>亿元</td><td>122.1</td><td>123.2</td><td>0.9</td></tr>
<tr><td colspan="2">第二产业</td><td>亿元</td><td>32.7</td><td>42</td><td>28.4</td></tr>
<tr><td colspan="2">工业</td><td>亿元</td><td>21.4</td><td>28.5</td><td>33.2</td></tr>
<tr><td colspan="2">第三产业</td><td>亿元</td><td>89.4</td><td>81.2</td><td>-9.2</td></tr>
<tr><td colspan="2">区内主导产业产值（可加减项）</td><td>亿元</td><td>454.2</td><td>533.2</td><td>17.4</td></tr>
<tr><td rowspan="4">主导产业
（可加减项）</td><td>1. 黑色金属冶炼和压延加工业</td><td>亿元</td><td>228.6</td><td>228.1</td><td>-0.2</td></tr>
<tr><td>2. 电气机械和器材制造业</td><td>亿元</td><td>155.1</td><td>228.0</td><td>47.0</td></tr>
<tr><td>3. 烟草制品业</td><td>亿元</td><td>42.2</td><td>44.7</td><td>5.9</td></tr>
<tr><td>4. 汽车制造业</td><td>亿元</td><td>28.3</td><td>32.4</td><td>14.4</td></tr>
<tr><td colspan="2">进出口总额</td><td>亿美元</td><td>32.8</td><td>34.7</td><td>5.7</td></tr>
<tr><td colspan="2">出口</td><td>亿美元</td><td>27.1</td><td>27.2</td><td>0.03</td></tr>
<tr><td colspan="2">财政收入</td><td>亿元</td><td>155.2</td><td>122.3</td><td>-21.2</td></tr>
<tr><td colspan="2">税收收入</td><td>亿元</td><td>68.8</td><td>59.1</td><td>-14.1</td></tr>
<tr><td colspan="2">财政支出</td><td>亿元</td><td>138.6</td><td>94.5</td><td>-31.8</td></tr>
<tr><td colspan="2">新批企业数</td><td>家</td><td>3 411</td><td>5 026</td><td>47.3</td></tr>
<tr><td colspan="2">外商及港澳台企业</td><td>家</td><td>8</td><td>7</td><td>-12.5</td></tr>
<tr><td colspan="2">内资企业</td><td>家</td><td>3 403</td><td>5 019</td><td>47.5</td></tr>
<tr><td colspan="2">区内世界 500 强企业数</td><td>家</td><td>22</td><td>26</td><td>18.2</td></tr>
<tr><td colspan="2">国家级高新技术企业数</td><td>家</td><td>102</td><td>107</td><td>4.9</td></tr>
<tr><td rowspan="3">新批企业
投资额</td><td>外商及港澳台企业</td><td>亿美元</td><td>0.08</td><td>3.47</td><td>4 237.5</td></tr>
<tr><td>内资企业</td><td>亿元</td><td>456.24</td><td>629.88</td><td>38.1</td></tr>
<tr><td>增资企业</td><td>亿美元</td><td>/</td><td>/</td><td>/</td></tr>
<tr><td colspan="2">规模以上企业个数</td><td>家</td><td>646</td><td>818</td><td>26.6</td></tr>
<tr><td colspan="2">科学研究与试验发展（R&D）经费支出</td><td>万元</td><td>133 300</td><td>152 300</td><td>14.25</td></tr>
<tr><td colspan="2">科学研究与试验发展（R&D）经费投入强度</td><td>%</td><td>2.8</td><td>2.86</td><td>0.06</td></tr>
<tr><td colspan="2">合同外资金额</td><td>亿美元</td><td>0.24</td><td>3.5</td><td>1358.3</td></tr>
<tr><td colspan="2">外商实际投资</td><td>亿美元</td><td>0.017 2</td><td>0.065 8</td><td>282.5</td></tr>
<tr><td colspan="2">固定资产投资</td><td>亿元</td><td>421.80</td><td>431.08</td><td>2.2</td></tr>
<tr><td colspan="2">年末从业人员数</td><td>万人</td><td>104 816</td><td>101 053</td><td>-3.6</td></tr>
<tr><td colspan="2">万元 GDP 能耗</td><td>吨标煤 / 万元</td><td>0.9</td><td>0.8</td><td>-11.1</td></tr>
<tr><td colspan="2">水资源消耗总量</td><td>万立方米</td><td>9 303.18</td><td>9 943.45</td><td>6.9</td></tr>
<tr><td colspan="2">单位国内生产总值取水量</td><td>立方米 / 万元</td><td>19.5</td><td>18.3</td><td>-6.2</td></tr>
<tr><td colspan="2">区内建立的创业创新平台数量</td><td>个</td><td>17</td><td>21</td><td>23.5</td></tr>
<tr><td colspan="2">区内科研院所数量</td><td>家</td><td>2</td><td>2</td><td>0.0</td></tr>
<tr><td colspan="2">院士工作站</td><td>个</td><td>7</td><td>7</td><td>0.0</td></tr>
<tr><td colspan="2">区内高等院校（大学）</td><td>所</td><td>7</td><td>7</td><td>0.0</td></tr>
<tr><td colspan="2">国家级工程研究中心</td><td>个</td><td>1</td><td>1</td><td>0.0</td></tr>
<tr><td colspan="2">区内职业教育学校数量</td><td>家</td><td>1</td><td>7</td><td>600.0</td></tr>
</table>

[乌鲁木齐经济技术开发区（头屯河区）管理委员会]

银川经济技术开发区

【经济发展】2019年，银川经济技术开发区（以下简称“经开区”）以打造千亿级升级版经开区为目标，立足战略新材料、现代装备制造、大健康三大主导产业和互联网+现代服务业，狠抓招商引资和项目建设，全力优化营商环境，强化服务为保障，着力提升产业聚集效应，各项工作取得新成绩。预计全年实现工业总产值323亿元，同比增长12%；规模以上工业企业增加值同比增长13%；完成固定资产投资112亿元，同比增长30%；一般公共预算收入15.1亿元，同比增长7.9%；招商引资到位资金90亿元，超年度任务的50%，成为引领全区经济发展的“一枝独秀”。

【招商引资】一是高位推动抓机遇。管委会主要领导亲自赴外抓招商，带队赴外30余次，考察企业超过200余家次，会见客商超过500人次，以情招商、以诚招商、以实招商，目前赴经开区实地考察的企业家已突破700人次，全方位、多形式、宽领域、高频度的格局已经形成。

二是主动出击抓合作。在深圳和昆山两地设立招商中心，并与中白工业园、湖南岳阳开发区、福建东侨开发区、福建融侨经开区，以及深圳手机协会、深港智能电子产业联合会等签署战略合作协议，全面延伸触角、广泛搜集信息、精准对接项目成效显著。

三是创新驱动抓项目。引进华文集团等有实力的投资机构共同搭建产业基金，迁转上市公司2家，2020年计划再迁转2家，以“实体+金融”新模式解决企业融资难题。成功举办“新昌轴承协会银川行”、“银川经开区—深圳企业恳谈会”等集中招商推介活动以及集中开工、投产仪式等重大活动，累计集中签约项目56个，营造了大招商、招大商的浓厚氛围。

四是全力拼搏抓落地。在战略新材料产业上，成功引进了总投资35亿元的隆基7GW电池项目、总投资58亿元的15GW硅棒切片项目、总投资16亿元的天通蓝宝石切磨抛项目、总投资30亿元的核芯科技锂离子动力电池项目、总投资33.5亿元的众乾新能源锂离子动力电池项目。银川隆基硅建成世界最大单晶硅棒及切片生产基地，天通银厦将建成国内最大的工业蓝宝石晶棒生产基地，银和半导体级大硅片项目填补了国内空白，国内首个石墨烯系列产业化项目正在集中落地，形成了具有万吨生产能力的产业高地。

装备制造产业方面，依托轴承小镇、智能终端小镇两大平台聚集综合功能，通过闽商科技、万泰照明、臻鼎科技、京旺手机、核芯科技等企业填补了宁夏智能终端项目空白。万泰照明实现产值6.8亿元、闽商科技实现产值5.1亿元、臻鼎科技实现产值1.1亿元，实现了当年签约、当年引进、当年投产、当年收益。总投资2亿元的日本富士印株式会社手表机芯项目的落地，填补了多年无外商项目落地的空白。引进日发精机等企业34家，在行业内部引进了强烈反响，百余家企业负责人深入考察寻求合作。

大健康产业方面，坚持不懈争取各方支持，历时2年之久，促成中医药行业350年老字号企业北京同仁堂投资10.5亿元的中药饮片项目签约落地，这是银川经开区落实“首都带首府”

战略，突破性引进的重大产业项目，对于引领和带动区域经济发展具有重要意义。总投资 1.2 亿元的深圳军融大华医疗等项目，填补了国内骨科医用新材料领域空白。2019 年，银川经开区共签约项目 68 个，协议投资突破 500 亿元，落实项目 48 个（其中，超 10 亿元项目 11 个，超亿元项目 26 个），招商引资到位资金 90 亿元，超年度任务的 50%，实现了招商引资项目质量和数量双提升。

【项目建设】一是完善项目推进机制。牢固树立“以企业为中心，一切围绕项目转”的理念，严格按照“招商项目抓落地、落地项目抓开工、开工项目抓进度、入驻项目抓服务”的思路，全面推行“一个项目、一个领导、一套班子、一抓到底”的推进机制，全年 50 个总开复工面积 216 万平方米的投资项目全部开工，特别是 23 个被列入区、市的重点项目均顺利推进。

二是重点产业项目进展顺利。目前，隆基硅累计投资超过 165 亿元（2018 年之后投资 117 亿元），目前已实现了 12GW 硅棒、7GW 切片和电池以及 500MW 组件的产能，全部项目达成后预计产值突破 300 亿元，成为全球最大光伏生产基地；国内首个石墨烯系列产业化项目正在集中落地，汉尧石墨烯三元正极材料实现了 1.3 万吨的产能，1 万吨锂电池前驱体项目和 5 万吨锂电池回收利用项目进入规划建设阶段；天通银厦新材料公司实现了 400kg 级蓝宝石晶体量产、600kg 级的成功试产，达到了年产 2 000 吨产能，蓝宝石切、磨、抛等加工配套企业和终端产品生产企业正在向银川聚集；宁夏银和半导体科技有限公司达到了年产 1 000 万片大尺寸半导体硅片产能，实现了 12 英寸半导体硅片和 32 英寸石英坩埚的下线量产，填补了国内空白。经过积极培育，2019 年，银川经开区战略新材料产业突飞猛进，现有和在建企业超过了 20 家，新材料规模以上工业企业产值突破 100 亿元，2020 年争取产值突破 200 亿元，重点项目规模和技术在国内、国际行业中实现了多项突破，加快带动银川新能源产业升级，为银川市经济高质量发展探索了新的路径。

三是特色产业园区加快建设。轴承智造小镇一期项目建成投产，二期项目正在抓紧建设，同时已订购 6 亿元设备，34 家轴承及设备制造企业已落户轴承小镇；智能终端产业园项目加快建设，臻鼎科技、万泰照明、京旺科技等企业相继落地投产。

四是全力启动综配区项目建设。经市委、市政府研究同意，启动银川经开区高端产业综合配套区 (一期) 项目。项目采取 DBFOT 的合作模式，引入社会资本方从项目规划设计、土地整理等方面进行全程一体化建设运营服务管理，重点发展以轴承智能制造为主的高端智能制造产业，打造全球高标准轴承智能智造与全产业链模式，实现产业技术中心、生产中心、销售中心及融资中心等为一体的国家级特色小镇；通过高端产业综合配套区建设，结合轴承小镇与城市功能配套结合，实现完善的中国智能制造产城融合模式。同时以生态绿色银川为目标，依据“三生融合”和“城市双修”理念，提升经开区整体配套服务功能，助力产业转型升级，提升空间环境品质和土地资源合理利用，实现“宜居、宜产、宜业”的产城融合区。

【创新发展】一是充分发挥政府职能部门作用，不断强化服务意识，通过“出政策奖”“抓项目带”“请进来学”等措施培育科技创新型企业。目前，新增高新技术企业 10 家；新增 3 家自治区级企业技术中心；新增 1 家自治区工程研究中心。截至目前，高新技术企业累计达到 71 家。二是扎实推进招才引智工作。组织推荐工信部人工智能专家、第四批“塞上英才”人选等 25 人；申报自治区各类人才项目 36 个、自治区科技创新团队 23 个、自治区技能大师工作室 3 家；推荐 78 名同志参加银川市第二批高精尖缺人才评选。截至目前，新增院士工作站 1 家、千人计划专家工作站 3 家、专家服务基地 1 家，自治区人才小高地 7 家。依托企业研发中心形成自治区科技创新团队 21 个、柔性引进高层次人才团队 3 个。全年共落实各级人才奖励扶持资金587.6万元。加大校地企合作力度，组织召开校企地人才对接会、专场招聘会等活动13余场次，引导企业“走出去”引智引才，解决企业人才短缺问题。三是鼓励企业建立科技创新平台。银川隆基硅材料、天通银厦新材料、中科防雷3家企业被自治区认定为企业技术中心。目前，经开区建有各类企业研发创新平台77个，其中国家级研发创新平台15个，自治区级研发创新平台62个。新组建完成智能铸造产业创新中心和石墨烯研究院。四是积极推进“互联网+制造业”发展。为加强装备制造业与信息技术产业的高度融合，发挥园区装备制造业产业优势，组织建设了区域工业互联网平台。目前，已完成工业产品、业务上云、设备上云等8个模块的开发。同时，园区10家企业被自治区工信厅认定为智能工厂、绿色工厂和数字化车间，获资金补助共计1 552万元。锐波网络有限公司波采无线监测系统等4个项目入选2019年自治区互联网+制造业（第二批）试点示范项目。

【营商环境】一是制定出台《银川经开区关于加快千亿级升级版经开区建设促进实体经济企业发展试行办法》，该试行办法从推进企业绿色发展、降低企业经营成本、拓宽企业融资渠道、扶持企业转型发展、扶持企业创新发展、优化企业发展环境七个方面推出28条举措，给企业送去“真金白银”的减负，为企业发展、产业升级提供了“助燃剂”。二是深入推进人事制度改革。扎实开展机构改革，园区“三定方案”正式获批。深化绩效考核工作，切实加强干部队伍建设，建立浮动绩效工作机制，有效激励广大干部职工奋发向上的工作热情。三是参与设立小微企业应收账款保理中心，切实解决小微企业融资“难贵慢”问题。四是积极协助企业争取项目资金。全年组织企业申报国家自主创新能力提升建设项目、自治区新型工业化发展资金、高技术和战略性新兴产业专项、科技创新团队项目等20余类专项资金，累计推荐项目200余个，已落实到位资金3.96亿元，完成了市政府下达年度目标任务的132%。五是落实各项优惠政策。组织企业申请电价优惠补贴，14家企业获得了电力直接交易资格；落实企业税收优惠政策，共审核财政退库46户，退税金额1 790万元。六是全面落实安全生产领导责任，切实加强安全生产监督管理，制定印发《进一步加强银川经济技术开发区安全生产领域监督管理工作的实施意见》，强化重点领域行业安全生产检查，园区安全生产形势总体可控。七是扎实开展扫黑除恶专项斗争，打掉刑事犯罪团伙2个和以宗教为名刑事犯罪1个，抓获违法犯罪嫌疑人17名，扣押涉案车辆11辆，依法查封公司1处；司法审计1家。八是做好信访维稳工作。办结中央督导组督办线索3条，一般线索3条。全年信访接待52批500余人，受理办结网上信访事项7件，协调处理各类矛盾纠纷40余起，协调解决农民工工资近3 000万元。

【深化改革】一是土地集约节约利用成效显现。全年共处置闲置低效土地10宗（面积2 161亩）。经开区闲置低效土地清理工作经验在全区推广。同时，完成飞地工业园范围内涉及农垦集团2 800亩土地及地上附着物征迁协议签订工作，完成西夏区涝池组及金凤区双渠口养殖区土地征收工作，为园区可持续发展提供坚实保障。加快推进iBi育成中心“两无一欠”（无产值、无税收、欠费）企业清退工作，全年累计清理54家不合格企业，收回拖欠房租2 194.8万元、运营费537.5万元，为下一步调整和优化产业空间布局打下了坚实基础。二是深化“放管服”改革。新组建经开区行政审批服务局，改扩建400平方米审批服务大厅，增设22个服务岗位、5个服务窗口、1个受理窗口。目前，首批承接的37项权限已承接23项，剩余14项权限正在对接承接，待所有权限承接完成后，将实现“一枚印章管审批”的目标。三是增量配电业务改革试点项目取得实质性进展。目前，试点项目电网规划已纳入自治区电网规划，变电站建设基本完成，预计2020年3月具备供电条件。四是扎实推进“双创”工作。高质量推进初创企业孵化工作，新搭建了7家孵化平台，其中国家级科技企业孵化器1家，国家级众创空间2家，自治区级众创空间2家。

【对外开放】一是积极参与中阿博览会活动，成功与沙特吉赞皇家委员会、沙特阿美集团、沙特投资总局等对接多个储备项目，成功签订了总投资8亿美元的隆基绿能科技年产5GW电池+5GW组件制造等8个项目。二是稳步推进中沙产能合作。已完成中沙合资公司“沙特丝路产业服务公司”注册，广州泛亚聚酯石油化工化纤一体化项目进展顺利。

【两委领导】2019年，银川经济技术开发区党工委书记李鸿儒；党工委副书记、管委会主任高言杰；党工委委员、管委会副主任陈志文、杨宏伟；党工委副书记昝世英；党工委委员、管委会副主任邹本雨、唐翱、王磊、樊斌、何梅。

（银川经济技术开发区管理委员会）

石河子经济技术开发区

【概况】石河子经济技术开发区（简称开发区）于1992年经自治区人民政府批准设立。2000年4月，经国务院批准升格为国家级开发区，规划面积11.2平方千米。2006年3月，自治区人民政府批准设立石河子北工业园区，规划面积31.2平方千米，位于开发区北，东至玛纳斯河西岸，西至石河子—莫索湾公路，南至312国道，北至防洪渠。已发展食品饮料、纺织、氯碱化工、铝基电子材料等产业，并迁入石河子开发区商务中心。2010年9月，经兵团批准设立石河子化工新材料产业园，规划面积20.3平方千米，位于开发区辖区最北端，东靠夹河子水库，北临西岸大渠，西距大泉沟水库约3千米，南距北工业园区约5千米，距主城区约20千米，重点发展新材料、新能源、有机化工、精细化工、能源电力等，并延伸铝、硅基材料产业链。2012年8月，国务院又批准扩区9.9平方千米，位于北工业园以北，化工新材料产业园区以南，东至玛河西岸，南至纬十路、纬十一路，西至经三路，北至纬八路，重点发展以现代物流为主的生产性服务业，为北工业园区和化工新材料产业园区提供工业配套服务。2019年，开发区实际面积86.2平方千米。形成“一区两园”（开发区、北工业园区和化工新材料产业园区）格局和化工、新材料、纺织服装、食品、电力能源、现代服务业6大支柱产业。是年，开发区有工商注册企业3 570家，其中新增企业390家，纳税企业2 860家，从业人员7.47万人。

【经济建设】2019年，开发区实现生产总值196.15亿元，比上年下降8.7%。其中：第二产业增加值132.95亿元，下降14.7%（工业增加值121.38亿元，下降16.4%）；第三产业增加值63.47亿元，增长6.9%。固定资产投资36.84亿元，增长54.1%。招商引资到位资金249.9亿元，下降6.7%。实现税收37.9亿元，下降36.8%。

【财政税收】2019年，师市拨付开发区各项经费3.95亿元，其中：基本运转经费0.3亿元，补缴社保经费0.13亿元，社会事务经费0.18亿元，基础设施建设0.24亿元，债务利息0.26亿元，征迁补偿0.24亿元，优惠政策兑现2.6亿元。落实11家企业纺织服装企业出疆运费专项补贴资金2.45亿元。为重点企业争取政策补贴资金2.57亿元。

2019年，开发区完成全口径税收38.3亿元，比上年减收24.41亿元，下降39.57%；其中：增值税完成14.99亿元，减收12.51亿元，减幅为45.48%；企业所得税完成9.71亿元，减收10.22亿元，减幅为51.27%；个人所得税完成5.46亿元，减收1.39万元，减幅为20.29%。企业享受减免税额81 337万元；其中：增值税留抵退税39 090万元，小微企业普惠性减税2 061万元，个人所得税减除费用和税率减税6 093万元，增值税税率调整及配套措施31 856万元，其他减税政策减税2 237万元。

【基础设施建设】2019年，开发区建成排水管网675米。投资123万元；给水管网1 675米，投资256.89万元；道路720米，11 520平方米，投资382万元；供热管网2 480米，投资922.09万元；供电线路2 010米，投资111万元。

2019年，开发区上报师市自然资源和规划局项目选址48个；规划竣工验收项目23个。转用农用地项目约40公顷；呈报23个项目招拍挂出让手续。完成工程建设招投标项目25个，比上年下降37.5%，中标总价1.79亿元。办理各类房屋建筑和市政工程基础设施招标备案27项，其中公开招标17项，邀请招标4项，竞争性谈判2项。办理直接发包备案手续18项。应招标率和应公开招标率达到100%。

2019年，开发区依法审核施工许可证38项，核发施工许可证35项，合同价格17.78亿元，建筑面积32.22万平方米，比上年下降27.8%。依法依规收缴城市基础设施配套费、供热配套费等费用1 040.4万元。办理工程款中检、竣工清欠18项，办理农民工保证金返还13项，依法依规返还514万元。清理返还施工企业工程建设领域各类安全风险抵押金、履约保证金等费用134万元。

【技术创新】2019年，开发区有高新技术企业19家，其中新增4家。实现主营业务收入167.5亿元。有3个创新、孵化平台。是年，新疆如意纺织服装有限公司全流程数字化智能纺纱生产项目正式投产，一号车间11万锭纺纱设备均通过信息数据系统进行智能化管理，实现万锭用工仅需25人，成纱质量稳定，吨售价比其他车间生产的纱线高出800元。新疆大全新能源股份有限公司通过“国家级两化融合贯标”认证，被工信部认定为“国家技术创新示范企业”。

【固定资产投资】2019年，开发区开复工项目40个，完成固定资产投资36.84亿元，工业完成固定资产投资33.78亿元。其中，基础设施项目开复工3个，完成固定资产投资2 071万元，商贸物流开工复工项目8个，完成固定资产投资3.07亿元，占开发区第三产业固定资产投资比重8.3%。大全新能源等7家新材料企业完成固定资产投资29.9亿元，占开发区工业固定资产投资比重81.2%。

【招商引资】2019年，开发区招商中心完成12个重点行业产业研究报告，涉及光伏下游、纺织服装、装备制造、新材料、现代服务业等行业领域，其中6亿元以上项目5个，分别是：新疆西部合盛硅业有限公司投资约33亿元建设年产20万吨硅氧烷项目、新疆卓辉汽车集团总投资10亿元的石河子卓辉汽车文化产业园项目、广东纱纤亿纱线交易平台投资12.7亿元建设纺织全产业链生态系统工程项目、厦门罗普特科技有限公司投资50亿建设智慧城市项目、新疆诺卫环境科技有限公司投资7.9亿元建设年处置14万吨危险废物项目；1亿元以上项目4个；2 000万元以上项目5个。重点引进众金电极箔年产1 500万平方米高性能高压化成箔项目、众和新材料高纯铝基材料产业化项目、15GW光伏组件及配套等重点项目。2019年，先后有106批次客户到开发区进行项目的考察和洽谈；开发区派出28个招商小分队到北京、上海、江苏、浙江、福建、广东、重庆、陕西、河南等省市开展项目跟踪和客户拜访，出访558天，拜访目标客户212家，推进和培育重点项目30家，完成项目签约14个，协议资金额124.58亿元。

2019年，开发区与江苏省盐城市化工行业协会和滨海等化工园区管委会进行对接，先后联系拜访企业120余家，到10家企业进行考察交流，于4月27日召集10余家代表性企业召开第八师石河子市招商引资推介会。开发区分别参加2019上海国家工业博览会、2019年国际进口博览会、2019年长沙中非论坛、2019杭州辽疆推介会、2019兵团上海投资贸易洽谈会、2019中国（北京）国际服务贸易交易会等专业行业展会，累计12次，完成招商推介6场。

【国资国企改革】2019年2月，开发区国资国企改革工作全面展开，12家直属国有企业重组整合为1家国资公司，原有开发区管委会下属的5家公司并入石河子开发区赛德国有资产经营有限公司。截至年底，开发区国有企业改革完成注销5家，退出1家，国资国企压减率为50%；培育发展1家公司（新疆赛德融资担保有限公司）；停业3家，其中2家待金融债务还清、担保债务解决后予以注销，1家已完成税务注销。退出1家公司（石河子市智博人力资源服务有限公司，净资产81.36万元，最终协议转让价210万元，收益率158%）。

（石河子经济技术开发区管理委员会）

东山经济技术开发区

【投资环境】东山经济技术开发区是1993年1月20日经国务院批准设立的国家级经济技术开发区，总规划面积10平方千米，区内主干道及排雨、排污、供水、供电、通讯等配套设施较为齐全，产业聚集效应突显。随着东山建设美丽的生态旅游海岛目标的确立，东山县委、县政府大力推进开发区“两个百亿产业园”（玻璃及新材料产业园和海洋生物科技园）建设。目前，两个产业园各项基础设施建设正全面铺开，部分企业已落户园区。

【经济发展】东山开发区下设两个园区，分别是玻璃和新材料产业园和海洋生物科技园。2019年开发区规模以上工业企业产值预计完成241.15亿元，同比增长10.46%；工业增加值预计完成69.93亿元，同比增长6.24%；海关出口总额预计完成39.09亿元，同比下降25.54%；全社会固定资产投资预计18.82亿元，同比下降15.19%；财政总收入预计完成8.11亿元，同比增长17.2%。其中，本级财政收入预计完成4.6亿元，同比增长17.35%。

【基础设施建设】道路建设方面，海科园开工的6条PPP模式道路已竣工验收并投入使用，园区“三纵六横”路网格局已然形成。玻璃园区观音山北路等七条道路的手续已完成工程可行性研究、地质勘察、施工图设计、工程预算价编制。污水处理厂方面，长山尾污水处理厂及两个污水提升泵站的土建和设备安装基本完成，园区企业污水已能够顺利排入污水管网。城垵污水处理厂交稿时预计2020年上半年投入试运行。其他方面，海科园新建南港东路至污水处理厂供电架空线，已完成南港东路段架空线的施工，该项目的完工为两个污水提升泵站的顺利投用提供供电保障，并作为长山尾污水处理厂的第二电源。中交围海造地项目取得东山薄膜太阳能项目海域使用权竣工验收合格通知书，现已换发国有土地使用权证并被县土地收储中心收储，竣工验收结算审核送县审计部门审计，并委托中介机构编制中交围海造地工程竣工财务审计报告书。

【招商引资】围绕主导产业抓招商。围绕水产业加工、海洋生物科技、玻璃及新材料产业等主导产业，加大对水产品精深加工、海洋生物医药和新型科技类产业等重点产业进行项目推介和重点招商，招引“大项目”“好项目”。2019年，招商签约任务数9个，签约投资额任务数18亿元。截至12月底，已签约东山惜巢建材城项目、漳州海德宝电子科技项目、新鲜味食品项目、科能能源培训中心项目、包装制品项目、松元电子元件项目、东榜电子商务项目、东山天然气支线管道工程项目、永固船用设备项目、照瑞祥食品项目等10个项目，总投资18.7亿元。

全力做好园区竞赛工作。抓好“三抓三比，十项竞赛”工业园区竞赛跟踪，截至12月底，上报新引进签约项目24个，签约金额44.35亿元，开工率100%；新增规模以上企业10家，新增产值98 685万元；园区新纳入统计工业项目72个，完成投资358 070万元，完成年计划投资额279 675万元的128%。

全力推进两个园区通用厂房建设。积极与中商盛世对接洽谈，促其在两个园区投建通用厂房，吸引小微企业入驻，有效解决企业起步发展难的问题。同时，实现集约用地，缓解园区用地紧张的压力。进一步优化资源配置，形成产业集聚，推动园区统一规划建设。配合中商盛世6月14日举行项目招商推介会进行招商，邀请200多家企业参与会议，并组织参加9月26日举办的中商盛世（东山岛）智慧城项目开工仪式。

【管理与服务】拓宽服务领域，深化服务层次。坚持走访企业制度，及时了解企业问题。坚持每月至少1次走访企业，在走访活动中有针对性地邀请相关职能部门的工作人员，要求现场咨询、解答处理，将为企业服务带到企业和工地、带到生产一线，快捷更有效地解决企业问题，通过主动“下访”有效地减少或避免“上访”，促进企业建设发展。2019年，共接到企业、农民工投诉、求助电话3起。召开2019年农民工工资支付情况专项检查工作会，传达东山县2019年农民工工资支付工作联席会议精神，开展农民工工资支付情况专项检查。

加强安全检查，建设平安园区。根据上级安全生产工作要求和会议精神，结合开发区实际，每年组织对重点行业，特别是对危险化学品行业、涉氨制冷企业开展安全生产大排查大整治。2019年，累计共出动154人次，检查区内企业50多家，发现安全隐患47项，责令整改完成45项，整改率95%。涉氨制冷企业中海、海魁两家压力管道未整改，7月24日已上报县安办，建议县行业主管部门采取措施。

抓好项目挂钩，强化责任落实。结合主题教育，区领导干部挂钩企业、项目，坚持每月召开重点项目建设调度会，对纳入全区调度的县重点项目建设情况进行调度，详细了解每个项目手续办理情况、工程进展情况、项目存在问题，对每个项目存在的问题进行认真梳理，并加以解决，突出精准施策，一企一策，形成全区上下关心支持项目建设的氛围。

【生态环保】推进开发区规划环评工作。落实生态环境部华东督察局对开发区规划环评情况的反馈，多次召开会议研究探讨，分工细化，专人负责，全力推进开发区规划环评工作。委托生态环境部中日友好环境保护中心（环境发展中心），开展规划环评工作，相关报告及方案现已编制完成，报送生态环境部环评司。目前生态环境部环评司已完成初审，待围填海评估和修复手续上报国家备案完成后进行评审，力争2020年6月底前通过审批。

做好围填海历史遗留问题处置工作。一方面加强与县自然资源局的沟通协调，加快对原海洋三所项目用地收储及道路的用地预审、选址意见、农转等手续的办理，促进存量土地的使用，另一方面开展涉及围填海历史遗留问题项目的《生态评估报告》和《生态保护修复方案》编制，于2019年3月28日通过福建省自然资源厅组织的专家评审，并形成《东山海洋生物科技产业基地围填海历史遗留问题处理方案》报送省自然资源厅，对依法处置两个围填海历史遗留问题提出相应的处置措施，正待省自然资源厅的审批意见，依程序推进解决用地问题。

【体制机制创新】开展两个园区管理权限的改革。为做大做强经开区，2011年我县筹建两个园区，即海洋生物科技园和玻璃及新材料产业园，同时在县里成立了指挥部，至今两个园区按指挥部的体制运行。2015年6月县委常委会印发中共东山县第十二届委员会会议纪要〔(2015) 11号文件〕，同意将旗滨工业园并入玻璃及新材料产业园，将玻璃新材料产业园、海洋生物科技园纳入经济技术开发区管理范围，有关审批权限下放给经济技术开发区依法依规管理，但企业税收还按原先机制执行。

开展“证照分离”改革。配合县相关部门，积极推动“证照分离”改革，做好“证照分离”的宣传，取消审批或审批改为备案、实现告知承诺制，逐项研究细化自律准则和标准，强化日常监管，做到放开准入和严格监管相结合，确保无缝衔接、不留死角。提高透明度，严格准入，逐项制定操作规程，明确办事依据、申报材料、申报程序、办理时限和事中事后监管措施，优化办事流程、缩减自由裁量空间、提高工作效率，督促指导企业严格执行行业规范，守法守规守信经营。

开展开发区调扩区工作。立足东山全岛战略发展规划的要求，东山经开区将进行调扩区，计划在原规划面积 10 平方千米范围内，保留已建成区 5.41 平方千米，其余面积调整置换至海洋生物科技产业园，部分扩大到玻璃新材料产业园。调整扩大后，东山经开区规划面积 13.86 平方千米，形成“一区托两园”发展格局，促进开发区体量的增加。目前，调扩区申报已由市政府行文上报省政府，并得到省商务厅《关于支持东山经济技术开发区调扩区前期工作的函》。现阶段我区已委托编制土地、规划、海洋等利用成果，完善调扩区相关工作。

【人员编制】截至 2019 年底，东山开发区在职人员 124 人，其中管委会 14 人；下设园区及公司人员编制包括：生态工业园服务中心 11 人，科技园服务中心 10 人，临港工业园服务中心 12 人，总公司 48 人，圆通公司 9 人，仓储公司 16 人。

（东山经济技术开发区管理委员会）

廊坊经济技术开发区

【区域概况】廊坊经济技术开发区（以下简称“廊坊开发区”）位于廊坊市区东北部，于1992年6月26日正式开始建设，2009年7月升级为国家级开发区。辖区面积69.4平方千米，规划面积38平方千米。距北京城市副中心30千米，距北京大兴国际机场15千米，距天津城区60千米，距雄安新区80千米，区位优势独一无二。廊坊开发区共集聚了全球33个国家和地区的4 100余家注册市场主体，占地项目1 000余家。其中，规模以上工业企业127家，外资企业164家，高新技术企业84家，世界500强企业25家。销售收入亿元企业115家，十亿级企业13家，百亿级企业2家，积淀了雄厚的产业基础。2019年荣获“河北省‘双创’示范基地”“2019智慧开发区建设优秀案例”“2019年度最佳城市创新规划奖”“2019中国领军智慧城区”等荣誉，在2019年度219家国家级经开区综合发展水平评价中位列39名，比上年晋升14位。

【经济发展】2019年，面对错综复杂的国际国内经济环境和艰巨繁重的改革发展稳定任务，廊坊开发区坚持以习近平新时代中国特色社会主义思想为指导，抢抓京津冀协同发展重大国家战略机遇，各项年度任务目标圆满完成。2019年开发区生产总值548亿元，同比增长8%；一般公共预算收入30.16亿元，同比增长13.9%；限上消费品零售额112亿元，同比增长110.5%；实际利用外资3.78亿美元；固定资产投资增长14.4%；规模以上工业企业增加值增长3.3%；进出口总值102亿元。

【产业发展】廊坊开发区聚焦电子信息、高端装备制造、新能源和新材料、大文化和大健康四大产业集群，建链延链强链补链，加快推进项目建设。2019年，实施亿元以上建设项目33项，当年计划投资48.4亿元，完成投资54亿元，占年度计划投资的112.5%；成功举办北京、深圳、上海、广州招商推介会，签约18个高端项目，总投资42亿元，引资150亿元；华大基因生命健康产业城正式签约落户，总投资24亿元，推进包括以华大科技服务、吉比爱、六合华大、华大司法、华大细胞和华大智造等六大板块为核心的产业集群建设；百花蜂蜜蜂产品生产基地建成投产，成为亚洲最大的蜂产品加工基地。项目建设水平和投资建设速度全市领先。

【科技创新】廊坊开发区深入实施创新驱动发展战略，奋力打造活力四射、动力澎湃的创新型开发区。创新主体持续壮大。建立重点科技创新企业培育库，实施高新技术企业、科技型中小企业“双倍增”计划。2019年新增省市级工业设计、技术创新等各类中心10家、省级“专精特新”中小企业4家，高新技术企业达85家，科技型中小企业达269家，省级以上孵化器、众创空间达到6家。创新平台持续聚集。引导支持技术创新和科技成果转移转化，市级以上研发平台106家，市级产业创新联盟8家，院士工作站9家。在2019年国家企业技术中心评价结果中，新奥技术中心、华日家具技术中心分别位列全国（共1 563家）第10位、第638位，位列全省（共50家）第1位、第35位。创新人才持续增加。全年支出人才专项资金1 017万元，惠及73家企业的811名高层次人才，以开放的理念集聚人才、优越的环境成就人才，切实将开发区打造成为各类人才的向往集聚之地。2019年引进各类人才4 812人，柔性引进“外专千人计划”人才、中科院“百人计划”人才等高层次人才22名。

【营商环境】2019年，廊坊开发区下大力气持续优化营商环境，助力经济高质量发展。政策扶持有准度。创新出台标准化厂房、外商投资、转型升级、工业设计等八大专项促进办法，持续深化政企面对面等五大机制，向重点企业配送“综合服务包”。精细服务有温度。聘请第三方评价机构，围绕营商环境开展“背对背”调查，紧盯17个一级指标和86个二级指标优化提升。推进行政审批全程帮办，总体审批时间由1 910个工作日减少到499个工作日，提高工作效率73.87%。资金支持有力度。召开“三深化、三提升”活动动员大会，集中表彰华为等134家优秀企业、科研单位，奖励资金合计5 300万元。召开廊坊开发区企业云平台启动仪式，向企业发放扶持云服务专项资金近1 000万元。行政审批有速度。推动审批业务向行政服务中心集中，实现70%以上服务事项“一窗”受理，11组审批事项并联审批，企业群众办事申报材料减少60%以上，企业开办时间在全市率先压缩到1个工作日以内，社会投资类房屋建筑项目、小型建筑项目审批时间分别压缩至50个、35个工作日内。

【基础设施建设】2019年，廊坊开发区大力开展“基础设施提升年”，加快推进城区更新，提升城区品质，经八路、官东路、五号路、三号路实现贯通，金源道等8条主干道和11条小街巷高标准完成改造。对标京津、雄安，高质量完成植树造林2 400亩。与北京环卫集团全面合作，构建“一体化、全覆盖”的“大环卫”模式。智慧园区加快建设，国家电子政务外网公共数据中心通过竣工验收。河北省首个5G实验网在开发区开通运行，智慧城市运营管理中心投入使用，“天网工程”和“智慧护城河工程”进一步巩固提升，智慧警务站、智慧社区建设正式启动。

【社会事业】廊坊开发区坚持以人民为中心的发展思想，不断保障和改善民生、增进人民福祉。2019年，民心工程全面完成。占地25万平方米的丝绸之路国际文化交流中心作为“5•18”主会场投入使用；憩园小区改造提升工程顺利竣工，投资近2 700万元，切实提升群众居住环境；投资338万元，实施23座现有公厕提升改造，增设第三卫生间和环卫工人休息室。优质教育全面升级。规划建设学校15所，总占地面积664亩，总建筑面积26万平方米，总规模为99轨453个教学班，全部建成后可提供近两万个学位。两所设施一流的小学、两所公办幼儿园已经投入使用。新招聘教师200多人，廊坊开发区710名教师分批赴深圳培训，教育软硬件建设水平实现新跨越。医疗水平全面提升。中国医学科学院肿瘤医院廊坊院区落户筹建，总投资32亿元、建筑面积20万平方米。开发区人民医院综合改革稳步推进，全员竞聘上岗，实行绩效考核，增加儿科、眼科、重症医学科等11个科室，增设岗位138个，面向社会公开选聘优秀人才79人，服务水平进一步提升。

【绿色集约】2019年，廊坊开发区突出绿色集约发展，实现企业生态效益和经济效益的双赢。依法整治散乱污企业，完成45台583蒸吨燃气锅炉低氮改造；落实禁止环保领域“一刀切”，77家涉气企业列入正面清单，占总涉气企业数的52.74%；2019年PM2.5年均浓度48微克/立方米，同比下降4%；综合指数5.4，同比下降4.76%，超额完成考核任务目标。深入实施百企转型，“一企一策”升级提质，处置批而未供土地1 673亩、闲置土地859.56亩，累计盘活存量低效用地1 500多亩。美国华平智能制造基地、多元水环保人工智能科技园、联东U谷五大企业港等转型升级代表项目加速实施，总投资78亿元。廊坊综合保税区顺利通过国家验收、封关运营，综保通供应链、东方嘉盛供应链等10家公司注册运行，2019年完成进出口额

5.1 亿元。

【党建工作】2019 年，廊坊开发区深入开展“基层党建规范提升年”活动，在完成 11 个环京示范村建设的基础上，投资 900 万元实施村街“两室”和村容村貌整治，提升阵地建设水平。召开廊坊开发区纪念建党 98 周年暨工委书记讲党课大会，表彰先进集体 30 个，优秀个人 124 名。研究制定了《廊坊开发区鼓励改革创新干事创业容错纠错实施细则》。坚持在学懂弄通做实习近平新时代中国特色社会主义思想上下功夫，工委理论学习中心组带头集中学习研讨 16 次，组织开展“廊坊开发区大讲堂”5 期，组织 18 批次 900 余名机关干部、政法干警到深圳、上海培训学习，组织 5 批次 500 余名机关干部赴北京参观庆祝中华人民共和国成立 70 周年大型成就展，形成示范带动、层层跟进、学深悟透的“大学习”格局。2019 年提拔使用了 33 名正科级干部、38 名副科级干部。为了建设高素质专业化年轻干部队伍，以竞争上岗方式大力选拔优秀年轻干部。通过提拔调整，科级干部队伍结构进一步优化，平均年龄下降了 3.3 岁，35 岁以下干部、妇女干部、全日制本科以上学历干部比例分别提升了 6 个、4 个、7 个百分点。

【机构设置与党工委管委会领导】2019 年，廊坊开发区工委、管委共设置 18 个机构，具体包括：党政办公室（含纪工委及群团组织）、人力资源和社会保障局、财政局、经济发展局、国土资源分局、住房和规划建设局、社会发展局、文教卫生局、公用事业管理局、安全生产监督管理局、维护稳定办公室、市场监督管理局、行政审批局、综合执法局、环境保护局、综合保税区管理局、东方大学城管委会、科技谷管委会。

工委、管委领导班子成员为：市委常委、开发区工委书记王金忠（2019 年 12 月免工委书记）；工委书记、管委会主任（2019 年 12 月任工委书记，免工委副书记），工委副书记王宁（2019 年 8 月免），工委副书记杨宝骞，工委委员、管委会副主任高波（2019 年 5 月免），工委委员、纪工委书记、总工会主席王冠军，工委委员、管委会副主任、东方大学城管委会主任孙绍虎，工委委员、管委会副主任王保良，工委委员、管委会副主任、科技谷管委会主任肖树华，工委委员王小卫，工委委员、社会发展局局长单克用，工委委员、财政局局长王荣三（2019 年 3 月免），工委委员、党政办公室主任李洪旺。

（廊坊经济技术开发区管委会）

张家港经济技术开发区

【概况】张家港经济技术开发区（杨舍镇）位于张家港市域西南部，是张家港市委、市政府所在地。总面积153.09平方千米，其中城区面积34平方千米，耕地面积约5.1万亩。2019年末，张家港开发区辖城郊5个办事处、城区4个街道办事处、23个行政村、51个社区。有户籍97 026户，户籍人口284 537人，另有外来暂住人口269 816人。经开区（镇）确立“张家港精神最足、改革创新最活、经济质态最优、动能转换最快、城乡统筹最强、文明程度最高、群众获得最多、干部面貌最佳”八大愿景，初步形成以智能制造与再制造、绿色能源、半导体芯片为核心，以国际商贸、服务外包、软件动漫、总部经济等现代服务业为特色的现代产业体系。2019年，张家港经济技术开发区列国家级经济技术开发区综合发展水平考核评价结果第32位，比上年进位38位次。杨舍镇蝉联“江苏省文明镇”称号。9月11日，《中国乡镇综合竞争力报告2018》显示，杨舍镇上榜2018中国乡镇综合竞争力排名第三位；10月8日，2019年中国中小城市高质量发展指数研究成果发布，杨舍镇名列2019年度全国综合实力千强镇第三名。

【经济发展】2019年，张家港开发区全年实现地区生产总值752.15亿元，比上年同比增长6.5%。一、二、三产业增加值分别为4.35亿元、243.85亿元和503.95亿元。完成全口径财政收入113.89亿元，其中公共财政预算收入54.71亿元，比上年增4.7%。入库税收111.28亿元。完成全社会固定资产投入163.97亿元，其中工业投资35.04亿元、服务业投资128.93亿元。

【投资促进】 截至2019年末，经开区有企业13 904家，其中工业企业3 377家。303家规模以上工业企业全年实现工业总产值700.06亿元，营业收入727.65亿元，比上年增0.13%，工业利税47.1亿元。超1亿元工业企业实现主营业务收入574.58亿元，占全区规模以上工业企业主营业务收入总量的83.27%。全年外贸进出口总额86.42亿美元，其中出口77.67亿美元。新批外资及港澳台资企业22家、增资项目10项。新增注册外资及港澳台资5.84亿美元，比上年增加199.8%；实际利用外资及港澳台资1.8亿美元，比上年增加12.2%。新批办私营企业2 922家，新增注册资本123.8亿元。参与设立KIP、IDG等产业基金，总规模突破160亿元。

【项目建设】2019年，张家港开发区项目建设成效突出。总投资232亿元的16个三级重大项目加快推进，加特可变速箱、晶台光电LED照明、采埃孚汽车电子转向系统、建和汽车减震器、爱汽科技变速箱关键部件、华荷氢电燃料电池、铁歌科技新型LED显示屏等7个超亿元项目竣工投产，在建重大项目数量与质量均创历史新高。计划总投资19.5亿元的澳洋健康产业项目（澳洋医院三期、澳洋医药物流异地新建、澳洋优居壹佰暨阳湖医养结合项目）、中科院张家港纳米产业园和国泰智慧软件园二期3个项目被列入市服务业十大重大建设项目；计划总投资172.98亿元的张家港汇金中心、张家港农联新镇项目、张家港市舞蹈学校二期校区、美邻广场、金宝贝幼儿园、前溪商业综合体、新能源物流车平台项目、百信物流（三期）等项目被列入市生产经营性服务业重点项目。

【科技创新】2019年，开发区软件（动漫）产业园累计入驻企业270家、电子商务产业园入驻企业80家，年平台交易额突破100亿元，获评2019—2020年度江苏省电子商务示范基地。净增高新技术企业27家、新增省级以上研发机构8个，省企业研究生工作站4家，省工程技术研究中心2家，省级众创空间6家、国际科技合作项目6个。区（镇）实现农、林、牧、渔业总产值6.3亿元，粮食、蔬菜、肉类、禽蛋、水产品总产量分别为14 669吨、15 779吨、79.4吨、9.7吨和603吨。

【社会事业】 2019年末，经开区有中小学校及幼儿园75所，其中区（镇）属地管理学校38所，在职教职工3 814人，在校学生46 971人。新建学校6所，乘航幼儿园建成投用。投入826万元为27所中小学、幼儿园添置更新电子白板及触控一体机77套、笔记本电脑42台、教师用电脑334台、学生用电脑68台、图书8 200套、学生课桌椅3 000套、学生餐桌椅60套。投入800万元为省优质均衡教育创建添置一批教育教学装备；投入283万元为区（镇）18所幼儿园（含4所民办幼儿园）的315间幼儿教室安装新风系统。区（镇）中小学、幼儿园扩班50个，新增青少年学位数量2 135个。完成动迁87万平方米，30个重点地块清场交地，启动张家港智慧科学城建设，全市首个PPP项目南横套滨水生态廊道启动。福东苑西区按期推进，学府花苑等4个安置小区竣工，交付30万平方米，分房1 051户。建成福前人才公寓二期1 000套。建成24小时自助图书馆3个，获评苏州市五星级综合文化服务中心3家。全年举办文化活动超400场，2个作品获苏州市第三届群众文化“繁星奖”银奖。区（镇）承办广场舞、桌式足球国家级赛事2场。

持续开展“263”“331”、散乱污治理、河长制、扫黑除恶、安全生产大排查大整治等专项行动。加快启动晨丰污水处理厂建设，新建6千米生活污水管道，实施东莱、塘市等地1 046户生活污水纳管，增强污水集中收集处理能力。落实河长制，启动6条黑臭水体、水环境“三乱”等专项治理，疏浚河道260条，拆坝建桥31座。建成新沙河等生态河道11条。通过清洁生产审核评估企业35家，加装高效废气治理设施48套。完成小区雨污分流15个，铺设污水管网20千米，农村生活污水接管1 162户。建成省级生态河道12条，新增绿化面积29.87公顷，建成福前等美丽村庄10个。新建、改建道路7条、桥梁6座，总长4.8千米。修补农村道路7 550平方米，新建排涝站2座、圩口闸4座。新增道路违停抓拍设备16套。对南新花苑二期、港新花苑一期、塘市花苑一期、包基花苑等13个安置小区进行智能化安防改造。对东莱五金机电广场、锦绣花苑二期、明日嘉园小区等增设高清监控155个。加大交通隐患整治力度，新划交通标线5 080平方米；新建临河防撞护栏380米，隔离护栏825米，太阳能爆闪灯8套；修补减速带780米；增添各类交通标志112套。加强巡防基础建设，新增警用4轮电瓶车14辆、2轮电瓶车40辆，新建苏州市公安局警务工作站2个。

【福民工程】 2019年新增就业岗位17 146个，特困家庭劳动力就业率达到100%。全年开展社区门诊57万人次，完成重点人群家庭医生签约9 902户、33 594人。组织安排15 215名65周岁以上非社会化管理的老年居民参加免费体检。组织高血压、糖尿病筛查7 628人次，管理重性精神疾病患者1 583人。完成心脑血管疾病筛查61 058人次，筛查出高危人群5 862人。接种疫苗112 873人次。组织9 581名妇女参加“两癌筛查”，发现高危妇女1 146人。为8 083名老年人提供虚拟养老服务，为155名70周岁以上空巢失能老人及60周岁以上失智老人提供智慧养老服务。全年为老年人提供虚拟养老服务39万次，发放80周岁以上老年人尊老金700余万元，办理老年人优待证800余份。开展“阳光扶贫”大走访、“爱满港城”慈善募捐活动，精准帮扶低保、低保边缘、五保、重残等各类受助人群，全年发放救助金3 366万元。41个村（社区）开展医疗互助，村级医疗互助会实现全覆盖。

【管委会领导】中共张家港经济技术开发区工作委员会成员为：书记卞东方（2019年3月任职，兼），副书记卢懂平，委员李良、张雷、赵志凯、顾卫彬、陆忠理、吴卫中、马春青（2019年12月任职，试用1年）；

张家港经济技术开发区管理委员会：主任邵军民，副主任卢懂平、李良、张雷、赵志凯、顾卫彬、陆忠理、唐善林（2019年8月免）、马春青（2019年12月任职，试用1年）。

（张家港经济技术开发区管理委员会）

九江经济技术开发区

【概况】九江经济技术开发区（以下简称九江开发区）位于江西省九江市主城区西部，长江南岸，庐山北麓，八里湖畔，管理范围80平方千米，辖1乡（永安乡）1处（赛城湖管理处）3街办（向阳街道、七里湖街道、滨兴街道），总人口约20万。九江开发区成立于1992年7月，2010年3月晋升为国家级经济技术开发区，包括5大板块：城西港区、原出口加工区、科技工业园、汽车工业园、石化园区，主要有电子电器、新材料新能源、装备制造、汽车及零部件4大主导产业，以及归口统计的石化产业。

【经济发展】2019年，九江开发区实现地区生产总值366.3亿元，工业主营业务收入1 140.6亿元，财政收入120.5亿元，固定资产投资233.9亿元（其中工业固定资产投资187.3亿元），利用内资240.09亿元，利用外资3.15亿美元，全社会消费品零售总额88亿元，全年农村居民人均可支配收入21 771元，城镇居民人均可支配收入42 038元。

【产业招商】2019年，九江开发区突出精准招商，着力引进一批补链、壮链、延链项目，着力打造电子电器、新材料新能源、装备制造、汽车及零部件产业集群。主要领导亲自带队外出招商50批次，21支招商小分队外出招商500余批次，接待客商上门考察、洽谈370批次，参加赣台会、赣港会等重大平台参与招商17场。先后引进IPRO智能终端生态链项目和ASM太平洋先进科技投资建设的半导体材料等项目，荣获国家级“电子电器高新技术产业化基地”和“全国电子信息行业重点推介产业园区”，在重大项目建设及招商引资领域获得省委省政府奖励。

【产业升级】2019年，九江开发区全年新引进项目52个，总投资达189.03亿元；全年新增高新技术企业32家，总数达到110家，被认定为江西省智能制造基地。15家重点骨干企业入选传统产业优化升级试点企业，巨石集团荣获“国家级绿色供应链管理示范企业”，德福科技6微米锂电池铜箔生产技术达到国际领先水平。全区企业研发投入5亿元，申请专利900件，专利授权493件，完成金融质押融资3 300万元，技术合同交易额1.7亿元。

【大事记】城西港区铁路专用线开工建设。2019年8月31日上午，城西港区铁路专用线正式开工建设，该铁路线自沙浔线K5+600引出，终点位于九江综保区，线路全长11.344千米，工程总投资约22.5亿元。项目主要建设内容包括七里湖站场改造、新建城西港站、专用线区间及专用线各作业区运输线、桥梁工程、新建生产及附属用房5 555平方米、港城大道延伸线1.8千米及专用线牵引供电及电力、给排水、通信及信号、信息等配套工程，项目将有助于打通港口集疏运“最后一千米”。

九江综合保税区封关运行。2019年11月11日，九江综合保税区正式封关运行，是江西省唯一通港型综合保税区。区内总体规划面积1.81平方千米，其中基础设施主要包括：14 531平方米的政务服务大楼、5 205平方米的验货专用场地、5 050平方米的监管仓库、9 515平方米的保税仓库、1 780平方米的保税产品展示中心、3 754平方米的检疫处理区、6 662米的围网、5 888米的巡逻通道、10.8千米的区内道路、查验平台、卡口及监管用房、熏蒸库、药械库等。

经开区人民法院正式挂牌成立。2019 年 12 月 11 日，九江经开区人民法院正式挂牌成立，共有 6 个内设科室(分别是立案庭、综合审判庭、执行局、政治部、综合办公室、司法警察大队)以及 1 个派出机构——赛城湖人民法庭，人员编制合计 35 名。九江经开区人民法院紧紧围绕经开区发展大局，充分发挥审判职能，调解商事纠纷高效有为，打击违法犯罪坚定有力，维护群众利益及时有效，为经开区经济社会持续健康发展提供了坚强的司法保障。

【机构设置与党委（党工委）管委会领导】 九江经济技术开发区党工委、管委会下设党政办公室、组织和人力资源部(编办)、商务局(招商局)、经济发展局、科技发展局、建设环保局、城市管理局、社会发展局、财政局、出口加工区管理局、机关党委、纪检监察工委、城西港区管理局、汽车工业园管理办公室、科技工业园管理办公室、公安分局、税务局、市场和质量监督管理局、国土分局、规划分局、审计分局。

2019 年九江经济技术开发区领导名录为：副市长、区党工委书记罗文江（2019 年 8 月离任），市政府党组成员、区党工委书记梅峰(2019 年 8 月到任)，区党工委副书记、管委会主任叶心林（2019 年 3 月离任)，区党工委副书记李善云，区党工委委员、管委会副主任陶晔，区党工委委员、管委会副主任刘宏，区党工委委员、管委会副主任、九江综合保税区党工委书记戴炜，区党工委委员、管委会副主任陈金彬（2019 年 1 月改任)，区党工委委员、城西港区管理局局长罗智敏，区党工委委员、管委会副主任梅勇(2019 年 5 月到任)，区党工委委员、纪工委书记张凯（2019 年 12 月离任)，区党工委委员、纪检监察工委书记欧阳东振（2019 年 12 月到任)，区党工委委员、区公安分局局长熊扬慎，区党工委委员、组织和人力资源部部长钟华星（2019 年 5 月到任)，管委会副主任付君(挂职，2019 年 6 月离任)。

（九江经济技术开发区管理委员会）

嘉善经济技术开发区

【经济发展】2019 年，嘉善经济技术开发区完成地区生产总值 127.97 亿元，同比增长 9%；实现财政总收入 24.3 亿元，其中地方财政收入 12.52 亿元；完成固定资产投资 50.93 亿元，其中工业生产性投资 28.05 亿元，服务业投资 22.88 亿元；完成规模以上工业企业产值 385.65 亿元，同比增长 5%，规模以上工业企业利税 30.46 亿元，其中利润 18.94 亿元；合同利用外资 10.09 亿美元，实际利用外资 2.51 亿美元，实际利用县外内资 24.11 亿元；完成进出口总额 127 亿元，其中出口 102.08 亿元。

【产业发展】2019 年嘉善经济技术开发区发力集聚新兴产业，加速培育半导体（芯片）、氢能源动力“双高塔”主导产业集群。格科微电子一期竣工投产，总投资约 100 亿元二期项目启动。连续第二年举办集成电路、氢能产业“双论坛”，设立集成电路产业基金。开通爱德曼氢能源应用公交示范线路，加强与专业氢能源发展研究平台合作。发力培育数字经济，推进“物联网、大数据、云计算、智能制造、智慧工厂”建设。推进企业股改上市，完成企业股改 52 家，其中规模以上企业 21 家，任务完成率达 185.7%。实施智能化改造项目 41 个，完成率 102.5%。做优做强“品字标”品牌，4 家企业获“品字标”认证，2 家企业入围县长质量奖评审。投资数字经济核心产业制造业 12 亿元，规模以上数字制造业企业增加值增长 50% 以上，累计上云企业 850 家。22 家企业申报“深度上云”嘉善县两化融合国家示范区首批专项资金。

【科技创新】2019 年，嘉善开发区完成高新技术产业产值 196 亿元、同比增长 23%；高新产业增加值 44 亿元，同比增长 16.5%。推进省级嘉善通信电子高新技术产业园区建设，新增国家高新技术企业 27 家、省科技型中小企业 30 家、县级研发中心 14 家。通过省级验收新产品 27 项、鉴定新产品 8 项，亿元以上工业企业技术（研发）中心覆盖率 79.1%。嘉善通信电子产业创新服务综合体列入省级产业创新服务综合体创建与培育名单。加强非公企业博士后工作站建设，申报“省千”人才 18 人，新引进博士人才 16 人、硕士人才 86 人，新培养高技能人才 220 人。完成发明专利申请 117 件、授权发明专利 50 项。协办首届长三角全球科创项目集中路演，承办第四届“梦想中国•智汇嘉善”创新创业大赛（半导体组）。嘉善经济技术开发区被认定为 2019 年省级国际科技合作基地、省级海外创新孵化中心（全市唯一）。全年共申报“独角兽”、隐形冠军、瞪羚企业、“专精特新”等各类企业 36 家。其中，瞪羚企业培育对象 2 家（爱德曼氢能源和嘉兴旗声电子获市“瞪羚企业”）；“独角兽”企业入围 15 家、培育 7 家。

【投资促进】2019 年，嘉善开发区突出“以商引商”，推动开发区产业集群式发展。参加全国、省内重要经贸洽谈活动，联系各国驻沪领事馆及国际知名中介机构，组织已落户外资企业、台商企业开展联谊交流活动，进行区内企业二次招商。寻求与集成电路、氢能源“双高塔”主导产业的紧密联系与合作，成立开发区集成电路产业基金，首期规模 2 亿元。举行第二届中国（嘉善）氢能与燃料电池产业发展与应用论坛。抢抓长三角一体化国家战略机遇，发挥优势、主动作为，参与“长三角开发区协同发展联盟”，惠灵顿公学入驻，“上海之窗•枫南小镇(智慧科学城)”等一批重点项目落地，嘉善经开产业新城暨长三角创新实验场开园，中科协海创联嘉善创业基地揭牌。加快与上海枫泾毗邻地区“五个一体化”建设，实现跨区域产业互动、功能互补、人才互通。

【机制体制创新】2019 年，嘉善开发区落实“最多跑一次”政策，提供一站式服务，实现无差别全科受理事项覆盖率达 90% 以上，简化办事手续，优化办事流程，促进提速提效。全年共办理各类行政许可 3 110 项，企业（个体）设立、变更、注销登记 2 835 家。推进“四平台一中心一网格”综治中心建设，健全完善“网格连心、组团服务”“三调联动”“红色信访代办”等机制，推进群防群治，实现“多元合一、一员多用”全科网格建设，全年收集办理各类社会问题和意见建议 18 465 条，办结率 100%。

【绿色集约】2019 年，嘉善开发区加大西区转型力度，淘汰关停企业 83 家，腾退低效工业用地 406 亩，任务完成率达 102%。启动老旧工业园区有机更新项目，涉及用地企业约 70 余家，土地约 2 215 余亩。全面开展“低产田”改造，累计完成 457.737 亩。整治“低散乱”企业 87 家，盘活存量厂房 11.44 万平方米，同时启动“百事顺纺织印染工改工”试点项目。全面开展工业园区雨污管网排查工作，已累计完成排水许可证申领 283 家。全面实施“工改工”，亩均效益、园区环境和企业形象得到综合提升，嘉善经济技术开发区被省商务厅列入省级美丽园区示范名单。

【国际合作】2019 年，嘉善开发区紧扣“高质量发展”，以浙江中荷（嘉善）产业合作园为特色平台，开拓国际产业合作，形成全面开放新格局。总投资 16 亿欧元的荷兰绿色储能锂电池项目完成土地出让，中荷农业科技创新示范项目设立投资公司，加快中荷园二期、三期项目建设。总投资 7.5 亿美元的 IGBT 功率半导体项目启动建设，德国 X 光检测仪项目入驻。开展高端国际合作交流，举办上海“地嘉人善、中荷共赢”招商会等海内外招商推介会 7 次，与荷兰等 10 多国驻沪总领馆紧密联系。嘉善国际创新中心（欧洲）是嘉善县第一个海外产业创新综合服务体。嘉善国际创新中心（欧洲）暨海外产业创新综合服务体项目在荷兰坎贝拉市设立，建设海外创新中心、境外招商中心、境外外经贸服务中心和中荷企业交流中心等“四个中心”，并列入省级海外创新孵化中心创建名单（全省五家、全市唯一）。全年完成合同利用外资 10.09 亿美元，增长 258.21%，创历史新高；实际利用外资 2.51 亿美元、增长 16.14%。

【基础设施建设】2019 年，嘉善开发区完成衡山路道路及汾湖路东段大修改造工程、铠嘉一号桥二号桥工程、九洲路道路二期、档案馆装修工程等 35 个基础设施项目建设。坚持高标准规划，完成开发区东西区局部水域、上海之窗•枫南小镇水域调整方案和 1.3 平方千米城市设计方案。有序做好商业、住宅地块出让。农房集聚完成 385 户，任务完成率达 128%。大通安置小区完成基础设施建设。完成渔民养老安置 149 户，549 人。扎实推进嘉善塘水系、北部湖荡整治、中心河拓浚工程等省“百项千亿 2020 计划”重大项目。

【社会事业】2019 年，嘉善开发区推进最多跑一次改革，无差别全科受理事项覆盖率达 90% 以上。社保、医保等事项下沉到街道便民服务中心 37 项。开展“爱国卫生”系列活动，抓好病虫媒防治（除四害）、健康教育、精防、打击非法行医和禁烟工作，成功创建省级示范高标小区 2 个、市级示范高标小区 5 个，枫南村成功创建省级垃圾分类示范村。关怀计生特殊家庭流动人口健康，慰问计生困难家庭 30 户，办理生育保险津贴 700 人，为 94 户特殊家庭签订《责任医生签约服务协议》，畅通特殊家庭就医绿色通道。加强“双拥”和军人荣誉体系建设，网格化建立干部联系退役军人制度，实现退役军人服务管理站全覆盖。为部队输送优秀青年 11 名。突出基干民兵国防教育，进一步发挥“老班长”退伍军人服务社等社会化优抚作用。

【党建工作】2019年，嘉善开发区加强政治建设，深入开展“不忘初心、牢记使命”主题教育，把学习贯彻习近平新时代中国特色社会主义思想放在首位，坚持集中性教育和经常性学习相结合，通过党委中心组学习、国开大讲堂、党员轮训等，提升党员干部政治素养。严格落实“三会一课”、组织生活会、民主评议党员等制度，常态化开展主题党日活动。深化理论武装，建立健全“党员四学制度”，推动党的理论政策进机关、进企业、进校园、进社区、进农村“五进”，区（街道）领导班子下基层开展宣讲20余场。举办区（街道）“梦想杯”学习强国片区知识竞赛、“南湖初心讲堂•嘉善课堂”走进梦天木门。强化干部培养，完成机关内设机构调整，通过竞聘，调整中层干部9名，提拔中层干部26名。全方位搭建年轻干部成长培养链，深化85后“菁英成长计划”，下派196名机关干部到助推中心工作。夯实基层组织，建立完善村（社区）后备干部队伍培养机制，继续深化毗邻党建“双委员制”，新建毛家社区、新润村两个党员先锋站，深化党员联户、党代表驻站接待、“红色36”公益嘉年华等品牌服务活动，及时响应和解决群众困难，“民情在线”累计完成走访17 342次，实现“双百”目标，街道社会组织党群服务中心荣获省级示范点称号。突出两新党建，新建新居民党群服务中心，成立新居民党建工作“大联盟”。推动小区党建客厅建设，建成示范型小区党建客厅一处，标准型党建客厅两处，新建13个两新企业党支部，成立5个红色物业企业临时党支部。落实党风廉政主体责任，全年共开展正风肃纪检查38次，检查单位161余家。深化“一清单、四制度”，助推中心工作。

【机构设置与管委会领导】嘉善经济技术开发区管委会下设党政综合办公室、党建办公室、招商服务局、经济发展局、农业农村局、规划建设局、财政局、社会事业发展局、社会治理局。开发区管委会党委书记郁晓凡，党委副书记、管委会主任卜国强，党委副书记徐俊群、赵志春；管委会副主任姚斌、郑庆华、唐颖杰、王育青、潘莉蕴、胡胜荣、贾玉飞。

2018—2019年嘉善经济技术开发区主要经济综合指标一览表

项目		单位	2018年	2019年	增减（%）
开发区生产总值		亿元	485.87	520.10	7.05
第二产业		亿元	267.66	272.27	1.72
工业		亿元	243.95	243.02	−0.38
第三产业		亿元	201.73	230.72	14.37
工业总产值（现价）		亿元	1 180.75	1 214.15	2.83
高新技术企业		亿元	306.51	381.80	24.56
销售（营业）收入		亿元	1 173.76	1 265.92	7.85
第二产业		亿元	954.78	982.84	2.94
工业		亿元	925.26	940.71	1.67
第三产业		亿元	218.99	283.08	29.27
利润总额		亿元	50.84	46.50	−8.54
第二产业		亿元	35.83	46. 33	29.31
工业		亿元	35.43	45.73	29.07
区内主导产业及产值（可加减项）					
主导产业（可加减项）	1. 计算机、通信和其他电子设备制造业	亿元	206.80	152.11	−26.45
	2. 通用设备制造业	亿元	164.59	155.14	−5.74
	3. 木材加工和木、竹、藤、棕、草制品业	亿元	138.59	162.22	17.05

续表

<table>
<tr><th colspan="2">项目</th><th>单位</th><th>2018 年</th><th>2019 年</th><th>增减（%）</th></tr>
<tr><td colspan="2">第三产业</td><td>亿元</td><td>15.02</td><td>0.17</td><td>−98.87</td></tr>
<tr><td colspan="2">进出口总额</td><td>亿美元</td><td>38.83</td><td>39.78</td><td>2.45</td></tr>
<tr><td colspan="2">出口</td><td>亿美元</td><td>29.86</td><td>31.83</td><td>6.60</td></tr>
<tr><td colspan="2">财政收入</td><td>亿元</td><td>93.33</td><td>98.91</td><td>5.98</td></tr>
<tr><td colspan="2">税收收入</td><td>亿元</td><td>86.29</td><td>90.62</td><td>5.02</td></tr>
<tr><td colspan="2">财政支出</td><td>亿元</td><td>72.15</td><td>94.76</td><td>31.34</td></tr>
<tr><td colspan="2">新批企业个数</td><td>家</td><td>2 363</td><td>2 298</td><td>−2.75</td></tr>
<tr><td colspan="2">外商及港澳台企业</td><td>家</td><td>51</td><td>38</td><td>−25.48</td></tr>
<tr><td colspan="2">内资企业</td><td>家</td><td>2 312</td><td>2 260</td><td>−2.25</td></tr>
<tr><td colspan="2">区内世界 500 强企业数</td><td>家</td><td>11</td><td>14</td><td>27.27</td></tr>
<tr><td colspan="2">国家级高新技术企业数</td><td>家</td><td>133</td><td>223</td><td>67.67</td></tr>
<tr><td rowspan="3">新批企业投资额</td><td>外商及港澳台企业</td><td>亿美元</td><td>13.24</td><td>31.43</td><td>137.39</td></tr>
<tr><td>内资企业</td><td>亿元</td><td>171.13</td><td>209.05</td><td>22.16</td></tr>
<tr><td>增资企业</td><td>亿美元</td><td>7.22</td><td>3.41</td><td>−52.77</td></tr>
<tr><td colspan="2">规模以上企业个数</td><td>家</td><td>886</td><td>982</td><td>10.84</td></tr>
<tr><td colspan="2">科学研究与试验发展经费（R&D）支出</td><td>万元</td><td>13.33</td><td>16.13</td><td>21.01</td></tr>
<tr><td colspan="2">研究与试验发展（R&D）经费投入强度</td><td>%</td><td>1.68</td><td>2.43</td><td>44.64</td></tr>
<tr><td colspan="2">合同外资金额</td><td>亿美元</td><td>11.19</td><td>12.90</td><td>15.28</td></tr>
<tr><td colspan="2">外商实际投资</td><td>亿美元</td><td>4.22</td><td>4.04</td><td>−4.27</td></tr>
<tr><td colspan="2">固定资产投资</td><td>亿元</td><td>247.56</td><td>270.96</td><td>9.45</td></tr>
<tr><td colspan="2">年末从业人员数</td><td>万人</td><td>15.78</td><td>16.73</td><td>6.02</td></tr>
<tr><td colspan="2">万元 GDP 能耗</td><td>吨标煤 / 万元</td><td>0.131</td><td>0.129</td><td>−1.53</td></tr>
<tr><td colspan="2">水资源消耗总量</td><td>万立方米</td><td>2 693.99</td><td>2 468.79</td><td>−8.36</td></tr>
<tr><td colspan="2">单位国内生产总值取水量</td><td>立方米 / 万元</td><td>5.545</td><td>4.747</td><td>−14.39</td></tr>
<tr><td colspan="2">区内建立的创业创新平台数量</td><td>个</td><td>9</td><td>10</td><td>11.1</td></tr>
<tr><td colspan="2">区内科研院所数量</td><td>家</td><td>6</td><td>9</td><td>50</td></tr>
<tr><td colspan="2">院士工作站</td><td>个</td><td>10</td><td>15</td><td>20.0</td></tr>
<tr><td colspan="2">区内高等院校（大学）</td><td>所</td><td>1</td><td>1</td><td>0</td></tr>
<tr><td colspan="2">区内职业教育学校数量</td><td>家</td><td>2</td><td>2</td><td>0</td></tr>
</table>

（嘉善经济技术开发区管理委员会）

如皋经济技术开发区

【经济发展】2019 年，如皋经济技术开发区（以下简称“如皋开发区”）实现地区生产总值 719.06 亿元，按可比价格计算，比上年增长 7.61%。其中，工业增加值完成 338.78 亿元，可比增长 6.25%；服务业增加值完成 293.54 亿元，可比增长 10.1%。财政收入继续保持稳定增长。全年财政收入 97.55 亿元，比上年增长 3.86%，税收收入 95.72 亿元，增长 7.9%。全社会固定资产投资 338.65 亿元，比上年增长 0.24%；其中，制造业投资 163.39 亿元，比上年增长 0.38%，基础设施投入 21.76 亿元，比上年增长 3.22%。2019 年国家级经济技术开发区综合发展水平考核评价中排名第 64 位，较上年度前移 15 位。

【产业发展】2019 年，如皋开发区全年实现规模以上工业企业增加值 286.6 亿元，比上年增长 6.58%。全年工业总产值 1 151.94 亿元，其中规模以上工业总产值 835.95 亿元。南通荣威娱乐用品有限公司销售超 30 亿元，双钱集团（江苏）轮胎有限公司销售超 20 亿元，全区亿元工业企业增至 168 家。全年新增新开业规模工业企业 22 家。全年完成服务业应税销售增幅 11.2%，税收增幅 6.23%，规模以上服务业创营业收入增幅 12.5%。新增规模以上企业 6 家，限上企业 19 家，平园池“江海荷香民俗园”获批国家 3A 级旅游景区。

【科技创新】2019 年，如皋开发区完成高新技术企业工业产值 271.88 亿元，新增国家高企认定企业 53 家，产学研合作项目 80 项，每万人发明专利拥有量 44.23 件，PCT 申请 22 件；申报高企 60 家，其中 40 家企业均进入省高企培育库。江苏思源赫兹互感器有限公司获得省国际科技合作项目立项；江苏省如高高压电器有限公司获得国家知识产权示范企业认定，并获省重点研发计划项目立项、省科学技术提名奖二等奖；隆能科技（南通）有限公司获得外国专家项目立项；9 家企业通过国家知识产权管理体系认证。与上海麦腾永联创业投资管理有限公司签约，实现科创中心托管运营。推进吉林大学如皋新能源汽车产业技术研究院签订技术开发合同 4 项，当年到账 75 万元。江南大学如皋食品生物研究所横向产学研共到账 302.9 万元。

【投资促进】2019 年，如皋开发区新增内资企业注册资本 93.77 亿元；新增内资企业 1 211 个，其中工业项目 305 家；新批外商投资企业 26 个，其中工业项目 15 个。实际到账外资 3.23 亿美元，比上年下降 8.7%。推动了培秐电子 PCB、金通灵工业风机、空气压缩机及氢燃料电池核心零部件、思源 GIS 等十亿元以上重特大项目落户。新开工亿元以上产业项目 26 个，累计完成投资额 16.4 亿元。其中，工业项目 24 个，服务业项目 2 个（月星集团花庄民宿、伊荷民宿）；10 亿元重特大项目 3 个（氢能小镇空气压缩机及氢燃料电池核心零部件项目、乾鼎 PCB 项目、思源 GIS 项目）。续建重特大项目 6 个，累计完成投资额 54.4 亿元。全年新竣工亿元以上产业项目 17 个，全部为工业。新转化亿元以上产业项目 19 个，其中，工业项目 15 个、服务业项目 4 个。11 月 20 日，韩国培秐电子 PCB 项目、固态储氢装备制造项目、荣威水池扩建项目、中科遥数无人机项目、应急管理车项目、昌浩汽车仪表及动力分总成项目等 6 个项目集中开工，总投资 72.7 亿元。

【体制机制创新】2019 年，如皋开发区研究出台“你追我赶”赛马式的招商竞争机制，建立“6+2+1”招商引资、项目建设服务运行架构，即“6 个招商分局 + 项目建设办公室 + 经济运行办公室 + 招商（基金）服务组织”。

【绿色集约】2019 年，如皋开发区完成四级河黑臭河道整治 38 条，完成“两违”专项整治 46 处；完成如泰运河支流新港河、蔡港河等 6 条三级河清淤疏浚，新增完成北焦港、中心河 2 条三级河整治，省考断面水质持续改善；完成区内二、三级河道沉船、僵尸船的打捞 106 条；拆除 6 家非法内河涉水码头，取缔 9 家无资质预拌混凝土搅拌站点。完成 7 个村 7 处小型村庄生活污水处理设施建设，实施海鹏污水处理厂、恒发污水处理厂一级 A 提标改造以及污水管网建设改造工程，进一步完善基础设施。建立秸秆临时堆放点 85 个，建筑垃圾临时堆放点 32 个，易腐垃圾堆放点 14 个，生态堆肥处理点 1 个；入户收集垃圾分类车 176 辆，垃圾分类亭 110 座，垃圾分类服务站 40 座，垃圾分类指导牌 1 500 只，建成有机易腐垃圾处理中心 1 座，建设建筑垃圾中转调配仓库 1 座。以野林、平园池、花园桥、袁桥为试点，开展垃圾分类试点工作。在 6 个村开展农村无害化户厕改造 2 273 座。压降生猪养殖总量 0.9 万多头，畜禽养殖粪污“网格式”监管、“户籍化管理”模式在全市得到推广复制。淘汰 2 家印染企业、11 家铸造企业落后设备，关停家具企业 4 家，取缔无资质混凝土搅拌站 9 家，拆除非法码头 6 家，完成加油站双层灌改造 2 家，完成双龙碎石场等 34 家“散乱污”企业关停和 2 家提升改造，完成 4 家燃煤及煤制品工业炉窑拆除工作和 1 家清洁能源改造，推进 4 家企业挥发性有机物综合治理。

【社会事业】2019 年，如皋开发区完成建养一体化道路 7 条；提档升级道路 3 条；维修农村道路约 3 000 平方米；新建农桥 1 座，维修农桥 5 座；打造“四好农村路”20 千米；协调完成市级道路桥梁改造 2 座；完成 4 个村通居路工程，建设里程 10.56 千米。围绕“两不愁三保障一达标”的贫困人口脱贫的基本要求和核心指标，研究出台了《开发区打赢打好精准脱贫攻坚战的实施意见》，实现建档立卡户全面脱贫，108 户危房得到了改造。完成太平、何庄等 11 个村（社区）1 481 人的即征即保工作；强化五保、低保等对象的动态管理，做到应保尽保。完成 3 家医院的资产整合，3 个（社区）卫生室建设到位，37 家村卫生室（社区卫生服务站）均实现了公有化建设。投入 2 000 万元提升开发区实验小学、实验幼儿园硬件水平；中考如皋中学录取人数共 65 人，八年级地生会考合格率均列全市第一，小学教学质量评估继续保持前列；参加各级各类教育教学竞赛比武获奖 312 人次，发表论文 466 篇。

【机构设置】如皋开发区与城北街道实行“以区带街、街区合一”管理体制，由班子领导、纪工委、人大工委、政协工委、工会、妇联、团委及其他办、局、园区、中心等组成。主要设立办公室、党群工作局、人力资源和社会保障局、科技转化创业园、新能源汽车产业园、长寿生物科技产业园、科技和经济发展局、农村工作和社会事业局、政法和社会建设局、财政局、建设局、规划分局、综合执法局、招商局、行政审批局及环保分局、国土分局、安全监督局等。

（如皋经济技术开发区管理委员会）

漳州招商局经济技术开发区

【经济发展】2019年，漳州招商局经济技术开发区（以下简称漳州开发区）坚持新发展理念，坚持高质量发展落实赶超，全力打好“三大攻坚战”，扎实做好“六稳”工作，着力“大抓工业、抓大工业”，紧紧围绕打造集团城市和园区综合开发“PPC样板”的战略目标，加强政企合作平台建设，扎实推动各项工作落地见效，实现经济社会平稳发展。全年地区生产总值完成100.32亿元，下降1%；一般公共预算总收入10.23亿元，下降39.24%，地方一般公共预算收入6.97亿元，下降40.66%。规模工业总产值82.69亿元，增长6.21%；规模以上工业企业增加值18.42亿元，增长5.91%；固定资产投资37.74亿元，下降19.36%（完成漳州市下达任务）；外贸出口5.52亿元，下降80.38%；实际利用外资0.6亿元，下降71.53%；社会消费品零售总额7.99亿元，增长7.07%。

【产业发展】2019年，漳州开发区临港全港货物吞吐量1 640.12万吨，下降33.41%，集装箱吞吐量42.52万TEU，下降8.2%；交通设备制造业完成产值7.71亿元，下降29.12%；粮油食品加工业完成产值31.21亿元，同比增长10.56%；金属制品加工业完成产值17.82亿元，下降20.94%。

【招商引资】2019年，漳州开发区全年签约安博物流、理源食品等10个项目，合同资金额达7.054亿美元，实际到资8.074 7亿美元，完成全年计划（9亿美元）的97.83%。全区三抓三比签约项目10个，累计签约总额23.79亿元，其中，落地项目1个（新能源汽车项目），总投资达27亿元的威驰腾新能源汽车项目实现当年洽谈、当年签约、当年开工建设、当年出产品。完成诺尔公司股权收购，并引进中信重工项目。

【工业及技改投资】2019年，漳州开发区全年累计全区完成技改投资4 670万元，同比增长125%。中纺粮油小包装项目建成投产，首钢凯西、方明环保技改项目开工建设；福钢公司技改项目稳步推进，已与沃尔玛公司签订2020年3亿美元订单。首钢凯西公司、中集集装箱公司、中纺粮油公司获得省级龙头企业称号；星火SPACE获批市级示范众创空间，平行威客入选市级众创空间备案名单。

【基础设施建设】

1. 港航基础设施。争取扶持港航项目上级补助资金2 850万元；厦门港最大等级散杂货码头后石港区3号泊位正式开港运营；后石航道二期工程完成年度投资500万元；招银航道二期工程通过省发改委立项批复。

2. 公共交通配套。鼎仔内山隧道工程通车，厦漳嵩屿航线通航安全评估通过专家论证，具备通航条件。继续推进漳州港客运中心提升改造，建成投用公交充电站1座，完善绿色交通配套设施。

3. 城市配套设施。推进海滨学校单建式人防工程、一区西片区与考后片区、白沙社区防洪排涝工程建设；店地防洪排涝工程、白沙排洪渠工程竣工验收。继续深化校园、医疗、应急等方面信息化应用，完成原水管线全线实时在线监测及新增监测点位传感设施部署，新建市政管网入库42条。完成15处地震预警信息发布终端建设，达到社区、学校全覆盖。完成重点道路市政绿地建设3万平方米。城区保洁质量达到二级水平，重点区域保持一级水平，夜景亮灯率达99%。提前完成提升城市供水水质三年行动，全年出厂综合水质合格率达100%，管网综合水质合格率达99.7%，处于全市领先水平。

【社会管理】

1. 教育卫生。开发区通过教育“两项督导”省级督导评估，获得“优秀”等级。2019年厦大附中高考本科达线率99.6%，4人被北大、清华录取，19人被“2+8”学校录取，并获得漳州市“高考功勋学校”称号，跻身全省首批示范高中；在全省教师技能大赛、学科竞赛等多次获得省一等奖，位列全市第一。海滨学校通过义务教育管理标准化评估，被评为“福建教育学院艺术教育研究室第二批基地校”“福建省义务教育管理标准化学校”。南太武实验小学再获“福建省防震减灾科普示范学校”称号，被确认为中国陶行知研究会重点课题实验校。白沙小学顺利通过义务教育管理标准化评估。

2. 社会保障。落实就业扶持政策，发放引进人才各类补助650余万元，举办5期专场招聘会。发放城乡居民养老保险基础养老金345.9万元，发放被征地居民养老金1 338.8万元，城乡居民保障金、被征地居民养老金发放水平，以及信息化平台平均经办笔数均为“全市第一”，互联网人脸识别待遇领取资格认证完成率“全省第一”。此外，在全市率先完成社保扶贫任务，代缴完成率100%。实现居家养老服务全覆盖，推进社区便民信息化服务点规范化建设，发放新款老人机630部、安装App定位3 583部。依托招商漳州社区基金会平台，建立低保慈善救助和贫困低保户在校大学生助学金等项目，发放各类救助金累计376余万元。设立医疗保险管理窗口，方便居民在区内直接办理登记参保和医疗报销业务。

3. 环境治理。实施城市绿化养护工程，完成静湖公园及黄金海岸公园维修工程，以及香山湿地公园周边道路、山地生态园标识系统改造、双鱼岛桥头“花海”、双鱼岛陆岛广场充电桩等景观、配套设施建设。组织开展污染源头排查整治工作，对照69类污染源建立治理项目清单，完成整治149个，完成率139.25%。全年空气质量优良率为96.96%。危险废物规范化管理考核达标率100%。

4. 安全生产。强化春节、“两会”等重要节庆安全防范，落实领导班子带队开展安全生产大检查机制，大力开展“安全生产月”等宣传活动；推进小区电动车充电桩增设和无物业小区消防设施改造；落实推进工贸企业安全生产标准化建设，较好地完成了迎接省、市安全生产目标责任考核。切实强化食品药品安全监管，辖区“一品一码”信息追溯重点单位实现全覆盖；完成17家学生食堂“明厨亮灶”创建。引入第三方电子处方平台，执业药师“挂证”及处方药违规销售现象得到根本性扭转。

5. 综治维稳。贯彻落实深化扫黑除恶专项斗争实施方案，深入开展中央督导“回头看”整改工作，上级交办、转交线索办结率达100%。扎实推进信访维稳工作，保障芯云谷开园、未来食品论坛等重要活动顺利开展，组织平安志愿巡防活动。顺利化解房产交易纠纷等涉稳问题。强化多元调解中心建设，全面铺开社区网格治理“2+N”，完成网格化高清视频第五、六期项目建设。以“防风险、保平安、迎大庆”为主线，抓牢抓实新中国成立70周年安保维稳各项工作；深化消防安全治理，火灾次数同比下降25%。

【改革创新】

1. 推进《漳州开发区管理办法》。组建专项工作小组，开展《漳州开发区管理办法》的草拟、上报和沟通各项工作，并在招商局集团的重视、指导下，在福建省委省政府和漳州市委市政府的关心支持下，已经漳州市政府、福建省商务厅提交省政府专题会议研究，目前正按省政府专题会要求继续推进相关工作。同时，积极会同省、市有关部门起草福建省政府与招商局集团新一轮战略合作协议，提出财税管理体制、机构编制等重大关键问题解决方案，按程序报批。

2. 推进管委会新一轮机构改革。研究国家、省、市机构改革文件，梳理开发区管委会机构职责及人员配置现状，系统开展人才盘点、测评工作，为后续人才选拔岗位配置提供技术支持。对标漳州台商投资区机构改革经验做法，确定初步改革方案。

3. 深化行政审批制度改革。推进“多证合一”改革，将56项涉企证照事项合并办理。优化建设审批、社保等综合窗口，推进工程建设项目审批改革，提供24小时工商自助个体登记服务，企业注册登记缩短至3.5小时，比全国、全省平均办理时间缩短31.5小时，比全市（文件要求）缩短10.5小时；房屋住宅（二手房）办证由5天缩短至1.5天，比全省平均办理时间缩短8.5天，比全市缩短3.5天。开展“证照分离”改革首批国家级开发区试点工作，率先在全市完成改革试点任务。积极落实“减税降费”政策，全年为企业减税降费约1.6亿元；制定实施134项“最多跑一趟”清单，有效节省办税时间。设立人才服务窗口，全市首创一站式人才政策咨询、申报等服务。完成“漳州港E-City”App建设，实现线上全流程政务服务。扎实推进农村集体产权制度改革，提前完成各项任务。

【文旅发展】

1. 宣传推广。全年开辟安全生产、扫黑除恶等主题宣传专栏21个，累计内外网刊发稿件3 800多篇次，其中《漳州港新闻》51期、新闻稿件393条、电视专题12期、微信推文487篇、短视频20个。全年累计在中央、省、市主流媒体刊发新闻报道1 950篇次（含转载），推动境外媒体报道开发区新闻30篇。先后举办庆祝新中国成立70周年文艺晚会、演讲比赛、古堡音乐会、奇韵塞罕坝摄影展、“礼赞新中国 奋进新时代”主题巡回宣讲等16项庆祝活动。

2. 旅游推广。完成多彩漳州港明信片宣传系统制作，出版《播荡烟尘》《静湖春晓》文化旅游丛书、《醉美漳州港》摄影画册；“多彩漳州港”公众号全年推文350篇，粉丝量破11万，自有阵地和各级媒体累计报道涉旅信息1 100余篇次，居福建旅游官微前三。完成全域旅游规划编制，出台《加快发展旅游业扶持奖励办法》，完成13家旅游企业政策扶持款项审批约80万元；帮扶房车营地、海错馆破解发展难点，协助神州、山海旅行社加快注册和转型，推动旅游行业各企业资源共享；开展春节主题展、杨梅文化节等旅游节庆活动，全年旅游接待突破220万人次。

3. 文化惠民。一是开展文艺节庆活动，二是推进社会民生事业发展，三是举办多场影展；光影艺术馆先后举办“陈忠和俯瞰两港摄影展”“飞翔的精灵摄影展”等展览，其中首次举办的闽台摄影交流活动，扩大了展馆在台湾地区的影响力。

【党风廉政建设】

坚持把深入学习贯彻习近平新时代中国特色社会主义思想、党的十九大精神作为首要政治任务，进一步细化明确党委会议事决策范围，及时传达学习上级有关会议精神和习近平总书记指示批示精神，研究重大经济和党建工作。结合“党建推进年”工作安排，扎实开展基层党建，制定党支部标准化工作手册，加强非公党组织建设，推动豪氏威马公司等外企成立党组织。深化党员教育管理，制定党员发展与管理计划，举办各类培训班10场次。组建志愿服务队伍，累计入驻志愿汇App服务平台的志愿单位、组织35家，志愿者达3 683人。凌波社区被评为全国“最美志愿服务社区”，是漳州市唯一获此殊荣的社区。安达公交公司驾驶员蓝文枝同志荣获“中央企业劳动模范”荣誉称号。“智慧团建”成效突出，综合指标完成情况位列全市第一。

开展理论学习中心组学习14次，组织专题辅导5场，认真组织召开对照党章党规找差距专题会、主题教育专题民主生活会，走访调研医院、社区、学校等14个基层单位、25家企业，梳理细化整改任务32项，其中应于2019年内完成整改的事项全部完成。通过走访调研企业，帮助解决伟成油脂复产、豪氏威马职工子女入学、华特沥青原料运输船靠泊装卸等一批实际困难和问题。

分解梳理招商局集团党委巡视反馈意见整改工作任务，建立周报制度，完成立行立改，重点难点问题取得突破性进展。成立中央巡视整改工作领导小组，制定印发整改方案和任务分解表，严格执行整改汇报制度。梳理细化整改任务 84 项，已完成整改 66 项，其中中央巡视反馈要求于 2019 年 12 月底前完成的整改事项全部完成整改。

规范选人用人流程，优化干部队伍配置、考核，赴北京、武汉等地“双一流”高校招聘充实干部队伍。建立完善干部员工梯度培训体系，通过“启航”“搏航”“续航”“优训营”培训，提升优秀青年干部综合素质，储备发展人才。

（漳州招商局经济技术开发区管理委员会）

泉州经济技术开发区

【经济发展】2019 年，泉州经济技术开发区实现地区生产总值 228.09 亿元，比增 10%；工业增加值 178.5 亿元，同比增长 7.9%；建筑业增加值 3.3 亿元，同比增长 58.4%；第三产业增加值 46.32 亿元，同比增长 17.3%；一般公共预算总收入 16.37 亿元；一般公共预算收入 8.08 亿元，同比增长 2.4%；全社会固定资产投资同比增长 12%；社会消费品零售额 77.29 亿元，同比增长 6.9%；出口商品总值 59.27 亿元，同比增长 41.03%；实际利用外资（验资口径）1.24 亿元。其中，地区生产总值、建筑业增加值、第三产业增加值增速位居全市第一，出口商品总值增速位居全市第二。

【产业发展】泉州开发区抓龙头引领强支撑。充分发挥产业龙头企业支撑和引领作用，加快壮大现有龙头企业，紧盯规模以上企业，积极培育新的龙头企业，特步、九牧王、宏远等 3 家被认定为 2019 年省级工业龙头企业，推荐太平洋、锐驰、万龙等 14 家企业列入市级产业龙头企业；新增规模以下转规模以上工业企业 15 家，预计可新增产值 3 亿元；天际 SUV 汽车生产、九牧王产业园、足力健老人鞋、友臣食品等 20 个优质企业项目，预计可新增产值 38.53 亿元。稳妥应对中美贸易摩擦，不断壮大出口主体，全区全年新增出口备案企业 64 家，新增出口实绩企业 59 家。把产业升级作为经济增长的“动力源”，鼓励企业创新创造，支持传统制造业通过技术改造向中高端迈进，积极培育产业转型升级典型示范企业。抢抓服务制造融合大趋势，开展“第三产业提升年”活动，推进九牧王智能物流配送中心、建筑业和商贸服务业集聚园区及国脉生物科技项目等三产业在建项目建设，引导新华旭智慧物流园申报市级现代服务业集聚示范区，力促三产集聚发展。支持企业承接“军转民”科技成果转化，参与军品研发生产，壮大军民融合产业，目前全区已有 11 家军民融合企业，21 个产品列入军队采购目录。

【科技创新】2019 年，泉州开发区坚持高端引领，着力培育具有开发区特色的战略性新兴产业，推进科技创新与构建现代产业体系紧密结合，加快构建以高新技术产业为主导、服务经济为主体、先进制造业为支撑的现代产业体系。思安公司等 5 家入选市战略性新兴产业成长型企业培育库；新增泰亚鞋业等 5 家省级科技小巨人领军企业；力声电子被认定为泉州市瞪羚企业；国家级高新技术企业孵化基地累计孵化企业达 278 家，累计毕业企业 175 家。大力发展商贸服务业、创意产业、现代生产性服务业，引导中小企业参与龙头企业、品牌企业的协作配套，推动产业之间横向结盟上规模，纵向整合成链条。

【招商引资】2019 年，泉州开发区以“提升招商引资水平，促进高质量发展”为工作重点，突出招大引强，打造特色产业，促进经济持续发展。制定出台《项目入驻、项目评估、项目退出管理办法（暂行）》，深入推进 2.5 产业园及智能产业园规范清理工作，共清退企业 9 家，清理出闲置低效及违规占用的办公用房 2.7 万平方米，盘活存量土地 242 亩、闲置厂房 19.9 万平方米，嫁接引进新项目 136 个，项目总投资达 8.2 亿元。实施“三个一”招商工作机制（“一把手”带头抓招商、“一条龙”服务抓招商、“一队伍”专业抓招商），成功对接入库9个民企项目，合同总投资额46.1亿元人民币，超额完成市里下达的25亿元民企对接任务，完成率高达184.4%。引进集聚1 765家互联网经济、工业设计、检验检测、创新金融、文化创意等新型业态。制定出台《泉州开发区关于鼓励利用空置厂房和土地进行二次招商的若干措施》等优惠政策，吸引项目进驻，有效激发招商活力，成功引进斐乐（FILA）全球采购中心、德尔电梯、维佳石材机械等大型优质项目。加快推进中意“两国双园”建设，成功引进“中意（泉州）时尚创意谷”“意大利CSMT（泉州）中心”两大平台入驻开发区，搭建起泉州市引进意大利资金、技术、品牌、设计师人才团队的桥梁和纽带。

【项目建设】2019年，泉州开发区实行“一个项目、一套人马、一拼到底”，扎实开展“项目攻坚2019”。全区20个技改项目完成投资5.6亿元，完成年度计划的112.56%，超过时序进度12.56个百分点。特步、天地星、星美健等3个项目被纳入市级重点技改项目。积极培育产业转型升级典型示范企业，兆兴无纺布公司、三星电气公司生产车间被认定为市级数字化车间；天地星被认定为省级单项冠军企业；九牧王公司被认定为省级智能制造试点示范企业；安记、三星、万龙被认定为省级“专精特新”中小企业。重点项目中，全区有46个在建，累计完成投资25.66亿元，完成年度计划投资100.01%。其中，14个列入市级在建重点项目，累计完成投资12.43亿元，完成年度计划投资107.58%，超额完成年度目标任务。“五个一批”项目中，谋划项目27个，总投资287.49亿元，完成谋划任务的135%；签约项目24个，总投资93.40亿元，完成签约任务的240%；开工项目19个，总投资72.57亿元；竣工投产项目15个，总投资33.20亿元。

【民生补短】2019年，泉州开发区民生工程再加码。教育方面，市第二实验小学开发区校区顺利开学，新增学位2 400个；成功回购开发区实验幼儿园办学场所，促使该园顺利通过“省级示范幼儿园”评定；开展民办幼儿园等级评估工作，全区公办和普惠性民办幼儿园可提供的学位数达到83.6%；大力推进教育人才引育和激励，11名教师被认定为市第五层次人才，2名校（园）长被认定为市首批名校（园）长，5名教师参评市级骨干教师，1名教师入选省教学带头人；出台中小学课后服务工作方案，为全区3 545名中小学生提供免费服务。卫生方面，深入开展“基公卫服务提升年”活动，延伸市中医院名医工作室至开发区中医馆开展就诊服务，更新健康档案11 951份、预防接种24 219针次、儿童管理2 674人次、孕产妇管理760人次，处置公卫事例36次，完成家庭医生签约880人次，依托清濛医院建成6间12床养老服务照料中心。管理方面，将全区划分为5大网格片区，采取“一格四员、分层快处”形式延伸服务末梢，明确网格督导员、网格管理员、网格服务员、网格警务员这“网格四员”职责，压实工作责任，以此让企业群众有了困难和问题知道找谁办、到哪办、怎么办。该做法在全市强基促稳推进会上作经验介绍。美丽颜值再提升。落实好“城市提速年”项目，全区5个纳入市里的在建项目年度计划投资3 050万元，完成投资3 050万元，完成年度计划的100%，西片区第一公共停车场、学园路市政道路项目、A区慢行道及德泰路部分道路综合提升工程及泉州开发区智慧公厕工程建设改造项目等5个项目均已完工，园区宜居宜业舒适度进一步提升。扎实打好污染防治攻坚战，认真配合做好第二轮中央环境保护督察迎检工作，深入开展环境执法大练兵、“清水蓝天”专项执法行动、污染源“双随机”抽查，重点开展散乱污企业排查，采用错时执法、联合执法、信息公开等手段，严厉打击环境违法行为。作为我市唯一的全省生活垃圾分类试点，在全省率先推行市场化智能垃圾分类系统，生活垃圾分类的经验做法在“学习强国”平台、《侨区快讯》、《泉州晚报》、东南网等媒体刊载。安定稳定再夯实。扎实推进“强基促稳”三年行动，持续深化“扫黑除恶”专项斗争。坚决打好重大风险防范化解攻坚战，全年累计处置不良贷款3.04亿元，全区不良贷款余额自2016年以来首次降至1亿元以下，区域信贷风险呈现出企稳筑底态势。时刻绷紧安全生产这根弦，紧紧盯住危化企业、道路交通、消防安全、建筑工地、食品药品等重点行业和领域，共排查出安全隐患220多条，整改率达100%。在全市率先创新推出“智慧用电”监控系统，实现对重点企业安全用电情况进行全天候实时监控，让企业通过可视化手段切实预防电器火灾事故的发生。全区共有169家企业安装“智慧用电”系统895台，提前超额完成市安委会下达的任务数。健全劳资和谐保障、议事、调解机制，深入开展“无欠薪项目部”创建等活动，实现了保证金覆盖率、欠薪应急周转金覆盖率、工伤认定申请办结率、劳资矛盾受理率、调处成功率“五个100%”。全力做好信访维稳工作，稳妥处置涉稳事态，开发区成为全市唯一一个没有赴省进京上访的区域。

【营商环境】2019年，泉州开发区审批服务注重提速。在全省率先推行手机微信终端“自主申报、自动审核、自助打照”的智能登记新模式，使商事登记服务从“面对面”向“键对键”转变，从“8小时”向“24小时”延伸，从“窗口领证”向“自助打证”转变，切实降低了群众办事成本，群众办事真正像“网购”一样简单。目前，全区通过智能审批的个体工商户达6 995户。按照企业开办“一窗一表一日结”的工作原则，进一步梳理、优化涉及企业开办的工作流程，压缩审批服务的时间，提升行政审批服务效率，审批时限压缩比达11.5%。实行“限时办结”制度，坚持“区内事，日内结”，对简易审批服务事项明确实行“即收即办”制度，实行当日踏勘，达到全事项、全过程、全环节的标准化审批，最大限度减少了自由裁量权。目前，全区共有行政审批服务事项289项，其中288项授权至分管领导或审批窗口，事项即办率71%。政务服务注重提质。推行“快递式上门”“一趟不用跑”，推进企业开办“零成本”建设，为区内新开办企业免费发放一套印章（公章、财务章、发票章），累计为305家区内新开办企业免费发放一套印章。推行自助服务，在区工商分局门岗处设置24小时自助服务区，配置自助办税终端、医保社保、不动产查询、公积金、政务一体机等自助服务设备，企业、群众可24小时自助办理纳税申报、税款缴纳、涉税书证打印、不动产抵押查档、企业基本信息查询、社会保障卡挂失和查询等业务，实现24小时“不打烊”的政务服务。今年来，全区共新增各类市场主体2 894家；新增市场主体注册资本总额30.24亿元，同比增长16.67%。金融服务注重提效，发挥泉州股权投融资服务中心作为区域股权综合服务平台的聚集效应，持续做好投资和金融服务机构引进招商工作，全年新引进机构7家，累计引进各类投资机构及管理机构、中介服务机构共101家。海交中心稳步推进企业挂牌工作，今年新增挂牌企业207家，累计实现挂牌企业915家；开展排污权交易业务20场次，成功交易二氧化硫、氮氧化物、化学需氧量、氨氮合计243吨，成交金额1 131万元，累计成交1.27万吨，成交金额3.69亿元；海金中心聚焦不良资产流转业务，当年实现金融类资产挂牌流转项目65项，债权总额199亿元。创新开展综合金融服务，推动泉州银行等银行完成整体股权登记托管，累计服务46.58亿股；提供定向增发、私募股权融资、银行增信贷款、要素质押融资等多元化、个性化的融资服务，累计为企业融资34.36亿元。

2019年在任的副处级（含）以上领导列表

单位及职务	姓名	任职时间（年月）	备注
党工委书记	李文生	2019年12月始	
党工委书记	陈文聪	2019年1月—2019年9月	2019年9月，调任漳州市诏安县委书记
党工委副书记、管委会主任	林荣川	2019年1月始	
党工委副书记、纪工委书记、监察组组长	林明义	2019年5月始	
党工委委员、管委会副主任	连志富	2007年3月—2019年10月	已退休
党工委委员	傅国明	2015年9月始	
党工委委员	陈 斌	2015年9月始	
党工委委员、党务工作部部长	卢 锋	2016年7月始	
管委会副主任	吴福来	2015年9月始	
管委会副主任	吴志灵	2018年9月始	
管委会副调研员	黄清湖	2010年12月始	
管委会副调研员	黄溪洪	2012年7月始	

2019年经济和社会发展主要指标一览表

指标名称	实绩（亿元）	比上年增长（%）
地区生产总值	228.09	10%
固定资产投资		12%
财政总收入	16.37	−0.6%
地方一般预算收入	8.08	2.4%
财政支出	3.66	−12.02%
工业增加值	178.5	7.9%
第三产业增加值	46.32	17.3%
社会消费品零售额	77.29	6.9%
出口商品总值（海关口径）	59.27	41.03%
实际利用外资（验资口径）	1.24	−35.5%

（泉州经济技术开发区管理委员会）

沧州临港经济技术开发区

【概况】2019年，沧州临港经济技术开发区在渤海新区党工委、管委会坚强领导下，紧紧围绕党的十九届四中全会、省委九届九次全会、市委九届七次全会精神，扎实推进“不忘初心、牢记使命”主题教育活动要求，深入践行市委“333465”工作谋划和新区“1475”工作部署，聚焦打造特色产业集群“六个一”工程、“六最”营商环境、科研服务平台、安全环保现代化监管体系等重点工作，不断提升产业发展能级、优化投资环境，强化服务保障，提高服务效能，加速构建高质量发展产业生态体系。

2019年，临港开发区先后被国家工信部评为“绿色园区”，被中国投资促进会评为“绿色生态园区”，被石化联合会确定为第二批“中国智慧化工园区试点示范（创建）单位”，生物医药园被评为“河北省省际合作重点产业园”。

2019年度，在全国676家工业园区中排名第11位，并首次入围“累计固定资产投资”单项排名全国前五，连续7年位列前20强。2018年度全省开发区综合评价名次由54位上升至27位。2018年度全市省级以上开发区综合考核中排名第一。

【经济发展】2019年，临港开发区全年完成地区生产总值44.9亿元，同比增长7.4%；实现主营业务收入145亿元，同比增长10.9%；完成一般公共预算收入3.27亿元，同比增长9.2%；实际利用外资4.5亿美元，同比增长18.6%；完成固定资产投资35.5亿元，同比增长12%；纳入统计范围“四上企业”10家，连续3年实现高速增长。

【项目建设】2019年，临港开发区全力践行特色产业集群“六个一”要求，着力打造高质量化工医药产业集群，经济社会建设成效显著。一是积极开展产业链精准招商。严格执行“六个更加注重”“六个坚决不上”，进一步加强对项目的经济产出、投资强度、工艺先进性、安全环保措施等方面考察。按照“补链、强链、延链”原则，在深挖“京津雄”地区有效资源的同时，瞄准“长三角”地区，重点锁定国内外500强、大型国企央企、跨国公司、知名民企以及高等院校和科研机构开展精准招商。累计签约项目129个，总投资450.32亿元。其中，签约20亿元以上项目5个，总投资140亿元。超额完成年度既定任务目标；签约10亿元以上项目5个，总投资68亿元。签约外资项目8个，总资2.75亿美元。二是全力推进项目手续办理效率。招商部门定期召开调度会，对项目实施动态监管，确保每个项目都有专人跟踪服务，及时帮助企业解决问题；行政审批局在渤海新区范围内率先实现政务服务事项网上100%可办率的同时，通过深入推进审批事项动态跟踪平台建设，增设审批事项二维码墙，持续优化审批服务质量。2019年度，开发区已开工项目70个，竣工项目30个，提前一个季度完成年初既定任务目标。三是持续加强经济运行调度。通过定期深入企业一线调研，组织召开专题调度会和经济运行分析研判会，每月通报经济运行情况，全面掌握宏观和微观经济运行态势，及时向企业发布预警信息等方式，进一步加强经济运行调度。

【生物医药产业园】北京·沧州渤海新区生物医药产业园位于国家级沧州临港经济技术开

发区西区，规划面积28.29平方千米，已建成面积10平方千米。在河北省、北京市、沧州市和沧州渤海新区各级政府的支持下，生物医药企业迅速聚集，园区发展初具规模。

经过三年多的发展，北京•沧州渤海新区生物医药产业园已成为国内知名品牌和产业地标，汇聚了京津冀地区众多知名药企，产业集群初步形成。2019年，北京•沧州渤海新区生物医药产业园全年共签约项目43个，总投资93.82亿元，其中外资项目3个（总投资1.07亿美元），制剂项目6个，总投资12亿元。与碧生源控股、麦康生物、山姆士药业、北京润弘制药等企业达成了合作意向。

目前，医药园区已引入上市公司12家、高新技术企业61家（其中国家高新技术企业17家），中国医药工业百强企业4家（天津医药集团、泰德制药、华润医药、石家庄四药），外资企业7家（珐博进、康蒂尼、泰德、恒心制药、多卫捷等）。

【科技创新】2019年，临港开发区科技创新服务平台建设取得阶段性成效。与天津南开大学合作建设的绿色化工研究院建成投用，10名企业专家被南开大学聘为化学工程硕士专业学位研究生校外指导教师，目前，项目科研团队已正式入驻；加快推进化药公共实验平台、中试基地和双创中心建设，力争2020年底前投用；

中国运载火箭技术研究院沧州创新研究院主要依托火箭院的科技资源和人才优势，有效整合各类优势资源，以沧州市及渤海新区先进煤气化产业创新发展需求为导向，打造国际一流的产学研联合研发机构，重点在煤气化、氢能利用、高端智能装备制造等领域开展技术研发、成果转化、人才培养等工作；

化学药品研究开发公共实验平台借鉴国内知名CRO（医药研发合同外包服务）公司模式，打造新药研发平台和符合GMP标准的柔性生产车间，满足多品种、小规模的药品生产需求，吸引高端人才和科研团队来开发区开展新药和仿制药的开发工作；

分析检测中心依托沧州普瑞东方科技有限公司建设开发区高级医药中间体分析检测中心，为区内企业及各创新平台提供分析检测服务，目前已正式投入运营；

科技成果转化基地（中试基地）占地40亩，重点服务于化工、生物医药、新材料及节能环保等战略性新兴产业领域创新发展需要，从事高新技术的开发研究、扩大实验和中试生产工作。

企业科研活力释放新动能。全年获批市级科技计划项目9个，获补资金666万元。获批省级科技计划项目2个，获补资金90万元。成功申报市级企业技术中心3家，新增市级技术创新中心5家，新申报研发平台3家。组织13个高新项目申报省市级战略性新兴产业发展项目，获批省级扶持资金1 750万元，市级资金正待批复。新增科技型中小企业10家，高新技术企业8家，省级技术创新中心2个。全年规模以上高新技术产业增加值增速达90%；

产学研合作持续深入。河北化工医药职业技术学院“临港订单班”已招生70余人。国家开放大学石油和化工学院临港开发区教学中心得到教育部批准，已为106名企业职工完成学籍注册。与内蒙古化工职业学院签署战略合作协议，组织区内13家重点企业赴学院开展专场招聘会，达成意向208人，当场签订入职协议53人。化工技术转移中心已与京津冀地区58所高校、科研机构建立联系，开展技术对接170余次，召开专题座谈会20余场，达成合作意向70余个。

【生态环境】2019年，临港开发区无气味园区建设取得明显成效。区内企业全年累计投入环保设施资金近1亿元。51家涉VOCs（有机挥发物）企业，全部安装了在线监测和超标报警设备，并与新区生态环境局数据监测平台联网。每季度开展一次LDAR检测，发现并修复泄漏点1 500余个，全年累计减少VOCs排放18.7吨。华润热电和临港化工供热中心超低排放深度治理、正元化肥和临港化工锅炉烟雨脱白工作全部完成，12 家企业 16 台燃气锅炉全部完成低氮燃烧改造工作。开发区有毒有害恶臭气体预警监测系统（二期）投用后，可实现对多种有毒有害恶臭气体来源精确追溯。

持续加大水污染治理强度。污水处理厂投资 1.27 亿元，在全省率先完成极限值达标升级改造，各项排放指标基本达到地表水 V 类标准。区内 74 家重点排水企业全部安装了污水排放过程控制系统，实现了监测数据数字化传输，以及断网缺数报警、水质恒值超标自动关停排水等功能。各企业均设置了污水和雨水排放终端池，实现了雨污分流。

全面加强综合管控水平。切实加强区内涉废企业监管力度，59 家涉废企业全部录入省固废管理平台监管，4 家经营单位及 27 家产废量超过 50 吨以上企业全部安装危险废物智能监控体系。开发区危废管理经验面向全市推广，冀环威立雅公司被省危废处置中心树为正面行业典型；提前开展土壤及地下水污染调查工作，涉及我区的 18 家企业已全部完成监测采样工作。83 枚辐射源全部纳入监管，每月至少进行一次排查，确保企业安全规范管理辐射源。积极督促企业进行环保设施提升改造，重点行业企业全部达到国家生态环境部绩效考核“环保先进性企业”标准。区内 24 家企业纳入正面清单和保障类企业，118 家企业均最大限度降低了重污染天气预警所带来的影响。

【安全生产】2019 年，临港开发区全面提升基础管理水平。严格落实建设项目安全设施“三同时”要求，积极推进“四个一批”工作落实，持续开展法律法规培训，推动企业开展“双控”机制建设，狠抓隐患排查治理。全区共有 31 家企业通过安全生产标准化创建活动。66 家化工医药企业全制定了“双控”工作手册，建立了企业风险分组管控台账和风险“一张图、一张表”，重大风险和较大风险全部建立了专项管控措施。严把复产关，共排查整改隐患 131 项，确保复产一家、安全生产一家。扎实推进“全面深化安全生产大排查大整治攻坚行动”“化工行业安全生产整治攻坚行动”“‘防风险、除隐患、遏事故、迎大庆’百日安全攻坚行动”“打非治违”工作。累计排查企业 566 家次，排查整改隐患 1 024 项次。

全力推进应急救援体系建设。与清华大学合作共建，总投资 3 400 余万元的事故预防与应急管理智能化平台已进入施工阶段。目前完成 41 家企业监控视频及相关参数接入工作，2019 年底完成了 53 家化工企业数据接入工作，实现试运行。总投资 6 900 余万元的东区消防站正在进行初步设计，预计2020 年底前完成主体施工。

【未来发展方向】沧州临港经济技术开发区将坚持以党的十九大精神和习近平新时代中国特色社会主义思想为统领，全面落实党的十九届四中全会精神、习近平总书记对河北系列重要指示精神和省委九届九次全会、市委九届七次全会要求，坚持新发展理念，坚持稳中求进工作总基调，充分运用“不忘初心、牢记使命”主题教育成果，紧紧围绕“一港双城三带四区”发展定位，扎实践行省委省政府《关于沧州渤海新区高质量发展的实施方案》要求，用足用好《关于支持生物医药产业高质量发展的若干政策》，瞄准“一个目标”（全面提升开发区核心竞争力），强化“三种能力”（政务服务能力、综合保障能力、创新驱动能力），做到“五个提升”（招商引资精准度、生产要素保障力、平台服务支撑力、安全环保现代化管控力、权利运行制约监督力），奋力开创新时代绿色创新智慧一流强区建设新局面。

（沧州临港经济技术开发区管委会）

德阳经济技术开发区

【基本情况】德阳经济技术开发区面积达79.25平方千米，规划建设面积49平方千米，常住人口21万人，截至2019年底，有各类企业3 180家，工业企业528家，其中规模以上企业142家，是联合国“清洁技术与新能源装备制造业国际示范城市”挂牌园区、全国首批“国家新型工业化产业示范基地”、国家高端装备制造业标准化试点园区，综合实力位居全国219家国家级经开区第32位，中国西部前四强，仅次于西安、成都、重庆；居四川第二位，仅次于成都经开区。

【经济发展】2019年是新中国成立70周年，是全面建成小康社会关键之年，也是奋力促进经济社会高质量发展之年。这一年，为推进高质量发展，确保与全国、省、市同步全面建成小康社会的奋斗目标，坚持稳中求进工作总基调，贯彻新发展理念，落实高质量发展要求，德阳经开区以供给侧结构性改革为主线，围绕打造“四张名片”，全面实施“六大行动”，着力打好三大攻坚战，持续深化市场化改革，扩大高水平开放，统筹推进稳增长、促改革、调结构、惠民生、防风险各项工作，促进经济社会持续健康发展，推动省、市决策部署在德阳经开区落地生根、开花结果。2019年，实现工业总产值684亿元，增长12.1%，工业增加值增长6.3%；规模以上工业企业实现利润24.9亿元，增长11.7%。实现全社会消费品零售总额107.8亿元，增长10.5%。50个省市重点项目完成投资56亿元，超年度计划13%；42个重点工业项目完成投资22.03亿元，超年度计划242%；实现财政总收入41.15亿元，税收收入27.8亿元；一般公共预算收入8.32亿元，同口径增长10.85%，基金收入10.39亿元；发行政府专项债券6.19亿元。

一是突出稳增长，经济发展迈出新步伐。党工委、管委会始终坚持稳中求进工作总基调，持续深化供给侧结构性改革，扎实做好“六稳”工作，“发展”一词汇聚成经开区最强音，经济发展保持平稳健康发展态势。从经济总量来看，地区生产总值达到342.16亿元，增长7.4%，继续处于西部经开区领头羊地位。从发展质效来看，工业利润、研发投入、外贸规模等反映经济效益的指标均保持两位数的增速。科技对经济增长贡献率同比提高3个百分点。经济运行的质量和效益进一步提升。从产业结构来看，现代产业体系建设取得了重大进展，现代工业体系、现代服务业体系基本形成，为全市经济高质量发展提供了更加有力的产业支撑。从发展后劲来看，随着基础建设等重点领域短板三年行动、市场拓展“三大活动”的全面实施，为经开区的长期发展、转型发展注入了强劲动力。同时，三大攻坚战取得显著成效，经济总量、居民收入提前实现“十三五”规划的“两个翻番”目标，为决战全面小康奠定了坚实基础。

二是找准突破口，建设发展取得新进展。党工委、管委会坚持以问题为导向，瞄准制约建设发展的体制机制障碍精准施策，以重点突破带动全面发展。聚焦基层治理突出问题，将行政区划调整作为基础性改革，促进基层治理体系和治理能力发生结构性变革。聚焦基础经济活力不足的问题，重点抓好军民融合和经济发展两件事，出台支持经济高质量发展含金量高的系列支持政策，建设发展、特色发展的格局加快形成。聚焦开放程度不深、开放水平不高的问题，深度融入“一带一路”、成都经济圈发展等发展战略，相继与沿海地区建立了常态化合作机制，扎实推进经开区建设发展。参加举办以“提升高端装备制造业国际竞争力的战略与策划”为主题的2019四川装备制造国际博览会，加快形成四向拓展、全面开放的主题开放新态势。

三是打造产城融合的“经开区样板”，建设发展重塑新格局。党工委、管委会积极争取省、市支持，将经开区建设发展上升为国家战略，进一步提升了在省市大局中的战略地位，深刻改变了经开区的战略位势、发展格局。作为成德同城化进程中德阳三大主力价值区域之一的德阳经开区积极抢抓机遇，推进产城融合，着力招大引强，正努力走出高质量发展的“经开区路径”。有针对地出台了《德阳经开区招商引资优惠政策》、《德阳经开区招商引资引荐人奖励办法》和《德阳经开区“招商大使”管理办法》，以加大招商引资力度，全力推进建设发展。

【工业发展】为2020年如期建成千亿产业新城奠定了良好基础。一是促进存量企业高质量增长，强化工业监测和企业服务，帮助企业克服生产要素、产品销路、资金筹措等困难，逐户摸排挖潜，全力稳住央企和区属重点企业运行，加快推动订单变成产品，产值变成价值。二是做到做大增量。签约落地了维达迁改扩能、二重飞轮智能工厂、思远重工等扩能项目，增量签约落地了深兰科技、贵州航宇、百事食品等一大批项目，它们将陆续形成产能，为千亿工业注入新动力。

2019年，实现工业总产值684亿元，同比增长12.1%；规模以上工业企业增加3户，总量达到142户；实现工业投资51亿元，同比增长3%，产业结构不断调整，战略新兴产业增加值占工业比重达到38%。

【服务业发展】相对工业而言，城市经济是经开区的短板，也是潜力、活力所在。2019年出台了《德阳经济技术开发区楼宇经济扶持政策的若干意见（试行）实施细则》《特色商业街（区）培育扶持政策》等一系列扶持政策相继出台，打造旌东里、工农村特色美食街区，引进了电商配送中心和物流中心等，着力“做大三产”，弥补服务业短板，人气商气逐步旺盛。

积极促进社会消费，举办“2019年德阳清凉一夏主题活动”期间，相继举行了慕尼黑啤酒节——德阳之旅、“户外亲子帐篷节”亲子拓展、“我眼中的经开区”主题摄影等系列活动。巩固扩大汽车销售、商贸零售、餐饮、酒店等传统消费；加快推进城南中央商务区建设，发展壮大楼宇经济、总部经济、文旅经济、互联网经济，促进服务业均衡发展；补齐生产性服务业短板，积极发展现代金融、现代物流、科技服务、电子商务等生产性服务业，发展壮大2.5产业，支持工业企业拓展研发设计、金融、贸易、物流、结算、检验检测等服务功能。实现各类扶持政策资金1 153万元，实现人才奖励124万元。组织银鑫五洲广场等企业参加中国楼宇经济全球合作大会、第二届国际进口博览会、厦洽会；组织伊东新、杉杉科技等企业参加俄罗斯线材管材、德国国际医疗论坛等国际会议。打造特色楼宇，最大医药联销国药控股等6家医药企业入驻大健康产业楼，年销售额约为4.5亿元。截至2019年底，辖区共有商家318家，实现销售收入超过220亿元。实现第三产业增加值183.22亿元，同比增长12.5%。实现社会消费品零售总额128.5亿元，增速达10.5%。

【节能减排】在资源节能减排方面，积极争取到中央、省预算内项目3个，到位资金2 347万元；循环化改造项目14个，补助资金1 244万元。收集梳理绵远河流域（柳梢堰片区）生态整治等12个循环化改造备选替换项目；完成循环化改造咨询服务招标采购和中期的调研工作，形成循环化改造项目调整方案及中期评估报告。细化贯彻落实中央生态环境保护督查“回头看”及沱江流域水污染防治专项督查反馈意见任务清单，进一步明确整改时限和整改措施。中央环保督查反馈的17项整改任务已经完成销号8项；省环保督察租转办信访件13件，全部办结完毕。指导涉气企业编制重污染天气应急响应措施，悬挂“一厂一策”减排措施公示牌，督促企业在重污染天气期间落实减排措施，减少污染物排放。锦程化工有限公司原址场地污染治理与修复项目已完成实施方案编制并通过专家评审。开展工业园区环境污染风险监测预警系统试点建设工作，已通过公开招标确定了项目设备采购和平台建设供应商。整治“散乱污”企业和违法违规项目取得良好成效，关停木材加工、废旧塑料回收等污染较重违法项目10余个。组织专家对德阳新立特种耐材股份有限公司提出整改要求，投资30万元新增VOCs（有机挥发物）治理设施，减排VOCs 20吨。

【科技创新】2019年，德阳经开区新增高新技术企业5家，总数达到33家；新增科技型中小企业10家，总数达到88家；新增省级工程技术研究中心1个，市级重点实验室5个，市级工程技术研究中心5个；新增省级企业技术中心2家，市级企业技术中心4家；企业研发经费投入15.1亿元，研究与实验发展经费投入比重达到2.9%。东电的核能汽轮发电机“华龙一号”荣获“好设计”金奖，东风风电的超低风速风力发电机组荣获“好设计”银奖，中国二重的800MN大型模锻压机研制项目获得“中国工业大奖表彰奖”，东方电气50MW级F级燃机完成原型机厂内试车，思远重工与九院六所就“空气动压轴承技术”达成1 000万元的技术转让协议，年度技术合同交易认定登记达到2.35亿元，比去年增加55.6%；已建成孵化载体10家，面积达到56.5万平方米，入孵企业370家，带动就业人数5 600余人，规模以上企业高级工以上技能人才占技术工人总数比例达到42%，46名高技能人才入选“德阳首席技师”。推选出二重装备孙嫘等德阳科技人才8人，军民融合卓越人才3人，德阳科技精英人才6人，德阳青年工匠4人。建立博士后工作站4家，企业院士专家工作站12家，专家级教授22人。

联合川大、工程学院、建筑学院等高校举办“川大校企合作对接会”，促成中嘉实业等20多家企业与川大、交大签订合作协议。

深入社区和企业开展“科技之春”科普活动月、科技活动周、科技工作者日活动，举办“流动科技馆”进校园，开展四川工业机器人应用创新中心公众开放日活动，举办“高端装备产业融通创新主题沙龙”和“高端装备产业链骨干企业知识管理与协同创新”主题活动。全年主办科普宣传活动8次、技术讲座和培训活动9场，参加人员1 600人次，发放科技宣传资料8 000余份，展出科技展板70多次，报送科技信息50余条。

全年实现高新技术产业产值380.9亿元，同比增长12.3%，增速快于工业总产值6.6个百分点；战略性新兴产业企业数量占比达38%，较去年提升3个百分点。拥有军工资质企业16户，占全市21.5%；东方电机等11户企业成功申报为省军民融合认定企业，新增万源旭鸿等3户军民融合企业（三级保密资质认定），成功申报省军民融合高技术产业基地。建成数字化工厂（车间）、职能制造项目11个，制造业服务企业27家，占规模以上企业总数的19.1%。通过“龙头企业＋孵化”的模式，行业龙头企业催生中小企业691家。

【重点项目建设】列入省市重点项目50个，完成投资56亿元，超年度计划15%；42个重点工业项目完成投资22.03亿元，超年度计划242%；东方雨虹、纽克利新能源核电等12个项目全部竣工投产。坚持产城融合发展理念，以公园城市建设推城市“南进”。高水平修编经开区行政区划调整规划，修编经开区旌东片区详规、新八角片区控制性详规，组织和实施15个城市建设项目，总投资150亿元。加快建设千亿产业、科技成果转移转化示范区、军民融合高技术产业基地、院士产业园、绿色产业园等七区建设；打造街头绿地项目5个，总投资约6 100万元；松花江路公园建成开园，新增绿化景观 2 132 亩。坚定推进城市南进战略，在提升经开区品质、改善人居环境等九个方面，共有 9 个重大项目集中开工，总投资 24.16 亿元。其中包括 8 个房地产建设项目（总建筑面积 55.6 万平方米）和一个基础设施建设项目。占地 3 950 亩的柳梢堰湿地公园东临龙泉山脉，北承德阳经开区旌东片区，南临旌阳区，绵远河自北向南穿过，是联系城市新区与北部老城区的重要景观节点，也是 2019 年完成的重大基础设施项目，完成总投资 200 亿元。

绵远河城市生活污水处理厂提标扩容工程建成供水，启动改造棚户 1 839 套；经开区一幼主体封顶，2020 年春季开学；通过一批重大项目建设，突出培育高端产业、经开区建设的新理念，强力推进一批补短板、优化功能的建设项目。

【园区环境建设】推动新时代经开区建设，必须树立和践行"绿水青山就是金山银山"理念，坚持生态优化是绿色发展的基础，是绿色崛起的支撑。2019 年是打赢蓝天保卫战的关键之年。经开区达成减排目标的背后，是一项项具体的攻坚行动。蓝天保卫战所取得的关键进展包括持续实施重点企业秋冬季攻坚行动，增加超低排放污染电机组，对粗加工产能开展超低排放改造。推动环保督查及"回头看"反馈问题整改，照桥磷石膏堆场综合利用 123.9 万吨，剩余 16.1 万吨；八角断面达到地表水Ⅲ类水质考核要求，PM2.5 平均浓度为 35.9 微克 / 立方米，优良天数率为 83.6%。推进工业炉窑、重点行业挥发性有机物治理。加强"散乱污"企业及集群综合整治。此外，对重点行业，按企业环保绩效水平实施差异化管控实施等。全面完成绵远河沿岸区的入河、湖排污口排查。扎实做好大气、水、土壤污染防治，居民的饮用水安全保障水平有力提升。全面落实河（湖）长制。

着力"做美经开区"，规划"一湖两江、两城四区"的城市空间结构，"一芯两核，三带多点"的生态布局，充分利用"山、水、林、园"等生态资源，加快推进城市公园建设，创造性地利用街头闲置土地进行绿化建设，以此修补经开区建设发展短板，提升建成区品质。经开区建成区打造 5 个街头绿地项目，总投资约 6 100 万元。2 月 1 日，德阳版"中央公园"柳梢堰湿地公园开园，打造出一处"超级绿肺"。

柳梢堰湿地公园整体景观结构为"一带、四区、六景"。"一带"西起绵远河直抵武家山；"四区"包含大型城市公园所需要的各种功能性活动场地，展示了经开区生活的多样风采；"六景"为六个代表性景观点，营造唯美浪漫的景观风情。

2019 年不但持续打好蓝天、碧水、净土保卫战，还推动问题整改落实。加快推进国家生态工业示范园区建设；加快推进国家循环化改造示范试点，推动园区绿色化改造，用好用活中央专项资金。

一系列措施的推进，让经开区环境建设水平显著提升。冬天，北极三趾鸥、红嘴鸥、白秋沙鸭、鸳鸯等超过 200 种、3 万多只候鸟不远万里飞到旌湖过冬。全球仅存 500 多只的青头潜鸭、仅存千只左右的中华秋沙鸭，2019 年也来造访。

【投资促进】深化改革扩大开放，激发发展动力活力。认真贯彻落实国发〔2019〕11 号文件精神，坚持开放引资，改革创新，全力打造经开区建设发展新高地。全年签约 43 亿元航宇科技、20 亿港元维达纸业迁改扩能项目、6.5 亿世界 500 强百事食品项目、35 亿元大型现代体验式城市综合体——吾悦广场等 22 个亿元以上内资项目，签约金额 174.2 亿元；引进到位资金 136.3 亿元；利用外资 2.99 亿元，增长 13%，实现进出口总额 15.4 亿元，增长 20.5%。

建立制度，让项目促进有章可循。制定出台《前期介入制度》《土地交接制度》《项目秘书管理制度》《项目实施前准备管理制度》《招商引资项目领导牵头制度》等制度，创新容缺预审、告知承诺、并联审批模式，施工报建压缩至 10 个工作日，最快 5 个工作日。坚持多证合一、多图联审、联合竣工验收，做到高效率审批、便捷化发证和全过程跟踪。

推进自贸协同改革先行区工作，承接省级管理权限34项，在四川装备智造国际博览会上举行项目集中签约暨新聘招商大使仪式，共签约项目6个，新聘招商大使2名。举办首届慕尼黑啤酒节系列活动，积极融入“一带一路”建设，把成渝地区双城经济圈建设作为新时代经开区改革开放的牵引性抓手；召开招商座谈会，敲定一系列合作机制和重大项目，推动成渝双城经济圈建设开好局，起好步。

【社会事业】坚持以人民为中心的发展思想，坚持民生工作优先安排，全力推进教育、卫生、文化、体育等事业高质量发展，取得了一定的成效。全年民生支出8.6亿元，占比达75%，新增就业2 660人，城镇登记失业率3.9%。认真落实义务教育阶段“三免一补”政策，免除7 953名中小学生教科书、作业本及学杂费92万元，为776名贫困寄宿生补助生活费49万元，为900名贫困儿童提供资助45万元。完成金山街学校提档升级（一期），一幼主体工程，二幼、三幼建设及金沙江路学校三期改扩工程有序推进。制定了《德阳经开区普惠性民办幼儿园认定管理扶持办法》，新增普惠性幼儿园4所，投入600万元购买普惠性学位1 980个，教育普惠率达67%。深入推进医联体建设，创建中医馆特色科室，建立职业健康体检中心，为从业人员免费体检17 052次。启动旌南苑社区卫生服务站建设。建立和完善居民健康档案68 032份，家庭医生累计签约33 107人，免费为5 560名65岁以上老人进行体检，管理随访慢性病患者和精神病人5 599人，开展妇女两癌筛查2 451人，举办健康知识讲座37次。坚持文化惠民，举办了首届群众文化艺术节，开展各类活动12场，播放公益电影60场，参与群众5万人次，投入3万元为440户建档立卡贫困户办理免费有限电视收费服务。

【项目要素配套建设】新增减税降费3.41亿元，采用先租后让“弹性供地”方式与思远重工签订投资协议，51户企业享受电价优惠政策，申请应急转贷，“园保贷”资金、专利权质抵押融资2.24亿元。在国家自然资源部发布的《关于2019年度国家级开发区土地集约利用监测统计情况的通报》中，德阳经开区在全国110个产城融合型开发区中，土地集约利用评价结果综合排序位居全国第23位，综合容积率1.993，位列全国第四位，全省位列第一。围绕泸沽湖路、柳江街，第二批棚改等7个项目，新建道路15千米（含7条电力线迁改投运和新建道道路管网建设）。完成柳梢堰湿地公园第一期。松花江路公园正式用电等配套项目建设启动“退二进三”，海普智联“六亿智慧e盖人千吨数字印刷板”，正大纺织、诗莱尔、经开区一幼等项目的水电通信配套及迁改。打通断头路、街头绿地、民生工程等补短板项目32个。

【党的建设】党工委把“不忘初心、牢记使命”主题教育作为重大政治任务牢牢抓在手上，先后召开15次党工委会议、领导小组会议，做谋划、抓推进、促落实。党工委领导带头示范，班子成员集中一周时间开展集中讨论和四项教育，带头查找问题、整改落实，带动党员干部不断增强“四个意识”、做到“两个维护”。聚焦“小二楼”改造等重大问题深入调研，找准民生领域短板和制约高质量发展的症结，形成调研报告36篇，其中两篇被省委、省政府刊发。扎实开展“8+7+10+N”专项整治，梳理自查问题100条，制定整改措施186条，收集涉及民生问题100件，已解决39件。集中宣讲党的十九届四中全会、省委十一届六次全会精神48次；完成八角井、工农街道合并，加强合并后领导班子建设，推动开展基层治理“园区之治”新格局。

举办为期两天的党工委读书班暨警示教育专题班，认真开展蒲波案“以案促改”工作，找出问题121个，收集问题线索12条，并督促逐一整改。围绕推动高质量发展，努力建设高素质专业化干部队伍。投促局被评为四川省公务员集体一等功，一名干部被评为四川省公务员一等功。党工委研究意识形态工作3次，组建200余支宣讲小分队开展“七进”，宣讲党的十九大、十九届四中全会精神及省委、市委重要会议精神等1 000余场，开展庆祝中国共产党成立98周年、庆祝新中国成立70周年活动，完成《德阳经开区志》初稿，撰写《三线建设与德阳经开区建设发展》论文，参加三线建设与新中国发展专家论坛会议。整顿转化3个软弱涣散党组织，建成3个市级党建示范社区，物业党建联建经验列入全国基层党建创新案例。成立两新党建促进会，打造三星以上两新党组织7个，楼宇、互联网党建示范点2个。

【党工委管委会领导】2019年，德阳经开区党工委书记罗文全（2019年11月前）、许双全（2019年11月后），党工委副书记许双全（2019年11月前）、伍泽亮、张天则，党工委委员王晓芬、罗会岚、黄伟、敬仕君、刘勇、郝勇（2019年9月后）。

管委会主任许双全，管委会副主任王晓芬、王舰、雍其华、郝勇（2019年9月后）、邱明（2019年10月后）。

（德阳经济技术开发区管理委员会）

长春汽车经济技术开发区

【概况】长春汽车经济技术开发区（以下简称汽开区）2005年9月挂牌成立，2012年经国务院批准晋升为国家级经济技术开发区，主要承担一汽办社会、发展汽车产业、建设长春西南新城区3项职能，行政管辖面积110平方千米，建成区面积63平方千米，管辖2个街道办事处，9个半行政村，总人口24万。晋升为国家级开发区后，汽开区获得长足发展，被评为国家新型工业化示范基地、国家生态工业示范园区。

【经济发展】2019年，汽开区地区生产总值完成989.11亿元，比2018年增长6%；固定资产投资完成160.91亿元；规模以上工业企业总产值完成4 957.18亿元，比2018年增长4.5%。

【产业优势】汽开区是省市汽车产业的核心区域，一汽集团总部、一汽解放、一汽大众、一汽丰越、一汽红旗等整车制造企业坐落区内，汽车及相关产业占总产值95%以上。区内形成“中、重、轿”3大系列多个车型的产品格局，具有年产整车160万辆生产能力；零部件企业300余家，有麦格纳、纳铁福、一汽大众发动机等影响较大的汽车零部件企业，形成较强规模的配套体系和零部件制造企业集群；有一汽技术中心、中国机械工业第九设计院有限公司、长春汽车高专等研发教育机构，构成国内汽车研发教育机构最密集地区；有高力北方汽贸城、汽配商街、华港二手车等汽车零部件及整车贸易基地。

【服务企业】汽开区成立服务一汽领导小组，建立上下多元对接机制，为一汽集团及其重点企业提供专班服务。2019年协调省市拨付专项资金10亿元，帮助一汽解决生产经营、物流交通等各类问题300余件。一汽大众物流通道断点、东山物流等30多个历史遗留问题彻底解决。引进东师西湖学校，参与一汽嘉年华活动，承办一汽红旗供应商大会，形成与一汽同频共振、同向发力的新局面。成立7个功能组，41个助企工作队，精准服务679户企业，帮助企业解决问题284件，减税降拖欠款费13亿元，返还拖欠款7 900万元。

【招商引资】2019年，汽开区5 000万元以上项目开复工125个；其中，一汽丰越荣放比计划提前50天下线上市，一汽大众新技术开发中心项目用2个月时间实现签约落地。天津提爱思美亚汽车塑料件项目等一批重点项目竣工。华航物流园、红旗HE焊装联建及红旗H平台改造等项目全力推进。相继举办了正和岛企业、天津商协会、一汽红旗供应商走进汽开等活动，组织招商小分队北上京津冀，南下长三角、珠三角开展了30余次定向招商活动，重点引进配套50万套商用车轮胎总成、一汽研发及检测中心、解放J7专用生产线等亿元以上项目。

【基础设施建设】2019年，汽开区打通街路微循环，完成捷达大路、凯达北街、丰富路等断头路打通工程。推进一汽丰越备用水源、区域加压泵站工程建设。推进土地征收储备开发，全年征地220公顷，完成全年征地工作目标的220%，申请专项债券13亿元。实现土地收益16亿元。

【红旗小镇建设】2019年，汽开区政企携手共同成立长春红旗国际小镇运营公司，发布长春红旗小镇发展战略，征集红旗元素设计方案。对老城区闲置厂房、废旧楼宇等可开发资源进行集中梳理，加快服务业项目的包装和落位，确定专家公寓、1958 小镇会客厅、红旗大草坪、红旗创新大厦等 20 余个项目。一汽红旗解放博物馆、红旗解放造型中心、科技创新体验馆、一汽文化创意中心、启明黑科技等项目全面启动。

【营商环境建设】2019 年，汽开区坚持挂牌服务、上门服务，全力做好企业的服务员、信息员、宣传员、警卫员、监督员。企业反映水电气热、道路交通、金融服务、人才创新等一大批共性和个性问题得到了有效解决，问题办结率高于全市 11 个百分点。全面推进“一门、一网、一次”政务服务综合改革，所有法人审批事项全部进入大厅，做到应进全进，企业开办审批时间压缩至 30 分钟以内，工程建设项目审批实现全程网上在线审批、并联审批。一汽富维、长春丰越等多个项目在 5 个工作日开工。在政务大厅设立一汽工商事务顾问，成立一汽项目绿色审批通道、一汽外籍专家出入境绿色服务通道，实行 24 小时全天候预约服务。

【生态环保】2019 年，汽开区做好水环境、大气环境质量监测和生态环保督察回头看工作。加大区内河流水系监控整治力度，改善永春河、富裕河、新凯河水质以及两岸环境。提升东风大街、汽车大路、西湖大路等街路绿化美化质量。欧亚车百、汽贸商街、一汽总部周边等 42 处裸露地块全面复绿。岱山公园、锦绣公园等 4 个公园拆除围墙，开放办园。整体规划设计四环路绿化项目、长沈路出城口改造等工程，提高区域整体绿化水平。

【深化改革】2019 年，汽开区完成省市 62 项督察考核任务，按节点推进农村集体产权制度改革、红旗爱心储蓄所等 8 个方面 24 项改革任务。与天津经济技术开发区、天津宁河区、杭州大东区深入互访交流。

【民生事业】2019 年，汽开区累计发放低保帮扶资金 1 721.6 万元，帮扶 21 156 人次。开发就业岗位 7 594 个，完成目标任务 152%；城镇新就业 6 247 人，完成目标任务 139%。完成日新家园、前程家园等安居工程。加大教育投入，重建第三中学，东风学校、西湖实验学校等环境工程全面启动。做好卫生城复检工作，加强各类疾病防控。开展“奋斗新时代，礼赞 70 年”系列文化活动，组织参加全市健身达人大赛、九套广播体操比赛，举办长春汽车经济技术开发区庆祝中华人民共和国成立 70 周年趣味运动会。完善安全防控体系，加大建筑施工等重点行业安全隐患排查力度。完成“两会”等重要节点信访维稳任务。

【党的建设】2019 年，汽开区推进“不忘初心、牢记使命”主题教育，深入推进“两学一做”学习教育常态化制度化，领导班子带头，以上率下，推动 8 个领域专项整治，制定各项规章制度 14 项，解决问题 300 余个。推进各领域基层党组织建设。拓展街道社区红旗党建联盟，吸纳辖区企事业单位 63 家。落实 638 名党员干部包村包户开展农村人居环境整治。出台《非公有制企业和社会组织派驻党支部选派和管理实施细则》，党的工作和党的组织两个 100% 覆盖。开展“双亮”先锋行动——“双先锋双推动”，为推动民营经济发展提供组织保障。

【人才及队伍建设】2019 年，汽开区调整使用干部 84 人，推进非领导职务晋升工作。为 42 户企业、1 980 人提供人才配套资金 1 800 多万元，保障一汽所需人才的及时引进落户。举办第 6 届长春市暨汽开区汽车行业职业技能竞赛和第 3 届汽车企业技术需求挑战赛等活动。

（长春汽车经济技术开发区管委会）

临沂经济技术开发区

【经济发展】临沂经济技术开发区坚持新发展理念和稳中求进工作总基调，加快推进高质量发展。2019年，地区生产总值同比增长6%；规模以上工业企业总产值同比增长8.2%；公共财政预算收入同比增长21%；进出口总额同比增长13.8%。临沂市2019年度推动高质量发展现场交流评比中，在16个开发区中取得了第一名、总分各县区第一名、十大好项目第一名的成绩，荣获2019年度全市经济社会发展先进开发区一等奖；在全国219家国家级经济技术开发区中的排名跃升至第111位，比2018年上升了33个位次。

【产业发展】2019年，临沂开发区根据项目发展实际，设置智能制造、医药健康、新兴产业三大支柱产业及相应的园区服务中心，建立从项目招引到投产运营的一条龙服务体系。智能制造产业以品牌强度885、品牌价值100.77亿元上榜山东省优质产品基地品牌价值10强，临工集团迈入国内工程机械行业前三甲并荣获“欧洲质量奖”。医药健康产业年内引进甘李药业等大项目、好项目7个，入选国家首批战略性新兴产业集群。全区纳税过千万元企业42家，同比增加3家；纳税过500万元企业64家，同比增加5家；新增“四上”企业50家。

【科技创新】2019年，临沂开发区将智慧智能作为动能转换的根本动力，大力发展数字经济，全年新引进数字经济类项目25个。临沂华为大数据中心正式上线，成功举办2019国际人工智能及智慧物流大会、第五届新型智慧开发区建设发展论坛暨华为中国ICT生态之行临沂站活动。智慧开发区5大基础平台建成运行，智能中心二期全面建设，智慧安监、智慧环保、智慧水务等完成云化部署。深化转型升级，全年实施技改项目80个，完成投资100亿元，完成机器换人2 000台。

【投资促进】2019年，临沂开发区始终抓住项目建设“牛鼻子”，每季度组织一次项目集中签约开工，开展重点项目推进大竞赛活动，梳理确定55个重点项目，开展“三比三赛”，半个月一小结，颁发流动红旗，半年一总结，年底一总评，持续推进项目建设。持续加大招商引资力度，全年新引进项目48个，其中投资过亿元项目19个，实际到位市外资金75.2亿元，其中省外资金42.5亿元；新开工、新投产项目达到53个，同比增长21%。全年纳税过千万元企业42家，过500万元企业64家。

【体制机制创新】临沂开发区作为省、市开发区改革试点单位，扎实推进体制机制改革；2019年，将芝麻墩街道、梅家埠街道、朝阳街道三街道划归属地政府管理，管辖面积由223平方千米调整为195平方千米。优化机构设置，实行“大部门、扁平化”管理和“全员聘任、以岗定薪、绩效考核”制度，机构精简50%，直接服务经济发展机构占比75%，进一步精简机构、压缩职数，激发干事创业活力。

【投资服务】2019年，临沂开发区树牢“营商环境就是生产力”的理念，将制度创新、流程再造作为破解制约的根本对策，梳理行政审批、“双招双引”、平台建设、科技创新、外资外贸等10个方面13项政策，建设全流程网上政务中心，推行“拿地即开工”“竣工即验收”模式，公布75项“一网通办”“不见面审批”事项，实现涉企审批事项100%容缺受理、50%“不见面”审批，“一次办好”事项达到130项。2019年共办理各类政务服务事项206 148件，限时办结率100%，群众满意度99.9%，审批服务效率提速60%以上。

【绿色集约】2019年，临沂开发区突出抓好水、大气、固体废弃物污染防治，选派437名干部下沉五级基层网格开展工作；依托智慧环保平台，设立60个环保微站、324个热点网格，空气质量优良天数达210天，综合指数全市领先。全面落实“河长制”，实施6项重点水利工程，新增绿化面积50万平方米。开展建设用地节约集约利用评价工作，加大闲置低效土地整改，完成省市700余亩闲置土地处置任务。

【党建工作】2019年，临沂开发区强化理论武装，扎实开展“不忘初心、牢记使命”主题教育，深入学习贯彻习近平新时代中国特色社会主义思想，党工委理论学习中心组开展集体学习研讨13次，带动基层党组织学习研讨2 100余次。强化基层党建，评选五星级农村党组织5个，完成11个“两新”组织党组织集中换届。强化队伍建设，选派27名干部驻企蹲点、34名干部任职第一书记、44名干部帮扶后进村居、23名干部参加“万名干部下基层”工作。深化“整浮、去虚、克软、治慢”专项整治行动，推动“好学、为民、务实、创新、清廉”干部队伍建设。

【机构设置与党工委（管委会）领导】2019年，临沂开发区根据上级改革要求和相关文件规定，临沂经济技术开发区党工委（管委会）设9个工作机构，分别是党政办公室、党群工作部、投资促进局、经济发展局、财政金融局、园区建设局、行政审批服务局、科技创新局、综合行政执法局，保留市公安局经济技术开发区分局、市自然资源和规划局经济技术开发区分局、市生态环境局经济技术开发区分局、经济技术开发区人民法院、经济技术开发区人民检察院5个市直部门派驻机构。经济技术开发区纪工委、监工委按有关规定设置。

党工委（管委会）领导：党工委副书记、管委会副主任（正县级）徐立峰（任至2019年12月），党工委副书记王鑫(任至2019年12月)，党工委委员、管委会副主任、党群工作部部长张西涛（任至2019年12月），党工委委员、管委会副主任、医药健康产业孵化中心主任、党支部书记尚海（任至2019年12月），党工委委员、管委会副主任史佩选（任至2019年4月），党工委委员、管委会副主任、新兴产业培育中心主任、党支部书记张世彬(任至2019年6月)，党工委委员、管委会副主任李文章（任至2019年12月），党工委委员、工会主席王继卫（任至2019年12月），党工委委员、组织部部长张潇梦（任至2019年12月），党工委委员、管委会副主任、智能制造产业服务中心主任、党支部书记鲁峰武（任至2019年12月），管委会副调研员、智能制造产业服务中心常务副主任杨振魁（任至2019年12月）。市政府党组成员，临沂经济技术开发区管委会主任（副厅级）、党工委书记陈一兵，党工委副书记、管委会副主任、医药健康产业服务中心主任冉凡亚（2019年12月始任），党工委副书记张潇梦(2019年12月始任)，纪工委（监工委）书记（主任）、党工委委员任光利，党工委委员、管委会副主任、新兴产业服务中心主任张秀发，党工委委员、管委会副主任、智能制造产业服务中心主任杨振魁(2019年12月始任)，党工委委员凌绫（2019年01月始任，挂职)，党工委委员吴清波（2019年7月始任，挂职)，管委会副主任甄杰（2019年9月始任，挂职)。

2018—2019 年开发区主要经济综合指标一览表

项目		单位	2018 年	2019 年	增减（%）
开发区生产总值		亿元	226.62	229.34	1.2
第二产业		亿元	152.04	153.72	1.1
工业		亿元	146.13	147.59	1
第三产业		亿元	69.31	70.42	1.6
工业总产值（现价）		亿元	473.97	513.79	8.4
高新技术企业		亿元	206.06	246.86	19.8
利润总额		亿元	24.29	27.45	13.01
第二产业		亿元	14.69	17.09	16.32
工业		亿元	13.39	15.32	14.41
区内主导产业及产值	1. 专用设备制造业	亿元	154.16	189.47	22.9
	2. 有色金属冶炼	亿元	58.63	66.07	12.69
	3. 化学材料及制品	亿元	42.99	44.67	3.9
	4. 通用设备制造业	亿元	32.76	35.92	9.65
第三产业		亿元	69.29	70.4	1.6
进出口总额		亿美元	8.09	9.211 8	13.87
出口		亿美元	3.8	6.312 2	66.11
一般公共预算收入		亿元	14.86	17.97	21
税收收入		亿元	13.9	16.49	19
财政支出		亿元	12.53	14.25	14
新批企业个数		家	51	70	37.25
外商及港澳台企业		家	12	22	83.33
内资企业		家	39	48	23.07
区内世界 500 强企业数		家	15	25	66.6
国家级高新技术企业数		家	42	52	23.81
新批企业投资额	外商及港澳台企业	亿美元	0.5762	1.445 7	150.9
	内资企业	亿元	325.9	442.97	35.9
	增资企业	亿美元	0	0.216 2	–
科学研究与试验发展经费（R&D）支出		万元	83 100	85 700	3.13
合同外资金额		亿美元	0.361 3	1.395 4	286.22
四上企业年末从业人员数		万人	4.525 1	4.761 5	5.22
水资源消耗总量（工业用水）		万立方米	4 709 573	6 021 121	27.84
区内建立的创业创新平台数量		个	34	40	17.65
区内科研院所数量		家	0	1	–
院士工作站		个	1	3	–
区内职业教育学校数量		家	0	1	–

（临沂经济技术开发区管理委员会）

江宁经济技术开发区

【经济发展】2019 年，江宁经济技术开发区（以下简称“江宁开发区”）地区生产总值 1 620.2 亿元，增长 10.6%，其中服务业增加值 562.4 亿元，增长 13.3%；一般公共预算收入 156 亿元，增长 1.4%；全社会固定资产投入 357.9 亿元，增长 10.7%；规模工业总产值 2 441 亿元，增长 3.7%；地方外贸进出口 946.3 亿元，增长 13.5%，其中地方外贸出口 701.79 亿元，增长 19.3%；社会消费品零售总额增长 7.5%。在商务部公布的 2019 年全国国家级经济技术开发区综合发展水平考核评价中位列第七，在江苏省经开区 2018 年度科学发展综合考评中排名第三。

【产业建设】2019 年，江宁开发区汽车产业、电子信息产业、智能电网产业、高端装备产业、节能环保与新材料产业产值分别达 854 亿元、778 亿元、691 亿元、607 亿元、673.7 亿元，其中智能电网、高端装备及节能环保与新材料产业增速均保持两位数以上。成立重大项目推进办，推进建设埃斯顿自动化、海兴微电网、国网产品测试二期等 66 个区级实施类项目（含省市重大项目），当年投资 176.8 亿元，增长 27.4%。其中，腾讯华东云计算基地、苏宁华东物流基地等省市重大项目 37 个，当年投资 134.4 亿元，增长 32.5%；完成工业固定资产投资 123.8 亿元，增长 10%。营商环境在全省 126 家开发区中位列第一，获评 2019 中国经济营商环境十大创新示范区。实施覆盖企业成长全生命周期的“企业成长陪伴计划”，12 家企业纳入倍增计划，举办企业座谈会、联谊会、运动会、产品博览会等高质量活动近 20 场。

【招商引资】2019 年，江宁开发区全年引进三峡北控投资、敦豪物流等千万美元以上外资项目 34 个，其中 1 亿美元以上外资项目 7 个，落户光大环境修复、领行科技等知名总部型、功能性机构 2 个，实际利用外资 6.41 亿美元；签约引进 50 亿元以上内资项目 8 个，其中百亿元以上内资项目 4 个。

【科技创新】2019 年，江宁开发区引进、培育各类人才 247 名，其中诺奖得主 2 名、院士 11 名、省双创人才 10 名；247 家企业获批高新技术企业，完成高新技术产业产值 1 944.2 亿元；累计引进新型研发机构签约 70 家、备案 35 家，73 家企业获批各级“三站三中心”；完成科技服务业收入 360.3 亿元，技术合同交易额 81.4 亿元。与法国皮托市等缔结友好城区 3 个，建立离岸孵化器等窗口阵地 7 个，与近 60 家机构组织建立合作，引进海外项目 40 个。入选瞪羚、独角兽相关企业 21 家，在法国、以色列设立海外协同创新中心，在英国设立海外引智工作站。引进北大科技园、厦大校友会等合作平台，联合区内高校举办国际学术论坛、创新创业大赛和校友大赛，推动校区、园区、社区融合发展。

【城市建设】2019 年，江宁开发区推进城市交通体系、市政设施及公共配套、住房保障和房屋征迁等共计 108 项城建任务。完成吉印大桥、冲沟路北延、秣龙路、高龙路等路桥建设及开发区体育公园、秦淮河综合整治、东菱桥西侧街头公园等景观工程建设。胜利一小区、殷巷四期安置房、秣陵四期安置房、紫金山实验室竣工交付，排头教堂、综保创业孵化基地、开发区法院和检察院办公楼改造交付使用。出台《关于江宁开发区深入推进低效用地再开发加快高质量发展的实施意见（试行）》《关于江宁开发区低效用地盘活的实施意见》《江宁开发区低效用地“工改研”、“工改商”实施办法》，成立低效用地再开发推进办，签约低效用地50宗、1 965亩。完成吉山社区后村、戴家组、东善桥七期安置房项目征收任务，累计动迁居民381户、11.54万平方米；企业5家、1.75万平方米；完成东善桥五期698套、秣陵四期950套、胜利一小区1 000套安置分房工作。完成54家涉气问题企业、50家涉固废问题企业整治提升，完成8家电子行业企业VOCs（有机挥发物）综合整治、2家散乱污企业升级改造，完成67台天然气锅炉低氮改造以及12台工业窑炉超低排放改造工作。完成九龙湖、曹村泵站二期、杨陈泵站等11.1万吨污水处理设施建设，基本消除劣V类水体。制定科创载体、轻型工业标房、人才公寓“三房”建设计划，以满足广大新型研发机构、孵化项目、创业人才对载体的需求。

【平台建设】2019年，空港经开区（江宁）实现地区生产总值77.6亿元，同比增长15%；全社会固定资产投资64.3亿元，同比增长20%；规模以上工业企业总产值119.7亿元，同比增长5%；社会消费品零售总额2亿元，同比增长50%；公共预算收入实现8.46亿元，同比增长19%；外贸出口59.2亿元，同比增长20%；到位外资1.73亿美元，同比增长17%。签约项目35个，总投资456亿元。新注册项目190个，其中千万美元项目8个、亿美元项目3个，亿元以上内资项目34个、10亿元以上内资项目8个、百亿元以上项目1个；空港跨境电商产业园通关量及货值位列全省首位。苏宁二期等24个重大项目开工建设，当年投入75.1亿元，同比增长103%，康策、金万信、航发、布雷博等4个重大项目竣工投产。启动城建项目27个，当年投资10.3亿元。成立空港新动能产业园，启航路机场段通车，实现与机场的无缝对接。如意湖片区和陶吴片区城市建设加快推进，园区城市环境进一步优化。获批国家级临空经济示范区。

江宁开发区高新园——实现企业研发投入38亿元，发明专利申请4 900件，备案新型研发机构35家，依托新型研发机构引进企业447家，新增高新技术企业116家，实现科技企业倍增，由1 557家增加至3 200家。在全市15个高新区（园）考评中位列第二。创新周期间共邀请嘉宾243人，举办、参与创新活动11场，组织76项成果参加黑科技展，签约项目83个，四项重点工作均位居全市第一，获创新周最佳组织奖。创成全市唯一的国家知识产权示范园区。创建省级众创社区1家、省双创示范基地3家，新增市级孵化器和众创空间9家、省级5家，同比增长60%。引进科技招商项目116个，总投资额249亿元。设立规模10亿元的科技创新基金；6家企业入选“江苏省科技企业上市培育计划”，占全市近50%，6家企业进入“南京市科技服务骨干机构培育库”，位列全市第一。

南京综合保税区（江宁）实现进出口60.1亿美元，其中，出口47.6亿美元、进口12.5亿美元。引进新型触控笔、平板电脑研发中心项目、中国海威机械机桥工具创新中心、栗村电子二期扩厂、江苏海企集团进口食品深加工等生产经营性项目。推进中国•南京跨境电商综合试验区建设，提前完成跨境电商平台建设并正式开通运行。积极推广一般纳税试点，推动海格木工获批一般纳税人资格试点。与驻区部门成立线上工作群，建立驻区部门联席会议、驻区部门与企业见面会议、海关宣贯会等制度，为企业提供“一对一、一问题一方案”的精准服务。

江苏软件园举办第二届无人系统控制及5G应用峰会等活动，与联通合作打造首个5G智能应用示范园区。引进欧洲科学院院士Kostya Ostrikov、加拿大工程院院士杨军、国家“千人计划”专家雍太有、郭晓迪等创新团队。软件园新型研发机构拓恒研究院被评为南京市十佳新研机构。吉山软件园幼儿园招生。

中国无线谷（未来网络谷）的紫金山实验

室建设取得新进展，核心研发人员超 1 000 人，研发出大网级操作系统 CNOS，上线全球首个网络内生安全试验场，系统开展具有全覆盖、全频谱、全应用特征的 6G 移动通信研究。未来网络试验设施开通首期 15 个城市的 15 个骨干节点，初步实现传输、计算、存储资源的融合统一管理调度。举办第三届未来网络发展大会，促成 20 个项目签约落户，项目总投资 30 亿元。建成投用大规模多云交换互联平台、服务定制工业互联网平台等 5 个专业公共技术服务平台，全面启动 5G/6G 综合检测中心建设，累计对外提供开放服务 1 200 余次。新建毫米波太赫兹研究院与华为、福特等 6 个联合研究中心，助推低压配电网全状态感知模块等 20 多个核心技术成果实现就地产业化，创投资金到账 10 084 万元。申请专利 110 件，其中 PCT 专利 16 件。中俄卓越电子信息产业创新研究院等 3 个海外创新中心相继挂牌成立。签约落户 4 个新型研发机构项目，新增科技型企业 54 家。新增高企 16 家，培育独角兽 2 家、瞪羚企业 1 家，濠暻通讯成为南京市十三家“江苏省科技企业上市培育计划 2019 年入库企业”之一。

九龙湖国际企业总部园实现税收 6 亿元，增长 107%；公共预算收入 3.2 亿元，增长 146%；实际利用外资 1 030.8 万美元。引进 T3 出行总部、航天龙梦江苏总部、飞毛腿华东总部、沈阳机床智能制造工业服务运营总部、信安宝信息技术总部、钻石飞机南京研发中心等 37 个优质项目。引进新型研发机构 3 家，培育独角兽、瞪羚企业 2 家，培育南京市总部企业认定 3 家，培育瀚思科技入选“2019 中国科创企业百强榜”和“2019 中国金融科技创新企业 30 强”。全面推进智慧园区管理模式，引入智慧警务室，涵盖港澳台自助签注、交通违章自助处理以及出入境证件照自助拍摄等功能。

宁淮工业园实现工业产品销售收入 95 亿元、工业增加值 22 亿元、一般公共预算收入 4.5 亿元，实际利用外资 5 223 万美元。新引进项目 12 个，总投资 24 亿元，其中亿元以上项目 3 个。全年投入约 1 亿元用于园区基础设施建设，宁淮电子产业园二期 3.6 万平方米标厂建成，三期 2.4 万平方米标厂及附属设施加快建设。

【2019 年大事记】2 月 27 日，根据《国家发展改革委民航局关于支持南京临空经济示范区建设的复函》，南京空港枢纽经济区获批成为第 14 个国家级临空经济示范区。

3 月 22 日，由一汽、东风、长安三家车企联合科技资本打造的 T3 出行项目签约落户江宁开发区，总投资 100 亿元。

5 月 10 日，总投资约 118 亿元的波音 777 客改货及航空发动机维修改装项目签约落户江宁开发区。

5 月 22 日，江宁开发区企业南京泉峰汽车精密技术股份有限公司在上海证券交易所上市。

5 月 22 日，第三届未来网络发展大会在江宁开发区举行。

6 月 26 日，中以科技文化交流中心揭牌并正式对外开放。

8 月 9 日，福特汽车产品研发中心（南京）和福特汽车中国运营中心落户江宁开发区。

8 月 17 日，江宁开发区百家湖硅巷揭牌。

【机构设置与管委会领导】2019 年，根据南京市批准的江宁开发区“三定”方案，江宁开发区下设 12 个内部机构。张会祺同志任开发区党工委副书记、管委会主任，主持开发区全面工作。

（江宁经济技术开发区管理委员会）

海安经济技术开发区

【经济发展】2019 年，海安经济技术开发区（以下简称“海安开发区”）实现地区生产总值 726.17 亿元，同比增长 14.9%；工业增加值 426.04 亿元，同比增长 13.12%；服务业增加值 259.7 亿元，同比增长 17.56%；全社会固定资产投资 288.3 亿元；财政收入 159.9 亿元；完成外贸进出口总额 122.7 亿元，完成工业总产值 1 322.65 亿元。年内获评获批“国家知识产权示范园区”“国家新型工业化产业示范基地”。

【产业建设】2019 年，海安开发区持续做强特色产业集群，扎实推进“5123”大企业培育工程，全力构建“一主一新一特”现代产业体系，三大主导产业产值占全区比重达 70%；新增规模企业 46 家，净增亿元企业 14 家。亚太科技获评全国制造业单项冠军示范企业。完成技改设备投入 16 亿元。新培育服务业应税销售超 120 亿元企业 1 家、超 40 亿元企业 2 家、超 10 亿元企业 3 家。红星美凯龙商业广场、星湖 001 等商贸载体产销两旺。软件科技园被评为 2019 中国数字服务暨服务外包领军企业特色园区。西蒙电气被评为省级电子商务示范企业。

【科技创新】2019 年，海安开发区深入开展企业创新能力提升三年行动，完成产学研合作 85 个，其中 30 万元以上项目 38 个；新引进科技成果转化项目 16 个，产学研成果转化项目 47 个；完成专利授权 939 件，其中发明专利授权 115 件。跃通数控获得国家科技部重点研发计划项目，繁华玻璃获得江苏省重点研发计划项目。联发纺织获评省百强创新型企业，通润汽车零部件获批省级示范智能车间。繁华玻璃王群华博士成功入选国家“千人计划”。引进国家级人才 2 人，进入第十六批国家“千人计划”答辩 4 人，进入第五批国家“万人计划”答辩 1 人；引进省“双创人才”8 人，入选省“双创团队”1 个、省“双创人才”1 人。招引蓝领技能人才 2 526 人、高校毕业生 2 459 人。深入推进国家高新技术产业标准化区域试点工作，50 多家重点企业实施标准化建设。上海交通大学海安智能装备研究院升格为校级研发平台。举办第六届“创新创业在海安”“中科院专家走进海安”开发区专场活动。江苏联发高端纺织技术研究院获批设立。

【投资促进】2019 年，海安开发区扎实开展“重特大项目突破年”活动，大力推行全员招商，加快推进招商公司实质化运行，全面压实“每周跑、旬督查、月汇报”机制，不断掀起招商新攻势。世界 500 强正威光电偏光板、日本小松美特料、台资捷安特轻合金等一批重大项目成功签约，实现单体百亿级重特大项目在全市率先突破。在境内外开展专题招商 40 次，成功举办 2019 中国海安投资贸易洽谈会开发区分会场活动，共签约重大项目 31 个，其中 3 000 万美元以上项目 5 个、10 亿元以上项目 2 个。全年签约亿元以上项目 76 个，其中 10 亿元以上项目 8 个、外资项目 32 个。招商引资、项目建设“金秋会战”集中开工 26 个项目，总投资 130 亿元。成功与上海漕河泾经济技术开发区、上海嘉定工业园签订全面战略合作框架协议。中意海安生态园被评定为省级国际合作园区。魏建功陈列馆、安缇蔓民俗酒店等旅游项目加快推进，旅游项目总投入超 10 亿元。实现外资到账 1.4 亿美元；完成外贸进出口总额 71.7 亿元。成功举办第四届中国东部家具博览会。

【体制机制创新】2019 年，海安开发区持续深化“放管服”改革，全面推进“经理人”代办制度；坚持指挥协调在一线、督促落实在一线、解决问题在一线，推行月度重点工作分析制度。坚持强化法治思维，落实重大行政决策程序规定，进一步提高现代治理能力和水平。强化工业项目亩均产出，盘活低效用地 3 600 多亩。网格规范化建设达标率全市领先，警网融合“三融四联五提升”工作法在省市放样被中国长安网报道。新时代文明实践工作迎接中宣部副部长孙志军来区调研并给予高度评价。

【投融资服务】2019 年，海安开发区大力实施创新驱动发展战略，全面增强企业自主创新能力，加快推进“苏科贷”工作，千方百计为创新能力突出、核心竞争力强大、市场前景看好的科技型中小微企业提供资金支持，帮助 28 家中小企业实现融资 9 000 万元。5 亿元机器人产业基金正式成立，专项扶持机器人及智能制造产业发展。来福谐波减速器正式落户，实现机器人本体、关键零部件、系统集成全产业链发展取得关键性突破。加强企业上市培育，跃通数控、佳景休闲完成股改报省证监会辅导备案，亘德科技、洛柳精密、鹏威重工完成新三板入轨。

【绿色集约】常安纺织科技园坚持“绿色”“生态”定位，以“国际领先、国内一流”目标，全力打造生态、环保、低碳、循环的专业化、规模化、品牌化的千亿级现代纺织产业基地。严格按照产业发展规划和生态环境保护规划，重点推进热电联产、污水处理、电力工程、道路工程、绿化提升等工作。认真践行“绿水青山就是金山银山”的发展理念，常态抓好扬尘治理、污染防治。扎实开展安全生产专项整治，聚焦危化品、建筑施工、烟花爆竹、火灾防控、餐饮燃气等重点行业重点领域制定 36 个专项整治方案并有序推进。推行网格化监管，落实安全生产主体责任，推进安全标准化创建工作，117 家工贸企业、130 多家小微企业通过验收。

【基础设施建设】2019 年，海安开发区坚持专业园区建设导向，重点围绕台商产业园、常安纺织产业园、汽车零部件产业园、中意生态园、东部家具产业基地等产业集聚平台，强化综合配套和服务功能，充分放大优质平台集聚效应。编制特色园区规划方案，指导园区品牌化建设，实现以规划定地块，以地块选项目。全面提升管网覆盖率，累计投资约 4 亿元，建设雨污水管网约 80 千米，小型污水处理设施 8 座。立新河、黄涵河等河道整治工程，将沿河污水全部纳管处理，提升了河道水环境；壮志集镇污水管网工程、西场污水处理厂改造、村庄污水、老旧小区雨污分流、新宁南路提升改造等居民集聚区管网工程的建设，全面改善了集聚区的排污水平。

【社会事业】2019 年，海安开发区深入实施乡村振兴战略，村营收入达 4 560 万元，100 万元村达 18 个。招引二三产项目 456 个，完成个体税收超 4 800 万元。大力推进 10 项为民办实事工程，澳联综合体一期工程主体封顶，12 个老旧小区雨污分流项目全部竣工，9 个安置小区安置房建设稳步推进，4 座农桥改造全部竣工验收。爱凌村被评为全国乡村治理示范村。社区卫生服务中心和居家养老服务中心启动建设，建成七星国际城、国华百盛园等居家养老服务站。大力推进精准扶贫工作，实现建档立卡低收入人口 100% 脱贫。发放各类社会救助民政保障资金 3 732 万元。

【机构设置与管委会领导】2019 年，根据职能，海安经济技术开发区管委会下设 14 个机构：纪工委、办公室、党群工作局、科技和经济发展局、招商一局、招商二局、建设局、农村工作和社会事业局、政法和社会建设局、安全生产监督管理局、财政局、重大项目管理办公室、江苏海安软件科技园管委会、江苏海安高科技创业园管委会。

海安经济技术开发区领导班子成员为：党工委常务副书记严长江，党工委委员、管委会副主任任永峰、吴建华、张英来、王晓晖，党工委委员、纪工委书记吴玲。

（海安经济技术开发区管理委员会）

靖江经济技术开发区

【概况】靖江经济技术开发区（以下简称靖江开发区）南濒长江下游黄金水道，拥有52.3千米的长江岸线，可建万吨级以上泊位100多个，京沪高速公路、沿江高等级公路、新长铁路穿境而过，水陆交通便利，区位优势明显。规划控制面积168平方千米，实际建成面积42平方千米，形成了开发区本部、城南园区、城北园区、新桥园区等功能板块。

【经济发展】2019年，靖江开发区实现工业总产值733.15亿元，同比增长21.9%；一般公共预算收入（不含乡镇）17.02亿元，同比增幅10.5%；固定资产投资180.47亿元，同比增幅7.1%；进出口总额29.9亿美元，同比增长27.5%；新增规模以上企业47家。主要经济指标均呈现高位上升的良好态势。

【招商引资】2019年，靖江开发区紧扣打造先进制造业和现代服务业，项目招商引资有序推进，凯飞航空结构件、道道全粮油、中南高科智造谷、江苏国信燃机热电联产项目等超10亿元龙头型、基地型项目成功签约，吉凯恩飞机风挡、和赛尔高精密微机等外资项目成功落户；成功组织上海航空航天产业专题招商会、城南苏州投资峰会、城北暖通空调等专题招商会，反响强烈。特色园区加快建设。保税物流中心（B型）基本建成、等待正式验收，已有近30家市内外企业意向入驻；大健康产业园一期营养保健品智能制造板块实现试生产运营；智能重装产业园一期万吨级重件码头、重件组装场、集成制造车间建成投运；精密制造产业园内江苏富信环保技术有限公司、江苏华泽新能源科技有限公司、靖江先锋半导体科技有限公司等13个项目正在加紧实施推进当中，江苏新浩祥科技有限公司的精密铸造件项目、靖江市诺弗司工业技术(江苏)有限公司的密封材料及密封件制造项目等11家企业已正式建成投产；标准化厂房区正在陆续交付，拓璞航空零部件五轴加工中心、和赛尔紧密电机等2家标房项目设备已进场开展设备安装调试，产业集聚效应不断增强。靖江开发区全年新签约亿元以上项目84个，新开工项目70个，新竣工亿元以上项目72个。

【改革创新】2019年，靖江开发区科技创新力度加大。净增高新技术企业36家，实施高质量产学研合作项目46个，与南京林业大学合作筹建木材研究院，木材研究鉴定中心、木材工程技术研究中心、智能家居创新中心已进入实质性运行，钢管研究院、国家级孵化器正加速推进。国有公司高效运转。靖江港口集团有限公司高位嫁接道道全粮油、深圳国际等战略投资者，全面盘活了重粮红蜻蜓地块、兴旺物流地块等闲置资产。靖江科教产业园公司“两校两中心”顺利运营，启动科教产业园西区谋划，逐步完善其配套设施，使之产业承载力不断增强。体制机制全面深化。增设安全生产监管中心和保税物流服务中心，进一步强化安全生产监管能力，做实保税物流中心（B型）日常运营管理；认真落实市委“365”优才计划要求，面向社会公开招聘港口管理、财会金融、港口物流等专业人才3名，进一步完善国有企业人才队伍结构，提升公司实体化运营质效。

【转型升级】2019年，靖江开发区加快推动传统产业转型提升，江苏南洋船舶有限公司与中船重工第七〇二研究所深化开展高端游艇研发与制造，3 月底，首艘游艇式高速客船已顺利下水。江苏万林木业股份有限公司、靖江国林木业有限公司、江苏慧创家居产业园等构建完成集定制加工、展示交易、文化体验、检验鉴定、物流配送于一体，线上线下融合发展的专业化木材交易体系，进一步丰富和完善了木材供应链和产业价值链。靖江特殊钢有限公司聚焦创新载体建设和生产线技术改造，总投资 9.23 亿元的钢管整体检测实验室、腐蚀实验室、140 机组改造等技术改造项目正加快落实。上飞表处理基地、先捷热表处理基地、吉凯恩航宇风挡透明件、拓璞航空航天零部件五轴加工项目均签约落地，以航空零部件加工、制造、配套为主的航空制造产业园已形态初现；智能重装产业园已吸引 19 家石化装备设计、制造、销售等产业链协同企业入驻，今年以来实现开票销售 18 亿元，税收 5 650 元，在手订单 50 亿元；精密制造产业园靖江市亚泰物流装备有限公司的罐式集装箱生产项目、江苏祥福顺金属科技有限公司的家用电器零配件项目、江苏新浩祥科技有限公司的精密铸造件项目等 8 家企业的项目已建成投产，全年可形成 5 亿元开票销售。加快淘汰落后产能。江苏众达炭材有限公司已由靖江特殊钢有限公司整体收购，靖江苏通港务有限公司低效岸线整改已通过泰州验收，靖江格菱动力有限公司、江苏安泰动力机械有限公司等企业破产清算正加快推进，江苏安泰动力机械有限公司已完成破产工作，具体工作方案将有序推进。

【社会事业】2019 年，靖江开发区发展环境日益优化。靖江市职教中心顺利于 9 月秋季开学，公共实训中心正常运转；新港城城市商业广场项目桩基建设已经完成；区内污水处理能力有效提升，污水日均处理水量约 13 000 吨；拆迁数据管理软件平台已上线运行。绿色整治有序推进。围绕“绿色港口、生态港区”发展要求，持续深化“263”专项整治、“健康长江泰州行动”等专项活动，完成靖江太和物流有限公司、靖江盈利港务有限公司、江苏扬子江港务有限公司等港务企业整改销号，原靖江港务公司码头拆除覆绿、江苏中燃石化有限公司码头拆除通过省级验收，完成靖江圣立气体有限公司、靖江市丰禾油漆有限公司两家企业升级改造，关停靖渝钢厂氧气车间、靖江圣马气体有限公司，推动煤炭装卸、铁矿石中转集中布局，港区环境明显改善。专项行动有效开展。成立开发区扫黑除恶专项斗争办公室，向区内 140 余家企业走访宣传，排查涉黑涉恶线索及涉嫌非法集资风险；制定全年领导接访安排表，切实推动领导干部接访工作常态化，接待信访事项 51 起、处置突发事件 5 起；深入开展大检查大整治专项行动、双重预防机制创建工作，全区未发生较大及以上事故，安全生产形势总体平稳。

（靖江经济技术开发区管理委员会）

宁国经济技术开发区（港口生态产业园）

【经济发展】2019年，宁国经济技术开发区（港口产业园）经济发展总体呈上行态势，质量效益进一步提升。规模以上工业企业总产值增长13.1%，战略性新兴产业产值增长15.3%，固定资产投资增长8.4%，完成财政收入23.5亿元，实现进出口总额4.2亿美元，实际利用外资3.36亿美元。

【产业发展】宁国经开区经过20年的发展，开发区产业结构不断优化，正逐步形成“一首两翼三主导”现代产业集群，即以中德智造小镇为引领的千亿汽车零部件产业，以凤形、聚隆为龙头的百亿耐磨铸件和精密制造产业，以安泽、源光、飞达为龙头的百亿电子信息产业，以司尔特精准农业为龙头的百亿循环经济产业，以紫燕、詹氏为龙头的百亿食品及农林产品深加工产业，以亚夏总部为龙头的百亿生产性服务业产业。

【项目建设】宁国经开区始终把项目工作作为园区建设发展的永恒主题，加快推动重点项目开工、竣工、投产达效。一是狠抓重大项目落地。着力建成一批牵动性的重大项目，为园区发展注入强大动力。中鼎减震迁扩建一期、永泰二期、亚新科二期完成主体工程，云燕食品、恒基伟业、汉扬精密等一批项目加快建设，萧山工业园、新创金属、皇华二期等一批项目建成投产。2019年完成重大落地项目3亿元以上7个、10亿元以上2个、15亿元以上2个。二是狠抓招商项目引进。紧抓长三角一体化发展上升为国家战略重大机遇，结合园区产业发展现状，积极承接产业组团式转移，实现招大引强、攀高附强。2019年，共招引千洪高新科技创业园、科博尔智能机床、仕净环保二期等亿元项目59个。三是狠抓重点项目调度。开展项目建设“百日攻坚”行动，建立“副科以上干部联系签约促开工项目”机制，着力破解项目建设难题，提高项目开工率、竣工率、达成率和转换率。2019年，中德智造小镇、汉扬精密机械等52个亿元以上项目开工建设；亚新科工业园二期、格斯特气弹簧密封件等47个亿元以上项目竣工；人峰汽车零部件、浩兴模具等30个亿元以上项目投产。

【产城融合】2019年，宁国经开区（港口产业园）新建各类道路约9 800米、面积共计约23万平方米，新增绿化约78 000平方米，新建渠道约4 900米，新增场平面积约为1 100亩，实施企业供水工程10余项、配电工程20余项。中德智造小镇主干路网全面贯通，宁四变、污水处理厂、环形道路等配套项目按序时进度稳步推进。河沥溪新水厂、科创中心、开发区实验学校等一批配套设施建成使用。河沥园区增量配电业务改革试点工作有序推进，110千伏兴盛变电站及配套35千伏线路出线工程建成并顺利通过验收。启动众益广场16#厂房，累计建设标准化厂房32.2万平方米，目前已入驻27.7万平方米，入驻率达86%。

【创新驱动】一是积极推动“政产学研用”合作。先后与西安电子科技大学、合肥工业大学、安徽大学、南京林业大学等十余所省内外高校签订合作协议，建立大学生实践教育基地。加快实现政府、企业、金融机构、高校、科研院所“优势叠加”，产业链、资金链、技术创新链“多重融合”，培育建设各类省级以上创新平台55个，推动产学研合作项目100余个，惠及园区85%的规模以上企业。二是大力开展“标准化+先进制造”行动。支持标杆企业主导或参与国际、国家和行业标准的制定及修订工作，打造一批行业标准“领跑者”企业。目前，全区共有省级工业和信息化领域标准化示范企业3家，累计主导和参与制（修）订国家、行业标准90项。三是充分发挥企业创新主体作用。2019年，中鼎股份被评为国家级制造业双创平台试点示范企业；新增库伯密封、华丰耐磨、金瑞电子、中鼎减震4家省级企业技术中心；新增宁国赛宝研究院1家中小企业公共服务示范平台；新增中鼎橡塑1家省级博士后科研工作站；新增高新技术企业26家。截至目前，园区拥有国家级博士后科研工作站1家、国家级企业技术中心2家、国家级创新型企业1家。

【开放合作】发挥宁国经开区（港口产业园）在对接融入长三角进程中的排头兵作用，将长三角一体化高质量发展战略机遇转化为园区创新升级的更大成果。一是坚持平台搭建，实施“战略衔接”。按照“高起点规划、高标准建设、高质量招商”思路，编制宣城宁国核心基础零部件产业基地新三年建设规划，进一步明确基地的战略定位和目标举措，全力打造国际化、智能化、绿色化的核心基础零部件产业基地。二是坚持市场拓展，实施“销售对接”。紧紧围绕人工智能、新能源汽车、工业机器人等高速增长行业，加强与松江、苏州、湖州等“G60产业联盟”成员企业深度接洽，大力提升机器人本体铸造件、新能源电容器、智能机床零部件在长三角市场的份额。三是坚持开放共享，实施“国际接轨”。借助园区现有对德投资和合作基础，加快中德国际合作智能制造产业园建设，引导企业加强对德交流合作，利用德国先进制造业优势，充分消化吸收国外先进技术，打造更强创新力、更高附加值、更大带动力的产业集群。

【绿色发展】作为全国首批绿色园区，宁国经开区（港口产业园）始终坚持生态优先、绿色发展。保隆公司、安泽电工、瑞泰新材料三家企业荣获2019年国家绿色工厂称号。一是严控项目准入。按照“控制源头、改造现有、淘汰落后”思路，狠抓节能环保降耗，提高资源综合利用率。近年来，宁国经开区(港口产业园)先后拒绝高能耗企业入园投资达百亿元。二是盘活“僵尸企业”。创新“府院联动”机制，按照“兼并重组一批、关停退出一批、破产清算一批、扶持发展一批”思路，积极稳妥推进“僵尸企业”出清。2019年处置“僵尸企业”19家，盘活土地1 160亩。三是完善设施配套。大力推进污水处理厂等园区环保设施建设，总投资1.5亿元的南山污水处理厂、1.6亿元的汪溪污水处理厂及电镀中心已建成运行，日处理污水总量可达1.5万吨；总投资6 300万元的中德智造小镇污水处理厂预计2020年6月投入试运行，建成后日处理污水可达6 000吨。

【营商环境】宁国经开区扎实开展“四送一服”双千工程，2019年全年举办政策宣讲会314场，走访企业350余次，解决问题160个。一是全面推进土地要素供给。2019年全年共上报各类建设用地指标近1 300亩，出让土地992亩，积极开展闲置低效用地清理，累计处置闲置低效用地企业50家，盘活土地约2 500亩。二是全心开展人力资源服务。针对企业招工难，通过网络、信息栏、电子屏、微信公众号、举办现场招聘会等形式多渠道发布招聘信息，为企业有效搭建各种供需对接平台。在贵州、云南、四川等劳务大省建立劳务输入基地，促进供需双方无缝对接，全力保障企业用工需求。先后组织240余家企业参加大型人力资源招聘会，组织40余家企业赴合肥工业大学、安徽工程大学等6所高校参加就业双选招聘会，在园区举办秋季人力资源招聘会，共为企业招工近1 000人。三是全力破解企业资金难题。2019年，宁国核心基础零部件产业集聚发展基地兑现企业重大项目建设补助1 100万元，拨付智能制造补助资金850万元、企业转型升级资金486万元；56家企业获得2019年制造强省建设和民营经济发展资金支持；经开区财政全年兑现各类工业发展奖补资金2.2亿元，涉及企业奖补次数570次。金禾创投成为宣城市首家私募基金管理人机构，顺利完成首支2亿元规模基金募集。

【体制机制创新】宁国经开区（港口产业园）于2019年启动体制机制改革，目前已建立领导干部“职务聘任制”，中层干部“竞争上岗制”，工作人员“双向选择制”，以及全员“绩效考核制”。一是深化人事制度改革。通过科学设岗、竞争上岗、合同管理，打破原有身份界限，转换用人机制，推行岗位聘任制。建立能进能出、能上能下的用人管理制度，营造有利于人才脱颖而出的选人用人环境。实行原身份档案封存管理，实现人事管理由身份管理向岗位管理的转变。二是建立绩效考核制度。遵循科学量化、注重实绩、客观公正、简便易行的原则，制订开发区风险绩效考核办法，建立完善的绩效考核评价机制，发挥绩效考核的激励、导向和监督作用，激励广大干部职工抢抓机遇，破解难题，争先创优。三是推行薪酬制度改革。以“水平适当、结构合理”为原则，因事设岗、以岗定薪、同岗同薪、易岗易薪，制定合理有序的薪酬分配办法，建立绩效与薪酬挂钩的薪酬制度，充分调动工作人员的积极性和创造性。

【党的建设】2019年，开发区党工委按照“党员教育管理常态化、组织生活规范化、党组织建设标准化、创新工作品牌化”的工作思路，深入推进“不忘初心、牢记使命”主题教育，扎实开展园区非公企业“两个覆盖”质量专项行动和“三个以案”警示教育活动。强化党员队伍管理，推进“党建联盟”建设，打造“星级锋汇”党建品牌，积极融入城市党建总体布局。园区下辖非公企业党委5个，机关支部8个，非公企业党支部132个，共有党员1 987人。

【机构设置】2019年，宁国经开区内设机构18个，分别为办公室、党群工作部、财政局、建设局、综合执法局、纪检监察室、武装部、总工会、自然资源和规划局、投资服务中心、经济发展局、社会事业局、安监局、自然资源规划信息编研中心、法制办、征管办、招标办、招商中心。

经开区领导班子成员为：党工委书记、管委会主任梅骏国，党工委副书记、管委会副主任余小平，党工委委员、管委会副主任刘文超、梅长顺、刘凡、汪国成，党工委委员、纪工委书记刘定国，党工委委员邓海林、陈文明。

2018—2019年开发区主要经济综合指标一览表

项目	单位	2018年	2019年	增减%
开发区生产总值	亿元	193	214	9.8
第二产业	亿元	140	155	9.8
工业	亿元	127	139	9.6
第三产业	亿元	53	59	9.8
进出口总额	亿美元	4.8	4.2	−12.5
出口	亿美元	4.3	3.9	−10.2
财政收入	亿元	24.3	23.5	−3.1
税收收入	亿元	22.5	21.8	−3.1
财政支出	亿元	8.6	7.7	−10.3
新批企业个数	家	648	606	−6.5
国家级高新技术企业数	家	79	87	10.1
规模以上企业个数	家	243	236	−2.9
固定资产投资	亿元	90	97	8.4
年末从业人员数	万人	6.2	6.2	0.0

续表

项目	单位	2018 年	2019 年	增减 %
万元 GDP 能耗	吨标煤 / 万元	0.24	0.22	-10.7
单位国内生产总值取水量	立方米 / 万元	9.30	6.82	-26.7
区内建立的创业创新平台数量	个	45	50	11.1
院士工作站	个	4	4	0.0
区内职业教育学校数量	家	1	1	0.0

（宁国经济技术开发区管理委员会）

嘉兴经济技术开发区

【经济发展】2019年，嘉兴经济技术开发区（以下简称“嘉兴经开区”）全区上下以“不忘初心、牢记使命”主题教育为引领，深入践行全面融入长三角一体化发展首位战略，坚决打赢“五大攻坚战”，全区经济社会保持总体平稳、稳中向好的发展态势，全年完成地区总产值（GDP）1 627.6亿元，完成规模以上工业企业总产值3 169.73亿元，税收收入236.58亿元。其中核心区全年完成地区生产总值355.34亿元，同比增长7%；固定资产投资221.31亿元，同比增长10.5%；社会消费品零售总额同比增长9.8%。在全国国家级开发区综合发展水平考核评价中列第12位，利用外资列第5位。

【产业发展】2019年，嘉兴经开区坚持科学发展，全区综合实力不断增强，已形成较强的产业基础，装备制造业、汽配产业已具规模，高端食品产业、电子信息产业发展态势良好，专业市场、现代物流、科技金融、总部经济、软件研发等现代服务业发展强劲；“2+4”产业平台即2大主平台（嘉兴高铁新城、嘉兴先进制造业基地）、4大专业平台[浙江长三角高层次人才创新园（嘉兴智慧产业园）、浙江中德（嘉兴）产业园、嘉兴国际金融广场、嘉兴马家浜健康食品小镇]能级全面提升。先进制造业加快发展，完成规模以上工业企业总产值497.6亿元，总量创历史新高；服务业结构不断优化，服务业增加值占GDP的比重达55.5%，列嘉兴市第一；楼宇经济蓬勃发展，涌现税收超千万楼宇36幢，其中亿元楼宇10幢。

【科技创新】2019年，嘉兴经开区实体化运作嘉兴学院G60科创走廊产业与创新研究院，新增国家高新技术企业16家、科技型中小企业53家，规模以上工业企业研发经费支出超10亿元，总量再创新高。引进两名“国千”专家领衔的汽车智能驾驶仿真测试系统项目。深化与苏州工业园区、上海浦东软件园、青浦工业园区的战略合作，签订浦软孵化器（嘉兴）基地合作协议。

【投资促进】2019年，嘉兴经开区坚持招商引资“一号工程”“一把手工程”不动摇，大力开展驻点招商、中介招商、专业招商，强化以外引外、产业链招商，招商引资成效显著。全年完成合同利用外资7.85亿美元，同比增长30.8%。高质量举办第五届“携手共进，合作共赢”招商大会暨重大项目签约仪式、外商投资企业新年联谊会、日资企业座谈会等重大活动。日本松下电器项目和德国采埃孚中国产业园成功签约，世界500强项目落户再创新高，全区已有37家，占嘉兴市1/3以上。引进卓高泰包装、信创电梯产业园、德国尼德科盖普美、上海佑华实业总部等一批高质量项目，单个新批项目平均注册资本和平均总投资分别增长53.7%、31.1%。

【体制机制创新】2019年，嘉兴经开区坚持深化“最多跑一次”改革，加快推进“企业服务直通车”平台建设，实现“无差别全科受理”区、街道、社区三级全覆盖，申报材料减少61.5%，审批事项实际办结时间比法定时限提速92.6%。尤其是积极应对中美贸易摩擦不利影响，开展“暖心扶企”活动，召开重点外贸企业座谈会、不同国别企业座谈会等，制订出台稳外贸、促转型等政策，新增减税降费超12亿元，精准帮扶企业渡过难关、加快转型。荣膺“2019 中国经济营商环境十大创新开发区”称号。

【绿色集约】2019 年，嘉兴经开区深化综合绩效评价，实施“两退两进”集中攻坚行动，整治低散乱企业（作坊）179 家，腾退回收盘活低效用地 2 123 亩，淘汰落后和过剩产能企业数 10 家，淘汰落后设备 387 台，各项指标均超额完成全年目标任务。启动国家生态工业示范园区创建并完成前期规划，高质量推进“美丽经开十大攻坚行动”，深入开展“万人大排查、百日大整治”攻坚行动，问题整改完成率居嘉兴市前列。在嘉兴市率先实现“区域环评＋环境标准”改革全覆盖，34 个重点项目享受改革红利。水、大气环境质量实现 2013 年实施监测以来历史最佳，跨行政区域交接断面考核保持优秀，垃圾分类覆盖率达 100%，“美丽经开宜居宜业”的形象深入人心。

【项目建设】2019 年，嘉兴经开区深化“3+1”项目推进机制，每月召开项目推进工作例会，扎实推进 100 个重点项目开工、提速、竣工，德国尼得科、卓高泰、信创电梯等一批项目实现了“当年洽谈、当年签约、当年开工”的“经开速度”。世界 500 强日本松下厨电科技项目当天签约、当天拿到营业执照，再次刷新项目落地的经开速度。

【基础设施建设】2019 年，嘉兴经开区坚持把城市现代化作为加快发展的总动力，全区累计投入建设资金近千亿元，区域内基础设施不断完善，建成区面积达 75.7 平方千米；将中心城市向西、向北、向南扩展，有力地拓展了中心城市的发展框架。同时，强化生态建设，发展社会事业，注重统筹发展，加强和谐创建，一个特色鲜明、功能完备、宜居宜业的城市新区正在日益崛起。着力推进一批示范道路建设，全年新建道路达 23.1 千米，新建成双溪路、商务大道（长水路—高铁涵洞）等 12 条道路。着力推进一批桥梁工程建设，槜李大桥、万国大桥全线贯通，开禧大桥全面开工。着力推进一批公园绿道建设，新增绿化 725 亩、新建改建公园 6 个。完成姚家荡片区概念性城市设计，投资 5 000 万元全面提升运河公园，打造嘉兴第一个法治文化（府南）公园。城市精细化管理水平有了进一步提升，“三大攻坚行动”推进有力，累计拆除户外广告 2 793 块，率先在全市完成二环内违规户外广告清零。

【民生事业】2019 年，嘉兴经开区坚持以真金白银加大社会民生投入，全年民生支出 24 亿元、占一般公共预算支出总额 85% 以上。全区新增城镇就业人员 7 229 人，全年完成率 104.77%；基本养老保险户籍人员法定参保率为 95%，各类参保人数均实现净增长；全面实施困难残疾人生活补贴和重度残疾人护理补贴，享受政策补贴者达 1 104 人。高质量完成省、市政府民生实事项目，美国凯宜国际医院、圣托妇儿医院加速推进，茶园小学、嘉兴学院附属实验幼儿园、美德望湖幼儿园等投入使用，英国诺德安达国际学校建设加快推进。基础教育质量实现历史性突破，中考一批上线率 29%，较 2018 年提高 8 个百分点；普高率 64%，较 2018 年提高 20 个百分点，列市本级第一。在全省 21 个国家级开发区中率先成为教育基本现代化创建单位，并通过省督导专家组预评估。全力打造“经开夕阳红”智慧医养结合服务品牌，服务满意率达到 99%。精心打造“禾之源”文化品牌，以庆祝新中国成立 70 周年为契机，高质量举办第二届“禾之源”群众文化艺术节。开展“最美经开人”首届区道德模范评选宣传活动，创新开展女性创业导师、最美家庭、志愿服务等服务品牌，为全区高质量发展凝聚强大的正能量。

【党建工作】2019 年，嘉兴经开区坚持全面从严治党，坚持把党的政治建设摆在首位，党的建设实现再加强。高质量开展主题教育，时刻叩问初心，努力打造政治坚定、能谋善为的坚强领导集体，牢固树立“四个意识”、坚定“四个自信”，做到“两个维护”，以更高站位展现红船旁国家级开发区的良好形象。将深入学习宣传习近平新时代中国特色社会主义思想作为首要政治任务，召开区党工委会议、理论学习中心组会议、领导干部会议进行专题学习交流，建立了“周一夜学”制度，全年开展理论学习中心组学习35次，集中专题研讨14次，经开论坛6期，推动广大党员干部自觉把思想和行动统一到中央以及省、市系列决策部署上来，有力推动了新思想入脑入心、见行见效。全面深化新时代“网格连心、组团服务”工作，构建了“一网格一党组织一服务团队”组团模式，全区187个网格共建立党组织199个，网格服务队伍313支，解决各类问题达700多件，开创了“党组织建在网格上，党旗在网格上飘扬”的新局面。制定出台《关于进一步激励干部新时代新担当新作为的实施意见》，树立“优者上、庸者下、劣者汰”的用人导向。组织开展建区以来规模最大的干部员工大轮训，举办专题培训班6期，累计培训干部员工526名，实现了科级干部、部门中层、新进员工培训“三个100%”全覆盖。

（嘉兴经济技术开发区管理委员会）

衢州经济技术开发区

【经济发展】2019 年，衢州经济技术开发区实现地区生产总值 296.28 亿元，按可比价格计算，比上年增长 2.24%。其中，第二产业增加值完成 271.74 亿元，同比增长 1.4%，第三产业增加值完成 24.54 亿元，同比增长 12.52%。财政收入继续保持快速增长，全年财政收入 77.3 亿元，同比增长 0.21%，税收收入 68.39 亿元，同比下降 7.64%。“四上”企业主营业务收入 1 292.4 亿元，同比增长 7.1%，“四上”企业利润总额 86.31 亿元，同比下降 0.36%。外贸进出口总额 213.57 亿美元，其中出口总额 116.8 亿美元，进口总额 96.77 亿美元。

【产业发展】2019 年，衢州开发区全年实现工业增加值 270.21 亿元，同比增长 1.39%。全年工业总产值 1 174.33 亿元，同比增长 1.59%，其中高新技术企业总产值 391.32 亿元，同比增长 15.23%。产业结构进一步优化升级。化学原料及化学制品制造业、黑色金属冶炼及压延加工业、造纸及纸制品业等三大产业完成工业总产值 734.16 亿元，占全区工业总产值的 62.52%。其中，以巨化集团、韩国晓星为代表的化学原料及化学制品制造产业集群，2019 年产值 373.38 亿元，同比增长 3%；以元立集团、健恒为代表的黑色金属冶炼及压延加工产业集群，2019 年产值 218.19 亿元，同比增长 4.00%；以五星纸业、阿尔诺维根斯为代表的造纸及纸制品产业集群，2019 年产值 142.59 亿元，同比增加 5.00%。

【科技创新】2019 年，经开区核心区重点区块高新技术产业总产值 391.32 亿元，同比增长 15.23%。至年末，拥有国家级工程技术研发中心 1 家（国家氟材料工程技术研究中心），国家级技术中心 2 家（巨化集团公司国家级企业技术中心、开山集团国家级企业技术中心），国家级高新技术企业 84 家，国家级知识产权示范企业 1 家，国家级知识产权试点企业 1 家，省级企业研究院 18 家，省级高新技术研发中心 36 个，省级创新型试点（示范）企业 4 家，省级科技型企业 168 家，省级专利示范企业 7 家。市级重点创新团队 10 家。浙江华友钴业股份有限公司、衢州华友钴新材料有限公司、中国科学院过程工程研究所、中南大学的成果——新型钴系锂电材料绿色制造关键技术及应用，获得浙江省科学技术进步奖一等奖。

全区有博士后工作站 2 家，其中国家级博士后工作站 1 家（巨化集团），省级博士后工作站 1 家（浙江永力达数控机床有限公司），省级院士专家工作站 2 家，市级院士专家工作站 4 家，市级专家工作站 14 家，市级重点创新团队 7 家。拥有中国驰名商标 3 项，浙江省著名商标 20 项，衢州市著名商标 39 项，中国名牌 1 项，浙江名牌 18 项，衢州名牌 54 项。核心区内工业企业共授权专利 5 194 件，其中发明专利 1 231 件，占总量的 23.7%，实用新型专利 3 600 件，占总量的 69.3%，外观设计专利 363 件，占总量的 7.0%。

【创新平台建设】2019 年，获批浙江省氟硅钴新材料产业创新服务综合体；获批市级空气动力装备产业创新服务综合体。申报省级空气动力与掘进装备产业创新服务综合体。获批科技资源支撑型国家创新创业特色载体，取得第八个“国”字平台称号。6 月，市政府批复同意设立东港片区化工新材料项目物理型加工区，完善产业布局。

【绿色集约】核心区实施机器换人项目60个，其中20个项目入选衢州市智能化改造示范项目库，应用工业机器人95台。鼓励企业提高智能化水平，指导华海新能源、隆基乐叶成功申报2019年浙江省数字化车间（智能工厂）（第一批），指导隆基、华海、红五环、永和制冷、金维克5家企业成功申报2019年衢州市数字化转型示范企业；华友钴、华友新能源、元立、天力、顺络、永和、中泰、康德药业、巨香、杭甬变、上洋、凯圣等12家公司通过两化融合贯标体系认证，全市（32家）占比超过1/3。完成6家企业清洁生产审核工作，完成增原汽配落后产能淘汰任务。2019年规模以上工业企业工业增加值能耗2.46吨标煤/万元，与2015年相比，工业增加值能耗下降率41.11%，完成“十三五”年度考核进度要求。

【投融资服务】至年末，核心区重点区块有上市挂牌企业8家（其中新三板挂牌6家，上市2家），总部上市、在本区投资建设的工业企业子公司23家。

【项目审批改革】推动投资便利化改革，打造投资项目审批标杆园区。全面推行企业投资项目全流程网上审批，新增备案项目全部通过企业投资项目审批平台3.0系统审批，100%完成“最多90天”工作要求。推进标准地改革，新增工业项目用地全部推行标准地出让，建立科学可行的控制指标体系。核心区全年挂牌标准地10宗、面积112.308亩。全面推进区域评价，完成区域环评、能评、水保评价、雷电灾害风险评估，压覆矿、地质灾害、防洪、水资源论证等区域评价。

【重大项目招引】坚持围绕氟硅新材料、电子化学品、锂电新材料、生物医药大健康、集成电路及高端装备制造项目六大产业，完成《区主导产业与重点发展方向》编写，核心区新引进项目41个，协议总投资114.38亿元，其中亿元以上项目25个，10亿元以上项目3个。推进新项目建设，华金新能源、金瑞泓12英寸、夏特特种纸、纳晶等项目正式投产（试生产）。

【持续开放创新】坚持把开放创新作为园区改革发展的推动力，与杭州钱塘新区开展多次互访，签订年度合作计划。坚持围绕韩国、德国等重点区域深化国际合作，不断提升发展能级。4月，浙江中韩（衢州）产业合作园通过省商务厅对省内20个国际产业合作园考核，位列前三。全年累计利用外资4 118万美元，占全市到位外资比重的52.9%。

【投资促进】2019年，市区核心区进出口总额1 169 887万元，同比增长0.88%。其中，出口582 108万元，同比增长18.73%；进口587 779万元，同比下降12.19%。区出口占全省出口额的2.52‰。

【基础设施建设】2019年，核心区实施政府投资基础设施建设项目141个，全年累计完成投资约12.12亿元，其中投资超亿元基础设施项目11个。新建城市道路10.85千米，建成道路面积29.94万平方米；改造城市道路3.5千米，改造道路面积15.9万平方米；建成绿道3千米；清淤排水管网90千米，新增、改造雨污水管网12千米，新建改造供水管网5千米；新增停车位50个；改造旧住宅区2.21万平方米；城中村整治10万平方米。

【社会事业】核心区内有金桂社区（常住户4 391户，常住人口13 265人）、杨浦社区（常住户4 426户，常住人口11 300人）、三衢社区（常住户2 172户，常住人口5 227人）、彩虹社区（常住户1 734户，常住人口4 072人）、五环社区（常住户1 183户，常住人口3 564人）、乐业社区(常住户3 803户，常住人口9 520人)、银桂社区(常住户2 736户，常住人口8 208人)、凤凰社区（常住户2 862户，常住人口8 437人）8个社区，共计常住户23 307户，常住人口63 593人。教育事业：区内有黄家小学、新星小学、新星初中、东港初中、衢江四小、阳光小学、新华幼儿园凯旋分园、东港幼儿园、白沙小学、东港小学10所学校。在校学生9 466

人，教职工 639 人。全年教育投入 8 033 万元。社会保险：集聚区累计投保单位 2 103 家，全年养老保险征缴 65 196 人，养老、失业、工伤和生育四大社会保险征缴额为 74 871.76 万元，比上年同期增长 8.9%，其中养老保险缴费额为 55 874.9 万元。

【机构设置与管委会领导】根据《中共衢州市委机构编制委员会关于印发衢州绿色产业集聚区管理委员会职能配置、内设机构和人员编制规定的通知》（衢市编〔2019〕53 号），设立党政综合办公室、党群工作部、投资促进部、经济发展部、建设管理部、社会事务和农村工作部、财政金融税务部、安全应急和生态环境部、服务业部、规划管理部、法律事务办公室、人才工作办公室、营商环境建设办公室、统计工作办公室、综合治理和信访办公室、征迁事务管理办公室、审计室（挂公共资源交易监督管理办公室牌子）、高新技术产业片区管理服务办公室等 18 个内设机构和机关党委。

党工委书记、管委会主任刘根宏，党工委副书记（2019 年 1 月 2 日任职）、管委会副主任（2019 年 1 月 22 日任职）钱志生，党工委委员（2019 年 5 月 10 日免职）、管委会副主任（2019 年 6 月 21 日免职）何相涯，党工委委员（2019 年 6 月 27 日免职）、纪检监察组组长（2019 年 1 月 16 日免职）季太昌，党工委委员（2019 年 1 月 16 日任职）、纪检监察组组长（2019 年 1 月 16 日任职）鲁正良，党工委委员、管委会副主任郑志忠，党工委委员、管委会副主任汪土祥，党工委委员、管委会总工程师曹紫晔，党工委委员、管委会副主任金永红，党工委委员（2019 年 5 月 10 日任职）、管委会副主任（2019 年 6 月 21 日任职）周翔，党工委委员（2019 年 12 月 11 日任职）、管委会副主任（2019 年 12 月 12 日任职）郑剑亮。

【大事记】2019 年 1 月 12 日，市委书记徐文光来到开山集团开展“三服务”活动；2019 年 3 月 12 日，省人大常委会党组副书记、副主任李卫宁一行来区开展“三服务”活动；2019 年 3 月 21 日，全国人大常委会华侨委员会委员王辉忠来区考察企业发展；2019 年 3 月 23 日，市委副书记、市长汤飞帆率队赴区检查化工企业安全生产工作；2019 年 6 月 3 日下午，市委书记徐文光带队来区检查调研中央、省环保督察交办件落实工作；2019 年 6 月 12 日下午，市委副书记、市长汤飞帆率队督查中央、省环保督察反馈问题整改工作；2019 年 6 月 24 日，省政协副主席、民建省委会主委陈小平率队来区开展“优化营商环境”专项集体民主监督调研；2019 年 9 月 23 日晚 7 时《新闻联播》报道：“衢州市高新技术产业园区循环化改造沙盘”正式在北京展览馆亮相。

2018—2019 年开发区主要经济综合指标一览表

项目	单位	2018 年	2019 年	增减（%）
开发区生产总值	亿元	289.79	296.28	2.24
第二产业	亿元	267.98	271.74	1.40
工业	亿元	266.52	270.21	1.39
第三产业	亿元	21.81	24.54	12.52
工业总产值（现价）	亿元	1 155.97	1 174.33	1.59
高新技术企业	亿元	339.59	391.32	15.23
销售（营业）收入	亿元	1 206.67	1 292.40	7.10
第二产业	亿元	1 097.31	1 127.94	2.79
工业	亿元	1 081.51	1 111.43	2.77
第三产业	亿元	109.36	164.46	50.38
利润总额	亿元	86.62	86.31	−0.36

续表

项目		单位	2018 年	2019 年	增减（%）
第二产业		亿元	84.42	78.27	−7.29
工业		亿元	84.12	78.09	−7.17
区内主导产业及产值			–	–	
主导产业	1. 化学原料及化学制品制造业	亿元	362.50	373.38	3.00
	2. 黑色金属冶炼及压延加工业	亿元	209.80	218.19	4.00
	3. 造纸及纸制品业	亿元	135.80	142.59	5.00
第三产业		亿元	2.20	7.98	262.73
进出口总额		亿美元	28.08	213.57	660.58
出口		亿美元	13.54	116.80	762.62
财政收入		亿元	77.14	77.30	0.21
税收收入		亿元	74.05	68.39	−7.64
财政支出		亿元	53.50	50.83	−5.00
新批企业个数		家	546	505	−7.51
外商及港澳台企业		家	10	4	−60.00
内资企业		家	536	501	−6.53
区内世界 500 强企业数		家	1	2	100.00
国家级高新技术企业数		家	145	202	39.31
新批企业投资额	外商及港澳台企业	亿美元	1.13	0.50	−55.75
	内资企业	亿元	77.35	73.48	−5.00
	增资企业	亿美元	–	–	
规模以上企业个数		家	409	421	2.93
科学研究与试验发展经费（R&D）支出		万元	124 154.00	127 878.62	3.00
研究与试验发展（R&D）经费投入强度		%	1.48	1.48	0.00
合同外资金额		亿美元	1.13	0.08	−92.92
外商实际投资		亿美元	0.59	0.50	−15.25

（衢州经济技术开发区管理委员会）

吴江经济技术开发区

【经济发展】吴江经济技术开发区地处长三角核心位置，东临上海，距虹桥机场45分钟车程，南近杭州，西濒太湖，北接苏州主城区。吴江开发区成立于1992年，2010年升级为国家级经济技术开发区，目前代管同里镇和江陵街道，行政区总面积176平方千米，总人口51万人，共20个行政村、19个社区。2019年，吴江开发区完成地区生产总值505.80亿元，工业产品销售收入1 607亿元，一般公共预算收入60.39亿元，全社会固定资产投资136亿元，其中工业投资53.75亿元。注册外资3.9亿美元，到账外资2.83亿美元，进出口总额140亿美元，其中出口99亿美元、进口41亿美元。

作为苏州南部现代新城区，吴江开发区目前已落户优质工业生产型企业2 000多家，累计合同利用外资130多亿美元，实际利用外资近百亿美元，注册内资1 300多亿元，已形成电子信息、智能装备制造两大主导产业，以及新能源、新材料、生物医药、高端民生消费品四大新兴产业，成为中国沿海地区最佳投资地之一。落户企业中有英格索兰、卡特彼勒、GS、加德士、NEC、SK等近20家世界500强企业，128家美国、日本、韩国、中国台湾等地上市上柜企业，以及30多家国内主板上市企业在这里布局生产、研发基地。总投资超1 000万美元企业400多家、超1亿美元企业50多家。吴江开发区已成为国内重要的电子信息产业基地和智能装备产业集聚区，被评为“中国十大活力开发区”、“中国最具投资吸引力开发区”、“国家新型工业化产业示范基地”和“中国机械装备产业基地”、“长三角G60科创走廊工业互联网标杆园区”。

【招商引资】2019年，吴江开发区深入推进经济结构调整和产业转型升级，坚持以智能制造、新材料、生物医药等新兴产业为主攻方向，大力推进智能化、高端化发展。坚持以高显示度项目打造发展引擎，签约落户京东方杰恩特喜科技有限公司、崇德昱博科技（苏州）有限公司等32个项目。加强重点项目推进、管理和服务，持续增强发展后劲，50个重点项目完成投资额103.36亿元，省重点项目京东方（苏州）智造服务产业园12月份正式投产。吴江综合保税区进出口总额104.2亿美元，位列全国同类海关特殊监管区前15位。建成“掌上物流”系统，完成园区报关通道信息化升级改造，提升通关效率，通关速度全省领先。

【产业提升】2019年，吴江开发区成功创建省级智能车间19个、苏州市级智能车间9个，吴江开发区“互联网+先进制造业”特色产业基地通过省级评审。大力实施创新驱动战略，进一步提升发展动能，智华汽车获得国家科技进步奖二等奖，博众精工通过国家级工业设计中心认定，亨通光导获评中国专利优秀奖。鼓励优质企业进行多渠道资本运作，博众精工通过科创板上市审核。

【基础建设】2019年，吴江开发区坚持产业提质和城市发展齐头并进，进行“一路一河一湾一谷一区”五大功能载体建设规划，启动智慧城市建设。加速构建互联互通的大交通格局，东环快速路南延通车，鲈乡路北延工程按序推进，完成运河北路、泾陵路等老旧道路改造。推动城市商业综合体建设，新湖广场开业运营。做大“水乡古镇、田园乡村、新能源小镇、国家湿地公园”四大品牌项目，推进全域旅游发展。

【科技创新】2019年，吴江开发区创新实施“人才+科技+基金”项目落地评审机制，持续推进“双招双引”，全年新增引进人才项目11项，开发区人才总量7.2万，其中高层次人才数7 600多人。新增国家“万人计划”1人，省“双创团队”1个，省“双创人才”3人，省“双创博士”4人，市“姑苏重大创新团队”1个，市“姑苏人才计划”（第一批）4人。

【生态治理】2019年，吴江开发区全面完成“三治”、太湖围网拆除及“大棚房”、违建别墅问题专项清理等整治任务。“三优三保”有序推进，2019年盘活存量土地1 820亩，处置批而未供土地700亩，整治“散乱污”企业作坊1 258家。“331”专项行动整治隐患场所8 000余处。全年淘汰落后产能企业40家，其中关停化工企业4家。

【农村工作】2019年，吴江开发区实施乡村振兴战略，有序进行同里农文旅融合发展区建设。开展农村人居环境整治，北联村成功创建中国美丽休闲乡村，特色田园乡村建设和三星级康居乡村创建持续推进。开展农田试验示范工作，加快农业品牌建设，农业产业优势进一步增强。

【民生事业】2019年，吴江开发区落实城乡低保制度，通过慈善大病救助、危房改造等项目，加快提高公共服务水平步伐，推进养老服务数字化精准化。同里镇居家养老服务中心启用。优化教育资源配置，运西北新小学等竣工投用，北大新世纪苏州外国语学校落户。文化体育设施不断完善，同里水乡民俗文化展示馆等完成建设，成功举办同里天元赛等体育赛事。积极开展创建全国文明城市工作，进一步提升城市形象，改善居民群众生产生活环境。江陵街道完成“并村建居”“政经分离”改革工作，稳步实现基层工作重心从村居混合管理向城市社区管理转型。推进“扫黑除恶”专项斗争，群众安全感和满意度持续提升。深入开展安全生产全领域大排查大整治，安全生产形势持续平稳向好。

【行政审批】2019年，吴江开发区推进中心城区行政体制改革和行政区划调整，新设江陵街道，同步调整同里镇区域范围，进一步强化镇（街道）在社会治理中的基础地位。全面深化“放管服”改革，积极推进全链条闭环审批赋权，打造“一窗办理、全链审批”、不见面审批等政务服务模式，累计办件量24 369件，探索实施“220+X-Y”事项全链条闭环自主审批方案。开设长三角政务服务一网通办专窗，开展三级政务服务体系建设，全面提升办事效率。推进综保区企业增值税一般纳税人资格试点改革，尉钰金属、嘉铨精密等企业逐步展开相关业务，璨鸿光电全年新增销售12亿元。

【机构改革】根据《市委编办关于同意江苏吴江经济技术开发区党工委管委会职能机构调整的批复》（苏编办复〔2019〕23号）和《关于印发向省级以上开发区派出监察工委指导方案的通知》的通知（苏纪委〔2019〕5号）要求，对江苏吴江经济技术开发区党工委管委会与同里镇、江陵街道办事处管理体制进行调整。中共江苏吴江经济技术开发区工作委员会、江苏吴江经济技术开发区管理委员会，分别为中共苏州市吴江区委员会、苏州市吴江区人民政府的派出机关。另按有关规定设置中共江苏吴江经济技术开发区纪律检查工作委员会、江苏吴江经济技术开发区监察工作委员会，分别为中共苏州市吴江区纪律检查委员会、苏州市吴江区监察委员会的派出机构，纪工委和监察工委合署办公。中共苏州市吴江区江陵街道工作委员会、苏州市吴江区江陵街道办事处，分别为中共苏州市吴江区委员会、苏州市吴江区人民政府的派出机关，正科级建制。江苏吴江经济技术开发区党工委管委会代管同里镇和江陵街道。

【党建工作】2019年，吴江开发区深入学习贯彻习近平新时代中国特色社会主义思想，扎实开展“不忘初心、牢记使命”主题教育。推出全域党建品牌“崇本”，推进党建品牌体系化建设，分设“善政先锋”“共·同里”“运河·纤”“红领工程”四个子党建品牌，全面提升基层党组织组织力。坚持能政善政育人导向，优化调整干部队伍，举办第二期“学思践悟”培训班，建强年轻干部队伍。实施《吴江开发区机关干部赴一线城市挂职实训的实施意见》，主动对标北京、上海、深圳等一线城市，培养全方位综合型干部。开设“初心讲堂”，分级分类开展干部职工教育培训工作。开展“知青馆里话纪律”廉政教育活动，作风建设和廉政建设不断加强。认真开展“四风”问题整治专项行动，打造廉政文化品牌项目，助推廉政文化“六进”活动向更广更深层次迈进，营造敬廉崇廉的社会氛围。

（吴江经济技术开发区管理委员会）

宿迁经济技术开发区

【概况】宿迁经济技术开发区成立于1998年11月，2013年1月升级为国家级开发区，现辖1个乡、3个街道，社会人口20万人，规划面积48.51平方千米，行政管辖面积118.8平方千米。经过22年的发展和积累，宿迁经开区各项工作逐步走上正轨，机制体制日趋完善，发展活力不断增强，先后获批“国家级食品产业园”、“省级先进制造业基地”、“中国家电产业基地”和“省级特色创新（产业）示范园区”等称号，经开区已经成为宿迁最重要的政策、资本、技术和人才高地。

【经济发展】2019年，宿迁经开区实现地区生产总值380.67亿元、同比增长13.9%，一般公共预算收入34.87亿元，同比增长4.6%；规模以上工业企业总产值539.64亿元、同比增长13.7%，规模以上工业企业增加值227.63亿元、同比增长14.1%；全社会固定资产投资291.87亿元、同比增长7.5%；进出口总额5.82亿美元；高新技术企业产值101.05亿元。

【产业建设】2019年，宿迁经开区深入践行新发展理念，认真落实市委、市政府“六增六强”部署要求，紧紧围绕工业发展引领区、创业创新集聚区、改革开放先行区、营商环境示范区的发展定位，加快推进产业集聚和转型升级。一是构建“3+3”产业体系。坚持“生态+特色”，根据经开区资源禀赋、产业基础、环境容量等，着力打造“智能家电、食品饮料、新型电子信息”+“纺织服装、绿色建材、装备制造”的“3+3”产业体系，走特色化、专业化发展道路。二是加快产业转型升级。深入开展兼并重组、技术改造、股改上市、成果转化、规模发展“五大提升行动”，调整优化奖励扶持政策，支持园区企业做优、做大做强，全力提升产业发展层次。全年主营业务收入超10亿企业达11家；新增规模以上工业企业28家，实施超500万技改项目20个，培育股改上市企业2家，累计重大科技成果转换项目3个。三是聚力提升发展效益。严把项目准入门槛，认真落实投资强度、税收额度、科技高度、链条长度、环境程度、能耗限度的“六度”标准，原则上新入园项目亩均投资强度不低于300万元、亩均税收不低于30万元。坚持亩产论英雄，强化土地集约利用评价，加大对批而未供和闲置低效土地的清理，提高土地利用效益。深化企业分类管理，通过差异化扶持，推动资源要素向高效企业集聚，用严格的环保、安全标准倒逼低效产能退出落实。全年认定新开工项目27个，计划总投资110.8亿元，认定新竣工项目17个，完成投资64.9亿元，30个列市重大产业项目完成投资112亿元。

【招商引资】经开区坚持“走出去”“请进来”相结合，积极开展“双月会战”“百日招商”等系列活动，2019年组织专题招商活动20余场，累计拜访客商近400家，新引进工业项目49个，协议总投资377亿元，其中10亿元以上项目8个，新招引的天合光能计划总投资105亿元，实现了百亿级项目的突破。新签约项目中，主导产业项目31个，协议总投资327.3亿元，占新签约项目的86.8%，其中智能家电项目占比41.9%，食品饮料项目占比19.4%，电子信息项目占比38.7%；特色产业规模逐渐扩大，产业集聚效应更加凸显。招商方式方面：一是实现招商队伍向专业化转变。按照“双向选择、择优推荐”的原则，把全区范围内想招商、能招商、会招商的同志集结起来，着力打造专业化的招商“尖刀连”。在培训管理上，探索建立“定期轮训、学分管理”制度，不断提高队伍整体招商水平。在考核激励上，对引进质态好、体量大的项目，设立单项招商奖；对实绩突出的干部，优先推荐使用，大力营造创优争先、比学赶超的招商氛围。二是实现招商重点向主导产业转变。根据宿迁市委、市政府确定的全市主导产业整体发展战略，经开区重点发展智能家电、食品饮料和新型电子信息等 3 个主导产业，全力推进主导产业项目及相关核心配套项目招引，实现了从“捡到篮子就是菜”到“提着篮子买自己想要的菜”的转变。三是实现招商活动向重点区域转变。围绕主导产业，先后出台《关于开展招商引资“百日会百商”活动方案》《关于开展招商引资“双月会战”活动方案》《关于开展招商引资“百日会战”活动方案》等文件，要求各专业招商部门围绕长三角、珠三角、京津冀等重点区域加大外出招商频次，坚持多频率、小规模地实施“走出去”与“请进来”活动，在招商区域上由到处撒网到围绕重点区域、重点产业突破的转变。

【科技创新】2019 年，宿迁经开区大力开展创新主体培育，出台《宿迁经济技术开发区科技创新三年行动计（2019—2021 年）》《关于进一步鼓励科技创新的若干政策》等文件。组织申报 46 项各类科技计划项目，其中省级项目 13 个，市级项目 33 个。完成技术合同登记额 1.2 亿元，7 家企业发放“苏科贷”2 680 万元，兑现市级科技创新券 182.5 万元。分阶梯开展高新技术企业培育，22 家企业完成省级高企入库，8 家企业获批国家高企，79 家企业通过国家科技型中小企业自评工作。新增省“双创计划”科技副总 6 人、市“千名领军人才集聚计划”4 人、市“千名拔尖人才培养工程”培养对象 7 人。平台建设不断加快，智能家电研究院完成实验室 CNAS 资质认可评定，西交大科技园获批市标准化试点项目、市级小型微型企业创业创新示范基地，西交大国家技术转移中心宿迁中心启动建设。

【城市建设】2019 年，经开区虞姬公园正式开园，青海湖路城市之家建成运营，梨园城市之家建成；实施 11 个棚改项目，签约 1 625 户，签约率 120%；完成东沙河、西民便河黑臭水体整治和钟吾医院易涝片区整治；组织实施对东沙河、十一支沟和十支沟的疏浚工程，拓浚河道总长约 20 千米。河西污水处理厂二期一阶段工程完工投入使用，污水处理能力达 7.5 万吨 / 日。强化高铁沿线环境综合整治和征地搬迁工作，有力保障了徐宿淮盐铁路及高铁站的建设；在江苏省 2019 年度文明城市复审测评中，经开区未失一分；南蔡乡、城管分局、梨园居委会等 8 家单位分别获得省文明乡镇、省文明单位、省文明社区称号。环境保护扎实有力，10 个大气监测微站点、“互联网 + 环保”的综合智慧环保平台已建成并运行，严格落实扬尘治理要求，区内工地扬尘达标率达 90% 以上。

【社会文化事业】2019 年，经开区深化托管办学内涵，实现区内中小学校托管办学全覆盖，三棵树小学、古楚小学教学楼和青海湖路小学投入使用，新增学位近 3 000 个，厦门路学校、金鸡湖路小学和富民大道学校等三所学校同步进场建设。各学校特色教育项目屡次在国家、省、市级比赛中获奖，“一校一品牌”校园文化格局已基本形成。新建小区配套幼儿园 1 个、移交幼儿园 3 个，公办园占比达到 20%，基本形成了政府主导、社会参与、公民办并举、满足多元化需求的优质均衡的学前教育格局。2019 年市五运会上，我区金牌、奖牌、总分在功能区中均遥遥领先，荣获体育道德风尚奖、青少年未来之星奖、职工部体育道德风尚奖、体育社团部优秀组织奖等四块奖牌。隆重开展中华人民共和国成立 70 周年庆祝活动，深化“文化灯火传万家”品牌活动，群众文化生活更加精彩。持续推进村医培训计划，提升乡村医疗水平。全面完成全区 4 家儿童预防接种门诊标准化建设和改造任务，免疫规划疫苗基础免疫接种率达 95%。建立健全分级诊疗制度和乡村医生家庭签约服务，建档立卡户签约服务率 100%，11 类重点人口签约服务率达 66.2%。全面落实计划生育奖励扶助政策，为 345 户计划生育奖励扶助家庭发放奖励金 36.24 万元。

【党建工作】2019 年，经开区扎实开展“基层党建提升年”活动，各级党组织的战斗力、凝聚力进一步增强。以“书记项目”为引领，在全市率先完成“党徽闪亮”工程，高标准新建韩庄、城宇、赵庄等 6 个村 (社区) 党群服务中心，全区村 (社区) 党群服务中心平均面积达到 906 平方米。在全区 132 个党支部着力打造“三员”队伍，通过“明职责、建机制、强保障”，不断提升党支部组织力。择优选配村 (社区) 书记，公开选聘 1 名优秀社区书记进入街道事业编制，按标准提高了村 (社区) 干部待遇报酬。组织党员深入学习意识形态“八要八不准”，思想基础更加巩固；2019 年我区荣获全省基层党员冬训先进示范县区；创新制定意识形态工作“五项责任清单”，进一步压实意识形态责任。

【机构设置与管委会领导】2019 年，宿迁经济技术开发区内设 11 个机构，分别为党政办公室、组织宣传统战部、投资促进局、建设局、财政局、综合执法局（市场监督管理局及食品药品监督管理局）、经济发展局、行政审批局（政务服务管理办公室）、监察审计局、政法和社会管理办公室（司法局）、应急管理局；市派出的人大工作办公室和政协工作办公室；3 个专业招商服务局，分别是智能家电产业招商服务局、光电产业招商服务局、食品饮料产业招商服务局；3 个产业园管委会，分别是科技创业园管委会、智能家电产业园管委会（外贸物流产业招商局）、综合保税物流园管委会；2 个双重管理机构，城管分局、人民武装办公室；下属事业单位 5 个，数字化城市管理指挥中心、协助海关监管队、市工业技术研究院、政务服务中心（代办帮办中心）、公共资源交易中心。

宿迁经开区领导班子成员为：市委常委、开发区党工委书记张昊，党工委副书记、管委会主任王瑞，党工委副书记李井泉、陈军；市公安局党委委员、区党工委委员、管委会副主任、政法委书记、公安分局党委书记、局长陈作松，党工委委员、纪工委书记何杰，党工委委员、管委会副主任魏猛、许彬、朱前春、孙宇，党工委委员、管委会四级调研员谢兢玄，市商务局四级调研员、区党工委委员石斌，党工委委员、政法和社会管理办公室主任、司法局局长胡明，党工委委员、组织宣传统战部部长尤明春。

（宿迁经济技术开发区管理委员会）

常熟经济技术开发区

【概况】常熟经济技术开发区成立于1992年8月，1993年11月被省政府批准为首批11个省级开发区之一，2010年11月升级为国家级经开区。区域总面积156平方千米（直管面积约30.2平方千米，代管面积约125.8平方千米），拥有全国十大内河港之一的常熟港，设有国家级常熟综合保税区和常熟国际物流园。

【经济发展】2019年，常熟开发区实现地区生产总值934亿元，完成财政总收入174亿元，其中公共财政预算收入74亿元；实现工业总产值2 510亿元，工业产品销售收入2 543亿元，全社会固定资产投资220亿元，其中工业投资119亿元；新增内资企业注册资本155亿元，注册外资8.9亿美元，到账外资3.2亿美元。

【招商引资】2019年，常熟开发区经开区完成注册外资8.9亿美元，完成到账外资3.2亿美元。新增内资注册资本155.3亿元。全年新批外资项目31个。核心区域新批外资项目包括万国数据、艾格鲁工业管道、诺华研发公司、奥村阀门、李尔汽车系统等一批新设项目，完成增资项目包括长春化工铜箔、奇瑞捷豹路虎发动机、神隆医药、捷时雅、华安钢宝利、哈尔沙、苏州日轮、欧港投资等项目。总投资约102亿元的常熟立讯智能科技产业园项目、注册资本达3.6亿美元的每日优鲜华东总部项目、总投资约7亿元的常熟康桥国际学校项目签约。

【科技创新】2019年，常熟开发区实现研发经费支出54亿元，全区净增高新技术企业66家、完成新增专利申请4 609件，专利授权2 059件，累计发明专利拥有量2 010件。核心区域实施服务机构备案制度，21家科技服务机构完成备案。出台《关于推进高新技术企业培育和认定工作的意见》。落实创新券制度，组织18家企业申领创新券，额度累计400万元。全年上报市级及以上科技计划项目10大类，获批省级立项5个、苏州级立项2个、常熟级立项5个。启动亨通国家级创新中心创建工作，获批省级“三大中心”4家，苏州市级4家。完成12家新型研发机构的市级备案，其中4个新型研发机构项目获常熟市科技计划立项，1个项目获批苏州市新型研发机构。搭建“常熟中高知识产权运营交易平台”。

【安全环保】2019年，区内178家工业企业全部签订安全消防目标管理责任书，企业隐患自查自改上报率达90%以上，危化企业安全总监配备率达100%，高危行业领域企业投保率100%。完成108家企业危险废物规范化管理达标建设。完成中央环保督查交办长春化工、理文化工信访问题整改、省环保督查交办理文造纸等5个问题整改及市污防攻坚办挂牌督办新泰港务、耀皮码头问题整改。新增环境污染责任险投保企业6家，区内投保企业总数达34家。对全区178家企业开展全覆盖检查，共检查企业1 169家次，出具检查意见书1 113份，累计发现隐患7 972条，整改7 709条，整改率达96.7%。

【香港立讯智能科技产业园项目签约】10月10日下午，总投资超百亿元的香港立讯智能科技产业园项目签约落户常熟经开区。香港立讯智能科技产业园项目由全球知名、国际领先的精密制造企业香港立讯有限公司投资建设。该公司在全球16个国家布局30多家工厂，以高端的产品定位、领先的技术优势和良好的市场品牌而在行业内受到广泛赞誉。此次，常熟经开区与香港立讯有限公司强强联手、合作建设的智能科技产业园，具体包括智能可穿戴设备、智能声学产品、SIP 芯片封装、摄像头模组等项目，将采取分期建设、分期投产的方式。项目投产后，将为我市产业转型和经济发展提供新动力。

【常熟经济技术开发区营商环境推介会】 11 月 18 日，“活力滨江、投资热土”常熟经济技术开发区营商环境推介会举行。挪威驻沪总领事尹克婷，常熟市委副书记、市政府市长焦亚飞，常熟市政府副市长徐海东，常熟市政府副市长雷波，常熟市政府副市长、常熟经开区党工委副书记、管委会副主任史红亮，常熟市有关部门负责人，经开区（碧溪新区）领导及相关部门和企业负责人出席会议。推介会上，欧洲绿色产业示范园发布、华为云工业互联网创新中心上线，一批重点项目集中签约。

【每日优鲜华东总部项目落户】 12 月 28 日，注册资本达 3.6 亿美元的每日优鲜华东总部项目正式落户常熟经开区。每日优鲜成立于 2014 年 11 月，是国内生鲜电商行业的领头羊。目前，每日优鲜已在国内主要城市建立“城市分选中心 + 社区配送中心”的极速达冷链物流体系，借助 AI + 大数据打造智能化运营体系，为用户提供全球优质生鲜“最快 30 分钟达”的服务。2019 年 10 月 21 日，胡润研究院发布《2019 胡润全球独角兽榜》，每日优鲜名列第 84 位。

（常熟经济技术开发区管理委员会）

义乌经济技术开发区

【经济发展】义乌经济技术开发区（以下简称“义乌开发区”）于1992年8月挂牌并实施首期开发。2012年3月，经国务院批准升级为国家级经济技术开发区，核准面积9.17平方千米。2019年，义乌开发区完成地区生产总值605.9亿元，同比增长18.64%；公共财政预算收入48.3亿元，同比增长18%；税收收入71.6亿元，同比增长18.8%；实际利用外资11 380万美元，同比增长56.1%。目前，区内共有规模以上企业734家，其中规模以上工业企业393家。

【产业发展】义乌开发区把加快新兴产业培育和传统产业改造提升作为发展方向，高质量引进新兴产业，支持传统产业转型提升，推动产业集群化发展。近年来重点培育和发展汽车整车及零部件、新能源、生物医药及健康产业。随着锋锐发动机、义利动力总成投产，英伦新能源整车下线，DHT混动变速器开工建设及动力总成制造总部项目的迁入，从1.0、1.5、2.0系列发动机到变速器，义乌开发区正积极打造世界级的发动机制造基地。2019年，义乌华侨城、绿茵创新小镇、阿优文化科技教育总部的签约入驻，为义乌城市建设、文化教育和旅游发展注入新的强劲动力。

【招商引资】按照“大项目带动、配套企业跟进、产业集群发展”的思路，义乌开发区瞄准大企业、大项目，不断扩大合作渠道，构筑“全方位、多层次、开放式”招商平台。2019年，义乌开发区本级引进了电动锂电池、汽车零配件高端制造产业园、新能源整车、华侨城文旅综合体、国贸改革基金等一批重大招商项目，签约总投资超350亿元。

【项目建设】义乌开发区坚持稳投资、促发展，围绕“有效投资”抓好项目建设。2019年实现固定资产投资165.7亿元，同比增长24.3%；全面实施“三服务”项目攻坚计划，吉利GEP3发动机顺利下线，英伦新能源整车TX5开启义乌路试，DHT专用混动变速器、丰树产业园、正大肉制品深加工及饲料等项目开工；正大有机肥、森山一带一路现代农业技术转移示范区等项目竣工，为义乌开发区的发展增添新动能。

【科技创新】义乌开发区围绕“创新驱动”战略，抓好创新主体培育，加强创新平台建设，不断强化义乌高层次人才创业园、义乌绿色动力小镇等平台的引才聚才效应，科技创新能力不断提升。吉利集团动力研发总部顺利搬迁至义乌开发区，集聚了一批动力研发、动力检测等专业人才。以义乌高层次人才创业园为主要载体，加大招才引智力度，打造义乌人才集聚的新高地，引进高层次人才及科技孵化项目56个；同时引进成熟的园区运营机构，完善园区配套，提升改造高创园整体环境，积极营造适合高层次人才生活工作的生态圈。

【城市建设】义乌开发区内有甬金高速、杭金衢高速在南北两面连通，以五洲、四海、03道、速港、上佛路5条交通主干道为主的30条道路纵横交错；供水管网覆盖整个开发区，建有4个自来水厂，日供水能力32万吨；有220千伏变电所3座，110千伏变电所5座；5个污水处理厂，日处理污水能力达34万吨/天。拥有万达广场、文化广场、总部经济写字楼、人力资源市场、儿童公园等一批商业综合体、文化教育、总部大楼、医疗、金融、住宅等配套设施。

【绿色集约】义乌开发区坚持产城融合和绿色低碳协调发展，建立生产—消费—服务全过程环境监控体系，严格保护区域内水土和生态资源。积极引进优质教育、医疗和文化娱乐机构等，营造良好的创新创业生态。积极依托交通、科创及生态廊道建设，打好“拆治归”组合拳，加快推进整合提升区范围内老工业区、老镇区有机更新进度，为城市发展腾出新的发展空间。义乌绿色动力小镇积极构建绿色生态产业链，打造绿色生态新社区，窑址公园、后龙湖公园、廊道公园等景观、绿化工程相继完工。以绿色动力小镇为核心的中欧智造园成功获批省级低碳园区试点，在中期评估中获优秀等级。下一步将逐步启动海绵城市水系、小镇节能化等项目，促进义乌绿色动力小镇的循环化、可持续发展。加快推进森山健康小镇建设，开发健康旅游、养老养生、石斛智造、健康农业及文化等产业，推动乡村振兴发展。2019 年，森山健康小镇成功入选国家第二批农村产业融合发展示范园；开展绿色动力“万亩千亿”新产业平台创建工作；谋划省级美丽园区和国际产业合作园建设。

【开放合作】义乌开发区借助义乌国际贸易综合改革试验区的开放优势，不断提升开放型经济发展水平。2019 年义乌开发区实现出口总额 741 亿元，进口总额 24 亿元，是浙江省对外贸易十强开发区。开展国际招商，重点招引欧洲品牌、技术企业，积极推动英伦新能源整车等项目通过义新欧、义甬舟两大开放通道将产品销往国际主流市场；积极参加“中国国际进口博览会”“世界义商大会”“中国义乌国际智能装备博览会”等展会；加强与上海、深圳等各地商会联系，开展承接高端产业转移招商引资。

【体制机制创新】2019 年，义乌开发区持续深入推进“最多跑一次”改革，聚焦“18+2+6+X”营商环境评价指标体系，打造“干事不受礼，办事不求人”城市，企业办事实现“一网通办”，为营商环境的优化打下了坚实的基础。

【党建工作】义乌开发区深入贯彻落实习近平新时代中国特色社会主义思想和党的十九届四中全会精神，学习领会习近平总书记在庆祝中华人民共和国成立 70 周年的重要讲话精神，全面开展“不忘初心，牢记使命”主题教育系列学习。结合中心工作，进一步延伸“党建 + 招商”“党建 + 规划”“党建 + 建设”“党建 + 服务”“党建 + 人才”“党建 + 特色小镇”等开发区党建品牌，全力推进党员干部“五（吾）带头”，切实发挥“项目帮”党员志愿服务队作用，坚定发展定力，强化使命担当，聚焦重点难点，使广大党员干部的政治素质、理论水平和业务能力得到了新的提高。

【机构设置】开发区管委会主要牵头做好提升区的产业带规划整合，对近期重点开发区块实行统一招商、统一建设，以及基础设施、公共服务设施的统一配套等。开发区内的项目用地征迁、企业管理、社会事务管理按属地原则由镇街负责。开发区管委会内设办公室（稽查审计局）、招商一局、招商二局、招商三局、招商四局、经贸局、规划建设局、财政局，另设一个派驻机构（国土分局）；下设开发有限公司，主要负责政府投资项目的开发建设。

（义乌经济技术开发区管理委员会）

金华经济技术开发区

【概况】 金华经济技术开发区成立于1992年，2010年晋升为国家级经济技术开发区。2013年与原金西经济开发区成建制整合，实行“一块牌子、统一对外，一套班子、统筹管理”。目前托管“一乡三镇四街道”(苏孟乡、汤溪镇、罗埠镇、洋埠镇、秋滨街道、三江街道、西关街道、江南街道)，行政管辖面积261.8平方千米，建成区面积近50平方千米，下辖106个行政村、53个社区，集聚人口50万，其中户籍人口26万。

【经济发展】 2019年是新中国成立70周年，是决胜全面建成小康社会第一个百年奋斗目标的关键之年。面对错综复杂的内外部环境，开发区上下始终不忘初心、牢记使命，保持定力、担当实干，经济动能积蓄，向好态势明显。全年实现地区生产总值324.5亿元、增长6%，八项支出增长19%；一般公共预算收入完成56.3亿元，税收收入54.8亿元；规模以上工业企业总产值503.9亿元、增长3.2%，规模以上工业企业增加值90亿元、增长7.2%；固定资产投资增长15%，其中工业投资增长17.2%，技改投资增长38.7%；社会消费品零售总额增长7.5%；城乡居民人均可支配收入分别增长7.7%和8.6%。

【产业发展】 开发区扛住了国内汽车市场长达22个月的深度调整和剧烈波动。2019年，开发区内今飞、万里扬、零跑、绿源等企业发展势头良好；万里扬投产当年实现产值近10亿元；在众泰华科全面停产的情况下，汽车制造业仍实现超50亿元产值，占全市22%。医药和食品制造业分别增长10.6%和7.9%。康恩贝、蒙牛乳业、金字火腿等企业表现亮眼，新能源汽车及配件、生物医药列入全市八大细分行业，成功承办两大发展大会。数字经济蓬勃发展，集聚亿博网络、5173、9158、齐聚科技、光通天下等一批行业龙头和“独角兽”企业。东晶电子、闪铸三维、博蓝特等一批新兴企业迅速发展，承办的首届中国（金华）数字娱乐嘉年华人气火爆。文旅康养产业以金华恒大养生谷项目为引爆点，正打造新支柱产业。培育一批“隐形冠军”，坚果产业园建成投产，瓜子产量占全国30%以上。钎焊材料为美的、格力等国内龙头企业配套，全国市场占有率20%。

【平台拓展】 2019年，金华开发区五大产业平台全力拓展，一批产业项目先后落地，一批基础配套全面推进。中央创新区规划编制已完成，道路等基础设施建设全面推进；山嘴头未来社区省级试点率先启动，仅用两个月实现338户全部签约腾空、年前基本拆除；金帆创业街投入使用，乐乐小镇新入驻企业72家。新能源汽车产业园集聚企业16家、10家投产，园区全年实现产值29.5亿元；拓展用地5 710亩，建成道路13千米，活力中心主体结顶，园区智能化水平加快提升。健康生物产业园集聚企业13家、6家投产，园区全年实现产值27.6亿元；新扩容3 930亩，完成土地流转3 695亩，建成道路16千米、桥梁4座；园区企业实现统一供热、供气和污水处理，九峰变投入使用。湖海塘新区征迁清零取得新进展，遗留八年的最后20户已签约11户，完成20个项目土地政策处理、10个出让地块交付，一批学校、医院、道路、商业综合体等配套项目加快推进，市少体校已开工。文旅康养区流转土地1 016亩，农转用719亩，九峰茶场厂部80亩完成政策处理，总投资210亿元的金华恒大养生谷首期50亿元项目进展迅速，“两溪”治理、九峰温泉开发等顺利推进，浙中考古基地落户开发区，开创省市区共建的考古工作新模式。

【项目建设】2019年，金华开发区坚持抓项目、提质效，持续增强高质量发展动能。总投资192亿元的28个招商引资项目完成签约。签约项目数、投资额分别增长47.4%和91.2%，3亿元以上项目签约13个，落地率80%。总投资247亿元的86个产业项目加快落地。开工78个、投产27个，零跑整车下线2 000余台，万里扬项目从开工到投产仅用7个月，今飞、尖峰二期列入省重大产业项目，6个省市县长工程项目完成入库。总投资86亿元的17个产业园项目加快推进。8个投入运营并通过省级认定，北大科技园二期开园，信息经济产业园一期竣工预售，成功签约阿里、腾讯、洲际等一批重量级项目，7个项目在建，其中金西产业园一期厂房竣工、入驻企业22家。总投资93亿元的19个在建安置房项目加快建设。总建筑面积216万平方米共1.3万套，将有效解决历史欠账，到年底3个竣工、5个结顶、9个主体施工，完成安置3 263套。总投资36亿元的30个教育卫生项目加快实施。新东方国际学校完成土建工程90%，投资6.8亿元的市妇幼保健院项目主体结顶，总投资19亿元的丽泽书院、新纪元国际学校等13个EPC项目进展较快，古丽中学正在方案优化。总投资53.7亿元的84个城市功能项目加快配套。完成投资20.4亿元，双龙南街优化改造等57个项目竣工，武义江西岸29万方沿江城市景观带、金婺大桥、缤纷名座、湖畔里商业综合体等一批项目有序推进。总投资8 034万元的一批交通项目陆续完成。“四好农村路”汤井线、蒋下线已完工，农村公路路网完善工程、港湾式停靠站、汤苏线等级提升工程、公路服务站建设已完成。

【转型升级加力提速】2019年，金华开发区坚持整治和发展两手抓、两手硬。低效盘活取得成效。出清低效用地企业30家668亩，整治提升低散乱企业（作坊）291家，淘汰落后过剩产能18家，消化批而未供等土地2 710亩，出让经营性用地7宗。创新企业加速培育。科惠医疗入选国家首批专精特新“小巨人”企业，新认定国家高新技术企业38家、增长153%，新增省科技型中小企业120家、增长40%，新增股份制企业11家、挂牌13家，入选市重点技改项目32个、技术创新项目36个、两化融合重点项目18个，居全市前列。2019年累计培育境内上市3家，境外上市2家，新三板挂牌5家。创新平台加快建设。开发区获批国家知识产权示范园区、浙江省美丽园区示范园区，金华科技园获评浙江省首批数字化示范园区，15.3平方千米纳入中国（浙江）自由贸易试验区金华联动创新区，将有力助推开发区产业外向度发展。共建全市首个诺贝尔院士专家工作站，中加科创园、金华设计造等项目有序推进，川抗所金华分所投入运营，浙工大金华创新研究院签约落地，新增省级孵化器、众创空间、农业星创天地及市首批创业孵化基地10家。继成立深圳招商招才中心后，在上海、杭州两地布局飞地约1.5万方，杭州飞地一批企业已入园。“京东厂直优品计划”落地开发区，与金职院区校战略合作成果丰硕。

【改革创新激发活力】2019年，金华开发区机构改革稳步推进。调整设立内设机构14个、事业中心12个，中科金华科技园管委会划转至开发区，调整各级干部212人，完善乡镇（街道）财政体制，抓经济、抓招商、抓项目的责任进一步压实。国企2.0版改革全面完成。6家国资公司全部挂牌运行，组建各类事业部8个，基本形成“2+4+X”架构。金开国投成为开发区第二家AA资信公司，国资总规模达486亿元，比去年同期增长34.5%。“最多跑一次改革”纵深延伸。深化“互联网+”及智慧开发区建设，先行先试“企业开办马上办”全国试点，领衔上线全省首个“零见面”平台，率先试用“新办智能一网通”、税务沟通征纳等平台，取消各类证明事项124项。制度供给不断强化。先后制订出台扶持招引企业总部、扶持建筑业发展、支持小微园建设等重大政策10余项；修订并完善粮食扶持政策，全面推进“三农”工作提升。

【民生事业】2019年，金华开发区文明创建干出新面貌，市交叉测评综合成绩继续位列第一，“网格化创建、全科型服务”再创高潮。仅“捡烟头兑鸡蛋”一项，参与群众破万人，收集烟头4 400斤，兑换鸡蛋超14万个。全民创建热情空前高涨，睦邻巷、雅苑街等创建新亮点频频涌现，沈天田、姜山头等一批创建短板加速补齐。社会事业有了新进步。坚决贯彻落实全国、省、市教育大会精神，集中开工11个教育EPC项目，完成25个暑期工程，提升9所薄弱幼儿园，“5项领跑工程”“10条教育干货”正逐一落实。金西三镇通过国家卫生乡镇省级考核，在全市率先实现健康促进学校全覆盖，残疾人社区精准康复服务获推广，农村居家养老、文化娱乐、体育健身等设施进一步完善。开展“送文化下基层”活动2 100场，成功举办首届全国电动冲浪板锦标赛，修缮古建筑7处。重点工作实现新突破。建成垃圾分类投放点765个，改造中转站2个，开展各类宣讲2 600场。雅苑小区等50个“污水零直排区”项目基本完工，38个浙中生态廊道、“五水共治”项目全部开工，农村饮用水提升工程一期惠及12个村7 000余人。拆除违法建筑39.4万平方米，完成旧住宅区、旧厂区、城中村改造95.5万平方米，长达十年之久的南山翠竹15栋违建别墅已全部腾空。开发区PM2.5平均浓度32微克/立方米，AQI优良率84.9%，河盘桥和婺城大桥2个市控断面水质稳定在Ⅲ类，21个河流交接断面水质均在Ⅲ类及以上，水环境质量考核优秀。美丽乡村建设取得新进展，完成精品村建设10个、提档改造农家乐民宿50家、示范提升养殖场18家。建成乡村旅游精品线4条、市级研学基地3个、省金果级采摘体验旅游基地1个，接待游客人次和旅游收入实现“双增长”。汤溪菜登上央视走向全国，越溪白鹤村登上《人民日报》成为“网红村”，一批保存下来的古村落，从昔日的“穷窝窝”变成旅游的“香饽饽”。三年小城镇环境综合整治圆满收官，4个乡镇全部通过省级验收，其中罗埠、汤溪成功创建省级样板。

【党建工作】2019年，金华开发区基层党建走深走实。“基层党建＋社会治理”创新全面推进，深入推行“四知道四报告”党建工作法，治理创新模式全市推广、全国获奖，探索建立的“红业联盟”首开全市先河，“村干部整治立规创优年”行动取得实效。社会治理扎实推进。“四个平台”建设扎实推进，涌现出平安建设指导员、“网格化＋智慧化”“一圆一网一代办”“罗小兴”等一批社会治理新经验，秋滨街道获评第七批全国民族团结进步示范单位。坚决“打伞破网”，持续“拍蝇扫蚁”，扫黑除恶专项斗争取得新成果，治安形势持续向好。信访维稳成效明显。领导干部下访接访常态化，设立民情民访代办点178处，成功化解积案陈案66件，省级以上积案“全清零”；信访同比下降87%，信访考核全市第一，信访生态有效净化，社会大局和谐稳定。人民武装、民族宗教、慈善、科协、商会及工青妇、双拥、老龄、残疾人、红十字会等工作取得新成绩。作风建设常抓不懈。“不忘初心、牢记使命”主题教育扎实开展，“十百千万”和“对标比拼勇赶超”活动持续深化，“十联系”“三服务”活动深入推进，项目现场成为干部考场，比拼赶超成为工作常态。完成重点课题20个，破解重点难题84个，帮扶困难企业62家，受理应急周转金42笔近2亿元，包联村社155个，实现走访100%。以“永远在路上”的执着，全力推进“清廉金开”建设，开展各类督查检查420次，诫勉谈话5人，问责处理48人，清退违规经费80余万元，为17名党员干部澄清问题。巡视整改落实落细。将巡视反馈的7个方面21个问题，细化为47个整改事项、172条整改措施，逐项明确牵头领导、牵头单位及整改时间表、路线图，到年底已基本整改到位，省委巡视组移交的208件信访件基本办结。意识形态工作得到强化。理论中心组学习常态化开展，“乡音宣讲进基层”活动深受好评，“学习强国”实现基层组织全覆盖，“菁莪·家掌通”思政课创新平台受国内主流媒体关注，共推送思政课80余节。与各级媒体深化合作取得新成果，城市主题曲《湖海塘》正式发布，“壮丽70年·红色歌潮”等系列活动掀起爱国爱党新热潮。

【机构设置】2019年，金华开发区开发区党工委、管委会内设机构15个，分别为：党政综合办公室（政策研究室），宣传部（统战部、网信办、文明办、城管办），政法办（流动人口服务管理办公室、信访局），组织人力社保局（两新工委、人才办、公务员局、人大政协工作联络处），督查和绩效考核办公室，农业农村和旅游发展局（林业局、水务局），经济发展局（发展和改革局、科学技术局），财政局，社会发展局（教育局、民政局、文化和体育局、卫生健康局、退役军人事务局），建设局，城市更新局，审计局，应急管理局，统计局（社会经济调查队），综合行政执法分局。纪检监察机构、机关党的工作机构及群众团队机构的设置按有关规定执行。

开发区上级派驻机构5个，分别为：江南公安分局，自然资源和规划分局，生态环境分局，市场监管分局，税务局。

（金华经济技术开发区管理委员会）

淮安经济技术开发区

【经济发展】2019 年，淮安经济技术开发区全年实现地区生产总值 380.2 亿元、同比增长 6.5%；完成一般公共预算收入 32.3 亿元，其中制造业增值税增长 14.3%。主要经济指标在合理区间运行，规模以上工业企业总产值、规模以上工业企业应税开票、工业用电量、工业入库税金等总量保持两位数增幅，外贸进出口总额逆势保持增长，经济运行质量持续提升。

【产业集聚】2019 年，淮安开发区累计签约亿元以上项目 51 个，维龙源电气等一批超 10 亿元重大产业项目顺利落户。压实“项目长”制度，组建重大项目服务中心，提供全天候、保姆式帮办服务，全年新开工钛谷科技等亿元以上重点项目 37 个，计划总投资 122.36 亿元，新竣工丰瑞包装等亿元以上重点项目 23 个，累计完成投资 73.66 亿元。威博液压、庆鼎电子等 11 家企业通过国家级“两化融合”管理体系贯标，和兴汽车获评全省首批“工业互联网标杆工厂”示范企业。

【园区形象】2019 年，淮安开发区累计实施中心城市建设项目 156 个，完成投资 100 亿元，汇金云谷等标志性项目加快建设。着力改善农村住房，全年实施民生搬迁项目 25 个，完成协议签订 3 653 户、拆除 74 万平方米；新建、续建安置小区 8 个，93 万平方米安置房建设加快推进。深化全国文明城市创建“4856”行动，打造智慧城管平台，小区物管持续提升，城市管理更加精细。生态建设得到加强，提前完成大寨河等 5 条黑臭水体整治任务，创成全国首批“绿色生态园区”。

【民生福祉】2019 年，淮安开发区公共服务不断优化，有效增加教育、医疗等资源供给，北师大淮安学校（部分）建成招生。社会保障持续加强，城镇职工基本医疗保险、工伤保险费率持续下调，累计为企业减轻社保负担约 8 000 万元。社会大局保持稳定，扫黑除恶专项斗争深入推进，“四位一体”治理体系初步形成，以“府院联动”“检企护航”等方式有效推动历史遗留问题化解。扎实开展专项整治行动，安全生产形势总体平稳。

【队伍建设】2019 年，淮安开发区高标准部署推进“不忘初心、牢记使命”主题教育，突出“五狠抓五持续”，推动学习教育入脑入心、调查研究走深走实、检视问题见人见事、整改落实常态长效。精准实施强堡垒系列工程，全力推进基层党组织标准化建设，打造 5G 党建联盟、村居“智囊团”等党建品牌。建立健全雇员、辅助人员、村居干部三个职业化体系，重拳整治“中梗阻”等作风顽疾，干事热情得到进一步激发。充分发挥巡察“利剑”作用，以村居为重点开展两轮巡察，反馈问题整改完成率 93.8%，政治生态持续优化向好。

【党工委管委会领导】淮安经济技术开发区党工委书记唐道伦，党工委副书记、管委会主任周青（任至 2019 年 10 月），人大工委主任葛恒展，党工委副书记徐业恕，党工委委员、管委会副主任、综合保税区管理办公室党组书记、主任刘晓录，党工委委员、纪工委书记、监察工委主任何栩，党工委委员、管委会副主任王晓霖、张明、杨维东、刘晓松，党工委委员、管委会副主任、政法委书记程国民，党工委委员、组织部部长卫龙君，党工委委员、管委会副主任王岩（挂职，任至2019年7月），党工委委员、管委会副主任秦博（挂职），党工委委员、管委会副主任樊昊（挂职）。

（淮安经济技术开发区管理委员会）

萍乡经济技术开发区

【经济发展】2019 年，萍乡经济技术开发区全年实现地区生产总值 254.62 亿元，同比增长 8.4%；固定资产投资同比增长 9.2%；完成社会消费品零售总额 45.84 亿元，同比增长 11.9%；完成财政总收入 26.32 亿元，同比增长 8.2%；城镇居民人均可支配收入 40 608 元，同比增长 7.8%；农村居民人均可支配收入 20 037 元，同比增长 8.3%，总量和增速均位居萍乡市前列。

【产业发展】2019 年，萍乡开发区围绕“1+3”的产业定位（“1”即一个首位产业——电子信息产业；“3”即三个主攻产业——先进装备制造、食品、新材料产业），重点规划和打造了周江、新三板几大产业园，周江电子信息产业园聚焦 5G 应用、智能终端等产业主攻方向，积极对接粤港澳大湾区等产业高地，构建集研发设计、生产制造、销售服务于一体的 5G 产业链，力争打造成中部地区 5G 产业发展高地；新三板产业园以新材料为主导，改造提升绿色建筑材料、功能性陶瓷产业，引导布局新一代信息技术产业用材料产业，谋划布局前沿新材料产业，奋力打造国内领先的新材料产业集群。一期 28 家企业已全部落户，投产后产值可达 100 亿元。

2019 年，开发区连续两年上榜全国国家级经开区综合考评百强，超半数以上指标高于全国平均水平。成功获批“国家产业转型升级示范园区”“国家知识产权试点园区”“国家循环化改造重点支持园区”“国家知识产权融资质押试点园区”“国家绿色园区”“江西省智能制造基地”。全年完成园区工业主营业务收入 561 亿元，同比增长 7.1%，总量列全省第 12 位；规模以上工业企业增加值同比增长 10%，列全市第 1 位；工业增值税总量，连续三年保持全市第 1 位，占全市的比重达到 37% 以上，总量相当于第 2 位县区的 2 倍以上。

【科技创新】2019 年，开发区新增 20 家高新技术企业，占全市比重的 1/3，新增科技型中小企业 50 家；拥有省级以上企业技术和工程中心 15 家，国家高新技术企业 41 家，专利授权量 2 000 余件，三项总量均占萍乡市三分之一；蓝翔重工荣获国家级科学技术发明奖，成为全市近 30 年来第二家获此殊荣的企业；成功引进安徽理工大学袁亮院士团队，与安源通风设备有限公司达成省“双千”高层次人才引进计划；江西安源通风设备有限公司获批萍乡市市级院士工作站，这是开发区首家市级院士工作站，经开区院士工作站实现了零的突破；企创产业园获批全市首家省级“科技企业孵化中心”。

【投资促进】依托周江电子信息产业园，积极承接粤港澳大湾区产业转移，构建集研发设计、生产制造、销售服务于一体的 5G 产业高地。2019 年，引进了投资 50 亿元的重大产业项目，星星科技于 2019 年 1 月与萍乡经开区签订入园协议（属于高科技产业项目），主要产品包括视窗玻璃防护屏、触摸屏、全贴合产品（即触控显示模组产品）、指纹识别模组、塑胶及金属 CNC 精密结构件、3D 玻璃加工、液态金属等；项目占地面积 1 000 亩，建筑面积约 60 万平方米，预计两年全部建成，项目完全达产后年产值超 100 亿元。易事特集团股份有限公司（上市公司）与萍乡经开区于 2019 年 7 月签订入园协议，易事特智能科技产业园项目落户经开区周江电子信息产业园，主要建设智慧城市大数据中心设备、垃圾回收分类生产线以及新能源充电桩生产项目，项目正式投产后，可年产1万台换电柜及30万台充电桩，年产值达100亿元，税收2.5亿元。另外，2019年12月与诺峰光电设备签约，11月与新鸥鹏教育产业集团签约。诺峰光电设备有限公司拟在经开区投资50亿元建设智能精密制造项目，主要包括玻璃面板、触摸屏、液晶模组、背光源、摄像头模组等产品研发、生产和销售以及其他等高科技项目，达产后预计年主营业务收入约80亿元，缴纳税收2亿元。2019年6月初，在深圳成立了“萍乡经济技术开发区三请三回驻深圳办事处”、举办“三请三回”投资合作洽谈会。深入实施开放合作战略、积极搭建对外交流平台，增进“三友”对家乡感情，宣传家乡变化、投资政策、投资机遇，充分发挥经开区与萍商萍才对接的桥梁作用。全年新引进省外投资2 000万以上项目38个，其中投资亿元以上的项目10个，实际进资98.7亿元，增幅10.9%；实际报送外资8 457万美元，其中完成现汇500万美元，同比增长8%，总量均列全市第一；外贸出口43.65亿元人民币，同比增长1%，总量列全市第一。新增“四上企业”19家，其中规模以上工业企业9家。

推行五个举措着力优化营商环境：

1. 建立一套机制。建立“一个领导小组+N个协商、联席”的整套高位推进机制。成立降低企业成本优化发展环境工作领导小组，建立府检府院联动、银企政联席、社会监督反馈等一系列机制。

2. 做好两项减法。一是充分运用“移动互联网+登记”的新模式，实现企业注册从申请到办结仅需1天，比原来减少了4天，着力减少企业办事时间；二是全面清理和整顿涉企行政事业性收费，行政事业性收费由原先的26项减至23项，主动落实减税降费政策，2019年就为企业减税降费2.48亿元，持续降低企业经营成本。

3. 抓好三个提升。一是着力提升园区活力，针对性地布局适合企业家和各类人才需求的新消费业态、商业模式、生活业态；二是着力提升城市功能，科学布局和完善教育、文化、医疗等城市功能，在原有基础上规划建设了“两校一城一馆”；三是着力提升城市品质，完成武功山大道、工业大道、洪山大道等城市主干道的提升改造，形成了“一路一景观、一道一特色”的城市道路风光带，建成玉湖、翠湖、萍水湖、聚龙公园等四大主题公园。

4. 强化四个保障。一是强化组织保障，区主要领导定期召开专题协调会议，统筹推进相关工作；推动“百人入百企”行动，协调解决企业存在的困难问题；大力推进“新官理旧事”，聚焦企业“痛点”“难点”，化解“老大难”问题。二是强化制度保障，研究出台了《萍乡经济技术开发区深入推进“放管服”改革全面优化政务服务若干措施》《萍乡经济技术开发区推进工业高质量发展实施意见》等一揽子政策文件。三是强化资金保障，在全市率先推广“科贷通”，积极开展引导基金信贷通工作，为园区10家工业企业解决融资4 000万元，积极推进“财园信贷通”工作。四是强化纪律保障，出台了《萍乡经济技术开发区亲清政商关系“双十条”正负面清单》，强化纪委、监委监督执纪问责，大力整治不良风气和违纪行为，结合扫黑除恶专项斗争，严肃查处“街霸”“村霸”影响营商环境案件，为推进营商环境建设保驾护航。

5. 推行五办服务。坚持全方位推进“放管服”改革，一是牢记使命“马上办”，积极推行“容缺审批+承诺制”，工程建设从项目选址到施工许可证审批，压缩至41个工作日，企业开办时间压缩至1个工作日。二是创新机制“一门办”，全区依申请类政务服务事项依次进驻政务中心办理，逐步实现“只进一扇门”能办所有事。三是强化担当“一证办”，积极开展“多个合一”改革，基本实现“37证合一”。四是一次不跑“网上办”，公布了“一次不跑”，“只跑一次”事项清单，做好政务服务事项标准化制定工作，政务服务事项网上可办率不断提升。五是转变作风“事好办”，深化人事制度改革，创新“一述二考三挂钩”工作机制，持续改进工作作风，开展线上线下协同服务模式，推进“事好办”。

【体制机制创新】

1. 人事管理。一是按照省、市《关于促进开发区改革和创新发展的实施意见》中深化人事制度改革的要求，抓好试点推进区属国企公司人事制度改革。科学制定集团发展战略，组建萍乡经济技术开发集团有限公司，作为萍乡经开区重大项目投融资服务的国有运营主体，统筹管理所有区属国有企业。打破原有行政体制管理模式，将现有体制内人员身份全部封存，变身份管理为岗位管理。所有人员一律按照岗位要求竞聘上岗，空缺岗位则通过面向社会招聘和人才引进的方式补充，真正实现全员“能上能下，能进能出”市场化管理机制。二是深化教师管理体制改革。为进一步规范全区教育系统人事管理，推动教育人事工作规范化、制度化进程，制订出台了《萍乡经开区合同制教师管理暂行办法》和《关于进一步加强教师人事管理的通知》。全面打破教师队伍编制身份界限，对全区正式在编教师和合同聘用制教师实行“五个一致”的同工同酬同保障管理，全面激发教师队伍活力。三是严把人员入口关，实行凡进必考，公开招聘制度，每年都拿出一定岗位面向社会公开招聘人才。四是将原“五制”（人事关系代理制、劳动关系合同制、工资关系档案制、工资标准岗位制、离岗退休社保制）人员调整为合同聘用制人员。五是进一步规范内部人事管理，对干部职工病事产假管理制度、借调人员程序、人员调动审批程序等制度进行了完善。

2. 行政服务效能。根据《江西省行政审批制度改革工作领导小组办公室关于确定萍乡经开区为全省第三批相对集中行政许可权改革试点单位的通知》（赣审改办字〔2019〕7号）文件要求，萍乡经开区统筹推进改革试点工作。打通政务网“最后一千米”，实现“一网可办”。2018年以来，我区把政务网“一网通办”一窗式受理办结列为办事改革任务的重中之重，在全区20个审批单位和行政服务中心铺设线路连通网络，打通和省市区信息中心的网络连接通道，建立严密完整的政务网络系统，为“一网通办”提供条件。按照《关于做好市县政务服务事项领取有关工作的通知》（赣政务字〔2019〕10号）的要求，组织区各部门对各自的政务服务事项进行了领取，全区总共领取依申请类通用事项县级目录政务服务事项847项，网上可办率为90%以上。在全区20个审批单位和行政服务中心铺设线路连通网络，为“一网通办”提供硬件基础，萍乡经开区依申请类事项网上“一窗式”受理率达到90%以上。上报的依申请类的政务服务事项为847项，其中区本级“一次不跑”“只跑一次”政务服务事项751项，办理率达88%。

3. 行政审批权限。从2018年7月份开始，萍乡市政府三次赋权萍乡经开区总计453项，其中第一次赋权我区339项，直报省级事项103项；第二次10项；第三次1项，是我省赋权力度最大，赋权事项最多的地市。尤其是后两次国土规划、建设、人社方面的赋权，市直部门高度重视，目前已赋权到位。我区共承接赋权事项181项、直报省级事项103项。多次召开承接赋权工作会议和下发文件，明确承接时点；各相关单位与市对口部门衔接，签署委托书，开展业务培训。交通、司法、社会保障、侨务、卫健等多部门有136项缺乏承接平台技术能力或没有实际工作内容和意义，不能承接；有20项赋权事项调整为内部管理事项；有13项赋权事项按照国家“放管服”政策取消。

2019年，为贯彻落实《江西省开发区条例》，加快推进经开区改革创新发展，进一步提高区内工业投资建设项目审批效率，根据《萍乡市人民政府关于公布萍乡经济技术开发区全链审批赋权清单的通知》（萍府字〔2018〕54号）有关规定，在参照南昌、长沙高新区赋权清单的基础上，结合市政府部门行政权力清单，就需进一步增加和调整权限的赋权事项进行梳理，形成了《拟增加工业投资建设项目审批赋权事项目录（10项）》《拟调整工业投资建设项目审批赋权事项目录（7项）》和《萍乡经济技术开发区工业投资建设项目审批权限赋权事项目录（110项）》。

【投融资服务】2019年，组建萍乡经济技术开发集团有限公司，为做好融资工作打下了坚实的基础，有效增强了全区融资功能和债务风险缓释功能。通过运用产业引导基金和不良资产收购基金助力资本招商及产业升级，推动设立倒贷基金降低企业融资成本，利用小微债转贷缓解企业融资困难、做大做强融资担保中心、政策支持企业融资发展等方式，打出金融支持实体企业发展的“组合拳”。扩大借贷范围，提高贷款额度，为符合条件的小微企业和个体工商户向银行推荐政策内最高限额的15万元、50万元和600万元贷款额度，对于个体商户的人才创业，提高额度至20万元。简化手续，快速审批贷款，引导创业者通过省创业担保贷款服务平台、赣服通等申请线上贷款。续贷免除贷前调查，新增的20万元以内贷款通过微信视频等方式开展贷前调查。推行“不见面”申请，不召开审贷会，逐级审核审批贷款，最快一天之内可审批一批贷款。扎实推进“映山红行动”，积极引导园区企业挂牌上市，组织协调园区企业对接国信证券等券商。全年累计完成融资90.585亿元，累计为20余家园区企业放贷近27.89亿元，稳步推进财园信贷通、科贷通工作，其中财园信贷通在贷企业89家，提供涉贷金额3.647亿元。

【绿色集约】2019年，萍乡经开区建成标准厂房面积近60万平方米，累计投入资金近12亿元，标准厂房已使用面积约45万平方米，可供使用面积约45万平方米。建成周江电子产业园工业污水处理厂及硖石空气自动监测站。

【城市建设】萍乡经开区秉承“四精理念”，大刀阔斧推进“城市生态化”建设。全面启动萍福南路、高站东路、祥龙西路、兴贤中路、焕文路、祥龙路等15条城市道路建设，在319、320国道为依托的“六横六纵一环”基础上，进一步完善路网格局；先后完成中环北路、洪山路、宝鼎路的建设，其中洪山路已建成全市首条大型城市综合管廊；先后引进绿地、恒大等知名企业投资500亿开发建设高档小区，总建筑面积超过600万平方米；全力推进玉湖立交地段中鼎国际商务楼、30万平方米的金融商务区楼群等地标性建筑建设，打造萍乡新的城市风景线；全面启动投资10亿元的玉湖学校的建设，全面启动总投资15亿元的奥体中心的建设，建筑面积达10万平方米，包含22 000座综合体育场、4 500座体育馆与训练馆、1 500座游泳馆等服务设施。全面完成海绵城市试点建设任务，助力萍乡市斩获终期考评全国第一的佳绩。全面开展“四清五治一整洁”城乡环境综合整治行动，做好基础设施补短板工作，文明城市创建工作取得阶段性成效。全面展开老旧小区改造工作，打造城市慢行通道，制定完成《经开区城市绿道建设三年计划》，形成了以萍水湿地公园、聚龙体育公园、翠湖公园、玉湖公园四大城市公园为骨架的城市绿道风景线，城市品质不断提升，宜居宜业宜游的现代化都市新城轮廓逐渐显现。

【社会事业】2019年，经开区加大环保设施特别是园区污水处理厂及辖区雨污分流管网建设，完成了周江智能制造产业园3 000吨/日污水处理设施建设。率先完成了大气污染源清单编制和硖石自动空气监测站新建设置，在辖区正处于全面建设的高潮期，工地数量最多、密度最大、影响空气质量的输入性因素最难控制的现实情况下，实现了全年空气质量位列全市第三。全力出战决胜脱贫攻坚。坚持把脱贫攻坚作为头号民生工程，压茬推进春季攻势、夏季整改、秋冬会战，推进教育、就业、健康、产业扶贫专项工作，有效解决“两不愁三保障”和贫困户饮水安全问题。全区建档立卡贫困户172户、贫困人口676人全部实现脱贫。通过大力拓宽增收渠道、稳定扶贫政策等巩固战果，确保脱贫成效高质量可持续。不折不扣落实“河长制”，推动《萍乡经济技术开发区河长制湖长制区级会议制度》等六项制度落地落实。编制完成萍水河、白源河、五丰河、樟里河“一河一策”以及萍水湖、玉湖“一湖一策”方案。持续开展“三河”治理和玉湖水质治理工作，辖区 8 个断面水质均达三类以上，2019 年清河行动问题清单完成率达 100%。

【机构设置与党委（党工委）管委会领导】 2019 年、萍乡经开区管委会下设机构为：纪工委、党政办公室、党群工作部、机关党委、人大政协联络处、经贸科技发改局、招商局、财政局、国资委、建设局、社会发展局、教育体育局、城市管理局、建设工程技术管理中心、区委政法委、社区管理局、行政执法局、民生工程事务管理局、公共政务管理局、卫计委、信访局、环保局、园林管理局、测绘院、治安巡防大队、总工会、冶金机械办公室、生物医药办公室、新能源新材料办公室、高铁北站服务中心、社会工作管理一局、社会工作管理二局、社会工作管理三局、社会工作管理四局、社会工作管理五局。

管委会领导为：萍乡经开区党工委书记李锦林；区党工委副书记、管委会主任刘建中，区党工委副书记、管委会副主任谭其林，区党工委委员、管委会副主任王纯、甘敏君、黄镇萍，区党工委委员、区纪工委书记邓自强，区党工委委员、党政办主任李宝仔，区党工委委员、党群工作部部长段练，区党工委委员、市公安局开发分局局长付培群。

（萍乡经济技术开发区管理委员会）

宁乡经济技术开发区

【经济发展】2019年，宁乡经济技术开发区（以下简称宁乡经开区）在长沙市委、市政府和宁乡市委、市政府的正确领导下，持续开展“产业项目建设年”“营商环境优化年”活动，紧紧围绕“打造千亿主导产业，争创全国一流园区”的目标，以产业链建设为主线，以项目建设为抓手，以要素保障为支撑，强基础、补短板、求突破，全年实现规模工业总产值727.4亿元、规模以上工业企业增加值175.92亿元、固定资产投资262.39亿元、税收24.7亿元，在湖南省133个省级及以上园区年度综合评价排名第5位，全国219个国家级园区综合评价排名第90位，实现新一轮高质量发展的良好开局。

【产业发展】2019年，宁乡经开区始终抓住项目建设“牛鼻子”，全年铺排重点产业项目59个，实现投资151亿元。格力冰箱洗衣机、国声声学、金时科技等22个项目开工建设，格力大型中央空调、美盈森、好益多乳业、翰坤实业等22个项目竣工投产，将新增产能100亿元以上。成立产业项目服务领导小组，扎实开展“三比三看”和“百日大会战”竞赛活动，组建7个项目服务小分队，推行项目领衔制、问题交办制、限时办结制、督查考核制、讲评通报制，重点推进格力大型中央空调、楚天智能医疗装备、中伟新能源二期、合纵科技4个省“5个100”项目，重点服务10大税源项目、10大开工项目、10大竣工项目，实现一线服务，分线挂图作战，确保常态调度，全年协调解决重点问题160多个。

【科技创新】2019年，宁乡经开区坚持创新引领，以入规、升高、扩面、上市为抓手，全面提高企业核心竞争力。新增2家省级智能制造示范企业（车间），新增19家市级智能制造试点企业，4家企业获评湖南省绿色工厂。新认定高新技术企业30家，新增授权专利585项，实现技术交易合同成交额3.79亿元，同比增长25%。新增38家规模企业，桑铼特荣获湖南省技术发明奖二等奖。精心举办食品产业链大会及专家对接活动，重奖科技人才和优秀工匠，兑现奖励2 400多万元，引进企业各类科技人才120多名。

【投资促进】2019年，宁乡经开区始终坚持精准、舍得、执着的招商理念，坚守“两主一特”产业定位，以产业链招商为主线，整合招商平台，创新招商手段，重构招商体系，注重招商品质，全年共签约引进项目37个，引资210亿元，其中产业链项目31个，500强企业投资项目3个，上市企业投资项目3个，50亿元以上项目1个，10亿元以上项目3个。重点引进格力冰箱洗衣机基地、小米生态链企业国声声学、台湾进联电子、金时科技等项目。

【体制机制创新】2019年，宁乡经开区深入开展“营商环境优化年”活动，全力优化营商环境，打造成本最低、效率最高、服务最优的投资高地。大力实施“无跑腿审批”，持续推进放管服改革，完善全程代办体系，实现工商注册、立项备案、建设用地规划许可证、建设工程规划许可证全程网办。加快推进政务服务“一件事一次办”，全年共计受理和办结各项审批业务5 932件。荣获湖南省工业项目承诺制审批改革示范试点单位，推行“承诺+容缺”审批，加速实现“交地即开工”，社会投资工业项目审批提速 43%。争取长沙市、宁乡市检察院支持，在园区设立两级“检察联络室”，更有利于充分维护企业和企业家权益；争取长沙市市监局支持，在园区设立“服务产业发展工作站”，进一步畅通政企沟通渠道。经建投公司全面完成市场化改革，成立长沙蓝月谷智造小镇投资发展有限公司，平台公司顺利转型，迈出了经营园区的坚实步伐。

【投融资服务】2019 年，宁乡经开区探索创建“无收费园区”，工业项目报建报监实现零收费，全年累计为企业节约审批费用 3 450 多万元。搭建校企合作平台，组织园区企业招聘会 70 多场次，帮助企业招聘员工 2 400 多人，有效破解招工难问题。协调省市人社部门支持园区规模以上企业打包申报养老保险费率下调试点，每年可为企业节约 2 000 多万元。创新食品安全监管和服务机制，聘请第三方专业机构和专家，为园区 20 多家大型食品企业免费提供安全体检，工作成效获省食药监局充分肯定。农科园积极推动湘粮科技、火辣辣等 13 家食品企业与宁乡市 15 个农业产业化基地，建立“工厂 + 基地”合作模式，降低了企业采购成本，帮助了农民增产增收。

【绿色集约】2019 年，宁乡经开区全面提质园区生态环境，重点打好污染防治攻坚战，抓实源头防控和长效机制，着力清除历史欠账。全面提升治污能力，投资 1.4 亿元新建的回用水厂投入运营，园区两家工业污水处理厂日处理能力达 7.5 万吨；投资 1.2 亿元开展雨污分流改造，全面实现管网全覆盖、污水全收集；持续推进蓝天保卫战，加强抑尘控排、禁燃控烧等工作，全年开展巡查执法 2 000 余次，行政处罚 300 起；大力开展造绿复绿，全年覆绿 120 万平方米，新增绿地 6.71 公顷，新建沩丰公园、南雅游园、馨宁游园 3 个社区公园，建成绿道步道 11.4 千米，园区的水更清、天更蓝、地更绿。

【党建工作】2019 年，宁乡经开区深入开展“不忘初心、牢记使命”主题教育，实现党组织和党员“两个全覆盖”，赴贵州遵义和长沙县杨开慧故居举办两期基层党组织书记培训班，组织主题教育演讲和征文比赛。开展“机关党组织 + 企业党组织”互联共建。切实强化“一岗双责”，深入开展警示教育和以案促改，完成主题教育和巡视巡察专项问题整改 47 个。坚持刀刃向内，全年查处案件 3 个，聘请第三方开展全面内部审计。提供年度帮扶资金 1 500 万元，对口帮扶湘西州龙山县红岩溪镇 1 006 户 4 342 人实现脱贫；开展千企联千户贫困慰问，助力宁乡市双江口镇檀树湾村脱贫。

【基础设施建设】2019 年，宁乡经开区坚持高点定位，注重完善功能配套，园区创业环境、人居环境得到全面改善。按照生产、生活、生态“三生共融”理念，精心打造蓝月谷智能家电产业小镇，高标准规划“一心三园”，全面完成 26 万平方米标准化厂房、旺宁新村 350 套人才公寓建设，完成 6.9 千米道路标准化提质，新建自来水主管 4.8 千米、燃气管网 5 千米、蒸汽管网 6 千米，新增两条新能源公交线路。高家塘、经城变电站竣工投产，中伟新能源二期万伏专线投入使用。

【机构设置与党工委管委会领导】2019 年，宁乡经开区内设机构 7 个：办公室(党群工作局)、纪检监察室、经济发展局（知识产权局、安全生产监督管理局）、招商合作局、规划建设管理局、社会事业局、财政局。

群团组织 1 个：总工会。

下属事业单位 6 个：投资评审中心、政府采购与招投标办公室、征地拆迁办公室、政务服务中心、创业服务中心、人才交流服务中心。

长沙市派驻机构 2 个：长沙市市监局宁乡经开区注册登记分局、长沙市自然资源和规划局宁乡经开区分局。

宁乡市派驻机构 7 个：宁乡市公安局经开区分局（城郊街道派出所）、宁乡市环境保护局经开区分局、宁乡市人力资源和社会保障局经开区分局、宁乡市市场和质量监督管理局经开区分局、宁乡市城市管理和行政执行局经开区分局、宁乡市安全生产监督管理局经开区安全生产执法大队、宁乡市公安局交通警察大队经开区交警中队。

下属全资国有公司 1 个：宁乡经济技术开发区建设投资有限公司（简称经建投公司）。

托管园区 1 个：宁乡国家农业科技园。

2019 年，宁乡经开区党工委管委会领导为：党工委书记、宁乡市委书记周辉，党工委副书记、管委会主任张毅（2019 年 1 月任），党工委副书记黄瑶，党工委委员、管委会副主任刘辉，党工委委员、纪工委书记洪健(2019 年 7 月任)，党工委委员、纪工委书记刘颖鹏（2019 年 7 月止），管委会副主任黄梁，党工委委员吴宏（挂职，2019 年 8 月止），总工会主席王子进。

（宁乡经济技术开发区管理委员会）

邹平经济技术开发区

【经济发展】2019 年，邹平经济技术开发区深入践行新发展理念，按照高质量发展的要求，加快新旧动能转换，推进产业转型升级，经济保持了平稳健康发展态势。全年实现地区生产总值 319.9 亿元，其中，第二产业增加值为 224.5 亿元，占地区生产总值的比重为 70.2%；第三产业增加值为 94.4 亿元，占地区生产总值的比重为 29.5%。规模以上工业企业完成总产值 1 837.3 亿元。实现税收收入 38.6 亿元，实现地方财政收入 23.7 亿元。实现进出口总额 235.6 亿元，其中进口 184.2 亿元，出口 51.4 亿元。完成固定资产投资 54.5 亿元。

【产业发展】2019 年，经开区围绕改造提升旧动能、发展新动能，全面推进新旧动能转换，全力培育壮大特色主导产业，积极打造特色产业集群，推动产业转型升级、提质增效。

改造提升纺织服装产业。积极适应全球科技革命和产业变革趋势，通过物联网、人工智能、智慧制造等新一代信息技术，推动纺织服装这一传统产业转型升级，促进“老树发新芽”。2019 年，魏桥纺织拆除原有两个纺纱厂和两个织布厂落后产能及厂房，投资 8.2 亿元新上绿色智能纺织一体化项目。项目从开工建设到投产，仅用时 8 个月。通过纺织生产与现代互联网、物联网的融合，首次在棉纺织领域建立智能订单、工艺大数据平台系统，实现了订单的生产过程全流程跟踪，成为目前世界最先进的绿色智能纺织一体化工厂。

全力打造“世界铝谷”。紧抓我国铝产业布局优化与结构调整的机遇，以建设国家级轻质高强新材料产业基地为目标，延伸拉长涉铝产业链条，推动产品向高附加值和终端延伸。着力打造世界领先的魏桥轻量化基地，规划建设了总投资 17 亿元的魏桥轻量化基地，实施了轻量化挤压结构件项目、轻量化车身总成项目等项目。加快推动原铝向再生铝转变，通过实施魏桥 200 万吨再生铝、新格 30 万吨再生铝项目，保障下游产业链铝水供应，打造全国最大的再生铝产业基地，实现产业绿色转型。实施了金来铝业年产 6 万吨铝包装材料项目，瑞典格朗吉斯高端热交换器用轧制铝材、航空铝板与高端汽车板项目等铝深加工项目，促使世界高端铝业基地核心区加快崛起。打造铝谷公共服务平台，突出政府引导、市场化运作、专业团队运营的理念，串联起政、产、学、研、企，强力推进产学研合作、科技研发、人才引进培训等，为铝产业发展提供全方位服务。

【科技创新】2019 年，邹平经开区高新技术企业达到 18 家，各类研发费用投入 15 亿元，高新技术产业产值和比重大幅提升。积极扶持企业进行专利申请和研究机构认定，截止 2019 年 12 月共有各类专利 942 项，省级以上研究机构 31 家。邹平经开区在区内大力号召“大众创业、万众创新”，加强与高校科研院所产学研合作，加快推进新旧动能转换，实现高质量发展。与山东财经大学、山东建筑大学等建立了战略合作关系，推动企业创新发展；成立了邹平铝谷研发中心、阳光房研究院等专业科研平台；大力引进各类科技人才，目前拥有各类高技术人才 103 人，其中硕士以上学历 99 人，柔性人才 4 人，为邹平经开区高质量发展提供了智力保障和技术支撑。

【投资促进】2019 年，经开区共引进项目 12 个，引进项目总投资 54.8 亿元，实际利用外资 7 028 万美元。发挥区内企业联通境外资本优势，积极拓宽利用外资方式，宏桥融资租赁公司 5 000 万美元增资已到位。着力打造世界领先的铝制轻量化材料研发中心，引进了投资 17 亿元的滨州铝基轻量化结构件（年产 1 700 万件）高端制造基地项目，投资 5 亿元的苏州奥杰年产 50 万辆全铝车身总成项目，投资 3 亿元的山东魏桥轻量化中试基地项目。加大高端铝深加工领域招商力度，延伸拉长涉铝产业链条，推动产品向高附加值和终端延伸。引进了一期工程投资 5 亿元的热交换器用轧制铝材、航空铝板与高端汽车板项目，投资 3.15 亿元的山东金来铝业年产 6 万吨铝包装材料项目等。加快绿色发展，推进园区循环化改造，引进了投资 6 亿元的台湾新格集团年产 30 万吨再生铝及 10 万吨铝灰综合利用项目，投资 8 亿元的固鑫环保绿色建筑材料项目，投资 3 亿元的中国宏桥与北新建材合作的脱硫石膏深加工项目等循环化利用项目。

【体制机制创新】2019 年，为落实“大部门、扁平化”管理，经开区优化了机构设置，通过整合归并内设管理机构，将原来的 15 个行政事业单位精简为党政办公室、纪工委、组织部（人力资源部）、经贸发展局、投资促进局等 5 个。经开区打破工作人员身份限制，实行全员竞聘、双向选择，在全区范围内实行竞争上岗，实现了人事管理由“身份管理”向“岗位管理”的转变，达到了轻装上阵、效能提升的目的。

同时，为全面贯彻落实省委和滨州市委关于开发区体制机制改革的有关要求，坚持市场化改革取向和去行政化改革方向，根据《中共山东省委关于推动开发区体制机制改革创新促进高质量发展的意见》(鲁发〔2019〕14 号)、《中共滨州市委印发〈关于推动开发区体制机制改革创新促进高质量发展实施方案（试行)〉的通知》(滨发〔2019〕8 号)、邹平市《邹平经济技术开发区体制机制改革实施方案》和山东省《试点开发区机构职能编制配套政策》的规定，明确了邹平经济技术开发区管委会聚焦经济发展、科技创新、改革开放等主责主业，剥离医疗卫生、城市管理、环境卫生等社会管理职能。

推行“党工委（管委会）+公司制”模式。邹平经开区党工委、管委会作为滨州市委市政府的派出机构，由邹平市委市政府代管，不明确机构规格，依法行使赋予的经济管理权限，积极探索实行公司化管理模式。依据《中华人民共和国公司法》等法律法规，成立了 5 个具有独立法人的子公司，实行经理负责制，各子公司根据业务情况分设有关工作部门，以上公司均已通过市场监管部门的正式注册。

在人员聘用新机制相关改革举措及实施方面，秉持着党管干部原则；实行自主用人、合同聘用、企业化管理；注重德才兼备、注重实绩、竞争择优；分类分级实施；注重协商一致、双向选择、稳妥推进；贯彻公平、公正、公开的原则。对内合理调配人员和岗位，对外积极引进经开区紧缺且需要的专业人才。开发区原有的在编 79 名干部职工，通过自愿选择、公开竞聘，有 17 名同志自愿调整到其他单位工作，另有 5 名领导干部经市委安排调整到其他单位工作，剩余 57 名同志已全部完成竞聘上岗，达到了精简效能、强身瘦体的目的。

【绿色集约】2019 年，经开区牢固树立绿水青山就是金山银山理念，加大生态环境保护力度，积极创建生态工业园区，扎实开展园区循环化改造。魏桥创业集团在电解铝行业率先实施超低排放改造，各项排放指标优于国家标准，达到同行业先进水平。加快推动原铝向再生铝转变，引进实施了新格 30 万吨、魏桥 200 万吨等再生铝项目，与中国再生资源公司共建铝回收平台，保障下游产业链铝水供应，打造全国最大的再生铝产业基地，实现产业绿色转型。加快循环化改造步伐，加快铝、热电产业链副产品综合利用，实施了绿然环保铝灰综合利用项目、瑞兴脱硫石膏环保建材项目、优丰磊德蒸压加气混凝土板项目、长隆环保年产 3 万吨二次铝灰循环利用项目等。充分利用清洁能源，降低煤炭消耗和碳排放，浙江精工集团投资12亿元的300兆瓦分布式光伏发电项目开工建设。

【机构设置与党委（党工委）管委会领导】根据《中共滨州市委印发〈关于推动开发区体制机制改革创新促进高质量发展实施方案（试行）〉的通知》（滨发〔2019〕8号）和《关于邹平经济技术开发区工作机构主要责任和岗位设置的通知》（滨编办〔2019〕231号）精神，结合工作实际，2019年，邹平经济技术开发区下设纪工委（监察工委）、党政办公室、组织部（人力资源部）、经贸发展局（统计服务中心）、投资促进局。邹平市财政局在经开区设立分支机构。

邹平经济技术开发区党工委书记、管委会主任皮台田，党工委委员、纪工委书记于宗华（任职至2019年12月份），党工委委员、纪工委书记、监工委主任王东（2019年12月份任职），党工委副书记孙利华（任职至2019年9月份），党工委副书记、管委会副主任李剑刚（2019年9月—12月协助皮台田主持工作）；管委会副主任滕永利、张玉斌、张祥克、刘家龙，党工委委员、调研员赵云勇，党工委委员、副调研员孙明，党工委委员田军。

2018—2019年邹平经济技术开发区主要经济综合指标一览表

项目		单位	2018年	2019年	增减（%）
开发区生产总值		亿元	316.5	319.9	1.07
第二产业		亿元	227.8	224.5	1.43
工业		亿元	225	221.7	−1.50
第三产业		亿元	87.8	94.4	7.54
工业总产值（现价）		亿元	1 925.2	1 837.3	−4.57
高新技术企业		亿元	92.3	277.6	200.81
销售（营业）收入		亿元	2 428.9	2 197.5	−9.53
第二产业		亿元	2 360.4	2 078.7	−11.93
工业		亿元	23 54.6	2 074	−11.92
第三产业		亿元	68.5	118.9	73.58
利润总额		亿元	33.4	31.2	−6.59
第二产业		亿元	33	30.8	−6.67
工业		亿元	32.6	30.7	−5.83
区内主导产业及产值（可加减项）		亿元	1 501.4	1 489.4	−0.80
主导产业（可加减项）	1. 有色金属冶炼和压延加工业	亿元	960.3	939.3	−2.19
	2. 电力、热力生产和供应业	亿元	309	304	−1.62
	3. 黑色金属冶炼和压延加工业	亿元	232.1	246.1	6.03
第三产业		亿元	0.37	0.39	5.41
进出口总额		亿美元	36.1	36.1	0.00
出口		亿美元	7.4	7.9	6.76
财政收入		亿元	44.2	40.6	−8.14
税收收入		亿元	42	38.6	−8.10
财政支出		亿元	16.4	8	−51.22
新批企业个数		家	330	468	41.82
内资企业		家	330	468	41.82
区内世界500强企业数		家	1	1	0.00

续表

项目		单位	2018 年	2019 年	增减（%）
国家级高新技术企业数		家	15	18	20.00
新批企业投资额	外商及港澳台企业	亿美元			
	内资企业	亿元	75	56	−25.30
	增资企业	亿美元	1.03	0.7	−31.75
规模以上企业个数		家	102	134	31.37
科学研究与试验发展经费（R&D）支出		万元	186 542	150 318	−19.42
研究与试验发展经费（R&D）投入强度		%	0.69	0.72	4.35
合同外资金额		亿美元	1.03	0.7	−31.75
外商实际投资		亿美元	1.03	0.7	−31.75
固定资产投资		亿元	69.12	54.5	−21.15
年末从业人员数		万人	11.33	10.4	−8.21
万元 GDP 能耗		吨标煤 / 万元	7.56	4.85	−35.85
水资源能耗总量		万立方米	7 842.4	7 767.3	−0.96
单位国内生产总值取水量		万立方米 / 万元	0.002 5	0.002 4	−4.00
区内建立的创业创新台平数量		个	24	26	8.33
院士工作站		个	2	2	0.00
区内职业教育学校数量		家	3	3	0.00

（邹平经济技术开发区管理委员会）

浏阳经济技术开发区

【经济发展】2019 年，浏阳经济技术开发区全年实现规模以上工业企业总产值 840 亿元，同比增长 14.8%；规模工业增加值 312 亿元，同比增长 14.5%；财政总收入 47.7 亿元，同比增长 25.6%；完成固定资产投资 233 亿元，同比增长 26%，其中工业投资 206 亿元，占固定投资比重为 88.4%。园区入选中国生物医药产业发展指数首批成分园区；在全省 133 个省级及以上产业园区综合评价中连续三年蝉联第一。

【产业发展】2019 年，浏阳经开区出台《促进经济高质量发展的若干意见》，制定高质量发展评价指标体系，推动新旧动能转换。大力推进企业"入规、升高、上市、扩面"，新申报认定高新技术企业 23 家；新增规模以上工业企业 18 家；21 家企业纳入长沙上市挂牌后备资源库；蓝思科技、九典制药、华纳大获批省级智能制造示范车间，新增长沙市智能制造试点企业 21 家。落实"产业项目建设年"工作部署，铺排重点项目 78 个，其中 50 个项目纳入市级重大项目投资计划，惠科第 8.6 代超高清新型显示器件生产线、日写触控传感器、蓝思机器人、蓝思消费电子产品防护视窗组件等 4 个项目列入省"五个 100"工程重大产业项目。强化要素保障，批回土地 1 462.26 亩，完成征地 1 320 亩，拆迁 156 户，拆除违法建筑面积 2.6 万平方米，30 个项目实现征拆清零。全年有盐津铺子烘焙二期、卓芯智能等 36 个项目竣工投产。

【科技创新】2019 年，浏阳经开区企业充分发挥市场主体作用，积极践行企业家精神和工匠精神，企业发展受到广泛认可。永清环保荣获国家科学技术进步奖二等奖。蓝思科技获评国家知识产权示范企业，盐津铺子获评农业产业化国家重点龙头企业，尔康制药入选新华社民族品牌工程，九典制药、永清环保博士后科研工作站授牌，兴嘉生物入选推荐性国家标准制修订单位，天地恒一入选中国中药企业百强；安邦制药获评全国就业扶贫基地，蓝思科技、尔康制药、盐津铺子、九典制药入选湖南制造业企业 100 强，蓝思科技、威尔曼制药入选湖南税收贡献百强企业。生物医药公共技术服务平台进一步提标，实验动物中心成为全省首家通过国际 AAALAC 认证的研发机构。电子信息产业服务中心将物联网、医疗器械检测纳入国家认可范围。

【投资促进】2019 年，浏阳经开区践行"精准、舍得、执着"招商理念，新引进项目 25 个，合同引资 426.85 亿元，到位资金 98 亿元。其中，投资 100 亿元以上项目 1 个，投资 50 亿元以上项目 1 个，投资 10 亿元以上项目 4 个。促成湘北威尔曼新药研发基地等 9 个"二胎"项目落户。总投资 320 亿元的惠科第 8.6 代超高清新型显示器件生产线项目落户并启动建设，有效填补了湖南省高清显示面板制造领域空白。

【体制机制创新】2019 年，浏阳经开区深化"最多跑一次"改革，录入省"政务服务 + 互联网"平台依申请类事项 381 项，编制"一件事一次办"清单 49 项，企业从设立到具备一般性经营条件的办理时间压缩到 2 个工作日。扩大"先建后验"改革，取消社会投资项目初步审批设计环节，提速项目审批服务。创新集体土地入市方法，推动湖南电子科技职业学院项目落地，实现全省开发区用地方式新突破。践行"以人民为中心”理念，升级改造政务大厅为智慧政务客厅，企业和群众办事更便捷、更舒适。

【投融资服务】2019年，浏阳经开区实行“一企一策”式个性化服务，帮助永清环保、尔康制药两家上市公司走出困境，永清环保经营管理日趋向好，尔康制药获得纾困资金27.7亿元，为全省最大一笔。大力争取上级支持，指导企业申报各类项目240余个，获得扶持奖励资金1.33亿元。与多家金融机构签订战略合作协议，完成知识产权质押融资1.34亿元，向35家企业现场放款3.25亿元、授信74.76亿元。推动“本地产品本地用”，帮助园区药企在浏阳的销售额增加2 800余万元。严格兑现税费征收政策，全年为企业减税约3.8亿元。为223家企业申报实施养老保险费率过渡试点，降费达1.06亿元。通过免收或财政兜底，免除建设项目行政性收费、中介费等11项费用共计3 800余万元。

【绿色集约】2019年，浏阳经开区坚决落实环保工作领导责任、监管责任和企业主体责任，把南园泵站溢流事件处置作为主题教育整改的头等大事。健全机构、配强力量，成立蓝天碧水办、市政管网办、环境监察中队，建立环保常态化监管机制。加强执法监督，对重点企业开展4轮全面排查，巡查企业550余家次，下达监察文书120余份，立案查处环境违法行为27例。扎实推进专项治理，开展工业废气异味扰民专项整治百日攻坚，空气质量明显改善。加快环保设施建设，北园污水处理厂实现通水调试，南园截污干管正式通水，污水收集处理能力大幅提升，污染防治攻坚战取得阶段性胜利。

【规划管理】两区融合顺利推进。落实市委、市政府决策部署，托管浏阳高新区，在统一经济发展和建设规划、产业布局、土地开发和利用、市政设施建设、统计报表方面取得新成效；积极参与编制《金阳新城空间发展战略规划》，完成金阳新城水资源整合，为建设金阳新城打牢基础。社会民生明显改善。制定教育发展五年计划，统筹区域教育资源均衡普惠发展，引进南雅学校，建成长郡浏阳实验学校小学部，启动克里小学重建。开通8条城市公交线路，投放25台新能源公交车，城市交通进一步改善。金阳紫星广场商务区加快建设，首家五星级维也纳国际酒店即将试营业，金阳中心消防站建成投入使用，基础配套进一步完善。组织“送文化进企业”等惠民演出13场，举办第十五届职工运动会，建设24小时自助图书馆，文化生活更加丰富。发展大局平安稳定。积极创建平安园区、平安企业，深化扫黑除恶专项斗争及“三联三保”活动，信访件同比下降33%。开展安全生产专项大检查、有限空间作业安全检查等6大行动，组织安全培训演练10余次，搭建安全生产在线监管平台，完成100家企业安全隐患专家诊断，隐患销号468条，安全发展态势持续向好。

【党委（党工委）管委会领导】2019年，浏阳经开区领导班子如下：长沙市委常委、浏阳市委书记、浏阳经开区党工委第一书记黎春秋，党工委书记郭力夫，党工委副书记、管委会主任谈文昌，党工委副书记、管委会副主任寻院豪，党工委委员、管委会副主任何六生，党工委委员、工会联合会主席胡汉圣，党工委委员、管委会副主任罗其胜，党工委委员、管委会副主任伍建明，党工委委员、纪工委书记肖赛男，管委会副主任陈志高。

（浏阳经济技术开发区管理委员会）

曲靖经济技术开发区

【经济发展】2019 年，曲靖经济技术开发区（以下简称曲靖经开区）面对严峻复杂的经济形势，紧紧围绕建设全市“经济发展的主战场、产业发展的聚集区、新兴产业高新技术企业发展的示范区”的目标，紧盯发展要务，聚焦主责主业，克难奋进，狠抓落实，各项工作取得明显成效。全年实现生产总值同比增长 11%，规模以上工业企业增加值同比增长 16.5%，固定资产投资增长 21.6%，社会消费品零售总额增长 12.6%，地方财政一般预算收入增长 6.2%，城镇居民人均可支配收入增长 8.6%，农村居民人均可支配收入增长 10.7%。

【产业发展】2019 年，曲靖经开区始终坚持把产业发展作为经济发展的中心工作，聚焦主导产业，打造产业集群。绿色水电硅产业快速发展。曲靖阳光年产 3 000 吨单晶硅棒及 1.22 亿片单晶硅片、曲靖晶龙 1.2GW 拉晶项目顺利投产，阳光二期年产 5GW 单晶硅棒及硅片项目开工建设；隆基 30GW 单晶拉棒和切片、荣德新能源 20GW 太阳能晶硅电池等项目成功签约；南海子片区被授予“云南省水电硅材料加工一体化产业示范基地”。新材料及新能源产业蓬勃发展。年产 2 万吨磷酸铁锂项目实现当年开工、当年建成、当年投产；年产 3 000 吨单宁酸生产线、贝塔新材料项目一期顺利投产；年产 1.5 万吨纳米磷酸铁锂、新能源电池环保循环利用项目开工建设；上海宝钢气体曲靖空分等项目成功签约。生物医药及食品加工产业不断发展。今麦郎、博晖生物血液制品等项目开工建设，环球食品药品、雷霄食品等项目加快推进，兴源祥生物科技谷项目前期工作顺利开展。数字经济及现代服务产业加快发展。红星美凯龙、富康会展、爨文化小镇等项目快速推进，公务之家数字经济产业化基地及销售总部项目成功签约，积极对接科大讯飞、神州控股、浙大网新等企业，有力推动了数字化、信息化产业发展。

2019 年经开区完成工业总产值 183.2 亿元，工业增加值 48.44 亿元。绿色水电硅产业现有锦州阳光、河北晶龙等企业，主要生产单晶硅材，1.2GW 拉晶和配套坩埚等。2019 年，水电硅产业完成工业总产值 1.8 亿元，工业增加值 0.35 亿元，产业占比 0.72%。有色金属及新材料产业现有驰宏锌锗、驰宏资源综合利用、驰宏国际锗业、三元德隆铝业等企业，主要生产铅、锌、锗和铝合金等；2019 年驰宏锌锗及驰宏资源综合利用公司完成工业总产值和工业增加值分别为 70 亿元、13.1 亿元，曲靖经开区按照计提 40% 计算，完成工业总产值和工业增加值分别为 28 亿元、5.24 亿元。2019 年有色金属及新材料产业完成工业总产值 36.5 亿元，工业增加值 6.26 亿元，产业占比 12.92%。电力产业现有云南电网有限责任公司曲靖供电局，全社会用电量为 250 亿千瓦时。2019 年，电力产业完成工业总产值 102.7 亿元，工业增加值 32.84 亿元，产业占比 67.8%。电子信息产业现有安费诺、中铭科技等企业，主要生产手机配件等。2019 年，电子信息产业完成工业总产值 8.2 亿元，工业增加值 1.8 亿元，产业占比 3.72%。先进装备制造业现有重型机械制造、睿锦环保、中建博能、昆缆东电、东电电气、长力春鹰等企业，主要生产重型装备、汽车零部件、环保设备和农用科技产品。2019年，先进装备制造业完成工业总产值15.7亿元，工业增加值2.92亿元，产业占比6.03%。生物医药及食品加工产业现有希陶药业、博欣生物、曲靖药业等企业。2019年，生物医药大健康产业完成工业总产值5.8亿元，工业增加值1.3亿元，产业占比2.68%。其他产业方面，目前已入驻曲靖浩祥服饰、云南曲靖塑料、亨财管道、经开区燃气公司、福牌印刷、福麟印刷6家企业。2019年完成工业总产值12.5亿元，工业增加值2.97亿元，产业占比6.13%。

【科技创新】曲靖经开区高度重视科技进步对全区经济发展的推动作用，切实把增强自主创新能力、建设创新型园区作为推动经开区经济社会发展的重要抓手，创新意识明显增强，科技人才队伍不断壮大，创新平台建设稳步推进，科技成果产出和转化效率有一定提高，总体创新能力和水平不断提升，对经开区经济社会发展的支撑引领作用不断增强。2019年，经开区高新技术企业队伍壮大，聚集了驰宏锌锗、三元德隆、中建博能、中铭科技、中变电气等为代表的22家高新技术企业。企业自主创新能力显著提升。2019年，经开区专利申请数量达到856件，其中：发明专利申请111件、实用新型申请642件、外观设计专利申请103件，发明专利数量达215件。财政对科技创新的有效支持力度不断加大，2019年，经开区争取国家级、省级科技创新经费1 588.5万元；争取市级专利发展激励资金69.04万元；本级支持企业科技创新256.5万元。认定云南荣科机械科技有限公司、云南高科新农科技有限公司、曲靖市医学高等专科学校、云南驰宏国际锗业有限公司共5个市级院士工作站；1人获得千人计划“产业人才”专项称号；制定了《曲靖经开区新时期产业工人队伍建设改革实施方案》，完成了曲靖经开区新时期产业工人队伍建设改革工作。

【投资促进】2019年，曲靖经开区始终坚持把招商引资作为经济工作的生命线来抓，出台招商引资三年行动计划，精准招商工作局面初步形成。外出招商100余次，对接企业300余家，接洽来访客商500余批次2 800余人，成功签约隆基股份、磷酸铁锂二期等30个项目，协议总投资300亿元，同比增长38%。全年完成进出口总额9.66亿美元，同步增长16.5%，且占全市完成数的80%；其中，出口额完成9.62亿美元，同步增长16.2%，占全市完成数的81.2%，进口额完成0.04亿美元，同步增长246.5%，占全市完成数的24.4%。引进国内市外到位资金155.6亿元，同比增长7%；其中，省外资金到位资金153.6亿元，同比增长18%。新批准外资项目1个，实际利用外资1 067万美元，同比增长197%。

【体制机制创新】制定《曲靖经济技术开发区目标管理绩效考核实施办法（试行)》，建立高效、科学的管理体系和考核评价机制，全面准确评价、考核经开区工作机构人员业绩，推动各部门积极主动、廉洁高效地履行职责。曲靖经开区于2018年年中启动行政许可权相对集中改革后，成立行政审批局，推行一章审批，实现了职能、人员、事项的三个集中。2019年，曲靖经开区坚持破解服务企业和群众的“堵点”“痛点”，优化服务效率，以更好营商环境推动高质量发展。创新服务审批新模式。推进“相对集中行政审批”改革，办理时限提速50%，全年累计办理行政审批业务1.5万余件，政务服务事项网上可办率达90%，公布第一批“证照分离”审批事项106项。建立完善“投资项目代办”“企业联系人”“涉企检查报审”三项制度，加快工程建设项目审批改革，出台“先建后验”“容缺审批”“区域评估”等制度，助推项目落地。

【投融资服务】2019年，曲靖经开区建投集团成功打通银行贷款融资渠道，第三期5亿元企业债成功发行，年内11.2亿元债务如期兑付；争取地方再融资债券1亿元和专项债券4亿元，争取PPP项目资金14.8亿元，有力地保障了园区基础设施建设的资金需求；与省金控集团建立全省第一支10亿元规模的绿色能源产业基金，年内对晶龙项目投资1亿元，开启了经开区产业基金投资序幕。落实减税降费政策，加强税收征管，财税保障能力明显提升，完成地方一般预算收入11.14亿元。

【绿色集约】曲靖经开区管辖面积为15 700公顷，土地开发利用率70.90%（评价范围为30.79平方千米）。2019年，牢固树立“绿水青山就是金山银山”的理念，推动“生态优先、绿色发展”的共识，“四个坚持”实现绿色集约发展，建立绿色、低碳、循环发展产业体系，切实提高发展质量和水平。以创建国家生态工业示范园区为契机，坚持以资源利用高效化、污染治理集中化为重点，持续推进企业节能减排和循环化改造，努力实现能源梯级利用和物资循环利用。聚焦用地强保障，超前谋划，积极协调，新增市级规划预留城乡建设用地指标2 149亩，完成供地1 607.9亩，收取土地出让金8.56亿元，完成批而未供和闲置土地清理657亩，异地购买水田占补平衡指标680亩，有力地保障了重点项目用地需求，土地利用效率与效益不断提升。全面完成中央、省、市环境保护督察反馈问题的整改，污染物减排任务全面达标，全年未发生环境污染事件，生态环境安全得到保障，饮用水水源地水质达标率100%，环境空气质量优良率达95.4%，细颗粒物浓度同比下降30%，生态环境质量持续改善。

绿色集约利用新举措包括：一是提高产业集聚成效，聚焦主导产业，打造产业集群。坚持走“产业集聚、资源集约、土地节约、绿色发展”的新路子。二是实施园区建设提速行动，开创产业配套新局面。促进产城融合，实现一体布局、联动发展。三是推进“腾笼换鸟”。通过政府引导、合理补偿等途径，建立废弃、低效利用工业用地的改造和退出机制。四是加快改革创新步伐。积极探索建设可租可售的标准厂房，探索工业用地弹性出让和租赁政策。

【基础设施建设】2019年，曲靖经开区坚持把园区配套作为产业发展的基础，科学规划、适度超前、系统推进，园区基础配套能力不断提升。高质量完成《南海子二期控制性详细规划》《生物科技产业园控制性详细规划》《贵昆铁路沿线保护规划》编制工作，实现产业园区规划全覆盖。基础设施建设续建、新建和办理前期手续项目48个（道路工程27个，绿化亮化工程11个，其他项目10个），完成投资5.58亿元，西城工业园区和南海子工业园区PPP项目启动实施，环北路高压线迁改全面完成，拓展园区项目用地空间2 000余亩。结合全国文明城市创建，持续巩固提升城乡人居环境治脏治乱成果，2019年共处理各类脏、乱、污、堵、交通违法等问题80 887起；其中，整治脏、乱、污、堵案件51 731起，交通违法及警告29 156起，持续优化提升城市环境。

【社会事业】2019年，曲靖经开区始终坚持在发展中保障和改善民生，着力办好民生实事，切实增强人民群众获得感、幸福感。教育卫生事业全面发展。持续改善办学条件，西苑小学主体工程全面完工，经开区第一幼儿园启动建设；中考创历史新高，被曲靖一中录取61人；高中教育稳步提升，高考600分以上考生12人，本科上线率52%；少儿珠心算连续11年蝉联全市冠军。市中医医院制剂楼、中药制剂研发中心投用，市中心血站项目前期工作顺利开展。就业保障不断提高。开发公益性岗位132个，提供就业岗位3 000余个，新增就业1 177人，城镇登记失业率仅为2.7%。脱贫攻坚扎实推进。开展会泽县大井镇3个村委会挂钩帮扶工作，软籽石榴、大树青椒等产业扶贫项目初见成效；持续做好经开区62户220名贫困人口动态管理工作，落实帮扶政策，确保脱贫不返贫。和谐社会建设不断加强。全面落实安全生产责任制，深入开展事故隐患整治行动，全年未发生重特大安全事故。扫黑除恶专项斗争成效明显，打处3个恶势力团伙，刑事立案同比降11.3%，道路交通死亡数降45.5%；保持非访、越访、涉法涉诉访为零的良好态势，社会大局和谐稳定。

【党建工作】一是压实党建责任。严格遵守政治纪律和政治规矩，坚定维护和执行中央、省、市的各项决策部署，统一思想，统一行动。强化主业主责意识，坚持把抓基层党建与中心工作同谋划、同部署、同考核。二是加强干部队伍建设。结合体制机制改革，建立完善选人用人机制，重点抓好优秀人才招收引进和年轻干部储备培养工作。切实加强党性教育，提升党员干部队伍思想政治素质和业务能力水平。三是狠抓基层组织建设。结合经开区实际，打造非公党建品牌，推进党组织建设与组织活动特色化、智慧化开展。四是强化作风建设。严格落实巡视整改要求和党风廉政建设责任制规定。加强效能建设，按“最多跑一次”目标要求，努力营造安商、亲商、富商的投资创业环境。

【机构设置与党委（党工委）领导】2019 年，曲靖经济技术开发区管理委员会设 10 个副处级工作机构，分别为：党政办公室（政策法制局）、组织部（人力资源局）、纪工委（监察审计局）、经济发展局、财政局、规划建设局（城市综合行政执法局）、招商局、环境保护局、地方事务局、市场监督管理局。曲靖经济技术开发区管理委员会下设 8 个事业单位，分别为：西城工业园区管理委员会、南海子工业园区管理委员会、云南（曲靖）国际农业食品科技园区管理委员会、土地储备中心、科技创业孵化中心、曲靖市规划局经济技术开发区分局、会计核算中心、经开区第三中学。派驻分局包括：税务局、公安分局、国土分局。

2019 年，曲靖经开区党工委、管委会领导名单为：毕尚鹏（经开区党工委书记），毛建桥（经开区党工委副书记、管委会主任），赖韦名（经开区党工委委员、管委会副主任、政法委书记、公安分局局长），桂桦（经开区党工委委员、管委会副主任），孙伟增（经开区党工委委员、管委会副主任），徐升奎（经开区党工委委员、管委会副主任），罗中山（经开区党工委委员、管委会副主任），张文辉（经开区党工委委员、组织部部长、统战部部长）。

2018—2019 年曲靖经济技术开发区主要经济综合指标一览表

项目	单位	2018 年	2019 年	增减 (%)
开发区地区生产总值	亿元	1 793.5	1 932.8	8.9
第二产业	亿元	1 185.1	1 258.8	6.2
工业	亿元	1 143.6	1 212.6	6.0
第三产业	亿元	608.4	674.0	10.8
工业总产值	亿元	3 713.7	4 125.2	11.1
高新技术企业	亿元	3 171.8	3 431.4	8.2
营业收入	亿元	11 049.7	13 372.0	21.0
第二产业	亿元	4 397.6	4 937.3	12.3
工业	亿元	3 881.7	4 420.9	13.9
第三产业	亿元	6 645.3	8 417.2	26.7
利润总额	亿元	630.8	665.4	5.5
第二产业	亿元	496.5	548.1	10.4
工业	亿元	482.7	527.1	9.2
四大主导产业工业总产值	亿元	3 414.0	3 803.6	11.4
进出口总额	亿美元	192.9	195.8	1.5
出口	亿美元	63.5	57.3	−9.7
税收收入	亿元	595.5	604.6	1.5
一般公共预算收入	亿元	257.3	270.0	5.0

续表

项目	单位	2018年	2019年	增减(%)
一般公共预算支出	亿元	205.7	226.9	10.3
国家级高新技术企业数	家	844	1 051	24.5
规模以上工业企业个数	家	275	311	13.1
规模以上企业(R&D)经费内部支出	万元	665 802	741 466	11.4
外商实际投资	亿美元	5.4	5.6	3.5
年末从业人员数	万人	34.8	37.7	8.3
万元GDP能耗	吨标煤/万元	0.153	0.125	−18.0
区内职业教育学校数量	家	2	2	0.0

(曲靖经济技术开发区管理委员会)

嵩明杨林经济技术开发区

【经济发展】2019年，嵩明杨林经济技术开发区完成生产总值128.7亿元，同比增长33.74%，工业总产值完成138.36亿元，同比增长6.8%；进出口总额完成1.53亿元，同比增长9.36%，其中出口额1.01亿元，同比增长7.74%；固定资产投资完成143.52亿元，同比增长10.29%。财政总收入完成17.46亿元，同比增长7.3%。经开区融资平台云南泰佳鑫公司申报发行的15亿元公司债券于2019年10月获得上海证券交易所批复，为园区建设发展提供了重要的要素保障。

【招商引资】聚焦重点区域、优势行业、龙头企业，紧紧围绕“抓招商、调结构、推项目、促投资、稳增长”，逐步构筑务实、有效的招商体系。拓展招商领域，加大培育、促进重点产业做大做强。2019年，经开区围绕主导产业制作招商清单，瞄准重点项目招大引强。梳理汽车及零部件配套产业、大健康产业、商贸物流产业的公司、协会、商会4 112户，逐一联系对接；引进苏宁易购、中建地产、国平纸业、华亿机柜、浙商产业园二期、模具产业园等项目23个，其中，亿元以上项目13个；浙商产业园一期、恒大养生谷等7个招商引资项目开工建设；在谈重点项目20余个。优化招商服务，完善项目落地服务流程，建立规模以上工业企业挂钩联系服务工作制度，制定企业入驻标准厂房服务流程，建立部门联动工作机制，聚焦重点产业发展，实行项目经理负责制、督导服务制，全力保障项目加快建设，具体措施包括：一是抓项目建设工作。在建设不同时段，根据项目建设规律，计划项目建设周期，提前做好土地供应、基础设施建设等工作，为项目开工建设提供最佳时机。二是抓好签约项目的服务，力争项目在约定时间内按时开工建设。重点抓好苏宁云南电商智慧产业园、浙商产业园、中建中心商务区、新加坡叶水福、一乘驾校等项目的服务，确保项目顺利推进。三是抓好已过会、投资意愿强的项目跟踪。重点做好安生工贸、理工恒达、中双泰等项目的跟踪服务，力争2020年初能签订正式协议。四是创新招商方式，增强招商引资实效。加大领导外出招商拜访的力度，促进以商招商；加大招商引资队伍培训力度，确保精准招商和专业招商取得实效；建立健全机制体制，确保招商引资工作队伍有岗有位有职有责有待遇；利用各种展会和各级组织的招商引资推进会，加大对园区的宣传力度。五是优化营商环境，增强招商引资吸引力。认真执行省、市、滇中新区、县的各种优惠政策，为企业营造更好的政策执行环境；抓好园区基础设施建设，做到企业落户到哪里，基础设施配套到哪里，为企业营造完善的硬环境。2019年，园区规模以上企业数量为182家，高新技术企业数量为25家。

【科技创新】2019年，经开区创新驱动升级转型，进一步增强园区产业发展动力。积极实施“创新驱动”发展战略，坚持科技创新和制度创新并进的思路，进一步加大高新技术企业、科技型中小企业培育扶持力度，积极打造创新驱动示范引领区，推动转型升级加快。创新拓展新产品，产品附加值持续提升，金属制品业、食品饮料业进一步集聚，分别占规模以上工业企业总产值的36.67%、20.09%。“三品”

行动取得实效，拥有云南绿宝香精香料股份有限公司、云南森博混凝土外加剂有限公司等18家高新技术企业，东风云汽获国家级“绿色工厂”称号，康师傅（昆明）饮品有限公司获云南省级“绿色工厂”称号；清洁生产企业56户(昆明华狮啤酒有限公司、云南琥正机械有限公司等)；发明专利51项，市级以上企业技术中心24个，新三板上市企业3户；拥有市级以上名牌产品19个，中华老字号1个。同时政策扶持更加精准，帮助企业获得产业扶持、投资补助等政策红利，其中新兴产业企业8户，新材料产业企业14户，食品饮料企业7户，装备制造业企业（包括金属制品、通用设备、汽车制造等）25户。

【项目建设】2019年，经开区高度重视规划编制工作，以“多规合一、优化空间布局、合理谋划产业定位”为调整方向，推进总体规划修编和调整报批工作，启动了中心商务区控制性详细规划修编工作，汽车产业园规划顺利获批，市政交通基础设施全覆盖，“微血管”路网趋近完成，园区规划开建和竣工道路7条，总长7 218米。发展要素有效集聚。建成110千伏变电站一座，金山自来水厂投入试运行，园内部分土地平整，水、电、气、路等保障要素齐备；上报供地资料56宗，供地面积2 125.74亩；完成供地59宗，面积2 188.66亩，置批而未供土地1 770.82亩；办理不动产权证36个。泰佳鑫公司与富滇银行合作开展项目贷款，实现放款4.16亿元；申报发行的15亿元公司债券已于10月份获得上海证券交易所批复。产业项目进展顺利，聚焦重点产业发展，实行项目经理负责制、督导服务制，全力保障项目加快建设；2019年计划总投资为176.79亿元的39个重点项目顺利推进，并具备生产条件和能力。中汽中心高原实验室一期投入试运行，东风云汽新能源汽车具备量产能力，北汽、江铃新能源汽车项目加快推进，汽车产业集聚效应凸显。浙商科技产业园、大品机械制造、金铝源金属材料等项目进展顺利，康师傅饮品二期建成投产。基础设施项目稳步推进，汽车产业园配套基础设施——装备制造园6、7、8号路实现通车；棚改项目龙保片区配套1、13、15、16号道路建设有序推进，新能源设备园二号路延长线项目审计工作完成，官军公路连接嘉丽泽段道路污水管网及景观大道与213国道交叉口路面修复工程全面完成。从规划调优入手促进要素完善，措施有力，不断推动园区提档升级、高质量发展实现新突破。

【社会管理】2019年，杨林经开区完善服务机构职能。8月，经十二届县委第59次常委会议研究，经开区党群服务中心、行政审批和投促服务中心、规划建设管理中心、招商服务中心等4个事业单位获批成立，为园区各项服务工作顺利开展、人才平台搭建、壮大发展提供了强有力的组织保障。严格规范管理，全面提升服务管理效能，建立党工委书记“议稳制度”，加大扫黑除恶和平安建设工作经费投入，共投入100余万元用于经费保障、物资采购、应急处置等工作。落实综治维稳及生产、消防、道路交通、森林防火、食品等安全责任制，办结市（县）长热线及来信来访77件，实现非访、越访和安全事故“零指标”。开展护林防火演练2次，组建应急队伍3支，各类应急处置物资配备齐全。以“两违”整治为抓手，全面开展招商引资环境提升工程。建设绿色生态经开区，坚守最严的环保法规，高水平规划云林片区、汽车产业园区污水管网，建设景观大道—东环路污水管网等环保设施。推行“多证合一”等“放管服”改革，重新明确承接县级行政审批事项19项，制作办事指南，照“单”审批，建设务实高效经开区。

【党建工作】2019年，杨林经开区以党建促发展，进一步转变作风，强化服务意识，扎实开展“不忘初心、牢记使命”主题教育活动，加强基层党组织建设，创新企业“小支部凝成大联盟”的党建组织形式；抓实党风廉政建设，筑牢廉政安全线，加大作风建设，把主题教育活动成果转化为为企业办实事、办好事，切实解决企业生产生活中的困难和问题，打造了一支政治信念坚定的专业、敬业、精业的干部职工队伍，致力建设实干、务实、高效经开区。扎实开展主题教育。深入学习贯彻习近平总书记关于“不忘初心、牢记使命”主题教育的重要讲话和重要指示批示精神，认真按照中央和省委、市委和县委安排部署，牢牢把握主题教育的总要求和目标任务，把学习教育、调查研究、检视问题、整改落实贯穿始终。园区党委班子以身作则、率先垂范，带动园区各党组织和广大党员干部开展学习教育；聚焦园区经济发展和党的建设，深入企业、深入群众，广泛开展调查研究，推动调研成果转化运用；坚持开门搞教育，面对面听取干部职工和服务对象意见，全力推进承诺事项整改落实。

加强基层组织建设。2019年，新成立党支部4个（“两新”组织3个、国企1个），整体转入党组织1个。围绕园区已成熟的食品饮料行业及燕京啤酒、康师傅饮品、伊利乳业开展党建示范点创建。创新党建组织形式。整合机关、国企、非公企业等基层组织力量，以燕京啤酒、伊利乳业、源瑞制药等9个企业党组织为基础，打造园区食品药品饮料党建联盟，以小支部凝成大联盟。抓实党风廉政建设。制定《全面从严治党责任清单》，层层签订《“一岗双责”责任书》92份，全面梳理排查廉政风险，查找部门、个人风险点238个，制定防控措施224条，制定了经开区党工委、管委会议事规则，完善和制定内部制度12个。持续开展“六个严禁”等专项整治工作，加大监督执纪。

【攻坚扶贫】园区扶贫工作领导小组按时召开“挂包帮”“转走访”专题扶贫工作会议，扶贫队员、联络员进村入户，与建档立卡户交心谈心，了解家庭致贫情况，制定帮扶措施，积极开展“送政策、送岗位、送信息、送温暖”上门服务活动，配合县劳动就业局为建档立卡贫困人员180人次开展技能岗位培训、种养殖技术培训，组织开展挂钩单位村组干部到园区了解劳动力转移就业，为挂钩村委会、建档立卡户劳动力转移精准脱贫奠定了坚实的基础。同时，经开区多方筹措资金，协助挂联单位开展“花窝村整村推进扶贫开发项目”。一是2019年上半年，园区压缩行政经费，为花窝村委会送去30万元扶贫资金，用于花窝村委会雪莲果收购加工扶贫基地建设、硬化道路、学校建设征地、居家养老服务中心等项目建设；二是充分利用园区优势，动员社会力量及企业积极参与扶贫工作，其中，浙江产业园企业捐赠价值5万元物资，使贫困户感受到了党和政府及社会的关心，增强了脱贫致富的信心和决心；三是节日期间开展“挂包帮、转走访、送爱心、送温暖”活动。

（嵩明杨林经济技术开发区管理委员会）

汉中经济技术开发区

【历史沿革】1999年6月，陕西省人民政府根据《关于同意将汉中鑫源开发区和南郑经济技术开发区合并更名为汉中经济开发区的批复》（陕政函〔1999〕104号）将汉中经济技术开发区列为省级开发区。2012年10月13日，国务院办公厅下发《关于陕西汉中经济开发区升级为国家级经济技术开发区的复函》（国办函〔2012〕176号），批准汉中经开区升级为国家级经济技术开发区。

【经济发展】2019年，汉中经开区生产总值162.23亿元，比2018年增长13.99%，占汉中市生产总值的10.5%，其中第二产业118.485亿元，比2018年增长14.28%，占汉中市第二产业总额的17.9%，第三产业43.635亿元，比2018年增长13.36%，占汉中市第三产业总额的6.6%。完成财政总收入187 380万元，同比增长5%，占汉中市财政总收入的11.19%；完成一般公共预算收入54 911万元，同比增长10%，占汉中市一般公共预算收入总额的11%；实现税收收入186 199万元，同比增长9%；占汉中市税收收入总额的16.4%。

【产业发展】2019年，汉中经开区坚持产业立区、特色强区，牢牢把握产业发展的阶段特征，实施差别化产业发展策略，明晰产业发展方向，航空配套、装备制造、生物医药和新经济四大主导产业加速集聚，有力推动园区产业转型升级。2019年经开区新注册企业357家，共有各类企业1 457户，有“四上”企业83户，“四上”企业主营业务收入3 702 351万元，“四上”高新技术企业主营业务收入1 681 933万元。

【科技创新】2019年，汉中经开区全区2019年度规模以上工业企业研发费用支出19 875.5万元。财政预算安排用于科学技术的支出3 012万元。截至2019年底，有国家级研发机构1家，省级以上研发机构26家，有高新技术企业19家，拥有省级及以上名牌产品的企业11家。经开区企业拥有发明专利151项，年度发明专利授权量43个。

【投资促进】2019年，汉中经开区外贸进出口总额完成77 794万元。有外贸进口企业7家，全年进口金额9 089万元，其中高新技术进口额8 338万元。外贸出口企业16家，全年出口总额68 705万元，其中高新技术出口额54 365万元。

【招商引资】2019年，全区累计执行招商引资项目42个，其中新签项目10个，续建项目32个，总投资43.48亿元。全年项目到位资金36.74亿元，其中省外资金32.14亿元。

【体制机制创新】汉中经开区制定《汉中经济技术开发区人力资源管理方案》，实行全员聘任制管理。打破身份界限、职级界限、部门界限，实行竞聘上岗。通过引入外部专业人才，强化内部人员素能，最大化激发全体工作人员干事动力和创新活力。制定《汉中经济技术开发区目标责任（绩效）考核管理实施细则（试行）》，建立充分体现绩效导向的奖励性工资制度。按照“一部门一服务中心，一套人马两块牌子”模式，设立营商环境建设委员会及“优秀人才、投资促进、金融发展、项目落地运营、全程代办、监督投诉、园区物业、科技资源”八个服务中心。积极推行网上办事大厅和实体大厅“线上线下融合”，实现办事“一号申请、一窗受理、一网通办”，大幅提升政务服务标准化、网络化、智慧化水平。

【投融资服务】2019 年，汉中经开区积极践行财政的“三个转变”，推进经开区政府融资平台向市场化投资运营主体转变；通过开展股权投资、资产整合重组、投资经营性项目、以土地使用权入股园区产业项目，多渠道提升主营收入多样化及公司抗风险能力。设立产业科创基金 2 个，利用基金的资本力量吸引优质初创企业入驻，助力产业集聚。截至 2019 年底，科创基金已储备特色产业项目 10 个。成立金融服务中心，承担企业银行间桥梁作用，为企业和银行搭建平台，解决银企供需不畅问题。成立融资担保中心，企业 1 000 万元以下的银行贷款，由融资担保中心以信用担保，解决中小企业的资金难题。

【绿色集约】2019 年，汉中经开区坚持“集约节约用地和绿色发展理念”，及时调整开发战略，按照高端定位、适度超前、功能完善、错位发展的战略要求，加快推进创新创业基地孵化区、众创空间和科技孵化园建设，单位土地地区生产总值强度达每平方千米 39 496 万元，土地开发利用率达 65.47%。积极开展铁腕治霾“春雷”行动和蓝天保卫战，全年经开区环境空气质量优良天数为 293 天。工业固体废物综合利用率 91.4%，再生水（中水）回用率 26.9%。城区细颗粒物 PM2.5 浓度年均值为 46ug/ 立方米，空气中可吸入颗粒物 PM10 浓度年均值为 69ug/ 立方米。辖区化学需氧量、氨氮、二氧化硫、氮氧化物排放分别为 99 449 千克、6 174 千克、222 401 千克、547 961 千克，与 2018 年相比，分别下降 1%、1%、2%、0.5%。

【机构设置及党工委管委会领导】2019 年，经开区领导机构设中共汉中经济技术开发区工作委员会、汉中经济技术开发区管理委员会、中共汉中经济技术开发区纪律检查工作委员会。汉中褒河物流园区管理委员会办公室为汉中经济技术开发区管委会下属副处级全额预算事业单位，内设党政办公室、党群工作部、管委会机关党委、发展和改革局、招商服务局、财政局、住房建设环保局、纪检监察室、经济发展局、应急管理局、督查考核办公室、行政审批局等机构 12 个。派驻机构有汉中市自然资源局经济技术开发区分局、汉中市公安局经济技术开发区分局、国家税务总局汉中市经济技术开发区分局、汉中经济技术开发区消防救援大队、汉中市市场监管局经济技术开发区分局等 5 个。

中共汉中经济技术开发区工作委员会主要成员为：书记陈晓勇（兼），副书记汪瑞亭、冯晓群（2019 年 4 月止）、王睿（2019 年 4 月任），委员陈晓勇、汪瑞亭、冯晓群（2019 年 4 月止）、王睿、袁俊海、殷彦军、陈亮、雍波。

汉中经济技术开发区管理委员会主要成员为：主任曹宇（兼），常务副主任汪瑞亭，副主任袁俊海、殷彦军（兼）、陈亮（兼）、陈沛洲（2019 年 8 月任）。

中共汉中经济技术开发区纪律检查工作委员会主要成员为：书记冯晓群（2019 年 4 月止），王睿（2019 年 4 月任），副书记成海燕。

汉中褒河物流园区管理委员会办公室主任为雍波。

（汉中经济技术开发区管理委员会）

格尔木昆仑经济技术开发区

【概述】格尔木昆仑经济技术开发区于1992年6月经青海省委、省政府批准成立。2005年12月，确定为省级开发区，更名为青海格尔木昆仑经济开发区。2012年10月，升级为国家级经济技术开发区，定名为格尔木昆仑经济技术开发区。2013年2月，格尔木昆仑经济技术开发区管委会更名为柴达木循环经济试验区格尔木工业园管委会（仍保留昆仑经济技术开发区管委会牌子），隶属柴达木循环经济试验区管委会管理，规划面积为120平方千米，主要由45平方千米的昆仑重大产业基地和75平方千米的察尔汗重大产业基地组成。2017年5月，根据省编办《关于柴达木循环经济试验区格尔木工业园管理委员机构调整事项的批复》（青编办事发〔2017〕53号），格尔木工业园管委会分别挂格尔木（国家级）昆仑经济技术开发区管理委员会、格尔木民族自治地方改革开放试验区管理委员会牌子。2018年3月，经国家发展改革委、科技部、国土资源部、住建部、商务部、海关总署审核，格尔木昆仑经济技术开发区列入《中国开发区审核公告目录（2018年版）》国家级经济技术开发区序列，再次成为国家正式备案的经济技术开发区。

【经济发展】2019年，在柴达木循环经济试验区党工委、管委会的坚强领导下，在格尔木市委、市政府的精心指导下，园区坚持以习近平新时代中国特色社会主义思想为指导，增强“四个意识”、坚定“四个自信”、做到“两个维护”，深入实施“五四战略”、奋力推进“一优两高”，紧紧围绕年度目标任务，勠力同心、攻坚克难，全力以赴调结构促转型、推改革增动能、抓项目促投资、保运行稳增长，各项工作取得显著成效。2019年，开发区完成生产总值137.05亿元，可比价同比增长7.2%，占格尔木市地区生产总值的比重为36.24%；完成地方公共财政预算收入3.27亿元，同口径同比下降18%，占格尔木市地方公共财政预算收入的比重20.8%；完成地区税收收入7.58亿元、同口径同比下降50.77%，占格尔木市地方税收收入比重的24.45%；固定资产投资97.2亿元，同比增长13.9%；“四上”企业营业收入376.1亿元，同比增长21.7%；完成进出口总额2.87亿元、同比增长260%；完成实际使用外资1 525万美元、同比下降13%，占格尔木市实际使用外资的比重为72.9%，充分发挥了拉动地方经济发展主力军的作用。

【产业发展】2019年，园区坚持立足优势产业，以融入国际化产业链和提高产业集群的竞争力为中心，以高质量发展实体经济为抓手，坚持在支柱产业定位上做“减法”，在功能配套上做“加法”，加速汇聚创新动能，推动主导产业扩大规模、形成特色、创出品牌，通过国际陆海贸易新通道、中欧班列等特殊渠道，加快构建具有国际市场竞争力的现代化循环经济体系，培育和发展了一批充满生机与活力的大中型企业。截至2019年底，区内实有注册企业517家，其中，工业企业203家、建筑企业40家、批发和零售企业142家、服务业及其他企业132家；规模以上工业企业50家，限额以上企业9家，基本形成了以盐湖化工为核心，融合油气化工、煤化工、金属冶金、新能源、新材料、特色生物等多产业一体化发展的产业体系。现已形成全国大型钾肥生产基地、盐湖化工基地、区域性石油天然气化工基地，成为拉动柴达木循环经济试验区经济发展的重要引擎。

【科技创新】2019 年，园区新增科技型、高新技术企业 6 家，省级工程技术中心 1 家，省级企业技术中心 2 个，知识产权贯标企业 2 家，新增授权专利 31 项，登记省级科技成果 7 项，并成功获得支持打造特色载体推动中小企业创新创业升级专项资金（一期）2 500 万元；组织召开了 2019 年科技奖励大会，为获奖企业奖励资金 131.5 万元，充分调动了企业自主创新创业的积极性；积极组织企业参加 2019 年“创客中国”暨“创青春”青海省创新创业大赛宣讲培训会，有效推动了中小微企业创新发展。同时，积极搭建科技创新交流平台，与武汉工程大学签订了《战略合作框架协议》，推进区校战略合作，已在区内初步达成合作研发项目 4 个，为推动产学研良性互动，加快推进省级高新技术产业园区建设奠定了良好基础。

【投资促进】格尔木工业园 2019 年度进出口总额为 28 723.67 万元人民币。进口总额为 26 531.91 万元人民币，其中高新技术产品进口额为 24 738.58 万元人民币；出口总额为 2 191.76 万元人民币，其中高新技术产品出口额为 1 886.62 万元人民币。实际利用外资 1 524.64 万美元，占全市 72.88%。主要出口产品为聚氯乙烯纯粉、硫酸钾、碳酸钾、硝酸钾、使用氯化镁、有机枸杞干果、矿泉水等产品。2019 年“青洽会”签约项目 17 项，签约金额 97.1 亿元，全年累计完成招商引资到位资金 42.32 亿元。签约项目中，青海徕硕工贸有限公司年产 12 万吨硫酸钾副产 14 万吨工业盐酸、东岭集团年产 5 万吨钢材深加工、四川省立新建设集团有限公司海西危废处置中心 3 个项目基本建成；北京金源建工有限公司金属镁一体化项目综合废水处理工程、格尔木瑞林油气新能源有限公司甲醇、液化天然气物流仓储等 6 个项目开工建设；青海矿业有限公司年产 60 万吨烯烃、青海适高机动车检测有限公司格尔木适高汽车测试试验服务基地、格尔木市河南商会豫商大厦、浙江力乾二手车交易市场有限公司格尔木二手车交易市场 8 个项目正在开展前期工作。

【体制机制创新】自体制机制改革创新以来，园区积极研究制定目标责任考核、工作人员管理和绩效考核等配套制度办法，着力推进管理体制改革创新，通过科学设岗、因需设岗、竞争上岗、按岗聘用、合同管理，在园区机关全面推行全员聘用制管理模式，进一步打破身份界限，实现了人事管理工作由身份管理向岗位管理、由固定管理向灵活管理的转变，增强了园区机关工作人员的工作责任感和紧迫感。同时，按照高效、实用的原则，建立健全工业园党工委、管委会与地方党委政府联席会议制度和重大项目分工负责制、重点工作目标责任制，加强彼此互动，突出各自优势，凝聚各方合力，形成优势互补、各有侧重，既职责明确、分工合理，又融为一体、形成合力的工作格局。

【投融资服务】2019 年，园区积极邀请浦发银行西宁分行为园区企业开展了融资平台业务培训，并会同省地方金融监督管理局和试验区管委会举办了“柴达木循环经济试验区 2019 年盐湖资源企业融资对接分析会”，进一步拓宽了企业融资渠道。2019 年各金融机构累计向园区信贷投放 49.57 亿元，其中：银行贷款 39.24 亿元，票据贴现 10.33 亿元。同时，园区开发建设有限公司先后为园区 20 家企业投资金额 10.8 亿元，新发放投资本金 2 960 万元，有效缓解了企业资金短缺压力，保证企业正常生产经营。

【绿色集约】2019 年，格尔木昆仑经济技术开发区成功入围国家第四批绿色园区，同时被确定为青海省 2019 年绿色园区；园区企业青海盐湖佛照蓝科锂业股份有限公司被确定为青海省 2019 年绿色工厂，青海西豫有色金属有限公司已成功申报国家第五批绿色工厂。开发区综合容积率为 0.25，建筑密度为 16.22，工业用地综合容积为 0.31，工业用地建筑系为 21.44；工业用地固定资产投入强度为 14 416.44 万元 / 公顷，工业用地地均税收 133.86 万元 / 公顷；土地闲置率为0%。

【项目建设】2019年，园区共安排重点项目42个，总投资793亿元，完成投资81.8亿元。重点产业项目中，藏格锂业年产1万吨碳酸锂、青海徕硕年产12万吨硫酸钾副产14万吨工业盐酸、亿升镁业年产2 000吨锂吸附分离材料工程等10个项目已建成，黄河矿业夏日哈木镍钴矿采选、蓝科锂业年产2万吨电池级碳酸锂、长河矿业多金属矿采选等18个项目正在加快建设。重点基础设施项目中，历史废渣清运处置项目已完成清运工作，海西州危险废物处置中心建设项目基本建成，盐湖工业国家危险化学品应急救援格尔木基地、盐湖工业股份资源综合利用信息一体化等项目已建成投运，格尔木工业园科技企业孵化器二期项目、格尔木工业园昆仑重大产业基地南部片区道路配套中水排水管网建设项目正在开展前期工作。

【安全环保】2019年，园区积极推进《安全生产规划》《生产安全应急救援预案》编制及整体性安全风险评估工作，并联合市属相关部门深入园区重点企业开展隐患排查，确保园区安全生产形势稳定；完成了第一轮中央环保督察转办案件办理及“回头看”工作，持续推进第二轮中央环保督察反馈问题整改落实工作，并组织开展了首批重金属污染防治专项资金项目验收、环境风险排查、湖长制等工作，园区生态环保管理水平不断提升。

【党的建设】全面推进非公企业党群建设，结合庆祝新中国成立70周年、青海解放70周年，“两学一做”“不忘初心、牢记使命”主题宣传教育等活动，充分发挥工青妇等群团组织作用，党组织的凝聚力、向心力进一步提升。积极动员园区非公企业积极向党组织靠拢，年内成立了金昆仑锂业、盛和物业等党支部，发展党员26名。做优做强红色阵地，投资110万元完成了机关和中小企业创业基地两个党群服务中心配套功能设施及文化宣传长廊项目。在原有党建示范点的基础上，集中打造金风风电、金昆仑锂业等4家党建示范点，指导党支部按照“五化”标准规范党建工作，特别是前期打造的昆仑山矿泉水公司、兰河塑业公司、华信环保科技公司三个党支部被省委组织部评为省级党建示范点。将反腐倡廉建设同园区发展建设同部署、同落实、同考核，认真落实民主集中制原则和“五个不直接分管”规定，从严落实“三重一大”制度，始终将贯彻落实党风廉政建设责任制情况作为部门领导考核的重要内容。加强对领导班子成员和干部职工的教育、监督、管理，定期不定期对班子成员、责任部门工作落实、制度执行情况进行检查；对苗头性和倾向性问题，及时进行约谈提醒，为形成风清气正的良好氛围提供了有效保障。

【机构设置与党工委管委会领导】2017年5月，根据青海省机构编制委员会办公室《关于柴达木循环经济试验区格尔木工业园管理委员会机构调整事项的批复》（青编办事发〔2017〕53号）文件精神，重新设置格尔木工业园正科级内设机构7个，分别为党工委工作办公室、综合办公室（挂人力资源和社会保障局牌子）、产业发展局（分别挂昆仑重大产业基地建设办公室和察尔汗重大产业基地建设办公室牌子）、经济合作局、财政金融局、规划建设与事务管理局、环境保护与安全生产监督管理局；正科级事业单位2个，分别为建设工程质量安全监督站和科技创业园。下属青海格尔木工业园开发建设有限公司（国有公司）；市场监督管理分局、开发区税务所2个派驻园区机构。格尔木工业园（昆仑经济技术开发区）共有65个岗位，其中综合管理岗46人、专业技术岗19人。现有编制44名，其中行政编制17名(实有10人)、事业编制27名（实有26人)。

中共海西州委副书记、格尔木市委书记、格尔木工业园（昆仑经济技术开发区）工作委员会书记：王勇；

中共格尔木市委副书记、格尔木市人民政府市长、格尔木工业园（昆仑经济技术开发区）管理委员会主任：汪山泉；

中共格尔木市委常委、格尔木市人民政府

副市长、格尔木工业园（昆仑经济技术开发区）工作委员会副书记：徐潇鹤(2019年10月任职)；

格尔木工业园（昆仑经济技术开发区）管理委员会常务副主任：海吉忠；

中共格尔木工业园（昆仑经济技术开发区）工作委员会副书记：马慧森；

格尔木工业园（昆仑经济技术开发区）管理委员会副主任：胡昊劼；

格尔木工业园（昆仑经济技术开发区）管理委员会副主任：朱振炜；

格尔木工业园（昆仑经济技术开发区）管理委员会副主任：陈生良；

格尔木工业园（昆仑经济技术开发区）管理委员会主任助理兼办公室主任：孟克那仁。

（格尔木昆仑经济技术开发区管理委员会）

龙岩经济技术开发区（龙岩高新技术产业开发区）

【经济发展】2019 年，龙岩经济技术开发区（高新区）围绕龙岩市“一市两区三组团”的城市发展格局，继续按照“产城融合、二三并举，创新创业、招商引智，体制优化、精简高效”发展定位，全力打造“东肖产城融合区”、“红坊现代物流区”和“高陂高端制造产业区”三大片区，经济运行总体保持平稳增长的态势。全年实现规模以上工业企业总产值 245.18 亿元；规模以上工业企业增加值同比增长 2%；财政总收入 10.9 亿元，地方级财政收入 6.1 亿元；500 万元及以上固定资产投资、工业固定资产投资分别完成 42.4 亿元、7.1 亿元；限上商品销售额 174.1 亿元。

【产业发展】2019 年，龙岩经开区（高新区）深入开展“产业发展项目建设年”活动，实施“一企一策”和“双培育”计划，全年机械装备产业实现产值 218 亿元，8 家龙头企业产值 175.6 亿元、同比增长 5.8%。12 家重点培育的中小微工业企业完成产值 27.1 亿元、同比增长 23.9%。外贸出口完成 29.1 亿元，完成年度目标 100%。新增规模以上工业企业 3 家，培育服务业龙头企业 3 家、限上商贸企业 2 家、规模以上服务业企业 4 家，26 家企业实现“上云上平台”。

【科技创新】2019，龙岩经开区（高新区）落实科技部打造特色载体推动中小企业创新创业升级工作，立项双创升级平台 15 个，实施科技成果转化项目 47 个，补助资金 560 万元；全年认定国家级高新技术企业 19 家、省级高新技术企业 12 家，13 家企业成功申报市科技计划项目，组织 22 家企业参加省、市创新创业大赛，9 家企业获省级奖项，8 家企业获市级奖项。

【投资促进】2019 年，龙岩经开区（高新区）组建粤港澳、京津冀、长三角招商小分队，成立招商公司，实现谋划项目 18 个、完成率 138.5%，实现签约项目 54 个、完成率 234.8%，总投资约 142.6 亿元，新签约项目开工 46 个、开工率 85.2%，竣工项目 43 个、竣工率 79.6%。招商接待中心投入使用。盯紧粤港澳、京津冀、长三角、闽西南四大区域，组织企业深度参与八场推进会，共引进项目 37 个，总投资约 65 亿元。引入字节跳动、爱迪尔珠宝、天英科技等上市公司，珠江大厦共入驻企业 68 家，年产值超 30 亿元，税收达 2.5 亿元。外出招商 60 批次，总投资 26 亿元天英数字产业、总投资 10 亿元智康光热等一批大项目、好项目顺利签约。

【营商环境】2019，龙岩经开区（高新区）成立高陂、红坊一线指挥部，抽调 150 余名干部职工走进项目一线，扎实开展“千名干部挂千企”“领导挂片、干部挂企”活动，实际解决困难问题 28 件；出台企业就学照顾性政策，照顾就学 92 人次，组织百余家企业参加 15 场人才招聘会，协助 1 300 余人与企业达成初步就业意向；成立龙岩经开区（高新区）自然资源分局和市场监管分局，实行“一家牵头、一张表单、一份指南、一套机制”审批模式，审批时长从 8 个月缩减为 4 个月；企业服务大厅完成规范化建设，年办件量近 8 万件。

【项目落地】2019 年，龙岩经开区（高新区）11 个省市重点项目、3 个“重中之重”产业项目分别完成投资 45.7 亿元、8.1 亿元，占年度计划 112.8%、129.3%。8 个省级重点技改项目完成投资 5.12 亿元，占年度计划 100%。“3 个

100”8家工业（服务业）企业、6个投资增长点项目、5家财税增长点企业分别完成4.5亿元、10.87亿元、3.38亿元，分别完成年度计划的43%、120%、315.4%。举行12次项目集中开竣工仪式，54个项目实现开竣工，总投资78.7亿元，其中龙净环保输送装备及智能制造、龙马高端环卫装备扩建项目开工建设，越秀物流园、龙亿粉体、万乘智慧城市、龙夏电子半导体项目投产。

【园区建设】2019年，龙岩经开区（高新区）按照“产业化、生态化、生活化”要求，重点推进红坊龙岩南高速出口地块概念规划设计和高陂万洋众创城产业园、中小微创业园、专用车配件园以及南北环路二期、上洋西路等“五园五路两配套”整体建设。扎实开展产业园区建设升级行动，实施配套项目16个，年度计划投资3.16亿元，新建南北环路二期、上洋西路、龙溪邦西路等市政交通路网13条，龙岩实验学校、专用车主题公园、平在3号路及4号路、标准厂房等项目基本完工，快速通道二期基本贯通，莲花安置小区三期回迁率达99%，完成铺设雨污水管网约6千米。

2018—2019龙岩经济技术开发区主要经济综合指标一览表

<table>
<tr><th colspan="2">项目</th><th>单位</th><th>2018年</th><th>2019年</th><th>增减（%）</th></tr>
<tr><td colspan="2">开发区生产总值</td><td>亿元</td><td>89.96</td><td>99.4</td><td>10.49</td></tr>
<tr><td colspan="2">第二产业</td><td>亿元</td><td>70.8</td><td>77.46</td><td>9.41</td></tr>
<tr><td colspan="2">工业</td><td>亿元</td><td>65.55</td><td>68.27</td><td>4.15</td></tr>
<tr><td colspan="2">第三产业</td><td>亿元</td><td>19.17</td><td>21.01</td><td>9.60</td></tr>
<tr><td colspan="2">工业总产值（现价）</td><td>亿元</td><td>261.12</td><td>242.3</td><td>−7.21</td></tr>
<tr><td colspan="2">高新技术企业</td><td>亿元</td><td>180</td><td>206.3</td><td>14.61</td></tr>
<tr><td colspan="2">销售（营业）收入</td><td>亿元</td><td>427.9</td><td>484.6</td><td>13.25</td></tr>
<tr><td colspan="2">第二产业</td><td>亿元</td><td>298.4</td><td>314.5</td><td>5.40</td></tr>
<tr><td colspan="2">工业</td><td>亿元</td><td>231.6</td><td>218.8</td><td>−5.53</td></tr>
<tr><td colspan="2">第三产业</td><td>亿元</td><td>129.5</td><td>170.1</td><td>31.35</td></tr>
<tr><td colspan="2">利润总额</td><td>亿元</td><td>30.26</td><td>20.53</td><td>−32.15</td></tr>
<tr><td colspan="2">第二产业</td><td>亿元</td><td>26.456 8</td><td>14.51</td><td>−45.16</td></tr>
<tr><td colspan="2">工业</td><td>亿元</td><td>22.53</td><td>10.6</td><td>−52.95</td></tr>
<tr><td rowspan="3">区内主导产业及产值</td><td>1. 汽车及零部件</td><td>亿元</td><td>63.69</td><td>50.17</td><td>−21.23</td></tr>
<tr><td>2. 节能环保</td><td>亿元</td><td>78.1</td><td>82.33</td><td>5.42</td></tr>
<tr><td>3. 人工智能制造</td><td>亿元</td><td>68.1</td><td>71.8</td><td>5.43</td></tr>
<tr><td colspan="2">第三产业</td><td>亿元</td><td>5.04</td><td>6.02</td><td>19.4</td></tr>
<tr><td colspan="2">进出口总额</td><td>亿美元</td><td>4.97</td><td>5.09</td><td>2.41</td></tr>
<tr><td colspan="2">出口</td><td>亿美元</td><td>3.49</td><td>4.56</td><td>30.66</td></tr>
<tr><td colspan="2">财政收入</td><td>亿元</td><td>10.3</td><td>10.9</td><td>5.83</td></tr>
<tr><td colspan="2">税收收入</td><td>亿元</td><td>17.4</td><td>21.1</td><td>21.26</td></tr>
<tr><td colspan="2">新批企业个数</td><td>家</td><td>321</td><td>389</td><td>21.18</td></tr>
<tr><td colspan="2">外商及港澳台企业</td><td>家</td><td>3</td><td>5</td><td>66.67</td></tr>
<tr><td colspan="2">内资企业</td><td>家</td><td>318</td><td>384</td><td>20.75</td></tr>
<tr><td colspan="2">国家级高新技术企业数</td><td>家</td><td>39</td><td>42</td><td>7.69</td></tr>
<tr><td rowspan="3">新批企业投资额</td><td>外商及港澳台企业</td><td>亿美元</td><td>0.17</td><td>0.24</td><td>41.18</td></tr>
<tr><td>内资企业</td><td>亿元</td><td>17.56</td><td>24.34</td><td>38.61</td></tr>
<tr><td>增资企业</td><td>亿美元</td><td>–</td><td>–</td><td>–</td></tr>
</table>

续表

项目	单位	2018 年	2019 年	增减（%）
规模以上企业个数	家	157	–	–
科学研究与试验发展经费（R&D）支出	万元	94 416.5	104 199.5	10.36
合同外资金额	亿美元	0.17	0.22	29.41
外商实际投资	亿美元	0.26	0.05	−80.77
固定资产投资	亿元	44.5	42.4	−4.72
年末从业人员数	万人	4.05	3.45	−14.81
万元 GDP 能耗	吨标煤／万元	0.04	0.034	−15.00
水资源消耗总量	万立方米	175.7	153.6	−12.58
单位国内生产总值取水量	立方米／万元	1.95	1.54	−21.03
区内科研院所数量	家	23	23	0.00

（龙岩经济技术开发区管理委员会）

库尔勒经济技术开发区

【概况】库尔勒经济技术开发区于2000年7月经新疆维吾尔自治区人民政府批准设立，规划面积18平方千米。于2011年4月升格为国家级经济技术开发区，规划总面积140平方千米。

【经济发展】2019年，库尔勒开发区全年实现产值260亿元，同比增长3%；工业增加值41.5亿元，同比增长4.9%；第三产业销售收入55亿元，同比增长10%；全社会固定资产投资25.1亿元，同比下降39.5%；一般公共预算收入完成5.9亿元，同比下降11.7%。新签约招商引资项目20个，协议资金129亿元，执行到位资金103.2亿元。

【投资促进】2019年，库尔勒开发区产业发展稳健。总投资10亿元、占地23万平方米的中国西北袜业纺织工业园项目启动建设，聚芳高科聚苯硫醚、聚芳硫醚砜国际尖端高分子材料项目投产，填补了全疆产业空白；巴州航天科技产业园高起点规划，已入驻企业7家，探空火箭实验中心项目火箭发射成功，空间碎片观测基地项目、天链卫星测控项目投入运营，子午工程二期等一批国家、自治区重点项目加快推进，新昆仑航空、翼虎通用航空首飞成功，军民融合产业已率先走在全疆前列；美团、疆陶农哥、西域逢羊、星瑞科技等一批电商、大数据应用企业成长迅速；高质量发展行稳致远，成功创建国家级绿色园区，自治区级高新技术产业开发区绩效考核全疆排名第二，质量强区战略深入实施。

2019年，开发区126家企业通过了ISO9000质量管理体系认证，36家企业通过了ISO14000环境管理体系认证，36家企业通过了职业健康安全管理体系认证，3家企业通过有机产品认证。在经济下行压力巨大、企业发展困难时期，开发区全力推进企业减负服务工作，全年落实减税降费2.22亿元，清理拖欠民营企业账款40项共计3 976万元；下达纺织服装专项资金3.15亿元，申报获得资金1亿元；建立银企对接长效机制，达成贷款金额10.86亿元。

2019年，开发区编制完成《库尔勒经济技术开发区71平方千米总体规划（2018—2035）》《西尼尔镇镇区总体规划（2018—2035）》《巴州航天科技产业园总体规划（2019—2035）》；强化建设用地审批和工业用地供给，推动国有土地集约节约高效利用；加大资金统筹力度，在“零举债”和财力紧张情况下，尽最大努力，投资3 672万元，重点完成40座消防栓新建项目、危险桥梁改造、老旧小区高层消防设施完善、园林景观提升改造、市政基础设施建设完善等一批急需工程；全年升级、新增绿地160亩，现有公共绿地面积达1.06万亩，建成区绿地率34.6%，绿化覆盖率38%。完成一批重点项目配套设施建设，新建航空科技产业园道路、西北袜业工业园蒸汽管网、二期工业供水管网、生活供排水管网、燃气管道等约12千米。同时，积极申请地方政府债券，加快推动日处理10万立方污水处理厂项目（一期5万立方及其配套设施）开工建设。

【科技环保】2019年，库尔勒开发区加大生态环境保护工作力度，全年财政支持生态环境建设资金达到7 700万元，园区环境基础设施更加完善。严守生态环境质量底线，在服务中监管，帮助企业检查整改环保风险隐患114个。

中泰纺织集团、美克化工、深能国电等12家重点企业2019年累计投资6.14亿元完成40个环保治理项目建设。全年二氧化硫减排126吨、氮氧化物减排297吨，分别下降14%、15%，大气污染物减排成效明显。

【社会管理】2019年，库尔勒开发区发放就业创业和企业稳岗政策资金2 272万元，新增城镇就业3 619人。扎实做好南疆深度贫困地区有组织转移就业人员的管理服务，稳岗率90%。全年帮助追讨农民工工资1 104万元。全年全民免费健康体检3.8万人；全面落实全民参保计划，参保率98.8%；各项惠民措施全面落实，惠及各族群众1.5万余人次。

【机构设置与党委（党工委）管委会领导】

2019年，库尔勒开发区管委会党工委书记、库尔勒市党委副书记、市长苏来曼·玉色因（维吾尔族），州政府党组成员、开发区党工委副书记、管委会主任吉洪会，开发区党工委副书记、纪工委书记简小东，党工委委员、副主任王海捷，副主任白萍（女），党工委委员、副主任刘成军、杨晓东，党工委委员、调研员张朝阳，党工委委员、党政办公室主任宋石铠。

2018—2019年库尔勒经济技术开发区主要经济综合指标一览表

项目		单位	2018年	2019年	增减（%）
开发区生产总值		亿元	379.08	411.12	8.45
第二产业		亿元	359.92	391.29	8.72
工业		亿元	344.7	378.79	9.89
第三产业		亿元	19.16	19.82	3.44
工业总产值（现价）		亿元	628.8	624	−0.76
高新技术企业		亿元	37.04	23.48	−36.61
销售（营业）收入		亿元	718	716	−0.28
利润总额		亿元	155	142	−8.39
区内主导产业及产值	1. 石油天然气精细化工产业	亿元	456.86	467.21	2.27
	2. 纺织服装产业	亿元	124.5	95.8	−23.05
	3. 农副产品加工产业	亿元	13.89	11.44	−17.64
	4. 石油技术服务产业	亿元	14.59	27.93	91.43
第三产业		亿元	50	55	10.00
进出口总额		亿美元	0.641 6	1.209 4	88.50
出口		亿美元	0.198 8	0.812 1	308.50
财政收入		亿元	21.3	35.3	65.7
税收收入		亿元	20.2	33.2	64.4
财政支出		亿元	17.5	14.3	−18.3
新批企业个数		家	511	579	13.31
外商及港澳台企业		家	–	–	–
内资企业		家	124	129	3.86
国家级高新技术企业数		家	8	9	12.50
新批企业投资额	外商及港澳台企业	亿美元	–	–	–
	内资企业	亿元	–	–	–
	增资企业	亿美元	32.13	26.24	−18.23
规模以上企业个数		家	84	93	10.71
科学研究与试验发展经费（R&D）支出		万元	37 611.7	102 133	171.55

续表

项目	单位	2018 年	2019 年	增减（%）
研究与试验发展(R&D)经费投入强度	%	0.99	2.48	150.51
固定资产投资	亿元	207.4	268.59	29.50
年末从业人员数	万人	3.03	3.10	2.3
万元 GDP 能耗	吨标煤 / 万元	1.193 2	1.264 6	5.98
水资源消耗总量	万立方米	5 489.716	4 976.91	−9.34
单位国内生产总值取水量	立方米 / 万元	16.149 1	13.208 7	−18.21
区内建立的创业创新平台数量	个	2	2	0
院士工作站	个	1	1	0
区内高等院校（大学）	所	1	1	0
区内职业教育学校数量	家	4	4	0

（库尔勒经济技术开发区管理委员会）

奎屯—独山子经济技术开发区

【经济发展】2019 年，奎屯—独山子经济技术开发区（以下简称经开区或开发区）完成地区生产总值 310.96 亿元，同比增长 1.62%，占所在地级市地区生产总值的 26.12%。其中第二产业完成增加值 260.83 亿元，同比下降 2.59%；第三产业完成增加值 50.13 亿元，同比增长 31.16%，占所在地级市第三产业增加值比重的 7.25%。2019 年完成营业收入 721.47 亿元，同比下降 3.96%；完成进出口总额 1.001 5 亿美元，同比增长 71.6%；完成财政收入 6.1 亿元，同比增长 5.72%。完成税收收入 5.65 亿元，同比增长 8.21%。2019 年全年累计完成固定资产投资 22.08 亿元，同比增长 15.1%。

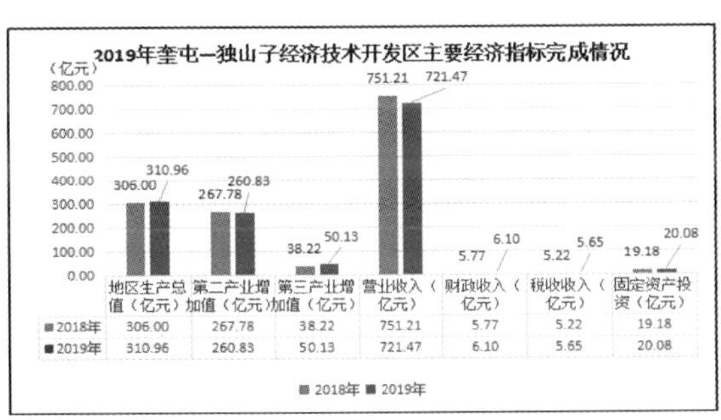

【产业发展】2018 年，经开区被纳入自治区体制机制改革试点园区和新疆创新试验区体制机制改革试点区域。以高质量发展理念为核心，围绕国家战略性新兴产业，依托地区资源情况发展特色产业，逐步构建高附加值精细化工产业、纺织服装产业、装备制造产业、农产品深加工产业、新材料产业、棉蛋白产业、中德产业园、IPO 经济产业、一站式闭环金融服务中心、康养文旅小镇、跨境电子商务产业、进出口商贸产业、现代物流产业体系。

开发区已经形成 15 万吨 TDI/ 年、120 万吨重油深加工 / 年、5 万吨不饱和聚酯树脂 / 年、40 万吨合成氨 / 年、70 万吨尿素项目 / 年、30 万吨尾矿综合利用 / 年（40 万吨硫酸 / 年）、18 万吨三聚氰胺 / 年、28 万吨 EPS/ 年、180 万锭纺纱 / 年、8 万吨产业用纺织品 / 年、200 万平方米化纤 / 年、200 万吨钢铁 / 年、5 万吨铁合金 / 年、10 万吨产钢构件 / 年、300 台（套）复式籽清机 / 年、订单式生产 100 多种高低压配电产品 / 年的产能规模。

产业规划方面经开区重要产业发展状况如下。

石油化工：以国家战略新兴产业为导向，重点发展石油基、生物基新材料。重点做好原料保障和产业链龙头项目建设。目前新疆奎山宝塔石化有限公司正在进行破产重组程序，上海电气和俄罗斯油气公司有意愿参与重整。重整完成以后，以800万吨重油深加工/年为依托，重点提高油气资源的加工深度、发展化工新材料等石化产业下游高附加值产业。

利用独山子石化公司建设的 100 万吨液化石油气 / 年管道建设及综合利用项目富余液化石油气，建设 40 万吨液化石油气深加工 / 年产业项目，发展丙烷和丙烯（C3），异丁烯、正丁烯、正丁烷、异丁烷（C4），混合芳烃（苯、甲苯、对二甲苯）综合利用产业。

新材料产业：以 TDI、MDI、光气化工产业为基础，结合周边地区天然气资源、焦炭资源及其他相关资源，建成“国内领先、优势突出、延链补链”的聚氨酯化工生产基地。充分利用 TDI、MDI 产业基础和 LPG 原料，发展下游产品，构建以聚氨酯产业为主导，以上下游产业为辅助，产业相互关联、资源充分利用、上下游产业一体化发展的产业体系。发展聚氨酯原材料化工（聚醚多元醇），聚氨酯产品化工。TDI和MDI是目前最重要的聚氨酯材料原料之一。而聚氨酯作为一种有机高分子材料，被誉为“第五大塑料”。因其卓越的性能，被广泛应用于电子、纺织、医疗、建筑、建材、汽车、航天等领域。其中龙头项目15万吨TDI/年、40万吨MDI/年项目达产后，年均可实现营业收入约18亿元，利税1.9亿元，新增就业150人。现已完成对聚氨酯新材料产业园的规划编制工作，规划5年左右时间新增投资415亿元，进行聚氨酯产业链和配套产业项目及基础设施建设，形成年产值600亿元，国内最具特色的聚氨酯新材料产业集群。

纤维素产业：以新大陆化学有限公司为龙头，重点发展羧甲基纤维素、甲基类纤维素、精制棉、氯甲烷装置、环氧丙烷、氯乙酸等产品。规划建设40万吨羧甲基纤维素/年，15万吨羟丙基甲基纤维素/年，36.8万吨精制棉/年，12万吨氯甲烷/年，20万吨双氧水/年，5万吨环氧丙烷/年，18万吨/年氯乙酸/年，1万吨醋酸丁酸纤维素（CAB）、醋酸丙酸纤维素（CAP）/年，20万吨高级溶解浆/年等项目。

2019年奎屯—独山子经济技术开发区全年完成工业增加值241.24亿元，其中规模以上工业企业增加值231.94亿元；2019年全年完成工业总产值598.96亿元，同比下降3.78%，其中规模以上工业企业总产值556.04亿元，同比下降4.08%；规模以上工业企业中，内资工业企业总产值556.04亿元，占比100%。园区主导产业中石油化工行业完成工业总产值440.35亿元，同比下降6.74%，占园区工业总产值的73.5%；纺织行业完成工业总产值35.57亿元，同比下降6.1%，占园区工业总产值的5.9%；电力行业完成工业总产值39.2亿元，同比增长37.54%，占园区工业总产值的6.5%；冶金行业完成工业总产值34.38亿元，同比增长2.41%，占园区工业总产值的5.7%。

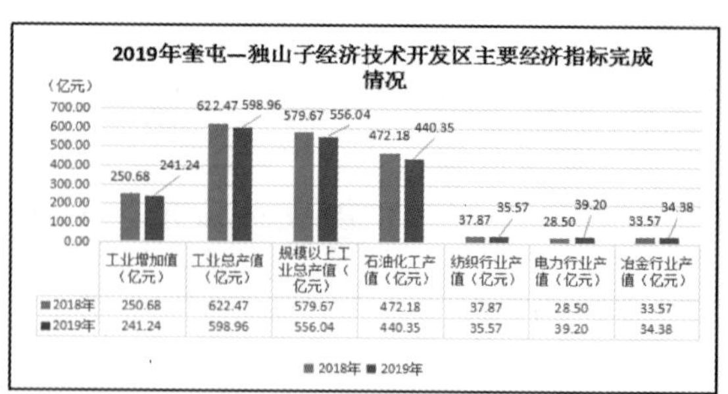

	工业增加值（亿元）	工业总产值（亿元）	规模以上工业总产值（亿元）	石油化工产值（亿元）	纺织行业产值（亿元）	电力行业产值（亿元）	冶金行业产值（亿元）
■2018年	250.68	622.47	579.67	472.18	37.87	28.50	33.57
■2019年	241.24	598.96	556.04	440.35	35.57	39.20	34.38

【科技创新政策扶持】在政策扶持方面：①全面实施创新驱动发展战略，加快创新型建设，与市科技局共同制定《奎屯市创新驱动发展实施意见》，重点突出创新平台建设、高新技术企业培育、加速高新技术产业发展，完善科技投入体系，进一步激发全社会创新创业活力，加快形成具有我市特色的科技创新发展路径。②为解决当前科技发展面临的瓶颈和突出问题，着力打通科技与产业之间的通道，制定了《奎屯市科技重大专项资金管理办法》和《奎屯市重大科技成果转化专项资金管理办法》，就创新团队、创新项目、创新平台、创新型企业进行奖励与扶持，加快重大科技成果向现实生产力转化。开发区又制定了《奎屯—独山子经济技术开发区（高新区）鼓励企业科技创新奖励办法（试行）文件》，为推动高新技术企业与高新技术产业培育，加快科技创新载体建设，促进奎屯市经济发展和产业转型升级保驾护航。

交流合作方面：①通过产学研合作交流，促进新疆蓝山屯河新材料有限公司与四川大学、新疆普惠环境有限公司与北京化工大学、奎屯银力棉油机械设备有限公司与北京化工大学等科研院所合作，形成有效创新合力。②市政府牵头与北京启迪之星、启迪清洁能源研究院搭建深度合作平台，用平台建设驱动招才引智，用平台建设推动重大科技成果转化落地，为产业升级转型和高质量发展培育新动能、提供新动力。③加快检验检测平台建设，立足全疆有特种设备安全检验检测需求的企业，帮助企业解决设备检测难、检测贵、检不了等问题，为第三方检测机构及服务单位提供检测资源业务服务，提供基于大数据分析、物联网前沿技术专业化一站式咨询服务及资源共享等便利。截至2019年底，已有24家资质雄厚的检验检测、检维修机构进驻，成为园区盘活存量、转型升级、创新驱动的重要载体。

【科技创新具体做法】对照高新技术企业认定的条件，在全市优势企业中筛选一批有潜力的企业作为培育科技型中小企业、国家高新技术企业的对象，通过各级科技计划项目和科技成果转化项目的支持，鼓励企业开展科技研发和加强知识产权保护，加快向高新技术企业迈进。通过培养，逐渐使一般民营科技企业成长为具有一定创新能力，拥有研发成果、拥有核心知识产权、拥有创新团队的科技型中小企业，再成长为创新能力强，研发成果多、知识产权多、产出效益高、科技带动产业发展能力强的国家高新技术企业，打造出良好的发展格局。

通过细致调查、认真摸底，精心选育具有申报高新技术潜质的企业，建立高新技术企业后备库，采取挖掘一批、培养一批、申报一批的方式，实时掌握高企培育情况。筛选技术含量高、发展潜力大的科技型企业深入开展一对一精准服务，强化高企服务工作，本着缺什么补什么的原则，实行企业包帮服务，帮助企业全面了解、掌握科技政策，用好、用活、用足资金支持、税收优惠等政策，帮助企业解决技术攻关、成果转化对接、科技合作等问题，提升企业科技创新研发能力，有效提高高企申报成功率。

通过深入企业走访、召开座谈会和利用网络媒体等多种形式，大力宣传科技型中小企业、高新技术企业研发加计扣除等税收优惠政策和开发区（高新区）、奎屯市的奖励政策，鼓励企业开展科技研发、加强科技人才培养。

针对已认定的高新技术企业，每年跟踪、指导企业做好高新技术企业年报的填报工作；对接三年到期后的高新技术企业，在规定时限内开展重新申报认定工作，保证高新技术企业数量不减；通过组织培训，邀请专家就高新技术企业的认定程序、财务管理、优惠政策和注意事项进行解读，联系辅导机构一对一重点帮扶指导，确保申请高新技术认定的企业能够成功认定。

【投资促进、投融资服务】从金融服务业发展方面看，开发区内注册银行1家（新疆汇和银行），资产规模达369.3亿元；融资担保机构1家（新疆润盛投资发展有限公司），总资产规模达117亿元。通过与银行、新疆股权交易中心、融资租赁公司及资本市场等金融机构的业务合作，以项目融资、信用融资和债券发行等方式支持科技型企业。

新疆润盛投资发展有限公司成立于2007年9月，公司从最初的3 000万元注册资本金增加到目前5.91亿元注册资本金，现已成长为资产规模过百亿、AA信用评级的伊犁州一类国有企业。成功入选全国县级融资平台百强企业，新疆县级融资平台综合排名第一。

润盛公司以开发区（高新区）“管委会＋公司”的发展模式运营。公司以市场化运作，化解开发区发展所面临的融资瓶颈问题，不断加强和完善现代化企业管理，拓展业务领域，提高经济效益，提升公司综合影响力。润盛公司的健康稳步发展是开发区实现跨越式发展的重要组成部分。润盛公司已成为企业融资和金融支持的合作平台，公司与国开行、工行、兴业银行多家银行达成战略合作，为开发区基础设施建设类、高新技术企业、骨干企业融资。公司设立担保、典当、小贷公司，为开发区中小企业搭建金融服务平台实现融资，缓解开发区企业融资困境，有力地推进了开发区经济的发展。

【区位优势】开发区位于丝绸之路经济带“五中心三基地一通道”的天山北坡经济带中心位置。该区域被国内经济专家誉为新疆经济发展的“金三角”地带，是新疆重要经济核心区之一，区域内资金、技术、人才聚集效应明显。开发区所处区位优势明显，坐拥“三高”“三铁”“三管”和“双国道”，建有中亚进入我国的第一个铁路编组站，扇形辐射北疆29个县市和10个口岸，具有“东联西出，西引东进”和连接南北疆的突出地缘优势。奎屯保税物流中心(B型)于2014年9月封关运营，目前准备升格为综合保税区，可为区内科技型企业在原料进口和产品保税仓储、出口退税等方面提供便捷条件，并降低企业运营成本。区域内拥有新疆应用职业技术学院、石油化工学院、职业中专等多所院校，并以独山子石化公司为依托，富集大量石油化工专业人才，能够为区内科技型企业提供人才支撑和智力保障，同时将为打造国际科技合作平台奠定基础。

【体制机制创新】开发区于2019年初正式启动体制机制改革工作。开发区共有14个部门，1个国资公司。其中，直属部门10个（8个副县级部门，2个正科级部门)；所属事业单位1个，为正科级；派驻部门3个，为副县级。班子成员、直属部门及所属事业单位167人（含自聘干部85人，总工会4人)。

实施体制机制改革工作以来，开发区坚持把提高行政效能、优化人才结构、建强干部队伍、积极推进人才发展体制机制改革摆在突出位置，紧密结合工作实际，突出目标意识，注重在人才引进、培养和服务上全面激发活力、创造活力，撬动人才优势转化为创新优势、发展优势。对内部机构设置、人员配备、职能职责进行了全面清查和梳理，根据各部门承接的工作任务，实施定岗定员定责，核定部门配备人员数量，在部门内部根据工作性质分工细化科室职责，并在考核上下功夫，建立了以制度管干部，以能力论薪酬，致力打造“能者上、庸者下、平者让”的岗位管理体系。目前，各项工作有序推进。

体制机制创新方面的主要做法如下：一是建章立制，以制度体系建设实现管理体制转变。为实现身份管理向岗位管理的转变，出台了《开发区全员聘任（用）管理办法（试行)》，在开发区13个工作部门全部实施聘任制，首轮聘任根据现有岗位实行平移套入，根据当前干部所在职级和岗位，套入全员聘任制管理体系，同公务员职务职级晋升实行“双轨运行”。各职务职级间设置绩效薪酬差，形成“二次激励”效益，以此解决干部晋升断层、“众人走独木桥”的问题。二是精准聚焦，以科学考核体系统领事业发展方向。制定《奎屯—独山子经济技术开发区绩效考核及薪酬分配办法（试行)》，建立“管委会—部门—个人”三级联动的绩效考核体系，以自治区、自治州的重点工作为考核依据，结合开发区全年重点工作方向精准制定考核指标，聚焦主责主业，层层分解联动，确保人人都有责，人人都担责，人人都履责。三是务实求真，以客观评价实绩促进干部队伍建设。本着“公平公正、奖优罚劣”的评价标准，考核在平时、反馈在平时、强化在平时，从最小的个体—个人作为考核“最后一千米”来推进。制定《奎屯—独山子经济技术开发区岗位聘任（用）人员末位淘汰管理办法（试行)》，采用柔性淘汰的办法，以敦促进步为主、惩罚辞退为辅的思路实施末位淘汰。四是扩大成效，以结果多位运用巩固改革持续深入。考核结果的运用不仅仅局限于干部职务职级晋升、评优选先，同时还与绩效薪酬挂钩、与干部培养挂钩、与岗位锻炼挂钩。

2018—2019 年奎屯—独山子经济技术开发区主要经济综合指标一览表

项目		单位	2018 年	2019 年	增减（%）
开发区生产总值		亿元	306.00	310.96	1.62
第二产业		亿元	267.78	260.83	-2.59
工业		亿元	250.68	241.24	-3.77
第三产业		亿元	38.22	50.13	31.16
工业总产值（现价）		亿元	622.47	598.96	-3.78
高新技术企业		亿元	60.37	70.39	16.59
销售（营业）收入		亿元	751.21	721.47	-3.96
第二产业		亿元	636.09	601.21	-5.48
工业		亿元	624.76	579.19	-7.29
第三产业		亿元	115.12	120.26	4.46
利润总额		亿元	66.23	33.32	-49.69
第二产业		亿元	61.62	28.20	-54.24
工业		亿元	61.54	27.69	-55
区内主导产业及产值	1. 石油化工	亿元	472.18	440.35	-6.74
	2. 纺织业	亿元	37.87	35.57	-6.07
	3. 电力行业	亿元	28.50	39.20	37.54
	4. 冶金业	亿元	33.57	34.38	2.41
第三产业		亿元	4.61	5.12	11.1
进出口总额		亿美元	0.583 5	1.001 5	71.6
出口		亿美元	0.120 6	0.853 9	608
财政收入		亿元	5.77	6.10	5.72
税收收入		亿元	5.22	5.65	8.21
财政支出		亿元	5.42	6.08	12.2
新批企业个数		家	190	174	-8.24
外商及港澳台企业		家	0	0	-
内资企业		家	190	174	-8.42
区内世界 500 强企业数		家	0	0	-
国家级高新技术企业数		家	10	17	70
新批企业投资额	外商及港澳台企业	亿美元	0	0	-
	内资企业	亿元	5.7	2.7	-52.6
	增资企业	亿美元	0	0	-
规模以上企业个数		家	40	39	-2.5
科学研究与试验发展经费（R&D）支出		万元	6 247.63	28 840.8	361.63
研究与试验发展（R&D）经费投入强度		%	0.1	0.50	397.95
合同外资金额		亿美元	126	0	-100
外商实际投资		亿美元	126	0	-100
固定资产投资		亿元	19.18	22.08	15.1
年末从业人员数		万人	3.01	2.95	-1.99
万元 GDP 能耗		吨标煤 / 万元	2.80	2.68	-4.29
水资源消耗总量		万立方米	8 684.73	5 809.82	-33.1
单位国内生产总值取水量		立方米 / 万元	36.20	25.05	-30.8
区内职业教育学校数量		家	2	2	0

（奎屯—独山子经济技术开发区管理委员会）

准东经济技术开发区

【经济发展】2019年，准东经济技术开发区经济发展整体向好。规模以上企业（含吉木萨尔北三台和奇台县喇嘛胡梁两区）91家，同比增长54.2%；年末从业人员2.57万人，增长19.5%。

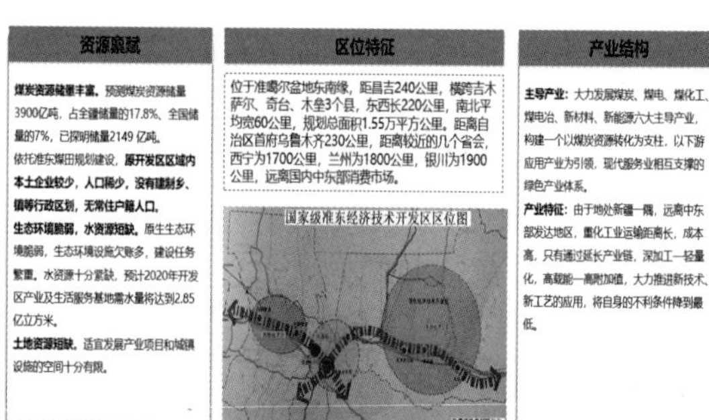

开发区经济发展呈现出以下特征。

一是经济总量不断攀升。准东开发区围绕煤炭、煤电、煤化工、硅基、铝基及其配套产业，经济加速发展。2019年园区（含吉木萨尔北三台和奇台县喇嘛胡梁园区）生产总值实现257.2亿元，增长17.6%，占昌吉州比例19.4%。其中，第二产业增加值211.7亿元，增长18.8%，占地区生产总值（GDP）总量的82.1%，较2018年占比提升了2个百分点；第三产业增加值44.7亿元，增长13%，占GDP总量的17.6%，较2018年占比提升了1.3个百分点。完成全口径税收收入38.85亿元、增长3%；完成一般公共预算收入24.01亿元、增长9%，占全州26.7%。

2019年规模以上工业增速走势图

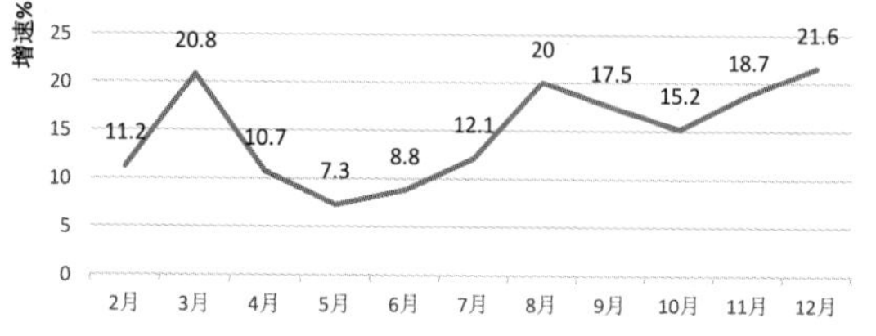

二是工业经济高速发展。基础产业加速布局、硅基产业链快速延伸、化工产业规模逐渐扩大，已形成对准东开发区基础产业发展的强力支撑。2019年准东开发区（含吉木萨尔北三台和奇台县喇嘛胡梁园区）工业总产值616.3亿元、增长11.4%。其中，高新技术企业2019年实现工业产值4.9亿元、增长10.8%。

分行业工业增加值占比表　　单位：亿元

	行业分类	2019年		2018年	
		工业增加值	行业占比	工业增加值	行业占比
1.	煤炭开采和洗选业	35.98	20.8%	22.73	13.7%
2.	电力、热力生产和供应业	24.83	14.3%	16.33	9.9%
3.	化学原料和化学制品制造业	10.97	6.3%	4.12	2.5%
4.	硅基新材料制造	25.25	14.6%	3.74	2.3%
5.	有色金属冶炼和压延加工业	74.83	43.2%	106.58	64.4%
6.	其他	1.28	0.7%	12.12	7.3%

在主导产业中，煤炭开采和洗选业实现产值74.1亿元、增长78.6%；化学原料和化学制品制造业实现产值57.5亿元、增长1.1倍；非金属矿物制品业实现产值74.4亿元、增长89.3倍；有色金属冶炼和压延加工业实现产值325.5亿元、下降14.9%；电力、热力生产和供应业实现产值59亿元、增长60.8%。

三是企业盈利持续向好。2019年准东开发区（含吉木萨尔北三台和奇台县喇嘛胡梁两园区）企业营业收入853.5亿元、增长7.7%。其中，第二产业702.5亿元，增长6.1%；第三年产业营业收入148.3亿元，增长16.5%。企业实现利润总额37.1亿元，增长42.1%。第二产业实现利润总额30.5亿元，增长29.8%。其中，工业实现利润总额27.8亿元，增长41.6%。第三产业快速增长，规模以上服务业营业利润总额增长2.2倍，社会消费品零售平稳增长，社会消费品零售总额增长3.41%。

2019年投资项目分布一览表

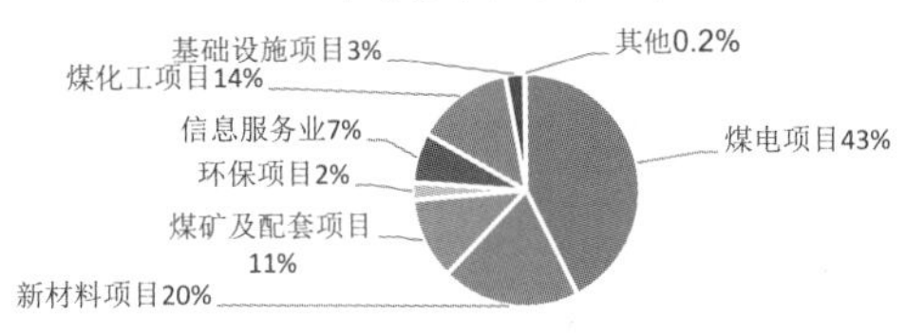

四是固定资产投资稳定增长。2019年准东开发区实现固定资产投资额179.2亿元、增长3.6%；其中，煤炭、煤电、煤化工领域项目占到总投资的68%，资源型重点项目投资仍然是拉动投资增长的主力。新材料、环保产业、信息产业投资加速推进，占总投资的29%；其中，新材料占20%，对优化产业结构、促进产业高质量发展发挥了积极作用。

【产业发展】近年来，依托丰富的煤炭资源，准东开发区已形成煤炭、煤电、煤化工、铝基新材料、硅基新材料、新能源六大产业。2019年准东开发区煤炭、煤电支柱产业逐渐凸显，新材料、煤化工产业、新能源加速发展，形成多点支撑的产业发展格局。

准东2019年分行业综合能源消费量

行业分类	本期累计（万吨标准煤）	去年同期（万吨标准煤）	比去年同期增减（%）	本期累计比重（%）
煤炭开采和洗选业	2.6	4.0	−35.6	0.12
石油及其他燃料加工业	2.9	1.9	55.6	0.14
化学原料和化学制品制造业	297.7	103.3	188.1	14.04
非金属矿物制品业	134.8	136.7	−1.4	6.36
有色金属冶炼和压延加工业	1 237.8	1 191.0	3.9	58.36
金属制品业	0.1	0.0	−100.0	0.01
电力、热力生产和供应业	444.6	256.1	73.6	20.96
水的生产和供应业	0.4	0.3	28.9	0.02
附：多晶硅	82.1	14.8	454.7	−
化工	215.6	88.5	142.9	−

开发区产业发展特征如下。

一是煤炭优势资源得到有效释放。2019年准东开发区共规划建设煤矿项目21个，规划设计能力28 860万吨；合法合规生产煤矿9个，核定产能11 320万吨/年（产能达到千万吨级的露天煤矿达到5个）。全年煤炭产量10 293.8万吨，占全疆煤炭总量43%，保障南疆用煤462万吨。为全疆生产及生活用煤保障做出突出贡献，充分发挥了全国第14个亿吨级煤炭基地的作用。

二是煤电产业装机规模继续扩大。2019年准东开发区全年发电量679.9亿千瓦时。共有建成、在建电源项目装机总规模达2 725万千瓦，占全疆装机总量的49%。其中，新增煤电装机规模462万千瓦；已建成煤电装机规模达2 065万千瓦。第二条“疆电外送”准东—华东±1 100千伏特高压直流输电工程历时4年建设于2019年9月26日正式投运，是目前世界上电压等级最高、输送容量最大、输送距离最远、技术水平最先进的特高压直流输电工程。2019年“疆电外送”3个配套电源项目相继并网发电，外送电量147亿千瓦时。

2019年准东发电量占比

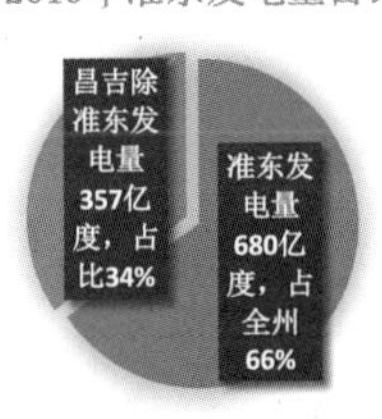

2019年准东装机容量

三是煤化工企业韧劲潜能不断得到释放。建成国泰新华、新疆宜化2家化工产业园。其中国泰新华BDO项目通过技术创新，BDO产品纯度99.75%，处于行业领先水平。2019年宜化化工电石、烧碱、PVC、水泥、电厂项目稳步复产，第三阶段技术升级改造4060项目试生产尿素产品顺利下线；2019年国泰新华BDO产量21.2万吨，占全国18%；PTMEG1.7万吨，实现单体规模全球最大、各项能耗指标全球最低、整体工艺水平全球最优的示范性工程，企业潜能韧劲不断得到释放。

四是新材料产业发展步伐加快。

铝基新材料方面，2019 年准东开发区积极推动煤—电—铝加工一体化产业，规划建设了铝精深加工产业园 2 个，引进铝下游加工企业 13 家。全年电解铝产量共 242.1 万吨，约占全国的 7%。铝合金产量 51.6 万吨，铝液转化率 30%。积极打造出具有国际竞争力的产业优势，铝电企业的电解槽均采用 400 千安以上国际先进标准，全国 500 千安电解槽有 30% 布局在准东，能源综合利用率国内领先，生产工艺高于国际节能标准。

硅基新材料方面，2019 年准东开发区已建成东方希望、协鑫新材料 2 个硅基新材料产业园区，形成工业硅 22 万吨、多晶硅 10 万吨、单晶切片 1GW 产能规模。其中，协鑫能源 10 万吨多晶硅一期 4 万吨于 1 月新疆建成投产；东方希望 3 万吨多晶硅于 7 月建成投产、1GW 单晶切片于 11 月建成投产。全年多晶硅产量 6.72 万吨，占全国 17%；单晶切片 379.13 万片。特别是新疆协鑫新能源材料科技有限公司独创国际领先、具有自主知识产权的 GCL 法多晶硅超大规模清洁生产技术，极大地降低生产成本，实现多晶硅的清洁生产、绿色制造，完全零排放，总体技术处于国际先进水平。

2019年准东多晶硅全球占比

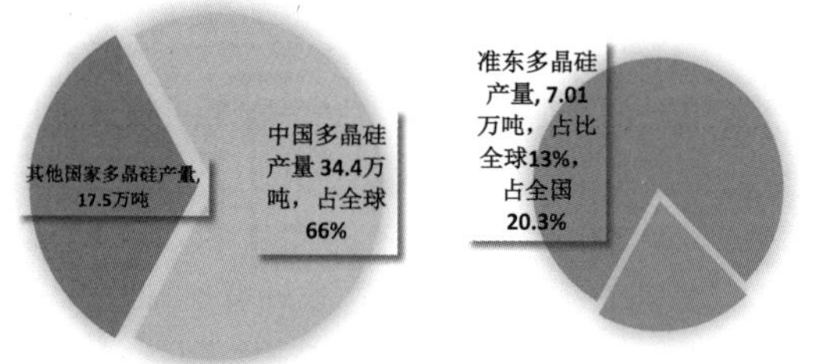

五是新能源产业稳步推进。2019 年准东开发区已取得国家对 770 万千瓦新能源基地的批复。规划建设的 30 万千瓦光伏电站项目前期手续和开工手续全部完成，全面开工建设。

六是大数据、人工智能与煤炭生产深度融合。2019 年准东开发区大型煤炭企业积极打造智慧矿山，利用大数据、工业互联网和人工智能与煤炭生产深度融合，提升机械化、自动化、信息化装备水平，不断提高集约化开发水平，实现煤炭产业高质量发展。天池能源大井南露天煤矿大数据综合预警平台项目作为国内煤炭类的首个人工智能项目试点，也是国家发改委支持的大型煤电一体化与人工智能深度融合项目，通过搭建基于 4G/5G 的矿山工业互联网平台，每天产生约 2.8 亿个数据，对生产系统进行 24 小时的在线实时监测。神华五彩湾三号露天煤矿积极开展无人驾驶智能调度系统、V2X 无线通信系统、无人驾驶车载系统等技术研究，投入无人驾驶矿卡进行试运行，建立无人驾驶技术试验区，搭建 5G+MEC，逐步实现矿区全部卡车无人驾驶，为企业提高安全生产效率、高质量发展奠定基础。

【科技创新】2019 年，准东开发区积极营造“大众创业、万众创新”的良好环境，形成了创新驱动发展的强大合力。目前，已有职业技能培训机构 6 家，孵化器、众创空间 3 家，人才发展环境优越。具体的科技创新发展措施如下。

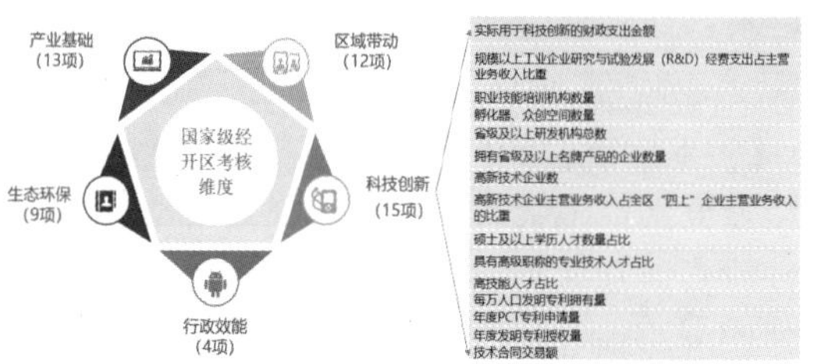

一是重视财政对科技的投入。制定出台《实施科技创新支撑产业高质量发展意见》等系列文件，列出开发区科学技术支出预算 6 000 万元，对开发区高新技术企业、知识产权等各项科技工作的开展作出奖励。目前，共有高新技术企业 40 家，拥有发明专利 282 项，PCT3 项，企业科技水平相对较高。

二是开发区高技术人才占比高。硕士及以上学历人才占比 14.11%，高级职称专业人才占比 14.2%。现有高层次科研人员数量 1 904 人，开发区拥有正高级职称 52 人，副高级职称 142 人，中级职称 569 人，初级职称 1 141 人；其中，35 岁以下科研人员占 75%，呈现年轻化，开发区科技工作充满活力。开发区重视研发投入，2019 年共计研发投入 12 709.4 万元。国家级研发机构 9 家，省级以上研发机构 19 家，科研氛围浓厚。

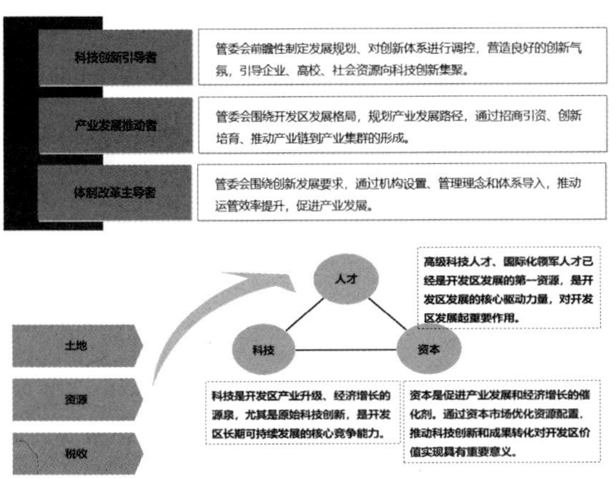

三是给予科技创新企业更多支持。组织中科院专家召开准东科技需求对接会，帮助准东企业提升科技水平。引导企业积极申报科技项目，组织宜化水电解制氢技术研究与应用、天池能源新型皮带纠偏关键技术与装备研究等 13 个技术创新指导项目列入自治区技术创新指导计划。组织东方希望新能源有限公司申报高新技术企业，天池能源有限责任公司大型煤电一体化产业链与人工智能融合创新应用项目成功入选国家发改委人工智能创新伙伴计划。强化技术中心申报审核。对新疆宜化化工、天池能源有限公司 2 家自治区级企业技术中心进行审核，组织东方希望申报自治区企业技术中心。

【投资促进】2019 年，准东开发区进出口总额为 52.29 亿元，占全州的 83.78%。其中，出口总额 43.17 亿元，占全昌吉州的 83.47%；进口总额 9.12 亿元，占全昌吉州的 87.3%。具体投资促进政策如下。

一是政策机制引领。制定出台《重点产业招商选资优惠政策》《构建亲清政商关系实施意见》等系列文件，鼓励新建外商投资企业、鼓励企业开拓国际市场，提升外商投资服务水平，加大对外商投资企业享有准入后国民待遇的保障力度。

二是营造招商环境。破除原有前置条件，实施“拿地即开工”“办照即营业”机制，探索落实“容缺审批”“先建后验”模式，全面简化审批手续。做到内资外资统一门槛、统一标准、统一时限，创造公平环境，促进内外资企业一视同仁、公平竞争。

【体制机制创新】这方面具体措施如下。

一是推进商事制度改革，提升行政审批效能。2019 年准东开发区推进服务型政府建设，加快转变投资管理职能。政务服务事项按照“三集中三到位”“应进必进”原则，全部进驻投资服务中心。“只进一扇门、只上一张网”“最多跑一次”要求，不断探索综合窗口受理模式，推进部门派驻审批负责人到投资服务中心，在投资服务中心大厅设置“一站式办理”综合窗口。实行首席代表制，实施容缺受理等审批模式，全面落实压缩企业开办时间，实现了授权到位，受理事项办结到位。解决了企业“准入不准营”的问题，获得自治区 2019 年度优秀国家级开发区和中国经济营商环境十大创新产业园荣誉称号。

二是持续深化“放管服”改革。2019 年准东开发区结合准东点多、线长、面广发展实际，精简审批环节，按照“能简则简、能快则快”原则，简政放权，将“一审一核”流程合并为直接受理核准，同时严格执行延时办结等服务制度。稳步推进“证照分离”“多证合一”“网上办结”改革，实行“告知承诺”制度。推行市场主体简易注销改革，拓展企业简易注销范围，增加非上市股份有限公司、有限责任公司分支机构企业类型，推行企业通过《国家信用信息公示平台》的简易注销公告、债权人公告向社会公告，降低市场主体退出成本。全面推行“双随机、一公开”市场监管方式，逐步推

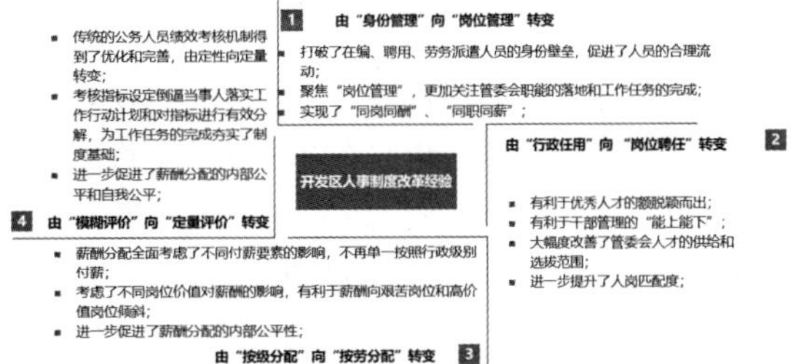

动市场监管日常检查“双随机”全覆盖，检查结果全部公开。

三是实施人事薪酬制度改革。2019年准东开发区率先在全疆推行人事薪酬制度改革，建立“开发区领导—部门领导—工作岗位”三个层级的扁平化管理架构。建立全员绩效考核体系，干部绩效薪酬与州党委对开发区的考核挂钩、与开发区的部门考核挂钩、与本人表现挂钩，由“死工资”变为“活薪酬”。实行竞争上岗、岗位聘任，干部编制内任职与岗位聘任分离、档案工资与实际薪酬分离、干部人事档案管理与合同聘用管理分离的“双轨运行”机制。共晋级聘任21人，其中科级晋级副主管14人，下级主办晋级上级主办7人，降级聘任25人，实现了能者上、平者让、庸者下、劣者汰的选人用人局面和人员能进能出的良性循环，全面激发干部职工干事创业热情，凝聚起了上下同心、团结奋进的准东力量，激发了开发区内生动力和发展活力。

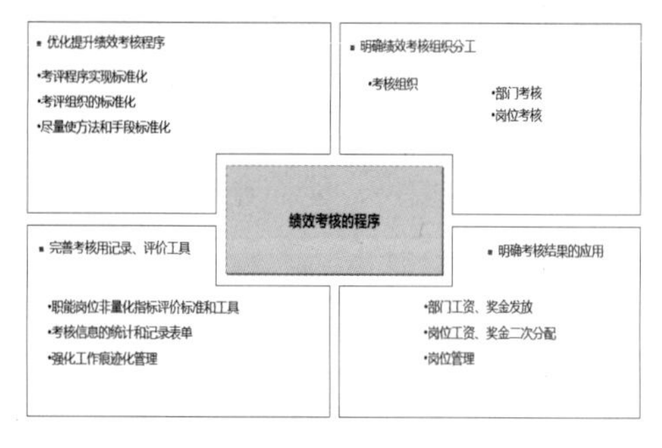

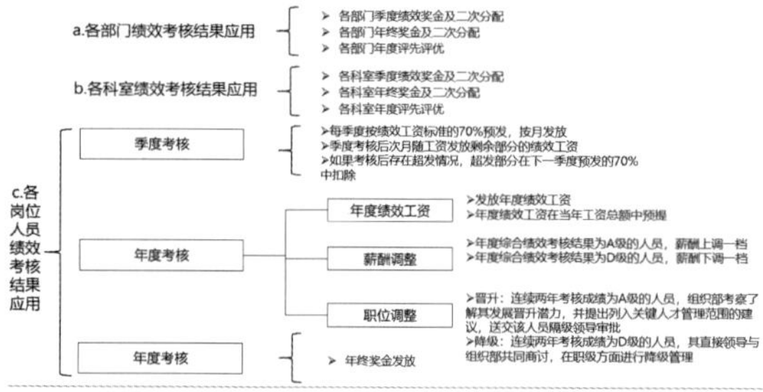

【投融资服务】2019年，准东开发区常态化做好开发区“一月一走访、一季一推介”的工作，建立健全金融服务体系，制度体系进一步完善，具体措施如下。一是推进绿色金融体系建设。结合实际，相继研究出台《绿色金融工作实施方案》《绿色金融工作奖励办法》等规范性文件，推动绿色金融项目入选自治区绿色项目库，有效促进开发区绿色金融稳步发展。建立绿色金融项目联合审核制度，不定期组织各相关行业主管部门对开发区内项目进行联合审核，为进一步完善项目储备库提供制度支持。全年建设、工商、农业3家金融机构新增贷款投放量28.17亿元，贷款余额64.32亿元，存款余额6.98亿元。二是完善做实开发区投融资平台。坚持“引金入准”工作不放松，成功引进一家金融机构（中国农业银行准东支行）。完善开发区绿色金融财政资金支持与绿色信贷风险补偿机制，加强政府、企业、银行的联系，重点关注资金链紧张的中小企业，切实推动政策落地，保障中小企业的平稳发展。此外，还成立了开发区企业上市工作领导小组负责开发区拟上市企业的联系培育工作。目前，已累计给昌吉州金融办企业上市协会报送拟上市企业3家，均已列入自治区拟上市企业后备库。

【绿色集约】2019年，准东开发区坚决贯彻落实党中央、国务院和区、州关于生态文明建设和环境保护的决策部署，将生态保护作为一项战略工作来抓，牢固树立习近平总书记“既要金山银山，又要绿水青山，绿水青山就是金山银山”理论思想，着力打造绿色、循环、低碳园区，在生态文明建设上展现新作为。

一是坚持绿色发展。坚持“降耗、延链、循环、强基”并举，最大限度地节能降耗，严格执行有关政策、标准，不断优化存量。作为国家级循环化示范试点园区，遵循“减量化、再利用、资源化”的3R原则，将产生的废物回收利用，拓展下游产业链，打造出一批产业延伸、资源能源减量利用、梯级利用、循环利用的循环型产业链条。

二是坚持生态优先。坚持最严格的生态保护制度和空间用途管控制度，严禁“三高”项目进准东，不断完善生态环境政策法规体系建设工作。实行全面打赢蓝天、碧水、净土保卫战，打赢污染防治攻坚战。截至2019年底，准东开发区二氧化硫和氮氧化物排放量为2.22万吨、2.15万吨。二氧化硫、氮氧化物、氨氮、化学需氧量等污染物排放指标总体平稳可控。“十三五”期间，开发区通过开展超低排放改造等措施，减排二氧化硫4 500吨，氮氧化物4 000吨。

三是坚持土地集约节约利用。保障有效投资用地需求，对纳入国家和自治区重大项目清单的单独选址的能源、交通、水利、产业项目用地指标单列，重大项目清单以外的项目计划指标与处置存量土地挂钩。加强批而未供、闲置土地处置力度，严格落实建设用地“增存挂钩”机制，2019年共处置批而未供土地总面积208.36公顷，处置疑似闲置土地预警63宗，面积622.46公顷。充分运用土地市场动态监测监管平台，加强用地批后监管。对新批准的建设项目用地，建立跟踪管理名册，实时监控；对建设项目用地中没有在批准时间范围内动工建设的项目，督促加快进度、限期开发，防止新的闲置土地产生。

【机构设置与党工委、管委会领导】2019年准东开发区共有部门15个、大队1个；其中，内设有党政办、组织部（人社局）、经发局、规建局、环保局、安监局（煤炭局）、财政局（国资局）、水务局、综治办，共9个部门；派驻有纪工委、国土分局、公安分局、税务分局、市场监督管理分局、消防大队，及准东环境监察大队，共6个部门、1个大队。此外还有五彩湾、芨芨湖、火烧山、彩北、彩中、彩南，共6个产业园。

截至2019年底，准东开发区共有党工委、管委会班子领导10人；其中，书记、副主任李绍海，副书记、主任任建品，党工委委员、副主任史海生，党工委委员、副主任李宏辉，党工委委员、副主任秦建华，党工委委员、副主任周友仁，党工委委员、副主任丁志春，党工委委员、组织部（人社局）部长（局长）王作昌，党工委委员、纪工委（监察组）书记（组长）韩军，党工委委员、党政办主任赵斌。

2018—2019年准东经济技术开发区主要经济综合指标一览表

项目		单位	2018年	2019年	增减（%）
开发区生产总值		亿元	213.0	257.2	17.6
第二产业		亿元	171.9	211.7	18.8
工业		亿元	160.0	192.4	21.0
第三产业		亿元	34.2	44.7	13.0
工业总产值（现价）		亿元	553.1	616.3	11.4
高新技术企业		亿元	4.46	4.94	10.8
销售（营业）收入		亿元	792.3	853.5	7.7
第二产业		亿元	662.0	702.5	6.1
工业		亿元	595.2	638.4	7.3
第三产业		亿元	127.2	148.3	16.5
利润总额		亿元	26.1	37.1	42.1
第二产业		亿元	23.5	30.5	29.8
工业		亿元	19.6	27.8	41.6
区内主导产业及产值	1. 煤炭开采和洗选业	亿元	41.5	74.1	78.6
	2. 化学原料和化学制品制造业	亿元	27.4	57.5	109.9
	3. 非金属矿物制品业	亿元	39.3	74.4	89.3
	4. 有色金属冶炼和压延加工业	亿元	382.3	325.5	−14.9
	5. 电力、热力生产和供应业	亿元	36.7	59.0	60.8

续表

项目		单位	2018年	2019年	增减（%）
第三产业		亿元	126	165	30.95
进出口总额		亿美元	5.53	7.9	42.8
出口		亿美元	4.61	5.54	20.17
财政收入		亿元	39.5	41.98	6.3
税收收入		亿元	36.11	37.2	3.02
财政支出		亿元	10.19	6.14	−39.74
新批企业个数		家	67	72	7
内资企业		家	67	72	7
区内世界500强企业数		家	2	2	0
国家级高新技术企业数		家	2	3	50
新批企业投资额	外商及港澳台企业	亿美元	–	–	–
	内资企业	亿元	74.8	87.4	16.8
	增资企业	亿美元	–	–	–
规模以上企业个数		家	59	91	54.2
科学研究与试验发展经费（R&D）支出		万元	125	12 709.4	100.7
研究与试验发展（R&D）经费投入强度		%	0.002 5	0.215 2	8 508
外商实际投资		亿美元	0.015 4	0	−100
固定资产投资		亿元	173	179.2	3.6
年末从业人员数		万人	2.15	2.57	19.5
万元GDP能耗		吨标煤／万元	7.5	8.3	10.7
水资源消耗总量		万立方米	3 260.8	4 949.7	51.8
单位国内生产总值取水量		立方米／万元	15.3	19.3	26.1
区内建立的创业创新平台数量		个	6	8	33
区内职业教育学校数量		家	4	6	50

（准东经济技术开发区管理委员会）

其他开发区篇

黑河边境经济合作区

【经济发展】2019 年，在黑河市委市政府的正确领导下，黑河边境经济合作区各方面工作均取得了重大突破。全区地区生产总值（GDP）实现 7.5 亿元，同比增长 6.6%；其中：第二产业增加值 1.7 亿元，占 GDP 比重为 22.7%，第三产业增加值 5.8 亿元，占 GDP 比重为 77.3%。财政收入 3.3 亿元，同比增长 16.1%；其中：税收收入 1.9 亿元。“四上”企业营业收入 22 亿元，同比增长 15.4%。进出口总额 3.7 亿美元，与同期持平。固定资产投资 7.9 亿元，同比增长 23.5%。经济发展呈现出稳中有进的良好态势。

【产业发展】2019 年，黑河边境经济合作区规模以上工业企业总产值 9.9 亿元，同比增长 2.3%；规模以上工业企业增加值 1.2 亿元，同比增长 2.8%。集中打造七个产业发展平台，即：国际合作政策平台、跨境物流平台、互市贸易平台、投融资平台、跨境电子商务平台、科技和人才服务平台、涉外法律服务平台。着力打造七大跨境产业：壮大跨境能源资源合作产业、做大绿色食品加工产业、扶持跨境木材产业、做强跨境机电产加工产业、培育跨境新型制药产业、发展跨境旅游康养产业、提升汽车高寒实验产业（跨境）。

【科技创新】2019 年，黑河边境经济合作区为促进科技与大众创业、万众创新深度融合，采取若干举措支持科技创新。建立多元化用人机制。通过市场化方式，引进园区建设、项目研究急需紧缺专业人才 19 人；通过有偿咨询、聘请顾问、兼职挂职、定期服务、课题招标、技术合作开发等方式缓解高层次人才紧缺困难；通过购买第三方服务，引入专家智囊参与设计；制定了《探索试点聘用制公务员实施意见》；完成了急需紧缺人才调研，建立了人才库，储备各类人才 412 人。

【投资促进】2019 年，黑河边境经济合作区新批外商投资合同外资金额 300 万美元，实际利用外资金额 73 万美元，新增内资企业 660 家，新增内资企业注册资本 29 亿元。对外贸易进出口总额实现 3.7 亿美元，与同期持平；其中：出口额 1.4 亿美元，同比增长 48.4%。积极引进贸易主体，稳定出口规模，机电产品出口 6.62 亿元，占出口总额的 78.75%；果蔬产品出口 1.34 亿元，占出口总额的 15.97%。黑河跨境电商园区入驻企业 106 家，实现交易额 14.3 亿元，网络零售额 3.7 亿元，实现税收收入 1 410 万元。创业中心入驻企业达 25 家，实现销售收入 1.9 亿元，科技企业生产总值和出口贸易额排名全市前列。在招商引资和优化营商环境方面，制定了《黑河片区促进投资优惠政策》10 条和《黑河市边民互市贸易创新发展措施》9 条。

【体制机制创新】2019 年，黑河边境经济合作区人员聘用新机制、考核新机制等相关改革措施推行。一是围绕建立优化协同高效的管理体制，探索实行企业化管理、市场化运行的新机制，探索“编制＋员额”管理模式。二是整合安全应急、规划建设、生态环境保护、劳动监察等执法权限，建立了综合执法大队，实现单一执法和高效执法，有效提高执法效率。三是积极探索相对集中的行政许可权模式，设立了行政审批局，将各部门职权范围内的行政许可权及与行政许可相关的事项全部划入行政审批局，推进行政审批标准化和高效化。

【投融资服务】2019年，黑河边境经济合作区投融资服务具体措施如下：一是立足产业转型升级，设立金融产品集群。引导银行保险机构大力支持产业转型升级，积极发现和培育新增长点；引导金融机构创新金融产品，优化产业链上下游企业金融服务。二是立足经济社会发展，完善金融服务体系。积极与监管部门合作，发挥监管引领作用，推进简化准入流程，推动各金融机构出台的开放举措在辖内落地实施，引导金融机构提升自贸区金融服务质效，丰富金融供给，完善金融服务。截至目前，区内共有34个银行业保险业网点。三是立足跨境经济合作，推动金融创新机制。会同银保监局和龙江银行，在全省率先推出由区级财政贴息的“边民创业担保贷款”；与龙江银行联合研发数字“边民证”；在实际工作中大胆创新，支持货物贸易名录登记内的边民合作社开展边民互市贸易预付货款业务。

【党建工作】2019年，黑河边境经济合作区深入贯彻落实习近平新时代中国特色社会主义思想和党的十九大精神、十九届四中全会精神，全区党员干部思想根基进一步夯实。全面推进“不忘初心、牢记使命”主题教育，班子成员带头示范，领导小组强化督查，各单位认真落实，全区干部职工上下一心，确保主题教育取得实实在在的成效。深入开展解放思想推动高质量发展大讨论活动，抓实机关基层党建全面提升工程，以产业项目服务提升的实际成效推动创边疆特色党建活动深入开展。加强机关作风整顿，抓好党性党风党纪和党风廉政警示教育，将落实党风廉政建设与中心工作同部署、同落实、同检查。

【领导班子】2019年，黑河边境经济合作区党委书记、管委会主任王海东，党委副书记、管委会副主任、调研员陆海军，党委委员、管委会副主任沈秋辉，党委委员、管委会副主任孙庆海，党委委员、管委会副调研员姜传凯，管委会副调研员王增平。

2018—2019年黑河边境经济合作区主要经济综合指标一览表

项目		单位	2018年	2019年	增减（%）
开发区生产总值		亿元	7.0	7.5	6.6
第二产业		亿元	1.2	1.7	42.0
工业		亿元	1.1	1.2	2.8
第三产业		亿元	5.9	5.8	-0.5
工业总产值（现价）		亿元	9.7	9.9	2.3
高新技术企业		亿元	0.0	0.0	0.0
销售（营业）收入		亿元	19.0	22.0	15.4
第二产业		亿元	13.9	10.9	-21.6
工业		亿元	9.7	7.4	-23.6
第三产业		亿元	5.1	11.1	113.5
利润总额		亿元	1.7	1.5	-11.8
第二产业		亿元	0.2	0.2	0.0
工业		亿元	0.2	0.2	0.0
区内主导产业及产值（可加减项）					
主导产业（可加减）	1. 专用车制造	亿元	1.2	1.5	26.1
	2. 限额以上批发业	亿元	4.7	5.7	21.7
第三产业		亿元	1.5	1.3	-13.3
进出口总额		亿美元	3.7	3.7	0.0
出口		亿美元	1.0	1.4	48.4

续表

<table>
<tr><th colspan="2">项目</th><th>单位</th><th>2018 年</th><th>2019 年</th><th>增减（%）</th></tr>
<tr><td colspan="2">财政收入</td><td>亿元</td><td>2.9</td><td>3.3</td><td>16.1</td></tr>
<tr><td colspan="2">税收收入</td><td>亿元</td><td>1.6</td><td>1.9</td><td>17.8</td></tr>
<tr><td colspan="2">财政支出</td><td>亿元</td><td>1.7</td><td>2.4</td><td>41.6</td></tr>
<tr><td colspan="2">新批企业个数</td><td>家</td><td>271</td><td>678</td><td>150.0</td></tr>
<tr><td colspan="2">外商及港澳台企业</td><td>家</td><td>2</td><td>18</td><td>800.0</td></tr>
<tr><td colspan="2">内资企业</td><td>家</td><td>269</td><td>660</td><td>145.0</td></tr>
<tr><td colspan="2">区内世界 500 强企业数</td><td>家</td><td>0</td><td>0</td><td>0.0</td></tr>
<tr><td colspan="2">国家级高新技术企业数</td><td>家</td><td>0</td><td>0</td><td>0.0</td></tr>
<tr><td rowspan="3">新批企业投资额</td><td>外商及港澳台企业</td><td>亿美元</td><td>0.0</td><td>0.0</td><td>0.0</td></tr>
<tr><td>内资企业</td><td>亿元</td><td>6.0</td><td>29.0</td><td>385.5</td></tr>
<tr><td>增资企业</td><td>亿美元</td><td>0.0</td><td>0.0</td><td>0.0</td></tr>
<tr><td colspan="2">规模以上企业个数</td><td>家</td><td>23</td><td>32</td><td>39.1</td></tr>
<tr><td colspan="2">科学研究与试验发展经费（R&D）支出</td><td>万元</td><td>0.0</td><td>0.0</td><td>0.0</td></tr>
<tr><td colspan="2">研究与试验发展（R&D）经费投入强度</td><td>%</td><td>0.0</td><td>0.0</td><td>0.0</td></tr>
<tr><td colspan="2">合同外资金额</td><td>亿美元</td><td>0.3</td><td>0.03</td><td>−88.5</td></tr>
<tr><td colspan="2">外商实际投资</td><td>亿美元</td><td>0.3</td><td>0.007</td><td>−97.2</td></tr>
<tr><td colspan="2">固定资产投资</td><td>亿元</td><td>6.4</td><td>7.9</td><td>23.5</td></tr>
<tr><td colspan="2">年末从业人员</td><td>万人</td><td>0.3</td><td>0.5</td><td>47.5</td></tr>
<tr><td colspan="2">万元 GDP 能耗</td><td>吨标煤 / 万元</td><td>0.69</td><td>0.32</td><td>−53.6</td></tr>
<tr><td colspan="2">水资源消耗总量</td><td>万立方米</td><td>25.9</td><td>11.1</td><td>−57.1</td></tr>
<tr><td colspan="2">单位国内生产总值取水量</td><td>立方米 / 万元</td><td>3.7</td><td>1.5</td><td>−59.5</td></tr>
</table>

（黑河边境经济合作区管委会）

伊宁边境经济合作区

【概况】伊宁边境经济合作区（以下简称边合区）是1992年经国务院批准成立的国家级园区，坐落于伊宁市西部，核心区面积为6.5平方千米，至今建成区面积已达35.5平方千米。受自治区政府委托，代管自治区级苏拉宫工业园、伊犁新天煤化工循环经济产业园；受市委、政府委托，代管北山环境资源再利用中心，伊宁国际商贸物流园、城西商贸物流园，规划管理面积75.9平方千米。居住人口达14万，下辖14个社区，是集居住、教育、金融、医疗、商贸物流、高新技术产业等为一体的现代化“产城融合”新城区。2013年边合区规格升级为正县级，同时挂伊宁高新技术产业开发区管委会和伊宁苏拉宫工业园管委会牌子。2019年荣获自治区级、国家级绿色园区称号。

【经济发展】2019年，伊宁边境经济合作区生产总值44.1亿元，增长11.5%；固定资产投资36.5亿元；工业总产值50.8亿元，工业增加值14.6亿元，增长34.2%；规模以上工业企业增加值13.9亿元，增长42.5%；社会消费品零售总额54.1亿元，增长8%；外贸进出口总额1.35亿美元，增长22.5%；公共财政预算收入6.3亿元，增长14.6%，招商引资到位资金35亿元。

【产业发展】2019年，伊宁边境经济合作区作为伊宁市产业聚集的“洼地”，是自治区级新型工业化生物产业示范基地和“两化”融合试验区，登记注册各类企业1 365家，形成了现代煤电煤化工、农副产品精深加工、现代生物、新型建材等现代化产业。新天煤化工、安琪酵母两个技改项目完成投资2.59亿元；商贸项目完成投资7 570万元；房产项目完成投资24亿元，其中海棠公寓、仁和广仁郡、领地•金域蓝湾花园等项目均投资超过亿元；基础设施项目投资成投资3.9亿元，其中西区智慧能源投资达到2.39亿元，完成固定资产投资额36亿元，超额完成全年计划目标任务的33.02亿元。现代服务业不断壮大，集商务办公、精品居住、专业市场、餐饮娱乐等业态为一体的城市商业综合体建设全力推动，汇嘉时代、红星•美凯龙、伊宁记忆红旗大楼建设已初具规模，伊宁国际商贸物流园、城西商贸物流园、伊犁电商产业园建设正稳步推进，积极引导扶持技术研发、科技金融、物流仓储等生产性服务企业发展壮大，实现服务业更新升级。

【科技创新】2019年，伊宁边境经济合作区高新技术企业科技创新载体培育成效明显。园区惠创科技、誉州制气、优极境界3家企业成功通过国家高新技术企业认证，高新技术产业企业增至11家。环康检测企业获批自治区级实验室资质，填补了边合区没有自治区级独立实验室项目的空白；企业服务平台建设日趋完善。依托技术与产业转移中心和国际电商产业园，建立起全产业链服务和创业平台，累计入驻企业77家，成功孵化企业9家，育成企业12家，吸纳就业人数670余人，带动投资2 000余万元。实现年税收总额500余万元。电子商务产业园形成了以京东为代表的家电、家装、旅游、软件开发等互联网＋行业聚集体。全面推进企业知识产权申报。专利申请总量45件，至此边合区知识产权总数达330件，成为全州专利最多最集中的园区。

【投资促进】2019年，伊宁边境经济合作区招商模式逐渐转向精准招商，实现全产业链项目招商突破。进一步落实好委托招商和精准招商举措，用好招商资源，形成招商攻坚态势。已完成招商引资到位资金35.05亿元。工业项目、商贸项目、房产项目稳步推进，积极跟踪新的项目，新对接项目22个。新天煤化工循环经济产业园新引进8亿元产业链项目高标准推进，重点跟踪拟投资7 386万元的重芳烃多元烃深加工项目，以及9 000万元的工业气体和特种气体生产项目，苏拉宫工业园区建设不断推进，煤制乙醇项目落地有望。国家级博士后工作站、国家级创新创业特色载体等项目积极推进，国家级绿色园区创建完成。

【体制机制创新】2019年，伊宁边境经济合作区创新服务模式，在服务大厅设立工商、税务、法律咨询服务平台，使服务企业和服务居民业务分开办理，增设专门服务中小企业的投资服务中心，大大提高了服务的针对性和时效性；2019年，新修订了《边合区单位聘用人员管理办法》以及绩效考核实施细则。实行年度绩效考核奖励办法，充分调动干部职工积极性、主动性。采取定期检查、不定期抽查的方式对边合区各局（室）、分局的制度落实、执行力建设、作风建设情况进行全面督查，扎实推进部门各项业务工作有序完成。

【投融资服务】2019年，伊宁边境经济合作区金融服务成效喜人。在上海股权交易中心基础上，引进新疆股权交易中心，解决了伊犁河谷及边合区企业融资难题。作风专项整治促进企业服务全面升级，不定期实地走访项目开工建设和投资情况，共开展重点企业调研41次。着力协调解决了迅安商贸、正佳玻璃、山东建能等企业存在的问题14件，协助完成肽坦生物、柏尚建材、飞虎家具等7家企业前期手续办理；积极申报各类扶持资金项目12个，争取上级扶持奖励资金515万元。

【绿色集约】2019年，伊宁边境经济合作区逐渐由工业进出口加工区向生态居住区进行转型发展。根据《伊宁市总体规划》（2014年调整版），边合区剩余总用地面积为19 960.19亩。已供应国有建设用地面积611.13公顷，已建成城镇建设用地面积582.57公顷，工矿仓储用地面积34.16公顷，住宅用地面积344.48公顷，闲置土地面积0公顷；2019年土地供应率99.58%，土地建成率95.33%；综合容积率0.94%，建筑密度37.56%；边合区依托土地市场动态监测与监管系统，积极开展土地利用动态巡查，加强辖区建设用地批后监管。防范低效用地、闲置土地发生，促进土地资源节约集约利用。

【基础设施建设】2019年，伊宁边境经济合作区积极打造舒适便捷的生活环境，顺利完善丝路之光旅游小镇相关配套附属设施，圆满完成8条道路罩面、6个节点绿化改造及4个小游园建设，植树造林66亩，15万平方米裸露黄土披上“绿衣”，新建6座环保公厕投入使用，安琪酵母异味扰民问题持续得到有效整治，343万平方米主街道全部实现机械化清扫，市容市貌综合整治多达20余次，全面提升了环卫保洁和绿化养护质量，前后投入650余万元修缮维护损坏的市政公用设施，城区居民对环境的整体满意度明显提升。

【社会事业】2019年，伊宁边境经济合作区坚持以人民为中心，切实保障和改善民生，不断推进社会事业全面进步。严格落实“两结对、两固定”要求，常态化住户应住尽住，收集解决困难诉求105件，好人好事2 145件。积极解决了芳草湖社区、二毛社区、伊宁市十九小学校、昊丰银河国际小区供热不足等问题。居民职业能力培训有序推进，开设居民夜校1 600余场次，积极搭建创业就业平台，开发就业岗位500个，成立14个劳务服务站，新增就业1 670余人。社会救助力度增大，救济困难群众200户，发放低保、各类补助补贴98万余元，推动实现残疾人、低保户等特殊群体应保尽保、应助尽助，确保困难群众“救助有门、受助及时”。正常化开展全民免费健康体检5万余人，脊髓灰质疫苗免疫补充完成儿童服用人数1.4万余人。扎实做好退役军人服务管理，着力构建多层次社会保障体系。

【党建工作】2019 年，伊宁边境经济合作区以建强基层组织为重点，三个新成立社区“大党委”建设完成，基层组织核心作用发挥明显，组织开展各类活动 760 余次，宣传教育群众 1.2 万人次。注重“第一书记”培养和任用，五个社区党支部书记兼任“第一书记”，运用“支部 + 中心 + 网格 + 联户 + 党员”的五级联动模式，统筹各支力量形成合力。积极推进“红色引擎工程”建设，打造党群服务站（点）12 个，挂牌“党员经营户”65 个，“共产党员户”1 901 户，党员示范岗60个，党建工作水平有效提升。以深化“1+4+X”工作机制为目标，建强党支部领导下四大中心领导班子，组织党支部书记专题培训 6 场次，合理调整 9 个社区 14 名班子成员，依托“早派工、晚研判”机制，进一步凝聚了社区党建合力。两个软弱涣散社区党组织整改完成，区域党建共建共享成效显著，14 个社区配备专业法律顾问，开展法制宣传及专业法律咨询和援助。进一步深化党风廉政建设，将党工委主体责任、主要领导第一责任、班子成员“一岗双责”及纪工委组织监督责任纳入考核内容，确保“两个责任”落到实处。持续加强政治纪律和政治规矩，严格执行中央八项规定，坚决纠治“四风”“四气”，扎实落实“基层减负年”决策部署，作风专项整治成果得到巩固。

【机构设置与党委（党工委）管委会领导】2019 年，伊宁边境经济合作区内设办公室、经济贸易发展局、高新技术产业局、规划建设环保局、财政局、人力资源和就业促进局、社会发展局 7 个机构。派驻单位有税务分局、自然资源分局、市场监管所、司法所、公安分局、城西派出所等。伊宁边境经济合作区管委会领导班子成员名单为：党工委书记、管委会副主任邹志刚（2019 年 5 月上任），党工委书记、管委会副主任台来提•吐尔逊（维吾尔族）（2019 年 4 月离任），党工委委员、管委会副主任郭幸福（2019 年 9 月离任），党工委委员、管委会副主任林向东，党工委委员、纪工委书记李俊。

2018—2019 年伊宁边境经济合作区主要经济综合指标一览表

项目	单位	2018 年	2019 年	增减（%）
开发区生产总值	亿元	39.5	44.1	11.5
第二产业	亿元	19.97	23.01	15.3
工业	亿元	10.9	14.6	34.2
第三产业	亿元	19.6	21.1	7.6
工业总产值（现价）	亿元	33.8	50.7	50.1
高新技术企业	亿元	5.9	6	1.5
销售（营业）收入	亿元	107.9	116.8	8.24
第二产业	亿元	39.6	58.4	47.5
工业	亿元	34.2	51.1	49.4
第三产业	亿元	68.3	58.4	16.9
第二产业	亿元	-4.1	-6.3	
工业	亿元	-6.3	-12.1	
区内主导产业及产值（可加减项）				

续表

项目		单位	2018年	2019年	增减（%）
主导产业（可加减项）	1. 农副产品加工业	万元	59 781.4	62 301.7	4.22
	2. 现代生物	万元	57 196.8	56 134.1	-1.9
	3. 新型建材	万元	42 681.3	41 421.6	-3.0
	4. 煤电煤化工	万元	157 432.5	329 992.7	109.6
第三产业		亿元	68.3	58.4	16.9
进出口总额		亿美元	1.7	1.69	-0.5
出口		亿美元	1.7	1.69	-0.5
财政收入		亿元	5.97	6.7	12.56
税收收入		亿元	5.16	5.92	14.68
财政支出		亿元	5.98	6.72	12.37
新批企业个数		家	189	212	12.2
外商及港澳台企业		家	0	0	0
内资企业		家	189	212	12.2
国家级高新技术企业数		家	9	10	-10
规模以上企业个数		家	15	13	-13.3
科学研究与试验发展经费（R&D）支出		万元	335	295	-11.9
外商实际投资		亿美元	0	0	0
固定资产投资		亿元	36.1	36.5	1.1
年末从业人员数		万人	1.3	1.3	0
万元GDP能耗		吨标煤/万元	6.9	7.1	2
区内建立的创业创新平台数量		个	3	3	0
区内科研院所数量		家	9	5	/

（伊宁边境经济合作区管委会）

塔城边境经济合作区

【概况】塔城市边境经济合作区是国务院特区办公室（特办函字〔1992〕第70号）1992年12月3日批复成立的国家级边境经济合作区，批准面积6.5平方千米。因国务院批复的6.5平方千米范围用地处于塔城市区内，按照《塔城市总体规划》用地布局，主要规划行政办公及住宅用地，致使产业功能发展受限，综合发展水平提升缓慢。2018年地委按照地委提出的“一城两区、关城一体”的发展理念，决定将边合区拟调整至巴克图口岸区，规划28平方千米区域，交由边合区代管，重点发展边境贸易、商贸物流、进出口加工、跨境旅游等产业。

【经济发展】2019年，塔城市边境经济合作区生产总值19.95亿元，占地区生产总值的比重为20%，税收收入1 196.49万元，进出口额为156 672.48万元。2019年，塔城边境经济合作区投入资金2亿元，重点推进了塔城市巴克图口岸边民互市一期建设项目、口岸道路建设、口岸污水处理厂及管网工程、产业园标准化厂房建设、口岸供水工程、口岸旅游服务中心项目等基础设施项目。

【产业发展】塔城市边境经济合作区共有44家企业，工业企业7家，规模以上企业2家。2019年完成园区企业规模以上工业企业总产值19 030万元，与去年同比增加33%；完成入驻园区企业规模以上工业增加值2 226万元，同比增加12%。

【投资促进】2019年，有2家企业入驻巴克图口岸区，分别为新疆盛大兴泰商贸有限公司、新疆奥森国际集团。

新疆盛大兴泰商贸有限公司是一家以外贸仓储物流为主的企业。公司成立于2015年3月，注册资金5 000万元，公司于2015年8月投资1.4亿元，在塔城市巴克图口岸开工建设了一座占地近7万平方米的现代化、标准化的保税监管仓库。该项目于2018年2月22日正式投入运营。2019年出口果蔬类产品共计9 090.7吨，货值约9 090.7万美元；进口油葵共计13 588.92吨，货值约434.8万美元。

新疆保运物流有限公司是2019年由新疆奥森国际物流有限公司与塔城市国有资产投资经营有限公司共同投资组建的。新疆保运物流有限公司计划投资2.235亿元建设塔城巴克图口岸进出口加工暨保税物流中心（B）项目一期，计划建设周期为24个月，占地面积267亩，总建筑面积41 713平方米；截至2019年底，公司完成1 800万元投资，完成1号、2号车间基础建设，钢结构正在加工中。

【绿色集约】2019年，塔城边境经济合作区对“三高”项目进行检查和排查。对园区内在建项目进行督查，重点对企业环保设施、安全生产设施“三同时”情况进行检查，在排查过程中未发现“三高企业”。积极组织开展绿色制造相关工作，在园区发展规划中认真贯彻落实能耗双控、污染物排放替代、水资源总量控制等国家和自治区有关规定，严禁“三高”项目落地。

【重点工作】一是不断完善口岸基础设施。重点在口岸基础设施方面加大工作力度。围绕口岸平台建设的供水、排水、道路、互市贸易落地加工综合产业园等基础设施全面开工，为产业落地以及后续加快发展提供有力的支撑。

二是互市贸易转型升级成果显著。根据2018年新疆维吾尔自治区人民政府办公厅《关于加快推进边民互市贸易转型发展试点工作的实施意见》（新政办发〔2018〕83号）文件要求，先行在巴克图口岸启动边民互市贸易转型发展试点工作。2019年，建设完成丝路文化商品城、边民互市查验设施、基础设施、安防设施等建设项目，并于2019年6月18日正式运营，同时将巴克图中哈边民互市申请为AAA级景区。2019年6月18日至2019年12月31日，巴克图中哈边民互市总交易额为1.33亿元人民币，进口油葵3万余吨，丝路文化商品城共接待市民及游客19.39万人次，参与交易边民2 000余人，带动300余名边民就业，实现2 000余名边民增收，超额完成了自治区人民政府下达的首个年度交易额5 000万元人民币的任务。

【机构设置与党委（党工委）管委会领导】 2014年11月21日，根据自治区党委编办《关于调整塔城市边合区隶属关系的批复》（新党编办〔2014〕128号）精神，塔城市边境经济合作区管理委员会调整为地区行政公署派出机构，机构规格为县（处）级。2017年6月27日，塔城地区编办下发的《关于塔城市边合区管理委员会机构编制方案的批复》，确定“塔城市边合区管委会行政编制12名，内设机构1个，科级领导指数1名；下设机构3个，科级领导指数3名。所属事业单位2个，分别为机关公共事务服务中心和征收补偿服务中心。”隶属关系由地委、行署授权由塔城市管理。

2019年，塔城边境经济合作区党工委书记、管委会副主任为肖祖文同志，塔城边境经济合作区党工委副书记、管委会主任为霍学锋同志，塔城边境经济合作区党工委委员、管委会副主任赛永斌同志，塔城边境经济合作区党工委委员、纪工委书记为张惠玲同志，塔城边境经济合作区党工委委员、管委会副主任为时兴华同志。

2018—2019年塔城市边境经济合作区主要经济综合指标一览表

项目		单位	2018年	2019年	增减（%）
开发区生产总值		亿元	22.84	19.95	−12.5
工业总产值（现价）		亿元	1.436 9	1.9030	32.43
区内主导产业	1. 面粉及麸皮加工	亿元	–	1.380 2	–
	2. 热力供应	亿元	–	0.522 8	–
进出口总额		亿美元	2.85	2.45	−14
财政收入（税收收入）		亿元	0.397 36	0.119 649	−69.9
新批企业个数		家	2	12	500
规模以上企业个数		家	2	2	0
年末从业人员数		万人	0.09	0.112	24.4

（塔城边境经济合作区管理委员会）

吉木乃边境经济合作区

【经济发展】2019年，吉木乃边境经济合作区入驻企业达24家（燃气加工企业1家，农副产品加工企业7家，风电装备制造企业3家，风电开发企业3家，建材加工企业3家，商贸流通企业3家，其他制造业4家），其中规模以上企业6家，上市企业4家。边合区累计完成工业总产值56.57亿元，工业增加值23.66亿元，固定资产投资5亿元，外贸进出口总额7.67亿美元，企业投资13.5亿元，完成税收4.75亿元，实现新增就业620余人。

【产业发展】2019年，吉木乃边境经济合作区以“创新发展，服务企业”为抓手，千方百计创新发展、优化服务、破解难题、促进增长，深入探索园区发展增长点，园区发展建设保持平稳。

督促指导企业规范化生产，促进广汇液化气公司、光明面粉厂、益康面业等企业满负荷生产，帮助新建企业额尔齐斯生物科技公司解决生产经营难题。工业经济稳步推进，但由于园区部门企业产值未达到2 000万元，未纳入规模以上企业，园区指标总体下降。2019年累计完成工业总产值11.88亿元，同比下降28.63%；完成工业增加值4.71亿元，同比下降12.62%；1—12月累计生产天然气4.45亿立方米，同比下降6.32%；风力发电量4.58亿千瓦时，同比增长42.24%；2019年进出口贸易额2.28亿元，同比增长12.38；规模以上企业从业人数160人；固定资产投资1 000万元；完成税收1.04亿元。

在谋项目、重招商、推建设方面措施如下。

一是把握机遇，用好优势，量身谋划项目。加大项目钻研、市场调查与招商分队外出招商相结合的工作力度，利用吉木乃口岸已获得粮食、冰鲜水产品、肉类、饲草、蜂蜜、木材等进口指定口岸的政策，通过多渠道信息谋划项目，与哈国商会会长、企业建立常态化联络关系，调查研究哈国资源情况，进行进口成本测算等项目要素可行性研究；结合园区产业定位、三去一降一补要求，重新完善项目库，学习优秀园区发展经验，苦练内功、加快知识更新，为下阶段重点推介招商奠定基础。

二是大力促进实体经济发展，不断增强园区综合实力。重新定义以农业产业化为主线的发展新方向，挖掘资源优势和区域优势将其转化为经济优势的潜力。利用吉木乃县有机绿色资源、向西开放的北通道优势，瞄准国内外以下市场。①饲草进口加工。吉木乃县德仁牧业公司在哈萨克斯坦开发种植2万亩苜蓿草料，并在边合区购买两座标准化厂房用于加工生产，目前项目建设已完成。②境外植物油原料进口加工。新疆额尔齐斯生物科技有限公司已建设完成年加工3万吨油脂的加工厂，并已生产1万吨，产值600万元。③有机农业加工项目升级扩建。益康面业投资400万元建设有机石磨项目，将向市场投入石磨有机小麦粉、有机面包粉等有机农产品。二期扩建项目已完成选址。④开展木材进口加工项目前期研究，积极对接俄罗斯木材产业企业商会，开展资源、市场调查，已编制完成《俄罗斯木材开发研究报告》。

【绿色集约】依据《吉木乃国家级边境经济合作区总体规划（2012—2030）》第三十八条第四项规划，边合区污水处理厂与吉木乃县城污水处理厂共建。吉木乃县城污水处理厂不仅负责边合区污水处理，同时还承担着吉木乃中心城区的污水处理。为确保边合区污水顺利排入城镇污水处理厂，需建设排污管道。2015年9月吉木乃县发改委批准立项（吉发改备案〔2015〕38号）的新疆吉木乃边境经济合作区循环化改造项目——排污工程项目，总投资900万元，建设排水管线7.5千米。该项目2016年8月开工建设，2017年11月竣工，2018年1月竣工且完成环保验收后，运行正常。

吉木乃县城污水处理厂提标改造工程总投资4 854.85万元，处理规模5 000立方米/天，处理标准为一级A。工程项目于2018年7月开工建设，2018年12月完成工程主体竣工验收工作，2019年5月完成工程竣工验收，2019年7月完成竣工环保验收，目前实现一级A稳定达标排放。

【基础建设】为确保园区建设的科学性，吉木乃边合区自成立以来，坚持园区建设规划先行。“十三五”期间投资规划编制费累计300余万元，编制完成了《吉木乃边境经济合作区总体规划》《控制性详细规划》《消防专项规划》等编制规划，为园区基建提供了基础。“十三五”期间已累计完成基础设施建设投资5亿元，园区已开发面积为4.82平方千米，园区道路、供水管网、排污管网等配套建设满足了园区前期建设的需求；建成了污水处理厂、集中供热（一期）及配套工程、垃圾中转站、城市一级消防站、110千伏变电站等工程，建立健全环保、消防等重要措施，基本实现了边合区先行区的“七通一平”，还配套建设了海关监管仓库、小商品仓库、13座标准化厂房等设施，为入驻企业提供了良好的发展环境。

【机构设置与党委（党工委）管委会领导】吉木乃边境经济合作区管理委员会设置4个内设机构：党政办公室、商务经济发展局、规划建设局和招商局。吉木乃边境经济合作区管理委员会与“中共吉木乃边境经济合作区工作委员会”一个机构、两块牌子，是阿勒泰地委、行署派出机构。

党工委委员、管委会主要领导名单为：党工委委员、书记，管委会主任王筱今；党工委委员、管委会副主任杜洪涛；党工委委员、管委会副主任曹万利。

2018—2019年吉木乃边境经济合作区主要经济综合指标一览表

项目	单位	2018年	2019年	增减（%）
开发区生产总值	亿元	13.45	10.81	−19.63
工业	亿元	13.45	10.81	−19.63
工业总产值（现价）	亿元	13.45	10.81	−19.63
出口	亿美元	3.609 1	3.231 8	−10.45
税收收入	亿元	1.267 9	1.135 2	−10.46
规模以上企业个数	家	6	6	0
年末从业人员数	万人	0.06	0.06	0

（吉木乃边境经济合作区管理委员会）

燕郊高新技术产业开发区

【经济发展】2019年，燕郊高新技术产业开发区（以下简称燕郊高新区）面对复杂严峻的宏观经济形势和艰巨繁重的改革发展稳定任务，全区上下坚持稳中求进的工作总基调，统筹推进稳增长、促改革、调结构、惠民生、防风险、保稳定，锐意进取，真抓实干，全区经济社会平稳健康发展。全区主营业务收入完成1 138.44亿元，同比增长20%；固定资产投资完成168.78亿元，同比增长9%；一般公共预算收入完成47.44亿元，财政收入完成67.71亿元；实际利用外资11 256万美元，同比增长9%，占全市99.7%；高新技术产业增加值占工业增加值比重53%，研发投入占GDP比重2.20%；规模以上工业企业产值增速13%，工业技改投资增速28%；技术交易登记额12.95亿元；新增市级以上创新平台13个；新增规模以上工业企业13家。燕郊高新区获批第二批省级“双创”示范基地，被评为河北省“高新技术企业发展先进开发区”，并获奖励200万元。

【协同发展】规划体系愈加完善。2019年，燕郊高新区深入开展协同发展规划调研，调整优化城市布局和空间结构，坚决治理违法用地、违法建设，维护规划的权威性，扩大承接北京非首都功能疏解的环境容量生态空间。积极协助做好《北京市通州区与河北省三河、大厂、香河三县市协同发展规划》编制工作，配合有关部门做好北三县产业专项规划、三河市产业规划和三河市三大特色产业规划编制工作，结合产业禁限目录，明确燕郊高新区产业发展定位。交通对接不断提速。燕潮大桥与徐尹路对接正式通车，加快推进京唐（京滨）铁路、平谷线等重大工程，轨道交通平谷线线位规划调整获国家发改委批复同意，京唐城际铁路全面开工建设，102国道燕郊西出口综合改建工程顺利开工。重点领域合作对接取得实质进展。引入北京环卫集团服务燕郊，城市环境卫生水平显著提高；北控水务为2座新建污水处理厂提供技术咨询服务，保证处理出水水质稳定达标；推进泰达燃气接驳北京燃气，强化高新区气源保障，让群众享受到更多领域的“京标”服务。京投轨道交通科创青年营项目已通过规划审批，中冶轨道交通总部及三个研发中心已取得首批项目建设用地。在“北京市与廊坊北三县项目推进洽谈会”上签约的光环燕郊云计算基地项目已开工建设；北京中小企业信用担保有限公司与三河热刺激光设备制造有限公司合作项目3 000万贷款已全部到位；有研新材料与新技术创新基地项目已取得建设工程规划许可证。在“北京科博会”签约的云智慧智能运维研发中心项目已正式入驻燕郊现代产业园；中电科远燕郊科技产业基地项目规划设计方案已通过专家论证。蜂网京津冀智慧供应链集群和总部基地、北京首信融合云计算数据中心等一批项目正在抓紧洽谈。就燕郊高新区与中关村自主创新示范区合作共建中关村燕郊科学城进行了深入对接交流，研究了初步方案，正在积极推进。

【项目建设】2019年，燕郊高新区以“绿色高端、精准对接、联动发展”为目标，广泛开展招商引资与推介洽谈活动，重点面向在京世界500强、央企、国企和知名民企，积极有效承接符合燕郊发展的高端项目。先进稀土材料产业公共技术服务平台、三河发电厂密闭式煤仓改造、燕达金色年华健康养护中心二期等6个项目已顺利竣工，即将投产运行；全区在建项目17个，总投资242.4亿元；拟开工项目17个，总投资337亿元；在谈项目8个，总投资160.8亿元；重点推进项目16个，总投资494.7亿元。研究制定了《工业项目产业升级改造实施办法》，确定宏远彩钢、裕泰纺织、科远彩印3家工业企业作为升级改造试点。落实三河市《关于促进城镇低效国有建设用地再开发的试点办法》，以电厂片区宏达轧钢、燕东彩涂板、长城重机和雷捷市场4个项目为试点，转型升级发展现代服务业。认真贯彻落实《三河市扶持楼宇经济发展暂行办法》，促进房地产业由住宅地产向工业、旅游、养老、教育和体育地产转型，维多利亚、鼎盛等楼宇已落实扶持奖励政策。产业结构调整步伐逐步加快，为经济社会发展提供了有力支撑。

【科技创新】2019年，燕郊高新区深入实施创新驱动发展战略，制定了《燕郊高新区加快争先进位推动高质量发展三年行动方案》。新认定高新技术企业26家、科技型中小企业238家、科技小巨人企业5家，总数分别达到101家、1 033家和53家。创业中心被评为“河北省小型微型企业创业创新示范基地”；兴远高科孵化器升级为国家级孵化器，鼎盛科技孵化器升级为省级孵化器，创客天下人才服务港升级为省级创客空间；欧伏电气新能源电力设备冷却技术创新中心、三河发电燃煤电站污染防治技术创新中心获批省级企业技术创新中心；中铁隧道二处隧道智能装备与建造重点实验室、华北科技学院矿山设备安全监测重点实验室、防灾科技学院地震动力学重点实验室获批为省级企业重点实验室。中隧集团二处、国科稀土新建2家院士工作站；世维通公司与中科院半导体所合作，建立了“光电子技术联合实验室”。组织企业积极申报各级各类创新项目，获批扶持资金830万元，获批河北省科学技术进步奖5项，占廊坊市一半以上（廊坊市获奖共9项）。

【政务环境】2019年，燕郊高新区以“三深化三提升”活动为抓手，深入开展高质量项目建设年、服务民营企业发展促进年活动，扎实推进“放管服”改革和“双创双服”“百名干部服务百家企业”“四个一”活动深入开展，建立“一对一”服务体系，建立“亲”“清”新型政商关系。完成固定资产投资项目备案32个，固定资产投资项目核准34个，完成外资项目设立及备案46项，审核外资企业101家；开展“扶微助强”特色化服务，为碳垣科技、稳控科技等20多家企业搭桥银企对接，促成华迅科技、新威网络、环波软件与中国农业银行、建设银行达成合作意向，全力破解中小微企业融资难题，切实解决企业经营中遇到的各类问题，把亲商、爱商、助商变为自觉行动，燕郊高新区市政管理局、综合行政执法局荣获2019年度河北新闻网网民留言办理工作先进单位。

【基础设施建设】2019年，燕郊高新区加快推进城市节点设计，南横三路、水厂南路、孤山南路已竣工；康城大街（港中旅段）、化大北路、科技大街、迎宾路改造等道路工程正在施工，4条下穿京哈线铁路地道桥拓宽改造、迎夏路、神威北大街、燕高北路等道路工程正在加紧办理前期手续；燕顺路区域给水管道扩容改造工程正在加紧施工；海绵城市合流制管网溢流污染控制一期工程铺设雨水管线16.5千米，北部城镇污水处理厂幸福渠截污工程铺设中水管道11.5千米，污水管道9千米；北污水处理厂、西污水处理厂扩容提标工程新建厂区已投入运行，出水水质达到京B标准，西污水处理厂老厂区提标改造工程正在试运行；燕郊北220千伏变电站正在加紧施工；老旧供热管网及阀门改造、枣林回迁楼热力站、新源供热一厂4台燃气锅炉低氮改造、电厂西出口供热主管道扩容改造、行宫大街供热主管道更新等工程竣工投运；8座村街一体化垃圾站完成主体施工，以行宫大街和迎宾路为试点推进“垃圾不落地”工作，逐步推行垃圾分类；新增了5座模块化装配式公厕，10座水冲式公厕新建工程已进场施工，“厕所革命”有序推进；智慧城市无线

WIFI 覆盖工程竣工投入运行，基础设施承载力不断增强。

【民生保障】2019 年，燕郊高新区坚持以人民为中心的发展思想，全力抓好市民生活保障工程、幸福指数提升工程，不断满足人民群众日益增长的美好生活需要。社会服务水平不断提升。开展社区基层党组织党建示范点创建工作，推进社区服务水平上档升级。推进社区养老服务中心建设，鼓励引导社会力量兴办养老机构，力促健康养老产业和老龄化事业加快发展。深入推进大病救助、残疾人救助等各项民生工程，扎实做好城乡环卫一体化、供热管网改造、城乡智慧安防、校园周边环境整治、违建清零、空气质量提升等惠民实事，为群众提供优质高效的社会服务，不断提高和改善服务居民的能力和水平。就业保障不断加强。充分发挥中介机构、人力资源市场、劳务市场的职能作用，举办了春秋两季大型人才交流会，提供就业岗位 1.52 万个，达成就业意向 8 400 人。规范六小周边用工环境，组织 120 家企业开展劳务求职大集活动，提供就业岗位 1 850 个，达成就业意向 1 220 人。举办综合性招聘会 41 场，提供就业岗位 16 896 个，1.5 万人与用工单位达成了就业意向；谋划建设人力资源服务产业园，人才引进和就业保障能力不断提升。教育事业加快发展。圣屯小学教学用房增建工程已投入使用，汇福实验学校功能教室竣工，实验小学新建体育活动中心、高新区第三实验小学等工程正在建设施工，迎宾南路小学及幼儿园、燕南学校、燕昌中学、高新区第二实验小学及幼儿园工程正在加快办理相关手续，第五中学改扩建高中工程正在积极谋划，教育设施更加完善，入学压力明显缓解。扶贫攻坚深入推进。认真落实上级关于精准扶贫工作的安排部署，扎实做好结对帮扶对象脱贫工作，按照 2019 年对口帮扶阳原县的工作方案，开展定期交流对接，继续推进规划修编帮扶、人才智力帮扶，加强项目合作推进园区共建，坚决打赢精准脱贫攻坚战。安全生产形势平稳。对区内危险化学品、人员密集场所等重点领域开展安全隐患排查整治，重点推进了市政府提级挂牌督办重大火灾隐患单位的整改和工业园区企业的台账建立工作。

【领导班子】2019 年，燕郊高新区党工委书记韩占山，管委会主任刘连杰，党工委副书记、管委会副主任梁宝杰，党工委副书记李维宁（2019 年 1 月免），管委会副主任魏瑞喜、魏向辉、李红卫，党工委委员、纪工委书记张中华（2019 年 1 月免），党工委委员、纪工委副书记、监察分局局长吴春江（2019 年 10 月免），党工委委员、工会主席荣福兵，工委委员、财政局局长史鹏宇（2019 年 1 月免）。

（燕郊高新技术产业开发区管委会）

霍尔果斯经济开发区

【概况】霍尔果斯蒙古语意为“驼队经过的地方”，哈萨克语意为“积累财富的地方”，自古以来就是古丝绸之路北道上的一个重要驿站，处于中国西部边陲，与哈萨克斯坦接壤，西承中亚五国，是我国丝绸之路经济带核心区重要支点，是新亚欧大陆桥重要的咽喉地带，也是连霍高速公路的终点；距伊宁市90千米，距乌鲁木齐市670千米，距哈萨克斯坦原首都阿拉木图市306千米。

霍尔果斯目前有霍尔果斯口岸、中哈霍尔果斯国际边境合作中心、霍尔果斯经济开发区和霍尔果斯市“四块牌子”。霍尔果斯口岸是集公路、铁路、管道、航空、光缆、邮件“六位一体”的交通枢纽和综合性多功能口岸。公路口岸1881年正式通关，是我国最早向西开放的口岸；1992年正式向第三国开放，目前已经成为我国西部地区基础设施最好、通关条件最优的国家一类公路口岸。铁路口岸于2012年12月22日实现通车运营，2017年6月8日铁路客运正式开通，是我国最大的常年开放的铁路客货运输口岸。中哈霍尔果斯国际边境合作中心是2003年中哈两国领导人达成的重要合作共识，2005年两国正式签署《关于霍尔果斯国际边境合作中心活动管理的协定》，2006年国务院正式批复设立，是我国与其他国家建立的首个跨境边境合作区，总面积5.6平方千米，其中中方区域3.43平方千米，哈方区域2.17平方千米。2012年4月正式封关运营，实行一线放开、二线管住的“境内关外”管理模式，主要功能包括贸易洽谈、商品展示和销售、仓储运输、宾馆饭店、商业服务设施、金融服务、举办各类区域性国际经贸洽谈会等。霍尔果斯经济开发区是2010年5月中央新疆工作座谈会决定设立的，总面积73平方千米，呈“一区四园”空间布局，包括霍尔果斯口岸园区20平方千米、伊宁园区35平方千米、清水河配套产业园区8平方千米、兵团分区10平方千米。

新政办发〔2013〕105号文件明确设立霍尔果斯经济开发区管理委员会，与“中共霍尔果斯经济开发区工作委员会”一个机构、两块牌子，霍尔果斯经济开发区党工委、管委会为自治区党委、人民政府的派出机构，规格为副厅级，行使自治区管理权，负责霍尔果斯经济开发区统一规划。开发区管委会同时挂“中哈霍尔果斯国际边境合作中心管委会”“霍尔果斯口岸园区管委会”牌子。开发区管委会负责开发区的管理工作，霍尔果斯口岸园区、伊宁园区、清水河配套产业园区、兵团分区分别设立管理委员会，接受开发区管委会的领导。开发区管委会设党政办公室、纪检组宣部、发展改革和经济促进局、招商局（商务经信局）、规划建设环保局、口岸管理局、财政局、人力资源和社会保障局、社会服务管理局9个工作部门；核定行政编制50名，管委会领导职数5名（其中副厅级领导职数1名、正县级领导职数4名），9个工作部门领导职数28名（其中副县级领导职数9名、正科级职数19名）。霍尔果斯市是2014年6月26日经国务院批复设立的，辖区面积1 908.55平方千米，辖1乡1片区2个团场4个街道和16个村（社区），总人口8.65万人，由汉、哈、维、回、蒙、锡伯、东乡等13个民族组成，汉族约占66.7%，少数民族约占

33.3%，是集边境区、口岸城、商贸型、国际化特点为一体的综合性城市。

【经济发展】2019年，霍尔果斯坚持以习近平新时代中国特色社会主义思想为指导，深入学习贯彻党的十九大和十九届二中、三中、四中全会精神，贯彻落实新时代党的治疆方略、特别是社会稳定和长治久安总目标，以庆祝新中国成立70周年为主线，按照自治区党委“1+3+3+改革开放”工作部署和自治州党委打造“塞外江南”新伊犁工作要求，围绕打造“全疆稳定的放心地、经济高质量发展的增长极、改革开放的试验区”，解放思想、纠偏正向，负重奋进、善作善成，社会大局持续稳定，经济发展稳中向好，改革开放成效显著，各项事业开创了新局面。

以建设“全疆稳定的放心地”为目标，始终保持警钟长鸣、警惕常在，坚定坚决打好自治区党委反恐维稳“组合拳”，实现了“三不出”“三稳定”。积极应对国际国内经济下行压力，立足服务国家战略，按照自治区党委“一港、两区、五大中心、口岸经济带”规划布局和自治州党委打造“六个伊犁”、建设“六个区”目标任务，积极调整发展思路，充分发挥“区位、政策、开放”三大优势，结合国内国外“两种资源、两个市场”，以发展实体经济为主攻方向，以进出口贸易和加工贸易为重点，以科技创新、金融服务、人力资源为支撑，积极调整产业结构，促进产业转型升级，不断优化营商环境，着力打造“五大产业基地”，建设“五大服务平台”，推动“通道经济”向“产业经济”“口岸经济”转变，全面构建现代化经济体系，奋力打造全疆经济高质量发展的增长极。2019全年开发区一般公共预算收入39.07亿元，同比增长25.8%；外贸进出口总额44.54亿美元，同比增长69.2%；固定资产投资额同比增长89.7%；招商引资到位资金151.63亿元，同比增长102.3%；工业总产值62.04亿元，同比增长21.6%；工业增加值20.46亿元，同比增长85%。

【招商引资】加快丝绸之路经济带核心区建设，招商引资成效明显。积极调整优化产业结构，围绕“农副产品精深加工、木材加工、纺织服装、现代装备制造、生物制药”五大产业抓招商，坚持招大引强，一批重点加工项目相继开工建设，产业结构不断优化。预计全年实现招商引资到位资金100.35亿元，同比增长96.6%。合作中心中方区获批自治区级跨境电子商务试点产业园。大数据云计算平台建成投用。跨境电商服务贸易、跨境结算服务等平台进入招标阶段，五大平台有序推进。南部产业园区首期5平方千米水、电、路等基础设施建设加快推进，综保区20万平方米高标准厂房建成，来霍企业实现“即招即入”“拎包入住”。

【社会事业】坚决打好“三大攻坚战”。打好防范化解重大风险攻坚战，积极争取中央专项债券，偿还隐性债务，实现违规举债零发生。打好脱贫攻坚战，中央专项扶贫资金项目全部竣工，中央、自治区巡视反馈和审计反馈问题全部整改完成，持续巩固提升494户1 655名建档立卡贫困人口脱贫成果，剩余11户31人全部脱贫。打好污染防治攻坚战，常态化落实市乡村三级河长巡河制度，中央环保督察反馈11个问题均已整改完成。

中哈部级协调机制第一次会议成功召开，三级联动工作机制初步建立，双方区域信息共享和执法合作稳步推进。完成合作中心内经营主体备案登记。深入开展打击假冒伪劣商品专项行动，市场秩序更加规范。进一步推动人民币国际化，中国人民大学国际货币研究所霍尔果斯跨境金融实验室挂牌成立，全年合作中心试点银行创新离岸业务存款余额177.51亿元、贷款余额187.61亿元；建行、交行离岸POS机完成测试，设立两家货币兑换点，合作中心双边本币结算便利化水平不断提升。新建一站式安检办证大厅投入使用，开通查验绿色通道，游客通关时间缩短73%，全年入出区人员658.48万人次，同比增长11.26%。

城市面貌焕然一新。紧扣“丝路标杆·魅

力新城”定位，结合房屋外墙保温和屋顶防水改造，加强对城市风貌改造和环境整治，城市“颜值”和品位不断彰显。加大对违章建筑的拆除力度，特别是加大对违建别墅的清理力度，下大力气盘活烂尾楼和闲置土地，积极妥善解决历史遗留问题。城区环卫工作实现市场化运营。数字化城市管理中心启动运行，城市管理科学化、精细化、制度化水平不断提升，群众的生产生活更为便捷，市民的幸福指数大幅提升。

【产业发展】2019年，霍尔果斯经济开发区旅游产业快速发展。出台《霍尔果斯市加快旅游产业发展扶持奖励暂行办法》，深入实施“九个一”旅游精品工程。中哈国际文化旅游区、八十间房子游客服务中心投入使用，旅游配套设施不断完善。中亚风情街等一批重点项目完成主体建设，国门文化展示馆加快建设，旅游业态进一步丰富。成功在哈萨克斯坦首都努尔苏丹举办了中国·霍尔果斯旅游专题推介会，旅游宣传力度和影响力不断增强。全年旅游接待771.37万人次，实现旅游收入142.6亿元，同比增长45.2%和46.6%。

【乡村振兴】2019年，霍尔果斯经济开发区乡村振兴战略深入实施。印发《霍尔果斯市乡村振兴战略实施方案》，深入推进“五大振兴”。大力推进“公司+合作社+生产基地+农户”发展模式，创建精品林果科技示范园3个，实现特色种植1.3万亩。深入实施“百村示范、千村整治”工程，完成农村厕所改造2 398户，建立农村生活污水治理示范点3处，农村人居环境整治成效明显。全面完成村级阵地规划建设。

【体制机制改革】2019年，霍尔果斯经济开发区人才管理改革试验区加快建设，实施开发区法定机构改革和干部人事人才改革，施行全员聘用制竞聘上岗，将区（市）56个部门整合为16个联合办公部门，部门缩减71.4%，干部队伍精简33.5%。引进各类人才近3 000人。营商环境不断优化，“放管服”改革不断深化，“互联网+政务服务”平台加快建设，“一窗受理、集中审批、限时办结”“双随机、一公开”深入落实。全面推行承诺制。严格落实支持民营企业发展的减税降费相关政策，全年减税降费3.4亿元。国资国企改革加快推进，重组开建集团、锦泰集团、文旅集团三大国有公司，完善管理层组织构架，推动国有企业做大做强，实现国有资产保值增值。

【对外开放】2019年，霍尔果斯经济开发区对外开放不断扩大。组团赴哈萨克斯坦阿拉木图州开展考察交流，签订《双边经贸合作协定》。进口肉类、水果口岸通过海关总署验收；进口植物种苗、药品口岸建设稳步推进。新边民互市开工建设。《霍尔果斯经济开发区（市）优化口岸营商环境促进跨境贸易便利化实施意见》通过自治区人民政府审议，并正式印发实施。“一带一路”农副产品快速通关“绿色通道”开通。“复兴号”“绿巨人”动车组正式通车。霍尔果斯被国家移民管理局列入第一批设置“一带一路”通道的全国6个陆路口岸之一。新疆首批TIR运输货物从霍尔果斯口岸出境，通往欧洲货物在途时间压缩1/3，通关便利化进一步提升。全年经霍尔果斯口岸进出境中欧班列3 403列，增长65.59%，其中出境班列2 959列，增长77.39%，霍尔果斯在新亚欧大陆桥上的枢纽作用愈加明显。

【党的建设】2019年，霍尔果斯经济开发区始终以加强党的政治建设为统领，把强化政治教育和政治引领作为首要任务。坚定自觉履行党委主体责任，强化政治理论学习，结合“不忘初心、牢记使命”主题教育，全面对标“守初心、担使命，找差距、抓落实”要求，始终将学习教育、调查研究、检视问题、整改落实贯穿主题教育全过程，以理论学习中心组、党员固定学习日等为抓手，深入学习贯彻习近平新时代中国特色社会主义思想，党的十九大和十九届二中、三中、四中全会精神，习近平总书记关于新疆工作的重要讲话和重要指示批示精神、新时代党的治疆方略及自治区党委九届七次、八次全体会议精神。2019年，举行市委理论中心组学习27次，指导各级党委（党组）理论中心组学习400余次；充分发挥领导干部示范引领作用，带头调研66次，现场解决问题59个，形成高质量调研报告28篇。坚持问题导向、目标导向、结果导向，扎实推进“8+2”专项整治和“1+3+3”实事好事，建筑交通行业等重点领域乱象得到有效治理，全市办实事好事3 900余件，一批群众反映强烈的急难愁盼问题得到解决，党群干群关系更加密切。持续巩固主题教育成果，建立健全长效机制，完善党委（党组）议事规则，各级党员领导干部政治觉悟和政治能力不断提高，“四个意识”不断增强、“四个自信”更加坚定、“两个维护”更加坚决。

【民生建设】2019年，霍尔果斯开发区坚持以人民为中心的发展理念，将财政收入的70%以上用于保障和改善民生，在深入实施“九项惠民工程”的基础上，大力实施哺育、天然气入户、住房保障、城乡畅通、城市靓丽“五大民生工程”。实现城镇新增就业2 768人，转移本地农村富余劳动力3 102人次。“哺育工程”惠及6 300余名学生和幼儿。天然气入户完成1 700余户。完成安居富民房建设108户，408套保障性住房加快建设。开通公交线路12条、投放公交车28辆，市乡村公交实现全覆盖。新建10个停车场，新增停车位1 345个。连云港高中、二小、二初主体建成，义务教育均衡化发展通过自治区验收。妇幼保健院投入使用，全民免费健康体检实现全覆盖，违法生育实现零发生。各族群众的获得感、幸福感、安全感不断增强。

2018—2019年霍尔果斯经济开发区主要经济综合指标一览表

项目	单位	2018年	2019年	增减（%）
开发区生产总值	亿元	183.79	193.46	8.6
第二产业——工业	亿元	15.59	20.46	31.2
工业总产值（现价）	亿元	51.04	62.04	21.6
进出口总额	亿美元	26.32	44.54	69.2
出口	亿美元	26.27	44.07	75.4
财政收入——税收收入	亿元	33.07	42.34	28.0
财政支出	亿元	41.15	43.05	4.6
规模以上企业个数	家	217	233	7.4
固定资产投资	亿元	82.12	43.29	89.7

（霍尔果斯经济开发区管委会）

乌鲁木齐综合保税区

【概况】2015年7月20日，国务院以国函〔2015〕116号文件批复设立乌鲁木齐综合保税区，规划面积2.41平方千米，封闭围网面积2.33平方千米，位于乌鲁木齐市西北、兵团第十二师三坪区域。2016年12月30日，乌鲁木齐综合保税区通过国家联合验收，2017年1月25日，海关总署批复增设关区代码（9429），2018年6月22日正式封关运营，实现预约24小时通关服务。乌鲁木齐综合保税区是以出口加工区为基础，通过整合口岸、铁路等相关资源转型升级而成，重点发展保税加工、保税物流、保税服务等业务，拓展相关功能，享受保税区、出口加工区相关税收和外汇管理政策；同时，规划2.19平方千米扩展区和周边30平方千米配套区，与综合保税区围网核心区联动发展。

【经济发展】自封关运营以来，外贸进出口额累计实现57.91亿元，2019年实现进出口总值17.56亿元；累计加工贸易产值2.71亿元，2019年加工贸易产值1.83亿元；累计经营总收入29.98亿元，2019年经营总收入27.90亿元。海关税收12 600万元，税务部门税收3 189.59万元，期末企业从业人员526人。

【基础设施建设】截至2019年，保税区已累计投入30.35亿元，完成基础和监管设施建设，建成12万平方米办公区，10.5万平方米标准厂房及库房、1.29万平方米清关中心，围网内实现“七通一平”。同步推进围网外国际贸易服务区一期保税展示中心、会展中心、公共配套服务中心三个主体工程。2019年完成固定资产投资2.02亿元。积极推进园区和国际贸易服务区（一期）配套设施建设和招商引资工作；着力推进220千伏电力线迁改工程；密切结合招商需求，推进新增保税仓库项目建设；紧跟屯坪路与乌奎高速互通立交桥项目建设进度，为构建综保区对外交通网络提供支持；完成海关作业区WLAN信号覆盖和园区通信基站建设。

【产业发展】综合保税区紧紧围绕丝绸之路核心区建设，依托乌鲁木齐“五大中心”“六大产业基地”的良好发展基础和地处丝绸之路经济带空港、铁路和公路综合交通枢纽的独特区位优势，充分借鉴国内综合保税区的成功经验，全面打造保税加工、保税物流、展示交易和保税服务四大产业板块。2019年加工贸易总产值18 372万元。保税物流方面累计保税货物入区1 098个集装箱货柜，监管货值12.01亿元。加工贸易方面克明面业进口小麦4.6万吨，完成集装箱散粮测试班列运输3列。中亚食品加工生产番茄、辣椒酱等制品约7 092吨，实现出口额约631.16万美元，已发运出口车皮和集装箱共计234个。俄粮食品加工有限公司2019年完成建厂、试生产。

【科技创新】区内注册企业新疆中亚食品研发中心（有限公司）拥有以乳酸菌纯种发酵的辣椒酱、酸黄瓜罐头生产方法等发明专利5项。新疆克明面业有限公司母公司，克明面业股份有限公司通过“高效节能小麦加工新技术”获得“国家科学技术进步奖二等奖”。

【投资促进】综合保税区坚持招商选资，平稳有序地开展国际贸易、保税加工、保税物流、跨境电商和综合服务等功能业务。引进阿尔法能源等加工贸易企业，推动综合保税区科技型企业提升。全力保障新疆匠梦丝路定制家具智能车间生产线项目、陕西阿尔法能源集团有限公司晶圆封测项目、美嘉奇科技有限公司商用显示设备项目的落地投产。截至2019年，共有74家企业注册在综合保税区，其中活跃企业数14家，全年实现进出口总额17.56亿元，同比增长16.8%，其中出口额13.56亿元，同比增长145.1%，进口额4.00亿元，同比下降58%。

【拓展国际国内市场】积极申请增值税一般纳税人资格试点，会同海关、税务部门多次组织企业进行政策宣讲、需求测试。建立市级层面综合保税区增值税一般纳税人试点协同工作机制，完成《乌鲁木齐综合保税区开展一般纳税人资格试点实施方案》。在海关、税务部门的大力支持下，经过努力，现区内2家企业（新疆中亚食品研发中心有限公司和新疆克明面粉有限公司）已获批成为增值税一般纳税人试点企业。

【跨境电商】积极推动与国内知名电商企业深度合作，搭建综保区跨境电商综合服务平台，引进复制O2O跨境新零售业态、“秒通关”模式，乌鲁木齐丝路西大门跨境电商项目成功落地。百世物流已完成跨境电商“9610”直邮出口174.8万单，贸易额1 052.1万美元。

【绿色集约】截至2019年，综合保税区期末批准规划面积验收率为100%，期末封闭围网面积开发率为51.07%。单位土地面积投入强度138 231.6万元/平方千米，单位土地面积产出强度35 446.5万元/平方千米。乌鲁木齐综保区依托十二师五一新镇污水处理厂对园区工业废水集中处理率100%。固体废弃物综合回收利用率90%。

【机构设置与管委会领导】根据乌鲁木齐市人民政府、兵团第十二师《关于加快乌鲁木齐综合保税区建设的实施意见》（乌政发〔2015〕157号），2015年9月，由乌鲁木齐市、兵团第十二师按照6∶4的比例出资组建乌鲁木齐综合保税区开发投资建设运营有限公司（以下简称“开发公司”），注册资本金10亿元，保障了综保区初期建设资金。开发公司承担综合保税区及配套区的投融资、开发建设、运营管理等职能。

根据自治区编委《关于设立乌鲁木齐综合保税区管理委员会的批复》（新编委〔2016〕15号）和市编委《关于乌鲁木齐综合保税区管理委员会机构编制的通知》（乌编委〔2016〕2号），在乌鲁木齐经济技术开发区管理委员会加挂“乌鲁木齐综合保税区管理委员会”牌子，管委会设保税业务局、国土资源局、规划建设局、招商服务局（安全生产监督管理局）4个机构。

管委会领导成员为：乌鲁木齐经济技术开发区（头屯河区）区委书记、乌鲁木齐综合保税区管理委员会主任朱刚；乌鲁木齐经济技术开发区（头屯河区）区委副书记、乌鲁木齐综合保税区管理委员会常务副主任张峻祥；兵团第十二师党委常委、副师长兼任乌鲁木齐综合保税区管理委员会副主任王强；兵团第十二师副师长兼任乌鲁木齐综合保税区管理委员会副主任马文国；乌鲁木齐经济技术开发区（头屯河区）区委常委、常务副区长（管委会副主任）、乌鲁木齐综合保税区管理委员会副主任李贺祖。

2018—2019年乌鲁木齐综合保税区主要经济综合指标一览表

项目	单位	2018年	2019年	增减（%）
开发区生产总值	亿元	0.88	1.83	108.43
第二产业	亿元	0.88	1.83	108.43
工业	亿元	0.88	1.83	108.43
工业总产值（现价）	亿元	0.88	1.83	108.43
高新技术企业	亿元	0.40	0.36	−10.45
销售（营业）收入	亿元	2.08	27.9	1 241.35
第二产业	亿元	0.98	2	104.08

续表

项目		单位	2018 年	2019 年	增减（%）
工业		亿元	0.98	2	104.08
第三产业		亿元	1.1	25.9	2 254.55
利润总额		亿元	–	−0.11	–
第二产业		亿元	−0.04	0.03	–
工业		亿元	−0.04	0.03	–
主导产业	农副产品加工	亿元	0.88	1.83	108.43
进出口总额		亿美元	15.03	17.56	16.83
出口		亿美元	5.53	13.56	145.21
新批企业个数		家	24	27	12.50
外商及港澳台企业		家	0	0	0
内资企业		家	24	27	12.50
新批企业投资额	外商及港澳台企业	亿美元	0	0	0
	内资企业	亿元	17.63	17.56	−7.00
	增资企业	亿美元	0	0	0
规模以上企业个数		家	3	3	0
固定资产投资		亿元	2.01	4.83	140.30
年末从业人员数		万人	0.04	0.05	44.44
水资源消耗总量		万立方米	46.33	42.27	−8.76
国家级工程研究中心		个	2	2	0

（乌鲁木齐综合保税区管委会）

阿拉山口综合保税区

【概况】阿拉山口综合保税区位于新疆博尔塔拉蒙古自治州东北部，距相邻的哈萨克斯坦国多斯特克口岸12千米，于2011年5月经国务院批准设立，2014年6月正式封关运营，规划面积10.9平方千米，是新疆第1个、全国第16个综保区，是全国唯一实现货物宽准轨换装的综保区，中国铁路总公司二级物流基地，交通运输部命名的多式联运国际物流园，也是新疆率先实现综保区仓单质押融资、率先推广复制上海自贸区创新制度、率先实施通关一体化试点的区域。现已建成30万平方米标准化厂房仓库、30万吨粮油仓、30万平方米堆场。已累计入驻贸易、物流、跨境电商等领域企业553家。

【经济发展】2019年，阿拉山口综合保税区完成进出口货物103万吨，是2018年的3.2倍；贸易额82.4亿元，是2018年的5.9倍；海关税收4.8亿元，是2018年的2.5倍，位列全疆口岸第三；招商引资到位资金20.63亿元，是2018年的2.1倍。在海关总署公布的综保区进出口总值排名中，阿拉山口综合保税区排位较2018年递进了24位。新增企业52家，累计达到553家。

【产业发展】2019年，阿拉山口综保区坚持“畅通开放、贸易先行、以贸促工”的发展思路，立足国际国内两个市场、两种资源，着力发展五大主导产业：一是以金沙河面业、中亚国信为代表的进口农畜产品精深加工产业；二是以菜鸟、燕文、亚马逊、易贝、敦豪、寰宇通达为代表的跨境电商产业；三是以振德医疗全产业链、万嘉医疗器械为代表的高端医用敷料和医用耗材产业；四是以中国林业、武汉港航集团国际木材产业园为代表的木材加工产业；五是以新疆智德鑫汽车组装和零配件加工、北京惠农粮食筒仓和农牧机械加工为代表的装备制造产业。依托国务院支持综保区发展21条措施、自贸试验区监管创新制度、西部大开发、沿边开发开放政策，形成了“简政集约、通关便利、安全高效”的新经验，着力推进高水平开放高质量发展。

【科技创新】科技创新方面具体举措如下。一是积极培育创新创业主体，强化科技创新平台建设。截至2019年，全市已建成自治区级众创空间1家（丝路宝众创空间）、自治区重点实验室1家（海关技术中心矿产品实验室）、自治区工程技术中心1家（海关技术中心），正在申报阿拉山口市跨境电商科技产业园区。企业技术创新主体地位逐步得到提升。二是加强区域创新体系建设，加快推进“阿拉山口综合保税区阿拉山口跨境电商科技园区”项目建设进度。截至2019年底，在综保区园区内跨境电商保税仓库内安装智能分拣线两条、海关查验用房200平方米。分拣线已安装完毕，正在调试中，网围栏已安装完毕。跨境电商科技园区综合服务中心已完成选址、初步设计，拟开展招投标工作。科技园区已引入丝路宝电商平台企业、广昊宇电商物流等企业，随着跨境电商科技产业园区跨境电商通关查验基础设施的完善，将吸引更多优质电商企业入驻综保区。三是指导督促企业开展自治区2019年度高新技术企业认定工作，完善阿拉山口丝路宝网络技术服务有限公司高新技术企业申报材料并开展申报。培育阿拉山口金牧生物科技有限公司，做好2020年高新技术企业申报准备工作。组织企业参加第八届中国创新创业大赛，阿拉山口市锦丰工贸、阿拉山口振德纺织有限公司、阿拉山口金沙河面业等3家企业成功报名参赛。并且，阿拉山口市锦丰工贸评选为大赛初创组第三名，为我市企业科技创新奠定了良好的基础。四是组织上报自治州科技计划项目5项（基于近红外光谱的进口亚麻籽油快速鉴别方法的研究、进口饲料归类化验快速鉴定方法的研究、阿拉山口入境马携带外来病毒的多样性研究、阿拉山口及周边地区新出现蜱传病毒的病原生态学研究、进境粮油作物重要检疫性真菌快速检测及其防控技术研究）。

【投资促进】2019年，阿拉山口综合保税区完成货运量103万吨，首破百万吨大关，贸易值82.4亿元；两项数据占新疆特殊监管区域比重超8成，在全国73个综保区中的排名攀升至25位，较2018年递进24位；新增企业52家，累计达到553家。其中：加工贸易进出口值完成1.8亿元，物流货物进出口值完成48.8亿元，一般贸易进出口值完成2.2亿元，经营总收入完成49.78亿元；海关税收完成4.8亿元，货物贸易涉外收支总额完成1.04亿美元，期末企业从业人员完成2 084人，活跃企业数完成154家；跨境电商业务进出口值完成580万元。

政策落实稳步推动。县级领导包联帮扶重点企业工作深入推进，送政策、推项目、抓管理、稳增长等协调服务机制有效落实，企业发展信心倍增。及时帮助企业解决难题。通过与自治区药监局的反复协调，振德医用敷料产品注册较快推进；爱菊秦疆、金牧科技、金沙河、万嘉医疗、东林贸易等工贸企业原料采购、流动资金贷款等问题全部解决，中小企业年内累计获得贷款近3亿元。企业调研实现常态化，累计走访348次，企业61件困难诉求全部解决。及时跟进监测工业经济运行，为企业守法经营保驾护航。加大企业培优育强，引导成长型中小企业向专精特强发展，实现纳统规模以上工业企业6家。共兑现纺织服装产业补贴资金1 183万元，兑现企业能力扶持资金2.4亿元。预计全年完成规模以上工业增加值14.75亿元，增长20.4%。

营商环境全面提升。国务院支持综保区发展21条措施、自贸试验区监管创新制度、西部大开发、沿边开发开放政策叠加使用，形成了“简政集约、通关便利、安全高效”的新经验。深化“放管服”改革，登记制度实现“二十六证合一”，工程建设项目审批时限较法定时间压缩53%。持续优化通关服务，原报关、报检的229个申报项目合并精简至105个，提交单证材料由132种缩减至40种。大宗商品舱单归并、“TIR公约”、金属矿产品“先放后检”、“关税保证保险”等通关新模式全面应用，整体通关时间大幅压缩。目前，进出口货物整体通关时间分别为14小时、0.6小时，较2018年底分别压缩了57%、51%，铁路口岸通关效率全国第一，通关各项指标居全疆首位。

【体制机制创新】高标准高质量完成政府机构改革，优化了机构设置和职能配置，理顺了职责关系，政府运行更加顺畅。简政放权迈出新步伐，企业开办时间由5.5天压缩至3天；工程建设项目审批时限由270余天压缩至88天；不动产一般登记由30天压缩至8天，抵押登记由30天压缩至5天。颁发“二十六证合一”营业执照950个，减税降费2.6亿元。严格落实降低或阶段性降低社会保险缴费费率，为企业减轻社会保险缴费负担681万元。“双随机一公开”成为基本监管手段，信用体系建设稳步推进。完成一体化在线政务服务平台建设，政务服务事项网上可办率99.58%，70%事项实现“一网通办”。完成国有企业集团化架构搭建和市场化要素配备，夯实了国有企业市场化、集团化改革基础。

【投融资服务】坚持县级领导包联帮扶重点企业、“一企一策”等协调服务机制。着力解决企业融资难问题，全市中小微企业与银行达成6.17亿元贷款，为各类企业争取扶持资金2 615

革，按照市委、市政府要求，进一步修改完善改革方案，待市委、市政府批准后实施。全面推广全程代办制，落实专职代办等制度，将“最多跑一次”向纵深推进。严格落实“双创双服”各项要求，深入推进“放管服”改革，全面实施流程再造、政府投资项目审批效能、固定资产投资项目联审联验机制等改革，大力推行“五日审批工作法”，擦亮了“四最”服务海港品牌。

【港口建设】主动融入“一带一路”，港口龙头作用充分发挥。25万吨级航道等港口基础设施项目稳步推进，港口结构布局得到进一步优化。总投资18.94亿元的京唐港区24#—25#智慧集装箱码头及堆场工程顺利通过验收，实现集装箱作业自动化、智能化、无人化。内蒙古公铁物流、伊泰和西安等内陆港相继设立，唐山首条液化品散装运输欧洲航线成功开通，唐山港至乌兰巴托“日韩中蒙”过境班列正式开行，京唐港区吞吐量超3亿吨。安通多式联运智慧物流产业园、海盈国际物流园等项目加速推进，京唐港钢铁物流工程及跨境电商平台开工建设，跨境电商交易额达30.28亿元，港产城融合发展步伐全面提速。

【绿色集约】调整班子成员分工，抽出一名班子成员专职负责环保工作，组建生态环境保护指挥中心，投资近1 000万元进行硬件升级改造，整合生态保护委员会各成员单位力量，实行集中办公、统一调度、严格责任、实化措施、综合执法、形成合力。强力抓好扬尘治理、气味治理、超载超限、散乱污企业治理等工作，全年PM2.5平均浓度为49微克/立方米，低于51微克/立方米的市级目标。认真落实河长制要求，投资5 000余万元聘请第三方机构对区内水质进行有效治理，5条河流断面水质全部达标。

【社会事业】坚持优先发展理念，打造医养结合和教育高地。把教育摆在突出位置，年度资金优先向教育倾斜，并逐年加大投入力度，确保教育经费落实“3个增长”。实施教育提升工程，加快推进新建海港第三中学、第五中学、青少年活动中心等项目，进一步优化教育布局，完善基础设施。不断提升义务教育水平，中高考成绩始终在全市名列前茅，海港二中获得全国国防教育示范校荣誉称号，海港一小获得全市素质教育示范校等荣誉称号。同时，借助唐山湾国际旅游岛的旅游资源优势，大力发展医疗康养产业，为其提供服务支撑，努力打造医养结合和教育高地。

【文化兴区】深入实施“文化兴区”战略，打造海港文化品牌。以创建国家公共文化服务体系示范区为载体，投资近600万元建成55个农村综合文化服务中心，实现基层综合文化服务中心全覆盖。以庆祝新中国成立70周年为统揽，不断汇聚礼赞新中国、奋斗新时代的前进洪流，广泛开展千人升国旗唱国歌仪式、红色文化月专场文艺演出、开发区首届马拉松赛等系列活动，积极承办全国城市足球联赛、第二届全国少儿足球邀请赛，为共和国70年的辉煌成就喝彩，凝聚爱国主义的硬核力量，活力之城、休闲之城、国家名城建设迈出新步伐。

【乡村振兴】实施乡村振兴战略，农业农村工作开创新局面。以农村生活垃圾和生活污水治理、厕所革命、村容村貌提升为重点，加强农村人居环境整治，村容村貌显著提升。严格督导考核，定期拉练排名，实行以奖代补，对两次排名末位的两名村支书、村主任给予免职处理，进一步夯实乡村振兴战略根基。认真落实“两不愁三保障”要求，因户制宜，精准施策，实现建档立卡贫困人口年内全部高质量脱贫，同时健全完善防贫机制，强化动态管理，落实防贫保障。大力推进农业结构调整，推进农业产业化发展，加快建设万亩绿色水稻示范园区、万亩葡萄示范园区和万亩盐田生态养殖园区，提升“第一斗”大米、“赵滩”葡萄等品牌知名度，促进农业集约发展。

【和谐稳定】强化社会治安防控，筑牢平安海港基石。把法治理念贯穿于各项工作中，深入开展法治海港创建活动，引导广大干部职工依法履职、依法行政、依法办事。深入开展平安海港建设，推进“扫黑除恶”专项斗争，加快建设“雪亮工程”应用平台，不断增强人民群众的获得感、幸福感、安全感。严格落实安全生产党政同责、一岗双责等制度，持续开展安全生产攻坚整治行动，全年实现“零死亡”。加强退役军人管理服务，做好退役军人安置工作，军人军属合法权益得到维护。坚持源头治理、依法治理、综合治理的思路，按照“属地管理”和“谁主管、谁负责”的原则，充分发挥党组织领导核心作用和各部门职能作用，运用法治思维和法治方式化解矛盾纠纷，构筑了“纵向三级”“横向多元”的矛盾纠纷化解机制，成功化解了惠泽小区房产证办理、滨港怡园小区供暖、周行科技公司拖欠农民工工资等重大疑难信访事项。2019 年，班子成员包联信访疑难事项 9 件，化解 7 件，其余 2 件已转入法定途径解决；全区共排查各类社会矛盾纠纷 70 余件，排查率达到 100%，化解率达到 95% 以上，基本实现矛盾纠纷解决在萌芽、化解在基层，维护了安定和谐的社会环境。

【机构设置与管委会领导】海港开发区辖 1 个管委会、1 个镇、57 个村民委员会、2 个居民委员会，下设党政综合办公室（人民武装部与其合署办公），发改局（交通运输局、行政审批局），招商局（商务局），财政局，人社局（社会事务局），住建局，安监局，政法委（司法局），机关党委（党群工作部）等 9 个内设机构及社保局，政务服务中心（公共资源交易中心），财政集中支付中心（政府采购中心），综合执法大队（城区办事处），人力资源和就业服务中心，社会事业服务中心（文化体育广播电视新闻服务中心），城市建设服务中心（住房保障服务中心），劳动人事争议仲裁院，综合治税领导小组办公室等 9 个财政性资金基本保证事业单位。

党工委、管委会班子成员包括:党工委书记、管委会主任黄玉刚，管委会调研员王纯华，党工委委员、管委会副主任谭树强，党工委委员、管委会副主任赵书田，党工委委员、管委会副主任刘军，物流产业聚集区党组书记兼管委会主任莫辉，党工委委员、纪工委书记熊向阳。

2018—2019 年河北唐山海港经济开发区主要经济综合指标一览表

项目		单位	2018 年	2019 年	增减（%）
开发区生产总值		亿元	160.5	181.8	13.23
第二产业		亿元	81.5	93.02	14.08
工业		亿元	76.3	87	14.09
第三产业		亿元	70.4	83.4	18.49
工业总产值（现价）		亿元	310	348	12.27
高新技术企业		亿元	474	558	17.6
销售（营业）收入		亿元	1 775	1 870	5.35
第二产业（工业）		亿元	290	343	18.1
利润总额（工业）		亿元	5.9	9.4	57.13
区内主导产业及产值	1. 农副食品加工	亿元	73	86.26	18.2
	2. 炼焦	亿元	230	242.57	5.5
	3. 水上运输	亿元	103	129.57	25.7
进出口总额		亿美元			
出口		亿美元	0.715 2	0.777 5	8.71
财政收入		亿元	27.1	39.64	46.28
税收收入		亿元	25.8	31.39	21.68
财政支出		亿元	11.96	50.6	323.32

续表

项目		单位	2018 年	2019 年	增减（%）
新批企业个数		家	473	–	–
外商及港澳台企业		家	1	4	300
内资企业		家	473	–	–
区内世界 500 强企业数		家	3	3	0
国家级高新技术企业数		家	14	–	–
新批企业投资额	外商及港澳台企业	亿美元	0.157 4	0.683 6	334
	内资企业	亿元	39	–	–
	增资企业	亿美元	0	–	–
规模以上企业个数		家	179	–	–
科学研究与试验发展经费（R&D）支出		万元	5.49	8.34	51.74
外商实际投资		亿美元	0.13	0.69	430.77
固定资产投资		亿元	94.52	157.67	66.8
年末从业人员数		万人	2.5	2.68	4
万元 GDP 能耗		吨标煤／万元	0.78	0.89	14.10
水资源消耗总量		万立方米	0.132	0.116 3	−11.89
单位国内生产总值取水量		立方米／万元	593	–	–
区内建立的创业创新平台数量		个	1	–	–
区内科研院所数量		家	5	–	–

（河北唐山海港经济开发区管委会）

江苏泗阳经济开发区

【经济发展】2019年，江苏泗阳经济开发区（简称开发区）全年实现业务总收入610.89亿元、地方财政一般预算收入21.59亿元、工业固定资产投资149.72亿元，比2018年分别增长11.46%、3.22%、6.66%；实际到账外资8 779万美元、进出口总额4.28亿美元；获批中国化纤功能新型面料研发基地、全国大中小企业融通型创新载体基地、全省商务系统先进集体等荣誉称号，在2018年全省开发区科学发展综合评价中位居115家省级以上经济开发区第40位、88家省级经济开发区第15位，苏北五市43家省级以上经济开发区第6位、37家省级经济开发区第2位。

【招商引资】2019年，泗阳开发区突出发展开放型经济、培育主导产业，深化产业招商、专业招商、园区招商“三位一体”招商模式，强化主体招商责任，积极“走出去”、热情“请进来”，扎实开展产业链招商，延伸补强主导产业链，总投资10亿元以上的江苏和触光学科技有限公司、江苏硕凯半导体有限公司等一批优质项目顺利落户园区，国望高科纤维（宿迁）有限公司等一批重大意向项目正在有序推进签约落地，实现了百亿级大项目和新兴产业优质项目重大突破，年内招引落户开发区亿元以上工业项目51个，计划总投资268亿元。其中开发区（泗阳县招商局）引进的江苏永益食品有限公司、江苏汀熹智能科技有限公司，开发区与吴江（泗阳）工业园共同引进的江苏和煊电子科技股份有限公司等项目进展顺利，江苏鼎尔纺织科技有限公司等一批大项目、好项目实现竣工投产。

【企业培育】2019年，泗阳开发区深入实施“521”工程，推进泗阳泰硕电子有限公司等9家企业兼并重组，宿迁市豹子头服饰科技有限公司及江苏海鹿包装股份有限公司2家企业上市；打造西威电梯江苏有限公司等4家市级智能车间，完成产业技改投入20亿元；实现销售超20亿元企业2家、5亿元企业10家、亿元企业47家，税收超千万企业22家、百万企业超100家；新增规模以上企业20家、就业1万余人，财政、企业、职工“三个钱袋子”收入进一步充实；通过产权转让、转租等方式，推动轻资产对标招商，有效盘活12家企业闲置土地1 000余亩、闲置厂房约14.5万平方米。

【科技人才】2019年，泗阳开发区新增江苏海欣纤维有限公司等16家高新技术企业，江苏奥立比亚纺织有限公司、江苏好彩头食品有限公司等4家企业被认定为省企业技术中心，江苏宝浦莱半导体有限公司、江苏傲龙生物科技有限公司等3家企业获批省工程技术研究中心；深入开发区内160余家重点企业全面梳理人才需求情况，积极参加长沙、西安等地高层次人才招聘活动，柔性引进“国家千人计划”1名、“双创人才”1名，全日制本科及以上人才68名，其中名校优生15名、研究生2名，超额完成市县下达的目标任务。

【城市建设】2019年，泗阳开发区按照精细化、精致化、精品化要求，科学统筹生产、生活、生态等功能空间布局，加快40平方千米建成区的基础设施配套建设，完成老淮泗河生态河道改造、纺织展示馆装修、太湖路雨水管网铺设等结转扫尾工程；完成葛东河路南延道路、长兴路、黄河路路面改造等道路工程；完成北京路东延等6条道路路灯工程；完成浙江路东延等5条路自来水铺设工程；结合“263”专项行动，强化网格化日常巡查，加大“五乱”治理力度，清理小散乱污企业，取缔江苏海光金属有限公司下属加工厂，督促江苏顶品家居有限公司等3家企业有机挥发物（VOCs）按时综合整治到位，持续推进公园、河道、道路绿化提升，努力构建起绿色低碳的生产方式和治理方式，着力打造生态环境优美、产业特色鲜明、发展质态优良的美丽园区。

【安全稳定】2019年，泗阳开发区强化企业安全生产主体责任，持续开展安全文化教育和各项综合治理系列活动；每个季度召开全区安全生产工作会议，签订安全生产工作责任状；在西威电梯江苏有限公司等120多家企业建立安全文化建设示范点，印发宣传资料3 000余份；举办第七届“荣浩杯”企业职工运动会暨“119”消防宣传月活动，区内67家企业自行举办应急救援演练活动；设立安全隐患举报告示牌和有奖举报制度，公布24小时举报热线电话；所有企业建立安全生产领导机构，车间班组设立安全员，层层签订安全生产承诺书，落实安全生产岗位工作职责以及日巡查制度和隐患整改制度，为杜绝重特大安全事故的发生奠定良好的机制保障，年内未发生等级以上的安全生产事故；健全“网格化”社会治理机制，积极化解江苏蓝华塑胶有限公司、泗阳瑞泰光伏材料有限公司等信访积案，及时处理各类网上舆情850余条，着力营造和谐稳定的发展环境。

【公共空间治理】2019年，泗阳开发区按照“产城共建、设施完善、环境优美”的目标要求和“简约大方、设计美观、节约成本”的原则，加快完善园区功能。以着力提升承载能力为目标，加快推进道路、雨污管网、水电气热管网等公共基础设施建设工程，邻里中心、职工公舍、蓝领公寓、人才公寓等生活设施建设工程，科技综合体、科创中心、产品研发检测中心、物流中心等公共服务设施工程，实现园区生产、就业、生活便利化。以改善园区环境为重点，实施河道沟渠水系沟通整理工程、主次干道及河道沟渠沿线绿化完善工程，加快推进园区循环化改造，把“生态+”理念运用到园区发展的全过程、各领域，全面抓好落后产能淘汰和减排达标，严格截污控源，推进源头减量、循环利用，实现企业固废全部无害化处置、废水全部接管处理，废气全部达标排放，推动企业循环式生产；加强生物净化，整治黑臭水体，提升河道水质，提升园区绿化覆盖率，打造水清河秀、厂在林中、人在绿中的园区美景。常态化持续开展环境综合整治活动，在环境卫生治理方面，加强道路、河道沿线，尤其是主次干道路沿线的管理，对违规占用公共空间的建筑、乱堆乱放的垃圾、乱涂乱画的野广告、黑臭水体等进行专门清理，确保公共空间整齐美观；集中清理道路沿线建筑、标识标牌、各类广告牌，做到破旧的立即更新、损坏的立即修复、违规的立即清除；在建工地一律按规定标准进行围挡，硬化出入路口，严禁车辆带泥上路，工地食堂、工棚、临时厕所严格按标准督促、落实到位。在基础设施维护及管理方面，科学规划、有序推进雨污管网建设和改造，实施道路改造提升、破损道路维修工程，严格规范水电气热管网建设行为，全面提升基础设施建设水平。在企业环境治理方面，严格规范企业建设行为，严格制止乱搭乱建、乱堆乱放行为，严格规范企业外观以及标识标牌、文化标语；推动企业开展厂区绿化美化工程，厂区内所有裸露地面、闲置土地原则上必须进行硬化或绿化，原有绿化草木要修剪管养，提升环境；引导企业规划科学、合理的参观路线、参观内容，设置有专门的安全参观通道及地面标识；鼓励有条件的企业建设专门展厅用于展示产品、工艺流程、发展方向等，切实把公共空间治理作为打造良好发展环境、建设美丽园区的重要抓手，实现开发区公共空间及企业净化、绿化、美化。

【非公有制企业党建】2019年，泗阳开发区坚持“抓党建促发展”理念，积极落实意识形态责任制，召开党工委中心组理论学习12次；结合“不忘初心、牢记使命”主题教育，积极开展党员亮身份亮承诺、党支部签订承诺书、党总支向党工委递交责任状的“三级承诺”活动，新建非公企业党组织16个；结合“四重四亮”活动，组织开发区非公企业党支部开展“重温初心、点亮使命”视频拍摄；组织党员干部开展调查研究，进行政治体检、党性锤炼，对照党章党规进行对标找差，推动形成以上率下、层层推进、整体联动的良好格局。

【社会文化事业】2019年，泗阳开发区坚持把学习党的十九大以及十九届二中、三中、四中全会精神及习近平新时代中国特色社会主义思想等理论知识放在工作的重要位置，开发区上下树立“四个意识”，坚定“四个自信”，做好“两个维护”，为推动园区经济社会高质量发展打下坚实的理论基础。被《新华日报》《宿迁日报》《泗阳快报》等省市县各层次媒体采用的宣传报道稿件共计250余条；完善网上舆情的收集、研判、引导、控制、处置制度，累计受理各类网络问政舆情共计800余件，办结率100%。深入开展“联村共建”、结对帮扶、群众助学等活动，累计捐款捐物约90万元。

（江苏泗阳经济开发区管委会）

河北清河经济开发区

【**经济发展**】2019年，河北清河经济开发区累计完成地区生产总值73.28亿元，同比增长6.90%；工业总产值150.01亿元，同比增长14.55%；主营业务收入489.15亿元，同比增长17.42%；财政收入11.56亿元，同比增长26.48%；进出口总额3.28亿美元，同比增长13.49%。

【**产业发展**】2019年，清河经济开发区产业发展稳中有进。成立特色产业工作专班，强研判、优服务、补短板、破瓶颈、解难题，积极应对经济下行压力。新增规模以上工业企业3家，宏业、红太、同德等一批企业销售收入实现逆势上扬。羊绒、汽车及零部件产业被列入省级重点支持县域特色产业集群。工业设计扎实推进。红太公司获河北省十大服装品牌称号，被列入全省工业设计“双百”计划培育企业名单。创新层次不断跃升。与中科院大学实现合作，建成联合创新实验室、双创基地和科技成果转化服务中心。新增高新技术企业10家，宇腾公司被认定为河北省数字化车间。中航上大航空高温合金锻造项目被工信部评为全省唯一2019年工业强基工程，并以第一名成绩获第四届中国航空创新创业大赛创新组一等奖。品牌影响显著提升。以“清河羊绒”“清河滤清器”区域品牌组团上百家企业，分批次参加中国国际时装周、上海国际汽车工业展览会等20余个国内外高端展会；在央视一套黄金时段宣传推广“清河羊绒”；宏业公司牵头成立河北省绒毛纺织行业协会；完善“清河·中国羊绒指数”，建成清河羊绒信用体系，产业影响力和行业话语权进一步增强。

【**投资促进**】2019年，清河经济开发区创新项目供地方式，推进项目竞标入驻，继续高标准建设中小企业科创园、高新技术科创园、羊绒科创园、汽配科创园、大数据信息产业基地等一批集约发展平台，吸纳中小科技型企业入驻，成立4个招商分队，围绕政策招商、平台招商、以商招商、商协会招商，开展“清商回归”、本地企业扩大再生产、专业招商、招才引智和政策争跑等招商活动。全年重点围绕京津冀、长三角、珠三角地区开展小组团精准招商17批次，共引进项目47个，总投资121.9亿元，其中投资10亿元以上项目3个，5亿元以上项目3个，京津转移项目3个。

2019年，清河经济开发区成立重点项目建设推进小组，建立重点项目联系分包制度，集中开展“树形象、破难题、优服务”暨“双百”活动，定期现场办公，共协调解决问题356个。全年新开工建设项目34个，总投资34.6亿元，重点推进羊绒科创园、汽配科创园项目建设，办理河北宏业羊绒有限公司海澜之家服饰基地等项目前期手续；推进投资5亿元的上海春竹集团羊绒制品、投资19亿元的中小企业科创园二期、投资10.6亿元的昆山同行成服饰有限公司双面呢服饰及羊绒服装科创园等省市重点项目建设进度；南旋羊绒针织智慧城建设项目完成引进部分生产设备，河北宇腾羊绒制品有限公司羊绒纱智能化纺织项目、山东康平纳集团有限公司羊绒深加工项目、河北亿利橡塑集团有限公司汽车发动机进排气系统项目、河北力派汽车有限公司汽车刹车片等项目完成部分投产。

【省级“双创”示范基地建设】2019年，清河经济开发区推进创新创业服务，打造省级“双创”示范基地，开展多元化服务企业行动，邀请资深管理培训师走进企业，开展企业家及职工素质提升培训活动20余次，向企业提供各类服务1 300余项。实施“军民融合＋双创”战略，建设中关村清河创新中心，构建“一孵化器、一平台、两个产业创新中心”，全年对全县密封产业及羊绒产业的245家企业开展业务指导和技术培训，初步建立企业档案，重点筛选出20家密封企业和20家羊绒企业，安排专人负责跟进；建立密封、羊绒创新中心，举办“清河新视野沙龙”活动4期、专家调研3次；协助6家企业申请专利，协助8家企业申请高新技术企业；促成1家企业与中电14所签订合作协议；完成7家企业竞争力评测报告，提出企业转型升级建议；对3家智能制造企业提供智能提升问诊把脉，指导12家密封企业完成全军武器装备采购信息网资质认证。市场化运营市政工程、公建配套、土地收储、厂房租赁等，做大做强经济开发区平台公司资产，完成平台公司的整合，以清河县奥捷科技企业孵化器有限公司作为平台公司母公司，下设6个子公司。同时，积极对接金融机构，开展“无抵押贷款”业务；对接清河县辉煌产业基金，谋划成立担保公司，推进投融资平台实体化运行。

【深化产学研协作】2019年，清河经济开发区以产业转型升级为核心，加快推进与苏州大学、北京服装学院、东华大学等院校合作，开展产学研协作。对接省内外高校，加快建设人才科技交流中心，开展2期企业家、科研人员、技术技能人员相关培训活动；举办大型招聘会，参会企业210余家，提供岗位近万个，有5 000余人初步达成求职意向。6月13日，县政府与中国科学院半导体研究所全固态光源实验室、中国科学院大学创新创业学院、中国科学院理化技术研究所分别签订战略合作协议，中国科学院（院所）为清河县企业提供专业化、精准化技术转移服务，高效孵化转化高科技成果项目等，合作共建中科大双创基地、联合创新实验室、产业研究中心、大学生创业基地、工业医院，打造“政府引、产业用、院校研、基地转”的集成化产学研新模式，中国科学院（院所）免费提供价值800万元的激光熔覆、激光清洗、激光焊接、激光精加工、工业机器人等先进设备，并对产业工人开展1 600余人次的技术培训。11月9日，联合县委组织部举办“百千助企 智汇清河”海外高端人才清河行专家企业对接交流会，邀请国家“青年千人计划”专家及海外高层次人才等19人与100余家企业对接交流，在科技创新、产品研发、科技成果转化等方面达成初步合作意向12个，涉及新材料、环保、先进智能装备制造、生物医药、大数据等领域。

【营商环境优化】2019年，清河经济开发区继续深化“放管服”改革，完善“三简三全”(精简机构、精简环节、精简时耗，服务对象全、服务流程全、服务要素全）工作机制，实现“事项办理最多跑一次、网上审批一次不用跑”的24小时全天候政务服务，全面提升服务效能。深化服务企业直通车机制，协调、解决企业反映问题502个。打造智能服务大厅，实现商事登记、投资项目、食品经营许可、特种设备使用登记、公共卫生许可等5大类35个事项自助办证取证，并设有税务服务、人力资源等服务终端，全年接受各类咨询9 000余人次，服务市场主体1 876个，办理业务2 500项，提供“不见面”服务653次。为200家企业安装一键报警系统，向企业提供生产经营、消防安全、环境保护、治安维稳、市政配套等突发事件应急服务，全年提供应急服务150余次。建立干部职工联系企业、服务企业长效机制，解决企业反映市政、要素、资金等各类难题296个。对接省商务厅对外贸易促进会，成立中小企业协会，组织相关企业参与国内外展会；促进中介机构与企业良性互动和有效对接，组织中介机构走访2018年纳税超百万企业和2019年重点在建项目，解决企业遇到的难题；持续为企业开展人文关怀服务，为企业家、外地高管及家属提供免费体检套餐，组织优秀医疗专家为企业职工开展健康咨询、疾病预防、医疗康复知识讲座等。

【基础设施建设】2019年，清河经济开发区加快道路管网建设，完成湘江街—挥公大道规划道路的排水管网建设，完成EPC模式建设祁连路、长江街(志臻中学段)、华山路、沅江街道路工程，挥公大道排水管网工程进入扫尾阶段，东区新建污水管网。加强供排水工程建设，污水处理厂二期改扩建工程进入调试阶段，改造后日处理污水能力达4万吨；污泥集中干化实现第三方运营。推进电力迁建，完成体育中心清城35千伏、西简线10千伏、西联线10千伏、江园110千伏站10千伏架空线路、陆清220千伏线路迁建工程，推进清戈110千伏电力迁改工程。全年供热增设总吨位为55蒸吨/小时天然气锅炉及配套系统，完成25家企业电气表更换以及14千米供热管网的维护。

【土地集约利用】2019年，清河经济开发区挂牌出让用地9个批次，49宗，117.14公顷。协助领途汽车有限公司、河北亿利橡塑集团有限公司、昆山同行成服饰有限公司、衡水志臻中学清河分校及中小企业科创园部分入驻企业等86家企业办理不动产权证书；全年上报省自然资源厅调整后的134公顷土地利用总体规划调整方案和部分建设用地报批组卷手续，待批复。结合县土地储备中心，完成对河北省昭友绒毛纺织有限公司、清河县汇金汽车配件科技有限公司、领途汽车有限公司、河北亿利橡塑集团有限公司、中航上大高温合金材料有限公司、河北奇星橡胶科技有限公司等低效用地收储工作，收储土地44.09公顷；启动对河北春华汽车零部件有限公司、清河世张市政建设有限公司、河北甘泉药业有限公司、清河县宏业纺织有限公司等土地收储工作，涉及土地24.54公顷。成功申报土地专项债券，下达额度达1.2亿。

【生态环保】2019年，清河经济开发区持续开展“散乱污”专项整治，实行责任分包制和网格化管理机制，引导企业加大环保投入，完善环保设施，履行环保主体责任。加强露天禁烧工作，对19处管控垃圾点禁烧和清运工作进行管控，清理沿街及空地杂草垃圾200公顷。加强工业企业挥发性有机化合物（VOCs）、挥发性有机物综合治理，重点对橡塑、铸造、耐火、滤芯加工、化工、合金类涉气、细微颗粒物行业等400余家企业逐一排查，对治污设施进行深度治理、改造、提升。开展施工工地扬尘整治，督促在建、续建及市政工程工地落实工地裸土苫盖等降尘措施，安装在线监管项目14家，实时对建设项目监管。建设工业垃圾转运站，日打包工业垃圾15吨。落实省市县重污染天气应急响应减排措施，对200余家错峰生产企业进行重点摸排，列出问题清单，采取“一厂一策”精准化错峰方案，最大限度保证企业正常生产。聘请环保专家为400余家企业开展两轮次把脉问诊，列出问题清单800余张，整改问题1 500余项。

【安全生产】2019年，清河经济开发区加强安全生产责任领导，严格落实党政领导干部安全生产责任制，建立干部包联企业制，每周调度安全生产工作。强化宣传引导，发放安全生产类杂志，印发各类明白纸2 000余份，悬挂宣传条幅200余条。开展烟花爆竹利剑专项行动，重点排查空闲厂房、租赁厂房36家；加强对涉气涉危企业监管，落实防火和安全稳定长效机制，全年共排查、整改隐患320项。引进第三方专业机构，对涉危、涉气重点企业建立企业清单和“一企一档”，进行“双控”机制建设现场指导，开展企业集中培训2次，建立“双控”试点企业15家；检查指导有限空间作业企业43家，排查问题和隐患207项；检查指导“双控”企业40家，排查问题和隐患339项；检查指导中小学、幼儿园32家，排查问题和隐患170项。

【非公党建】2019年5月，清河经济开发区召开非公企业党员第一次代表大会，选举非公企业党委委员会。全年完成86名非公企业党员组织关系转接，发展党员55名，按期转正党员31名，培养入党积极分子312名；组织企业党员、入党积极分子培训17期，举办预备党员入党宣誓仪式2次，非公企业党员到党群服务中心学习1万余人次。完成河北安米诺氨基酸科技有限公司、清河县宏伟门窗科技有限公司、河北食全十美食品科技有限公司3个党支部的换届工作；新建邢台京九汽车密封件有限公司、清河县同德有色金属冶炼有限公司、中小企业协会3个非公和社会组织党支部，整合邢台亿利汽车零部件有限公司、河北亿利橡塑集团有限公司党支部；新建3家非公企业党员活动室，完善13家非公企业党员活动室制度，指导企业设立入党宣誓厅。围绕主题教育及"七一""十一"等节庆活动，组织非公企业党支部书记到西柏坡、东野庄参观学习，重温入党誓词，接受革命传统和廉政教育；组织非公企业党建指导员、联络员及党支部书记观看《八子》等红色电影。组织"红马甲宣讲队"开展新中国成立70周年成就主题教育宣讲活动，走访企业180余个、村庄6个，参与群众1 000余人。组织企业举行升国旗仪式，收听收看中华人民共和国成立70周年庆祝大会，调动广大党员积极性，促进企业党务与厂务工作大融合。

【机构设置与党工委管委会领导】2019年，清河经济开发区内设业务服务局、项目服务局、市政服务局、综合执法局、综合办公室和党建办公室。

领导班子成员有：党工委副书记刘国林、郭文军，党工委委员宁景毅、王军堂、贾振奎、安文锁、高华珍；管委会副主任刘国林、宁景毅、郭志强、李茂林。

【荣誉】2019年，河北清河经济开发区围绕"创建国家级开发区"目标，强力推进创新平台建设，聚集要素资源，优化对企服务和体制机制再造，大力优化提升营商环境，先后被授予"全国营商环境重点表彰先进单位""全国循环经济特色园区""全国区域特色经济高质量发展先进单位""全国科技成果转化试验基地"等国家级荣誉称号，被省有关部门认定为"省级劳动关系和谐单位""全省外贸出口先进开发区""河北省智能制造示范园区"，并入选"河北省县域特色产业集群振兴发展项目"，成为省领导重点联系的20家开发区之一。

2018—2019年河北清河经济开发区主要经济综合指标一览表

项目		单位	2018年	2019年	增减（%）
开发区生产总值		亿元	68.55	73.28	6.90
第二产业		亿元	40.95	45.6	11.36
工业		亿元	38.15	42.18	10.56
第三产业		亿元	25.34	25.37	0.12
工业总产值（现价）		亿元	130.96	150.01	14.55
高新技术企业		亿元	40.48	44.97	11.09
销售（营业）收入		亿元	416.58	489.15	17.42
第二产业		亿元	248.85	304.38	22.31
工业		亿元	248.85	304.38	22.31
第三产业		亿元	153.99	169.35	9.97
利润总额		亿元			
第二产业		亿元	13.56	14.51	7.01
工业		亿元	13.56	14.51	7.01
区内主导产业及产值	1．纺织业	亿元	50.42	58.5	16.03
	2．汽车零部件	亿元	53.04	61.5	15.95
	3．有色金属冶炼及压延加工业	亿元	16.37	19.5	19.12

续表

项目		单位	2018 年	2019 年	增减（%）
进出口总额		亿美元	2.89	3.28	13.49
出口		亿美元	2.47	2.72	10.12
财政收入		亿元	9.14	11.56	26.48
税收收入		亿元	9.14	11.56	26.48
新批企业个数		家	414	534	28.99
外商及港澳台企业		家	2	2	0
内资企业		家	412	532	29.13
国家级高新技术企业数		家	29	39	34.48
新批企业投资额	外商及港澳台企业	亿美元	0.505 1	0.516 8	2.32
	内资企业	亿元	25.71	28.58	11.16
规模以上企业个数		家	97	100	3.09
科学研究与试验发展经费（R&D）支出		万元	167 36.9	21 330.6	27.45
外商实际投资		亿美元	0.505 1	0.516 8	2.32
固定资产投资		亿元	18.82	23.16	23.06
年末从业人员数		万人	2.09	2.3	10.05
万元 GDP 能耗		吨标煤 / 万元	0.017	0.018	5.88
水资源消耗总量		万立方米	308.08	316.64	2.78
单位国内生产总值取水量		立方米 / 万元	4.49	4.32	−3.79
上市企业数量		家	5	5	0
区内建立的创业创新平台数量		个	2	2	0
区内科研院所数量		家	1	2	100
区内职业教育学校数量		家	2	2	0

（河北清河经济开发区管理委员会）

江苏宜兴环保科技工业园

【概述】围绕千亿级产业、千亿级园区目标要求，江苏宜兴环保科技工业园（以下简称环科园）坚持高质量发展主旋律和产业强市主战略，推进稳增长、抓项目、强产业、促改革、惠民生战略，经济社会发展稳健向前。园区区域面积212平方千米，在江苏省高新区考评中，综合排名上升16位，位列21名，其中“可持续发展能力”指标全省第三。

【经济发展】2019年，环科园全年地区生产总值348.8亿元，比上年增长8.5%。其中：第一产业增加值完成5.21亿元，比上年增长3.6%；第二产业实现增加值216.1亿元，比上年增长10.1%；第三产业实现增加值113.8亿元，比上年增长8.2%。全年完成应税销售1 664.7亿元，比上年增长14.9%，总量居全市第一，增幅超全市平均3.2个百分点；规模以上工业企业产值、工业增加值分别为551.6亿元和95亿元，分别比上年增长14.6%和15%；全社会固定资产投资68.1亿，比上年增长16.8%；进出口总额5.1亿美元，比上年增长8%；外资到账9 115万美元，比上年增长20%；一般公共预算收入18.1亿元，比上年增长13%，总量居全市第一，增幅超全市平均9.8个百分点。新增38个规模以上企业，累计303个，其中环保企业21个。新增国家级、市级两化融合示范企业2家，总数达18家；智能制造示范试点项目2家，省级、无锡级智能工厂车间4家。新增5家省级工程(技术)研究中心，大中型企业研发机构100%覆盖、规模以上企业研发机构建有率达94%。

【产业发展】2019年，环科园在建重点项目48个，总投资188亿元；拟建重点项目60个，总投资超300亿元，8个列入无锡市重点，33个列入市重点。双盾环境科技有限公司、市永昌轧辊有限公司、宝艺新材料股份有限公司等项目建成投产；米格电气江苏有限公司、碧迪医疗科技（江苏）有限公司、江苏天鸟高新技术股份有限公司等在建项目顺利推进。在招商引资方面，韩国悬浮风机、上海贝色新材、航天精密机电等高端制造项目落户园区；秋洽会期间，通过举办集中开工仪式，促成总投资98亿元的30个项目落地建设；融入和服务国家重大战略，深化与中国航天科技集团有限公司、中国电力建设集团、中国长江三峡集团有限公司等央企的产业合作。在质态提升方面，围绕环保产业转型升级，推进国合装备生态工场、鹏鹞智造园、三强智能产线等智能制造项目；核心区通过“腾笼换鸟”优业态，全年资产盘活项目8个，有效利用闲置土地323亩；新引进楼宇型项目20只，实现新增产值20亿元，新增进出口额2 500万美元。

【科技创新】2019年，环科园以江苏省环保装备产业技术创新中心为主引擎，推进苏南国家自创区建设，完成高新技术产业产值232亿元，比上年增长23%，占规模以上工业企业产值的52%；新增高新技术企业25个，累计135个，总数占全市高新技术企业总数的25%；新增发明专利授权数62件，总数占全市发明专利授权总数的30%；万人有效发明专利拥有量69.5件，是全市万人有效发明专利平均水平的3.2倍。江苏卓易信息科技股份有限公司科创板上市，远东控股集团有限公司、江苏中农物联网科技有限公司获国家科技进步奖二等奖。江苏一环集团有限公司、中建材（宜兴）新能源有限公司分别入选江苏省科技成果转化示范企业和准独角兽企业，中辰电缆股份有限公司、市凌志环保有限公司入选江苏省瞪羚企业。江苏天鸟高新技术股份有限公司获江苏省专精特新小巨人企业，俊知集团有限公司入选省创新型领军企业培育计划。12个企业列入无锡市雏鹰企业培育库，16个入选瞪羚企业培育库。申报省级、市级科技项目34项和39项，连续7年开展省地联合招标项目。南京大学宜兴环保研究院任洪强院长晋升中国工程院院士。新成立新南威尔士大学外籍院士工作站、教授工作站，新获批省级院士工作站2个。新增外籍院士、国家特聘外籍专家及相关领军人才6人、外籍院士7人、“两院”院士20人，国家特聘专家30人。启动省节能环保产业集群标准化试点，获评国家产学研合作创新示范基地、无锡市服务科技创新先进集体。举办海外院士专家科研路演、国际清洁技术对接等科创活动，第五届环保创新创业大赛、智慧环保高峰论坛等品牌活动成果丰硕。省环保产业院士协同创新中心、省科技企业融资路演服务中心挂牌运作。圡泉基金、丹鹏基金成立并实质运作，科技金融对产业助推作用益发明显。

【投融资服务】2019年，环科园开展“双挂双促”活动，为企业解决各类困难200余个；出台并兑现园区高质量发展政策；对接“放管服”改革，完善代办员、协调推进会等工作机制，上线运行“招商服务管理平台”；完成国企改革平台实体化运作顶层设计方案，完成“环境医院”体系和对外开放格局构建。

【绿色集约】2019年，环科园严格落实安全生产责任，高标准严要求开展安全隐患大排查大整治、城市安全集中整治，排查整改各类隐患2 176条，发出责令整改指令书129份，确保全园安全生产形势持续向好。完成生态环境部规划环评审批，启动国家生态园区创建工作。全面完成“散乱污”“263”专项任务，化工行业安全环保整治提升工作有序推进。各级环保督察“回头看”全面销号、“大棚房”整治通过验收，围绕“一推三治五化”，“控源截污”、黑臭河道整治、河长制等工作全面推进，解决一批突出环境问题和历史欠账。另外，食药品安全、地条钢、非法轧石企业整治等各项工作有序推进。

【社会事业】2019年，环科园配合市发展大局，完成光大垃圾焚烧发电二期项目建成投运、宜兴华润热电有限公司关停并转，推进新医疗中心建设、氿滨水厂扩建等各项工作。始终把教育、医疗、养老、住房放在优先位置，新幼儿园、新卫生服务中心、居家养老服务站、老旧小区改造等工程相继启动。人居环境改善稳步推进，道路优化、村庄绿化、路灯亮化均完成90%以上。开展“百企建百园”建设，“无锡笑笑种养生态园”初具规模；“氿南茗苑”“宜兴红”打响名特品牌；农村集体经济股份制改革完成率实现100%，推进“户户通”智慧平台建设，形成“三资”管理立体化格局。完成铜山村农户建房试点专项规划和选址，建成陆平村“乡村环境管家”模式，启动“两村两河”乡村振兴试点规划设计。全面解决困扰百姓多年的安置小区房产证办理遗留问题。新时代文明实践工作成效明显，打造了一批特色品牌，累计举办各类惠民活动300多场。投入356万元改善教育设施设备，大树幼稚园获2个省级一等奖。全面落实“阳光扶贫”工作，助医、助困、助学和特殊群体生活补助等慈善救助体系不断完善，全年累计发放各类救助款500余万元。

【党建工作】深化基层党建“三项工程”，开展村书记“百千万”工程，选优基层党组织班子，调整2名社区党组织书记，下派 1名“第一书记”，完成薄弱后进社区整改提升。打造党建指导员、社区管理指导员两支队伍，实现党建指导全覆盖。在全市率先推行社区“大党委制”，成立“幸福宜园”公益党建联盟。成功探索“志愿者党建+市场化管理”基层治理新模式。开辟环科园大讲堂、理论宣讲等培训新平台。通过机关公开竞岗，新提拔年轻中层干部8名；完成5名事业人员录用、23名年轻工作人员招聘，队伍结构不断优化。制定出台“三项机制”实施办法，全年运用“三项机制”10人，其中鼓励激励9人，能上能下1人，向上报送典型案例3名。加强对工程建设、基层村（社区）等重点领域的专项督查，对纪律执行、巡察反馈的问题线索及时跟进处置，保持了反腐败高压态势。意识形态工作管控有力，信访稳定、扫黑除恶专项斗争取得阶段性成果。

【机构设置与党工委、管委会领导】2019年，环科园宜兴环保科技工业园行政机构设党工委和管委会，内设党政办、党群工作部、经济科技发展局、安监局、财政审计局、招商局、规划建设局、社会事业局，另设纪律检查工作委员会（监察室），人民武装部（挂综合治理委员会办公室牌子）。领导职数为:主任(书记)2名，副主任（副书记）4名（其中1名副书记兼任纪工委书记）。内设机构领导职数为：正副局长(主任、部长）26名，其中正局长（主任、部长）10名（含监察室主任1名），副局长（副主任、副部长）16名。现有在编公务员52名，其中主任1名，副主任（副书记）5名（其中纪工委书记1名），正局长(主任、部长)7名，副局长(副主任、副部长）13名。

2018—2019年江苏宜兴环保科技工业园主要经济综合指标一览表

项目		单位	2018年	2019年	增减（%）
开发区生产总值		亿元	321.5	348.8	8.5
第二产业		亿元	215.1	233.4	8.5
工业		亿元	196.2	216.1	10.2
第三产业		亿元	105.2	113.8	8.2
工业总产值（现价）		亿元	674.2	754.6	11.9
高新技术企业		亿元	194.6	217.1	11.7
销售（营业）收入		亿元	1 448.4	1 664.7	14.9
第二产业		亿元	720.9	776.5	7.7
工业		亿元	664.6	722.0	8.6
第三产业		亿元	725.7	886.0	22
利润总额		亿元	21.7	39.7	83.3
第二产业		亿元	12.0	23.8	98
工业		亿元	11.1	22.1	99
区内主导产业总值		亿元	487.6	565.9	16.1
进出口总额		亿美元	4.8	5.3	11.6
出口		亿美元	4.2	4.9	16.8
财政收入		亿元	28.43	32.61	14.7
税收收入		亿元	27.36	31.45	14.94
财政支出		亿元	28.43	32.61	14.7
新批企业个数		家	732	801	9.43
外商及港澳台企业		家	11	6	−45.45
内资企业		家	721	795	10.26
国家级高新技术企业数		家	108	135	25
新批企业投资额	外商及港澳台企业	亿美元	0.88	0.91	3.4
	内资企业	亿元	26	27.2	4.6
	增资企业	亿美元	–	–	–

续表

项目	单位	2018 年	2019 年	增减（%）
规模以上企业个数	家	277	314	13.4
科学研究与试验发展经费（R&D）支出	万元	17.6	18.6	5.5
研究与试验发展（R&D）经费投入强度	%	3.09	3.2	3.6
合同外资金额	亿美元	2.48	0.57	−77
外商实际投资	亿美元	0.88	0.911 5	3.6
固定资产投资	亿元	55.3	66.7	17.9
年末从业人员数	万人	7.897 9	7.983 1	1.1
万元 GDP 能耗	吨标煤 / 万元	0.15	0.16	6
水资源消耗总量	万立方米	546	582	6.6
单位国内生产总值取水量	立方米 / 万元	1.7	1.67	−0.02
区内建立的创业创新平台数量	个	8	11	37.5
区内科研院所数量	家	13	18	38.5
院士工作站	个	2	3	50
区内高等院校（大学）	所	1	1	0
国家级工程研究中心	个	1	1	0
区内职业教育学校数量	家	2	2	0

（江苏宜兴环保科技工业园管委会）

统计资料篇

2019年国家级经济技术开发区主要经济指标情况

2019 年，218 家国家级经济技术开发区总体发展态势向好。地区生产总值、第二产业增加值、第三产业增加值、财政收入、税收收入、进出口总额和实际使用外资同比均保持增长。

一、总体情况

2019 年，全国 218 家国家级经济技术开发区（以下简称国家级经开区）实现地区生产总值 10.8 万亿元（注：初步核算数，下同），同比增长 8.3%，增幅高于同期全国平均水平（6.1%）2.2 个百分点，占同期国内生产总值比重为 10.9%。其中：第二产业增加值 6.7 万亿元，同比增长 4.5%，占同期全国第二产业增加值比重为 17.4%；第三产业增加值 3.9 万亿元，同比增长 16.9%，占同期全国第三产业增加值的比重为 7.4%。

218 家国家级经开区实现财政收入 2.1 万亿元，同比增长 5.6%，增幅高于同期全国平均水平（3.8%）1.8 个百分点，占全国财政收入的比重为 10.9%。实现税收收入 1.9 万亿元，同比增长 2.9%，增幅高于同期全国平均水平（1%）1.9 个百分点，占全国税收收入的比重为 11.7%。

218 家国家级经开区实际使用外资和外商投资企业再投资金额 532 亿美元，同比增长 8.5%，占全国吸收外资（含外商直接投资和其他投资）比重约 1/5。实现进出口总额 6.3 万亿元（其中，出口 3.5 万亿元，进口 2.8 万亿元），同比增长 1.6%，占全国进出口总额的比重为 19.9%。

二、分区域情况

东部地区 107 家国家级经开区实现地区生产总值 69 242 亿元，同比增长 7.9%，其中：第二产业增加值 40 903 亿元，第三产业增加值 27 323 亿元，同比分别增长 3.1% 和 16%；实现财政收入 14 659 亿元，税收收入 13 070 亿元，同比分别增长 6.5% 和 3.4%；进出口总额 54 784 亿元（其中，出口 30 601 亿元，进口 24 183 亿元），同比增长 0.6%；实际使用外资和外商投资企业再投资 320 亿美元，同比增长 12.3%。

中部地区 63 家国家级经开区实现地区生产总值 24 380 亿元，同比增长 8.9%，其中：第二产业增加值 16 806 亿元，第三产业增加值 7 376 亿元，同比分别增长 6.6% 和 20.5%；实现财政收入 3 766 亿元，同比下降 0.2%，税收收入 3 329 亿元，同比增长 1.1%；进出口总额 6 368 亿元（其中，出口 3513 亿元，进口 2 855 亿元），同比增长 9.7%；实际使用外资和外商投资企业再投资 156 亿美元，同比增长 1.7%。

西部地区 48 家国家级经开区实现地区生产总值 14 776 亿元，同比增长 9%，其中：第二产业增加值 9 649 亿元，第三产业增加值 4 695 亿元，同比分别增长 6.4% 和 17%；实现财政收入 2 331 亿元，税收收入 2 146 亿元，同比分别增长 10.2% 和 2.7%；进出口总额 2165 亿元（其中，出口 1217 亿元，进口 948 亿元），同比增长 5%；实际使用外资和外商投资企业再投资 55 亿美元，同比增长 7.3%。

来源：商务部网站

2018年国家级经济技术开发区主要经济指标情况

2018年，219家国家级经济技术开发区总体发展态势向好。地区生产总值、第二产业增加值、第三产业增加值、财政收入、税收收入、进出口总额和实际使用外资同比均保持增长。

一、总体情况

2018年，全国219家国家级经济技术开发区（以下简称“国家级经开区”）实现地区生产总值10.2万亿元，同比增长13.9%，增幅高于同期全国平均水平（6.6%）7.3个百分点，占同期国内生产总值的比重为11.3%。其中，第二产业增加值6.5万亿元，同比增长9.6%，增幅高于同期全国平均水平（5.8%）3.8个百分点，占同期全国第二产业增加值的比重为17.7%；第三产业增加值3.3万亿元，同比增长13.2%，增幅高于同期全国平均水平（9.6%）3.6个百分点，占同期全国第三产业增加值的比重为6.9%。

219家国家级经开区实现财政收入1.9万亿元，同比增长7.7%，增幅高于同期全国平均水平（6.2%）1.5个百分点，占全国财政收入的比重为10.6%。实现税收收入1.7万亿元，同比增长10.1%，增幅高于同期全国平均水平（8.3%）1.8个百分点，占全国税收收入的比重为11.1%。

219家国家级经开区实际使用外资和外商投资企业再投资金额513亿美元，同比增长5.5%，占全国吸收外资（含外商直接投资和其他投资）的比重约为1/5。实现进出口总额61 937亿元（其中，出口34 108亿元，进口27 829亿元），同比增长10.8%，占全国进出口总额的比重为20.3%。

二、分区域情况

东部地区107家国家级经开区实现地区生产总值67 333亿元，同比增长14.6%。其中，第二产业增加值40 461亿元，第三产业增加值22 885亿元，同比分别增长8.3%和12.2%；实现财政收入13 524亿元，税收收入12 151亿元，同比分别增长5.5%和8.6%；进出口总额54 281亿元（其中，出口29 953亿元，进口24 328亿元），同比增长9.5%；实际使用外资和外商投资企业再投资额306亿美元，同比增长2.1%。

中部地区63家国家级经开区实现地区生产总值21 389亿元，同比增长14%。其中，第二产业增加值15 250亿元，第三产业增加值5 819亿元，同比分别增长12.8%和17.6%；实现财政收入3 783亿元，税收收入3 183亿元，同比分别增长16.9%和16.2%；进出口总额5 681亿元（其中，出口3 059亿元，进口2 622亿元），同比增长23.1%；实际使用外资和外商投资企业再投资额154亿美元，同比增长9.3%。

西部地区49家国家级经开区实现地区生产总值13 302亿元，同比增长10.2%。其中，第二产业增加值9 052亿元，第三产业增加值3 823亿元，同比分别增长10.8%和12.8%；实现财政收入2 081亿元，税收收入2 045亿元，同比分别增长6.7%和10.6%；进出口总额1 975亿元（其中，出口1 096亿元，进口

879 亿元），同比增长 13.6%；实际利用外资和外商投资企业再投资额 53 亿美元，同比增长 15.9%。

三、高新技术产品进出口情况

国家级经开区高新技术产品出口额达到 12 531 亿元，同比增长 12.8%，占国家级经开区出口总额的 36.7%，占全国高新技术产品出口总额的 25.4%；高新技术产品进口额达到 9 001 亿元，同比增长 21.2%，占国家级经开区进口总额的 32.3%，占全国高新技术产品进口总额的 20.3%。

来源：商务部网站

2017年国家级经济技术开发区主要经济指标情况

2017年，219家国家级经济技术开发区总体发展态势向好。地区生产总值、第二产业增加值、第三产业增加值、固定资产投资、财政收入、税收收入、进出口总额和实际使用外资金额同比均保持增长。

一、总体情况

2017年，全国219家国家级经济技术开发区（以下简称“国家级经开区”）实现地区生产总值91 364亿元人民币（如无说明，币种下同），第三产业增加值28 511亿元，财政收入17 810亿元，税收收入15 724亿元，同比分别增长9.9%、17.3%、15.9%和12.2%，增幅分别高于全国（6.9%、8%、7.4%和10.7%）3、9.3、8.5和1.5个百分点；第二产业增加值61 010亿元，同比增长6.1%，增幅与全国（6.1%）持平；固定资产投资53 853亿元，同比增长6.6%，低于全国（7.2%）0.6个百分点；实际使用外资和外商投资企业再投资额3 758亿元，同比增长13.8%；实现进出口总额55 938亿元（其中，出口31 583亿元，进口24 355亿元），同比增加17.5%。国家级经开区地区生产总值、第二产业增加值、第三产业增加值、固定资产投资、财政收入、税收收入和进出口总额占全国的比重分别为11%、18.2%、6.7%、8.5%、10.3%、10.9%和20.1%。

二、分区域情况

东部地区107家国家级经开区实现地区生产总值58 933亿元，其中，第二产业增加值37 702亿元，第三产业增加值20 146元，同比分别增长10%、6.6%和16.3%；实现财政收入12 525亿元，税收收入11 049亿元，同比分别增长16%和11.4%；进出口总额48 462亿元(其中，出口27 193亿元，进口21 269亿元)，同比增长16.4%；实际使用外资和外商投资企业再投资额2 254亿元，同比增长10.7%。

中部地区63家国家级经开区实现地区生产总值20 450亿元，其中，第二产业增加值15 020亿元，第三产业增加值5 056亿元，同比分别增长8.2%、4.8%和16.7%；实现财政收入3 349亿元，税收收入2 831亿元，同比分别增长17.4%和14%；进出口总额4 842亿元（其中，出口2 584亿元，进口2 258亿元），同比增长17.7%；实际使用外资和外商投资企业再投资额1 208亿元，同比增长19.2%。

西部地区49家国家级经开区实现地区生产总值11 982亿元，其中，第二产业增加值8 288亿元，第三产业增加值3 309亿元，同比分别增长12.1%、6.2%和25.3%；实现财政收入1 935亿元，税收收入1 843亿元，同比分别增长12.7%和14.3%；进出口总额2 634亿元（其中，出口1 806亿元，进口828亿元），同比增长42.3%；实际使用外资和外商投资企业再投资额295亿元，同比增长17.7%。

三、高新技术产品进出口情况

国家级经开区高新技术产品出口额达到11 128亿元，同比增长11.5%，占国家级经开区出口总额的35.2%，占全国高新技术产品出口总额的24.6%。高新技术产品进口额达到7 737亿元，同比增长5.3%，占国家级经开区进口总额的31.8%，占全国高新技术产品进口总额的19.6%。

来源：商务部网站

2016年国家级经济技术开发区主要经济指标情况

2016年，219家国家级经济技术开发区总体发展态势平稳。地区生产总值、第二产业增加值、第三产业增加值、财政收入、税收收入和固定资产投资同比均保持增长。其中，地区生产总值、第三产业增加值、财政收入和税收收入增幅均高于全国平均水平。中、西部地区国家级经济技术开发区的地区生产总值、第三产业增加值、税收收入和固定资产投资增幅均高于东部地区国家级经济技术开发区。

一、总体情况

2016年，全国219家国家级经济技术开发区（以下简称“国家级经开区”）实现地区生产总值83 139亿元人民币（如无说明，币种下同），第三产业增加值24 299亿元，财政收入15 371亿元，税收收入14 018亿元，同比分别增长7.0%、18.1%、4.7%和7.2%，增幅分别高于全国（6.7%、7.8%、4.5%和4.8%）0.3、10.3、0.2和2.4个百分点；第二产业增加值57 505亿元，同比增长3.0%，低于全国（6.1%）3.1个百分点；固定资产投资50 532亿元，同比增长1.1%，低于全国（8.1%）7个百分点；实际使用外资和外商投资企业再投资额3 301亿元，同比下降10.3%；实现进出口总额47 605亿元（其中，出口26 946亿元，进口20 659亿元），同比增加0.53%。国家级经开区地区生产总值、第二产业增加值、第三产业增加值、财政收入、税收收入和进出口总额占全国的比重分别为11.2%、19.4%、6.3%、9.6%、12.1%和19.6%。

二、分区域情况

东部地区107家国家级经开区实现地区生产总值53 551亿元，第二产业增加值35 373亿元，第三产业增加值17 328亿元，同比分别增长6.2%、2.6%和14.1%；实现财政收入10 800亿元，税收收入9 922亿元，同比分别增加4.4%和5.5%；进出口总额41 641亿元(其中，出口23 480亿元，进口18 161亿元)，同比增长0.3%；实际使用外资和外商投资企业再投资额2 036亿元，同比下降11.3%。

中部地区63家国家级经开区实现地区生产总值18 900亿元，第二产业增加值14 328亿元，第三产业增加值4 331亿元，同比分别增长6.3%、1.2%和26.2%；实现财政收入2 854亿元，税收收入2 483亿元，同比分别增长3.7%和5.9%；进出口总额4 113亿元(其中，出口2 391亿元，进口1 722亿元)，同比增长2.5%；实际使用外资和外商投资企业再投资额1 014亿元，同比增长1.7%。

西部地区49家国家级经开区实现地区生

产总值 10 688 亿元，第二产业增加值 7 804 亿元，第三产业增加值 2 640 亿元，同比分别增长 12.5%、8.3% 和 34.1%；实现财政收入 1 717 亿元，税收收入 1 613 亿元，同比分别增长 8.5% 和 21.6%；进出口总额 1 851 亿元（其中，出口 1 075 亿元，进口 776 亿元），同比增长 1.15%；实际使用外资和外商投资企业再投资额 251 亿元，同比下降 35%。

来源：商务部网站

■ 东部107家国家级经济技术开发区
■ 中部63家国家级经济技术开发区
■ 西部49家国家级经济技术开发区

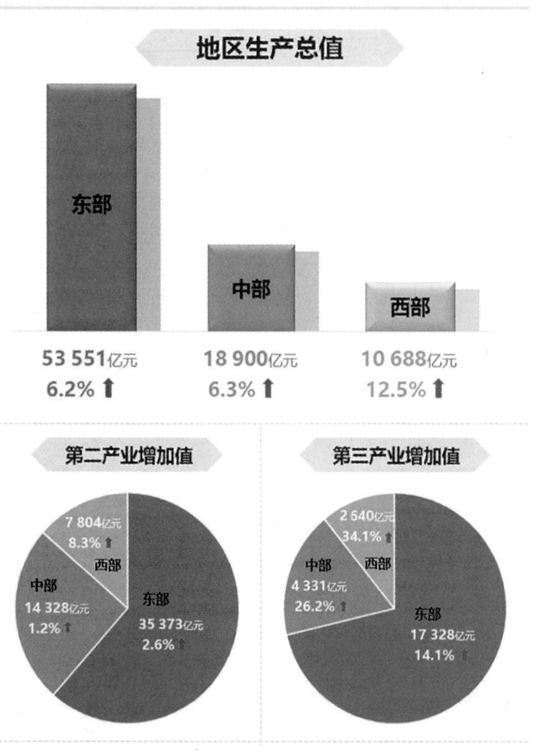

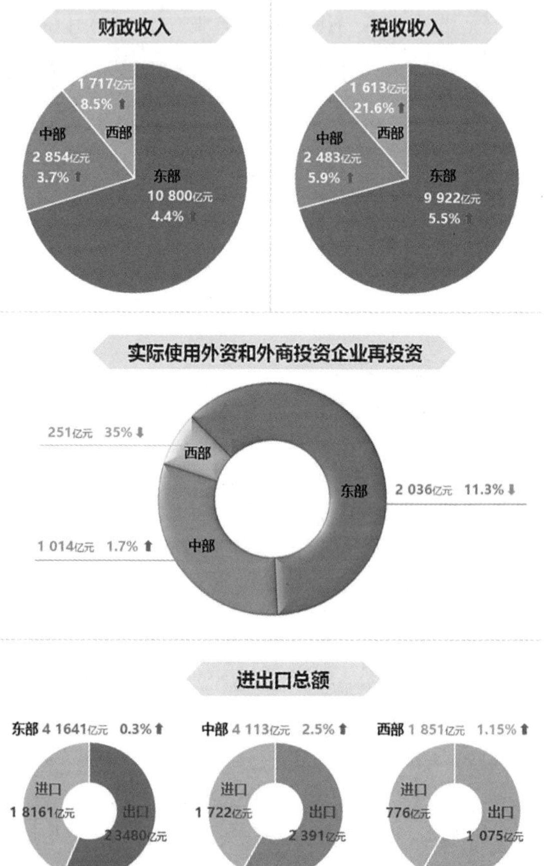

2015年国家级经济技术开发区主要经济指标情况

2015 年，219 家国家级经济技术开发区总体发展态势趋缓。地区生产总值、第三产业增加值、财政收入、税收收入和固定资产投资同比均保持增长（1.4%、7.8%、0.3%、4.5% 和 23.3%），但受国内外多重因素影响，增速放缓。中、西部地区国家级经济技术开发区的地区生产总值、第三产业增加值、财政收入、税收收入和固定资产投资增幅均高于东部地区国家级经济技术开发区。

一、总体情况

2015 年，全国 219 家国家级经济技术开发区（以下简称“国家级经开区”）实现地区生产总值 77 611 亿元人民币（如无说明，币种下同），第三产业增加值 20 450 亿元，财政收入 14 651 亿元，税收收入 13 062 亿元，受国内外多重因素影响，增速明显放缓，同比分别增长 1.4%、7.8%、0.3% 和 4.5%，增幅分别低于全国（6.9%、8.3%、8.4% 和 4.8%）5.5、0.5、8.1 和 0.3 个百分点；第二产业增加值 55 577 亿元，同比下降 0.2%，低于全国（6%）6.2 个百分点；固定资产投资 49 473 亿元，同比增长 23.3%，高于全国（10%）13.3 个百分点；实际使用外资和外商投资企业再投资额 3 668 亿元，同比下降 4.8%；实现进出口总额 47 575 亿元(其中，出口 27 162 亿元，进口 20 413 亿元），同比下降 6.5%。国家级经开区地区生产总值、第二产业增加值、第三产业增加值、财政收入、税收收入和进出口总额占全国的比重分别为 11.5%、20.3%、6%、9.6%、10.5% 和 19.4%。

二、分区域情况

东部地区 107 家国家级经开区实现地区生产总值 50 529 亿元，第三产业增加值 15 098 元，税收收入 9 420 亿元，同比分别增长 0.4%、5.3% 和 3.3%；实现第二产业增加值 34 361 亿元，财政收入 10 359 亿元，同比分别下降 0.9% 和 1.5%；进出口总额 41 914 亿元（其中，出口 23 719 亿元，进口 18 195 亿元），同比下降 5.8%；实际使用外资和外商投资企业再投资额 2 314 亿元，同比下降 16%。

中部地区 63 家国家级经开区实现地区生产总值 17 569 亿元，第二产业增加值 13 998 亿元，第三产业增加值 3 383 亿元，同比分别增长 3.7%、1.5% 和 16.5%；实现财政收入 2 721 亿元，税收收入 2 314 亿元，同比分别增长 4.4% 和 8.2%；进出口总额 3 845 亿元(其中，出口 2 267 亿元，进口 1 578 亿元），同比下降 9.1%；实际使用外资和外商投资企业再投资额 967 亿元，同比增长 11%。

西部地区 49 家国家级经开区实现地区生

产总值 9 512 亿元，第三产业增加值 1 969 亿元，同比分别增长 2.7% 和 13.9%；第二产业增加值 7 218 亿元，同比下降 0.5%；实现财政收入 1 571 亿元，税收收入 1 327 亿元，同比分别增长 5.4% 和 6.8%；进出口总额 1 817 亿元(其中，出口 1 176 亿元，进口 641 亿元)，同比下降 15.5%；实际使用外资和外商投资企业再投资额 387 亿元，同比增长 69.5%。

三、高新技术产品进出口情况

国家级经开区高新技术产品出口额达到 11 670 亿元，同比下降 7.7%，占国家级经开区出口总额的 43%，占全国高新技术产品出口总额的 28.6%。高新技术产品进口额达到 8 598 亿元，同比下降 9.5%，占国家级经开区进口总额的 42.1%，占全国高新技术产品进口总额的 25.2%。

来源：商务部网站

关于2019年度国家级开发区土地集约利用监测统计情况的通报

为深入贯彻落实党的十九大、十九届二中、三中、四中全会精神和《国民经济和社会发展第十三个五年规划纲要》，促进开发区提升土地供给质量，自然资源部组织开展了2019年度全国开发区土地集约利用监测统计工作，共有531个国家级开发区依据《2019年度开发区土地集约利用监测统计及汇总分析技术方案》及相关技术标准，对土地集约利用状况进行了监测统计。现将全国参评国家级开发区监测统计结果通报如下。

一、基本情况

2019年度监测统计在2018年度全国开发区土地集约利用全面评价工作基础上开展，更新时点为2018年12月31日。按照自愿参评原则，参与本次监测统计的国家级开发区共531个，监测统计范围面积49.57万公顷，平均每个开发区面积约为0.09万公顷。按区域分，东部地区245个，中部地区112个，西部地区120个，东北地区54个；按管理类型分，经济技术开发区、边境经济合作区等经济类开发区244个，高新技术产业开发区等高新类开发区161个，海关特殊监管区域126个；按监测统计类型分，工业主导型开发区421个，产城融合型开发区110个。

截至2018年12月31日，531个国家级开发区累计完成工业（物流）企业固定资产投资总额15.30万亿元；实现工业（物流）企业总收入23.41万亿元，开发区二、三产业税收总额2.06万亿元，工业（物流）企业税收总额1.17万亿元。国家级开发区总体经济社会效益显著，在引导和带动区域经济社会发展、推进产业结构调整方面发挥着重要作用。

二、土地集约利用总体状况

监测统计结果显示，国家级开发区土地开发利用程度总体良好，土地利用程度、利用强度和用地结构稳步提升，但用地效益稳中有降。

（一）土地利用程度显著提高。参评国家级开发区扣除河流、湖泊、山体等不可建设土地后，共有可开发建设土地47.80万公顷。其中，达到“三通一平”以上供应条件的土地42.32万公顷，土地开发率88.53%，比2018年度提高了1.32个百分点；已建成城镇建设用地36.62万公顷，占可开发建设土地的76.61%，土地建成率93.30%，比2018年度提高了0.31个百分点。已供应国有建设用地39.25万公顷，土地供应率92.74%，比2018年度提高了0.39个百分点。国家级开发区土地开发有序、供应及时、建设充分，开发利用建设程度明显提高。

（二）土地利用强度稳步提升。参评国家级开发区综合容积率0.96，工业用地综合容积率0.91，二者分别比2018年度提高了约0.02、0.01；建筑密度32.30%，比2018年度提高了0.72个百分点；工业用地建筑系数51.37%，比2018年度提高了0.38个百分点。国家级开发区已建成城镇建设用地利用强度比上一轮次进一步提升，建设用地利用方式更趋集约。

（三）开发区用地结构逐步调整。参评国家级开发区工矿仓储用地面积17.82万公顷，工业用地率48.65%，比2018年度提高了0.14个百分点；住宅用地面积5.80万公顷，占已建成城镇建设用地的15.84%，比2018年度提高了约0.30个百分点。

（四）开发区用地效益有所降低。参评国家级开发区工业用地固定资产投入强度8 589.12万元/公顷，比2018年度提高了3.40%。工业用地地均税收达到656.64万元/公顷，比2018年度减少了4.41%。工业用地地均收入13 139.37万元/公顷，比2018年度减少了2.17%。综合地均税收561.67万元/公顷，比2018年度减少了0.79%。人口密度81人/公顷，比2018年度减少了1.11%。

三、不同区域、不同类型开发区集约利用状况及变化

（一）不同区域开发区情况。

1. 东部地区开发区土地集约利用水平最高，用地效益相对较好，但闲置土地较上年度增加较多。东部地区开发区工业用地固定资产投入强度达到9 659.55万元/公顷，分别是中部、西部和东北地区的1.27倍、1.29倍、1.70倍；工业用地地均税收达到828.80万元/公顷，分别是中部、西部和东北地区的1.94倍、2.18倍和1.71倍；综合地均税收达到727.41万元/公顷，分别是中部、西部和东北地区的1.70倍、2.15倍和2.20倍。工业用地率、工业用地综合容积率、工业用地建筑系数均高于其他区域，产业用地特征突出。但土地闲置率比2018年度增加了0.05个百分点，增幅较其他区域多，应引起注意。

2. 中部地区开发区土地供应率最高，土地利用强度水平仅次于东部地区，土地产出效益较上年度下降明显。中部地区开发区土地供应率达94.84%，高于其他区域。建筑密度、综合容积率、工业用地综合容积率分别达到34.95%、1.00和0.92，排在首位或次位，土地利用强度位列东部地区之后。但工业用地地均税收、综合地均税收分别比2018年度减少了8.45%和2.47%，产出效益有明显下降。

3. 西部地区开发区土地供应率、工业用地率明显低于其他区域，工业用地效益较上年下滑明显。西部地区开发区土地供应率、工业用地率分别88.99%、38.11%，处于全国最低水平。工业用地固定资产投入强度比2018年度增加了7.21%，但是工业用地地均税收大幅下降了24.83%，仅为380.88万元/公顷，明显低于其他区域。经测算，西部地区省级开发区工业用地地均收入为0.36亿元/公顷，尚不到西部地区国家级开发区的一半。

4. 东北地区开发区土地利用强度最低，工业用地投入持续偏低。东北地区开发区综合容积率、建筑密度、工业用地综合容积率、工业用地建筑系数分别为0.80、28.06%、0.72、48.51%，均低于其他区域，土地利用强度明显偏低。综合地均税收处于全国最低水平，为330.70万元/公顷。工业用地地均税收为483.49万元/公顷，与去年基本持平。工业用地固定资产投入强度较去年增加13.78%，但依然明显低于其他区域。从实际管理范围内土地投入产出情况看，工业用地地均新增固定投资强度不到批准范围内的八成，工业用地地均税收不到七成，土地集约利用水平明显低于批准范围。

（二）不同类型开发区情况。

1. 高新类开发区土地集约利用整体水平最高，经济类开发区土地利用状况较好，海关特殊监管区域土地集约利用水平显著提升。

总体来看，高新类开发区土地开发率、土地供应率、土地建成率、综合容积率、工业用地综合容积率、工业用地固定资产投入强度、工业用地地均税收、人口密度均为全国最高。其中，土地供应率和土地建成率分别达到95.57%、95.13%，分别是经济类开发区的1.03倍、1.02倍，综合容积率、工业用地综合容积率分别达到1.06、0.97，分别是经济类开发区的1.15倍和1.11倍；工业用地固定资产投入强度、工业用地地均税收、综合地均税收、人口密度分别达到9 436.68万元/公顷、801.14万元/公顷、624.72万元/公顷、106人/公顷，分别是经济类开发区的1.15倍、1.42倍、1.24倍、1.50

倍。

海关特殊监管区域产业用地特征明显。工业用地率、工业用地建筑系数分别达到 66.69%、55.51%，为全国最高，但土地建成率、综合容积率、建筑密度均为全国最低，分别为 83.22%，0.68、30.20%。用地效益与高新类开发区也存在一定距离，但与 2018 年度相比，其土地开发率、综合容积率、建筑密度、工业用地综合容积率、工业用地建筑系数涨幅分别达到 2.77%、4.44%、6.37%、4.06%、2.83%，增长幅度大于其他两种类型开发区。用地效益方面，综合地均税收最高，达 684.11 万元 / 公顷。工业用地地均税收和综合地均税收与 2018 年度相比分别增长 4.36% 和 5.91%，较其他两类开发区增幅明显。

经济类开发区建筑密度达 33.04%、为全国最高，土地开发率、土地供应率、土地建成率分别为 87.92%、92.67% 和 93.36%，与全国水平基本持平，用地状况整体好于海关特殊监管区域。但工业用地地均税收、综合地均税收均最低，分别为全国平均水平的 86% 和 90%。

2. 工业主导型开发区土地利用日趋集约，产城融合型开发区土地集约利用水平下滑。

根据综合评价和监测统计结果，分别以 2018 年度评价时工业主导型和产城融合型开发区土地利用集约度为基准值 100，综合测算 2019 年度工业主导型开发区土地利用集约度分值为 101.58，产城融合型开发区土地利用集约度分值为 97.91。

工业主导型开发区工业用地率达到 58.58%，超过产城融合型的 2.41 倍。建筑密度、工业用地综合容积率、工业用地建筑系数分别达到 33.39%、0.91、51.83%，工业用地地均税收、综合地均税收分别达到 664.55 万元 / 公顷、573.42 万元 / 公顷，均高于产城融合型开发区。

产城融合型开发区土地开发率、土地供应率、土地建成率分别为 90.50%、94.99%、95.49%，均高于工业主导型开发区。产城融合型开发区工业用地固定资产投入强度为 9 548.09 万元 / 公顷，工业用地地均税收为 609.71 万元 / 公顷，综合地均税收为 532.81 万元 / 公顷，分别比 2018 年度下降 27.73%、5.66% 和 4.15%。土地闲置率为 0.19%，比 2018 年度上升了 0.13 个百分点，用地效益和管理绩效较不理想。

四、开发区土地利用中的问题

（一）开发区土地利用程度普遍较好，但土地整体集约利用水平仍有一定的提升空间。参评国家级开发区中，土地开发率超过 90% 的开发区超过 6 成（64.78%），土地供应率超过 90% 的开发区超过 7 成（71.94%），土地建成率超过 90% 的开发区超过 7 成（74.39%）。同时，综合容积率达到 1.0 的开发区仅有 3 成左右(34.83%)，建筑密度达到 30% 的开发区 6 成左右(61.77%)。工业主导型开发区中工业用地率超过 50% 的超过 7 成（74.82%），有 8 个工业主导型开发区已经转变为产城融合型开发区，其中工业用地率已不足 30%。国家级开发区内土地供应和开工建设情况较好，但开发区用地结构有待进一步优化，已建成城镇建设用地综合利用强度仍存在进一步挖掘潜力。

（二）开发区用地效益呈现下降趋势。受宏观经济形势等多方面因素影响，国家级开发区经济、人口数据总体较上一年度明显下滑，工业用地地均税收、工业用地地均收入、综合地均税收、人口密度与 2018 年度分别减少了 4.41%、2.17%、0.79% 和 1.11%。部分开发区投入产出效益偏低，有 57 个开发区工业用地地均固定资产投资总额低于 3 000 万元 / 公顷，有 79 个开发区工业用地地均税收在 100 万元 / 公顷以下，有 27 个开发区综合地均税收在 100 万元 / 公顷以下。开发区用地效益有待进一步提高。

（三）开发区闲置土地面积有所增加，土地管理绩效有待提升。本年度参评国家级开发区闲置土地面积有所增加，存在闲置土地的开发区共计 41 个，占参评开发区的 7.72%；闲置土地面积 433.08 公顷，土地闲置率 0.11%，比 2018 年度增加了 0.03 个百分点。对于个别仍存在一定数量闲置土地的开发区，需积极挖掘开发区土地绩效管理潜力，进一步加强用地的供后监管和存量用地盘活力度。

五、下一步工作重点

国家级开发区作为我国改革开放的成功实践，应努力打造创新高地，推动产业升级，在落实生态文明理念、促进经济转型升级和推动高质量发展等方面发挥示范引领作用。下一步，各级自然资源主管部门要紧紧围绕国务院关于支持国家级开发区创新发展的有关部署，健全土地资源高效利用机制，重点推动以下工作。

（一）探索差别化政策管理，引导开发区走质量效益型发展之路。实施差别化用地管理政策，保障新产业新业态，培育发展用地需求，促进开发区转型升级。改善基础设施配套水平，适当提高生产性服务业用地比例，增加生产性服务业用地供给，引导高新产业集聚，提升开发区用地效益，逐步实现以用地供给驱动开发区产业结构优化，以节约集约用地驱动开发区产业转型升级。优化开发区土地利用政策，对发展较好、用地集约的开发区，在安排年度新增建设用地指标时给予适度倾斜。

（二）严格土地管理，推动闲置土地处置，切实提高土地利用强度。继续实施“增存挂钩”机制，加强土地开发利用动态监管，加大对批而未供、闲置土地的处置力度；探索、创新存量建设用地二次开发机制，大力盘活存量工业用地。提高存量建设用地供应比例。将经批准的开发区四至范围落实到国土资源管理“一张图”上，结合执法检查与督察，对开发区土地利用进行严格监管。

（三）探索开发区动态管理机制，建立健全激励机制和退出机制。各地区、各有关部门要加强指导和规范管理，进一步强化约束和倒逼机制，细化监督评估工作。推动开发区监测统计成果应用，并与奖惩措施挂钩，实行动态管理制度。对监测统计结果好的开发区优先考虑扩区、升级，加大政策支持力度；对监测统计结果不理想的开发区提出警告，限期整改；对土地等资源利用效率低、发展长期滞后的开发区，予以警告、通报、限期整改、退出等处罚，推动实现既有升级也有退出的动态管理，促进开发区良性发展，切实提高土地使用效率。

（四）严格开发区土地利用管理，强化土地节约集约利用，坚持合理、节约、集约、高效开发利用土地。各类开发区用地均应纳入所在市、县用地统一供应管理，并依据开发区用地和建设规划，合理确定用地结构。推动开发区集约利用土地、提高土地利用效率，从建设用地开发强度、土地投资强度、人均用地指标的管控和综合效益等方面加强开发区土地集约利用监测统计。积极推行在开发区建设多层标准厂房，并充分利用地下空间，以土地利用方式转变助力国家级开发区创新提升、打造改革开放新高地。

来源：自然资源部

宁波经开区汽车基地

岩东污水处理厂

大港工业园区全景

NINGBO
ECONOMIC & TECHNOLOGICAL DEVELOPMENT ZONE
宁波经济技术开发区

2019 年，宁波经济技术开发区实现地区生产总值 1 155 亿元，增长 8%；财政总收入 350 亿元，增长 19%；一般公共预算收入 182.6 亿元，增长 15.6%；规上工业总产值 3 125 亿元，增长 10.2%；实际利用外资 9.78 亿美元，约占全市 1/4；外贸进出口总额增长 9%，进口和出口额首次双破百亿美元；银行贷款不良率下降至 0.61%，金融生态持续保持全市最优。居民人均可支配收入增长 8.7%。

装备制造业产值占规模以上工业产值比重 41%，“新领军行业”地位日益稳固。战略性新兴产业产值增长 11%，实现规模以上工业新产品产值 948 亿元，新产品率达 30.3%。完成首批 71 个市级技改项目验收，兑现补助资金 1.9 亿元。

2019 年 9 月 27 日，杭州壹网壹创科技股份有限公司在深交所挂牌上市

杭州钱塘新区

HANGZHOU QIANTANG NEW AREA

2019 年 4 月 2 日，浙江省政府发布关于同意设立杭州钱塘新区的批复，同意设立杭州钱塘新区，明确新区规划控制总面积 531.7 平方千米，空间范围包括杭州大江东产业集聚区和杭州经济技术开发区，托管范围包括江干区的下沙、白杨 2 个街道，萧山区的河庄、义蓬、新湾、临江、前进 5 个街道，以及杭州大江东产业集聚区规划控制范围内的其他区域（不含党湾镇所辖接壤区域的行政村）。杭州钱塘新区按照“一个平台、一个主体、一套班子、多块牌子”的体制架构，保持原有的杭州经济技术开发区、浙江杭州出口加工区、萧山临江高新技术产业开发区 3 个国家级牌子，同步撤销区域内省级以下产业平台牌子。

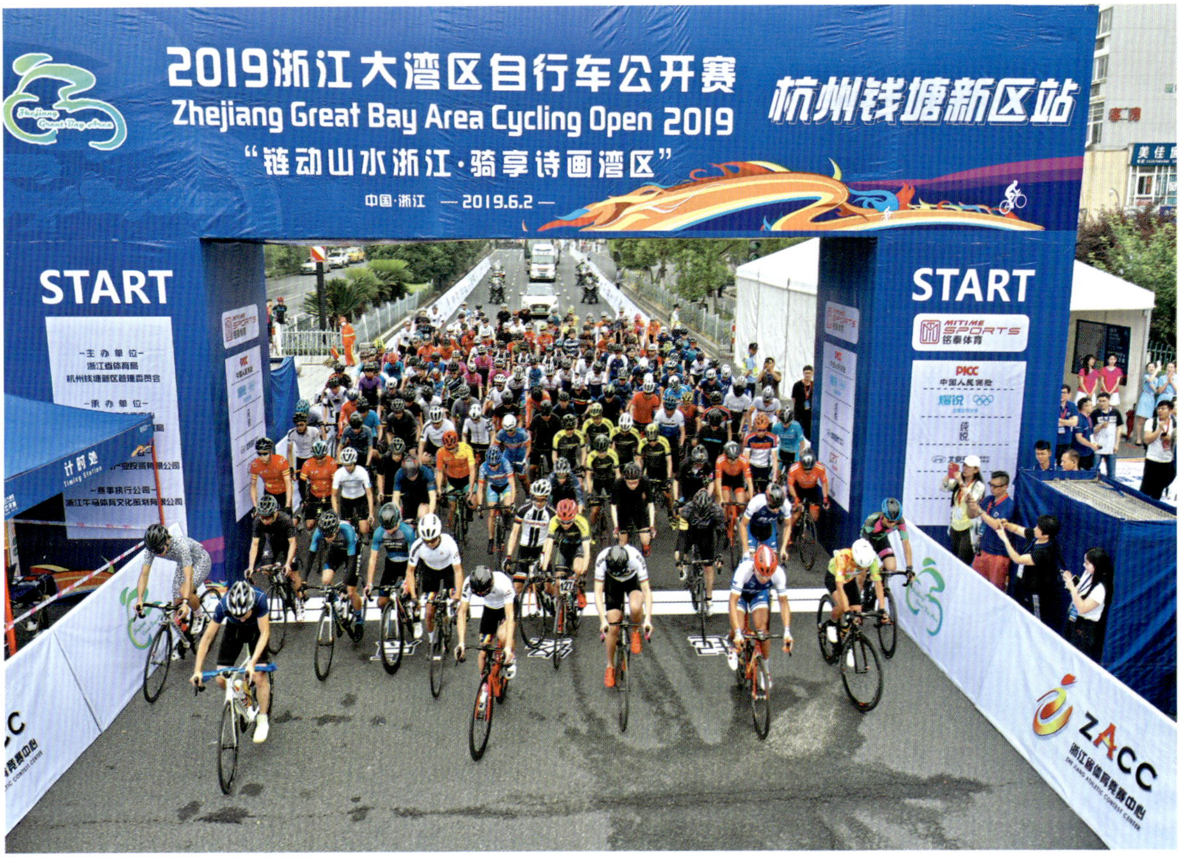

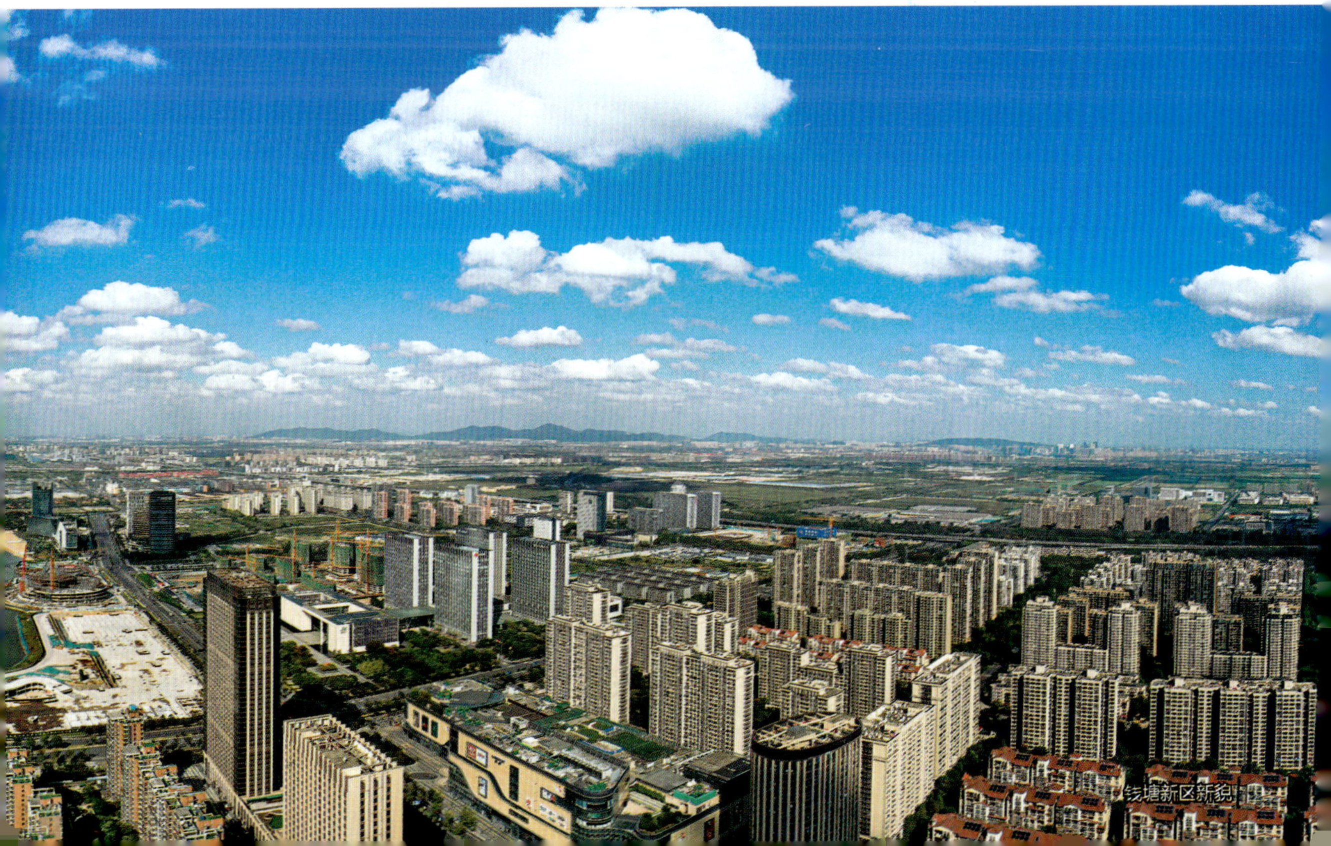

钱塘新区新貌

温州经济技术开发区

WENZHOU ECONOMIC & TECHNOLOGICAL DEVELOPMENT ZONE

2019年，温州经济技术开发区“一区七园”实现地区生产总值512亿元，工业总产值1 253亿元。区本级实现地区生产总值248.9亿元，增长8.3%；工业总产值601亿元，增长7.7%；规模以上工业增加值100.57亿元，增长7.4%；财政总收入33.89亿元，增长17.8%，其中，一般公共预算收入20.4亿元，增长21%；固定资产投资118.91亿元，增长10.1%；批零住餐业销售额1 380.9亿元，增长128.4%；外贸出口额97.74亿元，增长13.8%；研发（R&D）经费支出占比达3.9%；城镇和农村居民人均可支配收入分别增长8.7%、9.8%；万元GDP能耗下降4%。

温州

坚持高质量发展 打造"万亩千亿"高能级产业平台
"两区"建设推进暨2019年度全区工作会议

CANGZHOULINGANG

ECONOMIC & TECHNOLOGICAL DEVELOPMENT ZONE

沧州临港经济技术开发区

沧州临港

2019 年 3 月 18 日沧州市项目观摩

领导督导开发区大化聚海安全生产工作

公交车开通仪式

世界环境日宣传活动

珐博进（中国）医药技术开发区有限公司沧州分公司

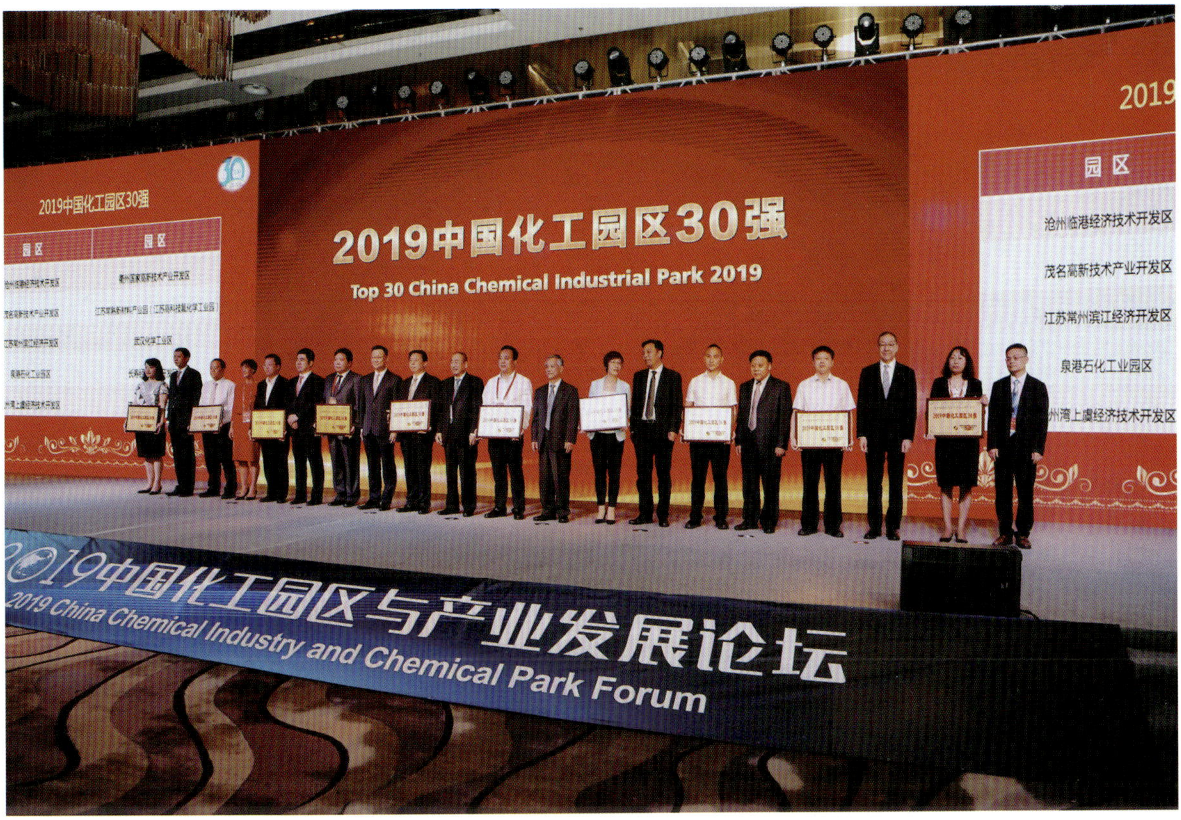
2019中国化工园区30强
Top 30 China Chemical Industrial Park 2019
园区
沧州临港经济技术开发区
茂名高新技术产业开发区
江苏常州滨江经济开发区
泉港石化工业园区
中国化工园区与产业发展论坛
China Chemical Industry and Chemical Park Forum

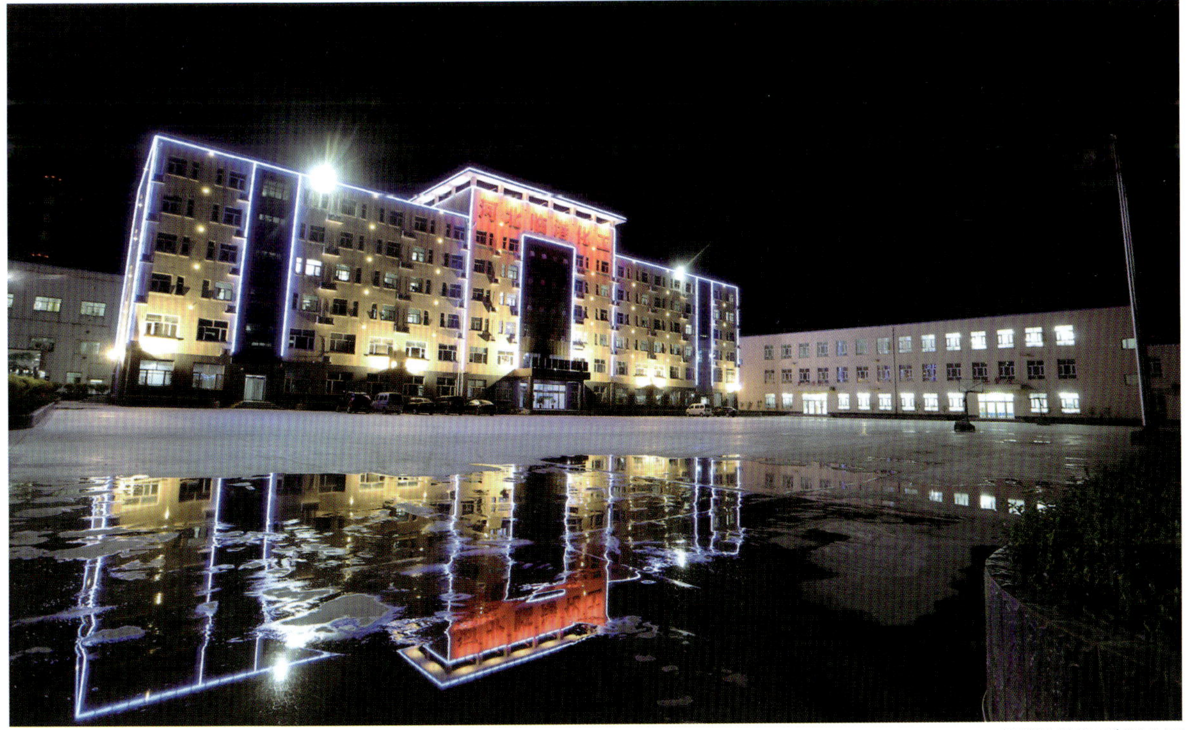

沧州临港化工有限公司

靖江港智慧物流园项目　　英国吉凯恩智能飞机风档项目签约落户

中南高科　　木材产业园融合发展大会

JINGJIANG
ECONOMIC & TECHNOLOGICAL DEVELOPMENT ZONE
靖江经济技术开发区

2019 年，靖江经济技术开发区实现工业总产值 733.15 亿元，同比增长 21.9%，一般公共预算收入（不含乡镇）17.02 亿元，同比增幅 10.5%；固定资产投资 180.47 亿元，同比增幅 7.1%；进出口总额 29.9 亿美元，同比增长 27.5%；新增规模以上企业 47 家。主要经济指标均呈现高位上升的良好态势。

大健康产业园

保税物流中心（B）型

卓然智能重装产业园

港口生态产业园：长三角 G60 科创走廊产业合作示范区

河沥园区自来水厂

宁国智谷

众益电子信息产业园

NINGGUO
ECONOMIC & TECHNOLOGICAL DEVELOPMENT ZONE
宁国经济技术开发区

2019 年，宁国经开区（港口产业园）经济发展总体呈上行态势，质量效益进一步提升。规模以上工业总产值增长 13.1%；战略性新兴产业产值增长 15.3%；固定资产投资增长 8.4%；完成财政收入 23.5 亿元；实现进出口总额 4.2 亿美元；实际利用外资 3.36 亿美元。

中德智造小镇：中德国际合作产业园

保隆工业园全景

河沥园区：转型升级引领区

南山园区：产城融合示范区

汪溪园区：循环经济产业园

JIASHAN

ECONOMIC & TECHNOLOGICAL DEVELOPMENT ZONE

嘉善经济技术开发区

7 月 16 日下午，赛晶集团 IGBT 功率半导体项目及 IGBT 技术研发中心签约仪式在嘉善县会展中心举行。嘉善县委副书记、县长徐鸣阳以及嘉善各相关部门负责人和项目代表方共同出席活动。

7 月 17 日，惠灵顿惠立学校嘉善校区项目落子嘉善，与嘉善经济技术开发区正式签约，开办民办双语学校。嘉兴市委常委、嘉善县委书记许晴，嘉善县委副书记、县长徐鸣阳，县人大常委会主任郑明，县政协主席何全根，副县长许春红，嘉善经济技术开发区及相关部门负责人参加签约仪式。

9 月 1 日下午，“芯系善成 • 科创未来”嘉善经济技术开发区集成电路产业发展论坛暨格科微电子（浙江）有限公司开业典礼在嘉善举行。

11 月 15 日上午今天上午，嘉善经开产业新城举行 2019 年项目集中签约暨长三角科技创新实验场启动仪式。中国工程院院士李玉，华夏幸福联席总裁赵鸿靖，市、县领导许晴、徐鸣阳、郑明、何全根等参加活动。

唐山海港

海港开发区马拉松

海港体育中心

唐耀科技有限公司生产车间

TAOSHAN HAIGANG
ECONOMICDEVELOPMENT ZONE
唐山海港经济开发区

2019 年，唐山海港经济开发区全年完成财政收入 39.64 亿元，同比增长 46.28%；其中税收收入完成 31.39 亿元，增长 21.68%。实现地区生产总值 181.8 亿元，增长 13.23%；其中规模以上工业增加值 87 亿元，增长 14.09%。高新技术产业增加值增长 20%；固定资产投资增长 13%；战略性新兴产业增加值增长 15%；进出口总额 3.33 亿美元，增长 53.7%。全年实际利用外资完成 1 698 万美元，增长 26.9%。

海港开发区全景

集智能终端摄像头模组研发生产销售为一体的同兴达

NANCHANG

ECONOMIC & TECHNOLOGICAL DEVELOPMENT ZONE

南昌经济技术开发区

2019 年，南昌经开区大力实施“加速转型升级，打造现代产业新城”战略，攻坚克难，全年实现园区总收入突破 4 000 亿元大关，成为江西省首个突破 4 000 亿大关的经开区；实现园区技工贸总收入 4 021.48 亿元，增长 11.33%；全区工业营业务收入达到 1 413.8 亿元，增长 7.88%；实现地区总产值达到 517.52 亿元，增长 9.7%；规模以上服务业营业收入达 80.17 亿元，增长 42.18%，增幅列南昌市第一；完成财政总收入 54.9 亿元，增长 6.1%；实现地方公共财政预算收入 21 亿元，增长 20.9%，增幅列南昌市第一；南昌经开区在商务部 2019 年度全国 219 个国家级经开区综合发展水平考核评价中排名 33 位，比 2018 年排名前移 15 位，成为江西省唯一进入全国 40 强的国家级经开区。

江铃新能源汽车生产车间